ERNST CASSIRER

DAS ERKENNTNISPROBLEM

VIERTER BAND

ERNST CASSIRER

DAS ERKENNTNISPROBLEM

IN DER PHILOSOPHIE UND WISSENSCHAFT
DER NEUEREN ZEIT

SONDERAUSGABE

VIERTER BAND

VON HEGELS TOD BIS ZUR GEGENWART
(1832–1932)

WISSENSCHAFTLICHE BUCHGESELLSCHAFT
DARMSTADT

This reprint 1994 of the 2nd edition 1957 (1st edition in English 1950) is published by arrangement with the Yale University Press, New Haven, Conn. (U.S.A.)

Das vorliegende Werk bildet den 4. (Schluß-)Band von Cassirers Werk „Das Erkenntnisproblem in der Philosophie und Wissenschaft der neueren Zeit", dessen Bände 1–3 in den Jahren 1906–1920 im Verlag Bruno Cassirer, Berlin, erschienen sind. Eine englische Übersetzung dieses 4. Bandes ist unter dem Titel "The Problem of Knowledge. Philosophy, Science, and History since Hegel" 1950 von der Yale University Press, New Haven, veröffentlicht worden. Die deutsche Ausgabe erschien 1957 im Verlag W. Kohlhammer, Stuttgart.

Die Deutsche Bibliothek – CIP-Einheitsaufnahme

Cassirer, Ernst:
Das Erkenntnisproblem in der Philosophie und
Wissenschaft der neueren Zeit / Ernst Cassirer. –
Sonderausg., Reprint. – Darmstadt: Wiss. Buchges.
ISBN 3-534-12480-4

Sonderausg., Reprint
Bd. 4. Von Hegels Tod bis zur Gegenwart:
(1832–1932). – Reprint of the 2nd ed., 1957. – 1994

Bestellnummer 12480-4

Das Werk ist in allen seinen Teilen urheberrechtlich geschützt.
Jede Verwertung ist ohne Zustimmung des Verlages unzulässig.
Das gilt insbesondere für Vervielfältigungen,
Übersetzungen, Mikroverfilmungen und die Einspeicherung in
und Verarbeitung durch elektronische Systeme.

© 1973 by the Yale University Press, New Haven, Conn. (U.S.A.)
Gedruckt auf säurefreiem und alterungsbeständigem Offsetpapier
Druck und Einband: Wissenschaftliche Buchgesellschaft, Darmstadt
Printed in Germany

ISBN 3-534-12480-4

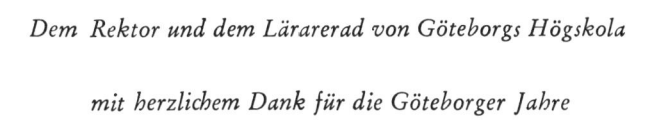

Dem Rektor und dem Lärarerad von Göteborgs Högskola

mit herzlichem Dank für die Göteborger Jahre

INHALT

Einleitung 9

Erstes Buch
Die exakte Wissenschaft

ERSTES KAPITEL	Das Raumproblem und die Entwicklung der Nicht-Euklidischen Geometrie	29
ZWEITES KAPITEL	Erfahrung und Denken im Aufbau der Geometrie .	45
DRITTES KAPITEL	Ordnungsbegriff und Maßbegriff in der Geometrie	55
VIERTES KAPITEL	Der Zahlbegriff und seine logische Begründung . .	62
FÜNFTES KAPITEL	Ziel und Methode der theoretischen Physik . . .	88

Zweites Buch
Das Erkenntnisideal der Biologie und seine Wandlungen

ERSTES KAPITEL	Das Problem der Klassifikation und die Systematik der Naturformen	127
ZWEITES KAPITEL	Die Idee der Metamorphose und die „idealistische Morphologie"	145
DRITTES KAPITEL	Die Entwicklungsgeschichte als Problem und als Maxime	158
VIERTES KAPITEL	Der Darwinismus als Dogma und als Erkenntnisprinzip	167
FÜNFTES KAPITEL	Die Entwicklungs-Mechanik und das Kausalproblem der Biologie	183
SECHSTES KAPITEL	Der Vitalismus-Streit und die „Autonomie des Organischen"	195

Drittes Buch

Grundformen und Grundrichtungen der historischen Erkenntnis

ERSTES KAPITEL	Der Durchbruch des Historismus. — Herder . . .	225
ZWEITES KAPITEL	Die Romantik und die Anfänge der kritischen Geschichtswissenschaft. — Die „historische Ideenlehre". Niebuhr — Ranke — Humboldt	233
DRITTES KAPITEL	Der Positivismus und sein historisches Erkenntnisideal. — Hippolyte Taine	250
VIERTES KAPITEL	Staatslehre und Verfassungslehre als Grundlagen der Geschichtsschreibung. — Theodor Mommsen .	262
FÜNFTES KAPITEL	Politische Geschichtsschreibung und Kulturgeschichte Jacob Burckhardt	270
SECHSTES KAPITEL	Die psychologische Typisierung der Geschichte. — Karl Lamprecht	285
SIEBENTES KAPITEL	Der Einfluß der Religionsgeschichte auf das historische Erkenntnisideal. — David Friedrich Strauß — Renan — Fustel de Coulanges	298

EINLEITUNG

Die Frage nach dem Wesen und Ursprung der menschlichen Erkenntnis ist kein spätes Produkt philosophischer Spekulation. Sie gehört vielmehr zu jenen Grundfragen der Menschheit, für die sich ein bestimmter geschichtlicher Anfang nicht aufweisen läßt, weil ihre ersten Spuren auf die Urschicht des mythisch-religiösen Denkens zurückgehen. Schon für den Mythos und die Religion ist alle eigentliche Menschenwerdung an das Wunder der Erkenntnis geknüpft. Dieses Wunder steht am Beginn aller menschlichen Geschichte. Es bezeichnet das Wesen des Menschen und seine Gottähnlichkeit; aber an ihm erfährt er auch am tiefsten und schmerzlichsten die Schranke dieses Wesens. Die Erkenntnis ist es, die den Menschen seines göttlichen Ursprungs versichert; aber durch sie sieht er sich zugleich vom Urgrund der Dinge getrennt und gleichsam aus ihm verstoßen. Er sieht sich auf den langen Leidensweg des Suchens und Forschens verwiesen, aus dem es für ihn keine endgültige Erlösung gibt. Das erste Bewußtsein davon, daß es eine Erkenntnis und eine Wahrheit gibt, schließt den Menschen zugleich von dem Besitz dieser absoluten Wahrheit aus. Diesem religiösen Pessimismus stellt das Griechentum zuerst in voller Bestimmtheit eine andere Grundanschauung entgegen. Sie beruht auf der entscheidenden Selbstbejahung des Wissens, das jetzt nicht länger als ein Abfall und eine Trennung vom Urgrund der Dinge erscheint, sondern als die alleinige Kraft, die den Menschen an diesem Urgrund festhalten und ihn dauernd mit ihm vereinigen kann. Den Weg zu dieser Vereinigung will die griechische Philosophie weisen. Je tiefer die Vernunft sich in ihr eigenes Wesen versenkt und je mehr sie sich ihres eigentümlichen Wertes bewußt wird, um so tiefer dringt sie damit in das Wesen der Dinge ein. Denn es gibt keine Schranke, die die Wahrheit von der Wirklichkeit, die das Denken vom Sein trennt. In Platon kulminiert diese Grundrichtung der griechischen Philosophie. Bei ihm wird die Seinsfrage und die Erkenntnisfrage, wird die „Ontologie" und die „Logik" zu einer unlöslichen Einheit zusammengeschlossen. Die Bestimmung des wahren Seins kann erst gelingen, nachdem wir Klarheit über die Natur des Wissens gewonnen, nachdem wir die Frage: τί ἐστι ἐπιστήμη sicher beantwortet haben. Die neuere Philosophie geht seit den ersten Anfängen der Renaissance auf diese Platonische Problemstellung zurück. In ihr begegnen sich die philosophische Spekulation und die ersten Anfänge der exakten Naturwissenschaft. Für Galilei bedeutet die „neue Wissenschaft" der Dynamik, die er begründet hat, erst die letzte und endgültige Bestätigung dessen, was Platon in seiner Ideenlehre gesucht und gefordert hatte. Sie zeigt, daß das Ganze des Seins von der mathematischen Gesetzlichkeit erfüllt und durchdrungen ist und daß es kraft dieser Durchdringung dem menschlichen Wissen zugänglich ist. Nicht die Mathematik, sondern erst die Naturwissenschaft liefert den letzten Beweis für jene Harmonie von Wahrheit und Wirklichkeit, auf der alle Möglichkeit der Erkenntnis zuletzt beruht. Was für Galilei und Kepler, für Descartes und Leibniz die sichere und unerschütterliche Grundlage alles Wissens war, das wird für Kant, der durch die Schule des Humeschen Zweifels hindurchgegangen ist, zum eigentlichen Problem. Der Metaphysik wird jede Befugnis abgesprochen, die Grundfrage der Erkenntnis: die Frage, wie synthetische Urteile a priori möglich sind, zu lösen. Alles, was sie bisher in dieser Richtung versucht hat, bewegt sich im Kreise bloßer Scheinbegriffe. Die Lösung muß mit neuen Mitteln versucht werden, und erst nachdem sie gelungen, läßt sich die Antwort darauf geben, ob und innerhalb welcher Grenzen Metaphysik überhaupt möglich sei. So kehrt sich die Ordnung der Probleme um. Was bisher als der eigentliche Wahrheitsgrund galt, das wird jetzt in seiner Fragwürdigkeit erkannt und mit kritischen Argumenten bestritten. In dieser Umkehr sah Kant den Kern seiner philosophischen Leistung, und mit ihr glaubte er, jene „gänzliche Revolution" der Metaphysik vorzunehmen, die er der Revolution des Copernikus im Gebiet der Astronomie verglich. Aber die Systeme, die unmittelbar auf Kant folgten und die direkt an ihn anzuknüpfen glaubten, sind ihm auf diesem Wege nicht gefolgt. Sie sahen in der „transzendentalen" Problemstellung Kants nicht, wie dieser, das sichere Mittel zur Selbstbegrenzung der menschlichen Vernunft, sondern sie glaubten, eben in ihr ein Instrument zu besitzen, um diese letztere von allen Schranken zu befreien, die man ihr bisher auferlegt hatte. Der kritische Idealismus Kants wird zum absoluten Idealismus umgebildet. Dieser absolute Idealismus will erfüllen, was Platon versprochen hat, wozu er aber auf Grund des dualistischen Charakters seines Weltbildes nicht vorzudringen vermochte. Logik und Dialektik sollen jetzt kein bloßes Organon der Wirklichkeitserkenntnis mehr sein, sondern sie sollen diese in ihrer Fülle und Totalität enthalten und aus sich hervorgehen lassen. Damit erst schien der Kreis des philosophischen Denkens geschlossen und sein Ziel, das Ziel der Identität von Wirklichkeit und Vernunft, erreicht zu sein. An diesem Punkt glaubte Hegels „Wissenschaft der Logik" zu stehen. Was sie Kant und was sie der gesamten früheren Logik vorwarf, war dies, daß beide sich über den „formalen" Gesichtspunkt nicht zu erheben vermochten und daß sie demgemäß in der bloßen Abstraktion und Reflexion hängen blieben. Auf diesem Wege ist nach Hegel dem Kreise des Subjektivismus nicht zu entfliehen. Das „tote Gebein" der Logik muß durch den Geist zu Gehalt und Inhalt belebt werden. Eben dies ist es, was die dialektische Methode verspricht und was sie, und sie allein, zu leisten vermag. „Die reine Wissenschaft setzt... die Befreiung von dem Gegensatze des Bewußtseins voraus. Sie enthält den Gedanken, insofern er ebensosehr die Sache an sich selbst ist, oder die Sache an sich selbst, insofern sie ebensosehr der reine Gedanke ist ... Sie ist daher so wenig formell, sie entbehrt so wenig der Materie zu einer wirklichen und wahren Erkenntnis, daß ihr Inhalt vielmehr allein das absolute Wahre, oder wenn man sich noch des Wortes Materie bedienen wollte, die wahrhafte Materie ist — eine Materie aber, der die Form nicht ein Äußerliches ist, da diese Materie vielmehr der reine Gedanke, somit die absolute Form selbst ist. Die Logik ist sonach als das System der reinen Vernunft, als das Reich des reinen Gedankens zu fassen. Dieses Reich ist die Wahrheit, wie sie ohne Hülle und für sich selbst ist. Man kann sich deswegen ausdrücken, daß dieser Inhalt die Darstellung Gottes ist, wie er in seinem ewigen Wesen vor der Erschaffung der Natur und eines endlichen Geistes ist"[1].

Auch das Hegelsche System steht nicht im leeren Raum der Metaphysik. Es will vielmehr einer höchst bestimmten und konkreten Aufgabe der wissenschaftlichen Erkenntnis den Weg bahnen. Es will der *Geschichte* nicht nur ihren gleichberechtigten Platz neben der Naturwissenschaft erobern, sondern es sieht in ihr die Erfüllung und den eigentlichen Ausdruck alles Wissens, das der Geist von sich selbst und seinem Wesen besitzt. Hier liegt die neue positive Forderung, die Hegel vertritt, und kraft ihrer hat er der Logik der „Geisteswissenschaften" die stärksten und bleibenden Impulse gegeben. Im Gebiet der Naturerkenntnis hingegen hatte das System nicht nur keine gleichwertigen Leistungen aufzuweisen, sondern hier kam es, bei Hegel selbst wie bei seinen Schülern und Nachfolgern, zu jenen ständigen Mißgriffen und Übergriffen, die die spekulative Philosophie im Kreise der empirischen Forscher um jeden Kredit bringen mußte. An diesem Punkte setzen die ersten entscheidenden Angriffe ein. Helmholtz ist einer der Ersten gewesen, der die Forderung „Zurück zu Kant!" erhoben hat. Ihm galt die Unfruchtbarkeit der metaphysischen Systeme und ihr schließlicher Zusammenbruch keineswegs, wie so vielen anderen Naturforschern in der zweiten Hälfte des 19. Jahrhunderts, als der bündige Beweis dafür, daß die *Philosophie* als solche ihre Rolle endgültig ausgespielt habe. Helmholtz hat nicht nur von Kant, sondern selbst von Fichte, dessen Lehre er früh kennengelernt hat, wichtige Anregungen erhalten. Er erklärte, daß Fichtes Lehre vom Ich und Nicht-Ich sich in keinem prinzipiellen Gegensatz gegen die Naturwissenschaft befinde; vielmehr sei seine Darstellung der sinnlichen Wahrnehmung in der genauesten Übereinstimmung mit den Schlüssen, welche später die Physiologie der Sinnesorgane aus den Tatsachen der Erfahrung gezogen habe[2]. Damit war ein neues und höchst eigenartiges Band zwischen Erfahrungswissenschaft und Philosophie geknüpft. Denn die führende Rolle fiel jetzt nicht mehr, wie im 17. und 18. Jahrhundert, der Mathematik und mathematischen Physik, sondern der Physiologie und Psychologie zu. Auch der Hinweis auf Kant erhält erst hierdurch bei Helmholtz sein charakteristisches Gepräge. In der Frage nach

---

[1] *Hegel*, Wissenschaft der Logik, Einleitung, S. W. III, 33.
[2] *Helmholtz*, Über das Sehen des Menschen (1855); s. Vorträge und Reden, 4. Aufl., Braunschweig 1896 Bd. I, S. 89.

dem Ursprung der Axiome der Geometrie und in seiner Auffassung der Arithmetik und des Zahlbegriffs hat Helmholtz Kant die Nachfolge versagt. Aber nichtsdestoweniger erschien ihm Kants Lehre von den a priori gegebenen Formen der Anschauung „als ein sehr glücklicher und klarer Ausdruck des Sachverhältnisses", weil er sich diese Lehre als Sinnesphysiologe und Psychologe im Sinne seiner eigenen Grundauffassung von dem Gesetz der spezifischen Sinnesenergien deutete. Johannes Müllers Entdeckung dieses Gesetzes erscheint Helmholtz „in gewissem Sinne als die empirische Ausführung der theoretischen Darstellung Kants von der Natur des menschlichen Erkenntnisvermögens"[3]. Mit diesem Hinweis hat Helmholtz dem Begriff der „*Erkenntnistheorie*" einen neuen Inhalt und eine neue Richtung gegeben — ohne daß er sich hierbei des Bedeutungswandels bewußt wurde, den der Kantische Grundbegriff des „Transzendentalen" bei dieser Auffassung erfahren hatte.

Seit dem Anfang der sechziger Jahre des 19. Jahrhunderts dringt dieser neue, auf dem Boden der Sinnesphysiologie erwachsene und durch sie geprägte Erkenntnisbegriff mehr und mehr in die allgemeine philosophische Diskussion ein, um in ihr schließlich die entschiedene Vorherrschaft zu gewinnen. Damit erfährt die bisherige Orientierung des philosophischen Grundproblems einen entschiedenen Umschwung. Wie stark und wie tief eingreifend der Wandel ist, der sich hier vollzieht, kann man sich an einem charakteristischen Beispiel vergegenwärtigen, wenn man die Abhandlung zur Hand nimmt, die *Eduard Zeller* im Jahre 1862 unter dem Titel: „Über Bedeutung und Aufgabe der Erkenntnistheorie" veröffentlicht hat. Sie ist historisch schon dadurch bedeutsam, daß in ihr der *Name* der „Erkenntnistheorie" zuerst geprägt worden zu sein scheint. Aber stärker als dieser Umstand wiegt die Stellung, die ihr nunmehr im Ganzen der philosophischen Grundwissenschaften eingeräumt wird. An Stelle jenes metaphysischen Rausches, der die Systeme der nachkantischen Philosophie beseelte, ist jetzt die volle Ernüchterung getreten. Die Logik hat jeden Anspruch aufgegeben, in den Kern des absoluten Seins einzudringen; sie will nicht länger die „Darstellung Gottes" in seinem ewigen Wesen sein. Aber ebensowenig will sie bei der Entwicklung der formalen Denk- und Schlußregeln stehen bleiben. Was sie aufzuhellen sucht, ist das Problem der Wirklichkeitserkenntnis, und dieses kann nicht anders gelöst werden, als daß wir die Vorstellungen des menschlichen Geistes, die den Grundstoff für alle empirische Erkenntnis bilden, analysieren und bis zu ihren ersten Entstehungsbedingungen zurückdringen. Nur auf diese Weise kann die Frage beantwortet werden, welche ‚Wahrheit' diesen Vorstellungen zukommt, d. h. wieviel sie dem Subjekt oder Objekt verdanken. Mit alledem glaubt Zeller nur das Problem wiederaufzunehmen, das Kant sich in der ‚Kritik der reinen Vernunft' gestellt hatte. Die Umdeutung in der Richtung des ‚Psychologismus' kommt ihm hierbei ebensowenig zum Bewußtsein, wie dies bei Helmholtz' sinnesphysiologischer Interpretation der

---

[3] Vgl. Helmholtz, Handbuch der physiologischen Optik, 2. Aufl. 1896, § 17.

Kantischen Grundlehren der Fall war. „Wie wir zu verfahren haben, um richtige Vorstellungen zu gewinnen" — so erklärt er —, „das werden wir nur nach Maßgabe der Bedingungen beurteilen können, an welche die Bildung unserer Vorstellungen durch die Natur unseres Geistes geknüpft ist; diese Bedingungen aber soll eben die Erkenntnistheorie untersuchen und hiernach bestimmen, ob und unter welchen Voraussetzungen der menschliche Geist zur Erkenntnis der Wahrheit befähigt ist." Die Erkenntnistheorie, nicht die bloße Logik, wird damit als die formale Grundlage der ganzen Philosophie erklärt: sie ist es, von der die letzte Entscheidung über die richtige Methode in der Philosophie und in der Wissenschaft überhaupt ausgehen muß. Nur auf diese Weise wird sich nach Zeller der Zauberkreis des spekulativen Denkens und des Hegelschen Systems wirklich durchbrechen lassen. Der gegenwärtige Zustand der Philosophie in Deutschland — so sagt er — „beweist an und für sich, daß sie an einem von den Wendepunkten angekommen ist, welche im günstigen Falle zu einer Umbildung auf neuen Grundlagen, im ungünstigen zu Verfall und Auflösung hinführen. Statt der großartigen und einheitlichen Systeme, welche ein halbes Jahrhundert lang in rascher Folge die deutsche Philosophie beherrschten, bietet sie uns im gegenwärtigen Augenblick das Schauspiel einer unverkennbaren Zerfahrenheit und Stockung, durch welche auch die verdienstvollsten Bestrebungen gehemmt, die scharfsinnigsten Untersuchungen in ihrer Wirkung fürs Ganze gelähmt werden; und ebenso ist das Verhältnis der Philosophie zu den besonderen Wissenschaften... so aus dem natürlichen Geleise gekommen, daß die Philosophie zwar im allgemeinen von jenen zu lernen mehr, als vor einigen Jahrzehnten, bereit ist, in ihnen dagegen sich mehr und mehr das Vorurteil festsetzt, als ob sie der Philosophie für ihre Zwecke nicht bedürften und wohl gar in ihrer Arbeit durch dieselbe gestört würden. Daß das kein gesunder Zustand ist, bedarf keines Nachweises... Überall, wo eine zusammenhängende Entwicklung ist, tritt zeitenweise das Bedürfnis ein, zu dem Punkte zurückzugehen, von dem sie ausging, sich der ursprünglichen Aufgaben zu erinnern und ihre Lösung in dem ursprünglichen Geiste, wenn auch vielleicht mit anderen Mitteln, aufs neue zu versuchen. Ein solcher Zeitpunkt scheint aber jetzt für die deutsche Philosophie gekommen zu sein. Der Anfang der Entwicklungsreihe aber, in der unsere heutige Philosophie liegt, ist *Kant*, und die wissenschaftliche Leistung, mit der Kant der Philosophie eine neue Bahn brach, ist seine Theorie des Erkennens. Auf diese Untersuchung wird jeder, der die Grundlagen unserer Philosophie verbessern will, vor allem zurückgehen, und die Fragen, welche sich Kant vorlegte, im Geiste seiner Kritik untersuchen müssen, um durch die wissenschaftlichen Erfahrungen unseres Jahrhunderts bereichert, die Fehler, welche Kant machte, zu vermeiden"[4].

Mit dieser allgemeinen programmatischen Erklärung hat Zeller die Rich-

---

[4] *Zeller*, Über Bedeutung und Aufgabe der Erkenntnistheorie, Vorträge und Abhandlungen, Zweite Sammlung, Leipzig 1877, S. 489 f.

tung vorgezeichnet, der die deutsche Philosophie durch Jahrzehnte hindurch gefolgt ist und der zuletzt fast die alleinige Herrschaft zuzufallen schien. Anders hat sich die Entwicklung in Frankreich und England gestaltet. In beiden Ländern hat Hegels System eine starke Wirkung geübt, die sich oft auch bei solchen Denkern aufweisen läßt, die, wie Taine oder Renan, von ganz anderen, ja entgegengesetzten systematischen Grundvoraussetzungen ausgingen. Aber das *wissenschaftliche* Denken war hier niemals im gleichen Sinne und in derselben Stärke wie in Deutschland in den Bann der Hegelschen Methode geraten. Es verfolgte nach wie vor die Bahnen der klassischen französischen und englischen Philosophie: die Bahnen Descartes' oder Bacons. Wie stark und nachhaltig insbesondere der Cartesische Geist noch fortwirkte, zeigt das Beispiel jenes Denkers, der wie kein anderer die Entwicklung der französischen Philosophie in den letzten hundert Jahren bestimmt hat. Comte's ‚Cours de philosophie positive' spielt im französischen Denken des 19. Jahrhunderts fast dieselbe Rolle, die Kants Kritik der reinen Vernunft in Deutschland gespielt hat. Er wird zum Mittelpunkt und zum geistigen Sammelpunkt aller Bestrebungen, die auf eine Erneuerung der Logik und Erkenntnislehre gerichtet sind. Daß die Logik keine spekulativen und metaphysischen Absichten verfolgen dürfe, daß sie sich lediglich als eine Methodenlehre der empirischen Wissenschaft gestalten und aufbauen muß, steht für Comte fest. Aber die Art wie er diesen seinen Grundgedanken vertritt und durchführt, unterscheidet sich nichtsdestoweniger in sehr scharfer und charakteristischer Weise von jener Auffassung einer „empirischen" Logik, die John Stuart Mill in seinem ‚System of Logic Ratiocinative and Inductive' begründen wollte. So eng auf den ersten Blick die Verwandtschaft und Gemeinschaft zwischen Comte und Mill zu sein scheint, so sind beide doch gerade in der Grundauffassung vom Sinn und von der Aufgabe der Wissenschaft selbst scharf geschieden. Der Erfahrungsbegriff Comtes ist anders bestimmt und anders orientiert, als es derjenige Mills ist.

Für Mill ist und bleibt die Erfahrung im Grunde nichts anderes als ein Aggregat — als eine Summe von Einzelbeobachtungen, die durch das lose Band der Assoziation zusammengehalten sind und die durch das Verfahren des „induktiven Schließens", das als Tatsache besteht, das aber, was den Grund seiner Geltung betrifft, immer als ein eigentümliches Rätsel stehen bleibt, ständig an Ausdehnung gewinnt. Damit begründet Mill jene Form des „Positivismus", die nur das Einzelne und Faktische als Grund der Wahrheits- und Wirklichkeitserkenntnis bestehen läßt. Alles angeblich „Allgemeine" muß sich auf Individuelles, auf hier und jetzt Gegebenes reduzieren, muß sich in die einfachen Daten der Sinneswahrnehmung auflösen lassen. Für Comte hingegen bestimmt sich das Verhältnis des Allgemeinen und Besonderen in der wissenschaftlichen Erkenntnis in ganz anderer Weise. Für ihn besteht die Aufgabe dieser Erkenntnis nicht in der Feststellung von Fakten, sondern in der Gewinnung von *Gesetzen*. Und Gesetze lassen sich niemals aus der bloßen Addition von Einzelbeobachtungen gewinnen; sie sind der Ausdruck von Relationen, die nur durch eine spezifische Aktivität, durch die Funktion des beziehentlichen Denkens aufgewiesen und festgestellt werden können. Durch diesen Ausgangspunkt gewinnt Comtes Logik einen ausgesprochen konstruktiven Zug. Die positive Methode, die er lehrt, will nicht nur in allem *Geschehen* bestimmte unwandelbare Züge feststellen. Die höhere und die noch schwierigere Ordnung — diejenige, die den eigentlichen Gegenstand des *philosophischen* Wissens bildet — ist die unserer Begriffe selbst. Es ist keineswegs gleichgültig, in welcher Folge wir die Grundprobleme der wissenschaftlichen Erkenntnis durchlaufen und in welcher Art wir die einen mit den anderen verknüpfen. An der rechten Art der Verknüpfung und des systematischen Zusammenhangs hängt vielmehr alle Gewißheit und alle Präzision, deren die Erkenntnis fähig ist. Wird hier ein einziges Glied übersprungen oder wird es an falscher Stelle eingefügt, so ist damit das Grund- und Hauptziel alles positiven Wissens verfehlt. Die Fundamentalregel des Positivismus besteht darin, daß jeder Satz, der sich nicht in aller Strenge auf die einfache Aussage eines Faktums zurückführen läßt, keinen wirklichen und verständlichen Sinn enthalten kann[5]. Aber die Fakta als solche sind keineswegs gleichartig und gleichwertig, sondern sie gliedern sich in sich selbst nach dem Grade der Allgemeinheit, die ihnen innewohnt. Es gibt „allgemeine Fakta", wie es besondere Fakta gibt; und es gibt eine strenge und eindeutige Vermittlung, die von den einen zu den anderen hinführt. Das Wissen ist daher für Comte keineswegs, wie für Mill, ein Fortgang von Einzelheit zu Einzelheit, ein Schluß ‚from particulars to particulars'. Es besitzt eine feste logische *Struktur* und es ist an eine bestimmte Ordnung, an eine „hierarchische" Gliederung gebunden, deren Prinzip das philosophische Denken allgemein zu bestimmen vermag. In der Durchführung dieser Aufgabe zeigt sich Comte, zwar nicht dem Inhalt, wohl aber der Grundtendenz nach, dem Geist der Hegelschen Logik viel mehr verwandt als dem der Millschen Induktionslogik. Was ihn mit Mill verbindet, ist im Grunde nur der negative Zug: die Ablehnung alles ‚theologischen' und metaphysischen Denkens. In allem eigentlich-Positiven aber geht er durchaus andere und eigene Wege. Wenn er die Beobachtung als oberstes Prinzip des Wissens proklamiert, so steht doch andererseits für ihn fest, daß das Denken an der Beobachtung nicht nur Anteil hat, sondern daß es seinen eigenen unveränderlichen Rhythmus hat, an den es gebunden ist. Dieser Rhythmus ist nicht mehr wie bei Hegel durch die „Selbstbewegung" des reinen Begriffs, durch den Dreischritt der dialektischen Methode bestimmt. Er ergibt sich vielmehr aus den Phänomenen selbst, die so gegliedert sind, daß sie vom Einfachen zum Verwickelten fortschreiten. Wenn wir von der anorganischen Natur zur organischen Natur fortgehen und wenn wir in dieser letzteren von der Welt der Pflanze und des Tieres zu der des Menschen aufsteigen, so ergibt sich hierbei eine ständig wachsende Komplexion

---

[5] Dieses ‚Sinnkriterium', das im modernen „logischen Positivismus" bei *Schlick* und *Carnap* an die Spitze gestellt worden ist, ist schon von Comte in voller Schärfe formuliert worden. Vgl. z. B. Discours sur l'esprit positif, Première partie. ed Ch. Le Verrier, Paris, S. 31.

der Phänomene. Aber das Denken zeigt sich dieser Komplexion nicht nur gewachsen, sondern gerade sie ist es, die für dasselbe zu einer eigentümlichen und unversieglichen Kraftquelle wird. Jeder neue Gegenstand wird für die menschliche Erkenntnis zum Anlaß und zur Aufforderung, ein neues logisches Organ zu entwickeln, das diesem Gegenstand gemäß ist. In dieser Weise ist der menschliche Geist nach Comte von der Astronomie zur Physik, von dieser zur Chemie, von hier zur Biologie fortgeschritten, um zuletzt in der Lehre von der Ordnung der Menschenwelt, in der „sozialen Physik" sein eigentliches und höchstes Ziel zu erreichen. Bei alledem handelt es sich keineswegs darum, bloßen empirischen Stoff aus allen Gebieten anzuhäufen; es gilt vielmehr, alle Momente des Wissens, alle die verschiedenen Methoden, über die es verfügt, in ihrer natürlichen Ordnung ineinandergreifen zu lassen, um auf diese Weise den eigentlichen Organismus der Erkenntnis aufzubauen. Ist das geschehen, ist die theoretische Ordnung des Wissens festgestellt, so wird ihr die praktische folgen. Auch sie kann sich niemals aus tastenden Versuchen, aus bloßen Reformen am Einzelnen ergeben. Der sozialen Organisation und der sozialen Synthese muß die philosophische Synthese vorangehen, und Comte war überzeugt, daß er in seiner „positiven Philosophie" beide Aufgaben zu einer einzigen verschmolzen und im Prinzip gelöst habe[6].

Aber Comte ist vielleicht der letzte Denker gewesen, der die Aufgabe der Philosophie und der allgemeinen Erkenntnislehre in dieser universellen Weite gefaßt hat. Für ihn besteht nirgends ein Gegensatz zwischen dem „positiven" Geist und dem systematischen Geist, zwischen dem „Faktischen" und „Rationalen". Beide bedingen und fordern einander; denn alles Faktische gewinnt seinen Erkenntniswert erst dadurch, daß es zum Moment und Element einer rationalen Ordnung wird. Kraft dieser Grundüberzeugung führt Comte seinen Kampf ständig gegen zwei verschiedene Fronten. Der wahre wissenschaftliche Positivismus ist, wie er immer wieder betont, sowohl der falschen Einheitstendenz des Wissens wie der falschen Tendenz zur Mannigfaltigkeit entgegengesetzt. Er bekämpft ebensowohl den „mystischen" Geist, der sich mit vagen allgemeinen Scheinlösungen begnügt, wie er jenen „empirischen" Geist bekämpft, der beim Einzelnen als Einzelnem stehen bleibt. „Der wahre positive Geist ist im Grunde vom Empirismus nicht weniger als vom Mystizismus entfernt. Er muß stets zwischen beiden gleich verhängnisvollen Abirrungen seinen Weg suchen... Denn die Wissenschaft besteht in der Erkenntnis der Gesetze der Phänomene, und für diese bilden die Tatsachen im eigentlichen Sinne, so genau und zahlreich sie auch sein mögen, immer nur das unerläßliche Material. Man kann daher, wenn man an die Bestimmung dieser Gesetze denkt, ohne jede Übertreibung sagen, daß die wahrhafte Wissenschaft, weit entfernt aus einzelnen Beobachtungen zu bestehen, vielmehr darauf abzielt,

---

[6] Vgl. hrz. besonders die erste und zweite Vorlesung des ‚Cours de Philosophie positive', sowie den ‚Discours sur l'esprit positif' in der Einleitung zu Comtes ‚Traité philosophique d'astronomie populaire' (1844).

uns, so weit als möglich, von der unmittelbaren Erforschung der Einzeltatsachen unabhängig zu machen, indem sie an ihre Stelle die rationale Voraussicht setzt"[7]. Aus diesem Grunde hat Comte in der zunehmenden Vereinzelung und Zersplitterung des Wissens die eigentliche Gefahr gesehen. Diesem Geist des „Spezialistentums" wollte er nicht nur theoretisch, sondern auch praktisch entgegentreten, und die durchgreifende Reform des Erziehungswesens, die zum Kern und Wesen des Positivismus gehört, ist vornehmlich auf dieses Ziel gerichtet. Eben hierin sieht Comte die unentbehrliche geistige und soziale Funktion der Philosophie, die durch nichts anderes zu ersetzen ist und aus der sie niemals zu verdrängen ist. So nützlich die intellektuelle Teilung der Arbeit sein und so unumgänglich sie für den Fortschritt der Wissenschaft erscheinen mag, so wird doch die spezifische Aufgabe der Philosophie immer darin bestehen müssen, dieser Arbeitsteilung entgegenzuwirken. Die Philosophie kann und darf ihren universellen Charakter niemals verleugnen. Wenn sie sich dem bloßen Tatsachengeist ergibt, wenn sie aufhört, systematisch und „enzyklopädisch" sein zu wollen, so hat sie damit sich selbst entsagt. In dieser Hinsicht hat Comte an den klassisch-rationalistischen Idealen unverbrüchlich festgehalten. Wie Descartes erklärt er die Philosophie als die Einheit des menschlichen Wissens, als jene ‚sapientia humana', auf die alle besondere Erkenntnis zuletzt abzielt und der sie sich als dienendes Glied einfügt. ‚On ne doit plus alors concevoir, au fond, qu'une seule science, la science humaine, ou plus exactement sociale, dont notre existence constitue à la fois le principe et le but, et dans laquelle vient naturellement se fondre l'étude rationelle du monde extérieur, au double titre d'élément nécessaire et de préambule fondamental.' Erst wenn man dieses letzte, rein humane Ziel aller Wissenschaft erkannt hat, wird sie nach Comte einer strengen Systematisierung fähig. Eine solche kann uns nicht gelingen, solange wir lediglich im Kreise der physischen Phänomene stehen bleiben. Die materielle Welt ist der Zeit und dem Raum nach unendlich; und demgemäß muß auch alles Wissen von ihr einen bloß vorläufigen und unabgeschlossenen Charakter besitzen. Hier kann die Forschung niemals glauben, am Ziel zu stehen; sie bleibt im Grunde immer im Anfang und in der Vorbereitung. Dies ändert sich erst, wenn wir ihr eine andere Aufgabe stellen und einen anderen Mittelpunkt für sie wählen. Das wahre Zentrum liegt nicht in der Welt, sondern im Menschen, nicht im Universum, sondern in der Humanität. Selbst die Astronomie, so vollkommen sie ist, erlangt ihre wahre Vollkommenheit nur, wenn man sie unter diesem Gesichtspunkt betrachtet. Sie wäre höchst unzulänglich, wenn man sie, statt auf den Menschen, auf das Universum beziehen wollte: denn alle unsere wirkliche Forschung ist notwendig auf unsere Welt beschränkt, die doch nur einen verschwindenden Teil des Universums ausmacht, dessen Erforschung uns wesentlich versagt ist[8]. Astronomie und Physik, Chemie und Biologie beziehen sich zuletzt auf die Er-

---

[7] Discours sur l'esprit positif, Première partie; vgl. bes. Cours, 56e leçon.
[8] Discours Première partie, sect. IV.

kenntnis vom Menschen und wollen den Weg zu ihr bahnen: denn die Menschheit, die Humanité, ist der einzige wahrhaft universelle Begriff, in den zuletzt all unser Wissen ausmünden muß[9]. Aus dieser nicht nur logischen, sondern auch ethischen Gesinnung heraus hat Comte fort und fort gegen die verhängnisvolle Zersplitterung und Vereinzelung des Wissens protestiert, die sich, durch ein falsches Unterrichtssystem und durch die akademische Routine begünstigt, immer mehr in seinen schädlichen Folgen bemerkbar macht. Und doch stand er selbst erst am Anfang eines Prozesses, der die gesamte wissenschaftliche Arbeit in der zweiten Hälfte des 19. Jahrhunderts beherrscht und ihr, mehr als alles andere, den Stempel aufgedrückt hat. Auch die Entwicklung des *Erkenntnisproblems* konnte sich dieser Tendenz nicht entziehen. Wenn man die Geschichte dieses Problems, von seinen ersten Anfängen in der griechischen Philosophie bis zu seiner Fassung in den großen metaphysischen Systemen aus der ersten Hälfte des 19. Jahrhunderts, überblickt und wenn man ihr die philosophische Arbeit der letzten hundert Jahre gegenüberstellt, so könnte man auf den ersten Blick glauben, die eigentliche Entdeckung der ‚Erkenntnistheorie' sei erst in diesem letzten Zeitraum erfolgt. Alles was frühere Epochen geleistet haben, scheint zur bloßen Vorstufe zu werden, die auf die moderne Entwicklung hinweist, die sich aber mit ihr weder dem Inhalt noch dem Umfang nach vergleichen läßt. Niemals zuvor in der Geschichte der Philosophie hatte das Erkenntnisproblem derart im Mittelpunkt gestanden, und niemals zuvor waren ihm so vielfältige und scharfsinnige Einzeluntersuchungen, die sich bis in die letzten Detailfragen erstrecken, gewidmet worden. Aber es ist sehr fraglich, ob dieser gewaltigen Verbreitung des Problems eine ebensolche philosophische Vertiefung entsprach. Denn der Philosophie geht die Führung auf diesem Gebiet, die sie durch Jahrhunderte besessen und festgehalten hatte, mehr und mehr verloren. Die Einzelwissenschaften wollen sich ihrer Leitung nicht länger überlassen; sie wollen selbst sehen und selbst urteilen. Sicher hat dieser Drang zur Autopsie und Autonomie die wichtigsten und wertvollsten Ergebnisse gezeigt. Aber er führte zugleich dazu, daß sich unter dem Namen der ‚Erkenntnistheorie' Bestrebungen zusammenfanden, die nicht viel mehr als eben diesen Namen miteinander gemein hatten. Der Psychologismus-Streit, der eine Zeitlang mit solcher Heftigkeit geführt wurde, ist eines der bekanntesten und bezeichnendsten Symptome dafür, wie wenig sich die verschiedenen Forschungsrichtungen über die Aufgabe der Erkenntnistheorie und über ihren einfachen Begriff zu einigen vermochten. Die Spezialwissenschaften empfingen jetzt das Problem nicht mehr aus der Hand der Philosophie, sondern jede von ihnen suchte es für sich selbst zu formulieren und jede gab ihm die Fassung, die ihren eigenen und besonderen Interessen und Aufgaben entsprach. Wenn man die verschiedenen erkenntnistheoretischen Schulen betrachtet, die im Laufe der letzten Dezennien einander bekämpft haben, so kann man für jede von ihnen den Ursprung in irgendeiner Sonderdisziplin auf-

---

[9] ibid; troisième partie, sect. XX.

weisen. Wir finden hier einen logischen Formalismus, wie wir einen Psychologismus finden; wir finden einen Mathematizismus, einen Physikalismus, einen Biologismus, einen Historismus. Selbst innerhalb bestimmter philosophischer Grundrichtungen, die einander nahestehen, ja die sich in ihrem prinzipiellen Ausgangspunkt geradezu zu decken scheinen, macht sich dieser Gegensatz in der Formulierung des Erkenntnisproblems bemerkbar und auf Schritt und Tritt fühlbar. So steht, um nur an ein einzelnes charakteristisches Beispiel zu erinnern, in der Entwicklung des *Neukantianismus* die Lehre Cohens und Natorps derjenigen von Windelband und Rickert scharf gegenüber: ein Unterschied, der sich notwendig aus ihrer allgemeinen *Orientierung* ergibt, die in dem einen Fall durch die mathematische Naturwissenschaft, in dem anderen durch die Geschichte bestimmt wird. Jede dieser Fragestellungen, die an eine bestimmte Einzeldisziplin anknüpfen, enthält wichtige und fruchtbare Probleme in sich. Aber jede will nicht nur im Namen eines Teilgebiets des Wissens, sondern sie will für das Ganze der Wissenschaft sprechen, das sie zu vertreten und exemplarisch zu verkörpern glaubt. Hieraus ergeben sich immer neue Spannungen und immer schärfere Konflikte, und es fehlt an einem Gerichtshof, von welchem diese Zwistigkeiten entschieden und jeder der Parteien ihr relatives Recht zugemessen werden könnte.

Denn das Verhältnis der *Philosophie* zu den Einzelwissenschaften hat sich in diesem Zeitraum der unaufhaltsam fortschreitenden Spezialisierung grundlegend gewandelt. In dieser Hinsicht besteht ein scharfer Schnitt, der die Gegenwart von der Vergangenheit trennt. Im Altertum und im Mittelalter, in den Jahrhunderten der Renaissance und in den großen philosophischen Systemen des 17. und 18. Jahrhunderts besteht kein Zweifel daran, daß die Philosophie im Aufbau der wissenschaftlichen Erkenntnis eine selbständige und eigene Aktivität zu entfalten hat. Sie begnügt sich nicht mit der Registrierung des gegebenen Wissensbestandes oder mit seiner nachträglichen systematischen Verarbeitung. Sie weist vielmehr die wissenschaftliche Erkenntnis auf neue Ziele hin, und sie bahnt ihr neue Wege. In klassischer Prägnanz und Deutlichkeit tritt dieses Verhältnis in der griechischen Philosophie zutage. Daß Platon seinen Erkenntnisbegriff nach dem Vorbild der Mathematik geformt hat, ist unverkennbar, und seine Ideenlehre verdankt der Mathematik nicht nur einzelne fundamentale Grundeinsichten, sondern sie ist in ihrer gesamten Struktur durch sie bestimmt. Aber auf der anderen Seite geht sie über das, was in der griechischen Mathematik als festes Resultat vorlag, weit hinaus. Platon scheint in seiner Beziehung zur griechischen Mathematik weit mehr der Gebende als der Nehmende zu sein. Er stellt eine reine ‚Idee' der Mathematik, ein Vorbild und Urbild von ihr auf, und er verlangt von der Forschung, daß sie sich gemäß diesem Vorbild, das das philosophische Denken entworfen hat, gestalte und ihm fortschreitend näher komme. Wir können im einzelnen verfolgen, wie die nächsten Schüler Platons diese Forderung verstanden und wie sie sie erfüllt haben. Sie setzen die philosophischen Postulate Platons unmittelbar in die Tat um. Sie schaffen die Wissenschaft der Stereometrie, die Platon in der ‚Republik' als ein unentbehrliches Mittelgebiet zwischen Geometrie und Astronomie erklärt. Sie geben die erste wissenschaftliche Theorie der irrationalen Verhältnisse, die dazu dient, das Logisch-Anstößige, das im Begriff ‚unmeßbarer' Größen liegt, zu beseitigen. Und sie entwickeln schließlich, in direktem Anschluß an eine Aufgabe, die Platon gestellt hatte, eine Lehre von den Himmelsbewegungen, die nicht nur inhaltlich, sondern auch methodisch zum Muster jeder wissenschaftlichen Astronomie geworden ist. Was Platon auf mathematischem Gebiet geleistet hatte, das leistet Aristoteles auf biologischem Gebiet. Er konzipiert nicht nur die Biologie als ein in sich geschlossenes Ganzes, sondern er hat auch für ihre einzelnen Teile erst die begriffliche Sprache geschaffen. Hermann *Usener* hat in einem schönen Aufsatz diese großartige organisatorische Arbeit geschildert, die im Kreise der Platonischen Akademie geleistet wurde und die auf Jahrhunderte hinaus die Form der wissenschaftlichen Forschung bestimmt hat. „Die Schöpfung der Wissenschaft des griechischen nicht nur, sondern überhaupt des klassischen Altertums" — so sagt er — „ist das Werk von nur zwei, oder, um dem äußeren Anschein zuliebe das äußerste zuzugeben, von drei Generationen: des Platon, des Aristoteles und der unmittelbaren Schüler des letzteren. Kein Blatt der Geschichte meldet von einem zweiten vergleichbaren Vorgang"[10]. Der Vorgang wird nur verständlich, wenn man erwägt, daß es sich hierbei nicht darum handelt, ein Ganzes aus seinen einzelnen Teilen aufzubauen, sondern daß die Idee der Wissenschaft, wie sie von Platon konzipiert und von Aristoteles festgehalten und ausgebaut wurde, ein wahrhaft „organisches" Ganzes war: ein Ganzes, das, gemäß der Aristotelischen Definition des Organischen, seinen Teilen vorausging.

Die *neuere Philosophie* konnte ihre höchsten Leistungen erst vollbringen, nachdem sie selbständig und aus eigener Kraft dieses antike Ideal der Philosophie wiederentdeckt und es mit neuem Leben erfüllt hatte. Sicherlich war auch während des Mittelalters dieses Ideal niemals erloschen. Thomas von Aquino ist auch darin der große Schüler des Aristoteles, daß der enzyklopädische Geist der Aristotelischen Philosophie in ihm fortwirkt. Seine ‚Summae' wollen nicht nur den gegebenen Wissensstoff zusammenfassen, sondern sie sind von einem einheitlichen allbeherrschenden Gedanken erfüllt. Aber so große Rechte Thomas auch der philosophischen und der wissenschaftlichen Vernunft zugesteht, so konnte er sie doch niemals als das eigentliche und letzte Prinzip des Wissens erklären. Alles Wissen ist bedingt, und es ist nichtig und leer, sofern es sich nicht aus einer Gewißheitsquelle von anderer Art und Herkunft stützt. Der Satz: ‚Nisi credentio, non intelligetis' gilt für Thomas von Aquino, wie er für das gesamte Mittelalter gilt. Damit wird für ihn, ebenso wie für Bonaventura, die ‚reductio artium ad theologiam' zum Grund- und Leitprinzip der Forschung, wenngleich er das Verhältnis von Vernunft und Offenbarung, von Philosophie und Theologie anders als dieser bestimmt. Die Renaissance erweist

---

[10] *Usener*, Organisation der wissenschaftlichen Arbeit, Vorträge und Aufsätze, Lpz. 1907, S. 73 f.

sich darin als echte und eigentliche Wiedergeburt, daß sie nicht nur die einzelnen philosophischen Lehren des Altertums erneuert, sondern daß sie den Geist wiederherstellt, aus dem sie geschaffen waren. Die ersten Jahrhunderte der Renaissance begnügen sich im allgemeinen noch damit, an einzelne antike Lehrsysteme anzuknüpfen. Aber solange man in dieser Weise Platonische, Aristotelische, Stoische, Epikureische, skeptische Lehren wiederherzustellen suchte, blieb all dies bloßes Erbgut, das man noch nicht völlig in eigenen Besitz zu verwandeln vermochte. Erst Descartes gelingt hier, gerade wegen seiner unhistorischen Gesinnung, die befreiende historische Tat. Denn er übernimmt nirgends bloße Resultate, sondern er verkörpert in sich wieder die Urkraft des philosophischen Denkens. Mit dieser Kraft erfüllt er das Ganze der Wissenschaft, und durch sie entdeckt er eine neue Gesamtform derselben. Die Cartesische Methode und das Cartesische System sind nichts anderes als die Aufweisung und Begründung dieser neuen Form. Der Gedanke der ‚*Mathesis universalis*‘, wie er Descartes an seiner ersten großen Entdeckung, am Beispiel der analytischen Geometrie aufgeht, ist das gemeinsame Band, das alle Teile der Cartesischen Philosophie miteinander verknüpft und das sie zu einer untrennbaren Einheit zusammenschließt. Auch die Mathematik, so erklärt Descartes in den ‚Regulae ad directionem ingenii‘, konnte ihre Aufgabe, ihre eigentliche philosophische Mission nicht erfüllen, solange sie sich mit der Lösung von Teilproblemen begnügte — solange sie nichts anderes als eine Lehre von Figuren oder Zahlen sein wollte. So betrachtet, bleibt sie nichts anderes als ein scharfsinniges, aber unfruchtbares Gedankenspiel. Sie wird erst dann in ihrem eigentlichen Prinzip erfaßt und in ihrem philosophischen Gehalt erkannt, wenn es gelingt, sie aus einer Spezialwissenschaft zur Universalwissenschaft zu erheben — zu einer Wissenschaft von all dem, was sich auf Ordnung und Maß zurückführen läßt und was demgemäß der exakten Erkenntnis fähig ist. Von hier aus ergibt sich eine Umgestaltung und Neugestaltung nicht nur der Geometrie und Algebra, sondern auch der Optik und aller anderen Teile der Physik, der Astronomie, der Anatomie und Physiologie, der allgemeinen Biologie, der Medizin. Vieles von dem, was Descartes in dieser Weise auszubauen versuchte, hat sich nicht als haltbar erwiesen; der Bau seiner Naturphilosophie mußte Stück für Stück abgetragen werden. Aber der Geist seiner Methode und die universalistische Gesinnung derselben blieb der Mathematik und der neuen Naturerkenntnis eingepflanzt und hat sich in ihnen als dauernd wirksame Kraft bewährt. Derselbe Geist ist es, der auch die Leibnizische Philosophie beherrscht und von dem alle ihre Einzellehren beseelt sind. Der Plan der allgemeinen Enzyklopädie, der ‚Scientia generalis‘ und der ‚Characteristica generalis‘ ist das große Leitmotiv von Leibniz' wissenschaftlicher und philosophischer Forschung. Er hat ihn sein Leben lang begleitet; und es gibt keine Einzelleistung, die sich nicht in irgendeiner Weise auf ihn bezieht. Alles zielt auf diesen Einen Mittelpunkt ab. Aus diesem Grunde gibt es in der unabsehbaren Fülle von Leibniz' Schaffen keine Zerstreuung und Zersplitterung. Er fand in dieser Fülle immer wieder den Grundsatz bewährt, den er in die Worte gekleidet hat: ‚*Les sciences s'abrègent en s'augmentant*'. Aber es war nicht nur Abkürzung, sondern es war die stärkste geistige Durchdringung und die intensivste Konzentration, was er auf diesem Wege erreichen wollte. Auch er war davon überzeugt, daß nur dem philosophischen Denken diese Intensivierung und Konzentrierung gelingen könne. So bildet für ihn der Gedanke der allgemeinen Enzyklopädie ein notwendiges Moment in seiner Auffassung der ‚ewigen Philosophie', der ‚philosophia perennis'. Niemals, so erklärt er, ist irgendein Jahrhundert mehr für dieses große Werk reif gewesen, als das unsrige, das dazu geschaffen scheint, die Ernte aller früheren heimzubringen[11].

Kant hat nicht mehr denselben, unmittelbar produktiven Anteil an der Gestaltung der Mathematik und der Naturerkenntnis wie Descartes und Leibniz. Er greift nicht direkt in ihr Werk ein, sondern er steht diesem Werk als philosophischer Beobachter, als Kritiker und Analytiker, gegenüber. Seine transzendentale Methode muß das ‚Faktum der Wissenschaften' als gegeben voraussetzen; sie verlangt nichts anderes als dieses Faktum in seiner „Möglichkeit", in seinen logischen Bedingungen und Prinzipien zu verstehen. Aber auch damit steht Kant keineswegs in einem Verhältnis der bloßen Abhängigkeit vor dem tatsächlichen Wissensstoff, vor der ‚Materie', die ihm die einzelnen Wissenschaften darbieten. Seine Grundüberzeugung und seine Grundvoraussetzung besteht vielmehr darin, daß es eine allgemeine und notwendige *Form* des Wissens gibt, und daß die Philosophie dazu berufen und dazu befähigt ist, diese Form zu entdecken und sicherzustellen. Die Vernunftkritik leistet dies, indem sie statt auf den Inhalt des Wissens auf die *Funktion* des Wissens reflektiert. Diese Funktion findet sie im *Urteil* — und das Urteil in seiner allgemeinen Beschaffenheit und in der Besonderung seiner verschiedenen Richtungen zu begreifen, wird zu einer der Hauptaufgaben. Damit ist auch hier das streng-einheitliche, systematisierende und organisierende Prinzip gefunden. An dem Unterschied der analytischen und synthetischen Urteile, der Erfahrungssätze und der apriorischen Sätze, der kausalen und der teleologischen Urteile kann Kant die besondere Struktur des metaphysischen und mathematischen Denkens, der allgemeinen und der besonderen Naturwissenschaft, der Physik und der Biologie aufweisen. Die Erkenntnislehre bleibt auch bei ihm in all ihren Verzweigungen ein festgefügtes Ganzes, innerhalb dessen jedem Teil seine bestimmte Stelle angewiesen ist.

Ein solcher Universalismus der philosophischen Denkart besteht in der zweiten Hälfte des 19. Jahrhunderts nicht mehr. Denker wie *Spencer* versuchen noch den Entwurf einer wahrhaft synthetischen Philosophie; aber gerade bei ihnen spürt man besonders deutlich die einseitige Abhängigkeit, in die sie von einzelnen wissenschaftlichen Fakten und Theorien, wie z. B. der Evolutionstheorie, geraten. Mit dem Mut zu einer aprioristischen Meta-

---

[11] Über Leibniz' Entwürfe zur ‚Scientia generalis' und zur allgemeinen Enzyklopädie vgl. die Darstellung *Couturats*, La Logique de Leibniz, Paris 1901, Chap. 5 und 6.

physik ist auch der Mut zu einer durchgreifenden Systematik geschwunden. Comte hat, wie wir gesehen haben, diesen Mut noch in voller Stärke besessen, und er sah in ihm das eigentliche Kennzeichen und Wahrzeichen des philosophischen Geistes. Bei aller Einschärfung der faktischen, der „positiven" Grundlagen alles Wissens stand für ihn doch fest, daß alles Wissen sich zuletzt auf ein einziges *Ziel* beziehen muß — auf jenes Ziel, das ihm durch seine Idee der Humanität gegeben war. Das Wissen wurde jetzt nicht mehr bloß mathematisch und naturwissenschaftlich, sondern es wurde vielmehr ethisch und soziologisch verankert. Erst aus seiner letzten *Bestimmung* läßt sich nach Comte seine wahrhafte Einheit gewinnen und sicherstellen. Solange man noch im Kreise der rein objektiven Betrachtung stehenbleibt, solange man von der äußeren Natur statt vom Menschen ausgeht, bleibt alle Erkenntnis in gewissem Sinne eine unreduzierbare Mannigfaltigkeit. Es war eine Selbsttäuschung, der der klassische Rationalismus unterlag, wenn er glaubte, diese Mannigfaltigkeit dadurch beseitigen und ihrer gedanklich Herr werden zu können, daß er alles Wissen in Mathematik verwandelte. Der Pan-Mathematizismus Descartes' ist keine Lösung des Rätsels; denn er tut den Phänomenen Gewalt an. Wir müssen einsehen, daß beim Übergang von der Astronomie zur Physik, von der Physik zur Chemie, von der Chemie zur Biologie jeweilig neue und eigentümliche Bestimmungen hervortreten, die sich auf die früheren nicht zurückführen und die sich nicht aus dem allgemeinen Inhalt der Mathematik, aus Zahl und Maß nicht ableiten lassen. Es ist nicht möglich, alle wissenschaftlichen Begriffe auf einen einzigen Typus, den Typus der Mathematik zu reduzieren, und ebensowenig ist es möglich, alle Phänomene aus einem einzigen Gesetz zu erklären. Es genügt, wenn die unaufhebliche Verschiedenheit der Wissensgegenstände und der Wissensmethoden derart ist, daß sie in einer strengen Folge geordnet werden können, daß sie nach einem einheitlichen Prinzip auseinander hervorgehen. Diese Art der *Homogenität*, nicht die abstrakte Identität bildet das eigentliche Ideal[12]. In vollem Maße aber kann diese Homogenität erst hergestellt werden, wenn wir den Orientierungspunkt vom Objekt in das Subjekt verlegen, wenn wir das Problem des Wissens nicht vom Universum aus, sondern vom Menschen aus sehen. Dann fügt sich sofort alles zu einer vollständigen Einheit. Die Wissenschaften bilden ein einziges, in sich zusammenhängendes und hierarchisch gegliedertes System, weil jede von ihnen im Aufbau des menschlich-geistigen Kosmos eine besondere Funktion zu erfüllen hat und weil sie hierdurch eine spezifische *Bedeutsamkeit* gewinnt. Auf diese Weise hoffte Comte den herrschenden wissenschaftlichen Geist von Grund auf bessern zu können, indem er ihn seiner „blinden und zerstreuenden Spezialisierungssucht" entriß und ihm allmählich den eigentlich-philosophischen Charakter gab, der für seine wesentliche Aufgabe unerläßlich ist[13].

---

[12] Vgl. Cours de Philosophie positive, Première leçon. Discours sur l'esprit positif, Première partie, sect. IV u. ö.
[13] Vgl. Discours, 3e partie, sect. XVII.

Aber diese Aufgabe ließ sich immer schwerer und schwerer erfüllen. Der Fortgang der Wissenschaft vermehrte nicht nur die Probleme und Interessen unablässig, sondern er zwang auch zu einer ständigen Besonderung der Forschungsmittel. Die Anpassung des Wissens an die Objekte schien um so sicherer erreicht werden zu können, je geduldiger jede Sonderwissenschaft ihrem Einzelgegenstand in der Feinheit seiner Struktur folgte und je ausschließlicher sie sich lediglich von ihm lenken ließ. Damit trat eine immer schärfere Differenzierung, aber zugleich eine wachsende Entfremdung der besonderen Wissenschaften ein. Der Logik der Forschung schien nichts anderes übrig zu bleiben, als diesen Zustand festzustellen und ihn stillschweigend oder ausdrücklich gutzuheißen. Damit aber hatte das Erkenntnisproblem jene sichere Basis verloren, die es in den vorangehenden Jahrhunderten, trotz aller unaufhörlichen Kämpfe, bewahrt hatte. Nicht nur die Antwort auf dieses Problem, sondern schon die Möglichkeit einer einheitlichen Fragestellung ist zweifelhaft geworden. Gibt es überhaupt so etwas wie die „Erkenntnis" schlechthin, oder verfallen wir nicht mit der Aufstellung dieses Begriffs einer falschen und unzulässigen Abstraktion? Hat nicht jede Einzelwissenschaft das Recht und die Pflicht, unbekümmert um alle anderen ihren Weg zu gehen und ihren eigenen Erkenntnisbegriff und ihre eigene Methodik auszubilden? Aus dieser Lage der Philosophie und der Wissenschaft aber ergibt sich auch für den *Historiker* des Erkenntnisproblems ein schwieriges Problem. Denn er hat jetzt im Grunde keinen einheitlichen Gegenstand mehr, an dem er sich festhalten und orientieren könnte. Schon in der früheren Untersuchung, die wir in den vorangehenden drei Bänden dieser Schrift durchzuführen suchten, mußten wir, um das innere Werden des Erkenntnisproblems darzustellen, ständig über den Kreis der einzelnen philosophischen Systeme hinausblicken. Wir mußten die mannigfaltigen und feinen Verflechtungen verfolgen, die zwischen diesen Systemen und der konkreten wissenschaftlichen Einzelarbeit bestehen. Aber immer behielt hierbei das philosophische Denken insofern den Primat, als er der vollkommene und der eigentlich-adäquate *Ausdruck* für die Gesamtbewegung des Wissens war. Diese Orientierung läßt uns im Stich, wenn wir uns der Philosophie der letzten hundert Jahre zuwenden. Denn hier kann und will die Philosophie nicht mehr denselben Anspruch vertreten, den sie in den früheren Epochen beständig festgehalten hatte. Statt selbst die Führerrolle zu übernehmen, statt aus eigener Kraft und eigener Verantwortung ein bestimmtes Wahrheitsideal zu vertreten, läßt sie sich vielmehr durch die Sonderwissenschaften leiten und sich durch jede von ihnen in eine bestimmte Richtung drängen. Es ergeben sich fast so viele erkenntnistheoretische Einzelrichtungen als es einzelne wissenschaftliche Disziplinen und Interessen gibt. Wollten wir uns daher damit begnügen, einfach dem Gange zu folgen, den die Hauptrichtungen der Erkenntnistheorie in der zweiten Hälfte des 19. und zu Beginn des 20. Jahrhunderts genommen haben, so würden wir damit ein zwar höchst buntes und vielfältiges Bild gewinnen, aber gerade in dieser Vielfalt würde das Bild unvollständig und unzulänglich bleiben. Wir würden einen Einblick in den Streit der Schulen erhalten; aber dieser könnte uns über die eigentlichen, innerlich bewegenden Kräfte des Erkenntnisproblems selbst nichts lehren. Diese Kräfte müssen wir vielmehr an anderer Stelle aufsuchen. Sie liegen, oft tief verborgen, im Inneren der Wissenschaften. Jede von ihnen ist in dem Zeitraum, um den es sich hierbei handelt, nicht nur den stärksten inhaltlichen Wandlungen unterworfen, sondern es vollziehen sich in ihnen auch geradezu revolutionäre Bewegungen, die die Grundlagen erschüttern, auf denen man bisher gebaut hatte. Am deutlichsten tritt dieser Sachverhalt im Gebiet der exakten Wissenschaft zutage. In der Geometrie wird das System Euklids, das die unbestrittene Herrschaft über Jahrhunderte besessen hatte, aus seiner Stellung verdrängt; die Entdeckung der Nicht-Euklidischen Geometrie stellt das mathematische Denken vor ganz neue Fragen und drängt es zu einer neuen Auffassung seiner eigentlichen logischen Struktur. In der Naturwissenschaft beginnt das Weltbild der klassischen Physik mehr und mehr fragwürdig zu werden; die mechanische Naturanschauung gerät durch die Quantentheorie und durch die spezielle und allgemeine Relativitätstheorie ins Wanken. Aber nicht minder tiefe und nicht weniger stark eingreifende Veränderungen vollziehen sich auf anderen Gebieten. Die Biologie scheint in dieser Epoche das Stadium ihrer wissenschaftlichen Reife erst eigentlich zu erreichen. Sie gewinnt nicht nur einen unübersehbaren Schatz neuer Einzeleinsichten, der die gesamte Arbeit der früheren Jahrhunderte weit hinter sich läßt, sondern sie scheint in der Darwinschen Lehre die erste theoretisch befriedigende Antwort gefunden zu haben, die das Rätsel des Lebens endgültig zu lösen verspricht. Aber bald setzen auch hier die Zweifel und Kämpfe ein, und heute gibt es wohl keinen Biologen mehr, der im Darwinismus ein abschließendes Resultat, der in ihm das Ende statt des Anfanges sähe. Was die Geschichtswissenschaft betrifft, so ist sie sich in diesem Zeitraum über ihre Aufgabe erst wirklich klar geworden; und das eigentliche „historische Weltbild" beginnt sich erst jetzt zu konstituieren. Auch dies ist nur unter ständigen methodischen Streitigkeiten möglich, die zu immer größerer Schärfe anwachsen. All dies muß der Historiker des Erkenntnisproblems sich gegenwärtig halten, wenn er nicht nur bei den peripheren Bewegungen stehen beiben, sondern diese bis in ihr geistiges Zentrum zurückverfolgen will. Wir wählen daher für die folgende Darstellung einen anderen Weg, als wir ihn in der vorangehenden Untersuchung gewählt haben. Wir wollen nicht, an der Hand der philosophischen Hauptwerke der Epoche, die Ergebnisse verfolgen, zu denen die Theorie der Erkenntnis gelangt, sondern wir wollen versuchen, zu den Motiven vorzudringen, die zu diesen Ergebnissen hingeführt haben. Nur auf diese Weise läßt sich die Zwiespältigkeit beseitigen, die auf den ersten Blick als das Kennzeichen und gewissermaßen als das Stigma der Erkenntnistheorie des letzten Jahrhunderts erscheint. Sie kann zwar nicht geleugnet oder geheilt, aber sie kann in ihrem Ursprung und in ihrer relativen, historischen wie logischen Notwendigkeit verstanden werden. Bei einer solchen Betrachtungsweise wird deutlich, daß das Erkenntnisproblem jetzt, im Vergleich mit den früheren Jahrhunderten, eine neue Wendung genommen und daß es eine viel komplexere Struktur gewonnen hat; aber es hört zum mindesten auf, ein Chamäleon zu sein, das in allen Farben schillert. Aus der Fülle und aus der Divergenz und dem Widerstreit der Einzelbestrebungen und der Einzelansätze beginnt sich eine einheitliche und übergreifende Gesamttendenz herauszuschälen. Aber all dies verlangt freilich die ständige geduldige Versenkung in die Arbeit der Einzelwissenschaften, die nicht nur in ihrem Prinzip erforscht, sondern die auch in ihrer Konkretion, in der Auffassung und Behandlung der Haupt- und Grundfragen jedes Wissensgebietes sichtbar gemacht werden muß. Die gewaltige Schwierigkeit, die in einer solchen Fassung des Problems liegt, verhehle ich mir keineswegs; sie ist mir im Verlauf der Arbeit immer wieder und immer deutlicher zum Bewußtsein gekommen. Wenn ich es trotzdem wage, die Aufgabe in Angriff zu nehmen, so geschieht es in der Überzeugung, daß es nur auf diesem Wege gelingen kann, der Forderung nahe zu kommen, die jede *philosophische* Geschichtsschreibung an sich stellen muß. Denn diese darf und will nicht einfach bestimmte Gedankenreihen in ihrem Hervorgehen und in ihrem zeitlichen Ablauf schildern. Sie will vielmehr den prinzipiellen Sinn und Ertrag dieser Gedankenreihen sichtbar machen; sie will nicht nur zeigen, was sie gewesen sind und wie sie historisch geworden sind, sondern auch was sie systematisch bedeutet haben und noch bedeuten. Die Zeit der großen konstruktiven Entwürfe, in der die Philosophie hoffen durfte, das Ganze des Wissens mit einem zu systematisieren und zu organisieren, ist für uns dahin. Aber die Forderung der Synthesis und Synopsis, der Überschau und Zusammenschau bleibt nach wie vor bestehen, und nur aus einer solchen Art des systematischen Überblicks läßt sich das wahre geschichtliche Verständnis der Einzelphänomene gewinnen.

ERSTES BUCH

Die exakte Wissenschaft

ERSTES KAPITEL

Das Raumproblem und die Entdeckung der Nicht-Euklidischen Geometrie

In der gesamten Geschichte der Mathematik gibt es wenig Ereignisse, die für die Gestaltung des Erkenntnisproblems und für seine Weiterentwicklung von so unmittelbarer und tief einschneidender Bedeutung gewesen sind, wie die Entdeckung der verschiedenen Formen der Nicht-Euklidischen Geometrie. *Gauß*, der auch auf diesem Gebiete der erste Bahnbrecher ist und der schon zu Beginn des 19. Jahrhunderts alle wesentlichen Grundgedanken der Nicht-Euklidischen Geometrie besessen zu haben scheint, hat es zuerst kaum gewagt, mit diesen Gedanken hervorzutreten. Er hütete sein Geheimnis sorgsam, weil er kein Verständnis für das neue Problem erhoffte und weil er, wie er sich in einem Brief ausdrückt, das „Geschrei der Böotier" fürchtete. Zu Beginn des Zeitraums, den wir hier betrachten, im dritten Jahrzehnt des 19. Jahrhunderts, treten die Arbeiten von *Lobatscheffsky* und Joh. *Bolyai* d. Jüng. hervor, die im Kreise der Mathematiker die Aufmerksamkeit auf das Problem lenken mußten. Aber seine völle Bedeutung in allgemein-logischer Hinsicht konnte erst erkannt werden, nachdem *Riemann* ihm in seiner Habilitationsrede: ‚Über die Hypothesen, welche der Geometrie zu Grunde liegen' ([1854] erschienen 1868) seine ganz scharfe und in gewisser Hinsicht abschließende Formulierung gegeben hatte. Schon der *Titel* dieser Schrift weist auf die ‚Revolution der Denkart' hin, die sich jetzt im Inneren der Mathematik vollzogen hatte. Riemann spricht von ‚Hypothesen', wo man zuvor von ‚Axiomen' gesprochen hatte. Wo man bisher absolute, schlechthin notwendige Sätze gesehen hatte, sieht er „hypothetische" Wahrheiten, die an die Geltung bestimmter Voraussetzungen gebunden sind. Und die Entscheidung über deren Geltung erwartet er nicht mehr von der Logik oder Mathematik, sondern von der Physik. Er erklärt, daß die Frage nach dem „inneren Grunde der Maßverhältnisse des Raumes" nur gelöst werden könne, wenn man von der bisherigen, durch die Erfahrung bewährten Auffassung der Erscheinung, zu der Newton den Grund gelegt, ausgehe und sie, getrieben durch Tatsachen, die sich aus ihr nicht erklären lassen, allmählich umarbeite. Seine Untersuchungen sollten nur dazu dienen, daß diese künftighin nicht durch Beschränktheit der Begriffe gehindert und der Fortschritt im Erkennen des Zusammenhangs nicht durch überlieferte Vorurteile gehemmt werde[1]. Der gesamte Charakter der

---

[1] *Riemann*, Über die Hypothesen, welche der Geometrie zu Grunde liegen, 1854; zuerst erschienen 1868; Neuausgabe von Hermann Weyl, 1919.

Mathematik erschien durch diese Auffassung grundlegend geändert: die mathematischen Axiome, die man seit Jahrhunderten als das Musterbeispiel der „ewigen Wahrheiten" angesehen hatte, scheinen nun einem ganz anderen Erkenntnistypus anzugehören: sie schienen, um mit Leibniz zu sprechen, aus ‚vérités éternelles' zu ‚vérités de fait' geworden zu sein.

Damit war, wie man sieht, nicht nur ein einzelnes mathematisches Problem gestellt; es war vielmehr die Frage nach der ‚Wahrheit' der Mathematik, ja die Frage nach der Bedeutung der Wahrheit *überhaupt* in einem neuen Sinne gestellt. Nicht nur das Schicksal der Mathematik, sondern selbst das der Logik schien jetzt davon abzuhängen, in welcher Richtung die Lösung gesucht und gefunden wurde. Im Altertum bestand eine unlösliche Gemeinschaft zwischen dem geometrischen und philosophischen Wahrheitsbegriff. Beide haben sich miteinander und aneinander entwickelt. Die Platonische Konzeption der Ideenlehre war nur dadurch möglich, daß Platon in ihr ständig auf jenes Reich unwandelbarer Gestalten hinblickte, das die griechische Mathematik entdeckt hatte. Auf der anderen Seite findet die griechische Geometrie ihre Vollendung und ihren inneren systematischen Abschluß erst dadurch, daß sie die Platonischen Gedankenmotive in sich aufnimmt. Ihr Wissenschaftsideal ist völlig durch diese Motive bestimmt. Euklids ‚Elemente' stehen am Ende dieser Bestrebungen und bilden die Krönung derselben. Sie knüpfen überall an die Arbeit der Platonischen Akademie an; sie sollen das Werk zu Ende führen, das die großen Mathematiker der Akademie, insbesondere Eudemos und Theaetet, begonnen hatten. Die Begriffe und Sätze, die Euklid an die Spitze seines geometrischen Systems stellt, sind ein Prototyp und Musterbild für das, was Platon den Prozeß der Ideenschau genannt hatte. Was in einer solchen Schau ergriffen wird, ist nichts Besonderes, nichts Zufälliges oder Veränderliches; es hat allgemein notwendige und ewige Wahrheit. Auch die neuere Philosophie hält diesen Grundgedanken unverbrüchlich fest. In seiner Lehre von der mathematischen ‚Intuition' steht Descartes durchaus auf dem Boden des antiken klassischen Wissenschaftsideals. Er mißtraut der Kraft und der Fruchtbarkeit des syllogistischen Denkens; aber die unmittelbare Gewißheit, die der geometrischen Anschauung eignet, wird auch durch den methodischen Zweifel für ihn niemals ernstlich in Frage gestellt. Was diese Anschauung uns gibt, ist keines Beweises, im Sinne der logischen Ableitung, fähig; aber es ist desselben auch nicht bedürftig; es ist „an sich bekannt" (per se notum); es leuchtet in eigenem, nicht in reflektiertem Lichte. Hier liegt das letzte und das einzig mögliche Wahrheitskriterium, hinter das sich nicht zurückgehen läßt. Die Wahrheit besteht in den unbezweifelbaren Begriffen des „reinen und aufmerksamen Geistes", die aus dem Licht der Vernunft allein entspringen[2].

Wesentlich skeptischer gegen den Wert der geometrischen „Anschauung" als das einzige und zureichende Wahrheitskriterium ist *Leibniz* gestimmt.

---

[2] Zu Descartes' Lehre von der ‚Intuition' vgl. bes. Regulae ad directionem ingenii III, Oeuvres, Adam-Tannery, X, 368 ff.

Er erklärt das Cartesische Kriterium der „klaren und deutlichen Perzeption" für unzulänglich, solange nicht feste Kennzeichen dafür angegeben seien, was man unter der Klarheit und Deutlichkeit einer Idee zu verstehen habe. Die bloße Berufung auf ein psychologisches Evidenzgefühl könne hier niemals zureichen; denn die Mathematik liefert uns Beispiele genug dafür, wie sehr ein solches Gefühl uns täuschen und irreleiten könne[3]. Daß zwei Linien, die sich ständig annähern und deren Abstand voneinander unter jede beliebig kleine Größe sinken kann, sich schließlich einmal schneiden müßten, wird man auf den ersten Blick als eine Behauptung ansehen, die unmittelbar gewiß sei; und dennoch lehrt das Verhältnis der Hyperbel zu ihren Asymptoten, daß dieser Satz falsch ist. Leibniz will daher die Axiome der Euklidischen Geometrie keineswegs als schlechthin-unbeweisbare Sätze stehen lassen. Sie sind ihm nur vorläufige Haltepunkte, die durch immer weiter getriebene Analyse auf weiter zurückliegende Voraussetzungen zurückgeführt werden müßten. Die Forderung eines „Beweises der Axiome" zieht sich durch Leibniz' gesamtes philosophisches und mathematisches Werk hindurch; sie macht einen Grundbestandteil seiner ‚Characteristica generalis' aus. Auch von solchen Sätzen wie dem, daß das Ganze größer als seine Teile sei, hat Leibniz einen ausdrücklichen Beweis gegeben[4]. Der Glaube an die unmittelbare Sicherheit und Überzeugungskraft der geometrischen „Evidenz" war daher schon im Kreis des klassischen Rationalismus ernstlich erschüttert, und er konnte auch durch Kants Lehre von den apriorischen Formen der „reinen Anschauung" nicht wiederhergestellt werden — wenn man diese Lehre in ihrem richtigen Sinne, wenn man sie ‚transzendental' statt psychologisch verstand. Aber Kant beschreibt in jedem Falle die gemeinsame Grundüberzeugung des Rationalismus, wenn er die reine Mathematik als eine Erkenntnis beschreibt, „die durch und durch apodiktische Gewißheit d. i. absolute Notwendigkeit bei sich führt, also auf keinen Erfahrungsgründen beruht, mithin ein reines Produkt der Vernunft ist" (Prolegomena § 6). Selbst die radikale Skepsis Humes hatte diese Position nicht anzugreifen gewagt. In der ersten Darstellung seiner Lehre, im ‚Treatise of human nature' hat Hume seinen Zweifel auch auf die mathematische Erkenntnis erstreckt und sie, gemessen an seinem sensualistischen Wahrheitskriterium, für ungültig erklärt. Später aber nimmt er dieses Urteil ausdrücklich zurück: er gesteht der Mathematik ihre Gewißheit zu, mit der Begründung, daß sie sich auf nichts Tatsächliches *(matter of fact)* beziehe, sondern es lediglich mit der Beziehung von Ideen *(relations of ideas)* zu tun habe. Zwischen solchen Ideen gibt es streng-notwendige und unveränderliche Verhältnisse; eben weil sie von nichts, was im Universum existiert, abhängen, sondern rein der Tätigkeit des Denkens ihre Entstehung verdanken[5].

---

[3] Vgl. bes. *Leibniz*, Meditationes de Cognitione, Veritate et Ideis. Philos. Schriften (Gerhardt) IV, 422 ff.; Hauptschriften (ed. Cassirer) I, 22 ff.
[4] S. z. B. Leibniz' Brief an Johann Bernoulli vom 23. August 1696; Mathemat. Schriften (Gerhardt) III, 321 f.
[5] *Hume*, Inquiry concerning human understanding, Sect. IV, Part I.

Aber all dies, worüber „Rationalisten" und „Empiristen" bis zum Anfang des 19. Jahrhunderts noch völlig einig schienen — auch *Lockes* Lehre von der mathematischen „Intuition" stimmt noch Zug für Zug mit Descartes überein[6] —, gerät plötzlich ins Wanken, als die ersten Systeme der Nicht-Euklidischen Geometrie hervortreten. Wenn die Geometrie ihre Gewißheit der „reinen Vernunft" verdankt: welche Seltsamkeit ist es nicht, daß diese zu völlig verschiedenen und in ihren Folgerungen entgegengesetzten Systemen gelangen kann, für die sie dieselbe „Wahrheit" in Anspruch nimmt. Wird dadurch nicht der Gewißheitscharakter der Vernunft selbst in Frage gestellt, wird sie nicht ihrem eigenen Wesen nach zwiespältig und zweideutig? Eine Mehrheit von „Geometrien" anzuerkennen schien daher nichts Geringeres einzuschließen, als auf die Einheit der „Vernunft", der ihr eigentlicher und auszeichnender Charakter ist, Verzicht zu leisten. Und noch weniger als in früheren Zeiten konnte das mathematische Denken im 19. Jahrhundert daran denken, dem Problem, das hierin lag, dadurch auszuweichen, daß es sich unter den Schutz einer unfehlbaren, schlechthin-evidenten „*Anschauung*" stellte. Denn durch die modernen Fortschritte der Mathematik war die Anschauung nicht nur ständig zurückgedrängt worden, sondern es war hier schließlich zu einer eigentlichen „Krise der Anschauung" gekommen. Es gibt in der Entwicklung des mathematischen Denkens viele und berühmte Beispiele, die das Mißtrauen gegen die Beweiskraft der reinen Anschauung wach erhalten und es ständig nähren mußten. Nichts scheint für die Anschauung gewisser zu sein als die Tatsache, daß eine krumme Linie in jedem ihrer Punkte eine „Richtung", eine bestimmte Tangente haben müsse. Aber *Weierstraß* konnte zeigen, daß es Funktionen gibt, die überall stetig, aber nirgends differenzierbar sind, denen also Kurven entsprechen, für die die hier gegebene Bedingung aufgehoben ist. Ebenso gab später *Peano* die Darstellung einer „Kurve", die ein ganzes Quadrat erfüllt, die also, im Sinne einer anschaulichen Interpretation, ein höchst paradoxes Gebilde darstellt. *Möbius* zeigte in einer Abhandlung „über die Bestimmung des Inhalts eines Polyeders", daß es Polyeder gibt, denen man auf keine Weise einen bestimmten Rauminhalt beilegen kann[7]. All dies brauchte keineswegs dazu führen, den Erkenntniswert der geometrischen Anschauung schlechthin zu bestreiten und auf sie Verzicht zu leisten — bedeutende Geometer, wie Felix *Klein,* sind sehr nachdrücklich für diesen Erkenntniswert eingetreten —; aber·es forderte in jedem Fall, daß man der gewöhnlichen „naiven" Berufung auf die Anschauung entsagte und eine andere, kritisch-gereinigte Auffassung an ihre Stelle treten ließ. Wenn — wie das Weierstraßsche Beispiel zeigte — nicht einmal die Idee der Kurve etwas in sich Evidentes war, wenn man vom rein mathematischen

---

[6] Näheres hierüber s. Band II, S. 255 ff.
[7] Näheres bei Felix *Klein,* Elementarmathematik vom höheren Standpunkte aus. 3. Aufl. Berlin 1925 (Grundlehren der mathematischen Wissenschaften XIV—XVI); Band II, S. 17 ff. — Zur „Krise der Anschauung" in der modernen Mathematik vgl. einen Aufsatz von Hans *Hahn* in: Krise und Neuaufbau in den exakten Wissenschaften, Leipzig und Wien 1933, S. 41 ff.

Standpunkte aus sagen konnte, daß „nichts dunkler und unbestimmter erscheine als die genannte Idee"[8] — so zeigt sich darin in höchst bezeichnender Weise, wie sehr sich seit den Tagen Descartes' das Kriterium des „Klaren und Deutlichen" gewandelt hat. Die Nicht-Euklidischen Geometrien rückten damit nicht nur in bezug auf die logische Strenge der Ableitung mit der Euklidischen auf dieselbe Ebene, sondern sie ließen sich auch nicht durch die Berufung auf die Anschauung aus dem Felde schlagen. Das trat besonders hervor, als es gelang, eine Interpretation dieser Geometrien zu geben, durch welche sie in bestimmte Sätze der Euklidischen Geometrie übersetzt und durch sie unmittelbar verdeutlicht werden konnten. Wenn man die verschiedenen Geometrien als „hyperbolische", „elliptische" oder „parabolische" Geometrien bezeichnet, so konnte die erstere durch *Beltrami*, dessen Gedanken durch *Helmholtz* weiter ausgeführt werden[9], durch die Verhältnisse auf der sogen. „pseudosphärischen Fläche" dargestellt werden, während die elliptische Geometrie durch die Verhältnisse auf der Oberfläche der Kugel und allgemein durch die Geometrie auf den Flächen von konstantem, positiven Krümmungsmaße darstellbar war. Ganz allgemein zeigte Felix *Klein* in seinem Aufsatz „über die sogenannte Nicht-Euklidische Geometrie" (1871), daß sich das gesamte System der letzteren vollständig auf das der Euklidischen Geometrie abbilden läßt[10]. Diese „Abbildung" macht jeden Wertvorzug der einen Form vor der anderen illusorisch. Sie zeigt, daß sie alle in bezug auf ihre „Wahrheit" das gleiche Schicksal teilen und daß jeder Widerspruch, der etwa in dem einen System hervortritt, unweigerlich einen ebensolchen in den anderen nach sich zöge. Von *Hilbert* konnte dieser Beweis noch dadurch ergänzt und verschärft werden, daß er in seinen „Grundlagen der Geometrie" den Nachweis führte, daß die Sätze der verschiedenen Geometrien nicht nur gegenseitig aufeinander, sondern daß sie auf Sätze der reinen Analysis, der Lehre von den reellen Zahlen, abbildbar seien, sodaß jeder Widerspruch in ihnen auch in dieser Lehre sichtbar werden müßte.

Im Gebiet der Mathematik selbst hat sich die neue Auffassung relativ rasch und, wie es scheint, ohne starke innere Reibungen durchgesetzt. Um so stärker aber waren die Bedenken, denen sie im Kreise der Philosophie begegnet. Namhafte Denker haben nicht nur starke Zweifel an der Zulässigkeit der Nicht-Euklidischen Geometrie gehegt, sondern sie haben sie auch für einen Widersinn erklärt, gegen den sich die Philosophie mit allen Mitteln zur Wehr setzen müsse. Diese verschiedene Haltung läßt sich aus der Eigenart und aus den historischen Voraussetzungen des mathematischen und philosophischen Denkens erklären. Die Mathematik ist und bleibt im Grunde stets eine „reine Beziehungslehre", und in ihrer modernen Gestalt

---

[8] S. Felix *Klein*, Gesammelte mathematische Abhandlungen, Berlin 1921, I 38 f.
[9] *Helmholtz*, Über die Tatsachen, welche der Geometrie zu Grunde liegen (1868); vgl. Über den Ursprung und die Bedeutung der geometrischen Axiome (Vorträge und Reden[4]), II S. 3 ff.
[10] *Klein*, Ges. mathematische Abhandlungen, I, 244 ff.

ist es gerade dieser Grundcharakter, der sich immer schärfer ausgeprägt hat. Wenn sie von irgendwelchen Gebilden spricht und die Natur dieser Gebilde erforscht, so ist es niemals das An-Sich-Sein derselben, das αὐτὸ καθ' αὑτό, wonach sie fragt. Was sie feststellen will und was sie allein interessiert, sind die *Verhältnisse*, in denen diese Gebilde zueinander stehen. In ihnen geht, für die mathematische Betrachtung, ihr ‚Sein' auf: die einzelnen Elemente empfangen ihre Bestimmung und damit ihre Bedeutung erst aus dem systematischen Zusammenhang, dem sie sich einfügen. Sie sind nun durch einander, nicht unabhängig von einander definiert. In seiner Lehre von der „impliziten Definition" hat Hilbert diesen Zug des mathematischen Denkens am schärfsten herausgestellt und ihn logisch vollständig geklärt. Es ist klar, daß für diese Auffassung eine gewisse „Geometrie" von vornherein nichts anderes als ein bestimmtes Ordnungs- und Relationsgefüge sein kann, dessen Charakter durch die Regeln der Verknüpfung festgestellt wird, nicht aber durch die ‚absolute' Natur der Gebilde, die in diese Verknüpfung eingehen. Ein und dasselbe System kann sich an beliebig vielen und durchaus verschiedenen Elementen erfüllen, ohne aufzuhören, streng dasselbe zu sein. An die Stelle der „Punkte", der „Geraden", der „Ebenen" der Euklidischen Geometrie kann man somit auf unendlich viele Weisen andere von ihnen verschiedene Objekte setzen, ohne daß dadurch der Gehalt und die Wahrheit der entsprechenden geometrischen Sätze im mindesten verändert wird[11]. Denn beide beruhen nicht auf etwas, was der geometrischen Erkenntnis als bestimmter Inhalt *vorausgesetzt* würde; sondern es erwächst erst aus den Verknüpfungsgesetzen und wird durch sie bestimmt. Für die *Philosophie* aber war gerade *diese* Art der Abstraktion, die in der Mathematik seit langem heimisch und ihr geläufig war, nur schwer zu vollziehen. Denn sie mußte befürchten, damit den festen Boden der „Wirklichkeit" unter den Füßen zu verlieren. Kant hatte in der Kritik der reinen Vernunft erklärt, daß die Philosophie auf den stolzen Namen einer Ontologie, welche sich anmaßt, von Dingen überhaupt synthetische Erkenntnisse (überhaupt synthetische Erkenntnisse a priori) in einer systematischen Doktrin zu geben, Verzicht leisten müsse: dieser Titel müsse dem bescheidenen einer bloßen Analytik des reinen Verstandes Platz machen[12]. Aber die nachkantischen Systeme hatten diese Mahnung beiseite geschoben. Sie gingen von der Ontologie und Metaphysik aus, und für sie verwandelte sich demgemäß jede erkenntniskritische Frage, die in ihren Gesichtskreis trat, unwillkürlich in eine ontologische Frage. Beim *Raumproblem* lag diese Verwandlung und Verwechslung um so näher, als selbst die größten philosophischen Mathematiker ihr Vorschub geleistet hatten. *Descartes* hatte in seiner Entdeckung der analytischen Geometrie das Problem des Raumes aufs engste mit dem der Zahl verknüpft und damit eine ganz neue intellektuelle Orientierung für dasselbe geschaf-

---

[11] Beispiele hierfür s. bei *Weber-Wellstein*, Enzyklopädie der Elementar-Mathematik, 2. Aufl., Leipzig 1907, S. 33 ff.

[12] Kr. d. r. Vernunft, 2. Aufl. S. 303.

fen. Aber im Aufbau seiner Metaphysik erscheint der Raum nicht sowohl als eine bestimmte *Ordnungsform,* die sich der der Zahl an die Seite stellen läßt, sondern hier erscheint er in der Art eines absoluten Dinges, in der Art der ‚ausgedehnten *Substanz'.*

Gegen diese Verdinglichung und metaphysische Hypostasierung hat Leibniz Einspruch erhoben, indem er den ‚idealen' Charakter des Raumes betonte. Dieser Charakter sollte in keiner Weise die Objektivität des Raumes antasten und ihn zur „bloßen Vorstellung", im subjektiv psychologischen Sinne, machen; er sollte vielmehr diese Objektivität, in ihrer eigentlichen und allein berechtigten Bedeutung, definieren und damit die notwendige Geltung der geometrischen Wahrheiten sicherstellen. Im 17. und 18. Jahrhundert aber hatte in diesem Punkte zunächst *Newton* den Sieg über Leibniz behalten. Der Raum blieb als „absoluter Raum" bestimmt, und die Wirklichkeit dieses „absoluten" Raumes bildete, bei Physikern wie bei Philosophen, den eigentlichen Gegenstand der Untersuchung.

Man begreift, welche Paradoxie die Tatsache der Nicht-Euklidischen Geometrien für eine Auffassung, die in diese Richtung ging, in sich schließen mußte. Nichts scheint den ersten Philosophen, die in die Diskussion über die Möglichkeit der neuen Geometrie eingriffen, schwerer gefallen zu sein, als einen scharfen Trennungsstrich zwischen der logisch- erkenntniskritischen und der ontologischen Fragestellung zu ziehen. Gab es verschiedene Axiomensysteme der Geometrie, so mußte es verschiedene „Räume" geben, und diese mußten ihrerseits wieder verschiedene „Welten" beherbergen. Aber mit diesem Zugeständnis schien der wesentliche Anspruch der Philosophie, eine streng einheitliche und universale Wirklichkeitserkenntnis zu sein, für immer der Erfüllung beraubt. Die Philosophie glaubte daher für ihr Grundrecht und für ihre wesentliche Aufgabe zu streiten, wenn sie an diesem Punkt den Kampf gegen die mathematische Spekulation aufnahm. Mit besonderer Deutlichkeit tritt diese Tendenz bei Lotze zutage. Schon der Umstand, daß Lotze seine Erörterung der ‚Metageometrie' nicht seiner ‚Logik', sondern seiner ‚Metaphysik' einverleibt hat, ist charakteristisch, und schon er mußte die Untersuchung in eine bestimmte Richtung drängen. Lotze sieht in der metageometrischen Spekulation „einen einzigen großen und zusammenhängenden Irrtum", und er erklärt, daß es nicht nur das Recht, sondern auch die unabweisbare Pflicht der Philosophie sei, diesem Irrtum mit aller Schärfe entgegenzutreten. „Ich kann mich durchaus nicht überzeugen, daß viele meiner Fachgenossen, welche auf die neuen Theorien beifällig eingehen, wirklich das so leicht verstehen, was mir ganz unverständlich ist; ich fürchte, daß sie aus Schüchternheit ihres Amtes nicht warten und auf diesem Grenzgebiete zwischen Mathematik und Philosophie die schweren Bedenken nicht geltend machen, welche sie im Namen der letzteren gegen manche Spekulation der Gegenwart erheben sollten"[13]. Bei näherer Betrachtung zeigt sich freilich, daß Lotze dem „blendenden Spiel

---

[13] *Lotze,* Metaphysik, 2. Aufl., Leipzig 1884, S. 234.

mit Zweideutigkeiten", das er der Metageometrie vorwirft[14], selbst nicht entgangen ist; denn er nimmt das Problem nicht im immanenten Sinne der Mathematik, sondern im „transienten" Sinne; er fragt, ob ein bestimmtes absolutes Ding, dem er den Namen ‚Raum' gibt, gewisse Beschaffenheiten hat oder nicht hat. Und als der äußerste Widersinn muß es ihm erscheinen, diesem Ding, wie es die verschiedenen Geometrien zu tun scheinen, gleichzeitig Bestimmungen zuzuschreiben, die miteinander ganz unvereinbar sind. Vorsichtiger in seiner Kritik ist *Wundt* zu Werke gegangen; aber auch er will der modernen Spekulation keinerlei *erkenntnistheoretischen* Wert zugestehen. Er wendet gegen sie ein, daß die Erwägung von Möglichkeiten ein anziehendes Gedankenspiel sein möge, daß aber solche Erwägungen über die Wirklichkeit nicht das geringste aussagen könnten. „Die Frage steht auf völlig gleicher Linie mit der in der älteren Ontologie mehrfach behandelten, ob die wirkliche Welt unter den möglichen Welten die beste sei oder nicht. Seit Kant steht niemand an, die letztere Frage mit dem Hinweis zu beantworten, daß die wirkliche Welt die einzige ist, die existiert, und daß über die Beschaffenheit derjenigen Welten, die nicht existieren, auch nichts ausgesagt werden kann." Da unsere Begriffe, um objektiv gültig zu sein, aus der Wirklichkeit geschöpft sein müssen, so habe es keinen Sinn, durch bloße Variation mathematischer Begriffe gleichsam neue Räume und neue Welten hervorzaubern zu wollen. „Die Meinung, welche die Vorstellung eines abweichend gestalteten Raumes für möglich hält, steht ... nicht etwa auf gleicher Linie mit der Meinung, daß wir uns Menschen vorstellen könnten, die ihre Köpfe in der Hand statt auf den Schultern tragen, sondern mit der anderen, daß unsere Fiction im Stande sei, solche Menschen wirklich ins Dasein zu rufen"[15]. Durch eine derartige Kritik, die sich schon im Ton merkwürdig vergriff und die der sachlichen Bedeutung des Problems nicht gerecht wurde, konnten die „tief gehenden Mißverständnisse zwischen Philosophie und Mathematik, über die Lotze klagte, nicht beseitigt werden. Aber die Mathematik selbst hatte zu der Zeit, als Lotze und Wundt mit ihren Einwänden hervortraten, bereits das ihrige getan, um diese Mißverständnisse zu klären. Im Jahre 1872 ist das sogen. „Erlanger Programm" Felix Kleins erschienen. Es nannte sich „Vergleichende Betrachtungen über neuere geometrische Forschungen" und bot zum ersten Mal unter einem streng einheitlichen systematischen Gesichtspunkt einen umfassenden Überblick über die verschiedenen möglichen Geometrien. Dies war nicht nur in mathematischer, sondern auch in erkenntniskritischer Hinsicht ein höchst bedeutsamer Schritt. Denn nun erst konnte dem Problem sozusagen sein „natürlicher Ort" zugewiesen werden. Klein beschränkt sich streng auf die formale und analytische Klärung des Problems und sieht von allen ontologischen Betrachtungen über die „Wirklichkeit" des Raumes ausdrücklich ab. Die ersten Entdecker der Nicht-Euklidischen Geometrien hatten diese Grenzlinie keineswegs streng innegehalten.

---

[14] ibid. S. 246.
[15] *Wundt*, Logik, 2. Aufl., Stuttgart 1893, I, S. 496 ff.

Sie glaubten in ihrer Entdeckerfreude dem Geheimnis des Raumes, das durch die Euklidische Geometrie nicht vollständig enthüllt worden sei, endlich auf die Spur gekommen zu sein. Bolyai trat in der Abhandlung, in der er das Parallelenaxiom fallen läßt, mit dem Anspruch auf, daß durch die neue Geometrie zum ersten Mal die „absolut wahre Raumlehre" begründet werde[16]. Klein stellt demgegenüber zunächst einmal in rein mathematischer Einsicht fest, daß die Mathematik es mit der Untersuchung reiner *Strukturfragen* zu tun habe, die mit irgendwelchen *Existenzfragen* nicht vermischt werden dürften. Er hält die Frage streng im Umkreis der „immanenten" Mathematik fest und verbietet sich jeden Übergang ins Ontologisch-Metaphysische. In seinen „Vorlesungen über die Entwicklung der Mathematik im 19. Jahrhundert" hat er eingehend geschildert, wie viele unselige Irrtümer dadurch verschuldet wurden, daß man bestimmte durchaus berechtigte und fruchtbare mathematische Untersuchungen durch eine μετάβασις εἰς ἄλλο γένος in ein völlig anderes Gebiet übersetzte und sie damit um ihren eigentlichen Sinn brachte. So soll z. B. dem „rein immanent mathematischen Satz", daß das Krümmungsmaß im Euklidischen Raum und in anderen Nicht-Euklidischen Räumen konstant sei, von Philosophen und Mystikern aller Art eine transiente Bedeutung beigelegt worden sein, als ob er dem Raum irgendeine anschaulich faßbare Eigenschaft beilege[17]. All dem weicht Klein im „Erlanger Programm" dadurch aus, daß er die *Frage nach dem Begriff und der Aufgabe der Geometrie* an die Spitze stellt. Seit die Geometrie sich aber ihre Euklidische Form zur ‚Pangeometrie' erweitert hatte, bedurfte diese Frage, in logischer und erkenntniskritischer Hinsicht, einer neuen Antwort. Um diese Antwort zu finden, knüpft Klein an den *Gruppenbegriff* an und schafft damit die erste wahrhaft befriedigende Gesamtorientierung über die Probleme der neuen Geometrie. Denn der Begriff der ‚Gruppe' gehört zu den wichtigsten Denkmitteln des mathematischen Denkens, das als solches erst im 19. Jahrhundert in seiner ganzen Fruchtbarkeit hervorgetreten ist. Hermann Weyl betont in seiner „Philosophie der Mathematik", daß die Gruppe vielleicht der für die Mathematik des 19. Jahrhunderts am meisten charakteristische Begriff sei[18]. Er war von bestimmten wichtigen Anwendungen, die er zunächst in Einzelgebieten fand, zu immer allgemeinerer Bedeutung herangewachsen und erwies sich zuletzt als ein übergeordneter Gesichtspunkt, von dem aus man das Ganze der mathematischen Probleme überschauen konnte. Dies hängt damit zusammen, daß der Gruppenbegriff vielleicht am tiefsten in den eigentlichen Kern der mathematischen Fragestellung eindringt, indem er sich nicht mit Zahlen oder Größen als besonderen mathematischen *Objekten* beschäftigt, sondern nach der Gesetzlichkeit von *Operationen* fragt. Daß

---

[16] Vgl. hierzu F. *Klein*, Über die sogen. Nicht-Euklidische Geometrie, Ges. Abh. I, 312.

[17] *Klein*, Vorlesungen über die Entwicklung der Mathematik im 19ten Jahrhundert (Grundlagen der mathem. Wissensch.; Bd. XXIV), Berlin 1926, S. 152 f.

[18] *Weyl*, Philosophie der Mathematik und Naturwissenschaft (im „Handbuch der Philosophie", München u. Berlin 1926), S. 23.

hier das eigentliche Zentrum der Mathematik zu suchen sei, hatte schon Leibniz erkannt, dessen Versuche zum Aufbau einer allgemeinen Kombinatorik und einer Characteristica generalis in dieser Richtung liegen. Im 18. Jahrhundert ist der Begriff der Gruppe durch Lagrange und Cauchy im Gebiet der Algebra fruchtbar geworden; und bei dem letzteren wird die Theorie der Substitutionen zuerst als vollständige Disziplin konstituiert[19]. Aber schon bei *Galois,* der zum eigentlichen Bahnbrecher auf diesem Gebiete wird, geht die Bedeutung des Gruppenbegriffs weit über die Anwendungen hinaus, die er von ihm für die Theorie der algebraischen Gleichungen macht. Der Fortgang vom Zahlenbegriff zu dem weit umfassenderen Begriff der Operation tritt bei ihm deutlich in die Erscheinung[20]. Durch *Lie* und *Klein* wird sodann der Gruppenbegriff in den Kreis der geometrischen Forschung eingeführt; und auch hier erweist er sogleich die ihm innewohnende organisierende Kraft. Das Dunkel, das bis dahin noch über den modernen geometrischen Spekulationen lag, wird jetzt mit einem Schlage gelichtet. Die Gruppe wird als der Inbegriff von eindeutigen Operationen A, B, C, ... erklärt, derart, daß irgend zwei der Operationen A, B kombiniert wieder eine Operation ergeben, die dem Inbegriff angehört; als ergänzende Bedingung wird gefordert, daß neben A auch die Inverse A^{-1} in der Gruppe vorhanden sein solle. Als einen wesentlichen Vorzug dieser Begriffsbildung sieht Klein es an, daß hierbei der „Appell an die Phantasie" völlig zurücktritt[21]: der Gruppenbegriff ist offenbar charakteristisch für eine „von aller Anschauung losgelöste rein intellektuelle Mathematik, eine reine Formenlehre, in welcher nicht Quanta oder ihre Bilder, die Zahlen, verknüpft werden, sondern intellektuelle Objekte, Gedankendinge, denen aktuelle Objekte oder Relationen solcher entsprechen *können,* aber nicht *müssen*". Das *Programm* zu einer solchen Mathematik war schon im Jahre 1867 von Hermann *Hankel* in seiner „Theorie der komplexen Zahlensysteme" aufgestellt worden; und er hatte es ausdrücklich als „Bedingung zur Aufstellung einer allgemeinen Arithmetik" erklärt[22]. Jetzt aber erweist sich, daß der hier angegebene Gesichtspunkt nicht minder fruchtbar und nicht minder notwendig für die Systematisierung der Geometrie ist. Die spezifische Differenz, durch die sich die einzelnen Geometrien voneinander unterscheiden, läßt sich jetzt in aller Schärfe und Prägnanz bezeichnen. Die Antwort auf diese Frage ist nicht nur in logischer Hinsicht höchst befriedigend, sondern sie ist auch von überraschender Einfachheit. Jede Geometrie ist ihrem allgemeinen Begriff und ihrer allgemeinen Aufgabe nach *Invariantentheorie* bezüglich einer bestimmten Gruppe, und die besondere Beschaffenheit derselben hängt von der Wahl dieser Gruppen ab. Nicht jede Betrachtung eines räumlichen

---

[19] Vgl. hrz. L. *Brunschvicg,* Les Étapes de la philosophie mathématique, 3 éd. Paris 1929, S. 550 ff.

[20] Näheres bei *Picard,* Les sciences mathématiques en France depuis un demi siècle, Paris 1917, S. 1 ff.

[21] *Klein,* Vorlesungen über die Entwicklung der Mathematik, S. 335.

[22] H. Hankel, Vorlesungen über die Complexen Zahlen, Leipzig 1867, I, S. 9 f.

Gegenstandes und nicht jede Feststellung, die sich auf einen solchen bezieht, besitzt den Charakter einer *geometrischen* Aussage. Es gibt derartige Feststellungen, die sich auf die Lage eines individuellen Objektes im Raume oder auf eine einzelne Gestalt, etwa auf ein Dreieck mit bestimmter Seitenlänge, beziehen. Aussagen von der Art, daß ein Punkt die Koordinaten 2, 5, 3 hat, enthalten eine räumliche Charakteristik; aber diese ist als solche noch keine geometrische Bestimmung. Denn sie beziehen sich nur auf ein bestimmtes, ein für allemal festes Koordinatensystem und gehören einer Wissenschaft an, die jeden Punkt für sich individualisieren und seine Eigenschaften gesondert auffassen muß, der *Topographie* oder, wenn man will, *Geographie*. ‚Geometrisch' können nur solche Eigenschaften heißen, die durch ihre Unveränderlichkeit gegenüber bestimmten Transformationen gekennzeichnet sind. Dies wird von Klein zunächst für jene ‚Hauptgruppe' ausgeführt, die für die Euklidische Geometrie bestimmend ist. Diese untersucht alle jene Eigenschaften eines räumlichen Gebildes, die durch alle Bewegungen des Raumes, durch seine Ähnlichkeitstransformationen, durch den Prozeß der Spiegelung sowie durch alle Transformationen, die sich aus diesen zusammensetzen, ungeändert bleiben. Derartige Eigenschaften sind also ihrem Begriffe nach unabhängig von der Lage, die das zu untersuchende Gebilde im Raume einnimmt, von seiner absoluten Größe, endlich auch von dem Sinne, in welchem seine Teile geordnet sind. Aber nichts zwingt uns, bei der einen „Hauptgruppe", die für die Euklidische Geometrie maßgebend ist, stehenzubleiben. So richtig sich diese auch in praktischer Hinsicht, für alle Zwecke des Lebens und für unsere Beherrschung der Körperwelt, erweist, so können wir ihr doch andere Gruppen an die Seite stellen, die mit ihr theoretisch gleichberechtigt sind. Als Verallgemeinerung der Geometrie entsteht dann das folgende allgemeine Problem: *„Es ist eine Mannigfaltigkeit und in derselben eine Transformationsgruppe gegeben: man soll die der Mannigfaltigkeit angehörigen Gebilde hinsichtlich solcher Eigenschaften untersuchen, die durch die Transformationen der Gruppe nicht geändert werden"*[23].

Von dieser Grundauffassung aus entwickelt Klein die verschiedenen Arten der Geometrie. Er studiert die gewöhnliche „metrische Geometrie", die „affine Geometrie, die projektive Geometrie als Invariantentheorie der projektiven Transformationen, die Geometrie der reziproken Radien, die Analysis situs". Die Frage, welche von ihnen die „wahrere" ist, hat jetzt offenbar jeden Sinn verloren. Alle diese Geometrien sind theoretisch gleich streng und daher theoretisch gleich berechtigt. Denn sie unterscheiden sich lediglich in bezug auf das System von Transformationen, das sie zugrunde legen und im Hinblick auf welches sie die Gesamtheit der invarianten Eigenschaften feststellen. Daß das Denken hier nicht von vornherein an ein einziges festes System gebunden ist, sondern daß es dieses System wählen und frei variieren kann, ist ersichtlich. Denn hier handelt es sich noch nicht

---

[23] *Klein*, Vergleichende Betrachtungen § 1 (Ges. math. Abhandl. I, 463); vgl. Elementarmathematik II, 140 ff.

um ein *Ergebnis,* um eine Feststellung, die ihm durch die Natur der Gegenstände vorgeschrieben und aufgezwungen sein könnte, sondern um eine einfache *Frage,* die es stellt, und die gewissermaßen aus seinem eigenen Inneren stammt. Die Reflexion, die Besinnung darüber, was ‚Geometrie' ihrem eigentlichen Begriff und ihrem eigentlichen Problem nach ist und bedeutet, mußte zuletzt notwendig zu einer Erweiterung jenes Teilgebietes führen, das aus historischen Gründen zuerst seine wissenschaftliche Ausbildung erhalten hatte. Bei dieser methodischen Grundauffassung kann es ersichtlich ebensowenig einen Wettstreit zwischen den einzelnen Systemen im Ganzen der Geometrie geben, wie es jetzt noch einen Widerstreit zwischen Philosophie und Mathematik geben kann. Denn welche Antwort die Philosophie als Wirklichkeitswissenschaft, als Lehre vom „Seienden als Seienden", auf die Frage nach der Natur der Wirklichkeit geben will, wird ihr durch die Mathematik, die jetzt durchaus als reine Formwissenschaft auftritt, nicht vorgeschrieben; auf der anderen Seite kann und darf eben die Philosophie das, was die Mathematik über die reine Form, über die logische Struktur des Raumes lehrt, nicht bestreiten oder ablehnen, sondern muß es als gesichertes Ergebnis zugrunde legen.

Noch bedeutsamer, in allgemein erkenntnistheoretischer Hinsicht, aber ist ein anderer Gesichtspunkt, zu dem Klein im Verlauf seiner Untersuchungen geführt wird. Daß die eine Geometrie vor der anderen in bezug auf ihre „Wahrheit" nichts voraus haben kann, hat sich gezeigt: aber wie steht es im Hinblick auf ihre *Allgemeinheit?* Müssen wir auch in dieser Beziehung alle Geometrien für gleichwertig erklären oder läßt sich hier ein Unterschied feststellen — läßt sich eine Art „Hierarchie" denken, die vom Besonderen zum Allgemeineren hinführt? Klein hat in der Tat eine solche Stufenordnung aufgestellt und innerhalb ihrer auch der Euklidischen Geometrie ihren festen Platz angewiesen. Damit erst hat er an die Stelle der früheren unklaren und unbeantwortbaren Frage, welche von den verschiedenen Geometrien die „richtigere" sei, eine Frage gesetzt, die sich präzis beantworten läßt. In bezug auf den Gewißheitsgrad ist offenbar keinerlei Abstufung zwischen den verschiedenen Geometrien möglich: alle sind gleich wahr und gleich notwendig. Wohl aber wird eine solche Abstufung erkennbar, wenn wir die verschiedenen Transformationsgruppen, die sie zugrunde legen, miteinander vergleichen. Denn sie stehen nicht einfach nebeneinander; sondern zwischen ihnen findet ein bestimmtes Verhältnis der Über- und Unterordnung statt. So ist z. B. die Auffassung der projektiven Geometrie gegenüber der der gewöhnlichen metrischen Geometrie die übergeordnete; denn die Gruppe der projektiven Transformationen umschließt die „Hauptgruppe", auf die sich die Euklidische Geometrie stützt, und enthält sie als Teil in sich. Die affine und projektive Geometrie hebt als „geometrische" Eigenschaften nur diejenigen heraus, die durch Parallelprojektion oder Zentralprojektion nicht verändert werden; sie erweitert also gewissermaßen den Gesichtskreis der metrisch-Euklidischen Geometrie, indem sie zu den ähnlichen Abbildungen im gewöhnlichen Sinne noch die Parallel- bzw. die Zentralprojektion hinzufügt. Führt man diesen Gesichtspunkt konsequent durch, so sieht man, daß auch die Unterschiede, die man zwischen den einzelnen geometrischen Gebilden annimmt, nicht als absolute anzusehen sind, die durch die ‚Natur' dieser Gebilde ein für alle Mal gegeben und fixiert sind, sondern daß auch sie, innerhalb der verschiedenen Geometrien, sich verschieben. Denn die Art und das Prinzip der Zusammenfassung entscheidet darüber, was wir als „dasselbe" oder „nicht-dasselbe" anzusehen haben. In der Euklidischen Geometrie bilden ähnliche Dreiecke, die sich nur durch ihre absolute Lage im Raum und durch ihre Seitenlänge unterscheiden, nicht verschiedene Gestalten, sondern eine einzige Gestalt; der Unterschied wird in begrifflicher Hinsicht als belanglos, als schlechthin „zufällig" erklärt. Daß dies gegenüber der unmittelbaren sinnlichen Anschauung, die nur ein hic et nunc, die nur örtlich-bestimmte und individualisierte Gestalten kennt, ein gewaltiger und geradezu gewaltsamer Schritt des Denkens ist, liegt auf der Hand. Diese Art der „Äquivalenz"-Setzung oder der ‚Definition durch Abstraktion' gehört zu den fundamentalen Bestimmungen des mathematischen Denkens überhaupt[24]. Aber der Prozeß dieser Begriffsbildung geht als solcher über den Gebrauch, den die Euklidische Geometrie von ihm macht, weit hinaus. Was in dieser letzteren als feste unübersteigliche Grenze, als ein Unterschied zwischen geometrischen ‚Wesenheiten' erscheint, das kann in einer anderen Art der Betrachtung selbst wieder relativiert und vom Standpunkt der geometrischen Begriffsbildung als unerheblich erklärt werden. Beim Übergang von einer Geometrie zur anderen zeigt sich ständig dieser eigentümliche „Bedeutungswandel" der geometrischen Begriffe. So ist z. B. in der affinen Geometrie von Entfernung und Winkel nicht mehr die Rede; ebenso wird der Begriff der Hauptachsen eines Kegelschnitts oder der Unterschied zwischen Kreis und Ellipse verwischt. Dagegen bleibt hier die Unterscheidung von *Endlichem* und *Unendlichweitem* des Raumes und alles, was sich darauf bezieht, erhalten, und damit bleibt die Einteilung aller Kegelschnitte in Ellipsen, Hyperbeln, Parabeln in Kraft. Beim Fortgang zur projektiven Geometrie kommt sodann auch die ausgezeichnete Stellung des Unendlichen in Fortfall: und hier gibt es schließlich nur noch *eine* Art von eigentlichem Kegelschnitt. Noch weiter geht dieser eigentümliche Auflösungsprozeß, wenn wir bis zur ‚Analysis situs' fortgehen, die die Gesamtheit der Eigenschaften behandelt, die allen eindeutigen, nur durchaus stetigen Transformationen gegenüber erhalten bleiben. Hier schwindet z. B. der Unterschied zwischen einem Kegel, einem Würfel und einer Pyramide; sie sind nicht mehr verschiedene, sondern nur noch ein Gebilde, da sie durch eine stetige Transformation ineinander überführbar sind. Derartige Begriffsbildungen mögen vom Standpunkt der ‚naiven' Anschauung noch so paradox und schwer vollziehbar erscheinen; aber man darf nicht vergessen, daß diese Paradoxie, wenn es eine solche ist, nicht erst beim Übergang von der Euklidischen Geometrie zu den „höheren" Formen entsteht. Der wirkliche *‚hiatus'* liegt hier nicht zwischen der Euklidischen Geometrie und der anderen Geometrie,

---

[24] Vgl. zu diesem Problem die Bemerkungen von *Weyl*, a. a. O., S. 8 ff.

sondern er liegt zwischen der sinnlichen Anschauung und der Welt des geometrischen Begriffs. In dem Maße als der geometrische Begriff an Schärfe und Feinheit gewinnt, wandelt sich für uns die „Welt des Raumes"; und es treten in ihr immer andere und tiefere Schichten zutage. „Die schrittweise Aussonderung der affinen und projektiven Geometrie aus der metrischen" — so sagt Klein — „können wir dem Verfahren des Chemikers vergleichen, der aus einem Stoff durch Anwendung immer stärkerer Zersetzungsmittel immer wertvollere Bestandteile isoliert; unsere Zersetzungsmittel sind erst die affinen, dann die projektiven Transformationen"[25]. Die Analogie liegt darin, daß wir beim Fortgang von der metrischen Geometrie zur affinen und projektiven gewissermaßen immer tiefere Schichten der räumlichen Gebilde bloßlegen, weil wir zu jenen räumlichen Grundbestimmungen gelangen, die sich nicht nur gegenüber den relativ-begrenzten Transformationen der „Hauptgruppe", sondern gegen immer weitergehende Umformungen als invariant erweisen.

Geht man von dieser Auffassung aus, so läßt sich damit auch einer der Haupteinwände beseitigen, den die philosophische Kritik gegen die modernen geometrischen Theorien erhoben hatte. Den schwersten Anstoß für diese Kritik bildete der Umstand, daß hier ein fundamentales Postulat verletzt wurde, das a priori im Begriffe des Raumes selbst liege. Der Raum muß *Einheit* sein, während er durch die Anerkennung der Nicht-Euklidischen Geometrie in eine bunte Vielfalt verwandelt würde. Dieser Einwurf ist in der Tat berechtigt und er ist unwiderlegbar, solange man auf dem Boden einer substantialistischen Ansicht vom Raume stehenbleibt. Dann erscheint der Raum als ein für sich Bestehendes, das in der Geometrie in der Weise anerkannt werden soll, daß diese uns ein vollständiges und getreues *Abbild* von ihm liefert. Wenn verschiedene Geometrien verschiedene Abbilder ergeben, wenn die eine etwa behauptet, daß das „Krümmungsmaß" des Raumes gleich Null, die andere, daß es positiv oder negativ sei, so ist damit die Einheit und Bestimmtheit des Urbildes unwiederbringlich dahin; beim Versuch, dieses Urbild zu bestimmen, geraten wir sofort in Antinomien. Aber es ist leicht einzusehen, daß diese Antinomien nicht der geometrischen Begriffsbildung zur Last fallen, sondern daß sie einer falschen Fragestellung entstammen, die von außen her in diese Begriffsbildung hineingelegt wird. Die Geometrie ist eine reine ‚Beziehungslehre'; in ihr handelt es sich nicht um Feststellung von Dingen und Dingmerkmalen, von Substanzen und deren Eigenschaften, sondern um reine Ordnungsbestimmungen. Auch die Frage nach der Einheit des Raumes kann daher in ihr stets nur in diesem Sinne gestellt werden: sie betrifft nicht die substantielle, sondern die formale oder ‚ideelle' Einheit. Die Anerkennung dieses Sachverhalts hätte der Philosophie des 19. Jahrhunderts um so leichter fallen sollen, als hier der Boden seit langem vorbereitet war. Schon in den philosophischen Systemen des 17. und 18. Jahrhunderts finden wir eine neue Raumlehre, die mit der substantialistischen Auffassung bricht und

---

[25] *Klein*, Elementarmathematik II, 142.

sie kritisch auflöst. Nicht erst Kant, sondern bereits Leibniz hat erklärt, daß der Raum eine reine „Form" sei. Er ist nach ihm die „Ordnungsform des Beisammen", wie die Zeit die „Ordnungsform des Nacheinander" ist. Damit war der Standpunkt der modernen Mathematik im Grunde von der Philosophie vorweggenommen. ‚L'espace est quelque chose' — so schreibt Leibniz an Conti, um seinen Gegensatz zur Newtonschen Raumlehre zu kennzeichnen — ‚mais comme le temps; l'un et l'autre est un ordre général des choses. L'espace est l'ordre des coexistences, et le temps est l'ordre des existences successives. Ce sont des choses véritables, mais idéales, comme les nombres'[26]. Ein Blick auf die Kleinsche Darstellung der Geometrie lehrt, daß in ihr die rein ideelle, die *systematische* Einheit des Raumes keineswegs aufgegeben, sondern daß sie vielmehr fester als je zuvor begründet erscheint. Denn die allgemeine Raumform, die Form des „möglichen Beisammenseins", wird von jeder Geometrie als ein unableitbarer Grundbegriff benutzt und vorausgesetzt. In dieser Hinsicht stehen die verschiedenen Geometrien einander gleich; aber sie differenzieren diese Raumform, indem sie mit verschiedenen Fragen an sie herantreten, indem sie sie sub specie verschiedener Transformationsgruppen betrachten. Aber auch hierbei ist die Einheit und Kontinuität des Denkens durchaus gewahrt. Denn die verschiedenen Geometrien stehen nicht unvermittelt und beziehungslos nebeneinander, sondern sie entwickeln sich auseinander, und diese Entwicklung ergibt sich aus einem streng bestimmten Prinzip. Dieses Prinzip erlaubt uns die ganze Reihe der möglichen Geometrien, von der gewöhnlichen Maßgeometrie angefangen bis zur Analysis situs und zur Mengenlehre, mit einem Blick zu überschauen und sie als ein gegliedertes Ganzes zu verstehen. Man sieht, daß jetzt der Mehrheitsbegriff der „Geometrien" den Einheitsbegriff der „Geometrie" nicht nur nicht ausschließt, sondern daß er ihn notwendig fordert, und daß daher durch ihn auch die „Einheit des Raumes" nicht aufgehoben oder gefährdet ist. Um sich zu dem Standpunkt zu erheben, mußte die moderne geometrische Begriffsbildnug freilich über den Kreis der räumlichen Anschauung herausschreiten. Sie will der Anschauung keineswegs den Rücken kehren, sondern knüpft vielmehr überall an sie an. „Eine geometrische Betrachtung rein logisch zu führen" — so bemerkt Klein — „ohne mir die Figur, auf welche dieselbe Bezug nimmt, fortgesetzt vor Augen zu halten, ist jedenfalls mir unmöglich." Aber er lehrt auf der anderen Seite, daß die Anschauung als solche nicht ausreiche, weil sie „etwas wesentlich Ungenaues" sei. Diese Ungenauigkeit muß durch ihre denkende Bearbeitung, durch ihre ‚Idealisierung' beseitigt werden. Erst durch diese gelangen wir zu Aussagen von absoluter Präzision und Allgemeinheit. Die geometrischen Axiome sind ihm allein die Forderungen, vermöge deren „in die ungenaue Anschauung genaue Aus-

---

[26] Opera (Dutens) III, 445; Näheres zur Leibnizischen Raumlehre s. in meiner Schrift: Leibniz' System in seinen wissenschaftlichen Grundlagen, Marburg 1902, S. 245 ff.

sagen hineingelegt werden"[27]. Hier aber drängt sich freilich eine andere Frage auf, die für die Erkenntnistheorie der Mathematik von fundamentaler Bedeutung ist. Mit welchem *Recht* nehmen wir derartige ‚Idealisierungen' vor? Ist es nicht sicherer und ist es nicht wissenschaftlich vorurteilsloser beim Gegebenen, als Gegebenem, stehenzubleiben? Ist es erlaubt, jene Ungenauigkeit, die zu jeder empirischen Anschauung nun einmal gehört, willkürlich abzuändern und in sie andere Aussagen hineinzulegen? Um eine Antwort darauf zu finden, müssen wir den Kreis der bisherigen Betrachtung erweitern. Denn der Frage nach dem *Inhalt* der geometrischen Axiome und nach dem logischen Verhältnis, in dem die einzelnen Axiomensysteme zueinander stehen, tritt jetzt die *Ursprungsfrage* zur Seite. Sie hat das mathematische und das philosophische Denken ständig beschäftigt und in die Entwicklung der Erkenntnistheorie in der zweiten Hälfte des 19. Jahrhunderts aufs stärkste eingegriffen. Der Darstellung dieser Frage müssen wir uns daher zunächst zuwenden.

---

[27] *Klein,* Zur Nicht-Euklidischen Geometrie, Math. Annalen, Bd. 37 (1890); Ges. math. Abh. I, 381; vgl. I, 386.

ZWEITES KAPITEL

Erfahrung und Denken im Aufbau der Geometrie

Daß die Mathematik das Musterbild aller apriorischen Erkenntnis sei, steht für den gesamten Rationalismus fest, und selbst der Empirismus hat an dieses Ergebnis kaum zu rühren gewagt (vgl. oben S. 31). Kant erklärt, daß die Mathematik uns ein glänzendes Beispiel gebe, wie weit wir es unabhängig von der Erfahrung in der Erkenntnis a priori bringen können[28]. Aber durch die Entdeckung der Nicht-Euklidischen Geometrien schien der Wert und die Beweiskraft dieses Beispiels ernstlich erschüttert. *Gauß* hat hier sofort die radikalsten erkenntnistheoretischen Konsequenzen gezogen. Die Arithmetik und die Analysis, die sich auf den Begriff der reinen Zahl gründen, waren und blieben ihm reine Vernunftwissenschaft. Die Geometrie aber löste er aus diesem Kreise heraus, um sie an die Seite der empirischen Naturwissenschaft zu stellen. So wurde er dazu geführt, die Frage, welche Geometrie die „wahre", die in „Wirklichkeit" existierende sei, durch Messungen an empirischen Körpern entscheiden zu wollen. „Wir müssen in Demut zugeben" — so schrieb er in einem Briefe an Bessel —, „daß wenn die Zahl unseres Geistes Produkt ist, der Raum auch außer unserem Geiste eine Realität hat, der wir a priori ihre Gesetze nicht vorschreiben können"[29]. Aber wenn man diese Folgerung zog, so schien sich damit in dem bisherigen so fest gefügten Gebäude ein bedenklicher Riß verraten zu haben. Seit den Zeiten der Pythagoreer bestand nicht nur eine feste Verbindung, sondern eine unlösliche Korrelation zwischen Zahlenlehre und Größenlehre, zwischen Arithmetik und Geometrie. Beide hatten zugleich, und aus demselben philosophischen Geiste heraus, ihre wissenschaftliche Grundlegung erhalten. Und diese Bindung mußte sich noch verstärken, als Descartes die analytische Geometrie entdeckte. Wenn jetzt dieses Band sich löste, wenn der Ursprung der Zahl „im" Geiste, der Ursprung des Raumes „außer" ihm gesucht wurde, so war damit die bisherige Einheit der Mathematik dahin: sie umfaßte ganz verschiedene Klassen von Gegenständen und ging auf verschiedene Erkenntnisquellen zurück.

Dennoch schien die Tatsache der Mehrheit der Geometrien keine andere Erklärung zuzulassen. Denn wenn zwischen ihnen, was die Strenge ihrer

---

[28] Kritik d. reinen Vern., 2. Aufl., S. 8.
[29] S. *Gauß*, Werke, Bd. VIII, S. 201.

Folgerungen betraf, kein Unterschied aufzuweisen war, wenn sie also, logisch betrachtet, sämtlich auf der gleichen Ebene entstanden, so ließ sich die Ausnahme- und Vorzugsstellung der Euklidischen Geometrie, die man ihr nicht abstreiten wollte, nur dadurch verstehen, daß man an eine andere Instanz appellierte. Der gewöhnliche Empirismus, wie er sich etwa in Mills Logik darstellt, machte sich diese Aufgabe leicht. Er ließ die mathematischen Begriffe aus der ‚Erfahrung' entspringen, und er faßte dabei die letztere so, daß sie zu einer bloßen Summe einzelner Sinneswahrnehmungen wurde. Die strengere mathematische Auffassung konnte sich freilich mit dieser Lösung nicht begnügen. Um das geometrische Denken dem Kreise des empirischen Denkens einzuordnen, mußte sie zuvor versuchen, dieses letztere selbst dem bloßen Sensualismus zu entreißen und es auf eine andere und festere Grundlage zu stellen. Den energischsten und konsequentesten Vorstoß in dieser Richtung hat, im Kreise der Mathematiker, Moritz *Pasch* in seinen „Vorlesungen über neuere Geometrie" (1882) getan. Hier zum ersten Mal schien der Nachweis erbracht, daß der geometrische Empirismus keineswegs eine Lockerung der geometrischen Strenge zur Folge haben müsse, daß er vielmehr dazu führen könne, diese Strenge noch zu vermehren. Pasch erklärt schon in der Vorrede seines Werkes, daß bei den bisherigen Bestrebungen, die Geometrie auf eine neue Grundlage zu stellen, die den mit der Zeit verschärften Anforderungen genügen könne, der *empirische Ursprung der Geometrie* noch nicht mit voller Entschiedenheit zur Geltung gekommen sei. „Wenn man die Geometrie als eine Wissenschaft auffaßt, welche, durch gewisse Naturbetrachtungen hervorgerufen, aus den unmittelbar beobachteten Gesetzen einfacher Erscheinungen ohne jede Zutat und auf rein deduktivem Wege die Gesetze komplizierterer Erscheinungen zu gewinnen sucht, so ist man freilich genötigt, manche überlieferte Vorstellung auszuscheiden..., dadurch wird aber das von der Geometrie zu bearbeitende Material auf seinen wahren Umfang zurückgeführt und einer Reihe von Kontroversen der Boden genommen. Mag man immerhin mit der Geometrie noch mancherlei Spekulationen verbinden; die erfolgreiche Anwendung, welche die Geometrie fortwährend in den Naturwissenschaften und im praktischen Leben erfährt, beruht jedenfalls nur darauf, daß die geometrischen Begriffe ursprünglich genau den empirischen Objekten entsprachen. Indem man sich von vornherein auf den empirischen Kern beschränkt, bleibt der Geometrie der Charakter der Naturwissenschaft erhalten, vor deren anderen Teilen sich jene dadurch auszeichnet, daß sie nur eine sehr geringe Anzahl von Begriffen und Gesetzen unmittelbar aus der Erfahrung zu entnehmen braucht."

Pasch hat sich zur Stütze dieser Auffassung auf keine philosophische Autorität berufen; aber es ist ersichtlich, daß er im wesentlichen den Bahnen des Positivismus folgt und dessen Programm innerhalb der Geometrie zur Durchführung bringen wollte. *Comte* sagt nicht nur für die Geometrie, sondern für die Mathematik überhaupt, daß sie nicht Begriffswissenschaft, sondern Tatsachenwissenschaft sei, da jede wahre Erkenntnis als solche auf Tatsachen gehen und sich auf deren Feststellung beschränken müsse. Aber der alte Primat der Mathematik sollte damit nicht im geringsten angetastet werden, und ihr Erkenntniswert wird nicht minder hochgestellt und nicht weniger enthusiastisch gepriesen als in den Systemen des klassischen Rationalismus. Denn Comte macht einen scharfen Schnitt zwischen dem, was er die „besonderen Tatsachen" und die „allgemeinen Tatsachen" nennt. Die Mathematik beschäftigt sich ausschließlich mit den letzteren; sie verbleibt ganz im Kreise der ‚*faits généraux*'. Daß dabei schon der bloße *Begriff* eines ‚*fait général*' ein schweres Problem in sich schließt und daß er zum mindesten der erkenntnistheoretischen Begründung und Rechtfertigung bedurfte — dessen scheint sich Comte kaum bewußt geworden zu sein. Ernsthafte Zweifel gegen die Möglichkeit des deduktiven Schließens scheinen ihn nicht beunruhigt zu haben. Ihm galt die Induktion als die eigentliche Gewißheitsgrundlage, die er höher als die Deduktion stellte[30]. Die Sicherheit, deren sie fähig ist, verdankt die Mathematik nach ihm daher nicht der Strenge ihrer Beweise; sie beruht vielmehr darauf, daß sie es mit den einfachsten Phänomenen zu tun hat. Die Bestimmungen von Größe und Zahl finden wir an allen Naturerscheinungen vor; sie mußten sich daher dem Geiste zuerst aufdrängen und sie konnten früher als alle anderen zum Range des positiven Wissens erhoben werden[31]. Aber die These, daß zwischen empirischem und geometrischem Wissen kein prinzipieller Unterschied bestehe, bleibt bei Comte, wie in anderen Systemen des Empirismus, im wesentlichen ein bloßes Postulat und wird in gewissem Sinne nur als erkenntnistheoretisches Dogma aufgestellt und verteidigt. Pasch hingegen macht den konkreten Versuch, im einzelnen zu zeigen, wie eine empirische Geometrie aussehen müsse und wie sie sich von den ersten Anfängen an in wissenschaftlicher Strenge aufbauen lasse. Die Euklidische Definition des Punktes, der Geraden, der Ebene muß er dabei natürlich bei Seite schieben. Sie sind, von seinem Standpunkt aus betrachtet, leer, da sie auf keine beobachtbare Tatsache zurückgehen. Man könnte sie aus solchen Tatsachen durch ‚Idealisierungen', durch bestimmte Grenzübergänge gewinnen; aber die Notwendigkeit und das Recht solcher Grenzübergänge ist eben das, was hier bezweifelt wird. Es fragt sich somit in erster Linie, was an die Stelle dieser ‚Elemente' gesetzt werden kann, mit denen jede geometrische Betrachtung beginnen muß. Auf ihre ‚Definition' muß verzichtet werden; denn keine Erklärung ist im Stande, dasjenige Mittel zu ersetzen, welches allein das Verständnis jener einfachen, auf andere nicht zurückführbaren Gebilde erschließt, nämlich der Hinweis auf geeignete Naturobjekte. Als solche kennen wir nur materielle Dinge und Vorgänge, die daher für alle geometrischen Begriffsbildungen als notwendiges Substrat festzuhalten sind, wenngleich wir uns in ihrer Beschreibung bestimmte Vereinfachungen gestatten. Ein Punkt ist nicht etwas, was keine Teile hat (σημεῖόν ἐστιν οὗ μέρος οὐδείν); eine Linie ist nicht eine Länge ohne Breite; sondern der

---

[30] Vgl. hierzu bes. *Comtes* Politique positive I, 517 ff.
[31] Zur Stellung der Mathematik in Comtes System vgl. bes. Cours de philosophie positive. Deuxième et troisième leçon.

Punkt ist ein materialer Körper, dessen Teilung sich mit den Beobachtungsgrenzen nicht verträgt. Demgemäß unterliegt auch die Anwendung der einzelnen Grundsätze von vornherein bestimmten Einschränkungen. Wenn man z. B. den Satz aufstellt, daß man zwischen zwei Punkten stets eine gerade Strecke ziehen kann, und zwar nur eine, so dürfen hierbei die durch die Strecke zu verbindenden Punkte nicht zu nahe angenommen werden. Ebenso kann man von dem Grundsatz, daß man, wenn A und B beliebige Punkte sind, den Punkt C so wählen kann, daß B innerhalb der Strecke AC liegt, nicht beliebig oft in einer und derselben Figur Gebrauch machen. Eine vollkommen scharfe Grenze läßt sich hierbei freilich nicht angeben: „Man muß sich aber hüten, aus dem Mangel einer scharf angebbaren Grenze das Nichtvorhandensein jener Grenze zu schließen". Auch die Anwendung der geometrischen Grundbegriffe und Grundsätze ist nicht unbeschränkt; denn da wir dieselben an Objekten erlernt haben, von denen man verhältnismäßig wenig entfernt ist, ist über ein solches Gebiet hinaus also ihre Anwendung nicht ohne weiteres berechtigt"[32]. Daß ein Aufbau der Geometrie, wie er hier verlangt wird, an sich möglich wäre und wie er sich gestalten müßte, hat Pasch gezeigt. Aber jenes Faktum der ‚reinen Mathematik', auf das sich Kants Kritik der reinen Vernunft berief und auf welches sie ihre Schlüsse gründete, wird damit nicht beseitigt. Es bleibt zum mindesten als historisches Faktum bestehen und es bedarf als solches der Erklärung. Warum ist die Geometrie von ihren ersten wissenschaftlichen Anfängen an den Weg der ‚Idealisierung' gegangen und warum hat sie in ihrem Ausbau so konsequent und, wenn man will, so einseitig und eigensinnig an ihm festgehalten? Wenn sie eine Naturwissenschaft ist, wenn ihr Ziel darin bestand, Beobachtungen an materiellen Dingen zu sammeln und sie in bestimmter Weise zu systematisieren, so müßte das Verhalten nicht nur als seltsamer Umweg, sondern auch als bedenklicher Irrweg erscheinen. Eine Naturwissenschaft, die sich zwar in ihren ersten Anfängen von gewissen Beobachtungen leiten läßt, die aber sodann der Beobachtung sofort den Rücken kehrt und prinzipiell unbeobachtbare Elemente einführt, aus denen sie rein logische Schlüsse zieht, würde sich an dem ersten Gebot wissenschaftlicher Betrachtung und Begriffsbildung versündigen. Ist die Geometrie Erfahrungswissenschaft, so müßte die ‚Exaktheit', deren sie sich rühmt, eben in der Genauigkeit ihrer empirischen Begriffsmittel bestehen; sie müßte sich also in einer ständigen Vermehrung und Verfeinerung der Beobachtungsmittel und in der hieraus erwachsenden immer genaueren Kontrolle der Grundbegriffe und Grundtatsachen durch neue empirische Feststellungen erweisen. Diesen Weg hat indes Paschs System offenbar so wenig wie irgendein früheres geometrisches System beschritten. Er wendet vielmehr jenes Verfahren an, das seinen folgerechten Abschluß in *Hilberts* ‚Grundlagen der Geometrie' und in der hier angewandten Methode der ‚impliziten Definition' gefunden

---

[32] *Pasch*, Vorlesungen über neuere Geometrie, 1882, (Neuausgabe Berlin 1926, Grundlehren der mathem. Wissensch., Bd. 23) § 1.

hat. Auch auf Paschs System könnte man daher das Wort Kants anwenden, daß in ihm die geometrische Erkenntnis zwar *mit* der Erfahrung anhebt, daß sie aber darum nicht *aus* der Erfahrung entspringe. Das Wesentliche bleibt auch hier die denkende Bearbeitung, durch welche, auf dem Wege der „impliziten Definition", gewissen Grundbegriffen, die man sonst einfach der Anschauung zu entnehmen pflegte, wie z. B. dem Begriff des ‚Zwischen', erst ein strenger logischer Sinn gegeben wird. Paschs Schrift hat daher *historisch* eine Wirkung gehabt, die ihrer *systematischen* Absicht kaum entsprach; sie hat nicht dem geometrischen Empirismus, sondern dem „Logizismus" und „Formalismus" den Weg gebahnt.

Von einer anderen Seite her aber war ein Versuch zu einer durchgreifenden Begründung dieses Empirismus von *Helmholtz* unternommen worden. Was Helmholtz' Leistungen auf diesem Gebiet charakterisiert und auszeichnet, ist dies, daß er das Problem in einen großen Zusammenhang einstellt und es in wahrhaft universeller Weite faßt. Denn er ist nicht nur als Mathematiker an ihm interessiert, sondern er sah sich von allen Seiten seiner wissenschaftlichen Tätigkeit auf dasselbe hingewiesen. Nicht nur als Geometer und Philosoph, sondern auch als Physiolog und Psycholog hat Helmholtz am Raumproblem gearbeitet; und dieses bildet gewissermaßen den Brennpunkt seiner gesamten Forschungsarbeit. In seinem großartigen Aufbau der „Physiologischen Optik" wollte er dem Empirismus gegenüber dem „Nativismus" zum Siege verhelfen. Er wollte zeigen, daß der Raum keine „angeborene Idee" ist, sondern daß sich seine Genese im empirischen Bewußtsein in aller Strenge nachweisen lasse, daß er aus den einfachen Sinnesempfindungen auf dem Wege der Assoziation und der „unbewußten Schlüsse" erwächst. Aus der Personalunion, die bei Helmholtz zwischen dem Mathematiker, dem Physiker und Physiologen bestand, läßt sich der spezifische Charakter seiner Raumlehre erst ganz verstehen. Die Apriorität des Raumes im Kantischen Sinne lehnte er keineswegs ab; aber er wollte ihr eine solche Fassung geben, daß sie mit seinen sinnesphysiologischen Grundanschauungen nicht nur nicht in Widerstreit geriet, sondern diese vielmehr ergänzen und stützen konnte. Der Raum in seiner allgemeinsten Form, als „Möglichkeit des Beisammen" ist ein unableitbarer Grundbegriff, der nicht aus der Erfahrung entspringt, sondern dieser vielmehr zu Grunde liegt. Aber diese Form muß als schlechthin universell gedacht werden, und sie ist es nur, wenn wir sie inhaltsleer und frei genug denken, um jeden Inhalt, der überhaupt in sie eingehen kann, aufzunehmen. Eine solche Beschränkung liegt in der Axiomatik, die jede besondere Geometrie zu Grunde legt. Und hier erst setzt die Rolle der Erfahrung ein. Der Raum ist ‚transzendental', ist unableitbar und ursprünglich; aber die Gestaltung, die er im Euklidischen System erhält, insbesondere die Geltung des Parallelen-Axioms, kann, wie die Tatsache der Nicht-Euklidischen Geometrie beweist, nicht aus ihm als reiner Anschauungsform hergeleitet werden, sondern muß einen anderen Ursprung haben. Die Axiome der Geometrie sind nicht notwendige Folgen aus einer solchen a priori gegebenen transzendentalen Form, sondern in ihnen müssen wir den Ausdruck bestimmter Grunderfahrungen sehen, die von so allgemeiner Art sind, daß wir ihren empirischen Charakter zu vergessen pflegen. Der Prozeß der Messung beginnt nicht erst in der Geometrie; sondern er geht bereits in jede alltägliche räumliche Erfahrung ein. „Wenn wir messen, so führen wir nur mit den besten und zuverlässigsten uns bekannten Hilfsmitteln dasselbe aus, was wir sonst durch Beobachtung nach dem Augenmaß und dem Tastsinn, oder durch Abschreiten zu ermitteln pflegen. In den letzteren Fällen ist unser eigener Körper mit seinen Organen das Meßwerkzeug, welches wir im Raume herumtragen. Bald ist die Hand, bald sind die Beine unser Zirkel oder das nach allen Richtungen sich wendende Auge der Theodolit, mit dem wir Bogenlängen oder Flächenwinkel im Gesichtsfeld abmessen." Bei allen diesen Messungen aber, sowohl bei denen, die wir mit unseren körperlichen Organen als mit künstlichen Werkzeugen vornehmen, gilt eine Voraussetzung, deren Geltung nicht a priori feststeht, sondern die wir nur der Erfahrung entnehmen können: Wir müssen annehmen, daß es „starre Körper" gibt, die ohne Formveränderung frei im Raume beweglich sind. Die Nicht-Euklidischen Geometrien haben in erkenntnistheoretischer Hinsicht den Wert, daß sie uns lehren, daß diese Annahme, wenngleich sie den höchsten Grad der Wahrscheinlichkeit hat, nicht logisch-notwendig ist; daß sie über das Gebiet der reinen *Raumanschauung* jedenfalls hinausgreift und eine bestimmte Voraussetzung über das physikalische Verhalten von Körpern, also einen Erfahrungssatz, in sich schließt[33].

Helmholtz' Darlegungen stützen sich auf den *Gruppenbegriff*, wenngleich er diesen noch nicht so scharf faßt und derart explizit anwendet, wie es später von Lie und Klein geschehen ist. Es wird gezeigt, daß in einem dreidimensionalen Raum von konstanter Krümmung Verschiebungen möglich sind, die von sechs Parametern abhängig sind; es gibt hier also sechsfach unendlich-viele Bewegungen. Damit aber hat sich in erkenntnistheoretischer Hinsicht der Schwerpunkt des Problems verschoben. Um zu einem sichern Einblick in den Sinn und Ursprung der verschiedenen Axiomensysteme zu gelangen, genügt es nicht mehr, den Raumbegriff zu analysieren, sondern wir müssen vor allem den Gruppenbegriff selbst ins Auge fassen. Was ihn betrifft, so sind wir indes in einer günstigeren Lage. Denn sein logischer Charakter kann kaum zweifelhaft sein, da er sich an seiner Anwendung und an seiner fortschreitenden geschichtlichen Entwicklung unmittelbar ablesen läßt. Seit seiner ersten Ausbildung durch Cauchy, Lagrange und Calois hat sich der Kreis dieser Anwendungen ständig erweitert und auf die verschiedensten Gebiete der Mathematik erstreckt. Der Gruppenbegriff schränkt sich weder auf den Kreis der Mathematik noch auf den der Geometrie ein; er schränkt sich weder auf das Gebiet der Zahl noch auf das der Größe ein. In ihm erheben wir uns über alle Betrachtung bestimmter Elemente des mathematischen Denkens zu einer

---

[33] Vgl. *Helmholtz*, Über den Ursprung und die Bedeutung der geometrischen Axiome, Vorträge und Reden II, 22 ff.

Theorie der *Operationen*. Wir haben es nicht mehr mit besonderen Inhalten, sondern mit dem Verfahren der Mathematik als solchem zu tun. Hier stehen wir demnach ganz auf dem Boden der rein „intellektuellen Mathematik". Der erste Denker, der hieraus die erkenntniskritischen Folgerungen für das Problem der Geometrie gezogen hat, scheint *Poincaré* gewesen zu sein. Kraft ihrer gelangt er zu einer entschiedenen Ablehnung des geometrischen „Empirismus". Denn wenn der Begriff der Gruppe es ist, den wir in die Definition der Geometrie hineinlegen müssen, und wenn jede Geometrie sich als Invariantentheorie bezüglich einer bestimmten Gruppe bezeichnen läßt, so geht schon in die Begriffsbestimmung der Geometrie ein rein apriorisches Element ein. Damit löst sich für Poincaré die Frage nach der erkenntniskritischen Dignität der Geometrie. „Den Gegenstand der Geometrie" — so erklärt er — „bildet das Studium einer bestimmten Gruppe. Aber der allgemeine Begriff der Gruppe präexistiert, zum mindesten potentiell, in unserem Geiste. Er drängt sich uns auf, nicht als Form unserer Sinnlichkeit, sondern als Form unseres Verstandes. Nur müssen wir unter allen möglichen Gruppen diejenige auswählen, die für uns sozusagen das Richtmaß bilden soll, auf das wir die natürlichen Phänomene beziehen. Die Erfahrung leitet uns in dieser Wahl, aber sie zwingt uns dieselbe nicht auf; sie läßt uns nicht erkennen, welche Geometrie die wahrere, sondern welche die ‚bequemere' ist." Hier bedarf vor allem der Ausdruck der „Bequemlichkeit" der näheren Erläuterung; denn in ihm liegt die Gefahr, daß auf jede objektive Bestimmung überhaupt Verzicht geleistet wird und der Gebrauch einer bestimmten Geometrie in das subjektive Belieben gestellt werden soll. Gegen eine solche Fassung hat Klein mit Recht protestiert. „Wir sind" — so bemerkt er — „im Anschluß an die moderne Axiomatik vielfach geradezu wieder in diejenige Richtung der Philosophie hineingeraten, die man von alters her *Nominalismus* nennt. Hier geht das Interesse an den Dingen selbst und ihren Eigenschaften ganz verloren; nur wie man sie nennt und nach welchem logischen Schema man mit den Namen operiert, davon wird noch geredet. Ich selbst teile diesen Standpunkt keineswegs, sondern halte ihn für den Tod aller Wissenschaft: *die Axiome der Geometrie sind — wie ich meine — nicht willkürliche, sondern vernünftige Sätze, die im allgemeinen durch die Raumwahrnehmung veranlaßt und in ihrem Einzelinhalte durch Zweckmäßigkeitsgründe reguliert werden*"[34]. Aber auch Poincaré hat seine These nicht in diesem Sinne verstanden, wenngleich viele spätere Vertreter eines extremen Nominalismus und „Konventionalismus" sich auf ihn berufen haben. Er hätte diese Sätze Kleins ohne weiteres unterschreiben können. Es hat nach ihm keinen Sinn, die Erfahrung darüber zu befragen, welche Geometrie die „wahrere" ist, wenn man dabei die Wahrheit im Sinne der empirisch konstatierbaren Wirklichkeit dessen, was durch unmittelbare Beobachtungen bestätigt und widerlegt werden kann, versteht. Denn in dieser Hinsicht erweisen sich alle geometrischen Systeme als gleich wirk-

---

[34] *Klein,* Elementarmathematik II, 202.

lichkeitsfremd: „Man kann da von Gebilden sprechen, die sich als solche der Möglichkeit des Experimentes entziehen." Man kann niemals mit geometrischen, mit ‚idealen' Graden oder Kreisen Versuche anstellen; jede Antwort, die wir durch das Experiment erhalten, betrifft stets nur die Beschaffenheit und das Verhalten materieller Objekte. Wohl aber können bestimmte Grunderfahrungen, die wir an diesen Objekten gemacht haben, uns darauf hinleiten, eine Geometrie auszubilden, die ihnen gemäß ist und sie in der einfachsten Weise darstellt. Wir entnehmen z. B. der Erfahrung die Voraussetzung, daß es möglich ist, daß ein Körper sich nach allen Richtungen frei bewegt, ohne hierbei seine Form zu verändern; und wir scheiden damit aus dem Kreise der überhaupt möglichen Geometrien eine bestimmte Zahl aus, für die diese Voraussetzung nicht gilt. Und im gleichen Sinne kann die Einschränkung weiter gehen. Das geometrische Denken wird hierbei durch die Erfahrung näher bestimmt, aber es wird durch sie nicht begründet. Die Erfahrung bildet nicht das Beweismittel für geometrische Wahrheiten; wohl aber kann sie seine „okkasionelle" Ursache bilden, indem sie den Anlaß und die Aufforderung gibt, bestimmte Seiten desselben auszubilden und gegenüber anderen zu bevorzugen. Damit ist, gegenüber den Systemen des geometrischen Empirismus, das Verhältnis wesentlich geklärt. Mit jener Form des Empirismus, der die Axiome der Erfahrung entnehmen und der sie als einfache Abbildungen gegebener beobachtbarer Tatbestände verstehen will, läßt sich, wie *Poincaré* erklärt, kein vernünftiger Sinn verbinden. Axiome sind in jedem Fall freie Setzungen des mathematischen Denkens, die Aussagen enthalten, die über jede Wahrnehmung hinausgehen. Was festgestellt werden kann, ist die Fruchtbarkeit dieser Setzungen für die Ordnung physikalischer Tatbestände; aber auch diese Feststellung kann niemals so erfolgen, daß wir ein einzelnes Axiom herausgreifen, um es experimentell nachzuprüfen, sondern daß wir bestimmte geometrische Gesamtsysteme mit dem Gesamtsystem der Erfahrung vergleichen. Wenn dies ein Verfahren der empirischen „Bewährung" geometrischer Sätze ist, so hat hierbei doch die Bewährung ersichtlich einen anderen und einen viel komplizierteren Sinn erhalten, als der strikte geometrische Empirismus annahm. Dem Euklidischen System wird hierbei nach Poincaré immer der Vorzug der logischen Einfachheit bleiben. Es ist einfacher, nicht nur auf Grund bestimmter geistiger Gewohnheiten, die wir in uns ausgebildet haben oder deshalb, weil wir eine direkte Anschauung des Euklidischen Raumes besäßen, sondern es ist es in derselben Weise, wie ein Polynom ersten Grades einfacher ist als ein Polynom zweiten Grades. Daß die Formeln der sphärischen Geometrie komplizierter sind als die der ebenen Geometrie, vermöchte auch ein mathematischer Analytiker zu erkennen, da er nichts von der geometrischen Bedeutung dieser Formeln wüßte. Ebenso ist Poincaré noch davon überzeugt, daß das Ganze unserer physikalischen Erfahrung uns niemals einen zwingenden Anlaß geben werde, eine Variation der geometrischen Voraussetzungen vorzunehmen; auch in diesem Falle werde es stets einfacher und zweckmäßiger sein, bestimmte Hypothesen über physische Tatbestände, über die gradlinige Ausbreitung des Lichtes oder dergl. aufzustellen, als an die Grundlagen des Euklidischen Systems zu rühren. Dieses habe somit ebensowenig etwas von künftiger Erfahrung zu fürchten, wie es durch gegenwärtige unmittelbar bewiesen oder bestätigt werden könne[35]. Die spätere Entwicklung der Physik hat diese Voraussage nicht bestätigt; sie hat gezeigt, daß Fälle eintreten können, die den Physiker veranlassen oder nötigen können, auch vor der Anwendung einer Nicht-Euklidischen Geometrie nicht zurückzuschrecken. Aber in rein erkenntniskritischer Hinsicht ist Poincarés Theorie weit genug, um auch diesem Sachverhalt Rechnung zu tragen. Denn sie gesteht allgemein zu, daß wir in der Erfahrung ein *Auswahlprinzip* für die Anwendung der Geometrie zu sehen haben, wenngleich dieselbe damit nicht zu deren eigentlichem *Rechtsgrund,* zu ihrem ‚quid juris' werde. Nimmt man diese Anschauung an, so braucht man, um das Rätsel der „Anwendbarkeit" der Mathematik zu lösen, weder mit dem Rationalismus auf irgend eine „prästabilierte Harmonie" zwischen Vernunft und Wirklichkeit zurückgehen, noch braucht man mit dem Empirismus in den mathematischen Begriffen einfache Abbilder dieser Wirklichkeit oder Auszüge und „Abstraktionen" aus ihr zu sehen. Die Eigengesetzlichkeit des mathematischen Denkens kann jetzt in vollem Maße anerkannt werden, und gerade in der Möglichkeit der Aufstellung einer Mehrheit ganz freier Systeme von Axiomen dürfen wir den überzeugenden Beweis für diese „Autonomie" sehen. Aber auf der anderen Seite thront jetzt nicht mehr, wie im antiken Idealismus, das mathematische Denken in einsamer Höhe über der Sinnenwelt. So wenig es unmittelbar aus ihr abgeleitet ist, so stellt es doch die ständige *Bereitschaft* für sie dar. In dieser Hinsicht unterscheidet sich der moderne Begriff des ‚Axioms' charakteristisch von dem antiken Begriffe. Axiome sind jetzt nicht mehr inhaltliche Behauptungen von absoluter Gewißheit, sei es, daß man diese Gewißheit als eine rein intuitive oder als eine rationale faßt, daß man sie aus der Natur der Anschauung oder aus der Vernunft ableitet. Sie sind vielmehr Ansätze des Denkens, die dieses zum Gebrauch bereit stellt; sie sind Schemata, die das Denken entwirft und die so weit und frei gefaßt sein müssen, daß sie sich für jeden konkreten Gebrauch, den die Erkenntnis von ihnen machen will, offen halten. Wenn man diesen Sinn des Axioms annimmt, der erst in der modernen Logik der Mathematik zur vollen Klarheit gelangt ist, wird der Streit über die Wahrheit der verschiedenen Axiomensysteme der Geometrie gegenstandslos. Denn diese Systeme wollen keine Antwort auf eine ontologische Frage erhalten. Sie erheben nicht den Anspruch einen bestimmten Gegenstand — „Raum" genannt — mag man darunter nun den „transzendenten" oder den „phänomenalen" Raum verstehen — abzubilden — welche Abbildungen notwendig mit einander in Widerstreit geraten müßten. Axiome sind nicht Bilder, sondern Modelle in dem Sinne, daß sie nicht ein Gegebenes beschreiben, sondern daß sie Entwürfe und Vollzugspläne sind. Ein Axiomensystem ist, nach der modernen Auffassung,

---

[35] Vgl. *Poincaré,* La Science et l'Hypothèse, Chap. 3—5.

keine Feststellung eines Tatbestandes, es ist vielmehr lediglich als „logische Leerform möglicher Wissenschaften" aufzufassen[36]. Solche Formen so mannigfaltig und so exakt als möglich aufzubauen, ist in jedem Falle eine berechtigte und notwendige Aufgabe der Erkenntnis; und die Entwicklung der Wissenschaft hat immer wieder gezeigt, daß auch das *Erfahrungswissen* nur so eine stärkere Förderung erfährt, daß es um so freier beweglich wird, je mehr es dieser Spontaneität des Denkens Raum gibt, statt sie von vornherein beschränken und auf das empirisch-Gegebene und Bekannte einengen zu wollen.

---

[36] Vgl. *Weyl*, Philos. d. Mathematik, S. 21.

DRITTES KAPITEL

Ordnungsbegriff und Maßbegriff in der Geometrie

Daß Ägypten das Heimatland der Geometrie ist und daß die Griechen die ersten Kenntnisse, die sie auf diesem Gebiet erwarben, den Ägyptern verdanken, ist durch Herodot bezeugt. Aber bei dieser Verpflanzung erfährt die Geometrie sofort einen charakteristischen und entscheidenden Bedeutungswandel. Was bisher praktische Kenntnis gewesen war, die im Verlauf der Jahrhunderte angehäuft worden war, das rückt jetzt in eine andere Sphäre: es wird zum Gegenstand der theoretischen Reflexion. Die antiken Berichterstatter haben hierin die wesentliche Leistung der griechischen Mathematik gesehen. Proklus hat uns in seinem Euklid-Kommentar eine Äußerung des Eudem aufbehalten, nach der Pythagoras der erste war, der die Mathematik auf die Stufe der „freien Bildung" (ἐλευθέρα παιδεία) erhoben habe, indem er auf ihre Prinzipien zurückging und die Probleme rein gedanklich und ohne die Begrenzung an einen bestimmten Stoff (αὔλως καὶ νοερῶς) behandelte. Hier liegt der eigentliche Einschnitt, durch den die bisherige empirische Maßkunde mit einem Schlage zum Zentrum des eigentlichen, des philosophischen „Wissens" wurde. „Von dem Moment an, wo griechische Philosophen anfangen, unsere Aufmerksamkeit durch ihre methodischen Leistungen auf sich zu ziehen" — so sagt Herm. *Hankel* in seiner Geschichte der Mathematik —, „verändert sich das Bild, welches die Mathematik zeigt, von Grund aus. Haben wir bei den alten Kulturvölkern nur Handwerk und Routine gesehen, nur herkömmliche Regeln gefunden, welche vereinzelt, unbegriffen, aus handgreiflicher Empirie entstanden einer rohen Praxis dienten, so erkannte der griechische Geist im ersten Augenblicke, wo er diesen Stoff kennen lernte, daß in ihm ein weit über jene Zwecke hinausgehender, des besonderen Nachdenkens werter, in allgemeiner Form auszusprechender, kurz — ein wissenschaftlicher Inhalt verborgen sei"[37].

Was die Griechen befähigte, diesen in der Geometrie verborgenen Schatz zu heben, ist der Umstand, daß in ihrem gesamten Denken und in ihrer Weltanschauung der Begriff des *Maßes* eine zentrale Bedeutung besitzt. Er ist auf keine besondere Sphäre beschränkt und erschöpft sich in keiner einzelnen Anwendung. In ihm erfassen wir das Wesen des Den-

---

[37] H. *Hankel*, Zur Geschichte der Mathematik im Altertum und Mittelalter, Leipzig 1874, S. 88 f.

kens und das Wesen des Seins. Die Grenze und das Maß der Dinge, das πέρας im ἄπειρον zu finden, ist die Aufgabe aller Erkenntnis[38]. Aber noch weit über diese rein intellektuelle Leistung greift der Maßbegriff hinaus. Er bildet nicht nur den Kern aller kosmischen, sondern auch aller menschlichen Ordnung; er steht im Mittelpunkt der Ethik, wie er in dem der Logik steht. Für die älteren griechischen Denker sind beide Momente des Maßbegriffs noch ungeschieden. Heraklit sieht im Begriff des Maßes (μέτρον) das einigende Band zwischen dem Weltgeschehen und dem menschlichen Dasein; beide würden dem Chaos anheimfallen, wenn sie nicht durch strenge Maße gebunden wären. Diesen großartigen universellen Aspekt spüren wir nicht nur in allem, was die griechischen Denker über Sinn und Wert der Geometrie sagen, sondern er leitet und beherrscht auch die Einzelarbeit der Forschung[39]. Durch ihn wird die Geometrie zum „Paradigma" des Wissens im Platonischen Sinne: sie ist das ewige Beispiel und Musterbild, an dem dasselbe sich über seine Natur und seine Aufgabe klar wird.

Jahrhunderte hindurch hat der Maßbegriff diesen Primat im mathematischen und im philosophischen Denken behauptet. Erst von der Renaissance an beginnt sich in der intellektuellen Orientierung der Mathematik ein Wandel bemerklich zu machen, der diesem Begriff zwar nicht das Geringste von seiner Bedeutung nimmt, der in ihm aber nicht mehr den alleinigen Gegenstand und den einzigen Brennpunkt des methodischen Wissens sieht. Geht man von dem heutigen Problemstand der Mathematik aus, so kann kein Zweifel sein, daß ihre Definition als Wissenschaft von den meßbaren Größen viel zu eng ist. Die projektive Geometrie und die Kombinatorik, die Analysis situs und die Gruppentheorie haben uns Gebiete kennen gelehrt, die sich dieser Definition entziehen und die nichtsdestoweniger Musterbilder des eigentlichen, des streng mathematischen Denkens sind. Wenn wir heute nach einer zusammenfassenden Erklärung für alle Gegenstände dieses Denkens suchen, so müßten wir auf den allgemeinen Begriff der „Ordnungsform" oder „Relationsform" zurückgehen. „Den Gegenstand der reinen Mathematik" — so könnten wir sagen — „bilden die Beziehungen, welche zwischen irgendwelchen gedachten Elementen begrifflich herstellbar sind, indem wir sie als in einer wohlgeordneten Mannigfaltigkeit enthalten ansehen; das Ordnungsgesetz dieser Mannigfaltigkeit muß unserer Wahl unterliegen"[40]. Der erste Denker, der diesen modernen Begriff der Mathematik, zum mindesten als Postulat, besessen und der aus ihm sofort die entscheidenden philosophischen Konsequenzen gezogen hat, ist Leibniz gewesen. Nicht die Algebra oder die Geometrie, sondern die *Kombinatorik* ist ihm die eigentliche mathematische Grundwissenschaft. Sie aber hat es nicht mit Zahl oder Größe, sondern mit der reinen *Form*

---

[38] Vgl. *Platon*, Philebos 15 B ff.
[39] Vgl. hierzu G. *Milhaud*, Les Philosophes-Géomètres de la Grèce, Paris 1900.
[40] E. *Papperitz*, Jahresber. d. Deutsch. Math. Vereins I, 1892, S. 36; über analoge Definitionen von B. *Peirce*, B. *Kempe*, I. G. *Graßmann* vgl. A. *Voss*, Über das Wesen der Mathematik, 3. Aufl., Leipzig 1922, S. 26.

der Verknüpfung zu tun und studiert die Gesetze dieser Form. „Daraus ergibt sich" — so erklärt Leibniz — „eine bisher unbekannte oder vernachlässigte Unterordnung der Algebra unter die Wissenschaft der Kombinatorik, d. h. der Wissenschaft, die von Größenbeziehungen handelt, unter eine solche, die von allen Ausdrücken, die die Ordnung, die Ähnlichkeit, die Relation betreffen, ganz allgemein handelt; kurz gesagt, *eine Unterordnung der Wissenschaft der Quantität unter die der Qualität*"[41].

Dieser Begriff der ‚Mathesis universalis' geht auch über das, was Descartes gelehrt hatte, weit hinaus. Er forderte für Leibniz eine Um- und Neugestaltung der Geometrie, die sich in entgegengesetzter Richtung wie Descartes' analytische Geometrie bewegte und zu der er in seinen Entwürfen zur Analysis situs und zur geometrischen Charakteristik den Grund gelegt hat. Die Tendenz dieser Entwürfe konnte erst später, in der Entwicklung, die das geometrische Denken selbständig genommen hatte, zur vollen Klarheit kommen. Erst Hermann Graßmann hat hier die Arbeit von Leibniz weitergeführt[42]. Aber die Kraft des neuen Gedankens bewährt sich vor allem in der immer wachsenden Selbständigkeit, mit der in der Entwicklung der neueren Geometrie das rein projektive Denken dem metrischen Denken gegenübertritt. Die Anfänge desselben lassen sich bereits im 17. Jahrhundert bei Desargues und Pascal nachweisen. Aber zur vollen Reife und zum Bewußtsein seiner methodischen Selbständigkeit ist es erst bei Poncelet gelangt. Er stellt zuerst das Programm einer Geometrie auf, die sich nicht mehr auf den Begriffen von Größe und Maß, sondern auf dem Begriff der Lage und auf der Betrachtung reiner Lagebeziehungen aufbaut. Sein ‚Traité des propriétés projectives des figures' (1822) ist nicht nur in mathematischer, sondern auch in philosophischer und allgemein erkenntniskritischer Hinsicht von Bedeutung, weil er an Leibniz' Formulierung des *Kontinuitätsprinzips* anknüpft und das letztere in einer neuen Weise, durch Einführung des Begriffs des Imaginären, in der Geometrie zur Geltung zu bringen sucht[43]. Überhaupt ist es, wenn man die Geschichte der projektiven Geometrie verfolgt, merkwürdig festzustellen, welchen breiten Raum in ihr rein methodische Betrachtungen einnehmen. Man fühlte sich hier auf neuem Boden und hatte das Bedürfnis einer prinzipiellen Rechtfertigung. Dies drückt sich schon im Titel von *Steiners* Hauptwerk aus, das er „Systematische Entwicklung der Abhängigkeit geometrischer Gestalten von einander" genannt hat. Der Grundgedanke ist

---

41 *Leibniz,* Mathesis Universalis, Mathemat. Schriften (ed. Gerhardt) Bd. VII, S. 61.

42 H. *Graßmann,* Geometrische Analyse, geknüpft an die von Leibniz erfundene geometrische Charakteristik, Leipzig 1847.

43 Zur Geschichte der projektivischen Geometrie verweise ich, außer auf die betreffenden Abschnitte in F. *Kleins* Vorlesungen über die Entwicklung der Mathematik im 19. Jahrhundert (I, 118 ff.), insbesondere auf M. *Dehn,* Die Grundlegung der Geometrie in historischer Entwicklung (Grundlehren der math. Wiss. Bd. XXIII), Berlin 1926.
Näheres hierüber in meiner Schrift: Leibniz' System, S. 225 ff.

hier, daß es, um zu einer streng wissenschaftlichen Begründung der Geometrie zu gelangen, nicht genügt, die verschiedenen Gebilde einfach nebeneinander zu stellen und jedes von ihnen einzeln zu untersuchen. Es müsse vielmehr ein Weg angegeben werden, auf welchem, von einem bestimmten Ausgangspunkt aus, die einzelnen Gebilde fortschreitend *erzeugt* werden können. Von den Grundgebilden aus — in der Ebene: die Gerade, das Strahlenbüschel, die Ebene selbst; im Raume: die Gerade, das ebene Strahlenbüschel, das Ebenenbüschel, Strahlbündel und Ebenenbündel, der Raum selbst — soll das gesamte System der geometrischen Erkenntnis durch sukzessive Erzeugung höherer Gebilde aufgeführt werden. Steiner sieht in dieser systematischen Idee das Wesentliche seiner Leistung. „Gegenwärtige Schrift" — so sagt er in der Vorrede zu seinem Werk — „hat versucht, den Organismus aufzudecken, durch welchen die verschiedenartigen Erscheinungen in der Raumwelt mit einander verbunden sind... Es tritt Ordnung in das Chaos ein." In voller Strenge ist das neue Programm indes erst in *Staudts* „Geometrie der Lage" zur Durchführung gelangt[44]. Bei Poncelet und Steiner war gerade der Fundamentalbegriff der projektiven Geometrie, der Begriff des „Doppelverhältnisses", noch im Sinne metrischer Betrachtungen definiert worden: das Doppelverhältnis war ein Verhältnis von Strecken oder Abständen im gewöhnlichen Sinne. Staudt verlangt hier eine neue, von der Metrik unabhängige Definition, wobei er auch auf den Ausdruck des Doppelverhältnisses verzichtete und statt seiner das Wort: „Wurf" einführte. Nachdem in dieser Weise die Koordinaten auf rein projektivem Wege eingeführt worden waren, ergab sich die Möglichkeit, in voller Strenge eine projektive Geometrie aufzubauen, die die gewöhnliche metrische Geometrie wie alle bekannten Geometrien als Sonderfälle in sich schließt und das Verhältnis, in dem sie zu einander stehen, klar heraustreten läßt. ‚Metrical geometry' — so erklärte *Cayley* — ‚is thus a part of descriptive geometry and descriptive geometry is *all* geometry'[45]. Hier also schien endlich das Ziel erreicht, das auch Lobatscheffski vor Augen stand, als er seinem Werk den Titel: ‚Pangeometrie' gab. Die projektive Geometrie erweist sich jetzt als die eigentliche Universalsprache, zu der sich die gewöhnliche Maßgeometrie nur wie ein einzelnes Idiom verhält. Diese ihre universelle Bedeutung drückt sich vor allem darin aus, daß sie die Schranke nicht kennt, an die die Euklidische Geometrie gebunden war. Es eröffnet sich hier ein Weg zur Begründung der Geometrie ohne das *Parallelenpostulat*, da es, wie F. Klein nachwies[46], möglich ist, die projektive Geometrie ohne dieses Postulat aufzubauen[47]. Damit ist auch in rein erkenntniskritischer Hinsicht der Schwerpunkt des Problems verschoben. Denn während früher noch immer die Euklidische

---

[44] Nürnberg 1847; Beiträge zur Geometrie der Lage, 1857—1860.
[45] Näheres bei *Klein*, Vorlesungen I, 132 ff. und I, 147 ff.
[46] F. *Klein*, Über die sogen. Nicht-Euklidische Geometrie (1871), Ges. math. Abh. I, 303 ff.
[47] Näheres über diesen Aufbau der projektiven Geometrie ohne Parallelenpostulat bei *Dehn*, S. 193 ff, 209 ff.

Geometrie gewissermaßen als der „Normalfall" galt und man das Verständnis der Nicht-Euklidischen Geometrie nur dadurch gewinnen zu können glaubte, daß man sie auf diesen Normalfall abbildete, kehrt sich jetzt die Betrachtung um. Klein selbst hat die Interpretation, die er von der Nicht-Euklidischen Geometrie gab, nicht in dem Sinne aufgefaßt, daß er lediglich ein Modell für sie in Verhältnissen des metrisch-Euklidischen Raumes finden, sondern daß er sie in einen umfassenden Entwurf der projektiven Geometrie einordnen wollte. Die Metrik der „parabolischen Geometrie", die dem System Euklids entspricht, zeigt sich hier als weniger einfach als die allgemeine „projektive Metrik". Nach der projektiven Auffassung des Parallelismus wird die elliptische Geometrie, in der alle Ebenen und alle Geraden derselben Ebene einander schneiden, die begriffliche Grundlage der parabolischen und hyperbolischen Geometrie[48].

Damit ist der *Primat des Ordnungsbegriffs vor dem Maßbegriff*, den schon Leibniz als allgemeines Prinzip aufgestellt hatte, auch für das Gesamtgebiet der Geometrie durchgeführt. Auch hier wird zunächst von reinen Ordnungsbeziehungen, von Beziehungen der „Inzidenz", wie das „Liegen eines Punktes auf einer Geraden", das „Gehen durch einen Punkt" u. s. f., ausgegangen und von hier aus werden die Fundamentalsätze entwickelt. Die Einführung einer Maßbestimmung ist erst ein zweiter Schritt, der jetzt erst in seinem organischen Zusammenhang erscheint. Es charakterisiert die Denkart der modernen Geometrie, wie es die Denkart der modernen Physik charakterisiert, daß man in beiden Fällen mehr und mehr lernt, den Prozeß des „Messens" als ein logisches und erkenntniskritisches *Problem* zu sehen. Was man zuvor, in der Geometrie wie in der Physik, ständig *geübt* hatte, das rückt unter einen neuen Gesichtspunkt, sobald man sich die Voraussetzungen des Meßverfahrens in voller Strenge klar zu machen versucht. In der Geometrie hat erst die Entdeckung der Nicht-Euklidischen Systeme diese Betrachtung verlangt und zu ihr den Weg gebahnt. Sie hat damit auch — weit entfernt, die „Apriorität" der Geometrie in Frage zu stellen — den Charakter eben dieser Apriorität erst schärfer erkennen lassen. Der Raumbegriff als solcher erscheint, wenn man ihn in seiner allgemeinsten Bedeutung als ‚*Ordnung* im Beisammen' nimmt, als ein unableitbarer Grundbegriff. Die Frage nach der Bedeutung und Mitwirkung der Erfahrung entsteht erst, sobald es sich um die *Spezifikation* dieses allgemeinen Raumbegriffs durch die Einführung einer Maßbestimmung handelt. Denn hier tritt ein neuer Gesichtspunkt auf, der von der Betrachtung der *Bewegung* hergenommen ist. Die Frage, inwieweit die Bewegung ein „empirischer" oder „reiner" Begriff ist, ist im Lauf der Geschichte der Philosophie und der Geschichte der Mathematik verschieden beantwortet worden. Die griechische Mathematik hat es im allgemeinen vermieden, den Bewegungsbegriff heranzuziehen; sie befürchtete damit den Schwierigkeiten und Antinomien zu verfallen, die die Zenonische Dialektik

---

[48] Näheres bei *Weber-Wellstein,* II, 98 ff.; zur projektiven Metrik s. ibid. II, 198 ff.

in ihm aufgewiesen hatte. Und für den Platoniker Euklid durfte der Begriff der Bewegung jedenfalls nicht als explizites Moment in die Grundlegung jener Wissenschaft eingehen, die Platon als die „Erkenntnis vom immer-Seienden" bezeichnet hatte. Die implizite Beziehung, die hier nichtsdestoweniger bestand, lag freilich tief versteckt, und sie ist im Grunde erst durch Helmholtz' erste erkenntnistheoretische Arbeiten über den Ursprung und die Bedeutung der geometrischen Axiome ganz deutlich geworden. Denn hier wurde klar, daß in den Euklidischen Begriff der Kongruenz und in allen seinen Beweisen für die Kongruenzsätze eine bestimmte Voraussetzung eingeht: der Beweis muß annehmen, daß die beiden Gebilde, die man als kongruent erklärt, zu einander hinbewegt werden und daß sie bei dieser Bewegung ihre Gestalt und Abmessungen nicht ändern. Die neuere Geometrie ist hier, logisch befriedigender und korrekter, den umgekehrten Weg gegangen: sie hat bestimmte Sätze über die Bewegung an die Spitze gestellt und gezeigt, wie sich auf Grund derselben der Aufbau der ebenen Geometrie vollzieht, und unter welchen Bedingungen er mit dem System Euklids zusammenfällt[49]. Hierbei war in erkenntnistheoretischer Hinsicht nur eine Schwierigkeit zu überwinden, die freilich nicht leicht wog, da sie tief in die Auffassung jenes *Wissenschaftbegriffs* eingriff, den die klassische Tradition und der philosophische Idealismus geschaffen hatten. „Bewegung eines Objekts im Raume" — so heißt es noch bei Kant — „gehört nicht in eine reine Wissenschaft, folglich auch nicht in die Geometrie; weil, daß Etwas beweglich sei, nicht a priori, sondern nur durch Erfahrung erkannt werden kann"[50]. In diesem Sinne wird auch erklärt, daß die transzendentale Ästhetik nicht mehr als zwei Elemente, nämlich Raum und Zeit, enthalten könne, weil alle anderen zur Sinnlichkeit gehörigen Begriffe, selbst der der Bewegung, welcher beide Stücke vereinigt, etwas Empirisches voraussetzen[51]. Faßt man den Unterschied zwischen dem ‚Apriorischen' und dem ‚Empirischen' in *diesem* Sinne, so muß man freilich zugeben, daß durch die Voraussetzungen über die Bewegung, die sie in sich schließt, etwas Empirisches in die Geometrie hineingekommen sei. Bei dem Übergang zur *Metrik* sind in der Tat derartige Voraussetzungen nicht zu entbehren, ohne daß durch sie der strenge Wissenschaftscharakter der verschiedenen metrischen Geometrien fraglich wird. Dieser beruht darauf, daß wir es in ihnen nicht mit assertorischen Aussagen über das „Wirkliche im Raume", sondern mit hypothetisch-deduktiven Systemen zu tun haben. Die Axiome sagen an sich nichts über den empirischen Bestand von Dingen oder Vorgängen aus, sondern sie sind lediglich „logische Leerformen möglicher Wissenschaften" (vgl. oben S. 54). Hier kommen wir also wieder auf jenes Verhältnis zwischen Erfahrung und Denken zurück, das Poincaré, im Hinblick auf die Systematik der Geometrie, festgestellt hat. Keine Geometrie ist schlechthin aus der Erfahrung geschöpft und durch

---

[49] Einen Abriß dieser Versuche gibt *Klein*, Elementarmathematik II, 174 ff.
[50] Kritik der reinen Vernunft, 2. Aufl. S. 155.
[51] Kritik der reinen Vernunft, 2. Aufl. S. 58.

sie gegeben; wohl aber kann sie so gewählt werden, daß sie bestimmten *Aufgaben* gerecht wird, die die Erfahrung stellt und sie in der einfachsten Weise löst. Daß auch die Physik, in ihrem rein immanenten Fortgang, zu Aufgaben geführt werden kann, die den Übergang zu einer anderen Geometrie als der Euklidischen verlangen, hat die Relativitätstheorie gezeigt. Es zeigt sich hierbei nur von neuem, was schon aus der gesamten begrifflichen Entwicklung, die die projektive Geometrie genommen hatte, ersichtlich war, daß, gegenüber den Konstanten der „Raumform überhaupt", die Metrik ein variables Element in sich enthält. Wir wählen hierbei jene Bestimmungen und jene Zuordnungsdefinitionen, die uns gestatten, das System der Erfahrung in der einfachsten Weise aufzubauen[52]. Das Verhältnis von Geometrie und Physik hat sich dabei freilich geändert. Denn die rein geometrischen und die physikalischen Voraussetzungen greifen jetzt derart ineinander ein, daß wir sie nicht als verschiedene „Stücke" behandeln können, die allenfalls miteinander verbunden und einander angepaßt werden können. Sie sind schon ursprünglich die Momente eines einheitlichen Gefüges. Erst wenn wir beide zusammenfassen und wenn wir sie ständig miteinander *gebrauchen*, besitzen wir das Mittel, „Erscheinungen zu buchstabieren, um sie als Erfahrungen lesen zu können". Dabei ist zwar eine gedankliche Trennung zwischen den beiden Klassen von Voraussetzungen möglich und erforderlich; aber ihre *Funktion* können sie nur miteinander und im Hinblick aufeinander ausüben. In dieser Weise sind ‚Geometrisches' und ‚Physikalisches' in dem modernen Begriff des „metrischen Feldes" nicht nur miteinander verbunden, sondern gewissermaßen ineinander verwoben; es zeigt sich, daß die physikalischen Gesetze so wenig wie die geometrischen jedes für sich eine Prüfung in der Erfahrung zulassen, sondern daß die „Wahrheit" einer konstruktiven Theorie immer nur im Ganzen geprüft werden kann[53]. Damit ist freilich, gegenüber der Auffassung der antiken Geometrie und der klassischen Physik, eine neue intellektuelle Orientierung gegeben, durch die, wie man gesagt hat, eine „höchst wunderbare Verschmelzung von Geometrie und Physik, der Gesetze des Pythagoras und des Newton" erreicht wird[54]. Aber ein logischer Bruch ist nicht eingetreten; vielmehr läßt sich das neue Erkenntnisideal mit dem alten, in historischer wie in systematischer Hinsicht, durch bestimmte Mittelglieder kontinuierlich verbinden.

---

[52] Zum Begriff der „Zuordnungsdefinition" vgl. die Darlegungen *Reichenbachs*, Philosophie der Raum-Zeit-Lehre, Berlin 1928, S. 23 f.
[53] Vgl. hierzu H. *Weyl*, Philos. der Math. u. Naturwiss., Teil II, S. 96; s. auch *Schlick*, Raum und Zeit in der gegenwärtigen Physik, Berlin 1917, S. 16 ff.
[54] Max *Born*, Die Relativitätstheorie Einsteins und ihre physikalischen Grundlagen, Berlin 1920, S. 227.

VIERTES KAPITEL

Der Zahlbegriff und seine logische Begründung

Die Entdeckung der Nicht-Euklidischen Geometrie hat die Mathematik in der ersten Hälfte des 19. Jahrhunderts um ein neues und außerordentlich fruchtbares Gebiet bereichert. Aber der neue Inhalt, der damit erschlossen war, ließ sich ihrer festgefügten klassischen Form nicht sofort einfügen. Eine Zeitlang schien es, als sei diese Form ein für allemal dahin — als baue sich das, was man bisher als ein einheitliches und festgefügtes Ganzes angesehen hatte, aus verschiedenen Teilen auf, die in ihrem logischen Charakter und ihrem allgemeinen *Erkenntnistypus* nach völlig disparat erschienen. *Gauß* war bereit, die Geometrie an die Seite der empirischen Erkenntnis zu stellen, während er um so strenger an dem rationalen Charakter der Analysis festhielt, indem er die Zahl als „unseres Geistes Produkt" erklärte[55]. Daß dieser Stand des Problems das *philosophische* Denken wenig befriedigte, ist verständlich. Die Philosophie mußte in ihrem Einheitsstreben immer wieder versuchen, den Riß zu heilen, der jetzt durch das Gebäude der Mathematik ging. Der Raumbegriff und der Zahlbegriff, die Geometrie und die Arithmetik mußten systematisch aus ein und demselben Prinzip ableitbar sein — wenn anders jene Union verständlich sein sollte, kraft deren sie sich historisch nicht nur nebeneinander entwickelt hatten, sondern kraft deren sie in immer stärkerem Maße einander befruchtet und ineinander eingegriffen hatten. Aber nachdem einmal die Überzeugung von dem absoluten Charakter des Raumbegriffs und der auf ihm beruhenden apriorischen Natur der Geometrie erschüttert war, schien sich für diese Wiedervereinigung, wenn sie überhaupt erreichbar war, nur *ein* Weg darzubieten. War es nicht einfacher und sicherer, dem Glauben an die „ewigen und notwendigen" Wahrheiten der Mathematik ein für allemal zu entsagen und die *gesamte* Mathematik auf eine rein empirische Grundlage zu stellen? Die empiristische Logik hatte dies, seit Berkeley und Hume, immer wieder versucht; aber alle ihre Angriffe waren an dem eisernen Panzer der mathematischen Methodik abgeprallt. Nun endlich schien die Stunde gekommen, den Rationalismus auch aus dieser seiner letzten und sichersten Zufluchtsstätte zu vertreiben. Der erste Denker, der diese Aufgabe energisch und konsequent in Angriff nahm, ist John Stuart *Mill* gewesen. Aber er war freilich für sie weit weniger ausgerüstet als andere Denker, die ihm in der erkenntnistheoretischen Grund-

---

[55] Vgl. oben Anm. 29.

anschauung nahe standen. Denn im Gegensatz zu Comte, bei dem jede Zeile den strengen analytischen Geist und die sichere mathematische Schulung erkennen läßt, ist Mill vom eigentlich mathematischen Denken kaum berührt worden. Das Bild, das er sich von diesem Denken macht, entspringt lediglich seinen logischen Idealen und geht an der eigentlichen Wirklichkeit, an dem, was die Mathematik als „Faktum" war und ist, oft in der seltsamsten Weise vorbei. Dies zeigt sich vielleicht nirgends deutlicher als in der Begründung, die die „induktive Logik" Mills für die arithmetischen Wahrheiten versucht. Auch sie können und dürfen nach ihren Grundsätzen nichts anderes sein als allgemeine Erfahrungssätze. Sie sind aus empirischen Generalisationen entstanden und müssen daher stets auf bestimmte physische Tatbestände zurückführbar sein. Alle arithmetischen Aussagen sind Aussagen über Verhältnisse der uns umgebenden materiellen Welt, und demgemäß in demselben Sinne zufällig und wandelbar, wie diese letzteren es sind. Eine andere Umgebung, in der der Mensch aufwüchse, würde für ihn nicht nur eine andere Physik oder Geometrie, sondern auch eine andere Arithmetik ergeben. Es ist daher nicht nur nicht unmöglich, sondern es ist wahrscheinlich, daß auf irgend einem anderen Weltkörper, etwa auf dem Sirius, andere „Zahlgesetze" als auf unserer Erde gelten — daß hier 2×2 nicht gleich vier, sondern gleich fünf wäre. Wir würden nicht zögern, diesem letzteren Satz beizustimmen, wenn ein allgemeines Naturgesetz bestünde, nach welchem jedes Mal, wenn zwei Paare von Dingen nebeneinandergestellt oder in Gedanken zusammengefaßt würden, ein neues Ding geschaffen würde. Die Vorstellung, die wir uns von den Beziehungen der Zahlen machen, hängt somit, ebenso wie jede andere Vorstellung, von der Natur der Sinneseindrücke ab, die wir durch die äußere Welt empfangen: ‚the reverse of the most familiar principles of arithmetic might have been conceivable even to our present mental faculties, if those faculties had coexisted with a totally different constitution of external nature'[56].

Der Paralogismus, der dieser „Ableitung" der arithmetischen Wahrheiten zu Grunde liegt, ist freilich leicht durchschaubar, und er ist von der philosophischen Kritik oft hervorgehoben worden[57]. Noch schärfer mußte der Widerspruch sein, dem diese Theorie auf seiten der Mathematiker begegnete. Denn hier sah die Mathematik all das in Frage gestellt, worum sie sich seit Beginn des neunzehnten Jahrhunderts in immer steigendem Maße bemüht hatte und was in gewissem Sinne das Zentrum ihrer wissenschaftlichen Arbeit bildete. *Gauß* nannte die Mathematik die Königin der Wissenschaften, die Arithmetik die Königin der Mathematik und er

---

[56] Cf. J. St. *Mill*, An examination of Sir W. Hamilton's philosophy, 6th ed., London 1889, S. 89.

[57] Eine der klarsten und bündigsten Widerlegungen von Mills „empirischer Arithmetik" ist, auf philosophischer Seite, von G. *Heymans* gegeben worden; vgl. seine Schrift: Die Gesetze und Elemente des wissenschaftlichen Denkens, Leiden u. Leipzig 1890, Bd. I, S. 135 ff.

berief sich hierfür auf das alte Wort: ὁ θεὸς ἀριθμητίζει [58]. Noch schärfer und prägnanter drückt sich *Jacobi* aus, der die Zahlentheorie die einzige rein mathematische Disziplin nannte, da sie noch nicht durch die Rücksicht auf irgendwelche Anwendungen entstellt und gewissermaßen in den Staub des Irdischen hinabgezogen sei. Er erklärte in einem Brief an Legendre, daß nicht die Anwendung, sondern die „Ehre des menschlichen Geistes" das einzige Ziel der Wissenschaft bilden müsse; und in dieser Hinsicht wiege eine zahlentheoretische Frage ebensoviel wie eine Frage, die das System der Welt betreffe[59]. Die Auflösung der arithmetischen Wahrheiten in bloße „Tatsachenwahrheiten" war hiermit nicht verträglich; durch sie schien fast „die Ehre des menschlichen Geistes" angetastet. Der erste bedeutende Mathematiker, der daran ging, durch eine streng logische Deduktion des Zahlbegriffs diese Ehre wiederherzustellen, ist *Frege* gewesen. Seine Schrift über die „Grundlagen der Arithmetik" (1884) ist aus diesem Streben erwachsen. Durch die unerbittliche Schärfe, mit der sie die *psychologischen* Vorurteile der Mill'schen Theorie der Mathematik aufdeckte, hat sie der Kritik *Husserls* in den „Logischen Untersuchungen" (1900) den Weg gewiesen. Wenn das Zusammenarbeiten zwischen Philosophie und Mathematik trotz mancher Anläufe von beiden Seiten bisher noch nicht zu einem wirklichen Erfolg geführt hat, so liegt dies nach Frege darin, daß die Philosophie noch tiefer in psychologistischen Vorurteilen befangen sei, die sie abstreifen müsse, um das wahre Wesen der Mathematik zu erkennen. Eine Auffassung, wie diejenige Mills, die in der Zahl nicht einen strengen *Begriff*, sondern nur eine „Vorstellung" des menschlichen Geistes sehe und die sie daher in den Kreis des bloß-Subjektiven hinabziehe, könne niemals zu einem wirklichen Aufbau der Zahlenlehre führen: sie müsse bei einer „Pfefferkuchen- oder Kieselsteinarithmetik" stehen bleiben. Die wesentliche Einsicht, die Freges Schrift demgegenüber begründen will, besteht darin, daß der eigentliche Wahrheitswert der Zahlwissenschaft und ihr streng objektiver Charakter nur dann zu begründen sei, wenn wir ihn streng von jedem *Ding*-Charakter

---

[58] Cf. *Sartorius v. Waltershausen*, Gauss zum Gedächtnis, S. 79.

[59] Brief an Legendre vom 2. Juli 1830; die Äußerungen von Gauss und Jacobi sind zitiert bei *Kronecker*, Über den Zahlbegriff, Philos. Aufsätze zu Ed. Zellers 50jährigem Doktorjubiläum, 1887. Als Jacobi mit Alexander von Humboldt über die Entdeckung des Neptun durch *Leverrier* korrespondierte, hat er dieser seiner Grundauffassung vom Wesen und Wert der reinen Zahlentheorie einen besonders charakteristischen Ausdruck gegeben, indem er hierfür an ein bekanntes *Schiller*sches Gedicht anknüpft:

„Zu Archimedes kam ein wißbegieriger Schüler,
Weihe mich, sprach er zu ihm, ein in die göttliche Kunst,
Die so herrliche Dienste der Sternenkunde geleistet,
Hinter dem Uranus noch einen Planeten entdeckt.
Göttlich nennst du die Kunst, sie ist's, versetzte der Weise.
Aber sie war es, bevor noch sie den Kosmos erforscht.
Was Du im Kosmos erblickst, ist nur der Göttlichen Abglanz:
In der Olympier Schar thronet die ewige Zahl."

unterscheiden. Zahl-Aussagen und Ding-Aussagen sind ihrem Sinne nach voneinander getrennt; wer die Meinung der einen mit der der anderen verwechselt, hat die Arithmetik nicht begründet, sondern sie in ihrem Bestande verkannt und verfälscht[60].

Seitdem das kritische Denken in der Mathematik des neunzehnten Jahrhunderts erwacht und seitdem es, insbesondere durch Weierstrass, geschärft worden war, stand die Forderung einer strengen logischen Ableitung des Zahlbegriffs ständig im Mittelpunkt. Sie bildete gewissermaßen die Gewissensfrage der Mathematik, auf die sich alle Anstrengungen konzentrieren mußten. Das Abgleiten in den Psychologismus war auf diesem Gebiete kaum möglich, wenngleich bedeutende Mathematiker, an ihrer Spitze *Helmholtz*, versucht haben, die Aufklärung über die Natur und das Wesen der Zahl nicht sosehr der Logik als vielmehr der Psychologie zu entnehmen. In seinem Aufsatz „Zählen und Messen, erkenntnistheoretisch betrachtet"[61] geht Helmholtz von der Psychologie des Zählakts aus, um durch seine Analyse die Grundlagen für einen Aufbau der Arithmetik und für ihre vollständige Axiomatik zu gewinnen. Er glaubte damit auch auf diesem Gebiete die Brücke zwischen Mathematik und Erfahrung geschlagen und damit die empiristische Theorie, die er in der Geometrie vertrat, mittelbar gestützt und gerechtfertigt zu haben. Aber von einem Empirismus Millscher Prägung war er hierbei weit entfernt. Die arithmetischen Axiome gelten ihm nicht als Beschreibungen oder Generalisierungen physischer Tatbestände, sondern sie entspringen der reinen Anschauungsform der Zeit, die dem Zählakt zu Grunde liegt und die Bedingung seiner Möglichkeit bildet. Im Kreis der reinen Mathematik ist man diesem Wege im allgemeinen nicht gefolgt. Hier überwog die Gauß-Jacobische Auffassung, daß die Arithmetik ihren Rang als „Königin der Mathematik" um so sicherer behaupten könne, je mehr es ihr gelänge, sich rein auf sich selbst zu stellen und ihre Grundbegriffe, ohne jede Anknüpfung an die anschauliche Welt, in voller logischer Strenge zu entwickeln. Die Entwicklung, die die Logik nahm, kam dieser Tendenz entgegen und schien ihr zum ersten Male die wirkliche Durchführung und Erfüllung zu versprechen; denn in den Arbeiten der Begründer der „symbolischen Logik", bei Schröder und Boole, bei Frege und Russell, war die Mathematisierung der Logik so weit fortgeschritten, daß ihr die völlige Logisierung der Mathematik folgen konnte. Zwischen beiden Gebieten ließ sich künftig keinerlei scharfe sachliche Grenze mehr ziehen, es sei denn, daß man auf historische Unterschiede in der Entwicklung des logisch-mathematischen Denkens zurückging. Logik und Mathematik — so erklärt *Russell* — unterscheiden sich, wie der Knabe sich vom Mann unterscheidet; die Logik ist die Jugend der Mathematik und die Mathematik das Mannesalter der Logik[62]. Damit ist

---

[60] G. *Frege,* Die Grundlagen der Arithmetik, Breslau 1884, S. V ff, § 5—11, S. 5 ff.

[61] 1887; in den Philosophischen Aufsätzen für Ed. Zeller.

[62] *Russell,* Introduction to Mathematical Philosophy, London 1919, S. 194.

eine allgemeine und durchgehende Richtung des mathematischen Denkens im neunzehnten Jahrhundert bezeichnet. Freilich ist es gerade an diesem entscheidenden Punkt zu schweren Kämpfen gekommen, die mit den Angriffen *Poincarés* gegen die Ansprüche der Logistik und gegen die Grundbegriffe der Mengenlehre ihren Anfang nahmen und die schließlich zu einer vollständigen „Grundlagenkrise der Mathematik" und zu einem scharfen Konflikt zwischen „Formalisten" und „Intuitionisten" zu führen schienen[63]. Aber wenn man sich auch über die Wege der Begründung uneins war, so stand doch das allgemeine Ziel allen deutlich vor Augen. Denn mehr und mehr war es deutlich geworden, daß mit der Lösung dieser Frage das gesamte Schicksal der Mathematik verbunden war. Die „Arithmetisierung" der Mathematik hatte seit der ersten Hälfte des neunzehnten Jahrhunderts ständige Fortschritte gemacht. Sie beginnt mit Cauchys ‚Cours d'Analyse' (1821), in dem zuerst die Zweifel bezüglich des Unendlich-Kleinen, die die gesamte Erkenntnistheorie der Mathematik im achtzehnten Jahrhundert beunruhigt hatten, zerstreut werden konnten. Daß der *Grenz*begriff die wahre Grundlage der „Metaphysik des Infinitesimal-Calculs" bilde, hatte schon *d'Alembert* ausgesprochen. Aber erst Cauchy gelingt es, den Weg aufzuweisen, der von hier zu einer einwandfreien Begründung der Analysis und zu einer Ausschaltung des zweideutigen Begriffs des Unendlich-Kleinen führt. In den ‚Leçons sur le calcul infinitésimal' hat er die erste strenge, auf dem Grenzbegriff ruhende Darstellung dieses Gebiets gegeben. Was hier an einem Einzelproblem geleistet war, das ist gegen Ende des Jahrhunderts als ein ganz allgemeines methodisches Postulat des mathematischen Denkens überhaupt erkannt. In diesem Sinne behandelt Felix *Klein* die Arithmetisierung der Mathematik als eine Forderung, deren klare Erkenntnis und deren vollständige Durchführung für die moderne Mathematik typisch sei. Bei Euklid und im antiken mathematischen Denken überhaupt ist, nach Klein, die Geometrie vermöge ihrer Axiome die strenge Grundlage der allgemeinen Arithmetik, die auch das Irrationale umfaßt. In dieser Hörigkeitsstellung zur Geometrie ist die Arithmetik bis ins 19. Jahrhundert verblieben. Aber seitdem ist eine völlige Wandlung eingetreten; und heute ist es gerade die Arithmetik, die als eigentliche Grunddisziplin die Vorherrschaft erlangt hat[64].

Wenn man die verschiedenen Versuche, die zu einer strengen Begründung des Zahlbegriffs unternommen worden sind, zu überblicken und nach einem einheitlichen Gesichtspunkt zu klassifizieren sucht, so zeigt sich

---

[63] Historisches zur Entwicklung des Gegensatzes zwischen Formalisten und Intuitionisten s. bei Herm. *Weyl*, Über die neue Grundlagenkrise der Mathematik, Mathemat. Zeitschrift, Bd. X, 1921. Vgl. auch Richard *Baldus,* Formalismus und Intuitionismus in der Mathematik, Karlsruhe 1924.

[64] Felix *Klein,* Über die Arithmetisierung der Mathematik, Göttinger Nachrichten 1895; vgl. Elementarmathematik II, 225. Über Cauchy s. Kleins *Vorles. z. Gesch. d. Math.,* I, 82 ff. In der Philosophie des 19. Jahrhunderts ist auf diesem Gebiet insbesondere *Bolzano* bahnbrechend gewesen, der schon vor Cauchy den ganz scharfen Begriff der Stetigkeit erfaßt hatte. (Vgl. Klein, Vorles., I, 84).

zunächst in äußerlicher Hinsicht, daß sich zwei verschiedene Hauptrichtungen ergeben, je nachdem man von der Betrachtung der *Kardinalzahl* oder von der der *Ordinalzahl* seinen Ausgang nimmt. Im Kreise der Mathematiker herrscht zunächst Streit darüber, welchem Begriff der Vorrang gebührt. Die „kardinale" Theorie schien sich dadurch zu empfehlen, daß sie sich sicherer und klarer, als es in der „ordinalen" Theorie der Fall war, von allen Erwägungen über den psychologischen „Ursprung" der Zahl ablösen ließ. Sie geht nicht vom Zählakt aus und läßt die einzelnen Zahlen nicht durch die Operation der Abzählung entspringen, sondern sie will den reinen Begriff der Zahl gewinnen, indem sie an einen rein objektiven Bestand anknüpft, der als solcher für alles begriffliche Denken unentbehrlich ist. Als dieser Grundbestand bot sich der kardinalen Theorie das Dasein bestimmter Klassen und der Verhältnisse zwischen ihnen dar. Die Klasse wird damit als das Prius der Zahl erklärt und sie bildet jene „logische Konstante", aus der der gesamte Inhalt des Zahlbegriffs abgeleitet werden soll. Es ist vor allen *Georg Cantor* gewesen, der in seinen „Grundlagen einer allgemeinen Mannigfaltigkeitslehre" (1883) diese Betrachtung in den Mittelpunkt gestellt hat. Er sah in ihr den einzigen Weg, zu einer wahrhaft universellen Auffassung zu gelangen. Das erklärt sich vor allem daraus, daß er an die Theorie der Zahl mit einem neuen Anspruch herantrat. Cantor schuf seine Zahlentheorie, um mit ihr und durch sie für seine Auffassung des „Transfiniten" den Boden zu bereiten. Was er der ordinalen Theorie vorwarf, war das, daß sie sich von vorn herein im Gebiet der „endlichen Zahlen" hält und sich in ihm begrenzt. Seine eigene Lehre sollte hingegen nicht nur den Zugang zum Unendlichen offen halten, sondern in ihr handelte es sich um „eine Erweiterung resp. Fortsetzung der realen ganzen Zahlenreihe über das Unendliche hinaus". Er sprach hierbei nicht nur die Hoffnung, sondern auch die feste Überzeugung aus, daß diese Erweiterung mit der Zeit als eine durchaus einfache, angemessene, natürliche werde angesehen werden müssen. Der bisherigen Auffassung des mathematisch-Unendlichen, wonach es eine über alle Grenzen hinauswachsende oder bis zu beliebiger Kleinheit abnehmende Größe sein sollte, stellte Cantor seine Auffassung dessen gegenüber, was er das ‚Eigentlich-Unendliche' nannte. In der ersten Form ist es nichts anderes als ein veränderliches Endliches, in der zweiten tritt es als ein durchaus bestimmtes Unendliches auf[65]. Daß in dieser Wiedererneuerung des Aktual-Unendlichen metaphysische Erwägungen eine Rolle spielten, ist ersichtlich; wenngleich Cantor streng zwischen Arten des Unendlichen unterschied: dem Absolut-Unendlichen, sofern es in höchster Vollkommenheit im völlig unabhängigen, außerweltlichen Sein, in Gott realisiert ist; dem Unendlichen, sofern es in der abhängigen, kreatürlichen Welt vertreten ist, und dem Unendlichen, sofern es als mathematische Größe, Zahl oder Ordnungstypus vom Denken in abstracto gefaßt werden kann. Ver-

---

[65] Georg *Cantor*, Grundlagen der allgemeinen Mannigfaltigkeitslehre, Leipzig 1883, § 1.

suche, das Zahlproblem von einer anderen Seite her anzusehen, galten Cantor nicht nur als vergeblich, sondern in ihnen sah er den Ausdruck einer skeptischen Gesinnung. Der ordinalen Theorie, wie Helmholtz und Kronecker sie zu begründen suchten, warf er diesen skeptischen Geist vor. Die in Deutschland als Reaktion gegen den überspannten Kant-Fichte-Hegel-Schellingschen Idealismus eingetretene, jetzt herrschende und mächtige *akademisch-positivistische Skepsis* sei nun endlich auch bei der Arithmetik angelangt, wo sie mit der äußersten, für sie selbst vielleicht verhängnisvollsten Konsequenz die letzten ihr noch möglichen Folgerungen zu ziehen scheine. In der echten philosophischen Theorie der Zahl darf man nach Cantor nicht von den Ordnungszahlen ausgehen; diese sind vielmehr das *Letzte* und *Unwesentlichste*[66].

Es muß auf den ersten Blick höchst befremdlich erscheinen, daß mit solcher Heftigkeit und mit dergleichen Argumenten um ein Problem getritten werden konnte, das der reinen Mathematik angehört und sich so völlig in deren Grenzen hält. Ob man bei der Betrachtung der Zahl von der Kardinalzahl oder der Ordnungszahl seinen Ausgang nimmt, scheint vom rein mathematischen Standpunkt aus nicht von wesentlicher Bedeutung zu sein. Denn es ist klar, daß jede Deduktion des Zahlbegriffs beide Seiten ins Auge fassen und ihnen gerecht werden muß. Die Zahl ist „Ordnungszahl" und „Anzahl" in einem; sie ist Ausdruck des „Wieviel", wie sie Reihenbestimmung, Bestimmung der Stelle eines Gliedes in einer Reihenordnung ist. Da beide Momente voneinander nicht lösbar, sondern streng korrelativ sind, so war die philosophische Kritik im Recht, wenn sie hervorhob, daß es ein unfruchtbarer Streit sei, welche von beiden Funktionen der Zahl die ursprüngliche, welche von der anderen abhängig und bloß folgeweise durch sie mitgesetzt sei[67]. Die Art des Anfangs konnte sich allenfalls auf bestimmte formale und didaktische Erwägungen stützen; aber in sachlicher Hinsicht konnte ihr keine entscheidende Bedeutung beigemessen werden. Denn die Notwendigkeit des Fortgangs und Übergangs ergab sich für beide Theorien: die ordinale mußte zeigen, in welcher Weise sie den Gesichtspunkt der Vielheit, der eigentlichen Anzahl gerecht werden konnte, wie die kardinale Theorie ein Prinzip aufweisen mußte, nach dem die unabhängig voneinander definierten Anzahlen in eine feste Reihenordnung gebracht werden konnten. In der Tat haben beide Wege die Autorität hervorragender Mathematiker für sich; auf der einen Seite stehen, neben Helmholtz und Kronecker, *Dedekind* und *Peano;* auf der anderen Seite stehen *Cantor, Frege* und *Russell.* Was diese Differenz in *erkenntnistheoretischem* Sinne bedeutsam macht, ist das allgemeine Gedankenmotiv, das ihr zu Grunde liegt. Hier stehen sich in der Tat zwei Grundanschauungen gegenüber, die als solche über das Gebiet der reinen

---

[66] S. Georg *Cantor,* Zur Lehre vom Transfiniten, Erste Abteil., Halle a. S., 1890, S. 11 ff.

[67] Vgl. *Natorp,* Die logischen Grundlagen der exakten Wissenschaften, Leipzig 1910, S. 105.

Mathematik hinausgehen. Denn in ihnen handelt es sich nicht mehr allein um den Gegenstandsbegriff der Mathematik, sondern um die ganz allgemeine Frage, in welcher Weise sich unsere Erkenntnis überhaupt auf „Gegenstände" beziehen und welche Bedingungen sie erfüllen muß, um „objektive Bedeutung" zu gewinnen. Wir stellen diese systematische Frage an die Spitze: denn erst auf diese Weise läßt sich eine sichere Orientierung über die verschiedenen Richtungen gewinnen, die sich in Bezug auf das Zahlproblem in der Mathematik des 19. Jahrhunderts gegenüberstehen.

Die erste Grundansicht der Erkenntnis, von der man hier ausgehen kann, besteht darin, daß alles Erkennen eine *abbildliche* Funktion zu erfüllen hat. Es richtet sich auf ein Sein; und es erfüllt seine Aufgabe um so vollkommener, je mehr es ihm gelingt, dieses Sein in seiner Bestimmtheit, in seiner Natur und Wesenheit auszudrücken. Die Wahrheit eines Begriffs aufweisen heißt demgemäß das objektive *Substrat* angeben, das ihm entspricht. Ohne ein solches Substrat würde er völlig in der Luft schweben; er könnte nichts anderes als eine subjektive Illusion sein. Die Entsprechung zwischen Begriff und Sache, die ‚adaequatio intellectus et rei' ist also das oberste Postulat, das in jedem Falle erfüllt sein muß — gleichviel ob es sich um mathematische oder um empirische Begriffe handelt. Mathematische und empirische Begriffe unterscheiden sich ihrem Inhalt und ihrem Ursprung nach; aber sie unterscheiden sich nicht in der Art der Abhängigkeit, in welcher sie von den ihnen entsprechenden Gegenständen stehen. Auch das mathematische Denken kann niemals ein bloßes „Erdenken" sein. Denn einem solchen Prozeß des Erdenkens ließen sich keine festen Grenzen setzen; er würde, wenn man ihm freien Lauf ließe, in ein bloßes Erdichtetes übergehen. Wir können daher, auch innerhalb der reinen Mathematik, nicht von „freien Schöpfungen" des Denkens sprechen, ohne den Wahrheitsgehalt des Mathematischen zu gefährden. Dieser Gehalt muß stets ein ‚fundamentum in re' haben; es muß sich ein gegebener objektiver Sachverhalt aufweisen lassen, dem der Begriff entspricht und den er zum Ausdruck bringen will. Die empirischen Wissenschaften haben es mit der „Wirklichkeit" der Dinge, mit ihrer Existenz in Raum und Zeit zu tun — einer Wirklichkeit, die uns nicht anders als auf dem Wege der sinnlichen Wahrnehmung zugänglich ist. Die Mathematik bewegt sich nicht in diesem Kreis der sinnlichen Existenz; aber auch ihre Wahrheit ist fest verankert in einem ursprünglichen Sein, in der Wesenheit oder ‚Essenz' der Dinge. Diese Wesenheit ist nur im Begriff erfaßbar; aber das begriffliche Denken bringt sie keineswegs hervor, sondern es findet sie vor. Auch die reine Form des Mathematischen ist in diesem Sinne jederzeit auf eine bestimmte „Materie" bezogen, wenngleich diese keine sinnliche, sondern eine „intelligible Materie", eine ὕλη νοητή, ist.

Dieser Auffassung steht eine andere gegenüber, die man als die ‚*funktionale*' Ansicht der Erkenntnis bezeichnen kann[68]. Auch für sie steht die

---

[68] Für das Folgende verweise ich auf die nähere Darlegung und Begründung in meiner Schrift: Substanzbegriff und Funktionsbegriff (1910).

Frage nach der Beziehung des Denkens auf einen Gegenstand im Mittelpunkt; aber sie begründet die Möglichkeit dieser Beziehung in anderer Weise und schlägt hierbei gewissermaßen die entgegengesetzte Richtung ein. Denn das Objekt gilt ihr nicht als das „Gegebene", sondern als das Aufgegebene; es ist der Zielpunkt der Erkenntnis, nicht ihr Ausgangspunkt. Der letztere liegt vielmehr in dem Kreis, der der Erkenntnis allein unmittelbar zugänglich ist: im Kreis ihrer eigenen Operationen. Gleichviel ob wir es mit „idealen" oder „realen", mit mathematischen oder empirischen, mit „unsinnlichen" oder „sinnlichen" Gegenständen zu tun haben — die erste Frage bleibt stets, nicht was diese Gegenstände in ihrer absoluten Natur oder Wesenheit sind, sondern durch welches Medium sie uns vermittelt werden, durch welches Organon der Erkenntnis ein *Wissen* von ihnen ermöglicht und konstituiert wird. Von diesem Wissen wird gezeigt, daß es sich stufenweise aufbaut, und daß, je weiter wir in diesem Aufbau fortschreiten, der „Gegenstand" sich immer schärfer abzeichnet. Wir gehen von allgemeinen zu besonderen, von ‚abstrakten' zu konkreten Bestimmungen fort, und wir suchen zu zeigen, wie die letzteren die ersteren voraussetzen und sich in ihnen gründen. Wenden wir dies auf die Begründung der Zahl an, so kann es sich für uns nicht darum handeln, ein Verständnis von der „Natur" der Zahl dadurch zu erlangen, daß wir dieselbe einfach von der Natur der Dinge ablesen. Es gilt vielmehr, das allgemeine *Verfahren* ins Auge zu fassen, kraft dessen das, was wir mit dem Ausdruck ‚Zahl' benennen, entsteht, und von dem er seine gesamte Bedeutung empfängt. Ist dieses Verfahren als solches in seinem Prinzip begriffen, so ist damit ein bestimmter *Operationsbereich* bezeichnet; und er ist es, den wir alsdann als das „Reich der Zahlen" bezeichnen dürfen. Freilich stehen wir damit erst am Anfang, nicht am Ende des Problems. Denn nun gilt es zu zeigen, in welcher Weise die Funktion der Zahl, die auf diese Weise bestimmt und abgeleitet worden ist, sich zu den anderen Großfunktionen der Erkenntnis verhält, wie sie mit ihnen zusammenwirken und sich gewissermaßen mit ihnen durchdringen muß, um jene *allgemeine Gesetzesordnung* hervorzubringen, die, in dieser Auffassung der Erkenntnis, den Grundcharakter, ja die eigentliche Definition des ‚Wirklichen' ausmacht.

Wir haben diese beiden Grundauffassungen einander in aller Schärfe und Bestimmtheit gegenübergestellt — ohne damit behaupten zu wollen, daß in der Entwicklung, die der Zahlbegriff im 19. Jahrhundert erfahren hat, dieser Gegensatz den Mathematikern stets als solcher bewußt wurde und daß er durch sie seine explizite *Formulierung* erfuhr. Die rein mathematische Diskussion hatte nur selten Anlaß und Gelegenheit, bis zu dieser erkenntnistheoretischen Wurzel des Problems zurückzugehen. Aber auch dort, wo dies nicht geschieht, spürt man die hier bezeichnete erkenntniskritische Differenz als ein Grundmotiv in allen Erörterungen über die Natur der Zahl. Diese treten damit in eine überraschende Nähe zu den Untersuchungen, die gleichzeitig, auf ganz verschiedenen Wegen, über die Natur des Raumes angestellt wurden. Vom erkenntnistheoretischen Standpunkt aus gesehen handelt es sich in beiden Fällen im Grunde um die Lösung ein und derselben Hauptfrage: um die Frage, was mathematische „Existenz" überhaupt besagt und in welcher Weise sinnvoll nach einer Begründung dieser Existenz gefragt werden kann. Für die Auffassung, die durch *Cantor*, durch *Frege* und *Russell* vertreten wird, steht es fest, daß jedem Begriff, wenn er überhaupt objektive Gültigkeit besitzen soll, irgend etwas Reales entsprechen muß und daß die Aufgabe der logischen Ableitung und Rechtfertigung des Begriffs in nichts anderem als in der Aufweisung und Kennzeichnung eben dieses Realen bestehen kann. Was Cantor betrifft, so knüpft er hierbei ausdrücklich an die scholastischen Distinktionen an; und an vielen Stellen spricht er bewußt die Sprache des scholastischen „Realismus". Eben deshalb kann er sich nicht damit begnügen, die Zahl als allgemeines *Prinzip* der Erkenntnis zu verstehen oder in ihr, im Sinne des ‚Intuitionismus', eine ursprüngliche Anschauung, ein „freies Tun" zu sehen. „Prinzip", im Sinne des echten Anfangs, ist für ihn niemals das Tun, sondern immer nur das Sein; denn jede *Funktion* verlangt ihre letzte Sicherung und Begründung in irgend einem *Substrat*. Aus diesen metaphysischen oder erkenntnistheoretischen *Prämissen* ergibt sich folgerecht der Inhalt und der Gang von Cantors Theorie; denn schon in ihr liegt eingeschlossen, daß der *Mengenbegriff* zur eigentlichen Grundlage, zum logischen und sachlichen Prius des Zahlbegriffs werden muß. An der Menge, an der Vielheit existierender Gegenstände — eine Existenz, die in Wahrheit freilich reine Essenz ist, da sie begrifflich, nicht sinnlich bestimmt ist — gewinnt die Zahl erst ihren substantiellen Halt und damit ihre Bedeutung und Wahrheit. Die Kardinalzahl bezeichnet eine bestimmte Eigenschaft, die an Mengen haftet und durch Abstraktion aus ihnen herausgelöst werden kann; sie ist der Ausdruck dessen, was Cantor die „Mächtigkeit" der Menge nennt. Jede Menge wohlunterschiedener Dinge kann *als ein einheitliches Ding für sich* angesehen werden, in welchem jene Dinge Bestandteile oder konstitutive Elemente sind. Abstrahiert man *sowohl* von der Beschaffenheit der Elemente, *als auch* von der Ordnung ihres Gegebenseins, so erhält man die *Kardinalzahl oder Mächtigkeit* der Menge[69]. Auch *Frege* sieht die einzige Möglichkeit, zu einer logisch befriedigenden Erklärung der Zahl zu gelangen, darin, daß er das Wesen der Zahl aufs engste mit dem Wesen des Begriffs verknüpft. Und auch er rekurriert hierbei nicht sowohl auf den Inhalt als vielmehr auf den Umfang des Begriffs. Durch jeden Begriff wird ein solcher Umfang bezeichnet: aus der Gesamtheit des Seins wird eine bestimmte Klasse von Gegenständen herausgehoben, die das im Begriff angegebene Merkmal besitzen. Jetzt handelt es sich nur noch darum anzugeben, worin jene Seinseigenschaft besteht, die wir ausdrücken wollen, indem wir bestimmten Dingen das Attribut der Zahl zusprechen. Und hierfür ist es nur notwendig, sich deutlich zu machen, welche Bedingung erfüllt sein muß, damit wir zwei Inbegriffe für „gleichzahlig" erklären. Der Begriff der Gleichzahligkeit und das

---

[69] *Cantor*, Zur Lehre vom Transfiniten, S. 12.

Kriterium derselben, das in der eindeutigen Zuordnung besteht, geht also dem Zahlbegriff voraus: „die Anzahl, welche dem Begriffe F zukommt", — so definiert Frege — „ist der Umfang des Begriffs ‚gleichzahlig dem Begriff F'"[70]. Unabhängig von Frege, aber auf ganz ähnlichem Wege wie er und aus übereinstimmenden Gedankenmotiven ist *Russell* zu seiner Definition der Zahl als einer „Klasse von Klassen" gekommen. Die Zahl „Zwei" ist demgemäß nichts anderes als die Gesamtheit der im Ganzen des Seins vorhandenen „Paare", die Zahl „Drei" nichts anderes als die Gesamtheit der vorhandenen „Trios". Auch Russell bevorzugt hierbei die ‚extensionale' Erklärung der Klasse vor ihrer ‚intensionalen'; er sieht in der Klasse nur die Menge einzelner für sich bestehender Elemente[71].

Völlig anders ist der Weg, den diejenigen Mathematiker beschritten haben, die von der Theorie der *Ordinalzahl* ihren Ausgang genommen und die demgemäß in der „Ordnung" nicht nur eine Eigenschaft und gewissermaßen einen Appendix zur Zahl sahen, sondern sie als ihr eigentlich begründendes, konstitutives Prinzip betrachten. Für sie „bestehen" die Zahlen nicht, wie es beim Ausgang von der Menge und der Mächtigkeit von Mengen der Fall ist, als etwas an sich Gegebenes, an dem sich dann nachträglich die Möglichkeit ergibt, daß es sich in eine feste Ordnung bringen läßt. Vielmehr bezeichnet die einzelne Zahl nichts anderes als einen Einschnitt, eine besondere Stelle in einem universellen Ordnungsgefüge; und dieses Gefüge macht den Charakter und die Wesensbestimmung der Zahl aus. Diese Bestimmung hat sich daher aus einer absoluten in eine rein-relative verwandelt; und diese Relativität kann nicht etwa als eine *Einschränkung* des „objektiven" Charakters der Zahl betrachtet werden, sondern sie bildet den einzig-adäquaten *Ausdruck* für ihn. Die Beziehung schließt alles Sein und alle Wahrheit in sich, die wir der Zahl sinngemäß zusprechen können. Aus dieser ersten Einsicht entspringt jene allgemeine Umkehr, jene neue *Gesamtorientierung* des Erkenntnisproblems, die man gegenüber dem „Begriffsrealismus" *Cantors, Freges* und *Russells* als die rein ‚funktionalistische' Ansicht bezeichnen kann. Es ist unzureichend und irreführend, wenn man diese Auffassung schlechthin als ‚nominalistisch' charakterisiert. Viele ihrer Vertreter legen allerdings eine solche Deutung nahe, da sie mit dem stärksten Nachdruck betonen, daß wir es in den Zahlen nicht mit einem System von Dingen, sondern mit einem reinen System von *Zeichen* zu tun haben. Aber für den echten mathematischen Nominalismus, wie er in der modernen Philosophie zuerst durch Leibniz begründet worden ist, muß alles mathematische Denken und Schließen sich zwar an Zeichen festhalten und sich ständig in ihrem Kreise bewegen, aber diese fungieren hierbei nicht als leere, sondern als bedeutungsvolle Zeichen. Die Bedeutung, die ihnen zukommt, wird hierbei

---

[70] *Frege*, Grundlagen der Arithmetik, S. 79 f.
[71] Vgl. *Russell*, The Principles of Mathematics, Cambridge 1903, Chap. VI. — Zu Russells und Freges Auffassung des Verhältnisses von „Klasse" und „Zahl" vgl. die Darstellung von Wilh. *Burkamp*, Begriff und Beziehung, Leipzig 1927, IV. Studie: Klasse und Zahl in der Begriffslogik, S. 182 ff.

freilich nicht durch einen Hinblick auf die Welt der Dinge, wohl aber durch einen Blick auf die Welt der *Beziehungen* bestimmt. Die Zeichen drücken das „Sein", den „Bestand", die objektive Geltung bestimmter Beziehungen aus; sie weisen demnach nicht sosehr auf Gegenstände, als vielmehr auf „Formen" hin. Die Zahlenlehre ist hierdurch als Kapitel einer allgemeinen Formenlehre erklärt; aber sie verliert hierdurch nichts an inhaltlicher Bedeutung, sondern kann sie damit erst wahrhaft gewinnen. Statt zu einem leeren Spiel mit Zeichen zu werden, erweist sie sich als der *terminus a quo*, als der erste Anfang und Ansatz jeder objektiven Erkenntnis. Diese beginnt mit der reinen Zahlbeziehung, in der zunächst nichts anderes als die Momente der „Setzung" und „Unterscheidung" gegeben sind. Aber bei dieser rein begrifflichen Identität und Verschiedenheit bleibt die Zahl nicht stehen, sondern sie fügt zu ihr das Moment der „Folge", der Stellen-Ordnung des Gesetzten, hinzu. Auf diesem einen Moment baut sich, nach Leibniz und nach allen Mathematikern, die nach ihm diese Richtung eingeschlagen haben, die gesamte Arithmetik auf[72]. Die Zahl verbleibt in dieser Ableitung durchaus im Gebiet der „reinen" Mathematik, und in ihre Begründung darf sich kein Hinblick auf das Gebiet ihrer Anwendungen, auf die gezählten Dinge einmischen. Aber sie wird hierdurch keineswegs isoliert; sie steht vielmehr am Anfang einer Reihe von Beziehungen, die, weiter verfolgt und immer konkreter gefaßt, zuletzt auf die Bestimmung des ‚Wirklichen' hinführen und sich in ihr zusammenfassen sollen.

Die mathematische Theorie hatte es hierbei nicht mit einem Überblick über das gesamte System dieser Beziehungsformen zu tun, sondern sie durfte sich damit begnügen, den Eingang zu ihm zu sichern und den ersten Anfang und Ansatz in logisch einwandfreier Weise zu erklären. Die ordinale Theorie ging hierbei von der reinen gesetzlichen Ordnungsform einer Reihe diskreter Elemente aus, um sodann zu zeigen, wie wir von hier zur Zahl als Ausdruck der Vielheit, zur Kardinalzahl einer Menge, gelangen. Daß hierbei jeder endlichen Menge, unbeschadet der Anordnung ihrer einzelnen Elemente, die gleiche Kardinalzahl zukommt, muß durch einen besonderen Beweis gesichert werden[73]. Der Begriff der ‚Eins' als des Ausgangspunkts der Setzung und die allgemeine Relation des ‚Folgens in einer Reihe' wird hierbei allerdings vorausgesetzt. Aber selbst wenn man annimmt, daß hierin eine formal-logische Schranke der Theorie liegt, so würde dadurch derselben doch nichts von ihrem erkenntniskritischen Wert genommen. Denn die kritische Analyse der Erkenntnis wird, wenn man nicht einen *regressus in infinitum* annehmen will, immer bei gewissen Urfunktionen Halt machen müssen, die einer eigentlichen ‚Ableitung' weder fähig noch bedürftig sind. In der Tat ist nicht einzusehen, warum man lediglich logische Identität und Verschiedenheit, die als notwendige Mo-

---

[72] Für *Leibniz*' Stellung zum mathematischen „Nominalismus" vgl. bes. seine Meditationes de veritate, cognitione et ideis. Philos. Schriften (Gerhardt) IV, 422 ff.
[73] Vgl. hierzu z. B. *Helmholtz*, Zählen und Messen, S. 32, sowie *Kronecker*, Über den Zahlbegriff, § 2.

mente in den Mengenbegriff eingehen, als solche Urfunktionen gelten lassen und nicht auch die numerische Einheit und den numerischen Unterschied von Anfang an in diesen Kreis aufnehmen will. Eine wirklich befriedigende Herleitung des einen aus dem anderen ist auch der mengentheoretischen Auffassung nicht gelungen, und der Verdacht eines versteckten erkenntnistheoretischen Zirkels blieb gegenüber allen Versuchen, die in dieser Richtung gemacht wurden, immer bestehen. Die philosophische Grundauffassung, auf der die „ordinale Theorie" im wesentlichen beruht, ist am einfachsten und prägnantesten von *Dedekind* gekennzeichnet worden. Er verlangt für den Aufbau des gesamten Zahlenreiches nichts anderes als „die Fähigkeit des Geistes, Dinge auf Dinge zu beziehen". Auf Grund dieser einen Funktion lasse sich, ohne jede Einmischung fremdartiger Vorstellungen wie z. B. der der meßbaren Größen, zunächst zur Reihe der sogen. „natürlichen Zahlen" und, von hier fortschreitend, auch zu allen Erweiterungen des Zahlbegriffs, zur Schöpfung der Null, der negativen, gebrochenen, irrationalen und komplexen Zahlen gelangen. Der Zahlbegriff ist und bleibt hierbei ein „unmittelbarer Ausfluß der reinen Denkgesetze"; denn die Grundfunktion des Denkens besteht eben in der Operation, „Dinge auf Dinge zu beziehen, einem Dinge ein Ding entsprechen zu lassen oder ein Ding durch ein Ding abzubilden", — eine Funktion, ohne welche überhaupt kein Denken möglich sei[74].

Es war einer der wichtigsten Fortschritte, die das mathematische Denken im neunzehnten Jahrhundert errang, daß es hier zum ersten Mal gelang, den *Aufbau des Systems der reellen Zahlen* in wirklicher Strenge zu vollziehen. Durch *Weierstrass* war dieser Aufbau als eines der wesentlichen Postulate erkannt worden, ohne dessen Erfüllung die Mathematik keinen Schritt vorwärts tun könne[75]. Aber die Leistung, die hier zu vollbringen war, konnte sich nicht ohne starke innere Reibungen vollziehen. Immer wieder traten hier Zweifel auf, die weniger der Mathematik selbst als der *Philosophie der Mathematik* entstammten und die in dieser seit langem heimisch waren. In seiner Schrift ‚Was sind und was sollen die Zahlen?' erklärt Dedekind es als eine der bewunderungswürdigsten Leistungen des menschlichen Geistes, daß der Mensch sich ohne jede Vorstellung meßbarer Größen durch ein endliches System einfacher Denkschritte zur Schöpfung des reinen, stetigen Zahlenreiches aufschwingen könne. Aber was bedeutet der Ausdruck ‚Schöpfung', der in diesem Zusammenhange gebraucht wird? Wird das Reich der reellen Zahlen dadurch, daß es als Produkt menschlicher Schöpfung erklärt wird, nicht der Subjektivität, und damit der Willkür, preisgegeben? Kehren wir damit nicht jenem sicheren ‚Sein', das uns in den „natürlichen Zahlen" gegeben ist, den Rücken, und spinnen wir uns nicht mehr und mehr in eine Welt von Fiktionen ein? Alle diese Bedenken kommen in dem bekannten

---

[74] *Dedekind,* Was sind und was sollen die Zahlen?, Braunschweig 1893, S. VII ff.
[75] Näheres hierüber bei A. *Pringsheim,* Vorlesungen über Zahl- und Funktionenlehre, Band I, erste Abteil., Leipzig 1916.

Wort *Kroneckers* zum Ausdruck, daß die ganzen Zahlen von Gott geschaffen seien; alles übrige sei Menschenwerk[76]. Man erkennt schon aus der eigentümlichen Fassung dieses Satzes, daß es sich hier weniger um einen mathematischen, als um einen *ontologischen* Einwand handelt. Seit die Pythagoreer die Zahl nicht nur als oberstes Erkenntnisprinzip entdeckt, sondern in ihr auch den eigentlichen Ausdruck des ‚Wesens‘ der Dinge gefunden, seit sie dieselbe als das „Sein selbst" erklärt hatten, war dieser Einwand nie verstummt. Man weiß, welche geistige Erschütterung die Entdeckung des ‚Irrationalen‘ in der griechischen Mathematik bedeutete. Platon sieht hierin nicht nur ein Problem, das die Mathematik, sondern das die gesamte Bildung des Menschen, das die παιδεία als solche angeht. In einer bekannten Stelle der ‚Gesetze‘ erklärt er, daß der, der vom ‚Irrationalen‘ nichts wisse, nicht wert sei, ein Grieche zu heißen. Aber zur Idee der stetigen *Zahlenreihe* ist das antike mathematische Denken niemals fortgeschritten. Auf Grund seiner philosophischen Voraussetzungen konnte es für dasselbe zwar inkommensurable Größen und Verhältnisse, nicht aber ‚irrationale Zahlen' geben: ein Satz bei Euklid besagt ausdrücklich, daß inkommensurable Größen sich nicht wie Zahlen zueinander verhalten[77]. Der natürlichen ganzen Zahl haftet hier immer eine *absolute* Bedeutung an, die ihr eine Art von Seinsprivileg sichert. Aber diese Auffassung verliert ihren Halt, wenn man — wie es in der modernen Philosophie der Mathematik mit immer stärkerem Nachdruck und mit immer deutlicherem Bewußtsein geschieht — von der *ontischen* Begründung des Zahlbegriffs zu seiner rein *methodischen* Begründung übergeht. Denn hier kehrt sich das Verhältnis um. Auch die ganzen Zahlen sind ein „an sich Seiendes" und „durch sich Bestehendes", ein αὐτὸ καθ' αὑτό. Sie bezeichnen, als Ordnungszahlen, nichts anderes als Stellen in einer geregelten Folge, und sie haben somit kein anderes Sein und keine andere Bedeutung als diejenige, die in ihren wechselseitigen Beziehungen zum Ausdruck kommt. Ist dieser Grundcharakter der Zahl einmal anerkannt und zum allgemeinen Prinzip erhoben, so enthält die „Erweiterung" des Zahlbereichs keine grundsätzlichen Schwierigkeiten mehr. Denn hier handelt es sich nicht mehr um den bedenklichen und im Grunde aussichtslosen Versuch, zu den gegebenen Dingen eine Klasse neuer ‚Dinge‘ hinzuzufügen, die dem reinen Denken entspringen sollen. Die Aufgabe besteht vielmehr lediglich darin, von einem System relativ-einfacher Beziehungen zu verwickelteren Beziehungssystemen fortzuschreiten und auch für sie die entsprechenden symbolischen Ausdrücke zu schaffen. Diese Aufgabe entspringt nicht der subjektiven Willkür; sie entwickelt sich vielmehr aus der objektiven Problematik des mathematischen Denkens selbst. Denn es sind die *einfachen* Grundope-

---

[76] Über den Gegensatz, der in dieser Hinsicht zwischen *Weierstrass* und *Kronecker* bestand vgl. die Darstellung *Kleins*, Entwickl. der Math. im 19. Jahrhundert, S. 284 f. S. auch *Mittag-Leffler*, Une page de la vie de Weierstrass, Congrès international de Paris, Paris 1902, S. 131.

[77] Näheres bei H. *Hankel*, Zur Gesch. der Mathematik im Altertum und Mittelalter, S. 111 ff.

rationen des ‚Zählens' und ‚Rechnens', die, konsequent weiterverfolgt und in wirklich allgemeiner Anwendung, von selbst zu jenen komplexen Beziehungssystemen hinführen, als deren Ausdruck sich die neuen ‚Zahlen' ergeben. Zu voller Deutlichkeit gelangt dies in der Ableitung, die Dedekind in seiner Schrift ‚Stetigkeit und irrationale Zahlen' von den irrationalen Zahlen gegeben hat. Diese letzteren erschienen hierbei nicht sowohl als neue Gebilde, denen irgend eine besondere absolute Natur zukommt, sie erscheinen vielmehr als eine Einteilung, die wir im System der rationalen Zahlen vornehmen, als „Schnitte", durch die wir dasselbe in zwei Klassen A_1, A_2 zerlegen, von der Art, daß jede Zahl a_1 der ersten Klasse A_1 kleiner ist als jede Zahl a_2 der zweiten Klasse A_2. Der Beweis für die „Existenz" der irrationalen Zahlen beschränkt sich dann lediglich auf die Feststellung, daß unendlich viele derartige Schnitte existieren, die nicht durch rationale Zahlen hervorgebracht werden, und daß sich mit ihnen in genau derselben Weise „rechnen" läßt, d. h. daß sich alle bekannten arithmetischen Operationen in genau derselben Weise auf sie anwenden lassen[78].

Eine strenge Begründung des Irrationalen kann man hierin freilich nur dann sehen, wenn man zuvor die Grundvoraussetzung angenommen hat, auf der Dedekinds Deduktion offenbar beruht. Sie besteht darin, daß wir es in den Zahlen nicht mit Dingzeichen, sondern mit Operationszeichen zu tun haben, und daß auch die sogenannten „natürlichen" Zahlen nichts anderes als solche Operationszeichen sind. Der Fortgang über sie hinaus bedeutet dann keine Schöpfung aus Nichts, sondern läßt sich in einfachster Weise als stetige Erweiterung des Operationsbereichs erklären, die dadurch entsteht, daß zu den vorhandenen Beziehungen „Beziehungen von Beziehungen" usf. hinzutreten. Wenn hier von ‚Postulaten' die Rede ist, denen die neuen Zahlarten ihr Dasein verdanken, so handelt es sich doch hierbei niemals darum, irgendwelche Objekte zu postulieren. Die einzige Forderung besteht darin, daß wir unseren Begriff des Zahlenreichs so weit fassen, daß dieses zu einem in sich geschlossenen „Körper" wird. Bei jeder Verknüpfung, die wir mit den einzelnen Elementen dieses Bereichs gemäß den Grundregeln der Rechnung vornehmen, sollen wir das Ergebnis dieser Verknüpfung selbst wieder als ein Gebilde ansehen, das wir dem Gesamtsystem angehörig denken und das innerhalb desselben seine bestimmte Bedeutung besitzt. Es zeigt sich, daß wir gewisse Bedingungen, die im System der ganzen Zahlen gelten und die demgemäß zur „Natur" der Zahl als solcher zu gehören scheinen, fallen lassen können, ohne damit der Unbestimmtheit zu verfallen, sondern daß wir statt dessen eine Bestimmtheit anderer und allgemeinerer Art gewinnen. Indem dieses Verfahren fortschreitend geübt wird, heben sich damit gewissermaßen die eigentlichen Grund- und Tiefenschichten des Zahlbegriffs heraus: das Bleibende, das Konstante und Notwendige hebt sich von dem relativ-Zufälligen ab. Das System der ganzen Zahlen ist nicht nur geordnet, sondern es

---

[78] Vgl. *Dedekind*, Stetigkeit und irrationale Zahlen, 1872, 2. Aufl. 1892, § 4.

gilt für dasselbe, daß jedes Element einen „unmittelbaren Vorgänger" und einen „unmittelbaren Nachfolger" besitzt, mit Ausnahme der Null, die keinen Vorgänger hat. Diese Bedingung wird schon für das System der rationalen Zahlen durchbrochen; es gibt hier, da das System „überall dicht" ist, für eines seiner Elemente kein anderes, das ihm unmittelbar folgt oder voraufgeht. Das Zahlkontinuum, das durch die Aufnahme der Irrationalzahlen zustande kommt, zeigt abermals andere Strukturbedingungen; aber es erweist sich insofern mit allen früheren Zahlen verknüpft, als eine wesentliche Bedingung bestehen bleibt: auch hier steht, wenn wir zwei Elemente a und b betrachten, eindeutig fest, welches derselben das „größere" oder „kleinere" ist, welches voraufgeht oder folgt. Aber daß selbst *diese* Bestimmung noch aufgegeben werden kann, ohne daß das ‚Zahlhafte' als solches verschwindet, lehrt der Übergang zu den imaginären Zahlen, die sich nicht mehr nach dem Gesichtspunkt des ‚Größer' oder ‚Kleiner' ordnen lassen und für die auch die Relation des ‚Zwischen' ihren Sinn verloren hat. Erkenntnistheoretisch betrachtet läßt sich die Stufenordnung, die sich hierbei ergibt, in gewissem Sinne dem Tatbestand vergleichen, der uns früher in einem ganz anderen Gebiete, bei der Analyse des Raumproblems, entgegengetreten ist. Auch hier zeigte sich, daß die verschiedenen ‚Geometrien' uns verschiedene Aspekte der Raumordnung geben und daß, beim Fortgang von der einen zur anderen, sich diese Ordnung immer klarer und bestimmter abzeichnet, so daß wir beim Übergang von der metrischen zur affinen und projektiven Geometrie und weiterhin zur Analysis situs immer allgemeinere und „wesenhaftere" Züge an ihr erfassen[79].

Wenn man die Entwicklung des Zahlbegriffs in diesem Sinn versteht, so verlieren die neuen Zahlarten, insbesondere das Irrationale und Imaginäre, alles Metaphysisch-Geheimnisvolle, das man in ihnen seit ihrer ersten Entdeckung immer wieder gesucht hat. Aber das ‚Wunder' der Arithmetik erscheint dadurch freilich nicht geringer, sondern fast noch größer als zuvor. Denn daß in einer so einfachen Grundbeziehung, wie es das schlichte „Folgen in einer Reihe" ist, so reiche und komplexe Systeme von Relationen beschlossen liegen, ist ein Umstand, der immer wieder geeignet ist, das philosophische Staunen zu erregen. Um diesen Schatz heben zu können, bedarf es freilich einer bestimmten Grundkraft und Grundtendenz des mathematischen Denkens. Es muß sich das Komplexe zugänglich machen, indem es fortschreitend neue *Symbole* für dasselbe erschafft. Auf Grund dieser Symbole erlangt es erst die Fähigkeit, mit ihm in derselben Weise zu operieren, wie es mit den einfachen Gebilden der Fall war. Auch diese waren ja nicht schlechthin, nicht ‚absolut' einfach; sie stellen sich vielmehr, sobald man sie analysiert, als Inbegriffe von Beziehungen dar, die auf bestimmten Strukturbedingungen beruhen. Diese Inbegriffe werden vom mathematischen Denken als *ein* Gegenstand behandelt und mit *einem* Zeichen versehen, und erst auf Grund dieser Konzentration

---

[79] Vgl. hierüber Kap. 1, S. 41.

gelingt ihre wissenschaftliche Betrachtung und Behandlung. Die höheren Stufen führen nun diesen Grundprozeß weiter, indem sie in der Schaffung neuer Symbole die Fähigkeit gewinnen, immer komplexere Sachverhalte zu überblicken und der Bestimmung zugänglich zu machen. Auch in dieser Hinsicht ist das mathematische Denken des 19. Jahrhunderts weit über die früheren Epochen hinausgeschritten, und es hat sich erst dadurch ganz zum Herrn seines Stoffes gemacht. Die neue *Orientierung,* die die Mathematik hierdurch gewann, tritt, von Seiten des Zahlbegriffs, am besten hervor, wenn man auf die Art hinblickt, in der jetzt das Imaginäre eingeführt und begründet wurde. Für die großen Mathematiker des siebzehnten Jahrhunderts bedeuteten die imaginären Größen nicht *Instrumente* der mathematischen Erkenntnis, sondern sie waren ihnen eine eigene Klasse von *Objekten,* auf die diese im Verlauf ihrer Entwicklung gestoßen waren und die für sie nicht nur etwas Geheimnisvolles, sondern etwas fast Undurchdringliches behielten. Als Leibniz Huyghens mitteilt, er habe gefunden, daß zwei komplexe Größen, zu einander addiert, eine reelle Größe ergeben können, antwortet ihm dieser, daß diese Beobachtung überraschend und völlig neu sei: es liege darin etwas verborgen, was uns unbegreiflich sei[80]. Und Leibniz selbst läßt, dem Imaginären gegenüber, oft einen ‚Agnostizismus' erkennen, der ihm sonst überall fremd und der dem Geist seiner Philosophie zuwider ist: bezeichnet er doch an einer Stelle die imaginären Zahlen als ein merkwürdiges Zwischending, ein ‚Amphibium zwischen Sein und Nicht-Sein'[81]. Das Geheimnis, das hier vorzuliegen schien, konnte erst durch *Gauß* ganz gelüftet werden, der durch seine geometrische Darstellung und Begründung das Rätsel in der einfachsten Weise löste. Das Rechnen mit dem Imaginären erscheint jetzt als nichts anderes als ein Rechnen mit *Zahlenpaaren,* wobei durch einen besonderen Beweis sichergestellt werden muß, daß für dasselbe die Grundaxiome der algebraischen Rechnung, z. B. das assoziative Gesetz der Addition und das kommutative Gesetz der Multiplikation, ihre Gültigkeit behalten. In diesem Sinne erklärt *Cauchys* ‚Cours d'Analyse algébrique' das Imaginäre als einen ‚symbolischen Ausdruck' *(expression symbolique ou symbole),* der nichts anderes als die Darstellung zweier Gleichungen zwischen zwei reellen Größen sei[82]. Auch bei Hamilton wird das Rechnen mit den komplexen Zahlen dadurch erklärt und gerechtfertigt, daß es als ein Operieren mit Zahlenpaaren erkannt wird[83]. Mit dieser Begründung war nicht nur für das Imaginäre selbst, sondern auch für alle anderen Erweiterungen des Gebiets der natürlichen ganzen Zahlen ein wichtiger methodischer Hinweis gegeben; denn es ließ sich allgemein zeigen, daß die neuen Zahlarten, die

---

[80] Huyghens an Leibniz, s. Leibniz Math. Schriften (Gerhardt) II, S. 15.
[81] Zur Auffassung des Imaginären in Mathematik des 17. Jahrhunderts vgl. *Klein,* Elementarmathematik I, 61 ff.
[82] *Cauchy,* Cours d'Analyse algébrique, 1821, Chap. VII.
[83] William *Hamilton,* Theory of conjugate functions or Algebraic Couples, (Transact. of the Royal Irish Acad.; 1833).

hier eingeführt werden, jedesmal durch ein *System* von Zahlen einer früheren Zahlart definiert sind und daß sich hierin ihre Bedeutung erschöpft.

Aber die Einführung der komplexen Größen zeigt noch in einem ganz besonderen und prägnanten Sinne die *methodische* Bedeutung, die jeder Erweiterung des Zahlbegriffs zukommt. Denn die Fruchtbarkeit des Imaginären bleibt nicht auf das Gebiet der Algebra beschränkt, sondern sie zeigt sich darin, daß nunmehr die gesamte logische Struktur der Mathematik in einem neuen Licht erscheint. Was zuvor nebeneinander stand, das wird jetzt in ganz neuer Weise in seiner wechselseitigen Beziehung und in seiner systematischen Abhängigkeit erfaßt. Die erste Einführung des Imaginären war ausschließlich durch algebraische Probleme veranlaßt und gefordert; es war der sogen. ‚casus irreducibilis' der Gleichung dritten Grades, der im 16. Jahrhundert auf dasselbe hinführte[84]. *Geometrische* Anwendungen sind erst viel später in den Gesichtskreis der Mathematik getreten. Erst zu Beginn des achtzehnten Jahrhunderts bricht sich der neue Gedanke des „imaginären Punkts" in Poncelets ‚Traité des propriétés projectives des figures' (1822) Bahn. Mit aller Bestimmtheit wird erklärt, daß sich ohne diese Erweiterung niemals eine Geometrie werde aufbauen lassen, die in ihrer Allgemeinheit und Strenge mit der Analysis wetteifern kann[85]. Diese Voraussage hat sich in vollem Maße erfüllt; ein vollkommen befriedigender, in sich geschlossener Aufbau der projektiven Geometrie gelang erst, als *Staudt* in seiner „Geometrie der Lage" (1846) und in seinen „Beiträgen zur Geometrie der Lage" (1856/60) dem imaginären Punkt, der Ebene, dem Kegelschnitt u. s. f. eine rein geometrische Deutung gab, statt sie, wie es bisher geschehen war, einfach aus den Formeln der Analysis zu übernehmen[86]. Aber die volle Bedeutung des Imaginären trat erst zu Tage, als *Riemann* in seiner Dissertation: ‚Grundlage für eine allgemeine Theorie der Funktionen einer komplexen Größe' (1851) den Begriff einer komplexen Variabeln zum Fundament für die Theorie der algebraischen Funktionen machte. Indem *Weierstrass* das Werk von Riemann ergänzt und vollendet, konnte sich damit in der zweiten Hälfte des neunzehnten Jahrhunderts erst die souveräne Herrschaft der Analysis über das Gesamtgebiet der Mathematik ausbilden[87]. Der Gebrauch der komplexen Zahlen in der *Vektorrechnung* zeigt dann, welche eminente Fruchtbarkeit der Begriff des Imaginären auch in der naturwissenschaftlichen Erkenntnis besitzt. In dem Kalkül mit Vektoren enthüllt sich, nach H. *Weyls* Ausdruck, „eine wunderbare Harmonie zwischen dem Gegebenen und der Vernunft"[88]. So hat sich im Lauf der Jahrhunderte in der Beurteilung

---

[84] Näheres bei *Hankel*, Gesch. der Mathematik, S. 372.
[85] *Poncelet*, a. a. O., Vorrede, S. XIX ff.
[86] Einen Abriß der Staudtschen Imaginärtheorie gibt F. *Klein*, Entwickl. der Mathematik I, 136 ff. und Elementarmathematik II, 133 ff.
[87] Nähere historische Angaben bei F. *Klein*, Entwickl. der Mathematik, Teil III, Abt. 1, 1914.
[88] *Weyl*, Philos. der Mathematik, S. 55.

des Imaginären nicht nur ein Umschwung, sondern eine völlige Umkehrung vollzogen. Was anfangs als ein ‚Unmögliches' galt oder als ein Rätsel, das man anstaunte, ohne es zu begreifen, das hat sich zu einem der wichtigsten Instrumente der mathematischen Erkenntnis entwickelt; zu einem Mittel, sie als Ganzes zu überblicken und ihren verborgenen Organismus erst ganz sichtbar zu machen.

An Beispielen wie diesen erkennt man mit besonderer Deutlichkeit, wie sich dem mathematischen Denken bei jedem Schritt, den es vorwärts tut, ein neuer Bereich, ein neues *Gegenstandsgebiet* aufschließt, ohne daß es hierbei aus dem Kreise seiner ursprünglichen Denkmittel herauszutreten braucht. Freilich liegt in dieser Beziehung eines der schwierigsten Probleme der mathematischen Erkenntnistheorie. Denn die Möglichkeit, daß das Denken ganz in seinen eigenen Kreis eingeschlossen bleibt und daß es nichtsdestoweniger in ihm immer wieder neue, streng ‚objektive' Erkenntnisse gewinnt, erscheint immer wieder problematisch. Auch die moderne Mathematik hat sehr verschiedene Wege eingeschlagen, um dieses Problem zu lösen. Von einem ‚naiven Realismus', der die Inhalte des mathematischen Denkens wie existierende Dinge behandelt, bis zu einem extremen Nominalismus, der in diesen Inhalten nur „Zeichen auf dem Papier" sieht, sind hier fast alle Standpunkte vertreten. Auf der einen Seite betont man nicht nur den streng *logischen* Charakter der mathematischen Aussagen, sondern man sieht in ihnen auch *identische* Urteile, wodurch schließlich das gesamte System der Mathematik zu einer einzigen ungeheuren *Tautologie* wird. Welcher Erkenntniswert einer solchen Tautologie zukommen und was das Denken dabei gewinnen soll, wenn es sich ständig nur in seinem eigenen engen Zirkeltanz bewegen soll, bleibt dabei freilich im Dunkel. Auf der anderen Seite scheint jede *Bindung,* die man dem Denken auferlegen will, den ‚idealen' Charakter der reinen Mathematik zu gefährden und sie von einer fremden Instanz abhängig zu machen. Je mehr die Mathematik im neunzehnten Jahrhundert in sich selbst erstarkte und je vollständiger sich die Herrschaft der reinen Analysis über alle Gebiete ausbreitete, um so mehr mußte sie diese ‚Heteronomie' verwerfen. Georg *Cantor* erklärte, daß man in zwei Bedeutungen von der „Wirklichkeit" oder „Existenz" der ganzen Zahlen, der endlichen sowie der unendlichen, sprechen könne. Einmal dürfen wir die ganzen Zahlen insofern für wirklich ansehen, als sie auf Grund von Definitionen in unserem Verstande einen ganz bestimmten Platz einnehmen, von allen übrigen Bestandteilen unseres Denkens aufs beste unterschieden werden, zu ihnen in bestimmter Beziehung stehen, und somit die Substanz unseres Geistes in bestimmter Weise modifizieren. Diese Art der Realität der Zahlen will er ihre *intrasubjektive* oder *immanente Realität* nennen. Weiterhin aber könne den Zahlen auch insofern Wirklichkeit zugeschrieben werden, als sie „für einen Ausdruck oder ein Abbild von Vorgängen und Beziehungen in der dem Intellekt gegenüberstehenden Außenwelt gehalten werden müssen" — als die verschiedenen Zahlenklassen Repräsentanten der Mächtigkeit sind, die in der körperlichen und geistigen Natur tatsächlich vorkommen. Diese zweite Art der Realität nennt Cantor die ‚*transsubjektive*' oder auch ‚*transiente*' Realität der ganzen Zahlen. Zwischen beiden Formen des Seins besteht nach Cantor eine Art von prästabilierter Harmonie: ein in der ersteren Hinsicht als existent zu bezeichnender Begriff besitzt stets in gewissen, sogar in unendlich vielen Beziehungen auch eine transiente Realität, deren Feststellung freilich meist zu den schwierigsten Aufgaben der Metaphysik gehöre. Die Mathematik aber kann, unbekümmert hierum, ihren eigenen Weg gehen. Sie darf bei der Ausbildung ihres Ideenmaterials einzig und allein auf die immanente Realität ihrer Begriffe Rücksicht nehmen und hat daher keinerlei Verbindlichkeit, sie auch nach ihrer transienten Realität zu prüfen. „Dieser ausgezeichneten Stellung, die sie von allen anderen Wissenschaften unterscheidet", — so sagt Cantor — „verdankt sie ganz besonders den Namen der *freien Mathematik*, eine Bezeichnung, welcher ich, wenn ich die Wahl hätte, den Vorzug vor der üblich gewordenen ‚reinen' Mathematik geben würde"[89].

Aber die nächste erkenntnistheoretische Aufgabe, die sich hier ergibt, besteht darin, diese Freiheit der Begriffsbildung, die nicht bestritten werden darf und die gewissermaßen zu den unveräußerlichen Grundrechten der Mathematik gehört, so zu fassen, daß sie nicht mit subjektiver Willkür verwechselt werden kann. Die Berufung auf den bloßen Widerspruchssatz reicht hier nicht aus; denn nicht alles, was keinen inneren Widerspruch enthält, hat damit schon sein Heimatrecht in der Mathematik erwiesen. Hier muß demnach ein anderes Kriterium und eine andere Form der Ableitung einsetzen, die bei allen „Existenzbeweisen" der Mathematik hervortritt. Kant erklärte die philosophische Erkenntnis als die Vernunfterkenntnis aus Begriffen, die mathematische aus der *Konstruktion* der Begriffe und er stützt auf diese Erklärung seinen Beweis, daß alle Mathematik ihrem Wesen nach nicht bloße Analysis, sondern daß sie *Synthesis* sein müsse. Über die Berechtigung dieses Unterschieds ist in der modernen Mathematik viel und heftig gestritten worden. Aber der Streit ist im großen Ganzen unfruchtbar geblieben: denn weder haben die einzelnen Autoren die Ausdrücke der „Analysis" und „Synthesis" in einem einheitlichen und eindeutigen Sinne gebraucht, noch gelang es auch nur, sich darüber zu verständigen, was Kant mit dieser Bezeichnung letzten Endes gemeint hatte. Der ‚transzendentale' Unterschied, der hier bezeichnet werden sollte, wurde meist als ein psychologischer mißverstanden und kritisiert[90]. Für Kant selbst gehörte die Unterscheidung weder in das Gebiet der Psychologie, noch in das der formalen Logik — geht er doch so weit zu sagen, daß die Erklärung der Möglichkeit der synthetischen Urteile eine Aufgabe sei, mit der die allgemeine Logik gar nichts zu schaffen habe, ja daß diese auch sogar ihren *Namen* nicht einmal kennen

---

[89] *Cantor,* Grundlagen einer allgem. Mannigfaltigkeitslehre, § 8.
[90] Näheres zu dieser Frage s. in meinem Aufsatz: Kant und die moderne Mathematik, Kant-Studien, XII, (1907), S. 1—49.

dürfe[91]. Was Kant hiermit andeuten will, ist dies, daß der eigentliche Grundcharakter der mathematischen Synthesis, auf den er abzielt, nicht sosehr in der Begriffs- und Urteilsbildung, als vielmehr im Aufbau der mathematischen *Gegenstandswelt* zum Vorschein komme. Die Gegenstandsbildung der Mathematik ist ‚konstruktiv' und somit ‚synthetisch', weil es sich in ihr nicht darum handelt, einen gegebenen Begriff einfach in seine Merkmale zu zerlegen, sondern weil wir von bestimmten Grundrelationen, von denen wir ausgehen, zu immer komplexeren Relationen fortschreiten und aufsteigen, wobei wir jedem neuen Ganzen von Beziehungen einen neuen Bereich von ‚Gegenständen' entsprechen lassen. Der Aufbau des Zahlenreichs bestätigt *diesen* Sinn, den Kant mit dem Begriff der mathematischen ‚Synthesis' verband, durchaus. Es kann nicht die Rede davon sein, daß der Begriff der „ganzen Zahl" all die *Merkmale* in sich schließt, aus denen sich später der Begriff der Rationalzahlen, der Irrationalzahlen, der komplexen Zahlen entwickeln läßt. Wesentliche Bestimmungen dieses Begriffs, wie z. B. die Bestimmung, daß jede ganze Zahl einen unmittelbaren Vorgänger und Nachfolger hat, müssen wir aufgeben, um zu den anderen Zahlsystemen zu gelangen. Aber diese werden dadurch gewonnen, daß wir im ursprünglichen Zahlbereich nicht bei der Betrachtung der einzelnen Elemente stehen bleiben, sondern daß wir uns zur Betrachtung ganzer *Inbegriffe* erheben, an denen wir neue Beziehungen entdecken. Das Rechnen mit den „neuen Zahlen" läßt sich in der Tat erst dann verständlich machen und einwandfrei erklären, wenn wir diese nicht als neue Elemente betrachten, die der ursprünglichen Zahlenreihe adjungiert werden oder die irgendwie im Reich des Seins einen selbständigen Bestand haben, sondern wenn wir erkennen, daß diese neuen Zahlen nichts anderes als Symbole für bestimmte systematische *Zusammenhänge* sind, die sich in dem ersten Bereich aufzeigen lassen. So löst sich z. B. das Geheimnis der „Existenz" der Irrationalzahlen, wenn wir diese, mit Dedekind, als „Schnitte" erklären, d. h. in ihnen nichts anderes sehen als eine systematische Einteilung der Rationalzahlen in zwei Klassen. Ebenso zeigt sich, daß eine positive oder negative reelle Zahl sich einfach als ein *Paar* a/a' von absoluten Zahlen erklären läßt, und daß auch die Rechnung von „imaginären" Zahlen nichts anderes als die mit Paaren α/β von reellen Zahlen bedeutet. Jeder Zusammenfassung, jeder neuen Synthesis entspricht und entspringt hierbei ein neuer „Gegenstand", der sich zwar streng methodisch aus der früheren entwickelt, der aber keineswegs logisch mit ihm zusammenfällt.

Faßt man den Begriff der ‚Synthesis' in diesem Sinne, so erkennt man, daß der Anspruch der modernen Logistik, die Synthesis endgültig aus dem Gebiet der Mathematik verdrängt und den rein analytischen Charakter der mathematischen Urteile erwiesen zu haben, unhaltbar ist[92]. Die Ent-

---

[91] Kritik der r. Vernunft, zweite Aufl., S. 193.
[92] Gegen Kant hat insbesondere Louis *Couturat* diese These zu erweisen gesucht. Les Principes des Mathématiques, Paris 1903, Appendix. — Näheres über Couturats Kritik in meinem Aufsatz: Kant und die moderne Mathematik (s. Anm. 90).

wicklung der modernen Mathematik hat vielmehr an diesem Punkte, nachdem sie eine Zeitlang eine völlig entgegengesetzte Richtung einzuschlagen schien, in sehr merkwürdiger Weise wieder zu bestimmten Grundpositionen Kants zurückgeführt. Die transzendentale *Logik* unterlag hierbei nicht den gleichen Modifikationen, wie sie auf Grund der Entdeckung der Nicht-Euklidischen Geometrie und ihrer verschiedenen ‚Raumformen' im Gebiet der transzendentalen Ästhetik notwendig waren. Von modernen Mathematikern hat insbesondere Otto *Hölder* den konstruktiven Aufbau der mathematischen Gegenstandswelt als den eigentümlichen Grundzug der mathematischen Methode bezeichnet. Er betont hierbei, daß dieser Zug für das arithmetische Denken in gleicher Weise bestimmend und kennzeichnend sei, wie er es für das geometrische ist. Alles mathematische Denken geht nach Hölder von ‚selbstgebildeten' oder synthetischen Begriffen aus, und das Wesentliche für die Beweisführung, für die mathematische ‚Deduktion' seien nicht die Regeln der gewöhnlichen Syllogistik, sondern die Art, wie von diesen synthetischen Begriffen Gebrauch gemacht werde. In der Geometrie oder Mechanik werden solche Begriffe auf Grund von Voraussetzungen, d. h. auf Grund der aus der Erfahrung oder Anschauung stammenden Grundbegriffe (Punkt, Gerade, Ebene, Winkel, Kraft, Masse) und der über diese gemachten Annahmen konstruiert. „Es gibt aber auch Begriffe, die ohne solche besonderen Voraussetzungen, bloß auf Grund gewisser allgemein logischer Tätigkeiten des Setzens und Wiederaufhebens, des Zusammenfassens und gleichzeitigen Auseinanderhaltens, des Zuordnens, der Reihenbildung entstehen, wie die Zahlen, die Gruppenbildungen und Vertauschungen von Elementen". Die ganzen Zahlen sind die einfachsten dieser Begriffe, weil sie sich aus ganz elementaren Funktionen der Setzung und Verknüpfung herleiten; aber an sie schließen sich andere Synthesen, die in stetem *Zusammenhang* miteinander, aber ohne daß in den späteren Schritten die früheren jemals einfach *wiederholt* würden, das Ganze der mathematischen Beziehungen, und damit das Ganze der mathematischen „Gegenstände", aufbauen. Die mathematischen Schlüsse können demnach nicht auf das logische Verfahren der Subsumption zurückgeführt werden. Sie beruhen nicht auf der Einordnung der Individuen in Gattungsbegriffe oder der Unterordnung der Gattungsbegriffe untereinander, sondern auf der *Verkettung der Relationen,* in der wir ein logisch eigentümliches und selbständiges Prinzip zu sehen haben, das in keiner Weise auf den bloßen Satz der Identität und des Widerspruchs zurückführbar ist[93]. Auch der Aufbau der Mengenlehre, von dem bei den logistischen Begründungen des Zahlbegriffs ausgegangen wurde, fällt unter das gleiche Prinzip. „Die ein- und mehrdimensionalen Mengen" — so sagt H. *Weyl* in seiner Schrift über das Kontinuum — „bilden über dem ursprünglich gegebenen Gegenstandsbereich ein neues abgeleitetes System idealer Gegenstände; es entsteht aus dem ursprünglichen, wie ich mich ausdrücken will, durch den *mathematischen Prozeß.* In der Tat glaube

---

[93] S. *Hölder,* Die mathematische Methode, Berlin 1924, Einleitung und § 6.

ich, daß sich in dieser Begriffsbildung das Charakteristische der mathematischen Denkweise äußert"[94].

Damit trat aber auch im Gebiet der reinen Arithmetik die ‚Anschauung', die die Logistik verworfen hatte und die sie weit hinter sich gelassen zu haben glaubte, wieder in ihr Recht. Daß bei jeder Ableitung des Zahlbegriffs der Appell an die *empirische* Anschauung, an die Anschauung konkreter *Dinge* unzulässig sei: darüber sind sich fast alle Richtungen der modernen Mathematik einig. Aber die reine ‚Intuition' der Zahl mußte um so mehr wieder in den Mittelpunkt treten, als man sich davon überzeugte, daß der Mengenbegriff die Ansprüche nicht zu erfüllen vermochte, die man an ihn gestellt hatte. Die Entdeckung der „Paradoxien der Mengenlehre" bildet hier einen scharfen Einschnitt und Wendepunkt der Erkenntnistheorie der Mathematik. Hier setzten die ersten Angriffe der ‚Intuitionisten' gegen das so fest gefügte System der klassischen Analysis ein. Der durch die Mengenlehre scheinbar ausgefüllte Abgrund zwischen dem Endlichen und dem Unendlichen — so erklärt H. *Weyl* — tritt wieder in seiner klaffenden Tiefe zutage. Die mengentheoretische Behandlung der natürlichen Zahlen mag im Interesse der mathematischen Systematik von hohem Wert sein; sie dürfe aber nicht darüber hinwegtäuschen wollen, daß man sich für die Grundbegriffe der Mengenlehre bereits auf die Anschauung der Iteration und der natürlichen Zahlenreihe stützen muß[95]. Nur durch eine prinzipielle Umkehr und Rückkehr glaubten die Vertreter des ‚Intuitionismus', *Brouwer* und *Weyl,* die „*Grundlagenkrise*" heilen zu können, die durch die Antinomien der Mengenlehre entstanden war. Sie betonen, daß die Mengenlehre in einer Selbsttäuschung begriffen sei, wenn sie geglaubt habe, in der Begründung der Zahl auf das Moment der „geordneten Folge" verzichten und es durch etwas anderes und Ursprünglicheres ersetzen zu können. Die moderne mathematische Grundlagenforschung, welche die dogmatische Mengenlehre wieder zerstört hat, hat nach Weyl die Unableitbarkeit des reinen Ordnungsbegriffs bestätigt und gezeigt, daß auch im Gebiet der Zahl die Ordinalzahl das Primäre gegenüber der Kardinalzahl sei[96]. Damit wird die Algebra wieder, im Sinne William *Hamiltons* und in Übereinstimmung mit einem Grundgedanken Kants, als Wissenschaft von der „reinen Zeit" bestimmt. Der Einwand, der hiergegen oft erhoben worden ist, daß lediglich der psychologische Akt des *Zählens,* nicht aber die *Zahl,* ihrem subjektiven Sinn und Bestand nach, die Zeit voraussetze, ist offenbar nicht stichhaltig, wenn man die Bestimmung in dem Sinne nimmt, in dem sie sowohl von Kant als auch von Hamilton verstanden wird. Der letztere läßt keinen Zweifel daran, daß er hierbei an der Zeit nur das Moment der ‚Reihung', der geordneten Folge, nicht das der Veränderung,

---

[94] *Weyl,* Das Kontinuum. Kritische Untersuchungen über die Grundlagen der Analysis, Leipzig 1918, § 4, S. 15.
[95] *Weyl,* Das Kontinuum, S. 16 f.; vgl. hierzu besonders Poincarés Angriffe gegen den „Cantorismus", Science et Méthode, Livre II.
[96] *Weyl,* Philos. der Mathematik, S. 28.

der Succession physischer Ereignisse oder psychischer Akte, hervorheben will; er definiert die Algebra als ‚science of pure time or *order in progression*'[97].

Nimmt man diese Grundauffassung an, so läßt sich die Algebra in voller Strenge begründen; aber ihr *rationaler* Charakter bedeutet in diesem Falle nicht ihr Aufgehen in der Logik. Ihre spezifische Gesetzlichkeit wird dadurch nicht angetastet oder aufgehoben; und noch weniger wird die gesamte Analysis in eine einzige ungeheure Tautologie verwandelt. Am energischsten und eigenartigsten ist dieser Standpunkt von *Poincaré* vertreten und begründet worden. Er erklärt, daß schon in jeder einfachsten Operation der Rechnung eine eigentümliche „Logik" herrscht, die mit der des Syllogismus keineswegs gleichbedeutend ist, sondern die Heranziehung eines ganz anderen Prinzips verlangt. Bei dem Erweis der Grundwahrheiten der Arithmetik, bei der Aufstellung des assoziativen und kommutativen Gesetzes für die Addition oder des kommutativen und distributiven Gesetzes der Multiplikation, muß stets auf dieses Prinzip, auf die sogenannte „*vollständige Induktion*" zurückgegangen werden. Aber worin besteht der eigentliche *Rechtsgrund* dieses Prinzips selbst? Es zeigt sich, daß das Verfahren, das hier angewandt wird, weder empirischen Ursprungs ist, noch aus den Grundsätzen der Logik abgeleitet werden kann, wenn man unter ‚Ableitung' das gewöhnliche deduktive Schlußverfahren versteht. Wir beginnen mit der Feststellung, daß ein bestimmter Lehrsatz für die Zahl 1 gilt, und wir zeigen sodann, daß, wenn er für irgendeine Zahl n-1 gültig ist, er auch für die auf sie folgende Zahl n gilt. Auf diese Weise überzeugen wir uns, daß er für alle ganzen Zahlen gültig ist. Dieses „rekursive" Beweisverfahren (démonstration par récurrence) macht den Nerv jeder arithmetischen Rechnung aus, und in ihr müssen wir die mathematische Schlußfolgerung in ihrer einfachsten und reinsten Gestalt erkennen. Der auszeichnende Charakter dieses Verfahrens besteht darin, daß es, gleichsam in eine einzige Formel zusammengedrängt, eine unendliche Anzahl hypothetischer Syllogismen enthält. Eine solche Leistung, die uns die unendliche Reihe der Zahlen mit einem Blick überschauen läßt, ist offenbar aus jener Art der „Induktion", die in den empirischen Wissenschaften angewandt wird, nicht zu gewinnen. Bei dieser gehen wir von der Betrachtung des Einzelfalles aus; wir schreiten sodann zur Prüfung vieler Fälle fort, um zuletzt, mit einem stets prekären Schlußverfahren und mit einer Art von plötzlichem Sprung, mit einer Behauptung zu enden, die sich auf „alle Fälle" beziehen soll. Die Erfahrung könnte nur zeigen, daß ein bestimmter Satz für die ersten zehn oder hundert oder tausend Zahlen wahr ist; aber sie kann niemals etwas über die unbeschränkte Reihe der Zahlen aussagen. Auf der anderen Seite kann uns hier die Berufung auf die Grundsätze der Logik, auf den Satz der Identität oder des Widerspruchs, nicht weiter helfen. Der Satz des Wider-

---

[97] William *Hamilton*, Theory of conjugate functions, with a preliminary and elementary essay on Algebra as the Science of pure time (1833).

spruchs würde genügen, wenn es sich um eine begrenzte Reihe von Schlüssen handelte; er würde uns stets gestatten, so viele Syllogismen, wie wir wollen, zu entwickeln. „Aber wenn es sich darum handelt, eine unendliche Zahl von Folgerungen in eine einzige Formel zusammenzufassen, wenn wir dem Unendlichen gegenüberstehen, so scheitert hier der Satz des Widerspruchs ebenso, wie sich die Erfahrung als unzulänglich erweist. Diese Regel, die sowohl der Erfahrung wie dem analytischen Beweis unzugänglich ist, ist der wahre Typus eines synthetischen Urteils a priori. Warum drängt sich uns dieses Urteil mit einer unwiderstehlichen Evidenz auf? Deshalb, weil in ihm nichts über die Natur der Dinge, sondern über ein Grundvermögen unseres Geistes behauptet wird. Dieser erkennt in sich die Fähigkeit, einen gewissen Akt immer aufs neue zu wiederholen, sobald er sich einmal von der Möglichkeit desselben überzeugt hat. Von dieser Möglichkeit besitzt der Geist eine unmittelbare Anschauung; die Erfahrung kann für ihn nur die Gelegenheit bilden, sich ihrer zu bedienen und sich hierdurch ihrer bewußt zu werden"[98].

Der *konstruktive* Charakter der reinen Mathematik, die Tatsache, daß diese ihre Begriffe, und somit ihre „Gegenstände", nur insoweit besitzt, als sie beide aus einem ursprünglichen Prinzip zu erzeugen vermag, ist hier, gegenüber dem Standpunkt der Mengenlehre, für den die Menge etwas ‚Gegebenes' war, wieder voll anerkannt. Auch *Weyl* betont, daß die „vollständige Induktion" in die mathematische Beweisführung ein ganz neues und eigenartiges Moment hineinbringe, das die Aristotelische Logik nicht kennt, und daß in ihm „die eigentliche Seele der mathematischen Beweiskunst" liege[99]. Erkenntnistheoretisch war damit ein sehr wichtiger Schritt getan. Denn die logistischen Begründungen der Zahl hatten in ihrem Streben, die Zahl aus rein „logischen Konstanten" aufzubauen, zwar eine große formale Strenge erreicht; aber sie hatten damit das erkenntnistheoretische Problem fast ganz aus den Augen verloren. Die Zahl war so sehr über die Welt der Anschauung erhoben, daß es schwer verständlich wurde, wie sie sich, unbeschadet ihrer „Reinheit", nichtsdestoweniger auf die empirische Welt beziehen, ja zum eigentümlichen Erkenntnisprinzip derselben werden könne. Erst der ‚Intuitionismus' vermochte hier wieder die Brücke zu schlagen. Auch Felix *Klein* hat sich in diesem Sinne zu ihm bekannt. Was durch die formale Begründung der Arithmetik geleistet wird — so erklärt er — ist dies, daß die gewaltige, in ihrer Kompliziertheit unangreifbare Aufgabe in zwei Teile gespalten und daß der erste, das rein logische Problem der Aufstellung unabhängiger Grundsätze oder Axiome und ihre Untersuchung auf Unabhängigkeit und Widerspruchslosigkeit, der Behandlung zugänglich gemacht wird. „Der zweite, mehr erkenntnistheoretische Teil des Problems, der die Frage nach dem Grund der *Anwendbarkeit jener Grundsätze auf reale Verhältnisse*

---

[98] Poincaré, Sur la nature du raisonnement mathématique (Revue de Métaphysique et de Morale, II) cf. La science et l'hypothèse p. 19 ff.
[99] *Weyl*, Philos. d. Mathem. S. 28.

behandelt, ist damit noch nicht einmal in Angriff genommen, obwohl er natürlich zur wirklichen Durchführung einer Begründung der Arithmetik gleichfalls erledigt werden müßte. Dieser zweite Teil stellt ein *äußerst tiefliegendes Problem für sich* dar, dessen Schwierigkeiten auf allgemein erkenntnistheoretischem Boden liegen". Sobald sie die Frage in *diesem* Sinne stellt, sieht sich die reine Mathematik genötigt, über ihren eigenen Kreis hinauszugehen: die Logik der Mathematik muß sich zur Logik der exakten Naturwissenschaft erweitern.

FÜNFTES KAPITEL

Ziel und Methode der theoretischen Physik

Kein Einzelgebiet des Wissens ist mit dem allgemeinen Problem der Erkenntnis so eng verknüpft und keines hat auf die geschichtliche Entwicklung dieses Problems einen so starken und nachhaltigen Einfluß ausgeübt als die *mathematische Naturwissenschaft*. Zwischen beiden Problemgebieten besteht nicht nur eine ständige Wechselwirkung und eine nirgends unterbrochene Arbeitsgemeinschaft, sondern es scheint zwischen ihnen eine Art von geistiger Schicksalsgemeinschaft zu bestehen. Wir haben in unserer Darstellung des Erkenntnisproblems Schritt für Schritt verfolgen können, wie diese Gemeinschaft, die sich schon in den ersten Anfängen des modernen wissenschaftlichen Denkens geltend macht, sich im Lauf der Jahrhunderte bewährt und wie sie sich immer fester und fester knüpft. Von der Renaissance an arbeiten fast alle großen naturwissenschaftlichen Denker daran, sie aufrecht zu erhalten. Galilei ist nicht nur der Schöpfer der neuen Wissenschaft der Dynamik und der Vorkämpfer in dem Kampf um die Copernikanische Weltansicht. Er hätte die neue Physik und die neue Astronomie nicht aufbauen können, wenn er hierbei nicht von einer neuen Begriffsbestimmung dessen, was wissenschaftliche Erkenntnis sein kann und sein soll, geleitet worden wäre. Sein philosophischer *Wahrheitsbegriff* bahnt ihm den Weg zu seiner Grundlegung der Physik und zu seiner Reform der Kosmologie[100]. Kepler ist nicht nur der erste, der in seiner Theorie der Planetenbewegung exakte Naturgesetze formuliert hat; er erscheint auch in rein methodischer Hinsicht als Bahnbrecher, indem er, in seiner Verteidigungsschrift für Tycho de Brahe, die erste ganz scharfe Bestimmung des Sinnes und der Leistung der naturwissenschaftlichen *Hypothese* gibt[101]. Und Newton fügt seinem Grundwerk einen eigenen Abschnitt ein, in welchem er die Art der physikalischen *Begriffsbildung* auf sichere Regeln zu bringen und die Aufgaben und die Grenzen dieser Begriffsbildung zu bestimmen sucht. Auch er reflektiert nicht nur über das Objekt, sondern auch über die Methode der Naturerkenntnis: den mathematischen Prinzipien der Naturlehre treten, als ein notwendiger und integrierender Bestand-

---

[100] Vgl. hierzu Band I, 2tes Buch, 2tes Kapitel und meinen Aufsatz: Wahrheitsbegriff und Wahrheitsproblem bei Galilei. Scientia, September—Oktober 1937, S. 121 ff. 185 ff.
[101] S. Band I, S. 341 ff.

teil des Gesamtsystems, die ‚Regulae philosophandi' zur Seite [102]. Die Philosophie knüpft nicht nur an alle Bestrebungen an, sondern sie faßt sie zusammen. Sie will sie systematisch vertreten und kritisch rechtfertigen. Kants ‚Kritik der reinen Vernunft' ist aus diesem Bestreben erwachsen. Sie wollte gewissermaßen den Bund besiegeln, den die Philosophie seit der Renaissance mit der mathematischen Naturwissenschaft eingegangen war. Er sollte nicht nur als historische Tatsache hingenommen, sondern auch in seiner Notwendigkeit erfaßt und damit als unerschütterlich und unlösbar erklärt werden.

Das naturwissenschaftliche Denken des 19. Jahrhunderts hat diese Grundtendenz nicht nur treu bewahrt, sondern sie noch verstärkt und vertieft. Sicherlich hat es viele und bedeutende Forscher gegeben, die dieser Tendenz nicht nur ferne standen, sondern in ihr auch eine schwere Gefahr erblickten. Sie wollten die empirische Wissenschaft auf dem Boden der „Tatsachen" festhalten, und sie glaubten, daß dies nicht sicherer geschehen könnte als dadurch, daß sie sich aller subtilen erkenntnistheoretischen Reflexionen und Spekulationen entzöge. Aber so oft man den Naturforschern diesen ‚naiven Realismus' als die ihnen gemäße und einzig heilsame Denkart empfohlen hat, so gelang es doch niemals, sie dauernd in diesen Kreis einzuschließen. Vielmehr war jeder Vorstoß in ein neues Tatsachengebiet von Problemen begleitet, die ihre Lösung nur auf dem Wege der erkenntnistheoretischen Analyse finden zu können schienen. Immer deutlicher erwies sich damit, daß die Analyse keineswegs eine nachträgliche Aufgabe sei, die man, nachdem die Forschung ihren eigenen Abschluß gefunden, auf die Philosophie übertragen und ihr getrost überlassen durfte. Die Fragen, die es hier zu beantworten galt, waren der Naturforschung nicht von außen aufgedrängt; sie stellten sich ihr vielmehr mitten in ihrer eigenen Arbeit entgegen. Die empirische Wissenschaft selbst mußte entschlossen und energisch Hand anlegen, wenn sie dieser Fragen Herr werden wollte. Dies ist in der Tat, in einem Umfang wie nie zuvor, geschehen. Von der Mitte des neunzehnten Jahrhunderts an wird die Forderung einer kritischen „Selbstbesinnung" der Naturwissenschaften immer nachdrücklicher vertreten. In *Helmholtz*' Gesamtwerk nehmen die Arbeiten erkenntnistheoretischen Charakters einen bedeutenden Raum ein [103], und er selbst hat ausgesprochen, daß die kritische Prüfung der Quellen unseres Wissens zu jenen philosophischen Aufgaben gehöre, denen sich kein Zeitalter ungestraft werde entziehen können. Heinrich *Hertz* erweist sich nicht nur als Physiker, sondern auch als Philosoph als Schüler von Helmholtz, wenn er seinem Werk über die „Prinzipien der Mechanik" Erwägungen voranschickt, die sich ganz allgemein auf den Charakter und die Eigenart der naturwissenschaftlichen Erkenntnisweise beziehen. Die Notwendigkeit solcher Erwägungen war somit schon innerhalb des Weltbildes der klassischen Physik anerkannt;

---

[102] *Newton*, Philos. naturalis principia mathematica, Lib. III, Introductio.
[103] Vgl. hierzu die Sammlung von Helmholtz' Schriften zur Erkenntnistheorie, die von M. *Schlick* und P. *Hertz* herausgegeben worden ist, Berlin 1921.

aber sie wurde noch weit fühlbarer, als durch die ‚Grundlagenkrise', die durch die allgemeine Relativitätstheorie und durch die Entwicklung der Quantentheorie hervorgerufen wurde, dieses Weltbild ins Wanken geriet. Jetzt treten Probleme auf, denen man früher, zum mindesten im Kreise des naturwissenschaftlichen Denkens, niemals begegnet war. *Heisenberg* erklärt, daß durch die neuesten Fortschritte im Gebiet der Atomphysik „der Glaube an den objektiven, von jeder Beobachtung unabhängigen Ablauf von Ereignissen in Raum und Zeit" erschüttert sei und daß die Physik niemals zu diesem Glauben, der den eigentlichen Kern der klassischen Theorie gebildet habe, in seiner alten Form zurückkehren werde. Damit ist eine Frage aufgeworfen, die die großen Naturforscher des siebzehnten und achtzehnten Jahrhunderts, die Galilei und Kepler, Huyghens und Newton, d'Alembert oder Lagrange nicht nur nicht gestellt haben, sondern die sie vermutlich nicht einmal als möglich oder zulässig angesehen hätten. Trotzdem ist augenscheinlich, daß die Physik, indem sie solche Fragen stellt, keineswegs auf den Begriff der „objektiven Wahrheit" verzichtet hat und daß sie nicht irgendeiner Art radikaler erkenntnistheoretischer Skepsis verfallen ist. Und ebensowenig soll hier die bestimmte Grenze zwischen Erkenntnistheorie und Naturforschung unterbrochen werden. „Die modernen Theorien" — so erklärt *Heisenberg* ausdrücklich — „sind nicht aus revolutionären Ideen entstanden, die sozusagen von außen her in die exakten Naturwissenschaften hereingebracht wurden; sie sind der Forschung vielmehr bei dem Versuch, das Programm der klassischen Physik konsequent zu Ende zu führen, durch die Natur aufgezwungen worden... Es ist selbstverständlich, daß die experimentelle Forschung überall die notwendige Vorbedingung für theoretische Erkenntnisse bildet, und daß prinzipielle Fortschritte nur unter dem Druck experimenteller Resultate, nicht durch Spekulationen errungen werden... Die Wandlung der Grundlagen der exakten Naturwissenschaft, die sich in der modernen Physik vollzogen hat, ist Schritt für Schritt durch experimentelle Untersuchungen erzwungen worden"[104].

Es kann nicht unsere Aufgabe sein, im Rahmen dieser Schrift dem Gang dieser Untersuchungen im einzelnen zu folgen. Die *systematischen* Folgerungen, die sich aus ihnen für die Grundlegung und Gestaltung der allgemeinen Erkenntnislehre ergeben, habe ich an anderer Stelle eingehend darzulegen gesucht, und ich will hier auf diese Seite der Frage nicht zurückkommen[105]. Hier greife ich nur ein bestimmtes Problem heraus, das nicht sosehr den *Inhalt* als vielmehr die *Form* der neuen Physik betrifft.

---

[104] *Heisenberg,* Wandlungen in den Grundlagen der Naturwissenschaft, Leipzig 1935.
[105] Vgl. für die klassische Physik meine Schrift: Substanzbegriff und Funktionsbegriff (1910); für die spezielle und allgemeine Relativitätstheorie meine Schrift: Zur Einstein'schen Relativitätstheorie (1920); für die Quantentheorie meine Schrift: Determinismus und Indeterminismus in der modernen Physik, Göteborgs Högskolas Arsskrift XLII, 1936, 3.

Denn auch in der Auffassung dieser Form begegnen wir in der zweiten Hälfte des neunzehnten und zu Beginn des zwanzigsten Jahrhunderts einer tiefgreifenden Wandlung. Nicht nur das Bild der Natur zeigt jetzt neue Züge; sondern die Anschauung von dem, was eine Wissenschaft von der Natur sein kann und sein soll, was sie sich für Aufgaben und Ziele zu stellen habe, erfährt eine immer weiter gehende Umgestaltung. In keiner früheren Epoche begegnen wir den Erörterungen über den *Begriff der Physik* in einem solchen Umfang und in keiner nehmen sie eine solche Schärfe an, als es hier geschieht. Auch die klassische Physik fand diesen Begriff nicht fertig vor; eine ihrer wichtigsten Aufgaben bestand vielmehr darin, ihn erst zu schaffen und ihn in steten Kämpfen gegenüber der aristotelisch-scholastischen Auffassung zu verteidigen. Aber sie führt diesen Kampf in einer einheitlichen und geschlossenen Front. Sie ist davon überzeugt, daß Vernunft und Erfahrung fähig sind, in das Wesen der Dinge einzudringen und es uns fortschreitend zu enthüllen. Der *ontologische* Wert der physikalischen Theorien wird hier nirgends ernstlich in Frage gestellt, so sehr sich diese auch in ihrem Inhalt unterscheiden. Im neunzehnten Jahrhundert aber tritt hierin ein Umschwung ein. Der bisherige ‚Realismus' der Naturwissenschaft wird durch einen ‚Phänomenalismus' verdrängt, der nicht nur die Lösbarkeit, sondern selbst den Sinn bestimmter Aufgaben, die sich das physikalische Denken gestellt hatte, bestreitet. Wenn wir *Mach* und *Planck, Boltzmann* oder *Ostwald, Poincaré* oder *Duhem* fragen, was eine physikalische Theorie ist und was sie leisten kann, so erhalten wir von ihnen nicht nur verschiedene, sondern entgegengesetzte Antworten. Hier haben wir es daher nicht nur mit einem Wandel der Forschungs - Absicht und der Forschungs - Gesinnung zu tun. Diese neue Orientierung der Physik hat sich langsam und stetig vollzogen. Die logischen Folgen, die sie in sich schließt, sind demgemäß auch weit weniger bemerkt und hervorgehoben worden als die Revolution, die sich gleichzeitig im Inhalt der naturwissenschaftlichen Grundbegriffe, in der Auffassung der Materie und in der Formulierung des Kausalgesetzes, vollzogen hat. Aber in rein *erkenntniskritischer* Hinsicht ist die erstere Entwicklung kaum weniger wichtig und eingreifend, als es die letztere ist. Denn es ist immer ein bedeutungsvolles Symptom, wenn eine Wissenschaft, statt geradezu und entschlossen auf ihren Gegenstand loszugehen, diese „natürliche" Einstellung plötzlich mit einer anderen vertauscht — wenn sie sich gezwungen sieht, statt nach der Natur ihres Objekts nach ihrem eigenen Begriff und nach ihrer eigenen „Möglichkeit" zu fragen. Es ist klar, daß an solchen Wendepunkten der Forschung die Reflexion eine ganz andere Stellung gewinnen und daß man ihr für den Aufbau der Wissenschaft eine viel größere Bedeutung einräumen muß, als es in anderen ‚naiveren' Epochen der Fall ist. In der Tat ist am Schluß dieser Entwicklung die frühere naive Haltung unwiederbringlich dahin: kein großer Naturforscher versucht mehr, die Fragen, die sich hier aufdrängen, zu umgehen oder sie einer anderen Instanz, der Instanz des „philosophischen" Denkens, zuzuweisen. Er will sie selbständig entscheiden, und die generelle Entscheidung, zu der er gelangt, pflegt auch seiner wissenschaftlichen Gesamthaltung und der konkreten Forschung ihren Stempel aufzudrücken.

Im achtzehnten Jahrhundert und bis in die Mitte des neunzehnten Jahrhunderts hinein konnte kein ernstlicher Zweifel daran aufkommen, daß das Erkenntnisideal, dem die Physik ein für alle Mal verpflichtet sei, das Ideal der *Newtonischen Wissenschaft* sei. Die Grundbegriffe dieser Wissenschaft, die bei ihrem ersten Hervortreten so schweren Bedenken ausgesetzt waren, hatten ihren paradoxen Charakter nicht nur mehr und mehr verloren, sondern sie wurden für den Aufbau einer jeden strengen Naturerkenntnis als unerläßlich und notwendig angesehen. Überall herrscht das Bestreben, den *Denktypus*, dem Newton in der Mechanik Geltung verschafft hatte, auf alle anderen Gebiete zu übertragen. Und im Anfang scheint es, als ob die Naturphänomene, je mehr und je genauer man sie kennt, diesem Streben um so mehr entgegenkämen. Sie scheinen sich ohne Schwierigkeit dem allgemeinen Schema einzuordnen, das Newton in seiner Theorie der Gravitation aufgestellt hatte. An inneren Reibungen hat es freilich in dieser Entwicklung niemals gefehlt. Im Gebiet der Thermodynamik führten die Erörterungen, die sich an den zweiten Hauptsatz der Wärmetheorie und an den Begriff der Entropie knüpften, immer mehr dazu, den Unterschied zwischen reversiblen und irreversiblen Prozessen als einen fundamentalen Zug in allem Naturgeschehen anzusehen, der durch keine begriffliche Reduktion zum Verschwinden gebracht werden könne. In seinem Leidener Vortrag über die „Einheit des physikalischen Weltbildes" (1908) erklärt *Planck,* daß dieser Unterschied mit besserem Recht als irgendein anderer zum vornehmsten Einteilungsgrund aller physikalischen Vorgänge gemacht werden und in dem physikalischen Weltbild der Zukunft endgültig die Hauptrolle spielen dürfte[106]. Ebenso steht in der Ausbildung der elektrischen Theorien der Faraday-Maxwellsche *Feldbegriff,* der sich immer mehr als das eigentliche und unentbehrliche Instrument der Erkenntnis erwies, von Anfang an in einem scharfen Gegensatz zum Newtonischen Kraftbegriff. Aber auf der anderen Seite schien schon die *Form* des Gesetzes, das *Coulomb* für die magnetischen und elektrischen Phänomene aufgestellt hatte, zu beweisen, daß zwischen ihnen und den Gravitationsphänomenen eine völlige Übereinstimmung bestehe und daß somit der Begriff der Fernkraft auch in diesem Gebiet seine Stellung behaupten dürfe. Es erschien daher nicht nur erlaubt, sondern geboten, diesen Begriff zum Mittelpunkt aller eigentlichen Naturerklärungen zu machen. Am deutlichsten und entschiedensten tritt diese Tendenz in den einleitenden Betrachtungen hervor, die *Helmholtz* seiner ersten Formulierung des Gesetzes der „Erhaltung der Kraft" vorausgeschickt hat. Die Newtonische Fernkraft wird hier nicht nur auf dem Felde, auf dem sie ursprünglich entdeckt worden ist, als gültig anerkannt, sondern sie wird zu einem allgemeinen Axiom des Naturbegreifens erhoben. Alle Wirkungen in der Natur sind zurückzuführen auf anstoßende und abstoßende Kräfte, deren

---

[106] *Planck,* a. a. O., s. Wege zur physikalischen Erkenntnis, Leipzig 1933, S. 7 ff.

Intensität nur von der Entfernung der auf einander wirkenden Punkte abhängt. Denn nur auf diese Weise ist es möglich, dem obersten Gesetz aller wissenschaftlichen Forschung, dem Gesetz der Kausalität, völlig Genüge zu leisten. Dem Bedürfnis nach lückenloser kausaler Erklärung alles Geschehens ist nicht genügt, ehe es uns nicht gelungen ist, zu letzten Ursachen vorzudringen, welche nach einem unveränderlichen Gesetz wirken und demgemäß zu jeder Zeit und unter denselben äußeren Verhältnissen dieselbe Wirkung hervorbringen. „Es bestimmt sich also ... die Aufgabe der physikalischen Naturwissenschaft dahin, die Naturerscheinungen zurückzuführen auf unveränderliche anziehende und abstoßende Kräfte, deren Intensität von der Entfernung abhängt. Die Lösbarkeit dieser Aufgabe ist zugleich die Bedingung der vollständigen Begreiflichkeit der Natur ... Die theoretische Naturwissenschaft wird aber, wenn sie nicht auf halbem Wege des Begreifens stehen bleiben will, ihre Ansichten mit der aufgestellten Forderung über die Natur der einfachen Kräfte und deren Folgerungen in Einklang setzen müssen. Ihr Geschäft wird vollendet sein, wenn einmal die Zurückleitung der Erscheinungen auf einfache Kräfte vollendet ist, und zugleich nachgewiesen werden kann, daß die gegebene die einzig mögliche Zurückleitung ist, welche die Erscheinungen zulassen. Dann wäre dieselbe als die notwendige Begriffsform der Naturauffassung erwiesen; es würde derselben alsdann also auch objektive Wahrheit zuzuschreiben sein"[107].

Hätte dieses Programm, das Helmholtz um die Mitte des 19. Jahrhunderts aufgestellt hat, sich verwirklichen lassen, so hätte sich damit ein Weltbild ergeben, das in empirischer und erkenntnistheoretischer Hinsicht gleich befriedigend gewesen wäre. Das ‚Irrationale', das im Begriff der ‚actio in distans' zu liegen scheint, hätte man freilich in Kauf nehmen müssen; aber wenn man sich einmal hierzu entschloß, so war damit ein höchst einfaches und in sich völlig geschlossenes System der Physik erreicht. Alle Mannigfaltigkeit und alle qualitative Verschiedenheit der Naturphänomene war begrifflich auf einen einzigen Nenner gebracht. Daß diese Einfachheit lediglich postuliert, nicht aber empirisch bewiesen war, konnte leicht übersehen werden. Was insbesondere den populären *Materialismus* betraf, so wurde er in seinem Ausbau und in seiner Beweisführung durch derartige Skrupel nicht gehemmt. Denn er war nur scheinbar aus der Naturwissenschaft erwachsen; er war nur ein Überrest und ein später Abkömmling der dogmatischen Metaphysik. Wir brauchen daher in unserem Zusammenhang auf den *Materialismus-Streit*, wie er in der zweiten Hälfte des 19. Jahrhunderts geführt wurde, nicht einzugehen. Seine Entstehung und seine geschichtliche Entwicklung ist in Friedr. Albert *Langes* Darstellung erschöpfend geschildert worden[108]. Die meisten Lehren, die dort eingehend analysiert werden, haben indes weder im naturwissenschaftlichen noch im philosophischen Denken dauernde Spuren hinter-

---

[107] *Helmholtz*, Über die Erhaltung der Kraft (1847); Einleitung.
[108] Fr. Alb. *Lange*, Geschichte des Materialismus und Kritik seiner Bedeutung in der Gegenwart, zuerst 1866.

lassen. Weder die Angreifer noch die Verteidiger des Materialismus waren für den Kampf, den es hier zu führen galt, erkenntnistheoretisch ausgerüstet. Thesis und Antithesis standen hier oft von Anfang an auf demselben Grund. Wie sehr in dieser Hinsicht Skeptizismus und Dogmatismus vom gleichen Geiste durchdrungen waren, zeigt insbesondere die Art der Kritik und Widerlegung des Materialismus, die wir bei *du Bois-Reymond* finden[109]. Sie muß auf Schritt und Tritt implizit eben das bejahen, was sie explizit zu verneinen und zu bestreiten scheint. Du Bois-Reymond will die objektiven Grenzen aufzeigen, die allem Naturerkennen gesetzt sind; er will dartun, daß es bestimmte Seinsgebiete gibt, in die dieses Erkennen niemals vorzudringen vermag. Diese Gebiete sind und bleiben ‚Welträtsel‘, für die nicht nur das ‚*Ignoramus*‘, sondern das ‚*Ignorabimus*‘ gilt. Die Begründung dieser Behauptung aber ruht völlig auf der Voraussetzung, daß der Mechanismus der einzig mögliche und der einzig zulässige Typus des Begreifens überhaupt bildet und daß es außerhalb desselben kein Heil für die naturwissenschaftliche Erkenntnis geben kann. Der Gedanke, daß die Fragestellung der Naturwissenschaft *selbst* jemals auf Motive führen könnte, die zu einer Umgestaltung des mechanistischen Weltbildes hinleiten und eine solche erzwingen könnten, liegt hier noch völlig fern. Auch die strengere philosophische Reflexion hat diesem Gedanken nur allmählich und zögernd Raum gegeben. Sie versuchte zunächst, denselben Weg zu gehen, den Helmholtz als Naturforscher gegangen war. Sie hielt daran fest, daß ein vollständiges und adäquates Begreifen der Natur nur auf dem Wege ihrer mechanischen Erklärung gewonnen werden könne; aber sie wollte die Sonderstellung und den Vorrang dieser Erklärungsart nicht lediglich auf empirische, sondern auf ‚apriorische‘ Gründe stützen. Hierzu bot sich keine andere Möglichkeit, als daß man den allgemeinen *Kausalbegriff* in einer Weise bestimmte und formte, daß sich aus ihm unmittelbar die Notwendigkeit ergab, alle Naturphänomene auf reine Bewegungsphänomene zu reduzieren. Am deutlichsten tritt diese Tendenz in Wilh. *Wundts* Schrift: ‚Die physikalischen Axiome und ihre Beziehung zum Causalprinzip‘ (1866) zu Tage. Vergleichen wir den Gedankengang dieser Schrift mit den einleitenden Bemerkungen in Helmholtz' Abhandlung über die Erhaltung der Kraft, so gewinnen wir ein Bild davon, in welcher Weise die strenge Wissenschaft, die sich von den populären Schlagworten des Materialismus-Streites fern hielt, das Problem gefaßt hat. Hier allein können wir einen Einblick in die tieferen erkenntnistheoretischen Motive erhalten, die dem Festhalten an der mechanischen Naturerklärung zu Grunde lagen. Als erstes der sechs physikalischen Axiome, die er in seiner Schrift formuliert, stellt *Wundt* den Satz auf, daß alle Ursachen in der Natur Bewegungsursachen sind. Dieser Satz kann freilich nicht unmittelbar der Erfahrung entnommen werden, die ihm vielmehr zu widerstreiten scheint. Denn alle Veränderungen der Dinge, die sich direkt

---

[109] Vgl. *Emil du Bois-Reymond*, Über die Grenzen des Naturerkennens (1872); Die sieben Welträtsel cf. Reden, 2 Bände, Leipzig 1886/87.

beobachten lassen, sind Veränderungen ihrer sinnlichen Qualitäten, und diese bilden als solche eine unreduzierbare Mannigfaltigkeit und Verschiedenheit. Würden wir also lediglich den Anzeigen der Sinnesanschauung folgen, so ließe sich jeder Wandel in der Natur nur so beschreiben, daß ein Gegenstand, d. h. ein Komplex gewisser sinnlicher Merkmale, verschwunden und ein anderer Gegenstand mit teilweise verschiedenen Merkmalen an seine Stelle getreten ist. Daß wir in unserer *wissenschaftlichen* Auffassung der Natur nicht bei dieser Auffassung stehen bleiben — daß wir hier das Geschehen an ein bestimmtes *Substrat* anknüpfen und von einer *Identität* des Gegenstands im Wechsel seiner einzelnen Bestimmungen sprechen können, ist nicht Sache der Anschauung, sondern erst Sache der *Reflexion* über unsere Sinnesanschauungen. Aber in diesem ersten Schritt, der über die Anschauung hinausführt, liegen alle folgenden bereits implizit eingeschlossen und aus ihm lassen sie sich folgerecht entwickeln. Das *Identitätsprinzip* — nicht als logisches, sondern als *physikalisches* Prinzip verstanden — erzwingt den Übergang zur mechanischen Weltauffassung — und es zeigt uns, daß und warum diese nicht nur ein zufälliges, sondern ein notwendiges Moment in allen unseren Naturbegriffen bildet. „Die Anschauung nötigt uns *zwei* Dinge zu setzen, die Reflexion will dagegen nur *ein* Ding gelten lassen... Dieser Streit würde kein Ende nehmen, wenn er nicht *durch die Anschauung selber* geschlichtet würde. Es gibt einen einzigen Fall, wo ein Ding in der Vorstellung wechselt und doch das nämliche bleibt: dieser Fall ist die *Bewegung*. Die Veränderung bei der Bewegung besteht darin, daß ein Gegenstand bloß sein räumliches Verhältnis zu anderen Gegenständen verändert. *Die Ortsveränderung ist daher die einzig vorstellbare Veränderung der Dinge, bei welcher diese selber identisch bleiben.*" Wollen wir uns aus der Flucht der Vorstellungen, aus dem Heraklitischen Fluß des Werdens retten, ohne darum dem Werden als solchem zu entsagen und in das starre Parmenideische Sein zurückzufallen, so bleibt uns nur ein Ausweg übrig: „wir müssen jede Veränderung auf die einzig vorstellbare Veränderung zurückführen, bei welcher das Vorgestellte identisch bleibt, auf die Bewegung"[110].

Damit war eine Art von „transzendentaler Deduktion" der mechanischen Naturerklärung gegeben, die auf den ersten Blick höchst befriedigend und überzeugend scheinen konnte. Denn diese Erklärung schien sich jetzt als ein einfaches Korollar aus den ersten Grundbegriffen aller Naturerkenntnis, aus den Begriffen von Substanz und Kausalität zu ergeben. Gewichtige Zweifel an der Gültigkeit und Begründung dieser Deduktion konnten erst dann aufkommen, als das naturwissenschaftliche Denken es wagte, auch an diesen Fundamenten zu rütteln — als es seine Kritik auf den Substanzbegriff und Kausalbegriff selbst erstreckte, der der klassischen Physik zu Grunde liegt. Ein solches Wagnis war freilich erst mög-

---

[110] *Wundt,* Die physikalischen Axiome und ihre Beziehung zum Causalprinzip. Ein Capitel aus einer Philosophie der Naturwissenschaft, Erlangen 1866, S. 125 ff.

lich, nachdem die Erfahrung selbst zu ihm aufgemuntert und aufgefordert hatte. In dem Vortrag, den Max *Planck* im Jahre 1910 auf der Versammlung deutscher Naturforscher und Ärzte in Königsberg gehalten hat, hat er den Prozeß, der sich hier vollzieht, in seinen verschiedenen historischen Stadien geschildert. Er geht hier all den einzelnen empirischen Motiven nach, die die Physik zu einer veränderten Stellung gegenüber der mechanischen Naturanschauung gezwungen haben. Im Mittelpunkt steht hier das Problem der Mechanik des Äthers. Der Lichtäther erwies sich, einen um so genaueren Einblick man in seine Natur gewonnen zu haben glaubte, um so mehr als das „eigentliche Schmerzenskind der mechanischen Theorie". Denn so sicher die Existenz eines materiellen Lichtäthers ein Postulat der mechanischen Naturanschauung ist, so seltsam sticht sein Verhalten von dem aller übrigen bekannten Stoffe ab. Alle nur denkbaren Vorschläge und Kombinationen wurden erschöpft, um die Konstitution des Lichtäthers zu ergründen, bis sich zuletzt, nach dem Versagen aller dieser Versuche, eine Wandlung der gesamten gedanklichen *Orientierung* vollzog — bis man begann, statt nach der *Beschaffenheit* des Äthers zu fragen, die Gründe für die Annahme seiner Existenz einer kritischen Prüfung zu unterziehen. Dann nahm das Problem plötzlich eine andere Wendung: statt nach der Konstitution, nach der Dichtigkeit, nach den elastischen Eigenschaften des Äthers, nach den longitudinalen Ätherwellen u. s. f. zu fragen, gelangte man zu der Frage, welche Beziehungen zwischen den Naturkräften bestehen müßten, wenn es unmöglich sein soll, an dem Lichtäther irgend welche stoffliche Eigenschaften nachzuweisen — wenn wir ihm also jene dingliche Substantialität und Identität, die die frühere Theorie voraussetzen mußte, prinzipiell absprechen[111].

Aber so gewichtig und entscheidend all diese empirischen Erwägungen auch waren, so hätten sie doch für sich allein vielleicht nicht genügt, um das so fest gefügte Gebäude der mechanischen Naturanschauungen zu erschüttern, wenn nicht andere Motive hierbei mitgewirkt hätten, die von rein methodischen Betrachtungen über den Wissenschaftscharakter der Mechanik selbst ihren Ausgang genommen hatten. In seinen „Vorlesungen über mathematische Physik" (1876) hatte Gustav *Kirchhoff* allen Anspruch der Mechanik, eine *Erklärung* der Naturerscheinungen darzubieten, aufgegeben. Das Ziel und den Gegenstand der Mechanik erblickte er lediglich in der vollständigen *Beschreibung* der in der Natur vor sich gehenden Bewegungen, wobei an diese Beschreibung die Bedingung geknüpft wird, daß sie in der einfachsten Weise erfolgen soll[112]. In den erkenntnistheoretischen Diskussionen, die über den Begriff und die Aufgabe der Naturerkenntnis geführt wurden, hat diese Kirchhoff'sche Definition eine wichtige Rolle gespielt. Man sah in ihr eine bedeutsame Neuerung, und viele

---

[111] Näheres bei *Planck,* Die Stellung der neueren Physik zur mechanischen Naturanschauung (1910); s. Physikalische Rundblicke, Leipzig 1922, S. 38 ff.
[112] G. *Kirchhoff,* Vorlesungen über mathematische Physik, Band I: Mechanik, Berlin 1876, S. 1.

Naturforscher und Erkenntnistheoretiker betrachteten sie als einen völligen Bruch mit der Tradition der klassischen Physik[113]. Rein historisch gesehen besteht jedoch dieses Urteil kaum zu Recht. Denn schon in den Kämpfen um die Newtonische Theorie der Fernkraft war es zu einer ähnlichen Bestimmung gekommen. Auch die ersten Schüler Newtons pflegten die Zweifel, die gegen die Möglichkeit fernwirkender Kräfte erhoben wurden, damit zu entkräften, daß sie sich darauf beriefen, daß es sich in der theoretischen Physik nicht darum handle, die innere Möglichkeit des Naturgeschehens zu verstehen, sondern daß hier nichts anderes als eine Beschreibung der Phänomene angestrebt und erreicht werden könne[114]. Das entscheidende Moment in Kirchhoffs Begriffsbestimmung liegt jedoch an einer anderen Stelle. Im achtzehnten und neunzehnten Jahrhundert bestand kein Zweifel darüber, daß es gewissermaßen eine Hierarchie des Seins gebe, der die Wissenschaft folgen und die sie in ihrem Aufbau nachahmen müsse. *D'Alembert* hat in seiner Vorrede zur ‚Enzyklopädie' und in seinen ‚Eléments de Philosophie' diese Hierarchie, die von den einfachsten bis zu den verwickeltsten Erscheinungen hinführt, gezeichnet. Sie beginnt mit der Logik, schreitet sodann zur Algebra und Geometrie fort und erreicht endlich in der Mechanik die erste Wirklichkeitswissenschaft. Daß alle übrigen Zweige der Naturerkenntnis, daß die Astronomie, die Optik, die Hydrostatik und die gesamte konkrete Physik sich auf diesem Grunde aufbauen und daß sie in ihrem Wahrheitswert völlig von ihm abhängen, gilt als unbestritten. Aber eben gegen diese Anschauung von der Seins- und Wissens-Hierarchie beginnen sich, gegen Ende des 19. Jahrhundert, auf Grund der neuen Probleme, vor die sich die Physik in der Thermodynamik, in der Optik und Elektrizitätslehre gestellt sah, gewichtige Zweifel zu regen. Gibt es in der Ordnung der Naturerscheinungen ein solches festes „Unten" und „Oben" und ist es so sicher, daß in dieser Begriffspyramide die Mechanik das einzig sichere Fundament bildet? Wenn die Aufgabe der theoretischen Physik nicht darin besteht, das Wesen der Dinge zu ergründen, sondern wenn sie sich statt dessen mit einer Beschreibung, mit einer systematischen Klassifikation der Phänomene zu begnügen hat, so ist sie in den Mitteln, die sie anwenden und in dem Gang, den sie einschlagen will, nicht beschränkt. Hier gilt kein *einseitiges* Abhängigkeitsverhältnis, wie es in der Beziehung des ‚Grundes' und der Folge statt hat, kein logisches „Früher" oder „Später". Es herrscht vielmehr eine reine Wechselbeziehung, die ihren einfachsten Ausdruck im mathematischen Begriff der Funktion findet. Ist einmal der physikalische Kraftbegriff als ein bloßer Sonderfall des Funktionsbegriffs erkannt, so entfällt jede Notwendigkeit, den mechanischen Kräften irgend eine Sonderstellung einzuräumen und die Bewegungserscheinungen in irgend einem Sinne als „bekannter" oder „einfacher" zu behandeln, als es irgend welche anderen Erscheinungen sind.

---

[113] Vgl. z. B. Karl *Pearson*, The Grammar of Science, London 1892, Chap. IV.
[114] Nähere Belege hierzu siehe Band II, S. 404 ff.

Dieser Gedankengang konnte in zwei verschiedenen Richtungen weiter verfolgt werden, je nach dem Erkenntnisbegriff, von dem man seinen Ausgang nahm. Für die eine Form des naturwissenschaftlichen ‚Phänomenalismus' steht es von Anfang an fest, daß alle Wirklichkeit, mit der es die Naturerkenntnis zu tun hat, keine andere als sinnliche Wirklichkeit sein kann. Das *esse* = *percipi* bildet hier den selbstverständlichen Ausgangspunkt.

Wie gestaltet sich nunmehr das Verhältnis der Physik zur Mechanik, wenn man diese Voraussetzung annimmt — wenn man also erklärt, daß Farben, Töne, Wärme, Drücke, Räume, Zeiten u. s. w. in der Art, wie sie unmittelbar sinnlich erlebt werden, die eigentlichen und einzigen Gegenstände der Physik bilden, und daß die Aufgabe der letzteren in nichts anderem bestehen könne, als die mannigfaltigen Weisen der Verknüpfung zwischen diesen elementaren Daten zu studieren? Diese Frage zu beantworten, war das Ziel, das *Machs* Erkenntnislehre sich stellte. Sie tritt uns in voller Schärfe bereits in einer der frühesten Arbeiten Machs, in seinem Vortrag ‚Die Geschichte und die Wurzel des Satzes von der Erhaltung der Arbeit' (1872) entgegen. Das Programm, das Mach in all seinen späteren Schriften festgehalten und weiter ausgebaut hat, findet sich hier bereits vollständig entwickelt. Was Machs Analyse auszeichnet und was ihr von Anfang an eine besondere Stellung zuweist, ist der Umstand, daß er mit vollem Nachdruck den Unterschied betont, der zwischen der Forderung des *kausalen* Begreifens der Natur und dem Postulat der *mechanischen* Naturerkenntnis besteht. Wir haben gesehen, daß die Grenze zwischen diesen beiden Problemen sich sowohl bei Helmholtz wie bei Wundt verwischte, daß beide bestrebt waren, die Axiome der Mechanik als einfache Folgesätze aus dem allgemeinen Kausalsatz abzuleiten. Machs Untersuchung will zeigen, daß und warum etwas Derartiges für immer vergeblich bleiben muß. Das Kausalgesetz verlangt nichts anderes als die Bestimmtheit und Eindeutigkeit des Geschehens; es sagt jedoch nichts darüber aus, daß ein Gebiet dieses Geschehens allen anderen prinzipiell vorgeordnet sein muß. Daß alle strenge und „eigentliche" Kausalität mechanischer Art sein müsse, ist also schlechthin unerweislich. Wenn es irgend einen physikalischen Satz gibt, der sich direkt an den allgemeinen Kausalsatz anknüpfen läßt und der gewissermaßen nur den konkreten Ausdruck desselben darstellt, so ist es nicht der Satz, daß alle Ursachen in der Natur Bewegungsursachen sind, sondern der sehr viel allgemeinere, daß Arbeit nicht aus Nichts gewonnen werden kann. Dieser Satz von der *Erhaltung der Arbeit,* d. h. die Überzeugung, daß ein sogen. ‚perpetuum mobile' unmöglich ist, muß in der Tat sehr tiefe Wurzeln haben, denn es läßt sich zeigen, daß er im Denken der Menschheit viel früher wirksam war, als er seine ausdrückliche explizite Formulierung in der Wissenschaft gefunden hat. Diesen Tatbestand sucht Mach am Beispiel der Geschichte der Mechanik, insbesondere an der Art, wie bei Archimedes oder Stevin das Hebelgesetz und die ersten Grundgesetze der Hydrostatik formuliert und abgeleitet werden, zu erweisen. Es erscheint auf den ersten Blick höchst überraschend, daß damit die gesamte Argumentation einen anderen Charakter annimmt — daß ihr Schwerpunkt vom Systematischen ins Historische verschoben wird. Aber Mach hat diesen Schritt mit vollem Bewußtsein getan, und er steht bei ihm im engen Zusammenhang mit seinen allgemeinen erkenntnistheoretischen Überzeugungen. „Es gibt für den Naturforscher" — so sagt er — „eine besondere klassische Bildung, die in der Kenntnis der Entwicklungsgeschichte seiner Wissenschaft besteht. Lassen wir die leitende Hand der Geschichte nicht los. Die Geschichte hat alles gemacht, die Geschichte kann alles ändern." Hier spricht der Anhänger der modernen Theorie der Evolution, der überzeugt ist, daß es keine ‚Wahrheiten an sich' geben könne. Was ein bestimmter Satz bedeutet und ist und wie weit er objektiv gilt, läßt sich nur feststellen, wenn wir seinem Werden und der Art seiner Entstehung nachgehen. Alle ‚Wahrheiten' — die logischen und mathematischen ebensowohl wie die physikalischen — sind geworden und entstanden; keine kann den Anspruch erheben, als „ewige Wahrheit" über dem Zeitstrom zu stehen und ihm enthoben zu sein. Alle abstrakte Theorie wurzelt in primitiven und instinktiven Erfahrungen, die sich der Menschheit im täglichen Verkehr mit den Dingen aufgedrängt und die im Laufe der Jahrhunderte mehr und mehr an Stärke gewonnen haben. Aus solchen Elementen, aus den immer wieder wiederholten Enttäuschungen, die der Mensch bei den Versuchen, Arbeit aus Nichts zu schaffen, erfuhr, hat sich die Gewißheit von der Unmöglichkeit des ‚perpetuum mobile' entwickelt. Diese Gewißheit kann sich nicht auf die Mechanik gründen, da ja die Gültigkeit des Prinzips vom ausgeschlossenen ‚perpetuum mobile' lange vor dem Ausbau der Mechanik gefühlt wurde. Gehen wir, am Leitfaden der Geschichte, diesem Gefühl und seinem Ursprung nach, so finden wir die wahre Wurzel der physikalischen Prinzipien — und wir sehen zugleich, daß und warum dieselben mit irgendwelchen *Reflexionen* über die Art und die letzten Gründe des Naturgeschehens nichts zu tun hat. Reflexion und Abstraktion bilden stets erst das Ende, nicht den Anfang der Wissenschaft. Sie fassen nur formelhaft bestimmte Ergebnisse zusammen, die wir durch tausend und abertausend Einzelfälle gewonnen haben. Man sieht schon hieraus, daß es bekenklich ist, die mechanische Weltanschauung der gesamten Physik zu Grunde zu legen und sie zur Axiomatik der Physik zu erheben. Denn, wie immer man über ihren Wert denken mag, so ist sie in jedem Fall ein relativ spätes Produkt, das keine unmittelbare logische Evidenz besitzt, sondern die Überzeugungskraft, die ihm innewohnt, rein empirischen und insofern ‚zufälligen' Momenten verdankt. Die Mechanik beschäftigt sich mit der Körperwelt, also mit dem, was uns in den sichtbaren und tastbaren Qualitäten gegeben ist. Aber nichts berechtigt uns und nichts zwingt uns dazu, dieser Reihe von Qualitäten irgend eine privilegierte Stellung in unserem wissenschaftlichen Weltbilde einzuräumen. Im unmittelbaren Erleben ist ein solcher Unterschied nicht vorhanden; denn hier greifen alle Qualitätskreise ineinander ein und erweisen sich als unlöslich miteinander verschmolzen. Es gibt — so erklärt Mach —

Wahrnehmungsformen anderer Sinne, die dem Raum vollständig analog sind, so die Tonreihe für das Gehör, die einem Raume von einer Dimension entsprechen. *Phänomenologisch* steht diese Reihe derjenigen der sichtbaren und tastbaren Qualitäten völlig gleich; es ist daher, wenn man nicht unbeweisbare metaphysische Voraussetzungen hinzunimmt, nicht einzusehen, warum sie nicht den gleichen *ontologischen* Wert für sich in Anspruch nehmen sollte. Und doch denken wir nicht alles klingend und stellen uns die Molekularvorgänge nicht musikalisch, nicht in Tonhöhenverhältnissen vor, obgleich wir dazu gerade so berechtigt wären wie dazu, uns dieselben räumlich zu denken[115]. Der einzig sichere Weg ist hier, daß wir im Kreise der Erscheinungen selbst stehen bleiben und sie in ihrer reinen Gegebenheit beschreiben, ohne nach irgend welchen nichtgegebenen Erklärungsgründen für sie zu suchen. Die Physik will nichts anderes erkennen als die Abhängigkeit der Erscheinungen von einander — und diese läßt sich unmittelbar, ohne jeden Umweg über irgendwelche hypothetischen Substrate, feststellen. Auch Raum und Zeit verlangen zu ihrer Definition keine besondere ‚Form' der Anschauung; sie lassen sich vielmehr völlig auf rein inhaltliche Bestimmungen reduzieren, die vor den sinnlichen Inhalten, wie Farbe, Ton, Druck, nichts voraus haben. „Da wir das, was wir Zeit und Raum nennen, wieder nur an gewissen Erscheinungen erkennen, so sind räumliche und zeitliche Bestimmungen wieder nur Bestimmungen durch andere Erscheinungen. Wenn wir z. B. die Lagen der Weltkörper als Funktionen der Zeit ausdrücken, d. h. als Funktionen des Drehungswinkels der Erde, so haben wir doch nichts getan, als die Abhängigkeit der Lagen der Weltkörper von *einander* ermittelt... Das Gleiche gilt vom Raume. Die Raumlagen erkennen wir durch die Affektion unserer Netzhaut, unserer optischen oder anderer Meßapparate. Und wirklich sind unsere x y z in den Gleichungen der Physik nichts weiter als bequeme Namen für diese Affektionen. Räumliche Bestimmungen sind also wieder Bestimmungen von Erscheinungen durch andere Erscheinungen. Das gegenwärtige Streben der Physik geht dahin, jede Erscheinung als Funktion anderer Erscheinungen und gewisser Raum- und Zeitlagen darzustellen. Denken wir uns nun die Raum- und Zeitlagen in den betreffenden Gleichungen in der oben gedachten Weise ersetzt, so erhalten wir einfach jede *Erscheinung als Funktion anderer Erscheinungen*"[116].

Damit ist der Standpunkt erreicht, den Mach in seinen späteren Arbeiten als den der *phänomenologischen Physik* im Gegensatz zur mechanischen Physik charakterisiert hat[117]. Mit ihm schien die Physik in eine neue Phase ihrer erkenntnistheoretischen Entwicklung eingetreten zu sein, die oft nicht nur als ein bedeutsamer Fortschritt, sondern als ein endgültiger Abschluß angesehen worden ist. Aber auf der anderen Seite sind

---

[115] Vgl. *Mach,* Die Geschichte und die Wurzel des Satzes von der Erhaltung der Arbeit, Prag 1872, S. 27.
[116] *Mach,* a. a. O., S. 34 f.
[117] Vgl. *Mach,* Die Prinzipien der Wärmelehre, Leipzig 1896, S. 362 ff.

dieser Auffassung, gerade im Kreise der Physik selbst, immer wieder neue Gegner erwachsen. Bedeutende Forscher, wie *Boltzmann* und *Planck*, haben sie energisch abgelehnt und in ihr eine unberechtigte Einengung des physikalischen Erkenntnisbegriffs gesehen[118]. In *einer* Hinsicht ließ sich indes sagen, daß die neue Auffassung, die hier erreicht war, den Anschauungen, die die Physik lange Zeit beherrscht und die ihre gesamte Entwicklung bestimmt hatten, entschieden überlegen war. Mach durfte sich mit Recht rühmen, daß seine Elimination des metaphysischen Substanzbegriffs die Physik von einer großen Reihe von Scheinproblemen befreit habe. Er erklärte, daß bestimmte *Gleichungen* oder *Beziehungen* das eigentlich Beständige in den Dingen seien und daß man demgemäß, wenn irgend einem Element der Erfahrung, diesen konstanten Relationen die wahre ‚Substantialität' zusprechen müsse, daß man aber auf der anderen Seite all die *naiven Stoffvorstellungen* ausmerzen müsse, mit denen dieser Begriff im Verlauf der Geschichte der Physik gewöhnlich verbunden gewesen sei[119]. In der ersten Hälfte des achtzehnten Jahrhunderts hatten diese naiven Stoffvorstellungen noch nichts von ihrer Macht verloren. Für jedes Sondergebiet von Erscheinungen wurde ein besonderer stofflicher Träger angenommen — und die Zahl dieser ‚Imponderabilien' häufte sich mehr und mehr. Neben den Lichtstoff und den Wärmestoff trat der magnetische und elektrische Stoff. Die Elektrizitätslehre hat am längsten mit dieser Vorstellungsart zu kämpfen gehabt, und sie konnte erst dann eine streng wissenschaftliche Gestalt gewinnen, als es ihr gelang, sich fortschreitend von ihr zu emanzipieren. Während nach Franklin *eine* sehr subtile Materie, die durch die ganze Natur verbreitet ist, die elektrischen Erscheinungen hervorruft, mußte man später, um den Tatsachen der positiven und negativen Elektrizität gerecht zu werden, zwei verschiedene, einander polar entgegengesetzte Wesenheiten annehmen. Der Streit zwischen der Einfluidum-Theorie und der Zweifluidum-Theorie hat lange Zeit gedauert, ohne daß eine der beiden Parteien sich des hypothetischen Charakters der elektrischen Materie bewußt wurde[120]. Bei Oliver *Lodge* z. B. wird für sie noch die volle physische Realität in Anspruch genommen. Elektrische Wellen, so erklärt er, müßten ‚Wellen von Etwas' sein; — und die Existenz dieses Etwas steht an Sicherheit der keines physischen Dinges nach: ‚the evidence for the ether is as strong as the evidence for the air'[121]. Es ist diese Denkart, die Mach unablässig bekämpft und die er mit seiner Kritik treffen will. Aber er wird hierbei freilich weit über

---

[118] Vgl. *Boltzmann*, Über die Unentbehrlichkeit der Atomistik; Annal. der Physik und Chemie, N. F. Bd. 60; *Planck*, Die Einheit des physikalischen Weltbildes (1908); Positivismus und reale Außenwelt (1930), (Wege zur physikal. Erkenntnis) S. 1 ff, 208 ff.

[119] *Mach*, Prinzipien der Wärmelehre, S. 422 ff.

[120] Über die Einzelheiten dieser Entwicklung s. *Rosenberger*, Die moderne Entwicklung der elektrischen Prinzipien. Leipzig 1898.

[121] Cf. *Lodge*, The Aether of Space, Nature, vol. 79, 1909, p. 323.

sein eigentliches methodisches Ziel hinausgetrieben. Denn seine Erkenntnislehre kennt gewissermaßen nur eine Dimension der Wirklichkeit: die Wirklichkeit, die in den einfachen Sinnesdaten, in den Farben, Tönen, Gerüchen u. s. f. gegeben ist. Sie bilden die Grundbestandteile, aus denen sich das Sein aufbaut, und hinter diesen ‚Elementen' dürfen wir keine anderen suchen. Damit verfällt alles, was über die Feststellung sinnlicher Tatbestände hinausgeht, dem Verdacht der ‚Transzendenz', und zwischen den Setzungen der physikalischen *Theorie* und denen der *Metaphysik* läßt sich kein sicherer Trennungsstrich mehr ziehen. Die Verwischung dieser Grenze tritt insbesondere in Machs Kritik des *Atombegriffs* hervor, und sie war es, die dieser Kritik den größten Teil ihrer Fruchtbarkeit nahm. An diesem Punkte setzte der Einspruch Boltzmanns mit Recht ein: er hat nicht im Namen der Metaphysik oder der spekulativen Naturphilosophie, sondern im Namen der *Mathematik* gegen jene Einengung protestiert, die die „phänomenologische Physik" verlangte [122]. In der Tat war es, auch in erkenntnistheoretischer und historischer Hinsicht, ein merkwürdiger Fehlgriff, wenn Mach die moderne Atomistik als einen Versuch bezeichnete, „die Substanzvorstellung in ihrer naivsten und rohesten Form, wie sie derjenige hat, der die Körper für absolut beständig hält[123], zur Grundvorstellung der Physik zu machen. Von einer solchen Naivität war schon die antike Atomistik weit entfernt; denn es war gerade die scharfe *Kritik* der Sinneswahrnehmung gewesen, auf die sie sich gestützt und die für sie den eigentlichen Ausgangspunkt gebildet hatte[124].

Diese Schranke der phänomenologischen Physik konnte indes um so leichter übersehen werden, als ihr in anderer Hinsicht unverkennbar eine große methodische Fruchtbarkeit eignet. Sie befreite die Physik von dem Ballast der ‚Imponderabilien' und schränkte ihre Aufgabe auf die Erkenntnis der *Gesetze* des Naturgeschehens ein. Für die exakte Formulierung dieser Gesetze bedurfte es keiner Anlehnung an bestimmte substantielle Vorstellungen: das Beständige der Relation trat an die Stelle des dinglich-stofflichen Bestandes. In dieser Beziehung bildet die Entdeckung des *Prinzips der Erhaltung der Energie* einen wichtigen Einschnitt. Sie bezeichnet auch in rein methodischer Hinsicht einen Wendepunkt der physikalischen Theorie. Während Helmholtz das Prinzip noch unmittelbar mit der mechanischen Naturanschauung verband und aus ihr zu deduzieren suchte, ging *Robert Mayer* einen anderen Weg. Er sah den Kern des Prinzips in der *Äquivalenz* zwischen Wärme und mechanischer Energie, ohne daß er diese als eine Identität beider deuten wollte. Die Frage nach der ‚Natur' der Wärme wollte Mayer ausdrücklich ausschalten. Was wir mit Sicherheit wissen, ist nach ihm lediglich dies, daß Wärme,

---

[122] Cf. *Boltzmann*, Ein Wort der Mathematik/Mechanik an die Energetik, Wiedemanns Annalen 57, 1896; s. Populäre Schriften S. 104 ff.

[123] *Mach*, Prinzipien der Wärmelehre, S. 428.

[124] Zu den erkenntnistheoretischen Voraussetzungen des antiken Atombegriffs vgl. *Natorp*, Forschungen zur Gesch. des Erkenntnisproblems im Altertum, Berlin 1884, S. 164 ff.

Bewegung und „Fallkraft" sich nach bestimmten Zahlenverhältnissen in einander umsetzen lassen; aber, so wenig man hieraus folgern werde, daß Fallkraft und Bewegung identisch seien, so wenig dürfe man diesen Schluß für die Wärme ziehen. Mayer durfte demgemäß mit Recht einen scharfen Trennungsstrich zwischen seiner Theorie und allen „naturphilosophischen" Hypothesen machen. „Wohl müßte es ein Rezidiv genannt werden" — so bemerkt er — „wenn es sich um einen Versuch handeln sollte, a priori eine Welt zu konstruieren; wenn es aber gelungen ist, die zahllosen Naturerscheinungen unter sich zu verknüpfen und aus ihnen einen obersten Grundsatz abzuleiten, so mag es nicht zum Vorwurfe gereichen, wenn man nach sorgfältiger Prüfung sich eines solchen als Kompaß bedient, um unter sicherer Führung auf dem Meere der Einzelheiten fortzusteuern"[125].

In diesen Sätzen des ersten Entdeckers des Energieprinzips ist bereits in großer Schärfe und Klarheit die Tendenz des physikalischen Denkens bezeichnet, die die spätere ‚Energetik' zu allgemeiner Geltung und Anerkennung bringen wollte. Die Heftigkeit, mit welcher in den letzten Jahrzehnten des 19. Jahrhunderts der Kampf zwischen Mechanik und Energetik geführt wurde, kann auf den ersten Blick überraschen. Denn wenn man lediglich auf den *Inhalt* des Energieprinzips sieht, so liegt in ihm nichts, was aus dem Rahmen der mechanischen Betrachtungsweise herausfiele und sich dieser grundsätzlich widersetzte. Der erste Hauptsatz bildet für diese Betrachtungsweise nicht dieselben Schwierigkeiten dar, wie es bei dem zweiten Hauptsatz und dem Begriff der irreversiblen Vorgänge, auf den er führt, der Fall ist. Auch historisch hat sich das Energieprinzip aus dem Prinzip der Erhaltung der lebendigen Kräfte, wie es in der Mechanik durch Huyghens und Leibniz formuliert worden war, entwickelt. In rein sachlicher Hinsicht bestand also keinerlei Widerstreit zwischen den Aussagen der Energetik und denen der Mechanik: man konnte ebensowenig das Prinzip der Erhaltung der Energie an die Spitze stellen und aus ihm die mechanischen Grundsätze der Erhaltung der lebendigen Kraft und der Erhaltung der algebraischen Summe der Bewegungsgrößen ableiten, wie man umgekehrt die mechanische Naturanschauung zur Grundlage der Deduktion des Energieprinzips machen konnte. Planck hat es in seiner Schrift über das Prinzip der Erhaltung der Energie vom Jahre 1887 vorgezogen, den ersten Weg zu gehen; aber er hat ausdrücklich betont, daß damit dem zweiten die Berechtigung keineswegs abgesprochen werden solle[126]. Gegen Ende des Jahrhunderts aber hat sich die Lage völlig verändert. Seit *Ostwalds* Vortrag auf der Versammlung deutscher Naturforscher und Ärzte in Lübeck (1895)[127] wird der Streit zwischen Mechanismus und Energetik mit einer Schärfe geführt, die jede Versöhnung

---

[125] *Mayer*, Die organische Bewegung in ihrem Zusammenhange mit dem Stoffwechsel (1845), Mechanik der Wärme, S. 46.
[126] *Planck*, Das Prinzip der Erhaltung der Energie, Leipzig 1887, S. 135 ff.
[127] *Ostwald*, Die Überwindung des wissenschaftlichen Materialismus, Leipzig 1895.

zwischen den beiden Grundanschauungen auszuschließen scheint. Jede der beiden Parteien glaubt nicht nur im Besitz der wissenschaftlichen Wahrheit zu sein, sondern den einzig möglichen und den einzig berechtigten *Begriff* der Wissenschaft zu vertreten. „In dem 1895 in Lübeck angefachten Streite" — so beschließt Georg *Helm* sein Buch über die Energetik, das alle Phasen dieses Streites eingehend beschreibt — „handelt es sich nicht eigentlich um Atomismus oder stetige Raumerfüllung, nicht um das Ungleichheitszeichen in der Thermodynamik, nicht um die energetische Begründung der Mechanik: das sind alles nur die Einzelheiten. Im letzten Grunde geht es um die Prinzipien unserer Naturerkenntnis. Wider die Omnipotenz, welche die mechanische Methode, unsere Erfahrungen wiederzugeben, beansprucht, tritt ein junges Verfahren auf, das weit unmittelbarer die Erfahrungen zu beschreiben gestattet und doch die Allgemeinheit der Begriffe meidet, die für jede zweckmäßige theoretische Wiedergabe der Natur unumgänglich ist. Faßt man das Gebiet der Energetik in dieser Weite, in der allein man ihren Bestrebungen gerecht werden kann, dann steht die Entscheidung sehr einfach: *Hie Scholastik — hie Energetik —* das ist die Wahl"[128].

Seit den Kämpfen, die im siebzehnten und achtzehnten Jahrhundert um das Recht der Newtonischen Fernkraft geführt worden waren, hatte kein Methodenstreit die Gemüter so stark beschäftigt und erregt wie dieser. Schon aus der Art, in der er geführt wurde, geht deutlich hervor, daß es sich hier nicht in erster Linie um empirische Ergebnisse handelte; denn in Bezug auf die Gültigkeit und die fundamentale Bedeutung des Energieprinzips bestand zwischen beiden Parteien keinerlei Meinungsverschiedenheit. Statt dessen hatte man, wie es in der Polemik zwischen Leibniz und Newton der Fall war, auf beiden Seiten das Gefühl, daß hier ein anderes auf dem Spiele stand; daß um die Bestimmung des Begriffs und die Aufgabe der Naturerkenntnis gekämpft wurde. Es gab hervorragende Forscher, die hier noch ganz auf dem Boden der klassischen Mechanik standen, die mit *Huyghens* der Überzeugung waren, daß man ein Phänomen entweder durch mechanische Gründe erklären oder jegliche Hoffnung, es zu verstehen, ein für alle Mal aufgeben müsse. Die Energetik erklärt diesen ganzen *Typus* des Begreifens für unzulänglich und unzulässig. In Ostwalds Vortrag über die Überwindung des wissenschaftlichen Materialismus wird ein wahrhafter Bildersturm eingeleitet und die Forderung: „Du sollst Dir kein Bildnis oder ein Gleichnis machen!" an die Spitze gestellt[129]. Man muß, um diesen Gegensatz zu verstehen, auf seine erkenntnistheoretische Wurzel zurückgehen. Im Grunde handelt es sich in dem Kampf zwischen Mechanik und Energie um ein Ringen zwischen zwei verschiedenen Motiven und Momenten, deren jedes für den Aufbau der Naturerkenntnis unentbehrlich ist. An eine Ausschaltung eines

---

[128] Georg *Helm*, Die Energetik nach ihrer geschichtlichen Entwicklung, Leipzig 1898, S. 366.
[129] *Ostwald*, a. a. O., S. 22.

derselben ist nicht zu denken, wohl aber handelt es sich darum, welchem von beiden die zentrale Stellung eingeräumt und die eigentliche Suprematie zugesprochen wird. Bald ist es der Raumbegriff, bald der *Zahlbegriff*, der die Führung übernimmt. Galilei erklärt, daß die Wahrheit in dem großen Buche der Natur offen vor uns liege, daß aber nur der sie finden könne, dem die Schriftzeichen vertraut sind, in denen sie hier eingeschrieben sind. Diese Zeichen sind geometrischer Art; es sind Linien und Winkel, Dreiecke, Kreise und andere Figuren. Kein Naturvorgang kann erkannt werden, wenn es nicht gelingt, ihn geometrisch zu konstruieren. Durch die neue Philosophie erhält dieses Erkenntnisideal seine logische Legitimation. Bei Descartes ist es der Begriff der Ausdehnung, dem vor allen anderen die Eigenschaft der Klarheit und Deutlichkeit zukommt. Der physische Gegenstand muß völlig auf räumliche Bestimmungen reduzierbar sein, wenn ein exaktes Wissen von ihm möglich sein soll. Die ‚Materie' wird damit in den Raum verwandelt und aufgehoben, und alle Veränderungen in ihr müssen sich auf reine Ortsveränderungen zurückführen lassen. Geometrie und Mechanik sind damit als die eigentlichen und einzigen Grundwissenschaften der Physik erklärt. Bis zur Mitte des neunzehnten Jahrhunderts bleibt diese Auffassung fast uneingeschränkt in Kraft. Dann aber beginnt eine gedankliche Bewegung einzusetzen, die sich in gewissem Sinne der „Arithmetisierung der Mathematik" vergleichen läßt, die um dieselbe Zeit erfolgt[130]. Der Schwerpunkt der theoretischen Naturerkenntnis beginnt sich zu verschieben: die *Zahl* nimmt die Stelle ein, die bisher dem Raum zugebilligt wurde. Damit wird der Wert und die Notwendigkeit der bisherigen mechanischen Schemata fraglich. Sollte es nicht möglich sein, ohne Schemata das Naturgeschehen mathematisch zu bestimmen und es damit dem strengen Wissen zugänglich zu machen? Schon Robert *Mayer* hat diese Frage gestellt und bejaht. Er erklärte, daß es genüge, wenn man die verschiedenen Naturprozesse, ohne sie in ihrer Qualität zu verändern und ohne somit ihre anschaulichen Unterschiede aufzuheben, derart mit einander verknüpft, daß diese Verknüpfung allgemeinen quantitativen Regeln untersteht, daß also der Übergang von dem einen in das andere Gebiet sich stets nach bestimmten konstanten Zahlenverhältnissen vollzieht. Die Ermittlung dieser Zahl-Äquivalente bildet alsdann das alleinige Ziel der empirischen Erkenntnis der Natur. Alles, was darüber hinausgeht, ist im günstigsten Fall bloßes Außenwerk. Haben wir strenge numerische Beziehungen zwischen den verschiedenen Klassen der Naturerscheinungen gefunden, so ist damit alles erreicht, was die Erkenntnis erwarten und fordern kann — und über dieses Ziel läßt sich nicht hinausgehen. „Die scharfe Bezeichnung der natürlichen Grenzen menschlicher Forschung ist für die Wissenschaft eine Aufgabe von praktischem Wert, während die Versuche, in die Tiefen der Weltordnung durch Hypothesen einzudringen, ein Seitenstück bilden zu dem Streben der Adepten." Alles sichere und begründete Wissen von den Naturvorgängen geht in dem Wissen um bestimmte Zahlen auf: „eine

---

[130] Vgl. oben S. 66.

einzige Zahl hat mehr wahren und bleibenden Wert als eine kostbare Bibliothek von Hypothesen"[131].

Die Energetik hat auch in ihrer weiteren Entwicklung an dieser Grundanschauung festgehalten und sie hat sie immer konsequenter auszubauen versucht. Bei *Rankine*, der als erster von einer Wissenschaft der ‚Energetik' spricht, liegt dieser Ausbau in erkenntnistheoretischer Hinsicht bereits fertig vor. Er betont, daß die physikalische Forschung sich ein doppeltes Ziel stellen und eine zweifache Richtung einschlagen könne. Sie kann entweder versuchen, hinter die Phänomene zurückzugehen und das Subtrat zu ermitteln, das ihnen zu Grunde liegt, oder sie kann bei einer Klassifikation der Erscheinungen stehen bleiben, um lediglich die gemeinsamen Momente derselben sowie die festen Beziehungen, die zwischen ihnen bestehen, festzustellen. Offenbar ist es das zweite Vorhaben, das in methodischer Hinsicht den Vorzug verdient, da wir hier den Boden der Erfahrung an keiner Stelle zu verlassen und keine unbeweisbaren Annahmen einzuführen brauchen. Statt die verschiedenen Klassen physischer Vorgänge auf Bewegungen und Kräfte zurückzuführen, die in keinem Falle gegeben, sondern nur erschlossen sind, sei es genug, bei einer einfachen Vergleichung stehen zu bleiben und schließlich zu Prinzipien zu gelangen, die für alle Fälle gleichmäßig gelten und demgemäß den letzten uns erreichbaren Zusammenhang der Tatsachen darstellen[132]. Rankine selbst wollte mit diesen Sätzen die mechanische Naturanschauung als Ganzes nicht bestreiten; er hat vielmehr selbst eine bestimmte mechanische Hypothese über die innere Natur der Körper aufgestellt[133]. Aber wenn er sich derartige Hypothesen nicht verbot, so wollte er doch ihre Grenzen schärfer als zuvor bezeichnen. Die spätere Entwicklung ist hierüber noch wesentlich hinausgegangen, und sie glaubte zuletzt, eine schlechthin hypothesenfreie Naturerkenntnis aufbauen zu können. Nicht alle Anhänger der Energetik haben freilich diese Forderung in voller Strenge aufrecht zu erhalten vermocht. *Helm* weist die Vorstellung, daß die Energie eine unzerstörbare, von Ort zu Ort bewegliche Substanz sei, mit Entschiedenheit zurück. Er erklärt, daß sie völlig unnütz und grundlos sei, da die Energie immer nur Relationen zum Ausdruck bringe. „Für die allgemeine theoretische Physik" — so betont er — „existieren weder die Atome, noch die Energie, noch irgend ein derartiger Begriff, sondern einzig die aus den Beobachtungsgruppen unmittelbar hergeleiteten Erfahrungen. Darum halte ich es auch für das Beste an der Energetik, daß sie in weit höherem Maße als die alten Theorien befähigt ist, sich unmittelbar den Erfahrungen anzupassen, und sehe in den Versuchen, der Energie

---

[131] Robert *Mayer*, in Briefen an Griesinger; s. Kleinere Schriften und Briefe, hg. *Weyrauch*, Stuttgart 1893, S. 222 ff.

[132] *Rankine*, Outline of the Science of Energetics, Proceed. of the Philos. Soc. of Glasgow, III, No 4, 1855; s. Miscellaneous scientific Papers, S. 209.

[133] Näheres hierzu bei *Helm*, Die Energetik, S. 110 ff; über Rankines Stellung in der Geschichte der Energetik vgl. A. *Rey*, La théorie de la Physique chez les physiciens contemporains, Paris 1907, S. 49 ff.

substantielle Existenz zuzusprechen, einen bedenklichen Abweg von der ursprünglichen Klarheit der Robert Mayerschen Anschauungen"[134].

Andere Vorkämpfer der Energetik sind indes in dieser Hinsicht weit weniger vorsichtig gewesen. Ostwald spricht von der Energie oft so, daß unter ihr nicht nur *ein* Wirkliches, sondern *das* Wirkliche schlechthin, das Ding aller Dinge und die Quelle aller Kraftwirkungen verstanden wird. Eben in dieser Hinsicht will er sie nicht über die Materie stellen, von der wir niemals ein unmittelbares, sondern immer nur ein indirektes Wissen haben können. Die Energie dagegen wird direkt wahrgenommen. „Was wir *hören*, rührt von der Arbeit her, welche die Schwingungen der Luft an dem Trommelfell und in den inneren Teilen unseres Ohres leisten. Was wir *sehen*, ist nichts als die strahlende Energie, welche auf der Netzhaut unseres Auges chemische Arbeiten bewirkt, die als Licht empfunden werden. Wenn wir einen festen Körper *tasten*, so empfinden wir die mechanische Arbeit, die bei der Zusammendrückung unserer Fingerspitzen und gegebenenfalls auch des getasteten Körpers verbraucht wird... Die Gesamtheit der Natur erscheint uns unter diesem Gesichtspunkt als eine Austeilung räumlich und zeitlich veränderlicher Energien, von der wir in dem Maße Kenntnis erhalten, als diese Energie auf unseren Körper, insbesondere auf die für den Empfang bestimmter Energien ausgebildeten Sinnesorgane übergehen"[135].

Vergegenwärtigt man sich die Stellung, die die Energetik und die gesamte „phänomenologische Physik" in der allgemeinen Erkenntnistheorie der Naturwissenschaft im 19. Jahrhundert einnimmt — wobei von den Unterschieden in der Durchführung ihres Grundgedankens bei den einzelnen Denkern abgesehen werden kann — so tritt hierbei ihre positive Leistung hervor, wie auf der anderen Seite auch die Schranken sichtbar werden, die dieser Leistung gesetzt waren. Ihre Fruchtbarkeit bestand vor allem darin, daß sie mit der Ausschaltung aller ontologischen Bestandteile aus der Physik vollen Ernst machte. Der metaphysische Substanzbegriff wird von ihr in all seinen verschiedenen Formen angegriffen; das naturwissenschaftliche Objekt wird in ein System von Relationen und funktionalen Verknüpfungen aufgelöst[136]. In dieser Hinsicht ist insbesondere das Buch von J. B. Stallo ‚The Concept and Theories of modern Physics' (1881) wichtig geworden, dessen deutsche Ausgabe mit einem Vorwort von Mach eingeleitet wurde, in dem dem Buch nachgerühmt wurde, daß es die ‚scholastisch-metaphysischen Elemente', die der älteren Physik noch anhafteten, erkannt und mit sicherer Hand beseitigt habe[137]. Freilich war Stallo hierbei nicht stehen geblieben, sondern er hatte auf Grund seiner erkenntnistheoretischen Voraussetzungen auch bestimmte

---

[134] *Helm,* Die Energetik, S. 362.
[135] *Ostwald,* Vorlesungen über Naturphilosophie, Leipzig 1902, S. 159 f.
[136] Näheres in meiner Schrift Substanzbegriff und Funktionsbegriff, Cap. 4.
[137] *Stallo,* Die Begriffe und Theorien der modernen Physik, deutsche Ausg., Leipzig 1901, S. XII.

empirische Theorien, wie die kinetische Gastheorie und die gesamte Theorie von der atomistischen Konstitution der Materie aufs heftigste angegriffen. Er wollte auch in ihnen nichts anderes als eine versteckte Metaphysik sehen. Dieser Angriff war nur dadurch möglich, daß Stallo unvermerkt von der logischen Kritik des Substanzbegriffs in ein ganz anderes Problem abglitt. In dem Bestreben, strenger Empirist zu sein, wurde er zum *Psychologisten,* der auch die Physik im Gebiet der „Bewußtseinserscheinungen" festzuhalten suchte. Dadurch erhielt seine These von der Relativität aller Erkenntnis einen ganz anderen Charakter. Der Satz, daß „Dinge und deren Eigenschaften lediglich als Funktionen anderer Dinge und Eigenschaften gegeben sind" und daß in diesem Sinne die Relativität ein notwendiges Prädikat aller Gegenstände der Erkenntnis sei, wandelt sich in den anderen, daß was im Geist bei einem Denkakt gegenwärtig sei niemals ein Ding, sondern stets ein „Bewußtseinszustand" sei und daß daher auch das physikalische Denken es zuletzt mit nichts anderem als mit der Beschreibung und Klassifikation solcher Bewußtseinszustände zu tun haben könne[138]. Dieser Psychologismus ist gewissermaßen das Erbübel aller „phänomenologischen Physik": das ‚Phänomen' im Sinne des *Gegenstands* der physikalischen Erkenntnis wird hier in eine Reihe von Bewußtseinselementen und Bewußtseinszuständen aufgelöst.

Daß der Gegenstand der Physik nichts Absolutes sei, sondern ganz und gar „aus den Verhältnissen bestehe", war keine neue Einsicht. Die „Kritik der reinen Vernunft" hatte diesen Satz immer wieder und mit dem stärksten Nachdruck eingeschärft. ‚Die Materie' — so erklärte Kant — ist *substantia phaenomenon.* Was ihr innerlich zukomme, suche ich in allen Teilen des Raumes, den sie einnimmt, und in allen Wirkungen, die sie ausübt, und die freilich nur immer Erscheinungen äußerer Sinne sein können. Ich habe also zwar nichts Schlechthin-, sondern lauter Komparativ-Innerliches, das selber wiederum nur aus äußeren Verhältnissen besteht. Aber das schlechthin, dem reinen Verstande nach Innerliche der Materie ist auch eine bloße Grille, denn diese ist überall kein Gegenstand für den reinen Verstand; das transzendentale Objekt aber, welches der Grund dieser Erscheinungen sein mag, die wir Materie nennen, ist ein bloßes Etwas, wovon wir nicht einmal verstehen würden, was es sei, wenn es auch uns jemand sagen könnte... Ins Innere der Natur dringt Beobachtung und Zergliederung der Erscheinungen, und man kann nicht wissen, wie weit dieses mit der Zeit gehen werde. Jene transzendentalen Fragen aber, die über die Natur hinausgehen, würden wir bei allem dem doch niemals beantworten können, wenn uns auch die ganze Natur aufgedeckt wäre"[139]. In Bezug auf die Ausschaltung dieser ‚transzendentalen Frage' steht also die phänomenalistische Physik völlig auf derselben Linie wie die kritische Philosophie Kants. Was sie von dieser letzteren trennt, ist nicht die These der Relativität der Erkenntnis, sondern die Art, in der

---

[138] S. *Stallo,* a. a. O., IX. Kapitel, S. 126 ff.
[139] Kritik der reinen Vernunft, 2. Aufl., S. 333 f.

sie diese These zu begründen sucht. Diese Begründung geht letzten Endes nicht auf die Logik der Physik, sondern auf anthropologische und psychologische Erwägungen zurück. Diese scheinen zu verlangen, daß das, was wir den ‚Gegenstand' der Erkenntnis nennen, sich in eine Summe einfacher Sinnesdaten, in ein bloßes ‚Bündel von Perzeptionen' auflösen läßt. Für Kant war der Gegenstand, auch als Gegenstand der „Erscheinung" verstanden, niemals eine solche ‚Rhapsodie von Wahrnehmungen'; er beruhte vielmehr auf einer ‚Synthesis', in die die reinen Verstandesbegriffe als notwendige Bedingungen eingehen. Indem die Energetik bei ihren Hauptvertretern auch diese Bedingungen zu eliminieren suchte, indem sie die physikalische Erfahrung zu einem Aggregat von Sinnesdaten zu machen suchen, geriet sie mit dieser selbst mehr und mehr in Widerspruch. Der tiefere Grund dieses Widerstreits liegt darin, daß Mach und andere Vertreter der Energetik, wenn sie den Mechanismus in der Physik bekämpften, nichtsdestoweniger in ihrer *Psychologie* noch ganz an die Voraussetzungen desselben gebunden bleiben. Ihre Psychologie war und bleibt: *Elementen-Psychologie*. Erst der Gestaltbegriff hat hier Wandel geschaffen; und er gestattete es auch, auf Grund des Begriffs der ‚Ganzheit', der jetzt sowohl in der Psychologie wie in der Physik Eingang gewann, beide in ein neues Verhältnis zu setzen[140]. Ehe diese Klärung erfolgt war, stand die phänomenalistische Auffassung ständig in der Gefahr einer sensualistischen Einengung des physikalischen Erkenntnisbegriffs. Besonders deutlich trat diese Gefahr in der *Kritik des Atombegriffs* zu Tage. Er wurde mit dem stärksten Mißtrauen betrachtet und im günstigsten Falle als ein bloß fiktiver Hilfsbegriff betrachtet, dessen man sich nach getaner Arbeit so schnell als möglich entledigen müsse. Es waren nicht erkenntnistheoretische Erwägungen, sondern es war die Physik selbst, die hier schließlich gebieterisch eine Durchbrechung des engen sensualistischen Schemas verlangte. Die rein empirischen Beweise für die Atomistik, die sich seit Boltzmanns Begründung der kinetischen Gastheorie, seit den Untersuchungen über die Brown'sche Bewegung, seit Helmholtz' Nachweis der Atomistik der Elektrizität, seit Laues Entdeckung der Kristallinterferenz mehr und mehr häuften, brachen hier schließlich den letzten Widerstand. Auch *Ostwald*, der im Kampf gegen die Atomistik der eigentliche „Rufer im Streit" gewesen war, mußte schließlich die Waffen strecken, in der vierten Auflage seines ‚Grundrisses der allgemeinen Chemie' (1909) erklärte er, daß der experimentelle Beweis für die atomistische Struktur der Materie nunmehr erbracht sei.

Wenn aber ein solcher Übergang von einer ‚Hypothese' zu einer strengen physikalischen ‚Theorie' möglich war, so mußte auch in rein erkenntnistheoretischer Hinsicht das Verhältnis von ‚Hypothese' und ‚Theorie' aufs neue untersucht und der Zusammenhang zwischen beiden fester geknüpft werden. Die rein begrifflichen Momente, denen wir überall im

---

[140] Vgl. Wolfgang *Köhler,* Die physischen Gestalten in Ruhe und im stationären Zustand (1920).

Aufbau der Physik begegnen, konnten hierbei nicht lediglich als ökonomische Kunstgriffe behandelt werden, sondern sie mußten in ihrer Eigenart anerkannt und selbständig begründet werden. Auch wenn man fortfuhr, die Grundbegriffe der theoretischen Physik als „Bilder" zu bezeichnen, um damit von vornherein der Gefahr jeder ontologischen Deutung vorzubeugen, so mußte doch eben diesen Bildern ein rein theoretischer und damit „objektiver" Gehalt zugesprochen werden. Weit entfernt, bloße willkürliche Zutaten zu dem in der unmittelbaren Beobachtung Gegebenen zu sein, wurden sie damit zu Momenten, auf Grund deren allein die Organisation des Gegebenen, der Zusammenschluß des Einzelnen zum System der Erfahrung, möglich war. Der erste große Physiker, der diese Wendung nicht nur tatsächlich vollzogen hat, sondern der sich auch ihrer philosophischen Bedeutung in vollem Maße bewußt war, ist Heinrich *Hertz* gewesen. Mit ihm beginnt auch in der Methodenlehre der Physik eine neue Phase. Um diese Wendung zu verstehen und um ihr in der Geschichte des physikalischen Denkens ihren rechten Platz anzuweisen, muß man sie, wie mir scheint, in ihrem Zusammenhang mit Hertz' grundlegenden experimentellen Untersuchungen betrachten. In seinen „Untersuchungen über die Ausbreitung der elektrischen Kraft" hatte sich Hertz die Aufgabe gestellt, die Maxwellsche Theorie des Lichtes zu prüfen. Es gelang ihm, die elektromagnetischen Wellen, die Maxwell theoretisch beschrieben hatte, experimentell zu erzeugen und alle bekannten Eigenschaften des Lichts, wie Reflexion, Brechung, Interferenz u. s. f. an ihnen nachzuweisen. Die Frage nach dem „Wesen" des Lichts, die die physikalische Spekulation so lange beschäftigt und die zur Aufstellung zweier völlig entgegengesetzter Theorien, der Undulationstheorie und der Emissionstheorie, geführt hatte, war damit geklärt: der „elektromagnetischen Theorie des Lichts", nach der sich die elektrischen Wellen von den thermischen und optischen nur durch ihre Wellenlänge unterscheiden, war zum endgültigen Siege verholfen. Aber gegen dieses Resultat hätte sich vielleicht einwenden lassen, daß hier im Grunde an die Stelle eines Rätsels nun ein anderes gesetzt werde: ist uns doch das Wesen der elektromagnetischen Vorgänge um keine Spur verständlicher als das der optischen. Ein derartiger Einwand kann nur dann beseitigt werden, wenn man nachweist, daß in ihr eine prinzipielle Verkennung des Sinnes und der Aufgabe einer physikalischen Theorie liegt[141]. Auf diesem Wege mochte sich Hertz zu jenen Überlegungen aufgefordert fühlen, die er später in der Einleitung zu seinem Werk über die ‚Prinzipien der Mechanik' in systematischer Strenge dargelegt hat. Maxwell selbst hatte noch das Bedürfnis gefühlt, eine mechanische Deutung und Darstellung seiner Theorie zu geben, und er hatte hierbei nacheinander ganz verschiedene Modelle des Äthers konstruiert[142]. Die Frage jedoch, welches unter diesen

---

[141] Vgl. *Planck*, Das Wesen des Lichtes (Vortrag 1919); Physikalische Rundblicke, S. 129 ff.
[142] Vgl. hierzu Henri *Poincaré*, La Théorie de Maxwell et les Oscillations Hertziennes (Scientia, November 1907).

Modellen das ‚wahre' sei, wird von Hertz nicht mehr gestellt; denn er erklärt, daß Maxwells elektromagnetische Lichttheorie nichts anderes sei als das System der Maxwell'schen Differentialgleichung und daß nach einem anderen objektiven Gehalt derselben als dem, der in diesen Gleichungen ausgesprochen ist, nicht gesucht zu werden brauche[143]. Wenn wir aus Maxwells Theorie deduktiv bestimmte Folgen entwickeln können und wenn wir diese auf dem Wege des Experiments bestätigt finden, so ist damit der Beweis für ihre Richtigkeit vollständig erbracht: ein Mehr ist weder möglich, noch läßt es sich auch nur mit Sinn anstreben. Diese Auffassung findet in den Vorbetrachtungen zu Hertz' „Prinzipien der Mechanik" ihre ganz allgemeine Darstellung und Rechtfertigung. „Es ist die nächste und in gewissem Sinne wichtigste Aufgabe unserer bewußten Naturerkenntnis, daß sie uns befähige, zukünftige Erfahrungen vorauszusehen, um nach dieser Voraussicht unser gegenwärtiges Handeln einrichten zu können ... Das Verfahren aber, dessen wir uns zur Ableitung der erstrebten Voraussicht stets bedienen, ist dieses: Wir machen uns innere Scheinbilder oder Symbole der äußeren Gegenstände, und zwar machen wir sie von solcher Art, daß die denknotwendigen Folgen der Bilder stets wieder die Bilder seien von den naturnotwendigen Folgen der abgebildeten Gegenstände ... Ist es uns einmal geglückt, aus der angesammelten bisherigen Erfahrung Bilder von der verlangten Beschaffenheit abzuleiten, so können wir an ihnen, wie an Modellen, in kurzer Zeit die Folgen entwickeln, welche in der äußeren Welt erst in längerer Zeit oder als Folgen unseres eigenen Eingreifens auftreten werden ... Die Bilder, von welchen wir reden, sind unsere Vorstellungen von den Dingen; sie haben mit den Dingen die *eine* wesentliche Übereinstimmung, welche in der Erfüllung der genannten Forderung liegt, aber es ist für ihren Zweck nicht notwendig, daß sie irgend eine weitere Übereinstimmung mit den Dingen haben. In der Tat wissen wir auch nicht, und haben auch kein Mittel zu erfahren, ob unsere Vorstellungen von den Dingen mit jenen in irgend etwas anderem übereinstimmen, als allein in eben jener *einen* fundamentalen Beziehung"[144].

Diese Gedanken scheinen auf den ersten Blick nichts anderes zu enthalten und nicht mehr zu besagen als das, was die „phänomenologische Physik" in ihren verschiedenen Spielarten behauptet hatte. Sie scheinen die Mach'sche Theorie zu bestätigen, daß Umbildung und Anpassung zum Wesen alles naturwissenschaftlichen Denkens gehöre. Durch Anpassung an die Verhältnisse der Außenwelt bilden sich in unserem Geiste gewisse Vorstellungen, und jede neue Erfahrung fügt diesen einen neuen Zug hinzu, bis schließlich eine innere weitergehende Entsprechung zwischen den Bildern in uns und den Vorgängen außer uns erreicht wird[145].

---

[143] *Hertz*, Untersuchungen über die Ausbreitung der elektrischen Kraft, Leipzig 1892, S. 23.
[144] Heinrich *Hertz*, Die Prinzipien der Mechanik, Leipzig 1894, S. 1 f.
[145] Vgl. *Mach*, Über Umbildung und Anpassung im naturwissenschaftlichen Denken (1883), s. Populär-Wissenschaftliche Vorlesungen, Leipzig 1897, S. 236 ff.

Sieht man freilich näher zu, so erkennt man, daß der Begriff des ‚Bildes' von Hertz in einem ganz anderen Sinne verwandt wird und daß er im Aufbau der physikalischen Theorie eine durchaus andere *Funktion* zu erfüllen hat, als es bei Mach der Fall ist. Für diesen besteht die ‚Wirklichkeit', die der Physiker zu beschreiben hat, in nichts anderem als in einer Summe einfacher Sinnesdaten, in Tönen, Farben, Gerüchen, Geschmäcken. Die Theorie wird daher ihre Aufgabe um so besser erfüllen, je vollkommener es ihr gelingt, sich diesen Daten anzupassen und sie, ohne willkürliche Veränderungen oder Zutaten, in ihrem einfachen So-Sein zum Ausdruck zu bringen. Auch die allgemeinen Sätze der Theorie können keinem anderen Zwecke dienen. Sie gehen letzten Endes immer auf ein τόδε τι im Aristotelischen Sinne; sie zeigen auf individuelle Tatbestände hin und wollen diese in ihrer konkreten Bestimmtheit, in ihrem ‚Hier' und ‚Jetzt' zum Ausdruck bringen. Freilich können sie die allgemeinen *Namen* nicht entbehren; aber diese Namen fungieren hierbei lediglich als bequeme Gedächtnismittel. Sie erlauben es, Verschiedenartiges und Vielfältiges mit *einem* Sprachzeichen zu versehen und es damit leichter reproduzierbar zu machen. Wo immer wir daher im Ganzen einer physikalischen Theorie einem allgemeinen Begriff oder einem allgemeinen Prinzip begegnen, können beide nie etwas anderes bedeuten als ökonomische Kunstgriffe der Beschreibung[146]. „Weil die Fassungskraft des Einzelnen, sein Gedächtnis ein begrenztes ist, so muß das Material geordnet werden. Wenn wir z. B. zu jeder Fallzeit den zugehörigen Fallraum wüßten, so könnten wir damit zufrieden sein. Allein, welches riesige Gedächtnis würde dazu gehören, die zugehörige Tabelle von s und t im Kopfe zu tragen. Statt dessen merken wir uns die Formel $s = \frac{gt^2}{2}$, d. h. die Ableitungsregel, nach welcher wir aus einem gegebenen t das zugehörige s finden, und diese bietet für diese Tabelle einen sehr vollständigen, sehr bequemen und compendiösen Ersatz. Diese Ableitungsregel, diese Formel, dieses „Gesetz" hat nun nicht im mindesten mehr sachlichen Wert als die einzelnen Tatsachen zusammen. Der Wert desselben liegt bloß in der Bequemlichkeit des Gebrauches. Es hat einen ökonomischen Wert"[147].

Hertz ist, wie schon die ganze Art und Richtung seiner experimentellen Forschung bezeugt, kein schlechterer Empiriker als es Mach ist, und auch für ihn leidet es nicht den geringsten Zweifel, daß jeder von der physikalischen Theorie gebrauchte Begriff zuletzt seine konkrete Erfüllung in der empirischen Anschauung finden muß. Aber für ihn steht fest, daß nicht jeder einzelne *Bestandteil* einer Theorie einer solchen Erfüllung fähig und bedürftig ist, sondern daß diese nur für das *Ganze*, für ein *System* von theoretischen Sätzen zu verlangen und zu finden ist. Dadurch wird der *Aktivität* des Denkens eine ganz andere Bedeutung zugesprochen und

---
[146] Vgl. z. B. *Mach,* Die ökonomische Natur der physikalischen Forschung.
[147] *Mach,* Die Geschichte und die Wurzel des Satzes von der Erhaltung der Arbeit, S. 31.

ein viel freierer Spielraum gewährt, als es in Machs sensualistischer Lehre der Fall ist, in der sich eine bestimmte ‚Idee' nur dadurch in ihrem Recht und in ihrer Gültigkeit ausweisen kann, daß wir in ihr die Kopie bestimmter ‚Impressionen' erkennen. Die physikalischen Grundbegriffe sind bei Mach das Produkt und der passive Abdruck, den die Einwirkung der Dinge auf unsere Sinnesorgane hinterläßt, während sie bei Hertz der Ausdruck für einen höchst komplizierten geistigen Prozeß sind — ein Prozeß, in welchem die theoretische Aktivität frei waltet, um erst an ihrem Ziel und Ende mit der Erfahrung zusammenzutreffen und von dieser ihre Bestätigung oder Berichtigung zu erlangen. Demgemäß hält Hertz an der Möglichkeit und Notwendigkeit einer „reinen Naturwissenschaft", im Sinne Kants, fest: ein Gedanke, der Mach und die „phänomenalistische Physik", die er vertritt, perhorreszieren muß. Er beginnt mit einem ganz freien Entwurf des Denkens, mit einem Inbegriff physikalischer Begriffe und ‚Axiome', die zunächst rein hypothetisch eingeführt werden, um erst am Schluß die *Folgen*, die sich aus diesem System ergeben, mit der „Wirklichkeit", mit den konkreten Tatbeständen zu vergleichen. „Den Überlegungen des ersten Buches" — so sagt Hertz in Bezug auf die Definition von Zeit, Raum und Masse, die er seinem System der Mechanik voranschickt — „bleibt die Erfahrung völlig fremd. Alle vorgetragenen Aussagen sind Urteile a priori im Sinne Kants. Sie beruhen auf den Gesetzen der inneren Anschauung und den Formen der eigenen Logik des Aussagenden und haben mit der äußeren Erfahrung desselben keinen anderen Zusammenhang, als ihn diese Anschauungen und Formen etwa haben"[148]. Die Grundbegriffe der theoretischen Physik sind daher für Hertz *Vorbilder* für mögliche Erfahrungen, während sie für Mach *Nachbilder* und *Abbilder* wirklicher Erfahrungen sind.

Die *Logik der Physik* erhält damit eine neue und sehr eigentümliche Gestalt. Vor allem zeigt sich, daß die Grundbegriffe in ihrer Bestimmtheit nicht von Anfang an festgelegt sind, sondern daß sie sich innerhalb gewisser Grenzen frei variieren können. Heinrich Hertz hat an diesem System der klassischen Mechanik eine solche, sehr kühne Variation vorgenommen, indem er es wagte, den Grundbegriff, der in ihm die zentrale Stelle einnimmt, auszuschalten und durch andere begriffliche Bestimmungen zu ersetzen. Die klassische Mechanik, deren einzelne Entwicklungsstufen durch die Namen *Archimedes, Galilei, Newton, Lagrange* bezeichnet werden, legt die Begriffe des Raumes, der Zeit, der Kraft und der Masse zu Grunde, wobei die Kraft als die vor der Bewegung und unabhängig von der Bewegung bestehende Ursache der Bewegung eingeführt wird. Der Ausbau dieses Systems scheint allen nur möglichen Anforderungen an logische Strenge völlig zu genügen: in lückenloser Folge und in strenger deduktiver Ableitung ergeben sich aus den Grundbegriffen die Prinzipien und Gesetze der Bewegung. Dennoch vermag eine schärfere Kritik in diesem System gewisse Schwierigkeiten und Unstimmigkeiten

---

[148] *Hertz*, Die Prinzipien der Mechanik, S. 53.

zu erkennen, die nicht behoben werden können, solange wir innerhalb seiner Grenzen stehen bleiben. Diese logischen Unbestimmtheiten berechtigen und ermutigen zu dem Versuch, die Reform, die sich hier immer dringender als notwendig erwiesen hat, nicht nur im Einzelnen, sondern im Ganzen durchzuführen. Auf diesem Wege kann man zunächst zu jenem zweiten Bilde der mechanischen Vorgänge geführt werden, das die *Energetik* an die Stelle des Newtonischen Systems gesetzt hat. Auch hier wird von vier voneinander unabhängigen Grundbegriffen ausgegangen, deren Beziehungen zu einander den Inhalt der Mechanik bilden sollen. Zwei derselben haben einen mathematischen Charakter: Raum und Zeit; die beiden anderen: Masse und Energie werden eingeführt als in gegebener Menge vorhandene, unzerstörbare und unvermehrbare physikalische Wesenheiten. Der Kraftbegriff tritt hierbei in den Grundlagen selbst nicht auf; er wird, wenn überhaupt, als mathematische Ableitung und etwa als Vereinfachung oder Hilfsbezeichnung eingeführt, die sich als zweckmäßig erweisen kann, die aber jedenfalls nicht notwendig ist. Daß auch dieses System nicht schlechthin befriedigend ist, sondern daß es gewisse bedenkliche Bruchstellen aufweist, sucht Hertz' Kritik im einzelnen zu zeigen. Damit ist der Weg zu seiner eigentlichen Aufgabe gebahnt: er will zeigen, daß neben dem Newtonischen und dem energetischen Aufbau der Mechanik eine dritte Anordnung ihrer Prinzipien möglich ist, die sich von beiden wesentlich dadurch unterscheidet, daß sie von nur drei unabhängigen Grundvorstellungen ausgeht, denen der Zeit, des Raumes und der Masse. Dieses „dritte Bild" gestattet, wie Hertz' Werk dartut, einen vollkommen folgerechten Aufbau all der Grundgesetze, die die klassische Mechanik festgestellt hat. Es kann zu keinem der Phänomene, von denen diese letztere ausging, in Widerstreit kommen, steht somit in Bezug auf seine „Richtigkeit" den beiden ersten Bildern gleich. Aber es ist befriedigender und zweckmäßiger als diese, weil ihm bestimmte methodische Vorzüge zukommen, sofern es neben den wesentlichen Zügen die geringere Zahl überflüssiger oder leerer Beziehungen enthält, sich also im Ganzen als einfacher erweist[149].

Mit dieser Disposition seines Werkes über die Prinzipien der Mechanik hat Hertz einer Forderung Ausdruck gegeben, die über die inhaltlichen Probleme, die er in diesem Werk behandelt, weit hinausging. Die Frage nach der Aufgabe der physikalischen Theorie war jetzt in einem neuen Sinne beantwortet. In der Anschauung, die von Mach und Ostwald vertreten ist, war das Verhältnis, in dem eine physikalische ‚Theorie' zu den physikalischen ‚Tatsachen' steht, noch kaum zum Problem geworden. Die Theorie wurde lediglich als „Anpassung an die Tatsachen" und damit als ihr einfacher Abdruck erklärt. Ein physikalisches Gesetz oder ein physikalisches Prinzip besaß daher keinen selbständigen Erkenntniswert, der sich mit dem der unmittelbaren Wahrnehmung vergleichen ließ oder sich gar über ihn erheben konnte. Es wiederholte nur in kompendiöser

---

[149] *Hertz*, Prinzipien der Mechanik, Einleitung, No. 1—3.

Form, in bequemer sprachlicher Zusammenfassung, die Erkenntnisse, die die Wahrnehmung uns unmittelbar, und also getreuer und besser, darbietet. Ein Gesetz ist nichts anderes als ein Katalog von Einzeltatsachen, ein Prinzip nichts anderes als ein Register von Gesetzen. Darin war die seltsame Folgerung eingeschlossen, daß die Notwendigkeit, in allgemeinen Begriffen und Gesetzen zu denken, keine eigentümliche Kraft des menschlichen Geistes darstellt, sondern daß sie im Grunde einer Schwäche des Geistes entspringt. Eine Intelligenz, die weit und umfassend genug wäre, um alles Einzelne *als* Einzelnes zu erfassen, bedürfte eines solchen Umwegs nicht — und für sie gäbe es demnach auch keine ‚Wissenschaft'. „Wenn uns einzelne Tatsachen, alle einzelnen Erscheinungen unmittelbar zugänglich wären, so wie wir nach der Kenntnis derselben verlangen" — so erklärt Mach ausdrücklich — „so wäre nie eine Wissenschaft entstanden"[150]. Aber wenn die physikalische Theorie wirklich keine andere Aufgabe hätte, als bestimmte individuelle Tatbestände so getreu als möglich zu beschreiben, so müßte man zugeben, daß sie in ihrer bisherigen Gestalt diese Aufgabe schlecht erfüllt hätte. Denn sie entfernt sich schon in ihren ersten Sätzen nicht nur von diesen Tatbeständen, sondern sie richtet ihren Blick auf etwas, was sich „nie und nirgends hat begeben". Das Trägheitsgesetz will die Bewegung eines Körpers beschreiben, auf den keine äußeren Kräfte wirken; aber die Annahme, daß dieser Fall jemals in der Natur verwirklicht ist, ist widersinnig. Woher stammt diese Notwendigkeit, von der Betrachtung des „Wirklichen" zu der des „Unwirklichen", ja zu der des Unmöglichen überzugehen? Hat es einen Sinn, Begriffe wie die des „idealen Gases" oder des ‚absolut schwarzen Körpers' zu bilden, obwohl wir wissen, daß ihnen kein empirischer Tatbestand entspricht? Das Recht, solche ‚idealen Elemente' in die Physik einzuführen, hat auch Machs Theorie nicht bestritten. Sie bilden einen integrierenden Bestand jener ‚Gedankenexprimente', ohne welche die Physik, wie Mach nachdrücklich betont, ihren Aufbau nicht vollziehen könnte[151]. Aber vom Standpunkt der allgemeinen Mach'schen *Erkenntnislehre* bleibt es höchst fragwürdig, daß es erlaubt sein solle, statt mit den Dingen, mit bloßen „Gedanken" über die Dinge zu experimentieren. Das Hertz'sche System der Mechanik stellte in der Tat ein solches Experiment im großen Stile dar. Denn es entschloß sich dazu, eine freie *Variation* der Grundbegriffe der Mechanik vorzunehmen, der nichts Geringeres als ihr bisheriger Fundamentalbegriff, der Begriff der Kraft, zum Opfer fiel. Die Spontaneität, die jeder Theorienbildung innewohnt, war damit in helles Licht gerückt. Sicherlich ist diese Spontaneität nicht unbeschränkt; denn der Wahrheitswert einer Theorie kann sich nur dadurch erweisen, daß sie in ihren Konsequenzen zu Resultaten führt, die der Erfahrung entsprechen. Aber es war gezeigt, daß wir aus einer Theorie der Natur nicht ein einzelnes

---

[150] *Mach,* Die Gesch. u. die Wurzel des Satzes von der Erhaltung der Arbeit, S. 30.
[151] Vgl. *Mach,* Erkenntnis und Irrtum, Leipzig 1905, S. 180 ff.

Bestandstück, wie etwa den Kraftbegriff oder den Massenbegriff, herauslösen können, um nach einem gegenständlichen Korrelat für ihn zu suchen und danach über seine Gültigkeit und Wahrheit zu entscheiden. Der Vorgang der ‚Verifikation' war als ein viel komplexerer erwiesen: Von den einzelnen Begriffen, die die Theorie hypothetisch ansetzt, wurde nicht mehr gefordert, daß sie einen konkreten, empirisch-aufweisbaren Tatbestand „abbilden" sollten; sie hatten vielmehr ihre Aufgabe erfüllt, wenn sich zeigen ließ, daß sie in ihrer Gesamtheit, in ihrem wechselseitigen Ineinandergreifen ein ‚Symbol' der Wirklichkeit darstellen konnten, derart, daß die „denknotwendigen Folgen", die sich aus ihnen ergeben, stets wieder die „Bilder von den naturnotwendigen Folgen der abgebildeten Gegenstände" werden.

Eine Weiterführung und ein Ausbau dieses Gedankengangs findet sich in den Schriften, in denen Henri *Poincaré* das Wesen der naturwissenschaftlichen Begriffs- und Hypothesenbildung untersucht[152]. Das Problem wird hierbei insofern erweitert, als es unmittelbar an Poincarés Auffassung vom Sinn der mathematischen ‚Hypothesen' herangerückt wird. Am Beispiel der Nicht-Euklidischen Geometrien hatte Poincaré dartun wollen, daß wir in der Aufstellung eines mathematischen Axiomensystems nicht in dem Sinn an die Erfahrung gebunden sind, daß wir dieser die Entscheidung darüber entnehmen könnten, welches der verschiedenen, logisch gleich möglichen Systeme dem „wirklichen" Raume entspricht. Eine solche Entscheidung vermag uns die Erfahrung nicht zu liefern; — und von ihr kann daher die ‚Wahrheit' einer Geometrie nicht abhängen. Keine Geometrie ist ‚wahrer' als die andere; wohl aber kann sich die eine für die Zwecke der Erfahrung als „bequemer", d. h. als ein brauchbareres Erkenntnisinstrument für die systematische Beschreibung der in ihr gegebenen Tatbestände erweisen[153]. Aber diese Freiheit der Begriffs- und Hypothesenbildung macht nach Poincaré an der Grenze der Mathematik nicht Halt. Sie muß sich auch auf die Physik erstrecken, sofern dieselbe als *theoretische* Physik von der Mathematik Gebrauch macht und demgemäß in sich selbst denselben *Typus der Erkenntnis* wie diese verwirklicht. Das „wissenschaftliche Faktum", von dem die Physik spricht, unterscheidet sich von dem „rohen Faktum" eben dadurch, daß es sich nicht auf die Anzeigen der Wahrnehmung beschränkt, sondern diese in einer neuen Sprache, in der Sprache der mathematischen Symbole ausdrückt. Erst hierdurch wird der Übergang vom ‚fait brut' zum ‚fait scientifique' möglich[154]. Aus dieser Erwägung ergibt sich, in welchem Sinne die „Axiome" der Physik mit der Welt der Tatsachen verbunden sind, ohne daß man für ein einziges derselben behaupten könnte, daß es die einfache Beschreibung eines einzelnen in der Erfahrung gegebenen Tatbestandes sei. Daß jedes

---

[152] Henri *Poincaré*, La Science et l'Hypothèse; Science et Méthode; La valeur de la Science.
[153] Vgl. oben S. 50 f.
[154] Näheres bei *Poincaré*, La valeur de la science, 3e partie, Chap. X, § 3.

physikalische Prinzip seine Aufstellung einer Anregung verdankt, die wir der Erfahrung entnommen haben, steht außer Zweifel. Aber der Grad der Allgemeinheit, die wir ihm zusprechen, kann hieraus allein nie abgeleitet werden. Diese Erhebung zur Allgemeinheit ist in jedem Fall eine freie Tat des physikalischen Denkens. In dieser Grundanschauung stimmt Poincaré mit der Auffassung von Hertz überein, daß die ‚Bilder', die wir uns von den äußeren Gegenständen machen, nicht nur von der Natur dieser Gegenstände abhängen, sondern daß sie ihre Form „der eigenen Logik des Aussagenden" verdanken. Diese ‚Logik' verlangt und erzwingt einen anderen und strengeren Zusammenhang der Phänomene, als er uns in der Beobachtung unmittelbar entgegentritt. Sie leitet uns dazu an, die *bedingten* Aussagen, zu denen wir auf Grund der Beobachtung allein das Recht hätten, derart umzubilden, daß sie den Charakter schlechthin universeller und insofern unbedingter Aussagen annehmen. Diese Umformung ist nach Poincaré der eigentliche Grundcharakter aller physikalischen Theorienbildung, der in der modernen Entwicklung der Physik immer schärfer zu Tage getreten ist. Die ältere Physik war zum größten Teil eine Physik der Bilder in *dem* Sinne, daß sie die Natur jedes Gegenstandes oder Vorgangs, den sie untersuchte, in einem ihm entsprechenden mechanischen Modell zur Darstellung bringen wollte. Die einzelnen Züge dieses Modells gelten ihr als Wiedergabe der Bestimmungen und Eigenschaften des Gegenstandes. Die moderne Physik hat hierauf mehr und mehr Verzicht geleistet: aus einer Physik der Bilder ist sie zu einer Physik der Prinzipien geworden. Der Entwicklungsgang der Physik im neunzehnten Jahrhundert ist durch die Auffindung und durch die immer schärfere Formulierung dieser Prinzipien: des Carnot'schen Prinzips, des Prinzips der Erhaltung der Energie, des Prinzips der kleinsten Wirkung u. s. f. bestimmt. Ein ‚Prinzip' aber ist weder ein bloße Zusammenfassung von Tatsachen, noch ist es lediglich eine Zusammenfassung von Einzelgesetzen. Es enthält in sich den Anspruch des „Immer und Überall", den die Erfahrung als solche niemals zu rechtfertigen vermag. Statt es direkt der Erfahrung zu entnehmen, benutzen wir es als *Richtschnur* für dieselbe. Die Prinzipien bilden die festen Haltpunkte, deren wir bedürfen, wenn uns die Orientierung in der Welt der Phänomene gelingen soll. Sie sind nicht sosehr Aussagen über empirische Sachverhalte, als Maximen, nach denen wir diese Sachverhalte interpretieren, um sie damit zu einer vollständigen und lückenlosen Einheit zusammenschließen zu können. Daß die Wahl dieser Bezugspunkte uns nicht durch die Gegenstände aufgenötigt ist, sondern daß sie einem freien Entschluß des theoretischen Denkens entspringt, hat Poincaré nachdrücklich betont. Aber den extrem-nominalistischen und skeptischen Konsequenzen, die manche seiner Anhänger aus diesen Prämissen ziehen wollten, hat er bestimmt widersprochen[155]. Die Freiheit der physikalischen Hypothesen- und Theorienbildung ist nach ihm nicht Willkür. Denn die *Beziehungen,* die in ihnen zum Ausdruck gebracht werden,

---

[155] Vgl. bes. La valeur de la science, 3ème partie, Chap. X und XI.

unterliegen der steten Nachprüfung der Erfahrung und werden durch diese in ihrer objektiven Gültigkeit sicher gestellt. Und nur die *Sprache* der physikalischen Theorien und der Symbole, die wir in ihr anwenden, erweist sich als ein variables Moment, das jedoch in seiner Veränderlichkeit die Kontinuität und den logischen Zusammenhang der Theorien nicht ausschließt, sondern sich umgekehrt als ein Mittel erweist, sie aufrecht zu erhalten.

Noch energischer als von Hertz und Poincaré ist dieser ‚symbolische‘ Charakter aller physikalischen Erkenntnis von *Duhem* betont worden. Es ist nach Duhem pure erkenntnistheoretische Naivität, wenn man glaubt, auch nur einen einzigen Satz, der im Lehrgebäude der Physik auftritt, als einen Satz auffassen zu können, der etwas beschreibt, was Inhalt der unmittelbaren Beobachtung ist. Kein Urteil der theoretischen Physik bezieht sich auf jene ‚Elemente‘, in denen die „phänomenologische Physik" Machs den Kern und Inhalt alles Wirklichen sieht. Duhems Kritik dieser Auffassung geht radikaler vor als diejenige von Hertz oder Poincaré. Denn er geht davon aus, daß man, um das System des physikalischen Sensualismus aus den Angeln zu heben, den Hebel viel tiefer ansetzen kann und muß. Es sind nicht erst die allgemeinen, sondern schon die besonderen physikalischen Aussagen, die von diesem System nicht zureichend erklärt werden können. Denn zwischen diesen beiden Klassen von Aussagen besteht jene Trennung nicht, die man gemeinhin zwischen ihnen annimmt. Sie sind unlöslich mit einander verbunden und sie sind demgemäß gewissermaßen auch in ihrem erkenntnistheoretischen Schicksal solidarisch. Das Urteil über ‚Tatsachen‘ läßt sich, seiner Bedeutung und seinem Wahrheitswert nach, von dem über Prinzipien nicht trennen: denn es gibt keine einzige faktische Feststellung, die nicht implizit eine prinzipielle Behauptung in sich schließt. Jedes Urteil über einen Einzelfall schließt, sofern es sich als physikalischen Satz gibt, schon ein ganzes *System der Physik* in sich. Es ist demnach nicht so, daß es gewissermaßen zwei Schichten der Physik gibt: daß auf der einen Seite die reinen Beobachtungen und die Messungsergebnisse, auf der anderen Seite die Theorien stehen, die sich auf ihnen aufbauen. Denn eine Beobachtung und Messung *vor* aller Theorie und unabhängig von diesen Voraussetzungen ist unmöglich. Etwas derartiges ist uns keineswegs als Faktum gegeben; es ist vielmehr eine erkenntnistheoretische Abstraktion, die sich bei jeder schärferen Analyse sofort als bloße Illusion erweist. Die Grenzlinie zwischen dem *‚fait brut‘* und dem *‚fait scientifique‘* wird von Duhem noch weit schärfer gezogen, als es bei Poincaré der Fall ist. Zwischen beiden besteht nicht nur ein Unterschied des Grades, sondern ein spezifischer Unterschied. Kein noch so einfacher physikalischer Satz läßt sich als bloße Summe von Wahrnehmungstatsachen, als ein Aggregat von Beobachtungen, wie wir sie im täglichen Leben anstellen, verstehen. Die alltägliche und die physikalische Beobachtung bewegen sich vielmehr in völlig verschiedenen Medien und gehören, auf Grund dieser Differenz, ganz verschiedenen Dimensionen an. Wenn ein Physiker uns das Ergebnis eines Versuchs beschreibt, den er unternommen hat, um ein bestimmtes Naturgesetz aufzufinden oder nachzuprüfen, so kann er dies nicht in der Form tun, daß er uns die Reihe der Sinneswahrnehmungen vorführt, die er während der Durchführung dieses Versuchs durchlaufen hat. Dies ergäbe einen psychologischen Bericht, aber es wäre in keiner Weise die Darstellung eines experimentellen Befundes. Ein solcher Befund will nicht die optischen, akustischen, taktilen Eindrücke einzelner Beobachter in einem bestimmten physikalischen Laboratorium schildern, sondern er behauptet einen objektiven Tatbestand ganz anderer Art — einen Tatbestand, der sich freilich nur dann mitteilen läßt, wenn für seine Mitteilung zuvor eine eigene Sprache, ein bestimmtes System von Symbolen geschaffen worden ist. Was uns mitgeteilt wird, ist nicht, daß, beim Ablesen der Meßinstrumente, dieser oder jener Sinneseindruck in dem Beobachter aufgetaucht ist, sondern daß ein elektrischer Strom bestimmter Intensität durch ein Magnetfeld hindurchgegangen ist, daß der Druck, das Volumen, die Temperatur eines Gases sich unter gewissen Versuchsbedingungen in dieser oder jener Weise verändert haben. Um den Sinn dieser Aussagen zu verstehen, um eine exakte Definition dessen zu geben, was ein elektrischer Strom, was der Druck, das Volumen, die Temperatur ‚ist': dazu genügt niemals der Hinweis auf einfache Wahrnehmungsdaten. Sieht man vielmehr näher zu, so findet man, daß schon der bloße Gebrauch dieser Begriffe höchst komplizierte theoretische Voraussetzungen in sich schließt, daß in ihm also ein ganzes System physikalischer Urteile impliziert ist. Jeder Gebrauch der Meßinstrumente setzt eine theoretische Deutung der Phänomene auf Grund derartiger Urteile voraus. „Um eine strenge Erklärung dessen zu geben, was man unter dem ‚Volumen' oder dem ‚Druck' eines Gases versteht, muß man nicht nur auf die Prinzipien der Arithmetik und Geometrie, sondern auch auf die Grundsätze der allgemeinen Mechanik, sowie auf die schwierigsten Theorien der Hydrostatik, der Elektrizitätslehre u. s. f. zurückgreifen. „Was der Physiker als Resultat eines Experiments ausspricht, ist nicht ein Bericht über einzelne Tatsachen, die er konstatiert hat; es ist vielmehr die Interpretation dieser Tatsachen, d. h. die Versetzung derselben in eine ideale, abstrakte, symbolische Welt, die von den Theorien geschaffen ist, die er als gesichert ansieht." Ein Gesetz der Physik ist eine symbolische Beziehung, deren Anwendung auf die konkrete Wirklichkeit verlangt, daß man einen ganzen Inbegriff von Theorien kennt und als gültig annimmt[156].

Hält man hieran fest, so erkennt man, daß der Prozeß der ‚Verifikation' einer Theorie etwas anderes bedeutet und daß er eine viel kompliziertere Gestalt besitzt, als der Empirismus in seiner gewöhnlichen Form annimmt. Jene Probe auf das Exempel, die Bacon mit dem Namen des ‚experimentum crucis" bezeichnet hat, wird unmöglich. Denn es gelingt niemals das ‚Theoretische' vom ‚Faktischen' derart zu scheiden, daß auf die eine Seite

---

[156] *Duhem,* La Théorie physique, son objet — sa structure, Paris 1906, Chap. V, p. 274; vgl. Chap. IV, p. 232 ff.

die „abstrakte" Theorie, auf die andere Seite das „konkrete" Faktum zu stehen kommt. Da, wie sich gezeigt hat, schon die einfache Konstatierung eines physikalischen Faktums ein Ganzes von theoretischen Aussagen in sich schließt und nur in Bezug auf dieses Ganze Bedeutung hat, so können wir niemals die Wahrheit oder Unwahrheit einer physikalischen Theorie dadurch bestimmen, daß wir sie an der Welt der ‚Fakten' als einer für sich gegebenen, von allen Voraussetzungen der Theorie unabhängigen Wirklichkeit messen. Eine Theorie läßt sich immer nur an einer anderen messen, ein physikalisches System läßt sich, wenn wir seinen Wahrheitswert bestimmen wollen, niemals mit den „exakten" Beobachtungsdaten, sondern immer nur mit einem anderen System, mit einem ganzen Inbegriff theoretischer Grundsätze und Lehrsätze vergleichen. Das ist dieselbe Anschauung, die uns bei *Hertz* und *Poincaré* begegnet ist, die aber bei Duhem einen besonders prägnanten und konzisen Ausdruck annimmt. „Man nimmt gewöhnlich an, daß jede der Hypothesen, von denen die Physik Gebrauch macht, für sich genommen werden und einzeln der Prüfung durch die Erfahrung unterworfen werden kann, und daß sie, wenn auf diese Weise durch vielfältige und verschiedenartige Versuche ihr Wert festgestellt ist, ihren endgültigen Platz im System der Physik erhält. In Wahrheit ist dem jedoch nicht so. Die Physik ist keine Maschine, die sich auseinandernehmen läßt. Man kann nicht jedes Stück von ihr einzeln ausprobieren und abwarten, bis es diese Nachprüfung bestanden hat, ehe man es in die Maschine einsetzt. Die physikalische Wissenschaft ist ein System, das man als ein in sich geschlossenes Ganzes nehmen muß; sie ist ein Organismus, von dem man keinen einzelnen Teil funktionieren lassen kann, ohne daß damit auch alle anderen, noch so entfernten Teile, die einen mehr, die anderen weniger, aber jeder in einem bestimmten Grade, in Wirksamkeit treten. Wenn die Funktion irgend welche Hemmungen erfährt, so muß der Physiker, auf Grund der Wirkung, die sich im Gesamtsystem zeigt, das Organ zu erraten suchen, das an der Störung schuld ist und das der Besserung bedarf, ohne daß es ihm möglich wäre, dieses Organ zu isolieren und es für sich allein zu prüfen. Der Uhrmacher, dem man eine Uhr gibt, die nicht geht, nimmt alle ihre Räder auseinander und prüft sie Stück für Stück, bis er dasjenige gefunden hat, was falsch angebracht oder gebrochen war; der Arzt, dem man einen Kranken vorführt, kann ihn nicht zerschneiden, um darauf seine Diagnose zu gründen; er muß den Sitz und die Ursache des Übels durch die bloße Betrachtung der Störungen, die den ganzen Körper betreffen, erraten. Diesem, nicht jenem gleicht der Physiker, der vor die Aufgabe gestellt ist, eine schadhafte Theorie auszubessern"[157].

Das Wort ‚*Symbol*', von dem sowohl Hertz wie Duhem Gebrauch machen müssen, um ihre Auffassung vom Wesen der physikalischen Theorie zu begründen, schließt freilich eine Fülle neuer erkenntnistheoretischer Schwierigkeiten in sich. Hertz hat nicht gezögert, die Symbole der Physik

---

[157] *Duhem*, a. a. O., p. 307 f.

als „innere Scheinbilder" zu bezeichnen. Aber hier erhebt sich sofort die Frage, wie diese „Scheinbilder" uns der Wahrheit näher bringen sollen, wie es möglich ist, daß wir auf Grund derselben nicht nur gegenwärtige Erfahrungen zusammenfassen, sondern auch richtige Voraussagen über Künftiges, bisher nicht Gegebenes machen können. Das Induktionsproblem erhebt sich jetzt wieder in seiner ganzen Schwierigkeit, und es scheint nur gelöst werden zu können, wenn wir mit Hertz die Voraussetzung hinzunehmen, daß „gewisse Übereinstimmungen zwischen der Natur und unserem Geiste" bestehen. Die Erfahrung — so erklärt Hertz — lehrt uns, daß die Forderung erfüllbar ist und daß also solche Übereinstimmungen in der Tat bestehen[158]. Aber damit drohen wir in jenen bekannten erkenntnistheoretischen Zirkel verstrickt zu werden, den *Hume* in seiner Kritik des Kausalbegriffs aufgewiesen hat: das Axiom von der „Gleichförmigkeit der Natur" wird aus der Erfahrung abgeleitet, während es andererseits als die notwendige Voraussetzung für die Gültigkeit jedes induktiven Schlusses erscheint. Dieser Schwierigkeit ließ sich in gewissem Sinne begegnen, solange man in den physikalischen Begriffen nichts anderes als unmittelbare Abbildungen, als *Reproduktionen* der Gegenstände sah. Denn zwischen ‚Urbild' und ‚Abbild' ließ sich freilich auch in diesem Falle keine Identität erzwingen; wohl aber ließ sich zwischen beiden eine weitgehende Ähnlichkeit behaupten, auf Grund deren das eine im Gebrauch durch das andere ersetzt werden kann. Der strenge Symbolcharakter der physikalischen Begriffe aber macht auch dieser Ähnlichkeit ein Ende: die Zeichen haben eine ganz andere Struktur und gehören gewissermaßen einer ganz anderen Welt an als das Bezeichnete. Für die Symbole im Hertz'schen oder Duhem'schen Sinne ist ein Anschluß an die Wirklichkeit in der Art, wie die frühere Theorie ihn forderte, weder erforderlich noch ist er möglich. Hier kann niemals ein *einzelnes* Symbol einem *einzelnen* Ding gegenübergestellt und auf seine Ähnlichkeit mit ihm verglichen werden; was gefordert wird, ist lediglich, daß die *Ordnung* der Symbole derart beschaffen ist, daß sie als Ausdruck der Ordnung der Phänomene dienen kann. Diese Auffassung hat sich nur langsam und unter starken Widerständen durchgesetzt. Die mechanische Naturanschauung forderte für jede Hypothese, daß sie der unmittelbaren Veranschaulichung zugänglich sein müsse, und sie fand sich nicht zufriedengestellt, ehe nicht alle Einzelzüge des Bildes vollständig ausgemalt waren. „Ich fühle mich niemals befriedigt" — so sagt William *Thomson* in seinen ‚Lectures on molecular Dynamics' — „solange es mir nicht gelungen ist, mir ein mechanisches Modell des Gegenstandes, den ich studiere, aufzubauen; kann ich mir ein solches Modell machen, so verstehe ich; kann ich es nicht, so verstehe ich nicht. Aus diesem Grunde kann ich die elektromagnetische Theorie des Lichts nicht begreifen. Ich verlange, das Licht so gut als möglich zu verstehen, ohne Dinge einzuführen, die ich noch weniger verstehe. Deshalb

---

[158] *Hertz,* Prinzipien der Mechanik, S. 1.

halte ich mich an die reine Dynamik; denn in ihr, nicht aber in der elektromagnetischen Theorie kann ich ein Modell finden"[159].

Aber selbst der Schöpfer dieser Theorie, der am meisten zu ihrer Verdrängung beigetragen hat, stand anfangs noch in ihrem Banne. Die komplizierte Struktur, die Maxwell in der ersten Fassung seiner Lehre dem Äther beilegte — so sagte Poincaré — machte sein System seltsam und abstoßend; man hätte glauben können, die Beschreibung einer Fabrik mit ihren Zahnrädern, ihren Treibstangen, die die Bewegung weiterleiten und sich unter der Anstrengung biegen, mit ihren Regulatoren und ihren Riemen zu lesen[160]. Die Physik hat auf diese Form der Veranschaulichung nur ungern verzichtet, und sie fand mit einem gewissen Erstaunen, daß sie durch diesen Verzicht ihrem eigentlichen Ziel, dem Ziel der *Vereinheitlichung* nicht ferner, sondern näher rückte. Den letzten Schritt in dieser Richtung bildet die Entwicklung, die die allgemeine Relativitätstherorie und die Quantentheorie gebracht hat. Sie forderte in Bezug auf die Anschaulichkeit des Naturbildes weit stärkere Opfer; aber sie hat zugleich diese Opfer in reichstem Maße belohnt. Die allgemeine Relativitätstheorie zeigte, daß selbst die ,Hypothesen', welche der *Geometrie* zu Grunde liegen, nicht ein für alle Mal festliegen, sondern daß sie im Prinzip denselben Variationen unterliegen, wie wir sie an den Grundsätzen der Physik wahrnehmen können. Es ergab sich eine Solidarität der geometrischen und physikalischen Prinzipien, insofern sie nicht einzeln, sondern nur in ihrem Ineinandergreifen und ihrer wechselseitigen Durchdringung eine Theorie ergeben, die mit der Erfahrung verglichen und durch sie bestätigt oder widerlegt werden kann[161]. Hatte man zuvor die Nicht-Euklidischen Geometrien wegen ihrer prinzipiellen Unanschaulichkeit zum mindesten aus der Physik fern halten können, wenngleich man ihre logische Möglichkeit zugeben mußte, so fiel auch diese Schranke; beim Aufbau der Einstein'schen Theorie der Schwere wurde erklärt, daß alle bisher üblichen Definitionen der Grundbegriffe des raum-zeitlichen Kontinuums durch starre Maßstäbe, Uhren, Lichtstrahlen, Trägheitsbahnen wohl in begrenzten, kleinen Gebieten den Gesetzen der Euklidischen Geometrie genügen, daß aber im Ganzen eine allgemeinere Raumlehre aufzustellen sei[162].

Der Fortschritt der Quantentheorie zeigt denselben charakteristischen Umbildungsprozeß. Geht man von den ersten Atommodellen aus, so scheint durch sie die Forderung der Anschaulichkeit in höchstem Maße befriedigt. Man glaubt, durch sie gewissermaßen unmittelbar in die Welt des Atoms hineinblicken zu können, und der Mikrokosmos stellt sich uns hierbei in genau derselben Gestalt wie der Makrokosmos dar. Das Atom wird zum

---

[159] William *Thomson*, Lectures on molecular Dynamics and the Wave-Theory of Light, Baltimore 1884, S. 270.

[160] *Poincaré*, Théorie de Maxwell, S. 7 f.

[161] Vgl. hierzu oben Cap. 3, S. 61.

[162] Näheres hierüber z. B. bei Max *Born*, Die Relativitätstheorie Einsteins und ihre physikalische Grundlage, Berlin 1920, S. 219 ff.

Planetensystem; die Planeten sind Elektronen, die um den Zentralkörper, den Kern, kreisen[163]. Aber diese Einfachheit des Bildes verschwand im weiteren Ausbau der Theorie mehr und mehr. Und gerade Niels *Bohr*, der zu den ersten Schöpfern der Atommodelle gehört, war es, der davor warnte, ihren repräsentativen Wert zu überschätzen. In seinem Aufsatz ‚Atomtheorie und Mechanik' (1925) spricht Bohr es als seine Überzeugung aus, daß es bei dem allgemeinen Problem der Quantentheorie sich nicht um eine auf Grund der gewöhnlichen physikalischen Begriffe beschreibbare Abänderung der mechanischen und elektrodynamischen Theorien handelt, sondern um ein tiefgehendes Versagen der raum-zeitlichen Bilder, mittels welcher man bisher die Naturerscheinungen zu beschreiben suchte[164]. Ohne eine ‚Resignation hinsichtlich der Wünsche nach Anschaulichkeit'[165] ließ sich die Atomphysik nicht aufbauen. Die Quantenmechanik hat damit in der Tat in erkenntniskritischer Hinsicht einen ganz anderen Charakter gewonnen, als ihn die klassische Mechanik besaß. Sie verlangte die Ausbildung neuer symbolischer Methoden. Heisenberg stützte sich auf eine neue Algebra, für die das kommutative Gesetz der Multiplikation nicht gilt, und in der schon durch das Auftreten des Imaginären in der Vertauschungsregel der symbolische Charakter der Theorie schlagend zum Ausdruck kam[166]. So blieb zwar ein mathematisches Schema der Quantentheorie bestehen, aber dieses konnte nicht als einfache Verknüpfung von Dingen in Raum und Zeit gedeutet werden. *Schrödingers* Wellenmechanik hoffte demgegenüber wieder einen engeren Anschluß an die raum-zeitliche Anschauung vollziehen zu können; aber auch hier entstanden alsbald neue Probleme, da der Wellenvorgang nicht in den dreidimensionalen ‚Koordinatenraum', sondern in den ‚Parameterraum' eingebettet ist, dessen Dimensionszahl der Anzahl der Freiheitsgrade des Systems gleich und also im allgemeinen von der Dimensionszahl 3 des gewöhnlichen Raums verschieden ist[167]. „Das Atom der modernen Physik" — so betont *Heisenberg* — „kann zunächst nur symbolisiert werden durch eine partielle Differentialgleichung in einem abstrakten vieldimensionalen Raum... Für das Atom der modernen Physik sind *alle* Qualitäten abgeleitet, *unmittelbar* kommen ihm überhaupt keine materiellen Eigenschaften zu; d. h. jede Art von Bild, das unsere Vorstellung vom Atom entwerfen möchte, ist eo ipso fehlerhaft. Ein Verständnis ‚erster Art' ist für die

---

[163] Näheres z. B. bei *Sommerfeld*, Atombau und Spektrallinien, 4. Aufl., Braunschweig 1924, S. 73 ff.
[164] Niels *Bohr*, Atomtheorie und Naturbeschreibung, Berlin 1931, S. 22.
[165] *Bohr*, Wirkungsquantum und Naturbeschreibung (1929); a. a. O., S. 64.
[166] *Heisenberg*, Die physikalischen Prinzipien der Quantentheorie, 1930, S. 48, S. 78 ff; vgl. *Bohr*, Das Quantenpostulat und die neuere Entwicklung der Atomistik (1937) (Atomtheorie und Naturbeschreibung, S. 46).
[167] Näheres hierzu s. bei *Bohr*, Das Quantenpostulat (a. a. O., S. 50) und bei *Reichenbach*, Ziele und Wege der physikalischen Erkenntnis (Handbuch der Physik, hersg. von *Geiger* und *Scheel*, Band IV, S. 77).

Welt der Atome ... unmöglich"[168]. Aber wir brechen an diesem Punkte ab; denn mit den letzten Erwägungen haben wir den Kreis unserer gegenwärtigen, rein historischen Betrachtung bereits überschritten[169]. Die Probleme, die hier auftauchen, lassen einen rein geschichtlichen Rückblick noch nicht zu; sie sind noch mitten im Fluß. Wir haben auf sie nur hingedeutet, da man sich an ihnen klar machen kann, daß der Fortgang des physikalischen Denkens, der zu den letzten revolutionären Ergebnissen der Atomphysik geführt hat, sich im allgemeinen doch mit größerer Stetigkeit vollzogen hat, als man gewöhnlich annimmt. Die Physik hätte sich zu ihren Folgerungen, die so sehr den Gewohnheiten der unmittelbaren Anschauung widersprechen, kaum entschlossen, wenn sie nicht durch eine Wandlung ihres Erkenntnisbegriffs, die sich schon auf dem Boden des klassischen Systems zu vollziehen beginnt, hierzu befähigt und ermutigt worden wäre. In dieser Hinsicht haben die konkrete Forschungsarbeit und die erkenntnistheoretische Reflexion, von der sie begleitet war, ständig ineinander eingegriffen und voneinander wichtige und fruchtbare Anregungen empfangen.

---

[168] *Heisenberg,* Zur Geschichte der physikalischen Naturerklärung (1932); (Wandlungen, S. 43).
[169] Für die erkenntnistheoretischen Probleme der modernen Atomphysik vgl. die Darstellung in meiner Schrift ‚Determinismus und Indeterminismus in der modernen Physik,' Göteborgs Arsskrift 1936, 2.

ZWEITES BUCH

Das Erkenntnisideal der Biologie und seine Wandlungen

ERSTES KAPITEL

Das Problem der Klassifikation und der Systematik der Naturformen

Daß die Biologie einen eigentümlichen, scharf abgegrenzten *Gegenstand* besitzt, daß die Welt des ‚Belebten' sich durch bestimmte charakteristische Wesenszüge von der des ‚Unbelebten' unterscheidet: das ist eine Überzeugung, die sich nicht nur der unmittelbaren Auffassung aufdrängt, sondern die auch in der Wissenschaft und in der Philosophie von jeher vertreten und verfochten worden ist. Aber die Schlüsse, die sich hieraus für das *Erkenntnisproblem der Biologie* ergeben, sind erst sehr spät gezogen worden. Es ist kaum zu viel gesagt, wenn man behauptet, daß dieses Problem erst von Kant entdeckt worden ist. Und auch bei ihm dauert es geraume Zeit, ehe es in seiner wirklichen Schärfe gesehen und formuliert worden ist. Kant beginnt, als Kritiker der Vernunft, mit der Frage nach der Möglichkeit der mathematischen Naturwissenschaft. Diese letztere umschließt für ihn zunächst das Ganze der Naturerkenntnis. Daß es eine Betrachtung der Natur geben könne, die einem ganz anderen *Erkenntnistypus* angehört, scheint von Kant ausdrücklich bestritten zu werden. In den ‚metaphysischen Anfangsgründen der Naturwissenschaft' (1786) erklärt er, daß die wissenschaftliche Betrachtung der Natur und ihre mathematische Betrachtung zusammenfallen: in jeder besonderen Naturlehre könne nur so viel *eigentliche* Wissenschaft angetroffen werden, als darin Mathematik anzutreffen ist. Aber wenige Jahre darauf ist eine andere Orientierung erreicht. Die ‚Kritik der Urteilskraft' (1790) vollzieht den entscheidenden Durchbruch, indem sie zwar die *Verbindung* der Biologie mit der mathematischen Physik nicht aufgibt, aber nichtsdestoweniger die ‚Autonomie', die methodische Selbstgesetzlichkeit der letzteren behauptet. Damit war eine neue Frage gestellt, an der künftig die biologische Forschung, gleichviel welcher Schule und Richtung sie angehörte, nicht mehr vorbeigehen konnte. Die Philosophie vor Kant hatte diese Frage dadurch zu umgehen gesucht, daß sie in irgend einer Weise die Einheit von Physik und Biologie erzwingen wollte. Die Physik wurde entweder auf die Biologie oder diese auf jene gegründet. Der erstere Denktypus wird durch Aristoteles verkörpert. Bei ihm stehen überall die Lebensphänomene im Mittelpunkt der Betrachtung, und sie sind es, die seine allgemeine Auffassung des Werdens bestimmen. Ihnen entnimmt er die Kategorien seiner Naturwissenschaft: die Kategorien von ‚Stoff' und ‚Form', von ‚Möglichkeit' und ‚Wirklichkeit'. Die neuere Zeit bringt hier den scharfen Umschwung. Descartes verlangt und erwartet von der ‚*Mathesis universalis*‘, daß sie auch alle Probleme und Phänomene der Biologie umschließt und daß sie diese einer wissenschaftlichen Behandlung zugänglich macht. Und selbst Leibniz, der als Metaphysiker wieder zu dem Aristotelischen Begriff der Entelechie zurückkehrt, urteilt als Erkenntniskritiker nicht anders. Er scheidet den Begriff der „plastischen Formen" aus der Naturbetrachtung aus und verlangt, daß jede Erscheinung der Natur nach denselben Gesetzen, daß sie ‚mathematisch und mechanisch‘ erklärt werde[1]. Wollte man dieses Prinzip aufgeben, so schien man damit unmittelbar wieder den „dunklen Qualitäten" der Scholastiker verfallen zu müssen.

Angesichts dieser Problemlage, die bis zum Ende des achtzehnten Jahrhunderts fortbestand, war es ein kühner und folgenreicher Schritt, daß Kant sich dazu entschloß, seine kritische Revision der Grundlagen der Erkenntnis auch auf dieses Problem auszudehnen und die Grenzen zwischen Biologie und mathematischer Naturwissenschaft gemäß den allgemeinen Aspekten, die die Vernunftkritik eröffnet hatte, aufs neue zu bestimmen. Aber der Zugang zu dieser Frage war nicht leicht zu erkämpfen. Denn hierzu bedurfte es einer *Modifikation des kritischen Objektbegriffs*, die auf der anderen Seite so beschaffen sein mußte, daß sie die Grundlagen für diesen Begriff, wie sie in der Kritik der reinen Vernunft gelegt worden waren, nicht gefährdete oder erschütterte. Der dogmatisch-metaphysische Objektbegriff mußte, wie bisher, ferngehalten und abgewehrt werden; aber andererseits mußte die neue, kritisch-transzendentale Auffassung der Objektivität eine Erweiterung erfahren. Diese geht nicht auf das Dasein der Dinge an sich selbst; sie betrifft vielmehr lediglich die Ordnung der Erscheinungen. Eine strenge gesetzliche Verknüpfung der Phänomene ist, wie die Vernunftkritik gezeigt hatte, nur möglich, wenn wir dieselben bestimmten Regeln unterwerfen. Und diese empirischen Regeln setzen jene allgemeinen Grundsätze des reinen Verstandes voraus, die Kant als „Analogien der Erfahrung" bezeichnet. Nur auf Grund derselben, auf Grund der Begriffe der Substantialität, der Kausalität und der Wechselwirkung ist jener ‚Kontext der Erfahrung‘ möglich, den wir mit dem Namen: ‚Natur‘ bezeichnen. Der Gegenstand der Biologie würde somit aus dem Umkreis der Natur herausfallen, wenn er diesen allgemeinen Bedingungen der Naturerkenntnis in irgend einer Hinsicht widerspräche. Jedes Naturobjekt muß sich prinzipiell dem Rahmen einfügen, der durch diese Bedingungen gegeben ist. In den „Metaphysischen Anfangsgründen der Naturwissenschaft" wollte Kant zeigen, wie aus diesen generellen Voraussetzungen das konkrete Weltbild folgt, das *Newton* in seiner ‚Philosophiae naturalis principia mathematica‘ gezeichnet hatte. Die Prinzipien und Gesetze, die hier aufgestellt sind, gelten ihm gewissermaßen als die Verfassungs-Grundgesetze der empirischen Erkenntnis. Wenn die Biologie keinen „Staat im Staate" bilden soll, so muß sie ihnen in

---

[1] Vgl. bes. *Leibniz*, Considérations sur les principes de vie et sur les natures plastiques, Philos. Schriften (Gerhardt), VI, 539 ff.

allen Punkten entsprechen. Aber wie ist auf diesem Wege eine ‚Autonomie' der Biologie zu erreichen; eine Selbstgesetzgebung, die nichtsdestoweniger gegenüber den Grundsätzen, auf denen die mathematische Physik beruht, nicht als ein bloßer Fremdkörper erscheint? Die Lösung dieser Frage wollte Kant in seiner *Analyse des Zweckbegriffs* geben. Es kann sich nach ihm nicht darum handeln, diesen Begriff aus der Biologie auszuscheiden; denn damit würden wir schon den *Ansatz* des biologischen Problems verlieren und verfehlen. Der Begriff des Organismus läßt sich nicht fassen, ohne daß wir in ihn das Moment der Zweckmäßigkeit hineinlegen: „ein organisiertes Produkt der Natur ist das, in welchem alles Zweck und wechselseitig auch Mittel ist"[2]. Die Frage, die jetzt zurückbleibt und auf deren Entscheidung unsere Auffassung vom Wissenschaftscharakter der Biologie beruht, besteht darin, welche Art der methodischen Geltung wir dem Zweckbegriff zuzusprechen haben. Gilt er nur ‚ex analogia hominis' oder gilt er ‚ex analogia universi'; bezeichnet er einen Grundzug der *Realität*, wobei diese selbst nur als empirische Realität, als „Realität in der Erscheinung" zu denken ist, oder ist er lediglich ein subjektiver Gesichtspunkt, unter den wir bestimmte Phänomene zusammenfassen?

Die Schwierigkeiten in der Interpretation der ‚Kritik der Urteilskraft' ergeben sich daraus, daß sich die Frage, so gestellt, nicht mit einem einfachen Ja oder Nein beantworten läßt. Aber der Grund hierfür liegt nicht in einer Unklarheit oder Unsicherheit Kants. Er liegt vielmehr darin, daß die Kantische Philosophie an den Begriffen des ‚Subjektiven' und ‚Objektiven' einen einschneidenden *Bedeutungswandel* vorgenommen hatte, und daß dieser Wandel es nicht länger erlaubt, beide Begriffe als Glieder einer korrekten logischen Disjunktion anzusehen. Kant geht nicht vom Sein der Dinge als „Dingen an sich" aus, sondern er analysiert das *Wissen* der Dinge. Seine Philosophie hat auf den „stolzen Namen einer Ontologie, welche sich anmaßt, von Dingen überhaupt synthetische Erkenntnisse a priori in einer systematischen Doktrin zu geben", verzichtet; sie begnügt sich besser mit der bescheidenen Aufgabe einer bloßen „Analytik des Verstandes". Alle Begriffe, die in einer derartigen Analytik auftreten, können nicht mehr beanspruchen, als Prinzipien der Exposition der Erscheinungen zu sein[3]. Sie sollen uns lehren, „Erscheinungen zu buchstabieren, um sie als Erfahrungen lesen zu können". Dies gilt ebensowohl vom Kausalbegriff, wie es vom Zweckbegriff gilt; denn auch die Kausalität, auch der „Satz vom Grunde" ist nicht mehr wie bei Leibniz ein metaphysischer Satz, der uns das Wesen und den letzten Ursprung der Dinge enthüllt. Er weist uns lediglich an, eine „Synthesis der Erscheinungen nach Begriffen" zu vollziehen und auf Grund derselben zur gegenständlichen Erkenntnis, d. h. zu einer objektiven Ordnung der Phänomene in Raum und Zeit zu gelangen. Der Ausdruck der ‚Objektivität' kann demgemäß innerhalb des Kantischen Systems niemals etwas anderes und

---

[2] Kritik der Urteilskraft, § 66.
[3] Vgl. Krit. d. rein. Vernunft, 2. Auflage, S. 303.

etwas mehr sein wollen als ein Prädikat, das bestimmten *Erkenntnisarten* zugesprochen wird. Das Problem reduziert sich daher darauf, in welcher Beziehung die Erkenntnisart der Kausalität zu derjenigen des Zweckes steht. Die Streitfrage, die die Metaphysik seit jeher entzweit hatte, die Frage, ob im Innern der Dinge zwecktätige, ‚intelligente' Ursachen walten, oder ob alles einer „blinden" Notwendigkeit folgt, hat daher für Kant ihre Bedeutung verloren. Er fragt nur noch, ob es möglich und sinnvoll ist, die Erscheinungen gleichzeitig als naturgesetzliche zu fassen, d. h. sie dem allgemeinen dynamischen Grundsatz der Kausalität zu unterstellen und sie andererseits unter dem Gesichtspunkt des Zweckes zu betrachten und sie gemäß diesem Gesichtspunkt zu gliedern und zu ordnen. Die Kritik der Urteilskraft will zeigen, daß und warum zwischen diesen beiden *Ordnungsformen* der Erkenntnis keinerlei Antinomie besteht. Sie können einander nicht widerstreiten, weil sie sich auf verschiedene Problemkreise beziehen, die wir sorgfältig auseinander halten müssen.

Die Kausalität geht auf die Erkenntnis der objektiven Zeitfolge des Geschehens, auf die Ordnung im Werden; der Zweckbegriff geht auf die *Struktur* jener Klassen von empirischen Objekten, die wir mit dem Namen der Organismen bezeichnen. Diese Struktur als solche in ihrer eigentümlichen und spezifischen Bestimmtheit anerkennen, heißt nicht, daß wir zu ihrer Erklärung aus dem allgemeinen Kreise der Kausalität heraustreten und zu irgendeiner Art von über-empirischen und über-sinnlichen Ursachen greifen müssen. Es genügt, wenn wir ein eigenes Sein — das Sein der ‚Naturformen' — anerkennen und wenn wir dasselbe in seiner systematischen Ordnung als ein einheitliches und in sich geschlossenes Gefüge erfassen. Die Biologie kann und will, wenn sie innerhalb ihrer kritischen Grenzen bleibt, nicht mehr behaupten, als daß die Welt des Lebens ein solches Gefüge ist. Sie betrachtet die Natur unter dem Gesichtspunkt eines Ganzen, das so geartet ist, daß durch dasselbe die Beschaffenheit der Teile bestimmt wird. Erst damit hört sie auf, bloßes Aggregat zu sein und wird zum System. Daß eine solche Betrachtungsweise nicht nur berechtigt, sondern schlechthin notwendig ist, will Kant in der Kritik der Urteilskraft erweisen, — wenngleich er diese Notwendigkeit aus inneren methodischen Gründen des Systems von derjenigen, die wir in der mathematischen Naturerkenntnis ansetzen müssen, streng unterscheidet. Der letzteren wird eine „konstitutive", der ersteren eine „regulative" Bedeutung zugeschrieben; aber das besagt nicht, daß eines der beiden Momente im Aufbau unserer Naturerkenntnis entbehrlich und auf das andere reduzierbar ist. Der Zweckbegriff läßt sich niemals aus dem Ganzen der Naturerkenntnis ausstreichen und in den Kausalbegriff aufheben. Denn wenngleich er kein selbständiges Prinzip der Natur*erklärung* bildet, so wäre uns doch ohne ihn der Zugang zu einem der wichtigsten Gebiete der Natur verschlossen und damit die *Kenntnis* der Phänomene unvollständig und verstümmelt. Auf diese Aufgabe der *Kenntnisnahme* der Natur, die von ihrer mathematischen Erkenntnis unterschieden werden muß, hat Kant das Zweckprinzip eingeschränkt. Die organisierten Wesen und deren innere

Möglichkeit können wir nach bloß mechanischen Prinzipien der Natur nicht einmal zureichend kennen lernen, nicht einmal in ihrem reinen Dasein und So-Sein erfassen[4]. Hier tritt das Zweckprinzip ein, das aber nicht als eine geheime Kraft im Urgrund der Dinge, sondern als eine Regel unserer Erkenntnis gefaßt werden muß und insofern nur eine ‚regulative‘ Bedeutung besitzt. „Der Begriff von Verbindungen und Formen der Natur nach Zwecken ist doch wenigstens *ein Prinzip mehr,* die Erscheinungen derselben unter Regeln zu bringen, wo die Gesetze der Kausalität nach dem bloßen Mechanismus derselben nicht zulangen"[5].

Die Frage nach der objektiven *Wahrheit* des Zweckprinzips kann also nach Kant erst dann ihre Beantwortung finden, wenn man den Begriff dieser Wahrheit selbst aus allen seinen metaphysischen Verbindungen gelöst hat und ihn allein im kritischen oder ‚transzendentalen‘ Sinne versteht. Es ergibt sich hieraus, daß Kant *beide* Lösungen des Zweckproblems, die ihm die bisherige Metaphysik darbot, ablehnen mußte. Die negative These hat nach ihm in dieser Beziehung nichts vor der positiven These voraus: sofern beide auf dem Boden der dogmatischen Fragestellung stehen bleiben. In der Geschichte der Philosophie wird die positive These durch *Aristoteles,* die negative durch *Spinoza* vertreten. Und es schien bisher, als ob es vor der Alternative, die uns hier gestellt wird, kein Ausweichen gäbe. Auch der wissenschaftliche Biologe mußte hier schließlich seine Entscheidung treffen; er mußte sich entschließen, in Bezug auf den Gebrauch des Zweckbegriffs, zum Aristoteliker oder zum Spinozisten zu werden. Für Aristoteles sind die Formursachen, die ‚causae formales‘, den ‚causae materiales‘ übergeordnet. Der Zweck ist das eigentliche und ursprüngliche Sein und das bewegende Prinzip des Alls. Wer die Natur erforschen will, der muß sie bis zu ihrer höchsten Ursache hinaus verfolgen. Die Wirksamkeit dieser höchsten Ursache aber läßt sich nicht mehr in bloß mechanischen Bildern beschreiben. Dieser Gott ist das ἀκίνητον κινοῦν; er bewegt die Welt, ohne in materieller Berührung mit ihr zu stehen und ohne von ihr bewegt zu werden. Er wirkt durch sein reines Sein, durch seine allumfassende Gegenwart, nicht durch Druck und Stoß. Dieser Auffassung tritt Spinoza scharf entgegen. Wenn Aristoteles davon spricht, daß Gott gleich einem „geliebten Gegenstand bewegt" (κινεῖ ὡς ἐρούμενον), so bekundet nach Spinoza schon diese Metapher den gefährlichen Ursprung des Aristotelischen Form- und Zweckbegriffs. Der Gebrauch, den die Metaphysik und die Naturwissenschaft von diesen Begriffen gemacht hat, enthüllt sich als ein einziger Anthropomorphismus. Ehe dieser Anthropomorphismus nicht zerstört ist, kann es keine wahrhaft universelle Naturbetrachtung geben. Der Zweck ist weit entfernt davon, ein höchstes objektives Prinzip zu sein, vielmehr der typische Ausdruck für die spezifisch-menschliche Begrenzung und Beschränkung. Er ist nicht Erkenntnis, sondern Verhüllung; er ist nichts als eine Zuflucht und eine Maske für unsere

---

[4] Kritik der Urteilskraft, § 75.
[5] ibidem, § 61.

Unwissenheit. Und es gibt nur einen Weg, dem Nicht-Wissen diese Zuflucht zu versperren und diese Maske abzureißen. Die Mathematik allein ist es, die uns von dem Trug der Zweckbegriffe befreit. Wir fragen nicht nach dem Zweck der Dreiecke, Kreise oder Quadrate; sondern wir versenken uns in die Betrachtung ihres reinen Seins. Ohne die Hilfe der Mathematik hätte sich der Mensch nach Spinoza niemals dem Kreise des Anthropomorphismus entwinden können; er wäre für immer bei der bloßen ‚Imagination' stehen geblieben, statt sich zur Stufe der Vernunfterkenntnis und zur Stufe der philosophischen Intuition zu erheben.

Daß Kant beide Lösungen, die Aristotelische sowohl wie die Spinozistische, ablehnt und bekämpft, zeigt das Eigentümliche seiner Leistung. Und dies gilt nicht bloß, wenn man seine Stellung zur Philosophie, sondern auch die zur Wissenschaft seiner Zeit ins Auge faßt. Denn auch in dieser fehlt es an Vorbildern, an die Kant unmittelbar hätte anknüpfen können. Für die ‚Kritik der reinen Vernunft' hatte ein solches Vorbild bestanden. In der Ableitung seines Systems der synthetischen Grundsätze blickt Kant stets auf ein bestimmtes Wissenschaftsfaktum hin, in dem sich für ihn diese Grundsätze verkörpern. In Newtons ‚Philosophiae naturalis principia mathematica' hat er das erste große System der Naturerkenntnis vor sich, das ihm in seinen Fundamenten als unerschütterlich gilt. Die transzendentale Analyse beruft sich auf dieses System und fragt nach den „Bedingungen seiner Möglichkeit". Ihr Ziel gilt als erreicht, wenn es gelingt, die „besonderen Naturgesetze", die Newton aufgestellt und die er aus wenigen allgemeinen Prinzipien abgeleitet hatte, als „Spezifikationen allgemeiner Verstandesgesetze" zu verstehen. Etwas Derartiges war in der Biologie nicht möglich; denn diese stand gegen Ende des 18. Jahrhunderts erst in den Anfängen ihrer wissenschaftlichen Entwicklung. Vergleicht man die Biologie der Kantischen Epoche mit dem heutigen Stand der Probleme, so sieht man, daß sie nicht nur in ihren *Lösungen* noch weit zurückstand, sondern daß sie auch ihre eigene *Aufgabe,* daß sie ihren Begriff und ihr Problem noch nicht annähernd mit jener Sicherheit erforscht hatte, wie die mathematische Physik es zur gleichen Zeit getan hat. Hier mußte also Kant seinen Weg selbst suchen und selbst gehen.

Aber an *einem* wichtigen und zentralen Punkte tritt gleichwohl deutlich hervor, daß Kant auch in der Behandlung dieses Problemkreises nicht im leeren Raum der Spekulation stehen geblieben ist. Auch hier geht er vielmehr von der bestimmten wissenschaftlichen Gestalt, die die Biologie sich zu seiner Zeit gegeben hatte, aus; und auch hier fragt er, wie eine derartige Wissenschaftsstruktur ‚möglich' sei, d. h. auf welchen allgemeinen ‚transzendentalen' Bedingungen sie beruhe. Indem er dieses Problem aufweist, wird er damit auf eine der merkwürdigsten und eigenartigsten Fragen der kritischen Erkenntnislehre geführt — auf eine Frage, die in dieser Form weder von einem Logiker, noch von einem Biologen gestellt worden war. Seit Aristoteles besteht zwischen Logik und Biologie nicht nur ein Berührungspunkt, sondern eine innige Verbindung. Denn die Aristotelische Logik ist eine Logik der *Klassenbegriffe,* und diese Begriffe sind es, die auch für die Kenntnis und für die wissenschaftliche Beschreibung der Naturformen das unentbehrliche Rüstzeug bilden. Dieser Primat der Klassenbegriffe war in der Biologie des 17. und 18. Jahrhunderts noch unerschüttert, während wir in der mathematischen Naturwissenschaft bereits überall die Anzeichen einer Umwandlung und einer neuen gedanklichen Orientierung vor uns sehen: seit Leibniz stellt sich die Logik der *Relationen* der Klassenlogik zur Seite und gewinnt gegenüber der letzteren immer mehr an Bedeutung. Die Biologie indes hatte in *Linné's* ‚Systema naturae' (1735) und in seiner ‚Philosophia botanica' (1751) soeben einen der größten wissenschaftlichen Triumphe des Klassenbegriffs gesehen. Hier war es gelungen, eine systematische Einteilung der Naturformen zu geben, die an Klarheit und Präzision alle früheren Leistungen übertraf und die mit einem Schlage die Mannigfaltigkeit dieser Formen, die als solche unübersehbar war, nach einem festen Plane zu gliedern gestattete. Das Ganze der Lebewesen baute sich nach Arten und Geschlechtern, nach Ordnungen und Klassen auf, und jedem Einzelwesen ließ sich seine bestimmte Stelle innerhalb dieses Gesamtplans anweisen. Aber eben hier setzt nun die Frage ein, die Kant sich stellt und die er besonders in der ersten Einleitung in die Kritik der Urteilskraft, die er später wegen ihres Umfangs unterdrückt und durch eine kürzere Fassung ersetzt hat, eingehend behandelt. Was *berechtigt* uns, in der Natur ein Ganzes zu sehen, das die Form eines logischen Systems hat und das sich erst nach Art eines solchen behandeln läßt? Woher stammt und worauf beruht diese Harmonie zwischen den Naturformen und den logischen Formen? Die Begriffe von Art und Klasse sind rein logische und somit apriorische Begriffe. Daß wir diese apriorischen Begriffe auf die Erfahrung anwenden können und daß wir sie gewissermaßen in der Erfahrung wiederfinden, ist keineswegs selbstverständlich. Hier liegt eine Übereinstimmung zwischen der Natur und unserem Verstand vor, die der *Metaphysiker* durch die Annahme eines gemeinsamen Ursprungs beider und einer hierdurch gegebenen „praestabilierten Harmonie" lösen mag — die aber für den *Kritiker* der Erkenntnis zunächst ein Rätsel bleibt. Dieses Rätsel kann nur gelöst werden, wenn es gelingt, auch für diesen eigentümlichen Sachverhalt eine Art der Rechtfertigung, der „transzendentalen Deduktion" zu finden. Aber jene Form der Deduktion, die Kant in der Kritik der reinen Vernunft für den Kausalsatz und für die übrigen synthetischen Grundsätze gibt, läßt uns hier im Stich. Diese Grundsätze konnten in ihrer objektiven Gültigkeit erwiesen und gegen den Hume'schen Zweifel sicher gestellt werden, indem gezeigt wurde, daß sie die Bedingungen aller möglichen Erfahrung sind, daß es ohne sie überhaupt keine empirische Ordnung der Phänomene in Raum und Zeit geben könne. Dadurch wurden sie als Voraussetzungen, als *Konstituentien* des Naturbegriffs überhaupt erklärt: *wenn* wir eine Natur denken, so müssen wir sie notwendig den Regeln unterworfen denken, die in diesen obersten Grundsätzen ihren Ausdruck finden. Aber das Gleiche gilt nicht für unsere Klassen- und Artbegriffe. Es liegt kein Widerspruch darin, sich das Bild einer Natur zu entwerfen, die den Regeln der gesetzlichen Verknüpfung, wie sie im Substanzsatz, im Kausalsatz u. s. f. angegeben sind, zwar gehorcht, die aber im übrigen in der Mannigfaltigkeit ihrer Erscheinungen eine *irreduzible Verschiedenheit* aufweist — eine Verschiedenheit, die uns nicht gestatten würde, sie nach Arten und Gattungen zu ordnen. Eine solche ‚Natur' wäre ein Kosmos, kein Chaos; denn sie unterstünde noch immer *allgemeinen* Gesetzen. Aber in ihr wäre es nicht mehr möglich, das *besondere* Sein in der Weise zu verknüpfen, daß es als eine aufsteigende Ordnung, die nach bestimmten verwandtschaftlichen Beziehungen gegliedert ist, erscheint. Jedes Besondere stünde hier vielmehr gewissermaßen für sich allein; es müßte, um überhaupt erkannt zu werden, für sich gefaßt und für sich beschrieben werden. Eine solche Natur erscheint uns freilich als eine Illusion; wir *glauben* nicht an die Möglichkeit einer derartigen Disparatheit der Seinsformen. Aber die kritische Philosophie kann es nicht bei einem solchen Glauben, bei einem ‚*belief*' im Hume'schen Sinne, bewenden lassen. Sie muß auch für ihn das Prinzip aufsuchen, auf dem er beruht. Kant wählt für dasselbe den Namen des *Prinzips der formalen Zweckmäßigkeit,* und er erklärt, daß dieses Prinzip nicht, wie die allgemeinen Grundsätze der Substantialität und der Kausalität, ein reines Verstandesgesetz, sondern ein Prinzip der „reflektierenden Urteilskraft" ist. Es stellt nicht ein Gesetz für den *Inhalt* der Erscheinungen dar; sondern es weist unserer *Betrachtung,* unserer Reflexion über die Erscheinungen einen bestimmten Weg. Es enthält eine Regel, die nicht sowohl für die Gegenstände der Natur als solche, als vielmehr für unsere *Erforschung* dieser Gegenstände gilt. Bei dieser müssen wir stets die Voraussetzung machen, daß die Natur nicht nur als Ganzes gesetzmäßig verfährt, sondern daß sie auch in ihren Besonderheiten eine durchgängige Gliederung aufweist, daß zwischen all ihren Gestaltungen bestimmte Beziehungen der größeren oder geringeren Ähnlichkeit, der näheren oder entfernteren Verwandtschaft herrschen. Wir setzen diese Verwandtschaft voraus, ohne sie a priori beweisen zu können; aber es bedarf eines solchen Beweises nicht, solange wir uns nur daran erinnern und streng daran festhalten, daß wir es hier nicht mit einem objektiven Grundsatz, sondern mit einer ‚Maxime' zu tun haben. Ob diese Maxime sich bewährt, ob eine durchgängige Systematik der Naturformen nach Klassen und Arten, Familien und Ordnungen erreichbar ist: darüber kann uns nur die Erfahrung belehren. Aber wir würden ein derartiges System in der Natur nicht *finden,* wenn wir es nicht zuvor in ihr *gesucht* hätten. Dieses Suchen ist uns nicht einfach durch die Gegenstände aufgezwungen, sondern es drückt sich in ihm ein eigentümliches Gebot der Vernunft aus. Die Vernunft tritt auch hier der Natur gegenüber, „zwar um von ihr belehrt zu werden, aber nicht in der Qualität eines Schülers, der sich alles vorsagen läßt, was der Lehrer will, sondern eines bestellten Richters, der die Zeugen nötigt auf die Fragen zu antworten, die er ihnen vorlegt[6]). Unser Begriff von

---

[6] Vgl. Kritik der reinen Vernunft, 2. Auflage, S. XIII.

Arten und Gattungen der Naturformen darf aber nicht dogmatisch, sondern er muß kritisch verstanden werden; er ist keine Behauptung über die metaphysische Struktur des Seins, sondern eine Frage, die wir an die Natur richten und auf die uns nur der Fortschritt der Erfahrung die zureichende Antwort geben kann.

Kant hat dieser Auffassung einen sehr merkwürdigen Ausdruck gegeben, indem er von einer „Angemessenheit" der Natur an unseren Verstand oder an die Regeln unserer Urteilskraft spricht. Wir finden, daß die Natur das Bestreben der Urteilskraft, eine systematische Ordnung ihrer besonderen Gestalten zu finden, ‚begünstigt' und daß sie ihm sozusagen auf halbem Wege entgegenkommt. Er fragt sich, wie man hoffen könne, durch Vergleichung der Wahrnehmungen zu empirischen Begriffen desjenigen, was den verschiedenen Naturformen gemein ist, zu gelangen, wenn die Natur (wie es doch zu denken möglich ist) in diese wegen der großen Verschiedenheit ihrer empirischen Gesetze eine so große Ungleichartigkeit gelegt hätte, daß alle, oder doch die meiste Vergleichung vergeblich wäre, eine Einhelligkeit und Stufenordnung von Arten und Gattungen unter ihnen herauszubringen. Alle Vergleichung empirischer Vorstellungen, um empirische Gesetze und diesen gemäß *spezifische*, durch diese ihre Vergleichung aber mit andern auch *generisch übereinstimmende* Formen an Naturdingen zu erkennen, setzt doch voraus: daß die Natur auch in Ansehung ihrer empirischen Gesetze eine gewisse, unserer Urteilskraft angemessene Sparsamkeit und eine für uns faßliche Gleichförmigkeit beobachtet habe, und diese Voraussetzung muß als Prinzip der Urteilskraft a priori vor aller Vergleichung vorausgehen. „Die reflektierende Urteilskraft verfährt also mit gegebenen Erscheinungen, um sie unter empirische Begriffe von bestimmten Naturdingen zu bringen, nicht schematisch, sondern *technisch*, nicht gleichsam bloß mechanisch wie ein Instrument, unter der Leitung des Verstandes und der Sinne, sondern *künstlich*, nach dem allgemeinen, aber zugleich unbestimmten Prinzip einer zweckmäßigen Anordnung der Natur in einem System, gleichsam zugunsten unserer Urteilskraft, in der Angemessenheit ihrer besonderen Gesetze ... zu der Möglichkeit der Erfahrung als eines Systems, ohne welche Voraussetzung wir nicht hoffen können, uns in einem Labyrinth der Mannigfaltigkeit möglicher besonderer Gesetze zurechtzufinden"[7].

Es ist bekannt, daß dieses Prinzip der „formalen Zweckmäßigkeit" und die Folgerungen, die Kant aus ihm über die „Angemessenheit der Natur an unsere Urteilskraft" zieht, zu den schwierigsten Problemen der Kant-Interpretation gehört[8]. Aber einen sicheren Leitfaden für diese Interpretation können wir sofort gewinnen, wenn wir uns gegenwärtig halten, daß Kant auch hier von einer Problemlage ausgeht, die er in der Wissenschaft seiner Zeit vorfand und die er nun vollständig zu durchdringen

---

[7] Erste Einleitung in die Kritik der Urteilskraft, Werke, Ausg. *Cassirer*, V, 194.
[8] Näheres hierüber bei *H. W. Cassirer*, A Commentary on Kant's Critique of Judgment, London 1938, S. 97 ff.

und zu erleuchten suchte. Man kann sagen, daß Kant in der Aufstellung des Prinzips der formalen Zweckmäßigkeit als der *Logiker von Linnés beschreibender Naturwissenschaft* spricht, wie er in der Kritik der reinen Vernunft und in den „Metaphysischen Anfangsgründen der Naturwissenschaft" als Logiker des Newtonischen Systems gesprochen hatte. Er spürt das geheime Problem auf, das in der Leistung *Linnés* enthalten war. Linné ist nicht nur ein glänzender Beobachter, sondern auch ein unermüdlicher und unerbittlicher Logiker gewesen; man hat von ihm gesagt, daß er bisweilen geradezu von einer Manie der Einteilung besessen gewesen sei. Der Drang, die Erscheinungen zu rubrifizieren und klassifizieren, ist bei keinem anderen großen Naturforscher so stark wie bei ihm entwickelt[9]. Aber ein so großer Fortschritt der Pflanzenbeschreibung durch das Linné'sche System auch erreicht war, so mußte sich hier doch, in erkenntnistheoretischer Hinsicht, ein Zweifel erheben, gegen den Linné selbst keineswegs unempfindlich war. Was haben wir damit erreicht, wenn es gelingt, einen Überblick über die Pflanzenwelt in der Art dieses Systems zu gewinnen? Bewegen wir uns damit im Gebiet der Sachen, oder vielmehr in dem bloßer Namen? Ist und bleibt nicht die binäre Nomenklatur, die hier eingeführt ist, nurmehr eine bloße Gedächtnishilfe, die subjektiv brauchbar sein mag, die uns aber nicht tiefer in die Natur der Dinge hineinführt? Linné selbst hat niemals bestritten, daß das von ihm eingeführte System ein „künstliches System" ist. Er wußte, daß sein Sexualsystem nur ein einzelnes Moment herausgehoben hatte, während die Gewinnung eines „natürlichen Systems" eine Berücksichtigung sämtlicher Organe der Pflanze erfordere. Dieses natürliche System bezeichnet er ausdrücklich als das höchste Ziel der Botanik, an dem er Zeit seines Lebens arbeitete, ohne es selbst zu erreichen[10]. Er schied in diesem Sinne zwischen natürlichen und künstlichen Ordnungen und wollte der letzteren zwar einen Wert für die *Diagnose* der Naturformen, aber nicht den gleichen Erkenntniswert beimessen[11]. Damit war ein Thema bezeichnet, das die Richtung der künftigen Forschung bestimmte. Gab es irgend eine Möglichkeit — so lautete jetzt die Frage — hier über Linné hinauszugehen, und welches Kriterium besitzen wir, daß wir auf dem rechten Wege sind, daß unsere Einteilungen nicht bloße Worthüllen sind, sondern die Wirklichkeit selbst und in ihr bestehende objektive Unterschiede treffen?

Der erste große biologische Denker, der auf diese Frage eine scharf präzisierte Antwort gegeben und der eine Theorie aufgebaut hat, die zu ihrer Lösung bestimmt war, ist *Cuvier* gewesen. Er stimmt mit Linné darin überein, daß er wie dieser den Schwerpunkt der biologischen Forschung in die *Morphologie* verlegt. Die *Philosophie* ist an der Ausbildung

---

[9] Vgl. hierzu Erik *Nordenskiöld*, Biologiens historia, Stockholm o. J., II, 117 ff. und *Rádl*, Geschichte der biologischen Theorien der Neuzeit, 2. Aufl., Leipzig 1913, I, 253 ff.

[10] Näheres bei *Nordenskiöld*, a. a. O., S. 129 ff.

[11] ‚Ordines naturales valent de natura plantarum, artificales in diagnosi plantarum', *Linné*, Genera plantarum ed. 1764, Praefatio.

seiner wissenschaftlichen Überzeugungen nicht unbeteiligt, wenngleich Cuvier durchaus auf dem Boden der empirischen Forschung steht und alle naturphilosophische Spekulation verwirft. Aber die ersten Anregungen von Seiten der *Kantischen Lehre* scheint er schon in seinen Schul- und Lehrjahren erhalten zu haben[12]. Er hat, wie Schiller, seine erste Ausbildung in der Karlsschule in Stuttgart erhalten und scheint hier, durch Vermittlung seines Lehrers in der Biologie, Karl Friedr. *Kielmeyer,* in Berührung mit den philosophischen Strömungen in Deutschland gekommen zu sein. Kantisch ist vor allem der entschiedene Phänomenalismus seiner Naturansicht. Die Entwicklungstheorie erscheint ihm auch darum undurchführbar, weil sie schon in ihrer Fragestellung die Grenzen überschreitet, die jeder Naturtheorie gesetzt sind. Die Frage nach dem Wesen und Ursprung des Lebens können wir nicht beantworten; wir müssen uns damit begnügen, die gegebenen Lebensformen in ihrem systematischen Zusammenhang vollständig zu überblicken. Immer muß unser Blick auf das Ganze dieser Formen gerichtet sein, wenn sich uns das Verständnis des Besonderen und Einzelnen erschließen soll. Denn eben dieser unlösliche Zusammenhang der beiden Momente ist das, was das Wesen der organischen Natur ausmacht. Ausdrücklich wird in diesem Zusammenhang der Kantischen Definition des Organismus in der „Kritik der Urteilskraft" gedacht[13]. Der Organismus ist kein Aggregat aus Teilen; vielmehr treffen wir schon in jedem seiner einzelnen Teile die Form des Ganzen an. Der Durchführung dieser These dient Cuviers *Typenbegriff*. Er bildet das unentbehrliche Grundgerüst seiner empirischen Forschung. Die Welt des Lebendigen können wir niemals verstehen, wenn wir uns in die Betrachtung der bunten Mannigfaltigkeit ihrer Erscheinungen verlieren. Ohne feste Grund- und Richtlinien gewinnt sie für uns keine faßbare Gestalt. Die Aufgabe der biologischen Forschung besteht darin, diese Richtlinien zu finden und ihnen gemäß die Gestalten des Lebens abzuteilen. Und hierbei können wir keinen besseren und zuverlässigeren Führer finden als die vergleichende Anatomie. Die Anatomie ist für Cuvier nicht bloß eine empirische Einzeldisziplin, die neben anderen steht und ihnen gleichgeordnet ist. In ihr drückt sich vielmehr das methodische Ideal aus, dem jede biologische Erkenntnis zustreben muß. Er hat damit eine allgemeine Forschungs*richtung* begründet, die weit über seine eigene Zeit hinausgewirkt hat. In der heutigen Biologie wird diese Richtung z. B. durch Johannes von *Uexküll's* ‚Lebenslehre' vertreten. „Die Lehre von den lebenden Wesen" — so sagt Uexküll — „ist eine reine Naturwissenschaft und hat nur ein Ziel: die Erforschung der Baupläne der Lebewesen, ihre Entstehung und ihre Leistungen"[14]. Dieser Begriff des ‚Bauplans' ist von Cuvier

---

[12] Über Cuviers Lebens- und Bildungsgang vgl. die Darstellung bei Nordenskiöld, a. a. O., III, 45 ff.
[13] Vgl. Cuviers Leçons d'anatomie comparée, publ. par C. *Duméril,* (Paris, An III), Préface, S. IV ff. u. Teil I, S. 6.
[14] *Uexküll,* Die Lebenslehre, S. 1.

geschaffen. Es gibt kein Geschöpf der Natur, so niedrig es auch zu stehen scheint, das nicht einen solchen Bauplan aufweist und das ihn nicht in der Anordnung seiner Teile bis ins Einzelne in aller Strenge befolgt. Aus diesem Grund ist es vergeblich und unfruchtbar, die Biologie auf das Studium individueller Phänomene beschränken und an ihm festhalten zu wollen. Lamarck hat, unter Berufung auf *Buffon's* scharfe Kritik des Linné'schen Systems erklärt, daß jede Systematik etwas Künstliches sei, da in der Natur nur Individuen existieren, wärend alle systematischen Kategorien, die wir auf sie anwenden, bloße Gedankenprodukte seien[15]. Eine solche Auffassung ist für Cuvier unannehmbar. Die Biologie wäre nach ihm keine Erkenntnis, wenn sie nicht vom Einzelnen zum Allgemeinen vordringen könnte. Aber das Allgemeine, das sie suchte, sind nicht Gesetze des Werdens, wie sie in der Physik und Chemie formuliert werden, sondern reine Strukturverhältnisse. Daß es solche Verhältnisse gibt und daß sie mit der gleichen Sicherheit wie die Gesetze der Physik und Chemie erfaßbar sind, leidet nach Cuvier keinen Zweifel.

Alles Sein ist durchgängig gegliedert; es ist demgemäß nicht nur eine zufällige Verbindung von Teilen, sondern ein geschlossener Zusammenhang, dem eine eigentümliche Art von Notwendigkeit anhaftet. Ist es uns einmal gelungen, die Haupt- und Grundtypen der Lebewesen zu erkennen — und die vergleichende Anatomie weist uns den sicheren Weg zu dieser Erkenntnis — so wissen wir damit nicht nur, was tatsächlich existiert, sondern auch was miteinander bestehen kann und nicht bestehen kann. Dem induktiven Wissen tritt damit eine Form der Ableitung, der ‚Deduktion' zur Seite, die auch der biologischen Erkenntnis keineswegs verschlossen ist, sondern die vielmehr nach Cuvier eines ihrer wesentlichen Kennzeichen bildet. Der vergleichende Anatom vermag, wenn ihm ein einzelner Teil des Knochengerüstes eines Tieres gegeben ist, aus ihm den vollständigen Bau dieses Tieres zu rekonstruieren. Denn alles Einzelne ist hier auf einander bezogen und greift ständig in einander ein. Ein Anatom, dem man die Feder eines Vogels gibt, wird daraus nach Cuvier die Form des Schlüsselbeins dieses Vogels erschließen können — und umgekehrt. Cuvier zögert nicht, diese biologischen Strukturgesetze, was ihre Sicherheit anlangt, den mathematischen, ja den metaphysischen Gesetzen an die Seite zu stellen. Im Prozeß des Lebens — so erklärt er — stehen die einzelnen Organe nicht einfach neben einander; sie wirken zu einem gemeinsamen Ziel zusammen. Es folgt daraus, daß gewisse Bestimmungen einander ausschließen, während andere sich fordern. ‚C'est dans cette dépendance naturelle des fonctions et ce secours qu'elles se prêtent réciproquement que sont fondées les lois qui déterminent les rapports de leurs organes, et qui sont d'une nécessité égale à celle des lois métaphysiques ou mathématiques'[16]. Freilich kann uns nur die Erfah-

---

[15] Vgl. *Buffons* Einleitung zur ‚Histoire naturelle', näheres über Buffons Polemik gegen Linné bei Rádl, a. a. O., I, 275 ff.

[16] *Cuvier*, Leçons d'anatomie comparée, I, 47.

rung darüber belehren, welche besonderen Beziehungen und Abhängigkeiten zwischen den Gliedern eines Organismus bestehen; aber die Konstanz dieser Beziehungen weist andererseits darauf hin, daß sie eine bestimmte und zureichende Ursache haben müssen. Die Beobachtung liefert uns hier empirische Gesetze, die fast ebenso sicher werden wie die rationellen Gesetze, wenn sie sich auf genügend oft wiederholte Erfahrungen stützen können: so daß z. B. heute jemand, der auch nur die Spur eines gespaltenen Hufes sieht, daraus schließen kann, daß das Tier, das diese Spur hinterlassen hat, ein Wiederkäuer gewesen ist. „Freilich können wir die Gründe für diese Beziehungen nicht angeben; aber daß sie kein bloßes Spiel des Zufalls sind, dürfen und müssen wir annehmen. Wie die Gleichung einer Kurve alle ihre Eigentümlichkeiten in sich schließt, und wie man jede dieser Eigentümlichkeiten dazu benutzen kann, um aus ihr die Gleichung und damit alle anderen Eigenschaften abzuleiten, so ergeben auch der Nagel, das Schulterblatt, der Schenkelknochen und alle anderen Knochen für sich genommen die Art der Zähne und umgekehrt. Wer die Gesetze des organischen Haushalts der Natur wüßte und sie rational beherrschte, der könnte mit jedem dieser Stücke beginnen, um aus ihm das ganze Tier zu rekonstruieren"[17]. Zum Raubtier gehört ebenso notwendig das Gebiß mit den großen Eckzähnen und den ungleichen Backenzähnen, wie die Mahlzähne zu den Pflanzenfressern gehören, und in der gleichen Weise läßt sich für alle anderen Merkmale und Organe nicht nur feststellen, *daß* bestimmte Naturklassen sie besitzen, sondern auch einsehen, *warum* sie sie besitzen. Auf Grund dieser charakteristischen Äußerungen Cuvier's läßt sich der Unterschied, der zwischen seinem allgemeinen biologischen *Erkenntnisideal* und demjenigen Linnés besteht, klar bezeichnen. Auf den ersten Blick scheinen sich Cuvier und Linné in ihrer methodischen Gesamthaltung noch sehr nahe zu stehen. Sie sind beide strenge Empiriker und unermüdliche Beobachter. Alle spekulativen Theorien über das Wesen und den Ursprung des Lebens lehnen sie ab; sie erstreben nichts anderes, als die Erscheinungen des Lebens vollständig kennen zu lernen. Aber diese reine Kenntnisnahme selbst wird bei Cuvier in einem anderen Sinne verstanden, als es bei Linné der Fall war. Dieser begnügte sich im allgemeinen mit der ‚Diagnose' der Pflanzenwelt, und hierfür genügte es, ein einzelnes Merkmal herauszugreifen, das diese Diagnose erleichtern und so einfach als möglich gestalten sollte. Cuviers Typenbegriff aber kann im Grunde überhaupt keine Einzelmerkmale mehr anerkennen; denn für ihn ist die *Beziehung* der Merkmale aufeinander das Bestimmende und Entscheidende. Die Eigentümlichkeit eines Organismus läßt sich nicht durch irgendeine besondere Eigenschaft ausdrücken, sondern sie beruht auf der *Korrelation*, die zwischen all seinen Einzelbestimmungen waltet. Es ergibt sich hieraus, daß die Biologie, wenn sie ihr Ziel erreichen und ihre empirischen Ideale verwirklichen will, die ‚rationalen' Momente nicht nur nicht

---

[17] *Cuvier*, Discours sur les révolutions de la surface du globe et sur les changements quelles sont produites dans le règne animal 6éd., Paris 1930, S. 102.

entbehren kann, sondern daß sie hierfür der Ausbildung eigener rationaler Methoden bedarf. Denn ihr Weg führt nicht schlechthin vom „Einzelnen" zum „Allgemeinen", sondern sie muß schon in der Betrachtung jedes Teils das Ganze, sie muß im Einzelnen das Allgemeine voraussetzen. Dies gilt für den einzelnen Organismus, wie es für die Welt der Organismen in ihrer Gesamtheit gilt. Denn auch in dieser steht nichts für sich allein; sondern jedes Sein ist auf das andere bezogen. Das Wissen von einer Einzelform setzt daher, wenn es wirklich in die Tiefe dringen soll, stets das Wissen von der Formwelt als Ganzes voraus. Die biologische Systematik in dem Sinne, wie Cuvier sie versteht und übt, ist daher keineswegs eine bloße Kunst der Einteilung und der übersichtlichen Anordnung; sie enthüllt uns vielmehr das Grundgerüst der Natur selbst.

Daraus ergibt sich die *objektive Gültigkeit,* die Cuvier für seinen Typenbegriff beansprucht. Sicherlich ist er hierbei nicht in einem naiven Realismus befangen; er behandelt den Typus nicht, als wäre er ein einzelnes sinnfälliges Ding. Seine Geltung und seine Wahrheit besteht darin, daß er ein unentbehrliches Ordnungsprinzip ist. Hierbei hat Cuvier zunächst ausschließlich die *Ordnung im Sein* im Auge. Der Typus ist ein reiner Seinsbegriff: die kausale Ordnung, die Ordnung des Geschehens, liegt außerhalb seines Gesichtskreises. Die Beziehungen, die durch ihn erkannt werden, sind reine Beziehungen des ‚Beisammen', nicht des Nacheinander; die Gesetze, auf die wir durch sie geführt werden, sind nicht Gesetze des Werdens, sondern der Koexistenz *(lois de coexistence).* Aber ohne ein solches Wissen vom Sein, das ihr vorangeht und zugrunde liegt, wäre keine Wissenschaft vom Werden möglich. Es ergibt sich daraus, daß und warum die Physiologie sich auf die Anatomie stützen muß und nur von deren Ausbau ihre eigene wissenschaftliche Vervollkommnung erwarten kann[18]). Hierfür ist indes vor allem nötig, daß sie das gedankliche *Instrument* der vergleichenden Anatomie, daß sie den Formbegriff als solchen in seiner ganzen Strenge faßt und ihn in seiner vollen Bestimmtheit bestehen läßt. Aus dieser Grundüberzeugung heraus hat Cuvier zeit seines Lebens allen Versuchen, diesen Begriff selbst zu lockern und ihn gewissermaßen beweglicher und elastischer zu gestalten, aufs schärfste widersprochen. Faßt man seine Polemik gegen die ersten Anhänger einer ‚Entwicklungslehre' näher ins Auge, so tritt dieses intellektuelle Motiv, das ihr zu Grunde liegt, sofort zu Tage. Es ist keineswegs so, daß Cuvier die Frage nach dem Werden der Organismen aus dem Kreise der biologischen Forschung ausschalten will und daß ihm das Interesse für historische Probleme gefehlt habe. Das Gegenteil ist vielmehr der Fall: hat er doch das systematische Studium der Vorgeschichte der Organismen erst begründet und die Prinzipien seiner vergleichenden Osteologie ebensowohl auf die Untersuchung der Fossilien wie auf die der lebenden Tiere gegründet. Auch auf die ersteren wandte er seine Korrelationstheorie an; er erklärte, daß man aus jedem einzelnen Knochen die Gestalt des ganzen Tieres, seiner Lebensweise, seiner Umgebung usf. rekonstruieren

---

[18] Vgl. *Cuvier,* Leçons d'anatomie comparée, I, S. 57 f.

könne. In den ‚Recherches sur les ossements fossiles' (1812) ist Cuvier zum Begründer der wissenschaftlichen Paläontologie geworden. Aber auch in diesen Untersuchungen zur Vorgeschichte der Lebewesen hält er freilich an seiner allgemeinen Denkart fest. Er will feste und dauernde Formen erkennen und sie deutlich von einander unterscheiden. Er sieht das Werden selbst nicht als einen langsamen und stetigen Prozeß, er sieht es nicht als ein bloßes Dahinströmen, als einen fließenden Übergang, in dem sich die Grenzen aller Gestalten verwischen, sondern es besitzt nach ihm nur dadurch Gestalt und wird nur dadurch unserer Erkenntnis zugänglich, daß es sich in scharf unterschiedene Epochen abteilt. Cuviers geologische „Katastrophentheorie" beruht ganz auf dieser Anschauung. Es gibt, im Werden der Erde und der Organismen, keine allmähliche Entfaltung; es gibt im Grunde nur ein Vergehen des Alten und ein Entstehen des Neuen. Das eine und das andere ist durch Analogien verknüpft; aber niemals herrscht zwischen ihm eine wirkliche Identität. Auch die Tierwelt einer vergangenen Epoche ist niemals durch wirkliche Verwandtschaft mit der unseren verknüpft, sondern gehört einem ganz anderen Typus an. Alle Lebensgestaltungen in eine einzige aufsteigende Reihe anordnen zu wollen, gilt Cuvier als reine Phantastik. Aber um seiner Theorie historisch gerecht zu werden, muß man sich gegenwärtig halten, daß er sich in seinem Kampfe gegen die ersten Vertreter der Entwicklungslehre nicht auf dogmatische, sondern auf *methodische* Gründe stützte. Er hat die „Konstanz der Arten" nicht als ontologisches oder theologisches Dogma, sondern als methodologisches *Prinzip* verteidigt. Im Kampf Cuviers gegen Geoffroy de Saint Hilaire stellt sich in klassischer Reinheit und Deutlichkeit jener Gegensatz der Denkart dar, den Kant in der ‚Kritik der reinen Vernunft' geschildert und den er auf seinen Ursprung in der „Vernunft selbst" zurückzuführen versucht hatte. Kant unterscheidet zwei verschiedene ‚Interessen' der Vernunft, deren eines auf *Homogenität*, deren anderes auf *Spezifikation* geht. Beide führen zur Aufstellung bestimmter Grundsätze, die gewöhnlich als ontologische Sätze, als Aussagen über die ‚Natur der Dinge' verstanden werden, während sie in Wahrheit nichts anderes als ‚Maximen' sind, die der Forschung den Weg weisen sollen. „Wenn bloß regulative Grundsätze als konstitutive betrachtet werden, so können sie als objektive Prinzipien widerstreitend sein, betrachtet man sie aber bloß als *Maximen,* so ist kein wahrer Widerstreit, sondern bloß ein verschiedenes Interesse der Vernunft... Auf solche Weise vermag bei *diesem* Vernünftler mehr das Interesse der *Mannigfaltigkeit* (nach dem Prinzip der Spezifikation), bei *jenem* aber das Interesse der *Einheit*... Ein jeder derselben glaubt sein Urteil aus der Einsicht des Objekts zu haben und gründet es doch lediglich auf die größere oder geringere Anhänglichkeit an einen von beiden Grundsätzen, deren keine auf objektiven Gründen beruht, sondern nur auf dem Vernunftinteresse, und die daher besser Maximen als Prinzipien genannt werden könnten. Wenn ich einsehende Männer miteinander wegen der Charakteristik der Menschen, der Tiere oder Pflanzen, ja selbst der Körper des Mineralreichs im Streit sehe, da die einen z. B. besondere und in der Abstammung gegründete Volkscharaktere oder auch entschiedene und erbliche Unterschiede der Familien, Rassen usw. annehmen, andere dagegen ihren Sinn darauf setzen, daß die Natur in diesem Stücke ganz und gar einerlei Anlagen gemacht habe, und aller Unterschied nur auf äußeren Zufälligkeiten beruhe, so darf ich nur die Beschaffenheit des Gegenstandes in Betracht ziehen, um zu begreifen, daß er für beide viel zu tief verborgen liege, als daß sie aus Einsicht in die Natur des Objekts sprechen könnten. Es ist nichts anderes als das zwiefache Interesse der Vernunft, davon dieser Teil das eine, jener das andere zu Herzen nimmt oder auch affektiert, mithin die Verschiedenheit der Maximen der Naturmannigfaltigkeit oder der Natureinheit, welche sich gar wohl vereinigen lassen, aber, solange sie für objektive Einsichten gehalten werden, nicht allein Streit, sondern auch Hindernisse veranlassen, welche die Wahrheit lange aufhalten, bis ein Mittel gefunden wird, das streitige Interesse zu vereinigen und die Vernunft hierüber zufrieden zu stellen"[19].

Hier hat Kant bis ins Detail den *Streit zwischen Cuvier und Geoffroy de Saint Hilaire* geschildert: und zwar ein halbes Jahrhundert, bevor dieser Streit wirklich ausbrach. Geoffroy de Saint Hilaire verficht mit der äußersten Einseitigkeit das Interesse der „Vernunfteinheit". Er erklärt alle Klassen und Artunterschiede im Grunde für bloße Erdichtungen. ‚Pour cet ordre des considérations' — so sagt er — ‚il n'est plus d'animaux divers. Un seul fait les domine, c'est comme un seul être qui apparaît'[20]. All das ist für Cuvier pure Phantastik. Er lehnt aufs bestimmteste alle Vorstellungen ab, die manche Naturforscher — Cuvier denkt vor allem an Buffon, Bonnet und Lamarck — sich von einer Stufenfolge des Lebens gebildet hätten, die es gestatten würde, sie alle in *eine* Reihe zu versammeln. Eine solche Folge mag innerhalb eines bestimmten Typus möglich sein; aber zwischen den Angehörigen verschiedener Typen gibt es keinen Übergang. Wie man die Wirbeltiere und die Tiere ohne Wirbel auch ordnen mag, — es wird niemals gelingen, an das Ende der einen Reihe oder an den Anfang der anderen zwei Tiere zu stellen, die einander ähnlich genug sind, um als Bindeglied zwischen diesen beiden großen Klassen dienen zu können[21]. Was man hiergegen vorgebracht habe, sei lediglich ein ästhetisches Spiel, das sich in Nichts auflöse, wenn man den Tatsachen selbst gegenübersteht. Selbst in dem Nachruf, den er in der Akademie der Wissenschaften auf Lamarck zu halten hatte, hat Cuvier diesen Standpunkt in äußerster Schärfe vertreten. ‚Un système appuyé sur de pareilles bases' — so sagt er hier — ‚peut amuser l'imagination d'un poète, un métaphysicien peut en dériver tout une autre génération de systèmes; mais il ne peut soutenir un moment l'examen de

---

[19] Krit. d. rein. Vernunft, 2. Aufl., S. 694 ff.
[20] Vgl. *Nordenskiöld*, a. a. O., III, 62.
[21] *Curvier*, Leçons d'anatomie comparée, I, 59. — In einer Rezension von *Charles Singers* ‚Short History of Biology' (Oxford 1931) im *Lychnos*, Lärdomshistoriska Samfundets Arsbok II, 550, erklärt *Nils von Hofsten*, daß seiner Ansicht nach Cuvier der Abstammungslehre im Grunde nicht näher gestanden habe als Buffon. Er hat indes keine Belege für diese Auffassung angeführt, und in den Quellen selbst vermag ich keine Stütze für sie zu finden.

quiconque a disséqué une main, un viscère, ou seulement une plume'[22]. Für jeden einzelnen Tiertypus, für die Wirbeltiere, die Weichtiere, die Gliedertiere und Strahltiere besteht ein bestimmter Bauplan, der ihm eigentümlich ist: diese Unterschiede verwischen heiße die Möglichkeit einer strengen Naturbeschreibung aufheben. Der Gedanke eines einheitlichen Planes, der die Tiere aller Reiche umfasse, sei nicht mehr als ein leeres Wort.

Cuviers Grundauffassung von der Aufgabe und von den Methoden der beschreibenden Naturwissenschaft wird von *de Candolle* auf die Botanik übertragen. Er will für das Pflanzenreich dieselbe Anschauung zur Geltung bringen, die Cuvier für das Tierreich vertreten hatte. Im Mittelpunkt steht auch bei ihm das Prinzip der Korrelation der Teile des Organismus. Insbesondere betont er, daß eine solche Korrelation zwischen den beiden wichtigsten Organsystemen der Pflanze: dem Sexualsystem und dem vegetativen System bestehe[23]. Nur auf dieser Grundlage ist es nach de Candolle möglich, von einem künstlichen System zu einem natürlichen System fortzuschreiten: — ein Ziel, das, wie er betont, auch Linné ständig vorgeschwebt habe[24]. Was de Candolle's Werk auch für unser Problem wichtig macht, ist der Umstand, daß in ihm nicht nur die Grundlinien für ein derartiges „natürliches System" gezeichnet werden, sondern daß er auch über die Prinzipien reflektiert, auf die man sich bei jedem solchen Versuche stützen müsse. Er will eine *Theorie der natürlichen Klasseneinteilung* geben, und diese soll, wie er ausdrücklich betont, „nach den Grundsätzen der Logik" gestaltet werden[25]. Im Mittelpunkt dieser Logik der Biologie steht auch hier die Frage nach der objektiven Gültigkeit des Artbegriffs. Sie wird von de Candolle nicht minder entschieden als von Cuvier bejaht und mit den gleichen Argumenten wie bei diesem gestützt. Der reine Nominalismus, den Buffon oder Lamarck vertreten, die Ansicht, daß es in der Natur nur Individuen gebe, während Arten und Gattungen bloße Namen seien, wird als „gefährlicher Skeptizismus" bekämpft[26]. Freilich existieren die Arten nicht als für sich bestehende Dinge, aber sie sind der Ausdruck für beständige Relationen. Diese Relationen dichten wir der Natur nicht an, sondern wir finden sie auf Grund der Beobachtung vor. Den Gedanken an die ‚*scala naturae*', an eine einzige „Kette der Wesen", die von den niedersten Lebewesen in unmerklicher Abstufung bis hinauf zum Menschen führe, muß man freilich aufgeben: er sei nichts anderes als eine Metapher, ein „übertriebenes Bild"[27]. Die Natur nicht als bloßes unbestimmtes Ganzes, sondern

---

[22] Eloge de Lamarck, lu à l'Académie des Sciences le 26 novembre 1832, Mém. de l'Acad. Royale des Sciences de l'Institut de France, T.XIII.

[23] Näheres bei Nordenskiöld III, 199 ff.

[24] *de Candolle*, Théorie élémentaire de la Botanique ou Exposition des principes de la classification naturelle et de l'art de décrire et d'étudier les végétations, Paris 1813. — Ich zitiere das Werk nach der deutschen Übersetzung von Joh. Jac. *Roemer,* Zürich 1814.

[25] de Candolle, a. a. O., Zweites Buch, S. 96 ff; vgl. S. 182.

[26] ibid. S. 188.

[27] ibid. S. 227 f.

in ihren klaren und bestimmten Grenzen zu erkennen, ist die Aufgabe, die der Würde des Naturforschers angemessen ist. Diese Würde wird daher nach de Candolle weit besser gewahrt, wenn man an dem Prinzip der Artkonstanz festhält, als wenn man sich durch Analogien von zweifelhafter Art zu der Vorstellung einer Unbeständigkeit der Arten verlocken läßt. Die Hauptforderung, die de Candolle an eine systematische Naturbeschreibung stellt, besteht darin, daß sie sich auf eine Beobachtung *aller* Organe stützt, wobei freilich nicht jedem von ihnen die gleiche Bedeutung zuzumessen ist. Aber bei der Abschätzung dieser Bedeutung müssen wir uns lediglich vom Gegenstand leiten und uns nicht dazu verführen lassen, das was unserer Beobachtung am nächsten liegt und ihr am leichtesten zugänglich ist, auch für das Wichtigste zu halten. Den Maßstab dürfen wir hier nicht unserer Beobachtungstechnik entnehmen, sondern wir können ihn lediglich im Lebensprozeß der Pflanzen suchen. Nicht alle Organe haben einen gleichen Rang von Wichtigkeit und Dauerhaftigkeit; es gilt in jedem Falle, sich über den Rang, den ein Organ in der Hierarchie des Organsystems einnimmt, ins klare zu kommen, und ihn so bestimmt wie möglich anzugeben[28]. Als Leitfaden dient hierbei für de Candolle der Begriff des *Symmetrieplanes*. Er ist freilich der Beobachtung nicht unmittelbar zugänglich, da er oft durch zufällige Umstände, durch „Verkümmerungen" *(avertement)* oder Verwachsungen verdeckt sei. Dem aufmerksamen Blick des geübten Naturbeobachters aber wird er trotzdem nicht entgehen. Alle organisierten Wesen sind ihrer Natur nach regelmäßig; und nur die vielfache Hemmung, der ihre Entwicklung unterliegt, bringt den Schein der Unregelmäßigkeit hervor. Hier muß der philosophische Blick des Forschers lernen, vom Schein zum Wesen vorzudringen. Die Symmetrie der Teile, die der wesentliche Zweck des Studiums des Naturforschers ist, ist nichts anderes als das vereinigte Ganze, welches aus der relativen Anordnung der Teile hervortritt. Hier herrscht, wie man sieht, in allgemein-erkenntnistheoretischer Hinsicht, die nächste Verwandtschaft mit Cuvier, dessen Typenbegriff in de Candolles Symmetriebegriff sein unmittelbares Gegenbild findet. Bei beiden liegt der Schwerpunkt des biologischen Denkens noch durchaus in dem Problem der Klassifikation der Naturformen. Aber das wissenschaftliche Ideal der Klassifikation selbst hat sich, wenn man es mit dem Linné'schen Ideal der ‚Diagnostik' vergleicht, erweitert und vertieft. Es stellt andere und höhere Forderungen, und es sieht sich damit auf neue Aufgaben hingewiesen, die das biologische Denken erst später in Angriff genommen hat.

---

[28] ibid. S. 67, S. 91 ff.
[29] ibid. S. 114.

ZWEITES KAPITEL

Die Idee der Metamorphose und die ‚idealistische Morphologie'

Goethes Metamorphosenlehre hat tief in die Entwicklung der Biologie eingegriffen. Auf keinem anderen Gebiet der Naturforschung haben Goethes Ideen eine so tiefe und fruchtbare Wirkung geübt wie hier, und schon zu Goethes Lebzeiten wurde ihm die Genugtuung zuteil, daß führende Forscher an seine Seite traten. Heute besteht an der Größe seiner Leistung kein Zweifel mehr: das Urteil hierüber lautet fast einmütig. Aber weit schwerer ist es, die Stelle zu bestimmen, die Goethe in der *Geschichte* der biologischen Ideen zukommt. Wir können keine Schule und keine Forschungsrichtung nennen, der er sich unmittelbar einreihen ließe. Alles was er auf diesem Gebiet geleistet hat, trägt durchaus den Stempel seiner Persönlichkeit und seiner individuellen Denk- und Anschauungsweise. Er selbst hat erklärt, daß er „zu keiner Innung" gehöre; er wolle „Liebhaber bis ans Ende" bleiben[30]. Und nichts hat er stärker bekämpft als den Versuch, irgendeine Richtung der Naturforschung „mit dem Bann zu belegen"[31]. Diese Ausnahmestellung hat es mit sich gebracht, daß später, als man sich der Bedeutung von Goethes Lehren immer stärker bewußt wurde, fast alle Denk- und Forschungsrichtungen sich Goethes zu bemächtigen und ihn in ihrem Sinne zu interpretieren versuchten. Während man früher dazu neigte, in Goethe einen rein spekulativen Naturphilosophen zu sehen, hat ihn jetzt die empirische Forschung mehr und mehr für sich in Anspruch genommen[32]. Aber auch innerhalb dieses Kreises ist es schwer, seine Stellung und seinen Standort zu bestimmen. In der zweiten Hälfte des 19. Jahrhunderts, in der Blütezeit des Darwinismus, glaubte man Goethe kein höheres Lob zusprechen zu können, als daß man ihn zum „Darwinianer vor Darwin" stempelte. Heute ist auch dieses Urteil längst aufgegeben: man sieht die scharfen und unaufheblichen Unterschiede, die zwischen Goethes Entwicklungsbegriff und demjenigen Darwins oder Spencers bestehen. Aber eine strenge positive Bestimmung ist damit noch nicht erreicht. Daß man Goethe zu den Vor-

---

[30] Zahme Xenien I (Werke, Weimarer Ausgabe, III, 243).

[31] *Goethe*, Maximen und Reflexionen. Nach den Handschriften des Goethe- und Schiller-Archivs hg. von Max Hecker (Schriften der Goethe-Gesellschaft, Bd. 21), Weimar 1907, No. 700: „Das schädlichste Vorurteil ist, daß irgend eine Art Naturuntersuchung mit dem Bann belegt werden könne".

[32] Vgl. besonders *Hansen*, Goethes Metamorphose der Pflanzen (1907); Goethes Morphologie (1919).

läufern und den eigentlichen Bahnbrechern der Evolutionstheorie rechnen muß, wird heute allgemein angenommen. Er selbst hat diese Anschauung dadurch nahe gelegt, daß er in dem Streit zwischen Cuvier und Geoffroy de Saint Hilaire leidenschaftlich die Partei des letzteren ergriff. Er glaubte, daß hier seine eigene Sache auf dem Spiel stünde. „Die Sache ist von höchster Bedeutung" — so sagte er zu Soret über die Diskussion zwischen Cuvier und Geoffroy de Saint Hilaire in der Pariser Akademie der Wissenschaften — „und Sie können sich keinen Begriff machen, was ich bei der Nachricht von der Sitzung des 10. Juli empfinde. Wir haben jetzt an Geoffroy de Saint Hilaire einen mächtigen Alliierten auf die Dauer... Dieses Ereignis ist für mich von ganz unglaublichem Wert, und ich jubele mit Recht über den endlich erlebten allgemeinen Sieg einer Sache, der ich mein Leben gewidmet habe und die ganz vorzüglich auch die meinige ist"[33]. Wenn man indes tiefer in den Inhalt und in die geistigen Motive von Goethes Naturansicht eindringt, so erkennt man, daß sie keineswegs völlig mit jener Fassung des Entwicklungsgedankens zusammenfällt, die Lamarck oder Geoffroy de Saint Hilaire vertreten haben. Er vertritt auch ihnen gegenüber eine eigentümliche und selbständige Anschauung — und diese steht, wenn man auf ihre eigentlichen Quellen und ihre gedanklichen Grundmotive zurückgeht, in vieler Hinsicht Cuvier viel näher, als es Goethe zum Bewußtsein gekommen ist. Denn die Idee des *Typus* behauptet auch bei Goethe ihre beherrschende Stellung, und ohne sie hätte er seine Lehre von der Metamorphose nicht aufstellen und nicht durchführen können. Er hat auf diese Idee niemals verzichtet; aber er hat sie freilich gegenüber jener Auffassung, die uns bei Cuvier oder de Candolle entgegentritt, in höchst bedeutsamer Weise modifiziert, und diese Modifikation bezeichnet einen Wendepunkt und Umschwung im biologischen Denken überhaupt.

Wenn Cuvier oder de Candolle von ‚Typus' sprechen, so ist ihnen dieser der Ausdruck für bestimmte *konstante Grundverhältnisse*, die uns im Bau der Organismen entgegentreten. Diese Verhältnisse sind fest und unabänderlich; und auf ihnen beruht alle Erkenntnis der Lebensformen. Sie folgen nicht minder unverbrüchlichen Regeln als jene rein ideellen Gestaltungen, die wir in der Geometrie studieren. De Candolle betont, daß bei der Feststellung des Symmetrieplanes einer Pflanze die Lage und Stellung der Teile der höchste Gesichtspunkt sei. Ebenso hat *K. Ernst von Baer* den Typus als das „Lagerungsverhältnis der organischen Elemente und der Organe" erklärt[34]. Dieser Gesichtspunkt ist nicht der Gesichtspunkt Goethes. Er denkt nicht geometrisch oder statisch, sondern er denkt durchaus dynamisch. Er verzichtet keineswegs auf das Beständige; aber er erkennt kein anderes Beständige an als dasjenige, das sich uns mitten im Werden darstellt und kraft dieses Werdens enthüllt. In der Verbindung und in der unlöslichen Wechselbeziehung dieser beiden Momente suchte Goethe

---

[33] Goethe zu Soret, 2. August 1830; vgl. Goethes Gespräche, neu herausg. von Flodoard Freih. von *Biedermann*, Bd. IV, Leipzig 1910, S. 290; vgl. V, 175 f.

[34] K. E. *von Baer*, Über Entwicklungsgeschichte der Tiere, Königsberg 1828.

das Eigentümliche jener ‚*ideellen Denkweise*‘, die er für sich in Anspruch nimmt und die er der herrschenden analytischen Denkweise des achtzehnten Jahrhunderts scharf entgegensetzt[35]. Die ‚ideelle Denkweise‘ ist nach Goethe diejenige, die „das Ewige im Vorübergehenden schauen läßt"; und von ihr sagt er, daß wir durch sie nach und nach auf den rechten Standpunkt erhoben werden würden, „wo Menschenverstand und Philosophie sich vereinigen"[36]. Die Philosophie sucht das Beständige, Dauernde, über Raum und Zeit Erhobene; aber „wir Menschen sind auf Ausdehnung und Bewegung angewiesen"[37]. Wir haben das Leben nur am farbigen Abglanz des Lebens; und das Sein wird uns nicht anders faßbar und zugänglich als dadurch, daß es sich für uns im Werden entfaltet. Dieses eigentümliche Ineinander von Sein und Werden, von Dauer und Veränderung faßt sich für Goethe im Begriff der Gestalt zusammen. Die ‚Gestalt‘ wird für ihn zum biologischen Grundbegriff. Sie ist dem Typus verwandt; aber ihr eignet nicht mehr die geometrische Starrheit des Typus. Was sie von dem letzteren unterscheidet, ist dies, daß sie gewissermaßen einer anderen *Dimension* als dieser angehört. Vom Typus, im Sinne Cuviers oder de Candolles, läßt sich ein räumliches Schema entwerfen, das nicht von einzelnen Gebilden abstrahiert ist, sondern ein eigenes Modell darstellt, an dem wir die Beziehungen und die Lagenverhältnisse, die in einer unbestimmten Vielheit von Individuen gleichmäßig wiederkehren, studieren können. Die biologische Gestalt aber läßt sich auf diesem Wege *allein* niemals zureichend erfassen, denn hier stehen wir auf einem andern Boden. Sie gehört nicht lediglich dem Raume, sondern der Zeit an, und sie muß sich in dieser behaupten. Diese Behauptung kann nicht in ihrem Stillstand bestehen; denn aller Stillstand einer Lebensform käme ihrer Vernichtung gleich:

> „Es soll sich regen, schaffend handeln,
> Erst sich gestalten, dann verwandeln;
> Nur scheinbar steht's Momente still,
> Das Ewige regt sich fort in allen:
> Denn alles muß in Nichts zerfallen,
> Wenn es im Sein beharren will"[38].

Es ist merkwürdig, wie aus dieser *einen* Grund- und Urkonzeption Goethes sich alles andere bei ihm in stetiger Folge und in völliger Konsequenz entfaltet. Sie liefert ihm das große Thema seiner Naturbetrachtung, das fortan in zahllosen Variationen wiederkehrt. „Bildung und Umbildung organischer Naturen" — so konnte er seine Studien zur Morphologie überschreiben. „Hier möchte nun der Ort sein zu bemerken" —

---

[35] Näheres in meinem Aufsatz: Goethe und das 18. Jahrhundert (Goethe und die geschichtliche Welt), Drei Aufsätze, Berlin 1932, S. 27 ff.
[36] *Goethe*, Aphoristisches zu Joachim Jungius Leben und Schriften, Naturwissensch. Schriften, Weimarer Ausgabe VII, 120.
[37] *Goethe*, Maximen und Reflexionen, No. 643.
[38] Eins und Alles; Gedichte III, 81.

so sagte Goethe in dem Überblick, den er von der Diskussion zwischen Cuvier und Geoffroy de Saint Hilaire gegeben hat — „daß der Naturforscher auf diesem Wege am ersten und leichtesten den Wert, die Würde des Gesetzes, der Regel kennen lernt. Sehen wir immerfort nur das Geregelte, so denken wir, es müsse so sein, von jeher sei es also bestimmt und deswegen stationär. Sehen wir aber die Abweichungen, Mißbildungen, ungeheure Mißgestalten, so erkennen wir: daß die Regel zwar fest und ewig, aber zugleich lebendig sei: daß die Wesen zwar nicht aus derselben heraus, aber doch innerhalb derselben sich ins Unförmliche umbilden können, jederzeit aber, wie mit Zügeln zurückgehalten die unausweichliche Herrschaft des Gesetzes anerkennen müssen"[39].

Mit dieser Auffassung aber war, wie der Vergleich mit der früheren Botanik zeigt, nicht nur der *Inhalt* der bisherigen Naturbeschreibung außerordentlich erweitert, sondern es war auch ein neues *Wissensideal* für diese aufgestellt und damit der Beobachtung selbst ein neuer Sinn und eine neue Richtung gegeben. „Die mit Goethe beginnende Periode der Botanik" — so sagt ein moderner Forscher in seiner Darstellung der Goetheschen Metamorphosenlehre — „verhält sich zur voraufgehenden Linné'schen etwa wie die Chemie zur Alchymie". Goethe ist, wie der gleiche Forscher erklärt, im Gebiet der Pflanzenkunde der erste „rationale Empiriker", während Linné nichts anderes als ein Scholastiker war, der glaubte, die Pflanzen seien dazu geschaffen, damit der Mensch sie registrieren und in Fächer einteilen könne[40].

Goethe selbst hätte dieses schroffe und einseitige Urteil nicht unterschrieben. Er schätzte die klassifikatorische Arbeit Linnés keineswegs gering, sondern er sah sie als unentbehrlich an und hat jederzeit bekannt, wie viel er ihr verdankt. Von einer Reise, die er im November 1785 unternimmt, schreibt Goethe an Frau von Stein, daß er Linnés ‚*Philosophia botanica*' mit sich genommen habe und nun endlich einmal hoffe, sie in einer Folge studieren zu können[41]. Was ihn hinderte, bei Linné stehen zu bleiben, das waren nicht lediglich theoretische Gründe; es war vielmehr sein spezifisches Naturgefühl und sein spezifisches Lebensgefühl. Goethe selbst hat von sich gesagt, daß das Auge das Organ gewesen sei, mit dem er die Welt erforschte; er fühlte sich „zum Sehen geboren, zum Schauen bestellt". Von hier aus bildete er sich jenes Erkenntnisideal der ‚*scientia intuitiva*', für das er sich auf *Spinoza* berief, dessen Grundgedanken hierbei freilich eine charakteristische Veränderung erfuhren. Denn Goethe verwandelt die metaphysische Intuition Spinozas in eine empirische Intuition. „Wenn du sagst, man könne an Gott nur *glauben*" — so schreibt er an Fritz Jacobi, nachdem er dessen Schrift „Über die Lehre des Spinoza in Briefen an Moses Mendelssohn" gelesen — „so sage

---

[39] Principes de Philosophie, discutés en Mars 1830 au sein de l'Académie Royale des Sciences; Naturwiss. Schriften VII, 189 f.
[40] Hansen, Goethes Metamorphose der Pflanzen, S. VIII, S. 125 ff.
[41] Goethes Briefe, Weimarer Ausgabe, Band VII, S. 117.

ich Dir, ich halte viel aufs *schauen*, und wenn Spinoza von der Scientia intuitiva spricht und sagt: *Hoc cognoscendi genus procedit ab adaequata idea essentiae formalis quorundam Dei attributorum ad adaequatam cognitionem essentiae rerum*, — so geben mir diese wenigen Worte Mut, mein ganzes Leben der Betrachtung der Dinge zu widmen, die ich reichen und von deren *essentia formali* ich mir eine adaequate Idee zu bilden hoffen kann, ohne mich im mindesten zu bekümmern, wie weit ich kommen werde und was mir zugeschnitten ist"[42]. Für diese Aufgabe der reinen *Betrachtung* der Natur lehnte Goethe die Methode der Klassifikation keineswegs ab. Sie schien ihm vielmehr unentbehrlich; gemäß seinem Satze, daß man, um sich im Unendlichen zu finden, „erst unterscheiden und dann verbinden" müsse[43].

Aber Goethe suchte keineswegs nur nach einem bloßen Überblick, nach einer reinen „Theorie" der Natur; sondern er wollte sie von innen heraus verstehen und in ihr eigentümliches *Leben* eindringen. „Was ist auch im Grunde aller Verkehr mit der Natur", so sagt er, — abermals im Hinblick auf den Gegensatz zwischen Cuvier und Geoffroy de Saint Hilaire — „wenn wir auf analytischem Wege bloß mit einzelnen materiellen Teilen uns zu schaffen machen, und wir nicht das Atmen des Geistes empfinden, der jedem Teile die Richtung vorschreibt, und jede Ausschweifung durch ein innewohnendes Gesetz bändigt oder sanktioniert"[44]. Weder der Linnésche Speziesbegriff, noch der Typenbegriff Cuviers konnte Goethe dieses „Atmen des Geistes" fühlbar, dieses „innewohnende Gesetz" verständlich machen. Aus diesem Grunde mußte er, wenn ihm die Natur nicht für immer unfaßbar bleiben sollte, über beide hinausstreben. Goethes Größe als Forscher aber besteht darin, daß er sich hierbei nicht dem Zuge seiner dichterischen Einbildungskraft überließ, sondern daß er für die ihm gemäße Form der Naturbetrachtung eine eigene *Begriffsform* fand und eine eigene Methodik schuf, die die Biologie als Wissenschaft auf ein neues Fundament stellte. Er selbst hat in dem Überblick, den er über die Geschichte seiner botanischen Studien gab, diesen geistigen Umbildungsprozeß geschildert und uns einen unmittelbaren Einblick in seine inneren Motive gewährt. „So ward ich mit meinen übrigen Zeitgenossen Linné's gewahr, seiner Umsicht, seiner alles hinreißenden Wirksamkeit. Ich hatte mich ihm und seiner Lehre mit völligem Zutrauen hingegeben; dessen ungeachtet mußt' ich nach und nach empfinden, daß mich auf dem bezeichneten eingeschlagenen Wege manches wo nicht irre machte, doch zurückhielt. Soll ich nun über jene Zustände mit Bewußtsein deutlich werden, so denke man mich als einen gebornen Dichter, der seine Worte, seine Ausdrücke unmittelbar an den jedesmaligen Gegenständen zu bilden trachtet, um ihnen einigermaßen genug zu tun. Ein solcher sollte nun eine fertige Terminologie ins Gedächtnis aufnehmen, eine ge-

---

[42] An Jacobi, 5. Mai 1786, Briefe VII, 214.
[43] Atmosphäre, Gedichte III, 97.
[44] Zu Eckermann, 2. August 1830, Gespräche V, 175.

wisse Anzahl Wörter und Beiwörter bereit haben, damit er, wenn ihm irgend eine Gestalt vorkäme, eine geschickte Auswahl treffend, sie zu charakteristischer Bezeichnung anzuwenden und zu ordnen wisse... Sah ich aber auch die Notwendigkeit dieses Verfahrens ein, welches dahin zweckte, sich durch Worte nach allgemeiner Übereinkunft über gewisse äußerliche Vorkommenheiten der Pflanzen zu verständigen... so fand ich doch bei der versuchten genauen Anwendung die Hauptschwierigkeit in der Versalität der Organe. Wenn ich an demselben Pflanzenstengel erst rundliche, dann eingekerbte, zuletzt beinahe gefiederte Blätter entdeckte, die sich alsdann wieder zusammenzogen, vereinfachten, zu Schüppchen wurden und zuletzt gar verschwanden, da verlor ich den Mut irgendwo einen Pfahl einzuschlagen, oder wohl gar eine Grenzlinie zu ziehen. Unauflösbar erschien mir die Aufgabe, Genera mit Sicherheit zu bezeichnen, ihnen die Species unterzuordnen. Wie es vorgeschrieben war, las ich wohl, allein wie sollt' ich eine treffende Bestimmung hoffen, da man bei Linné's Lebzeiten schon manche Geschlechter in sich getrennt und zersplittert, ja sogar Klassen aufgehoben hatte; woraus hervorzugehen schien: der genialste scharfsichtigste Mann selbst habe die Natur nur *en gros* bewältigen und beherrschen können. Wurde nun dabei meine Ehrfurcht für ihn im geringsten nicht geschmälert, so mußte deshalb ein ganz eigener Konflikt entstehen"[45].

Aus diesem Konflikt hat sich Goethe durch die Aufstellung seiner Lehre von der *Metamorphose der Pflanzen* befreit. Sie braucht uns hier nicht nach ihrem Inhalt, sondern nur nach der Stellung zu beschäftigen, die sie in der Entwicklung des biologischen *Erkenntnisideals* besitzt. Goethes Lehre ist das merkwürdigste und vielleicht einzigartige Beispiel dafür, daß ein „geborener Dichter" in einen bestimmten Umkreis empirisch-naturwissenschaftlicher Forschung eindringt und sich seiner völlig bemächtigt, ohne dabei seiner dichterischen Natur einen einzigen Augenblick lang untreu zu werden. Daß hierbei nicht nur ein künstlerisches Bild der Natur entstand, sondern daß bleibende objektive Resultate erzielt und neue fruchtbare Forschungsmethoden gefunden werden konnten: dieses hat seinen Grund in der Struktur von Goethes Geist und in der Art, wie in ihm die einzelnen Kräfte ineinander greifen und sich wechselseitig das Gleichgewicht hielten. Anschauung und Denken, Phantasie und Gefühl greifen gleichmäßig in diese Leistung ein, und es läßt sich kaum sagen, wem von ihnen die eigentliche Führung zukommt. Kant hat erklärt, daß *Geist* in ästhetischer Bedeutung das „bildende Prinzip im Gemüte" sei. „Dasjenige aber wodurch dieses Prinzip die Seele belebt, der Stoff, den es dazu anwendet, ist das, was die Gemütskräfte zweckmäßig in Schwung versetzt, d. h. in ein solches Spiel, welches sich von selbst erhält und selbst die Kräfte dazu stärkte"[46]. Einem solchen freien Spiel der Gemütskräfte, auf dem nach Kant jedes große Kunstwerk beruht, sehen wir auch im Aufbau

---

[45] Naturwissenschaftliche Schriften VI, 115 ff.
[46] Kritik der Urteilskraft, § 49.

von Goethes Naturansicht zu. Alle Kräfte sind hieran beteiligt, und jede läßt der anderen völlig freien Raum. Ein einziges großes Gefühl: das dynamische Lebensgefühl Goethes durchdringt das Ganze. Aber es bleibt nicht beim bloßen Gefühl, sondern alles soll sich zur Anschauung klären, zur festen und sicheren Gestalt erheben. Auf dem Wege des reinen Begriffs ist dies nicht erreichbar; denn dieser kann nur trennen, aber nicht wahrhaft vereinen. Der analytischen Arbeit des Begriffs, die als solche keineswegs entbehrlich ist, muß die synthetische Arbeit der Phantasie zur Seite treten. Hierdurch erst wird der Übergang von bloßen Naturbegriffen zu Naturideen möglich. Bei alledem aber muß die sorgsamste und getreueste Beobachtung ihres Amtes walten. Denn nur sie kann uns die Sicherheit darüber verschaffen, daß wir nicht im Leeren gebaut und nicht bloßen Schatten nachgejagt haben. Auf diese Weise ist Goethe zur Idee der ‚Urpflanze' durchgedrungen, in der er die eigentliche Bestätigung dafür fand, daß „der Geist des Wirklichen das wahre Ideelle" sei[47]. Wie ließe sich erkennen, daß dieses oder jenes Gebilde eine Pflanze sei, wenn nicht alle Pflanzen nach einem Muster gebildet wären? Mit diesem Modell und diesem Schlüssel dazu kann man alsdann noch Pflanzen ins Unendliche erfinden, die konsequent sein müssen, das heißt: die, wenn sie auch nicht existieren, doch existieren könnten und nicht etwa malerische oder dichterische Schatten und Scheine sind, sondern eine innerliche Wahrheit und Notwendigkeit haben. Dasselbe Gesetz — so erklärt Goethe — werde sich auf alles übrige Lebendige anwenden lassen[48]. „Eine innere und ursprüngliche Gemeinschaft aller Organisation" — so betont er auch für die Tierwelt — „liegt zu Grunde; die Verschiedenheit der Gestalten dagegen entspringt aus den notwendigen Beziehungsverhältnissen zur Außenwelt, und man darf daher eine ursprüngliche, gleichzeitige Verschiedenheit und eine unaufhaltsam fortschreitende Umbildung mit Recht annehmen, um die eben so konstanten als abweichenden Erscheinungen begreifen zu können"[49]. Dem Begriff des ‚Typus' kann und will also Goethe nicht entsagen, und ohne ihn sieht er jede Naturbeschreibung als unmöglich an. Aber er verwirft diesen Begriff, wenn er, wie es bei Cuvier der Fall ist, starre und unübersteigliche Grenzen zwischen den einzelnen Klassen der organischen Wesen aufrichtet. Alle vollkommeneren organischen Naturen sind, wie wir sehen, nach einem Urbilde geformt, das nur in seinen sehr beständigen Teilen mehr oder weniger hin und her weicht und sich noch täglich durch Fortpflanzung aus- und umbildet. „Sollte es denn aber unmöglich sein, da wir einmal anerkennen, daß die schaffende Gewalt nach einem allgemeinen Schema die vollkommeneren organischen Naturen erzeugt und entwickelt, dieses Urbild, wo nicht den Sinnen, doch dem Geiste darzustellen, nach ihm, als nach einer Norm unsere Beschreibungen

---

[47] Äußerung Goethes zu Riemer (1827); Gespräche III, 484.
[48] S. Goethes Brief an Frau v. Stein vom 8. Juni 1787 (Briefe VIII, 232 f.); vgl. Italienische Reise (Werke XXXI, 147).
[49] Die Skelette der Nagetiere, Naturwiss. Schriften VIII, 253.

auszuarbeiten und, indem solche von der Gestalt der verschiedenen Tiere abgezogen wäre, die verschiedensten Gestalten wieder auf sie zurückzuführen? Hat man aber die Idee von diesem Typus gefaßt, so wird man erst recht einsehen, wie unmöglich es sei eine einzelne Gattung als Kanon aufzustellen. Das Einzelne kann kein Muster vom Ganzen sein, und so dürfen wir das Muster für alle nicht im Einzelnen suchen. Die Klassen, Gattungen, Arten und Individuen verhalten sich wie die Fälle zum Gesetz; sie sind darin enthalten und geben es nicht"[50]. Das Dogma von der Konstanz der Arten ist damit verlassen; aber ebensowenig ist Goethe mit diesem ‚Urbild', das nicht den Sinnen, sondern dem Geiste erscheint, auf den Boden der Entwicklungslehre, im Sinne Lamarcks oder Darwins, hinübergetreten. Er hat ein selbständiges biologisches Erkenntnisideal, das Ideal der ‚idealistischen Morphologie', aufgestellt, das in seiner spezifischen Eigenart verstanden und gewürdigt werden muß.

Diese Eigenart ist lange verkannt worden, weil man, um sich Goethes Begriffe verständlich zu machen, nach Analogien griff, die ihren Sinn eher verdunkeln als erhellen. Erst in den letzten Jahrzehnten ist hier ein Wandel eingetreten: die Forschung hat mehr und mehr gelernt, Goethes Grundbegriffe mit seinen eigenen Augen zu sehen, statt sie an fremden Maßstäben zu messen[51]. Zwei Klippen sind es, die man hier sorgsam vermeiden muß. Man pflegt Goethes Lehre entweder als eine naturphilosophische These anzusehen, die im wesentlichen auf spekulativen Gründen beruht, oder ihren Sinn und Wert im rein Empirischen zu suchen. Aber Goethe ist ebensowenig ein Naturphilosoph im Sinne Schellings, wie er ein Empiriker im Sinne Darwins ist. Bei ihm herrscht ein Verhältnis des ‚Besonderen' zum ‚Allgemeinen', wie wir es sonst in der Geschichte der Philosophie oder in der der Naturforschung kaum vorfinden. Daß beide Momente nicht nur innig zusammengehören, sondern daß sie sich wechselseitig miteinander durchdringen müssen, steht für Goethe fest. Das ‚Faktische' und das ‚Theoretische' bilden für ihn keine Gegenpole; sie sind nur zwei Ausdrücke und Momente einer einheitlichen unlösbaren Beziehung. Dies ist eine der Grundmaximen seiner Naturbetrachtung; ‚Das Höchste' — so sagt er — „wäre zu begreifen, daß alles Faktische schon Theorie ist. Die

---

[50] Entwurf einer vergleichenden Anatomie, Naturw. Schriften VIII, 70 ff.

[51] Die entscheidende Bedeutung, die die Idee der Metamorphose für Goethes gesamte Lebens- und Weltanschauung besitzt, habe ich in meiner Schrift: Freiheit und Form, Studien zur deutschen Geistesgeschichte (1915) eingehend darzulegen gesucht. In der biologischen Literatur ist die Eigenart und das methodische Eigen-Recht der idealistischen Morphologie insbesondere von *Adolf Naef* (Idealistische Morphologie und Phylogenetik, Zur Methodik der systematischen Morphologie, Jena 1919) klar herausgestellt worden. Vgl. auch *Adolf Meyer*, Ideen und Ideale der biologischen Erkenntnis, Leipzig 1934. Der Ausdruck: ‚idealistische Morphologie' ist von E. *Rádl* in seiner Geschichte der biologischen Theorien, 2 Teile, Leipzig 1905—09, geprägt worden. Doch ist Rádl der Leistung Goethes noch nicht voll gerecht geworden — wenn er auch in der zweiten Auflage seines Buches sein Urteil, auf Grund der Darstellung *Hansens* (s. Anm. 32) wesentlich modifiziert hat.

Bläue des Himmels offenbart uns das Grundgesetz der Chromatik. Man suche nur nichts hinter den Phänomenen; sie selbst sind die Lehre"[52]. Das scheint die Sprache eines strengen Empirikers zu sein, der sich mit der reinen Beschreibung der Phänomene begnügt, ohne nach den ‚Gründen' der Phänomene zu fragen. Aber auf der anderen Seite gibt es für Goethe keine Erfahrung, die rein auf sich selbst stünde und als ein Losgelöstes, Einzelnes zu verstehen wäre. „Durch die Pendelschläge wird die Zeit, durch die Wechselbewegung von Idee zu Erfahrung die sittliche und wissenschaftliche Welt regiert"[53]. Die Erfahrung muß sich also ständig zur Idee, die Idee zur Erfahrung *hinbewegen*, wenn eine Erkenntnis der Natur entstehen soll. Es läßt sich nicht fragen, welches der beiden Momente von höherem Wert und ob das eine dem anderen über- oder untergeordnet ist. Hier herrsche eine reine Wechselbestimmung: „das Besondere unterliegt ewig dem Allgemeinen; das Allgemeine hat ewig sich dem Besonderen zu fügen"[54]. Zwischen dem Allgemeinen und dem Besonderen herrscht nach Goethe nicht das Verhältnis der logischen *Subsumption*, sondern das Verhältnis der ideellen oder ‚*symbolischen*' *Repräsentation*. Das Besondere repräsentiert das Allgemeine, „nicht als Traum und Schatten, sondern als lebendig-augenblickliche Offenbarung des Unerforschlichen"[55]. An einem einzigen „prägnanten Fall", nicht an unzähligen verstreuten Einzelbeobachtungen stellt sich für den wahren Naturforscher das „innewohnende Gesetz" der Natur dar. Für dieses Verhältnis ist weder das was man gemeinhin ‚Deduktion', noch das was man ‚Induktion' nennt, der zutreffende und zureichende Ausdruck. Die Deduktion im Sinne der Ableitung von abstrakten mathematischen Prinzipien der Naturlehre hat Goethe stets aufs heftigste bekämpft: zu Newtons ‚Philosophiae naturalis principia mathematica' gab es für ihn keinen Zugang. Aber ebensowenig vermochte er sich der Bacon'schen Induktion zu verschreiben; er geht einmal so weit, von sich zu sagen, daß er sich „Induktion nie erlaubt habe". Was er Bacon vorwirft, ist daß bei ihm „die einzelnen Fälle zu viele Rechte behalten", „und ehe man durch Induktion, selbst diejenige, die er anpreist, zur Vereinfachung und zum Abschluß gelangen kann, geht das Leben weg und die Kräfte verzehren sich"[55a]. Dem Genie kann „ein Fall für tausende" gelten, sofern er an ihm das Gesetz erschauen kann, das das Ganze beherrscht.

Erst wenn man sich dieses eigentümliche Verhältnis von ‚Idee' und ‚Erscheinung' bei Goethe ganz vergegenwärtigt, kann man sich die Stellung klar machen, die seine Typenlehre und seine Lehre von der Metamorphose in der Geschichte des biologischen Denkens einnimmt. Er hat auf dieses Denken aufs stärkste gewirkt und er hat es entscheidend umgeformt.

---

[52] Maximen, No. 575.
[53] Zur Morphologie, Verfolg, Naturwiss. Schr. VI, 354.
[54] Maximen, No. 199.
[55] Maximen, No. 314.
[55a] Zur Farbenlehre, Historischer Teil, Naturwiss. Schr. III, 236.

Dennoch hat er nirgends „Schule gemacht" — und eine eigentliche und wirkliche Parallele zu seiner Grundanschauung finden wir kaum bei irgend einem philosophischen Denker oder irgend einem empirischen Forscher. Cuviers Begriff des ‚Typus' trägt, wie wir gesehen haben, ein ausgesprochen deduktives Gepräge. Durch ihn wird die Biologie bisweilen, was ihren rein logischen Charakter betrifft, ganz nahe an die Mathematik herangerückt. Cuviers theoretische Grundbegriffe sind dazu bestimmt, die Aufgaben zu ermöglichen, die er sich als empirischer Forscher gestellt hat, und sein höchstes Ziel war das der vergleichenden Anatomie. Was er zu erreichen suchte, war die *Statik der Lebenserscheinungen*. Deshalb waren ihm die Naturformen in allem *stereometrische* Formen von festem und unveränderlichem Gefüge. Hat man dieses Gefüge einmal erfaßt, so erkennt man, daß die verschiedenen Gruppen der Lebewesen zwar streng von einander geschieden sind und daß keine derselben auf die andere zurückführbar ist, daß es aber *innerhalb* jeder Gruppe nur scheinbar ein ‚Auseinander', eine bloße Mannigfaltigkeit von Einzelbestimmungen gibt. Hier hängt vielmehr jegliches mit jeglichem, wie die Glieder einer Kette, zusammen. Es ist demgemäß relativ gleichgültig, bei welchem Gliede unsere Betrachtung ansetzt; denn wir dürfen sicher sein, auf Grund der strengen Korrelationsgesetze in jedem Fall das Ganze der Kette in die Hand zu bekommen. Wie wir jede charakteristische Eigenschaft einer geometrischen Figur, z. B. eines Kreises oder einer Parabel, dazu benutzen können, um aus ihr die analytische Gleichung derselben abzuleiten, und wie diese uns wieder zu allen anderen Bestimmungen der Kurve hinleitet, so läßt sich auch in der Biologie, nachdem einmal die Typenbildung sicher durchschaut ist — was freilich nur auf Grund der Beobachtung möglich ist — ein gleiches Verfahren der Ableitung üben. Die „Notwendigkeit der Verknüpfung" beschränkt sich daher nicht auf die Logik oder die Mathematik; sie greift auf die Strukturlehre der Lebewesen und damit auf die beschreibende Naturwissenschaft über[56]. Daher können hier in der Betrachtung biologischer Formen auch immer wieder mathematische Bilder herangezogen werden, die mehr als bloße Metaphern oder Analogien sein, sondern uns einen Einblick in ihren objektiven Aufbau verschaffen wollen. Nach *de Candolle* hat die Botanik ebenso nach der Symmetrie des Pflanzenkörpers zu forschen, wie die Kristallographie die Symmetrie der Kristalle erforscht. Am weitesten in dieser Hinsicht ist *Nees von Esenbeck* gegangen, der in seiner ‚Allgemeinen Formenlehre der Natur' die Zurückführung aller organischen, insbesondere der pflanzlichen Gestalten auf geometrische Grundschemata versucht hat[57]. Nees von Esenbeck gehört zu den Forschern, die am stärksten von Goethes Metamorphosenlehre beeinflußt worden sind; Goethe hat von ihm gesagt, daß

---

[56] Vgl. das Zitat aus *Cuviers* Discours sur les révolutions de la surface du globe, oben Anm. 17.

[57] Näheres hierüber bei Rádl, Geschichte der biologischen Theorien in der Neuzeit, Teil II, Leipzig 1909, S. 23.

ihm an der Verbreitung einer naturgemäßen lebendigen Ansicht der Pflanzenbildung der größte Anteil gebühre[58]. Aber seine eigentliche Grundtendenz ist nicht diejenige Goethes. Denn dieser denkt nicht in Raumgestalten, sondern in *Zeitgestalten.* Seine „ideelle Denkweise" will „das Ewige im Vorübergehen" sehen lassen; und sie kann sich daher nicht mit dem begnügen, was sich von der ruhenden stereometrischen Form ablesen läßt. Ebensowenig ist es nach Goethe rein arithmetisch, durch Betrachtung reiner Zahlverhältnisse möglich, die Phänomene des Lebens zu fassen. „Die Zahlen" — so sagt er am 27. März 1814 zu Riemer — „sind, wie unsere armen Worte, nur Versuche, die Erscheinungen zu verstehen und auszudrücken, ewig unzureichende Annäherungen"[59]. An Zelter schreibt Goethe, er habe von jeher alle Zahlensymbolik von der Pythagoräischen an bis auf die letzten Mathematico-Mystiker „als etwas Gestaltloses und Untröstliches gemieden und geflohen"[60].

Nicht minder muß er im Kreise des Lebens alle mechanischen Modelle abwehren, die lediglich auf der Verbindung von Arithmetik und Geometrie beruhen. Als der Botaniker *Link* in seinen ‚Elementa philosophiae botanicae' (1824) Goethes Lehre in der Weise deutet, daß die „Oszillation der Natur" sich nicht allein in mechanischen Bewegungen, wie dem Pendel, der Wellen usw., sondern auch in lebendigen Körpern und den Perioden des Lebens finde, erklärt Goethe diese Interpretation und diese anscheinende Belobung seiner Theorie für bedenklich, „indem da, wo von Gestaltung und Umgestaltung eigentlich zu sprechen wäre, nur die letzte, bildlose, sublimierte Abstraktion angeführt und das höchst organische Leben den völlig form- und körperlosen allgemeinsten Naturerscheinungen zugesellt wird"[61]. Der Typus selbst ist ein Sein, das nur im Werden, ein Bleibendes, das nur im Geschehen aufweisbar ist. Insofern spricht Goethe, — paradox genug, wenn man an die ursprüngliche Grundbedeutung des Typus denkt — von der „Modalität und Biegsamkeit" des Typus, ja er nennt ihn einen „wahren Proteus"[62]. Indem wir bei und mit dem Beharrlichen beharren, müssen wir auch zugleich mit und neben dem Veränderlichen unsere Ansichten zu verändern und mannigfaltige Beweglichkeit lernen, damit wir den Typus in aller seiner Versalität zu verfolgen gewandt seien und uns dieser Proteus nirgendhin entschlüpfe[63]. Nur auf diesem Wege können wir in die eigentliche Harmonie der Natur eindringen. Diese läßt sich nur aus dem ewigen Rhythmus des Lebens heraushören. Jede Kreatur ist „nur ein Ton, eine Schattierung einer großen Harmonie, die man auch im Ganzen und Großen studieren muß, sonst ist jedes Einzelne ein toter Buchstabe". So schreibt

---

[58] Zur Morphologie, Verfolg, Naturwiss. Schr. VI, 255.
[59] Gespräche II, 223.
[60] 12. Dezember 1812, Briefe XXIII, 197.
[61] Zur Morphologie, Naturw. Schr. VI, 261 f.
[62] Zur Morphologie, Naturw. Schr. VI, 313.
[63] Einleitung in die vergleichende Anatomie, Naturw. Schr. VIII, 18.

Goethe an Knebel, als er ihm die Schrift zusendet, die seine Entdeckung des Zwischenkieferknochens beim Menschen enthält. Aus diesem Gesichtspunkt sei die Schrift geschrieben — und dies sei eigentlich das Interesse, das in ihr verborgen liegt[64].

Aber hier setzt nun die eigentliche Hauptfrage ein, durch die sich Goethes Gesamtansicht erst zureichend charakterisieren läßt. Will Goethe, indem er die starre Raumform verwirft, indem er in zeitlichen Gestaltungen und zeitlichen Rhythmen denkt, die Biologie damit allein auf die Betrachtung des empirischen Geschehens verweisen und bei ihr festhalten? Muß er, weil er das Leben nicht mathematisch fassen kann und will, darum zum *Historiker* des Lebens werden? Diejenigen, die in Goethe den Vorläufer und Bahnbrecher der Darwinschen Lehre von der Entstehung der Arten sahen, haben diese Frage bejaht. Aber hiergegen läßt sich schon ein allgemeiner Einwand erheben. Goethe lehnt nicht nur jede Art des „Mathematizismus", sondern auch jede Art des „Historismus" aufs entschiedenste ab. Von der Geschichte als Wissenschaft denkt er sehr gering; er erklärt, daß das, was hier gegeben werde, auf eigentliche Wahrheit keinen Anspruch machen dürfe. Um alles Geschichtliche sei es ein gar wunderliches unsicheres Wesen; das Beste, was man erreichen könne, sei Symbol oder Legende[65]. Wollte Goethe die Biologie, die eine feste Basis seiner Weltansicht bildete, diesem unsicheren Faktor anvertrauen; war die Frage nach der Entstehung und nach der zeitlichen Entwicklung des Lebens im Brennpunkt seines Interesses? Dies ist in der Tat nicht der Fall. Die Lehre von der Metamorphose hat mit dieser Frage nach der historischen *Abfolge* der Lebenserscheinungen nichts zu tun; sie ist von jeder Art „Deszendenztheorie" nicht nur dem Inhalt nach, sondern der Problemstellung und Methode nach geschieden[66]. Der Goethische Begriff der ‚Genese' ist dynamisch, aber er ist nicht historisch; er verbindet weit voneinander abliegende *Formen*, indem er ihre stetige Vermittlung aufzeigt, aber er will keine Stammbäume von Arten aufstellen. Die Umbildung, vermöge deren aus einer gemeinsamen Urform, dem Blatt, die einzelnen Pflanzenteile, die Kelch- und Kronenblätter, die Staubfäden usf. entstehen, ist ideelle, nicht reale Genese. „Es ist nicht Vermehrung, sondern Verunstaltung der Wissenschaften" — so sagt Kant — „wenn man ihre Grenzen ineinander laufen läßt". Eine solche Verunstaltung war es, wenn man Goethes biologisches Erkenntnisideal mit demjenigen Darwins oder Haeckels zusammenwarf. Heute ist auf diesem Gebiet die Klärung längst erfolgt und der eigentümliche Wissenstypus der „idealistischen Morphologie" klargestellt. „Die idealistische Morphologie" — so urteilt *Naef* — „ist nicht nur in der Geschichte der Wissenschaft Voraussetzung für die Einführung der Phylogenetik gewesen..., sondern muß ihr

---

[64] An Knebel, 17. November 1784, Briefe VI, 390.

[65] An Zelter, 27. März 1824, Briefe XXXVIII, 92; Näheres in meiner Schrift Goethe und die geschichtliche Welt, Berlin 1932.

[66] Näheres über diesen Unterschied bei *Hansen*, Goethes Metamorphose der Pflanzen, S. 103 ff.

auch heute noch aus logischen Gründen vorangestellt werden"[67]. Und *Schaxel* erklärt, daß die unter dem Goetheschen Namen Morphologie zur selbständigen Wissenschaft erhobene vergleichende Anatomie um die Wende des 18. und 19. Jahrhunderts „vielleicht die großartigste Problemstellung" sei, die seit Aristoteles in Bezug auf den Organismus gewagt worden sei[68]. Die Großartigkeit dieser Problemstellung kann freilich ihre immanenten Grenzen nicht übersehen lassen. Sie konnte ihre eigene Frage nur dadurch scharf und sicher stellen, daß sie sie bestimmt von anderen Fragen abschied — sei es, daß diese zur Behandlung noch nicht reif waren, sei es, daß sie nach den Voraussetzungen, die hier zu Grunde lagen, überhaupt als unlösbar gelten müssen. Erst die Folgezeit hat diese Fragen ans Licht gebracht, und sie hat damit freilich das biologische *Erkenntnisproblem* auf einen neuen Boden gestellt und das biologische Wissensideal grundlegend gewandelt.

---

[67] *Naef*, Idealistische Morphologie und Phylogenetik, Jena 1919, S. 69.
[68] *Schaxel*, Grundzüge der Theorienbildung in der Biologie, 1922, S. 22.

DRITTES KAPITEL

Die Entwicklungsgeschichte als Problem und als Maxime

Das Problem der Entstehung und der Umbildung der Organismen hat die Philosophie seit ihren ersten Anfängen beschäftigt. Wenige Fragen waren so sehr dazu angetan, das philosophische „Staunen" zu wecken, wie diese. Die ersten Versuche zu einer theoretischen Antwort finden sich in der jonischen Naturphilosophie. So seltsam und naiv sie erscheinen mögen, so haben doch manche Geschichtsschreiber nicht gezögert, schon *Anaximander* „eine Ahnung der modernen Deszendenztheorie" zuzuschreiben[69]. Aristoteles wächst weit über diese primitiven Anfänge hinaus. Er stellt die Probleme der Entwicklungsgeschichte auf eine sichere empirische Grundlage und er behandelt sie zugleich in dem wahrhaft universellen Geist seiner Philosophie. Durch seine Schrift ‚*De generatione animalium*' wird er zum Begründer der vergleichenden Embryologie. Viele der Tatsachen, die er in dieser Schrift berührt, sind erst im 19. Jahrhundert wieder entdeckt und neu bestätigt worden. Auf wenigen Gebieten der Forschung hat sich die Verbindung schärfster Beobachtungsgabe und spekulativen Denkens, die Aristoteles kennzeichnet, so glänzend bewährt wie hier. In diesem Bereich blieb daher seine Autorität auch dann unerschüttert, als die Renaissance eine neue Naturansicht aufbaute, die zur Aristotelisch-scholastischen Physik in schärfsten Gegensatz trat. Descartes hat sich im Kampf gegen diese Physik auf *Harvey* berufen und ihm nachgerühmt, daß er durch seine Lehre vom Blutkreislauf zuerst das Eis gebrochen und den Weg für die mechanische Naturansicht frei gemacht habe. Aber Harvey ist noch durchaus Aristoteliker; ja es scheint, daß die Aristotelische Lehre, der er seine vergleichende Methode und seine ontogenetischen Anschauungen verdankt, eines der Momente war, die ihn auf die Entdeckung des Blutkreislaufs geführt haben. In dem Überblick, den er in seiner Geschichte der biologischen Theorien über die Entwicklung der Embryologie im 17. Jahrhundert gibt, erklärt *Rádl* Harvey für den „besten Schüler des Aristoteles", und Gegner Harveys konnten ihm vorwerfen, daß seine Lehre ganz mit ‚Aristotelischem Harnisch' bekleidet sei[70]. In der zweiten Hälfte des 17. Jahrhunderts stellte die Entdeckung der Spermatozoen einen entscheidenden empirischen

---

[69] Vgl. Theodor *Gomperz*, Griechische Denker, Leipzig 1896, I, 45.
[70] Vgl. *Rádl*, a. a. O., I, 134 ff.

Fortschritt dar, gab aber auch zu den seltsamsten Spekulationen Anlaß. In *Leeuwenhoeks* ‚Arcana naturae detesta' werden die Spermatozoen als kleine Männlein mit Kopf, Rumpf, Händen und Füßen gezeichnet[71]. Aber die Wunder der ‚Mikrobiologie', die durch das Mikroskop erschlossen wurden, übten nicht nur auf die Phantasie den stärksten Reiz, sondern sie haben auch das strenge systematische Denken der Philosophie befruchtet. Leibniz liebt es, sich für die Begründung seines Monadenbegriffes auf die neuen Entdeckungen *Malpighis, Swammerdams* und *Leeuwenhoeks* zu berufen[72]. Das 17. Jahrhundert wiegte sich in der Hoffnung, daß durch den Gebrauch des Fernrohrs und des Mikroskops die menschliche Erkenntnis nicht nur auf eine neue Stufe gehoben werden würde, sondern daß man auch die beiden „Abgründe", zwischen welche man den Menschen gestellt sah, der des Unendlich-Großen und der des Unendlich-Kleinen, endgültig gefüllt werden könnten. ‚Es steht fest' — so sagt Leibniz in einer Skizze über die Grundlagen des Naturrechts — ‚daß in unserer Zeit die Macht des Menschen sich unendlich vermehrt hat. Der Himmel selbst ist uns näher gerückt und unser Auge ist geschärft, um in das Innere der Dinge einzudringen, die Gestalt der Welt hat sich verhundertfacht; neue Welten, neue Arten sehen wir vor uns, die wir das eine Mal um ihrer Größe willen, das andere Mal um ihrer Kleinheit willen bewundern'[73]. In der Biologie selbst brachte erst Caspar Friedrich *Wolffs* ‚Theoria generationis' (1759) den Durchbruch zur Epigenesistheorie, die sich den älteren Theorien der Präformation und der ‚Einschachtelung' sofort als wissenschaftlich überlegen erwies. Hier wirken Leibnizische Gedanken weiter; aber sie werden in einem Sinne fortgebildet, der der Richtung, die Leibniz selbst in seinem biologischen Denken einschlug, entgegengesetzt war. „Während die Evolutionisten Leibniz nur den oberflächlichen Gedanken entnahmen" — so urteilt *Rádl* — „daß der Organismus sich aus einer vorhandenen Form durch bloßes Wachstum entwickelt, haben *Needham* und später *Wolff* den Begriff der Monade, die sich durch eine ihr inhärente Kraft entwickelt, tiefer erfaßt... Die historischen Quellen der epigenetischen Theorie C. F. Wolffs sind an erster Stelle Leibniz..., mit seinem Begriff der Monade, zweitens *Needham*, der diesen Gedanken auf die embryonale Entwicklung anzuwenden versuchte"[74]. Goethe hat der Lehre C. Friedr. Wolffs lebhaft beigestimmt, und er glaubte in ihm einen Mitkämpfer für seine eigenen Bestrebungen zu sehen. Dabei vergißt er freilich nicht, die methodische Grenze zwischen der empirischen Forschungsrichtung Wolffs und seiner eigenen ‚idealistischen' Morphologie zu ziehen. In diesem Zusammenhang hat

---

[71] Näheres bei *Rádl*, I, 173.

[72] Vgl. z. B. *Leibniz,* Système nouveau de la communication des substances, aussi bien que de l'union qu'il y a entre l'âme et le corps, Philos. Schriften (Gerhardt) IV, 480.

[73] *Leibniz,* Juris et aequi elementa, Mitteilungen aus Leibnizens ungedruckten Schriften von G. *Mollat,* Leipzig 1893, S. 19.

[74] *Rádl,* a. a. O., I, 242 f.

Goethe das Wort geprägt, das für seine gesamte Art der Naturbetrachtung charakteristisch und erhellend ist. „Wolff" — so sagt er — „setzt als Grundmaxime aller seiner Forschungen: daß man nichts annehmen, zugeben und behaupten könne, als was man mit Augen gesehen und anderen jederzeit wieder vorzuzeigen im Stande sei. Deshalb ist er immer bemüht, auf die Anfänge der Lebensbildung durch mikroskopische Untersuchungen zu dringen, um so die organischen Embryonen von ihrer frühesten Erscheinung bis zur Ausbildung zu verfolgen. Wie vortrefflich diese Methode auch sei, durch die er so viel geleistet hat: so dachte der treffliche Mann doch nicht, daß es *ein Unterschied sei zwischen Sehen und Sehen*, daß die Geistes-Augen mit den Augen des Leibes in stetigem lebendigen Bunde zu wirken haben, weil man sonst in Gefahr gerät zu sehen und doch vorbeizusehen"[75].

Wolffs Untersuchungen galten durchaus den Problemen der *Ontogenese*; aber sie mußten, wenn man ihre Ergebnisse annahm, von selbst zu phylogenetischen Fragen weiter führen. Beide Problemgebiete rücken jetzt einander immer näher, und es beginnt sich zwischen ihnen das engste Band zu knüpfen. Das Prinzip, daß die Ontogenese im Grunde nichts anderes als eine Wiederholung der Phylogenese sei, ist als solches schon früh aufgestellt worden. *Meckel*, der es zuerst verfochten hat, war ein Anhänger Casp. Friedr. Wolffs und hat durch seine deutsche Übersetzung einer seiner lateinisch geschriebenen embryologischen Abhandlungen, dessen Theorie den Weg gebahnt. *Meckel* hat schon im Jahre 1821 von einer „Gleichung zwischen der Entwicklung des Embryo und der Tierreihe" gesprochen und den Grundsatz aufgestellt, daß das höhere Tier in seiner Entwicklung die unter ihm stehenden einfacheren Formen der Tierreihe durchlaufen müsse[76]. In *dieser* Form ist das „*biogenetische Grundgesetz*" allerdings nicht sofort in die Wissenschaft des 19. Jahrhunderts eingegangen. Denn der eigentliche Begründer der modernen Embryologie, *Karl Ernst von Baer,* hat das Prinzip in dieser Fassung nicht anerkannt, sondern ausdrücklich bekämpft. In seinem Werk über die Entwicklungsgeschichte der Tiere[77], das die grundlegenden Untersuchungen über die Entstehung des Eies der Säugetiere und des Menschen enthält, erkennt er zwar eine aufsteigende Folge der Organismen an, lehnt aber die Vorstellung ab, daß der höher stehende Organismus in seiner Entwicklung alle Stufen, die ihm vorangehen, tatsächlich durchschreiten müsse. Er stützt sich auf die Aristotelische Fassung des Entwicklungsbegriffs, nach welcher diese eine fortschreitende Differenzierung, ein Fortgang vom ‚Allgemeinen' zum ‚Besonderen' ist. Im Embryo bildet sich das Gemeinsame der Tiergruppe, der es angehört, früher aus als das Besondere: wir sehen erst die Eigenschaften des Typus, dann die der Klasse,

---

[75] *Goethe*, Zur Morphologie, Entdeckung eines trefflichen Vorarbeiters, Naturwiss. Schr. VI, 155 f.

[76] J. F. *Meckel*, System der vergleichenden Anatomie (1821); vgl. hierzu Oskar *Hertwig*, Das Werden der Organismen, 2. Aufl., Jena 1922.

[77] Erster Teil 1828; Zweiter Teil geschrieben 1834, veröffentlicht 1837.

der Ordnung, der Familie, der Gattung, der Art entstehen. Erst später ist, beim Durchbruch der Darwinistischen Problemstellung, aus dieser idealen Grundform des typischen Bauplans die reale Urform der Stammesgeschichte geworden und so die These Haeckels entstanden, nach der die Ontogenese eine verkürzte und unvollständige Rekapitulation der Phylogenie ist[78]. Verschiedene Tiere können freilich einander durch ihre Entwicklung ähnlich sehen; und die Embryonen sind um so schwerer zu unterscheiden, je jünger sie sind. Aber Ähnlichkeit ist nicht Identität. Die Unterscheidungen der Cuvier'schen Typentheorie werden durch die Entwicklung nicht verwischt. Die wesentlichen Eigenschaften einer Tiergruppe kommen niemals bei entwickelten Formen einer anderen vor: die Atmung durch Kiemen z. B., die den Fisch zum Fisch macht, findet sich in keinem embryonalen Stadium der Säugetiere oder Vögel[79].

Bis zu diesem Punkte war die Diskussion gelangt, als ein Forscher in sie eingriff, der nicht wie Meckel vom Studium der Anatomie, oder wie K. E. von Baer von dem der Zoologie zu ihr hingeführt wurde, sondern dessen Hauptbestreben dahin ging, die *Botanik* auf eine neue wissenschaftliche Grundlage zu stellen. *Mathias Schleiden* ist als wissenschaftlicher Denker eine eigenartige Erscheinung; und er fällt schon in seiner Persönlichkeit und in seinem Lebensgang aus der traditionellen Linie heraus. Auch seine Leistung ist verschieden beurteilt und bewertet worden. Daß seine Entdeckung der Bedeutung des Zellkerns und seine Einführung der Zellenlehre in die Botanik von grundlegender Bedeutung gewesen ist, ist unbestritten, wenngleich der Schleiden'sche Begriff der Zelle der modernen Auffassung nicht ganz entspricht[80]. Aber kaum minder merkwürdig und kaum weniger tief eingreifend waren die Anschauungen, die Schleiden über die *Methode der Botanik* besaß. Er hat sie in der großen methodologischen Einleitung, die er seinen ‚Grundzügen der wissenschaftlichen Botanik' (1842) voranschickte, eingehend entwickelt. Im Vorwort dieser Schrift erklärt er, daß er auf die Fingerzeige, die er in dieser Einleitung gegeben habe, am meisten Wert lege. Denn ehe man ein bestimmtes Forschungsziel verfolge, müsse man sich über den Weg klar sein, dem man folgen wolle. Auf falschem Wege kann das Rechte nie gefunden werden; denn es gibt für die Tätigkeit unseres Geistes eine gewisse natürliche Gesetzmäßigkeit, der wir nicht untreu werden dürfen, ohne rettungslos Irrtümern zu verfallen. Man braucht nur diese Sätze der Einleitung von Schleidens Schrift zu lesen, um sicher zu sein, daß hier ein *Schüler Kants* spricht. In der Tat erklärt er, daß er dessen Philosophie, wie sie ihm besonders durch *Fries* vermittelt war, mit ganzer Seele an-

---

[78] *Haeckel*, Generelle Morphologie (1866); zum Unterschied der Theorie Karl Ernst Baers von dieser Auffassung s. *Schaxel*, Grundzüge der Theorienbildung in der Biologie, S. 28.

[79] Näheres zu *Baers* Auffassung des Verhältnisses von Ontogenese und Phylogenie bei *Rádl*, a. a. O., II, 60 ff und bei Nordenskiöld, a. .a. O., III, 91 ff.

[80] Über den Unterschied, der zwischen beiden besteht, vgl. *Tschulok*, Das System der Biologie in Forschung und Lehre, Jena 1910, S. 99 ff.

hänge. In ihrem Namen erhebt er den schärfsten Protest gegen die Naturphilosophie und gegen die Dialektik. Man dürfe sich nicht den „phantastischen Kinderträumen" Schellings hingeben oder mit Hegel einer arroganten Vermessenheit. Was von gedankenlosen Schülern als philosophische Tiefe angestaunt und gepriesen worden sei, das entbehre jedes wirklichen wissenschaftlichen Gehalts; denn, um sich eines solchen zu versichern, sei es vor allem notwendig zu wissen, aus welcher Erkenntnisquelle ein Satz fließt und ob er daraus auf gehörige Weise abgeleitet ist. In dieser Ableitung aber sei die ‚Wolffisch-Kantische Schule' der unseren unendlich überlegen: der Wissenschaft bleibe nichts anderes übrig, als wieder zu diesem Ausgangspunkt zurückzukehren[81].

Was Schleiden anstrebt, ist, wie man sieht, nichts anderes als die Aufstellung einer *Wissenschaftstheorie* und *Wissenschaftskritik*. Der Wert dieser Kritik liegt hauptsächlich darin, daß sie sich nicht mit allgemeinen und abstrakten Leitsätzen begnügt, sondern statt dessen die gewonnenen Einsichten sofort in die Tat umsetzen will. Auch die historische Wirkung, die Schleiden geübt hat, scheint hauptsächlich in dieser Richtung zu gehen. „Nicht durch das, was er als Forscher leistete" — so sagt Julius *Sachs* in seiner „Geschichte der Botanik" von ihm — „sondern durch das, was er von der Wissenschaft forderte, durch das Ziel, welches er hinstellte und in seiner Großartigkeit gegenüber dem kleinlichen Wesen der Lehrbücher allein gelten ließ, erwarb er sich ein großes Verdienst. Er ebnete denen, welche wirklich Großes leisten konnten und wollten, den Weg... Wer von jetzt an mitreden wollte, mußte sich zusammennehmen, denn er wurde mit anderem Maß gemessen als bisher"[82].

Dieses andere Maß lag darin, daß Schleiden zuerst die *kausale Erforschung* der Pflanzenwelt als das Grund- und Hauptziel der Botanik hinstellte. Alles andere tritt vor dieser Aufgabe zurück; es kann keinen anderen als einen rein vorbereitenden Wert haben. In extremer und radikaler Weise verlangt Schleiden die Umwandlung der ‚Biotaxie' in eine reine ‚Biophysik'[83]. Nur auf diesem Wege kann nach ihm die Biologie in eine wirkliche Wissenschaft verwandelt werden — in eine Erkenntnis, die an Wert und objektiver Bedeutung der Physik und Chemie gleichsteht. Denn ‚Wissenschaft' ist niemals eine bloße Sammlung von Fakten, sondern eine theoretische Bearbeitung und Bewältigung derselben.

Alles bloß-Klassifikatorische, ja auch alles bloß-Deskriptive oder Historische verdient nicht den Namen der Wissenschaft. „Wenn die Botanik nicht

---

[81] *Schleiden*, Grundzüge der wissenschaftlichen Botanik nebst einer methodologischen Einleitung als Anleitung zum Studium der Pflanze, Leipzig 1842, S. 6 ff. S. 39, 55 f.

[82] Julius *Sachs*, Geschichte der Botanik vom 16. Jahrhundert bis 1860, München 1875, S. 203 f.

[83] Zum Unterschied von ‚Biotaxie' und ‚Biophysik' vgl. *Tschulok*, System der Biologie, 9. Kapitel, S. 174 ff.

auf das Prädikat einer *theoretischen* Wissenschaft Anspruch machen kann, so ist sie nichts als die Spielerei einer müßigen Neugier". Dem Kantischen Satz, daß in aller Naturerkenntnis nur so viel „eigentliche" Wissenschaft anzutreffen sei, als Mathematik in ihr angetroffen werde, kommt Schleiden, wie man sieht, in der Aufstellung dieses Ideals sehr nahe. Die Botanik soll als ein Zweig der Physik behandelt, die Physik ihrerseits soll auf rein mathematisch bestimmbare Erklärungsgründe zurückgeführt werden. Auch die Methodik der Botanik kann daher im Prinzip keine andere sein als die der Physik: Beobachtung und Experiment, Induktion und Hypothese müssen hier wie dort das Hauptwerkzeug bilden. Die reine Klassifikation zählt nicht; sie ist die „bloße Handlangerschaft" der echten und eigentlichen Wissenschaft. Man kann und muß sie als Durchgangsperiode gelten lassen; aber sie für endgültig anzusehen: das sei eine „trostlose Ansicht von der Wissenschaft". Linné selbst habe dies nie getan; seine Schüler und Anhänger hätten seinen wahren Geist verkannt, wenn sie die Botanik auf der Stufe der bloßen Systematik festhalten wollten[84]. Das volle Feld der Forschung liegt hier noch unberührt vor uns, solange es uns nicht gelingt, die Erscheinungen auf physikalische und chemische Gesetze zurückzuführen[85].

Daß diese Gesetze freilich nicht von derselben abstrakt-mathematischen Form sein können wie die der theoretischen Physik: darüber ist sich Schleiden klar. Er will die Botanik als induktive Wissenschaft, nicht als deduktive Wissenschaft begründen. Dieses Ziel steht so sehr im Vordergrund seines Denkens, daß er es schließlich auch im Titel seines Werkes zum Ausdruck bringen wollte: ‚*die Botanik als induktive Wissenschaft*' so hat er das Werk von der zweiten Auflage an genannt. Nach Kant, dem Schleiden auch in dieser Hinsicht folgt, aber unterscheiden sich die deduktiven Wissenschaften von den induktiven nicht dadurch, daß die ersteren auf allgemeinen Prinzipien beruhen, während die letzteren sich mit der Darstellung des Faktischen begnügen. Der Unterschied liegt vielmehr im *Charakter* dieser Prinzipien: das eine Mal handelt es sich um ‚synthetische Grundsätze' von ‚konstitutiver' Geltung, das andere Mal handelt es sich um ‚Maximen'. Und hier muß nun die Frage einsetzen, *welche* Maxime es ist, die wir der Botanik zu Grunde legen müssen, um sie in den sicheren Gang einer Wissenschaft zu bringen. Die Antwort, die Schleiden auf diese Frage gibt, lautet, daß nur die *Entwicklungsgeschichte* einer solchen Leistung fähig ist. Die Bedeutung und das Wesen eines Organismus kann nur aus seiner Entwicklungsgeschichte oder daraus erkannt werden, wie aus dem einfachen Keime das vielfach zusammengesetzte Geschöpf geworden ist. Selbst alle Anordnung der Pflanzen ist nicht durch bloße Vergleichung einzelner Zustände, sondern nur durch ihre vollständige Entwicklungsgeschichte möglich. Wenn man nicht im Besitz dieses Leitfadens ist, so kommt man nur zu einem „haltungslosen Herumtappen und prinziplosen Hin- und Herraten". Nur

---
[84] Schleiden, a. a. O., S. 72 ff.
[85] ibid. S. 49.

als eine stetige Reihe sich auseinander entwickelnder Formen und Zustände ist die naturgemäße Anschauung der Pflanze zu gewinnen[86].

In diesem Sinne wird die Entwicklungsgeschichte als die „eigentliche heuristische Maxime in der Botanik" aufgestellt[87]. Man hat sich bisweilen hierüber verwundert und diese Fassung als eine unnütze Zuspitzung seiner Grundthese angesehen. *Sachs* bemerkt, man könne es überflüssig finden, daß Schleiden die Entwicklungsgeschichte als eine ‚Maxime' hinstelle, statt zu zeigen, daß sie sich eben in der induktiven Forschung ganz von selbst darbiete[88]. Aber diese Bemerkung verkennt den eigentlichen Grundcharakter von Schleidens Erkenntnislehre. Er will alle Metaphysik und alle naturphilosophische Spekulation von der Wissenschaft fernhalten. Aber wenn er die Botanik auf den Boden der reinen Induktion stellen will, so versteht er diese im Sinne seiner philosophischen Lehrer: im Sinne von Kant und Fries. Um Schleidens Methodenlehre recht zu verstehen, muß man daher nicht die Bacon'sche Auffassung der Induktion, sondern jene andere zugrunde legen, wie sie Fries' Schüler *Apelt* in seiner „Theorie der Induction" eingehend entwickelt und begründet hat. Apelt unterscheidet ausdrücklich zwischen *empirischer* und *rationeller* Induktion und er lehrt, daß die letztere einer ganz anderen Regel folgt als dem Gesetz der Erwartung ähnlicher Fälle. Diese ‚rationelle Induktion' wollte Schleiden in die Botanik einführen; und für sie betont er — ebenso wie es Apelt später getan hat — daß sie stets einer „leitenden Maxime" bedürfe[88a]. Die Botanik kann demgemäß ebensowenig wie irgend eine andere theoretische Wissenschaft eines allgemeinen Teiles entbehren. „Jede Naturwissenschaft zerfällt ganz von selbst in zwei Teile, in den allgemeinen und speziellen, nach der Art des Untersuchungsgangs und der Aufgabe. Am allgemeinen Teil gehen wir von den empirisch gegebenen Einzelheiten aus und steigen weiter forschend auf bis zu den höchsten Prinzipien, den Grundbegriffen und Gesetzen. Unsere Aufgabe ist hier, die letzteren zu finden. Im spezielleren Teil setzen wir dieselben als schon gefunden voraus und steigen nun von ihnen, nach den durch sie gegebenen Einteilungsgründen und Unterordnungen, immer tiefer bis zu den Einzelwesen hinab; unsere Aufgabe ist hier, die ganze Masse der Individuen und Fülle jenen höchsten Begriffen unterzuordnen, durch jene höchsten Regeln zu bestimmen".

So war hier die Entwicklungsgeschichte als ein gedankliches Rüstzeug, als eine *Regel* aufgestellt, die uns lehren sollte, fortschreitend immer tiefer in die Struktur des Organismus einzudringen. Schleiden glaubte damit keineswegs am Ende zu stehen; er war vielmehr überzeugt, daß ein solches Ende dem Grundcharakter der empirischen Forschung widersprechen würde. Nichts ist nach ihm für die organischen Naturwissenschaften so verderblich

---

[86] ibid. S. 62, S. 100 ff.
[87] ibid. S. 107.
[88] *Sachs,* Geschichte der Botanik, S. 204.
[88a] Vgl. E. F. *Apelt,* Die Theorie der Induction, Leipzig 1854, S. 41 ff.

gewesen, als daß man sie als ein bis auf Kleinigkeiten *fertiges* System behandelt hat, statt sie als einen ersten Schritt zu einem unendlich fernen Ziele anzusehen. Diesem Ziele soll uns die Entwicklungsgeschichte nähern. Sie ist demnach nicht als Dogma, sondern als die eigentliche heuristische Maxime in der Botanik zu fassen; sie ist „wie die einzige so die reichste Quelle für neue Entdeckungen und wird es noch für lange Zeit bleiben"[89]. Es ist merkwürdig und bedeutsam, in welcher Klarheit Schleiden auf Grund der methodischen Schulung, die er der kritischen Philosophie verdankte, hier das allgemeine *Programm* der Entwicklungsgeschichte aufzustellen vermochte, das erst weit später zu seiner eigentlichen Ausführung und Durchführung kommen sollte. Bei dieser Durchführung mußte freilich der Begriff der Entwicklung selbst einen durchgehenden und charakteristischen *Bedeutungswandel* erfahren. War einmal die Physik und Chemie zum Leitstern der biologischen Forschung erklärt, so ließ sich bei jener „Bildung und Umbildung organischer Gestalten", wie Goethe sie gelehrt hatte, nicht stehen bleiben. Was im Gedanken der Pflanzenmetamorphose erschaut worden war, das sollte jetzt empirisch begründet und experimentell bewiesen werden. Immer deutlicher vollzieht sich damit der Übergang von der ‚idealistischen' zur *experimentellen Morphologie*. Durch *Hofmeister's* Entdeckung des Generationswechsels wurde eine ganz neue Auffassung der Entwicklung begründet. Jetzt erst wurde eine einheitliche Auffassung der geschlechtlichen Fortpflanzung durch das gesamte Pflanzenreich möglich[90]. Zugleich zeigte sich damit in methodischer Hinsicht deutlich die Überordnung der Entwicklungsgeschichte über die Systematik. Wenn der Entwicklungsgang von Pflanzen, die man, wie die Samenpflanzen und die Gefäßkryptogamen, für durchaus voneinander verschieden angesehen hatte, eine so weitgehende Übereinstimmung aufwies, wie es nach Hofmeisters Beobachtungen der Fall war, so zeigte sich damit, daß die sichtbaren Merkmale für sich allein zur Erfassung der wirklichen Verwandtschaftsbeziehungen nicht ausreichten, sondern daß man zu anderen Kriterien greifen mußte, die allein der Entwicklungsgeschichte zu entnehmen waren[91]. Mit dieser Fragestellung sah sich die Biologie genötigt, die ‚rein passive' Naturbeobachtung aufzugeben; sie mußte versuchen, die Phänomene hervorzubringen, statt sie lediglich zu beschreiben[92]. Dies liegt weit ab von den Erkenntniszielen der ‚idealistischen Morphologie'; denn diese war mit Goethe davon überzeugt, daß sich der Natur „mit Hebeln und mit Schrauben" ihr Geheimnis nicht abzwingen lasse. Die konsequente Durchführung dieser Anschauung hat C. v. *Goebel* in seiner „Organographie der Pflanzen" ver-

---

[89] Schleiden, Grundzüge, S. 107.
[90] W. *Hofmeister,* Vergleichende Untersuchungen der Keimung höherer Kryptogamen, Leipzig 1851; Näheres bei *Sachs,* Geschichte der Botanik, S. 214 ff.
[91] Näheres bei *C. v. Goebel,* Einführung in die experimentelle Morphologie, Leipzig 1908, S. 2; und: Die Grundprobleme der heutigen Pflanzenphysiologie, Biolog. Zentralblatt XXV (1905), S. 66.
[92] Vgl. C. v. *Goebel,* Einführung, S. 25.

sucht. Er geht davon aus, daß man die ‚Metamorphose', wenn sie ein wirklich fruchtbares Erkenntnisprinzip sein solle, als eine nicht nur ideelle, sondern reelle, als eine nicht nur gedachte, sondern wirkliche Umbildung auffassen müsse[93]. Aber diese Umbildung verstehen wir nur dann völlig, wenn wir lernen, sie nachzuahmen, d. h. wenn wir die Lebensformen, statt sie zu betrachten, aktiv erzeugen können. Das Ideal der ‚*Encheiresis naturae*', das Goethe abgelehnt und verspottet hatte, soll jetzt zu voller und strenger Wahrheit werden. Von einem der Forscher dieser Richtung, G. *Klebs*, sagt Schaxel, daß seine Versuchsergebnisse an das mechanistische Ideal eines Ingenieurs des Organischen erinnern. Er erklärt, daß bei dem heutigen Zustande der kausalen Morphologie die Hauptaufgabe darin bestehe, „durch die Kenntnis der Bedingungen möglichst viele Gestaltungsvorgänge der Pflanze *willkürlich* herbeizuführen"[94]. Hier ist, wie man sieht, die Entwicklungsgeschichte nicht mehr, wie bei Schleiden, eine ‚Maxime' der Forschung; sie baut sich vielmehr auf dem Dogma des strengen Mechanismus auf. Aber die Hoffnung, daß diesem Dogma die Zukunft der Biologie gehören werde, hat sich nicht erfüllt. Vielmehr hat gerade diese Auffassung dazu beigetragen, eine Reaktion hervorzurufen, durch die die These von der „Autonomie des Lebens", die Klebs bekämpft, wiederhergestellt und mit neuen Beweismitteln gestützt werden sollte. Aber bevor wir auf die Darstellung dieser Bewegung eingehen, müssen wir uns noch einer anderen Problemgruppe zuwenden. Die experimentelle Morphologie hat ihre Auffassung vor allem im Kreis der Ontogenese durchgeführt, und ihr Grundbegriff der ‚Metamorphose' ist im wesentlichen ontogenetisch orientiert und definiert[95]. Eine andere Wendung mußte das Problem nehmen, sobald nicht nur phylogenetische Betrachtungen hinzutraten, sondern sobald man in ihnen das eigentliche Zentrum aller biologischen Forschung überhaupt zu sehen begann. Mit dieser Verschiebung des Schwerpunkts des Systems der biologischen Erkenntnis erhält auch jeder Einzelbegriff gewissermaßen einen neuen Akzent. Den ersten Auftakt zu diesem Umbildungsprozeß bildet Darwins Werk über die ‚*Entstehung der Arten*' (1859), mit dem somit nicht nur die empirische Forschung, sondern auch die *Logik der Biologie* in ein neues Stadium tritt.

---

[93] C. v. *Goebel*, Organographie der Pflanzen, Teil I, Jena 1898, S. 4.
[94] G. *Klebs*, Willkürliche Entwicklungsänderungen bei Pflanzen, Jena 1903, vgl. Schaxel, Grundzüge der Theorienbildung, S. 49.
[95] Vgl. z. B. *Goebel*, Organographie der Pflanzen, S. 8.

VIERTES KAPITEL

Der Darwinismus als Dogma und als Erkenntnisprinzip

Der Kampf um den Darwinismus als *Weltanschauung*, der so lange Zeit mit äußerster Erbitterung geführt wurde, ist heute verstummt. Man erwartet vom Darwinismus nicht mehr, daß er mit einem Schlage alle Fragen der Biologie beantworten könne; noch weniger sieht man in ihm den Schlüssel, der uns die Tore der Metaphysik öffnen und uns damit den Zugang zur Lösung aller 'Welträtsel' eröffnen soll. An die Stelle des enthusiastischen Überschwangs, mit dem er bei seinem Erscheinen von seinen ersten Aposteln begrüßt wurde und an Stelle der leidenschaftlichen Ablehnung, der er begegnete, ist schon lange die ruhige Kritik getreten. Wenn diese Kritik sich darum bemüht, den *Inhalt* der Darwinistischen These von der besonderen, zeitlich-bedingten *Form* zu unterscheiden, in der sie zuerst hervorgetreten ist, so mußte sie hierbei ihr Augenmerk vor allem auch auf die *methodische* Seite des Problems legen. Hier handelt es sich nicht darum, welchen Zuwachs an materialen Einsichten uns der Darwinismus gebracht hat, sondern in wie fern und in wie weit sich durch ihn *der Begriff und die Aufgabe des biologischen Wissens* gewandelt hat. *Haeckel* liebt es, die biologische Reform Darwins mit der kosmologischen Reform zu vergleichen, die Copernikus, drei Jahrhunderte früher, gelungen war. Er sieht eines ihrer Hauptverdienste darin, daß durch sie der letzte Rest der anthropozentrischen Anschauung aus der Wissenschaft entfernt und diese zu einem wahrhaft universalen Standpunkt erhoben worden sei[96]. Hier wird somit der Nachdruck nicht sowohl auf den Lehrbestand, auf ein einzelnes *Theorem* gelegt, als vielmehr auf den Umstand, daß durch Darwin das allgemeine *Bezugssystem* der biologischen Erkenntnis sich gewandelt habe. Besteht dieser Anspruch zu Recht — und worin müssen wir das Wesentliche dieser Umbildung sehen? —

Die Art, in der Darwin seine Lehre gefunden und in der er sie begründet und dargestellt hat, ist ein Musterbeispiel echt induktiver Forschung und Beweisführung. Für die Logik der Induktion würde *Darwins 'Entstehung der Arten'* auch dann ein klassisches Werk bleiben, wenn man lediglich seine Form berücksichtigt. Den Ausgangspunkt für Darwins These haben ganz bestimmte konkrete Einzelbeobachtungen gebildet, die Darwin, im

---

[96] Vgl. z. B. *Haeckel*, Natürliche Schöpfungs-Geschichte (1867/68), 9. Auflage, Berlin 1898, S. 17, 35 u. ö.

Alter von 22 Jahren, während einer Forschungsreise an Bord des Beagle gemacht hat. Drei Klassen von Erscheinungen fielen ihm besonders auf: die Art und Weise, in welcher nahe verwandte Species einander vertreten und ersetzen, wenn man in Südamerika vom Norden nach Süden geht, die nahe Verwandtschaft derjenigen Species, welche die Südamerika nahe gelegenen Inseln bewohnen, und derjenigen, die diesem Festlande eigentümlich sind und schließlich die nahe Beziehung der lebenden zahnlosen Säugetiere und Nagetiere zu den ausgestorbenen Arten. „Als ich über diese Tatsachen nachdachte und einige ähnliche Erscheinungen damit verglich," — so berichtet Darwin in einem Brief an Haeckel — „schien es mir wahrscheinlich, daß nahe verwandte Species von einer gemeinsamen Stammform abstammen könnten. Aber einige Jahre lang konnte ich nicht begreifen, wie eine jede Form so ausgezeichnet ihren besonderen Lebensverhältnissen angepaßt werden konnte. Ich begann darauf systematisch die Haustiere und die Gartenpflanzen zu studieren und sah nach einiger Zeit deutlich ein, daß die wichtigste umbildende Kraft in des Menschen Zuchtwahl-Vermögen liege, in einer Benutzung auserlesener Individuen zur Nachzucht... Als ich dann durch einen glücklichen Zufall das Buch von *Malthus* ‚Über die Bevölkerung' las, tauchte der Gedanke der natürlichen Züchtung in mir auf"[97]. Aber es vergehen über zwei Jahrzehnte, ehe dieser Gedanke für Darwin selbst so feste und sichere Form gewonnen hat, daß er öffentlich mit ihm hervortritt. Er verlangte von ihm, daß er zuvor seine empirische Probe nach allen Seiten hin bestanden hatte. In geduldigster Kleinarbeit führt er diese Probe durch. Wir sehen beim Studium seines Buches, wie er gewissermaßen einen Stein nach dem anderen zusammenträgt, ihn sorgfältig auf seine Festigkeit untersucht, ihn mit anderen verbindet und zusammenfügt, bis schließlich das gesamte Gebäude vor uns steht. Dabei wird jedes Einzelargument der sorgfältigsten empirischen Kritik unterworfen. Jeder mögliche Einwand wird gehört und zu widerlegen gesucht. Der Hypothese und der mittelbaren Schlußfolgerung wird ein weiter Raum gewährt, und oft scheint sie sich kühn über alles faktisch-Beobachtbare zu erheben. Aber der Verpflichtung, alle Einzelelemente der Theorie immer und immer wieder an den Tatsachen zu bewähren, bleibt Darwin sich in jedem Augenblick bewußt. Erst am Schluß dieser nie abbrechenden Detailarbeit glaubt er auf festem und sicherem Boden zu stehen. Er spricht noch immer mit großer Zurückhaltung und er erlaubt sich keine spekulativen Ausblicke. Aber am Schluß des Werkes spüren wir auch bei ihm die tiefe innere Befriedigung darüber, daß es der Wissenschaft nunmehr gelungen sei, den Ursprung der Arten diesem „Geheimnis der Geheimnisse", auf die Spur zu kommen. „So geht aus dem Kampfe der Natur, aus Hunger und Tod unmittelbar die Lösung des höchsten Problems hervor, das wir zu fassen vermögen, die Erzeugung immer höherer und vollkommenerer Tiere. Es ist wahrlich eine großartige Ansicht, daß der Schöpfer den Keim alles Lebens, das uns umgibt, nur

---

[97] Brief Darwins an Haeckel vom 8. Oktober 1864; s. *Haeckel*, Natürl. Schöpfungsgeschichte, S. 119 f.

wenigen oder nur einer einzigen Form eingehaucht hat, und daß, während unser Planet den strengsten Gesetzen der Schwerkraft folgend sich im Kreise geschwungen, aus so einfachem Anfange sich eine endlose Reihe der schönsten und wundervollsten Formen entwickelt hat und noch immer entwickelt"[98].

Haeckels ,Generelle Morphologie der Organismen' (1866) und seine ,Natürliche Schöpfungsgeschichte' (1868) sind von dem Erscheinen von Darwins Werk nur durch wenige Jahre getrennt. Das Ziel, das beide Werke sich stellen, besteht in nichts anderem, als den Schlußstein zu dem Gebäude zu liefern, das Darwin errichtet hat. Haeckel glaubt der Fortsetzer Darwins und der getreueste seiner Schüler zu sein. Aber in seiner Auffassung und in seiner Verteidigung der „natürlichen Schöpfungsgeschichte" gewinnt die These Darwins zwar nicht inhaltlich, wohl aber methodisch ein völlig anderes Gesicht. Alle kritischen Zweifel, alles vorsichtige Abwägen von Gründen und Gegengründen ist verschwunden. ,Entwicklung' — so erklärt Haeckel im Vorwort zur „Natürlichen Schöpfungsgeschichte" — heißt von jetzt ab das Zauberwort, durch das wir alle uns umgebenden Rätsel lösen, oder wenigstens auf den Weg ihrer Lösung gelangen können. Aber wie Wenige haben dieses Losungswort wirklich verstanden, und wie wenigen ist seine weltumgestaltende Bedeutung klar geworden. Er selbst macht von diesem „Zauberwort" uneingeschränkten Gebrauch und er ist überzeugt, daß es kein Problem der menschlichen Erkenntnis gibt, das ihm widerstehen kann. Der empirische Ursprung der Darwinschen Theorie wird zwar aufs stärkste hervorgehoben; aber in Haeckels eigenen Folgerungen scheint er bisweilen ganz vergessen. Nichts an der Theorie ist bloß hypothetisch oder wahrscheinlich; alles trägt den Charakter strenger apodiktischer oder ,mathematischer' Notwendigkeit. Selbst für die schwierigsten und die am meisten problematischen Momente der Theorie wird diese Art der Notwendigkeit behauptet. „Die Entstehung neuer Species durch die natürliche Züchtung, oder was dasselbe ist, durch die Wechsel-Wirkung der Vererbung und Anpassung im Kampfe um's Dasein, ist *eine mathematische Natur-Notwendigkeit,* welche keines weiteren Beweises bedarf"[99]. Die Abstammungslehre lehrt uns nicht nur das Ganze der Lebenserscheinungen vollständig kennen, sondern sie gibt auch auf alle Fragen nach dem ,Warum' dieser Erscheinungen eine befriedigende Antwort. Und zwar sind diese Antworten rein mechanisch-kausaler Natur; sie weisen lediglich natürliche, physikalischchemische Kräfte als die Ursachen von Erscheinungen nach, die man früher gewohnt war, der unmittelbaren Einwirkung übernatürlicher, schöpferischer Kräfte zuzuschreiben[100].

In dieser Ausschaltung und Überwindung jeder Art von ,teleologischer' Betrachtung sieht Haeckel die eigentliche Befreiungstat Darwins, die er mit

---

[98] *Darwin,* Entstehung der Arten, deutsche Übersetzung von J. V. Carus, 7. Aufl., Stuttgart 1884, S. 564 f.
[99] *Haeckel,* Natürl. Schöpfungs-Geschichte, S. 149 f.
[100] ibid. S. 95.

der Tat des *Copernikus* vergleicht. Jetzt erst wird eine Naturbetrachtung möglich, die alle anthropomorphen Züge abgestreift hat. Der Zweckbegriff ist aus jenem letzten Schlupfwinkel vertrieben, aus dem ihn auch Kants Kritik nicht zu vertreiben vermochte. Der „Newton des Grashalms", dessen Möglichkeit Kant bestritt, ist in Darwin wirklich erschienen: und seine Selektions-Theorie hat die Aufgabe tatsächlich gelöst, die Kant für absolut unlösbar hielt[101]. Vom Standpunkt der Erkenntniskritik müssen sich hier freilich sofort eine Reihe weiterer Fragen aufdrängen. Daß Haeckels *Naturphilosophie* dem Anthropomorphismus und Anthropozentrismus nicht entsagt hat, sondern ihn vielmehr aufs entschiedenste vertritt und verkündet, ist ersichtlich. Denn überall wird hier der „Sinn" des Naturgeschehens dadurch zu fassen und zu verstehen gesucht, daß dieses Geschehen auf letzte „physische" Ursachen zurückgeführt wird. Die mechanische Erklärung der Lebenserscheinungen, die Haeckel als den wesentlichen Vorzug und den eigentlichen Triumph der Selektions-Theorie ansieht, bricht damit in sich selbst zusammen. Denn sie kann nur dadurch durchgeführt werden, daß diese Erscheinungen statt aus der Materie abgeleitet zu werden, vielmehr fertig in sie *hineingelegt* werden. Der ‚Monismus' Haeckels ist naiver Hylozoismus: denn alle ‚Kräfte', die rein physikalisch-chemischen wie die organischen, werden hier aus der Urpotenz des Lebens abgeleitet. Das tritt besonders deutlich in den späteren Schriften Haeckels zu Tage, die mehr und mehr auf die biologische Empirie Verzicht leisten und sich statt dessen auf die „psychologische Einheit der organischen Welt" berufen, deren Anerkennung als der großartigste Fortschritt gepriesen wird, welchen die Psychologie in der zweiten Hälfte des 19. Jahrhunderts mit Hilfe der Entwicklungslehre gemacht hat[102]. Aber schon im Jahre 1875 hatte Haeckel seine Lehre von den ‚Zellseelen und Seelenzellen' und seine Lehre von der ‚Perigenesis der Plastidule' entwickelt, nach welcher die Erblichkeit als das „Gedächtnis der Plastidule", die Variabilität als die „Fassungskraft der Plastidule" bezeichnet wird[103].

Der Rückfall in den Anthropomorphismus konnte nicht deutlicher und nicht schlagender bewiesen werden. Der Fortschritt, den Darwin erzielt hatte, wird damit fast rückgängig gemacht; denn auch die Entwicklungs-Lehre selbst erscheint jetzt eher im Lichte der Lamarck'schen als in dem der Darwin'schen Auffassung. *Lamarck* ging in der Aufstellung seiner Lehre überall von psychologischen Kategorien aus. Die Veränderungen in der organisierten Welt sind nach ihm dadurch bedingt, daß sich in ihr bestimmte *Bedürfnisse* herausbilden und daß diese die Funktionen des Organismus in eine bestimmte Richtung lenken. Und die neue Funktion führt schließlich zur Ausbildung eines neuen Organs[104]. Die Teleologie ist damit

---

[101] ibid. S. 95.
[102] Vgl. *Haeckel*, Die Welträtsel, Bonn 1899, Kap. 7.
[103] Die Perigenesis der Plastidule (1875); Zellseelen und Seelenzellen (1878).
[104] Vgl. *Lamarck*, Philosophie zoologique, Paris 1809, S. 5 ff.

nicht ausgeschaltet, sondern sie ist zum höchsten Erklärungsprinzip erhoben, das sich geradezu an die Stelle der Kausalität setzt und die weitere Kausalforschung entbehrlich macht. Es entsteht jener Typus der „teleologischen Mechanik", den *Pflüger* in den Satz zusammengefaßt hat, daß „die Ursache jedes Bedürfnisses eines lebenden Wesens zugleich die Ursache der Befriedigung des Bedürfnisses ist"[105]. Die spätere Ausbildung des *Psycho-Lamarckismus* hat dieses Prinzip auf die Spitze getrieben. Sie lehrt, daß alle Zwecktätigkeit, die wir in der organischen Welt vorfinden, nicht nur auf psychische, sondern auch auf „intelligente" Faktoren zurückgeht. „Es können sich nicht *mehrere* Prinzipien in die Aufgabe teilen, das Zweckmäßige zu erklären, sondern wir müssen einsehen, daß Zweckmäßigkeit überhaupt nur durch ein urteilendes Prinzip zustande gebracht werden kann, und daß durch die Annahme eines solchen alle anderen theoretischen Versuche als Pseudo-Teleologien eliminiert werden müssen". Hier wird demnach der ‚Animismus' nicht nur verteidigt, sondern es wird erklärt, daß eine „logische Nötigung" zu ihm bestehe, da eine Erscheinung von rationalem Charakter immer nur erklärt werden könne, wenn wir ihr eine „vernünftige Ursache" unterlegen[106]. Eine Teleologie ohne Psychologie wird demgemäß nicht nur abgelehnt, sondern als ein widersprechender Begriff, eine *contradictio in adjecto* erklärt: denn „die Verknüpfung verschiedenartiger Empfindungszustände in einem Subjekt ist die Bedingung alles Urteils und Urteil die Bedingung aller Teleologie"[107]. Verfolgt man die Literatur des Darwinismus, so stößt man, auch bei überzeugten Anhängern desselben, immer wieder auf ähnliche Anschauungen, wenngleich sie nicht in so unverhüllter Form geäußert werden. So erklärt z. B. *Boveri*, daß die bloße ‚Zufallstheorie' für die Erklärung der Entstehung und Erhaltung des Zweckmäßigen nicht ausreiche, sondern daß man die ‚Lust' an dem erreichten Zweckmäßigen und das ‚Streben', an ihm festzuhalten, hinzunehmen müsse: „es muß im Organismus eine Empfindung angenommen werden für die bestimmte Verwendbarkeit einer ihm vom Zufall dargebotenen Eigenschaft"[108].

Derartige Rückfälle in den Lamarckismus hätte Darwin selbst sicher nicht gutgeheißen. Denn obwohl er Lamarck als seinen Vorläufer anerkennt, lehnt er doch dessen Naturphilosophie aufs schärfste ab. In einem Brief an Hooker erklärt er die „Tendenz zur Entwicklung", wie Lamarck sie gefaßt habe, für reinen Unsinn[109]. Bei ihm scheint daher voller Ernst mit der Ausschaltung der Teleologie gemacht zu sein. Aber wenn wir die Frage im *erkenntniskritischen* Sinne stellen, so müssen wir uns zunächst darüber klar sein, welche *Art* von ‚Zweckerklärung' es ist, die in der Theorie Darwins verworfen wird und die durch etwas Anderes und Besseres ersetzt werden

---

[105] *Pflüger*, Die teleologische Mechanik der lebenden Natur, Archiv für die gesamte Physiologie XV (1877), S. 76.
[106] S. August *Pauly*, Darwinismus und Lamarckismus, München 1905, S. 16 ff.
[107] ibidem, S. 145, 163.
[108] *Boveri*, Die Organismen als historische Wesen, Würzburg 1906, S. 9, 25 ff.
[109] Vgl. *Nordenskiöld*, Biologiens historia, III, 238.

soll. Bei Haeckel wird es immer wieder so dargestellt, als ob alle Vor-Darwin'sche Biologie an Stelle der wirkenden Ursachen die Zweckursachen gesetzt habe und daher bei bloß scheinbaren Erklärungen stehen geblieben sei. Aber schon ein Blick auf das historische Material zeigt uns, wie wenig diese Auffassung zutrifft. Seit Kants „Kritik der Urteilskraft" und seit seiner Kritik des „physiko-theologischen" Gottesbeweises war auch im Kreise der wissenschaftlichen Biologie jene naive Form der Teleologie, wie sie sich in der Popularphilosophie des 18. Jahrhunderts findet, erschüttert. Die Schwächen derselben waren lange vor Darwin erkannt. *Goethe* erkannte gerade in diesem Punkte freudig seine Übereinstimmung mit Kant, und er bezeichnete es als ein „grenzenloses Verdienst" desselben, daß er uns von den „absurden Endursachen" befreit habe[110]. „Die Vorstellungsart, daß ein lebendiges Wesen zu gewissen Zwecken nach außen hervorgebracht und seine Gestalt durch eine absichtliche Urkraft dazu determiniert werde, hat uns in der philosophischen Betrachtung der natürlichen Dinge schon mehrere Jahrhunderte aufgehalten, und hält uns noch auf, obgleich einzelne Männer diese Vorstellungsart eifrig bestritten, die Hindernisse, welche sie in den Weg legt, gezeigt haben ... Es ist, wenn man sich so ausdrücken darf, eine triviale Vorstellungsart, die eben deswegen, wie alle trivialen Dinge trivial ist, weil sie der menschlichen Natur im Ganzen bequem und zureichend ist"[111]. Auch im Kreise der Entwicklungsgeschichte war die Forderung der strengen Ursachenforschung lange vor Darwin zum Prinzip erhoben worden: *Schleiden* ging hier so weit, daß er auch die verwickeltsten Wechselwirkungen der Körper in Raum und Zeit, wie die organischen Phänomene sie uns zeigen, aus den einfachen Verhältnissen der körperlichen Abstoßungen und Anziehungen in die Ferne oder in der Berührung erklären wollte. Die Zurückführung der Erscheinungen auf mathematisch bestimmbare Gesetze der Bewegung sah er als das Ziel auch aller ‚beschreibenden' Naturwissenschaft an[112].

Daß der Zweck als eine selbständige Potenz, als eine eigene Naturkraft, die neben oder über den physikalisch-chemischen Kräften steht, ein ‚Fremdling in der Naturwissenschaft'[113] sei, war also seit der ‚Kritik der Urteilskraft' mehr und mehr anerkannt worden. Die eigentliche Frage, die der Entscheidung harrte, war fortan eine andere; sie bestand darin, ob die *Kategorie* der Zweckmäßigkeit als ein eigentümliches *Ordnungsprinzip* in der wissenschaftlichen Beschreibung und Darstellung der Lebenserscheinungen ihren Platz behaupten könne oder ob sie entbehrlich geworden sei und ein für alle Mal ausscheiden könne. Auf *diese* Frage aber gibt der Darwinismus keineswegs die Antwort, die man oft aus ihm herausgelesen hat.

---

[110] Goethe an Zelter, 29. Januar 1830; Briefe, Band 46, S. 223.
[111] *Goethe,* Versuch einer allgemeinen Vergleichungslehre; Naturwiss. Schriften VII, 217 f.
[112] Vgl. oben S. 162.
[113] S. Kritik der Urteilskraft, § 72.

Man mag es immerhin als sein eigentümliches Verdienst betrachten, daß er eine streng einheitliche *Ursachen-Erklärung* durchführt, daß er keinen besonderen Kreis der biologischen „Kausalität" neben oder über dem physikalisch-chemischen annimmt.

Aber daß er die Zweck-*Betrachtung* endgültig überwunden habe, daß es ihm gelungen sei, in der wissenschaftlichen Erforschung der Lebenserscheinungen von allen Zweck*begriffen* abzusehen, dies kann nicht behauptet werden, wenn man auch nur seine allgemeinste logische Struktur ins Auge faßt. In dieser haben die Zweckbegriffe ihren festen Platz; sie erweisen sich nicht nur als zulässig, sondern als schlechthin unentbehrlich. Nicht nur die Antworten, die der Darwinismus erteilt, sondern schon seine *Fragestellung* ist mit diesen Begriffen unlöslich verbunden. Begriffe wie ‚Anpassung' oder ‚Selektion', ‚Kampf ums Dasein' oder ‚Überleben des Passendsten' haben offenbar ein völlig anderes Gepräge und weisen, erkenntniskritisch betrachtet, ein anderes Gefüge auf als die Begriffe der mathematischen Naturwissenschaft. Der ständige Gebrauch, den der Darwinismus von diesen Begriffen macht und machen muß, würde schon für sich allein hinreichen, um zu beweisen, daß er, wenn er eine bestimmte Form der metaphysischen Teleologie bekämpft, damit der ‚*kritischen Teleologie*' keineswegs entsagt hat. Ja man kann sogar noch weiter gehen; man kann behaupten, daß keine frühere biologische Theorie dem Zweckbegriff eine solche Bedeutung beigemessen und ihn mit solchem Nachdruck vertreten hat, wie es im Darwinismus der Fall ist. Denn nicht nur einzelne, sondern schlechthin *alle* Erscheinungen des Lebens werden hier unter dem Gesichtspunkt ihres Leistungswertes für die Erhaltung des Organismus betrachtet. Gegenüber dieser einen Frage treten alle anderen in den Hintergrund. In der früheren Biologie war dies keineswegs der Fall. Die ‚idealistische Morphologie' richtete ihren Blick auf die *Gestalt* des Lebens und auf seinen *Gestaltenwandel*. Beides wollte sie rein intuitiv erfassen, ohne danach zu fragen, ob sich in ihm etwas wie eine bewußte Absicht oder eine immanente „Zielstrebigkeit" verrate.

Goethe wollte sich mit diesem „wahren Schein", mit diesem „lebendigen Spiel" der Bildung und Umbildung organischer Naturen begnügen; er suchte für ihn keinen anderen ‚Sinn' als denjenigen, der in ihm selbst liegt und der sich unmittelbar der Anschauung enthüllt. „Natur und Kunst" — so erklärt er — „sind zu groß, um auf Zwecke auszugehen, und haben's auch nicht nötig, denn Bezüge gibt's überall und Bezüge sind das Leben"[114]. Aus der Gesamtheit dieser ‚Bezüge', die das Leben kennzeichnet, löst der Darwinismus, einseitig und gewaltsam, nur *eine* Gruppe heraus. Er fragt nur nach dem, was für die Erhaltung des Individuums und für die der Art von Nutzen ist. Der Selektionswert wird zum eigentlichen, ja einzigen Kriterium erhoben, an dem sich die Bedeutung jeder Lebenserscheinung ablesen und aus welchem sich ihr Verständnis erst gewinnen läßt. In diesem Sinne haben die Kritiker des Darwinismus mit Recht hervorgehoben, daß

---

[114] An Zelter, 29. Januar 1830, Briefe 46, 223.

die Darwinisten, die sich rühmten, den Götzen der Zweckmäßigkeit gestürzt zu haben, in ihrer Grundauffassung des Lebens und in ihrer Begriffssprache die „allergrößten Teleologen" seien[115]. Im Bestreben, für jedes Organ und für jeden Charakter eine Nützlichkeit und einen Selektionswert herauszufinden, wurde man oft zu völlig haltlosen Hypothesen geführt[116]. Daß es eine selbständige, rein morphologische Betrachtung der Lebewesen gibt, die an ihnen ganz andere Bestimmungen und ganz andere ‚Bezüge' als die der Angepaßtheit und der Zweck-Verbundenheit erfaßt, wurde hierbei übersehen oder geleugnet. Auch hierbei hat indes Darwin selbst sich weit weniger dogmatisch als viele seiner Anhänger geäußert. Dem Hinweis *Naegelis*, daß gerade die wichtigsten morphologischen Merkmale der Pflanzen, die für die Charakterisierung der Gattungen, Familien, Ordnungen und Klassen unentbehrlich seien, keinen erkennbaren Nutzen für die Pflanze und also keinen Selektionswert besitzen[117], hat Darwin große Bedeutung beigemessen. In seinem Werk über die „Abstammung des Menschen" erklärt er im Hinblick auf Naegelis Bemerkung, daß er in den früheren Ausgaben der „Entstehung der Arten" der natürlichen Zuchtwahl wahrscheinlich zu viel zugeschrieben habe. Er gibt zu, daß er früher die Existenz vieler Strukturverhältnisse, welche, soweit wir es für jetzt beurteilen können, weder wohltätig noch schädlich zu sein scheinen, nicht hinreichend beachtet habe; ja er erklärt, daß dies „eines der größten Versehen" sei, die er bis jetzt in seinem Werk entdeckt habe. Merkwürdig genug begründet er hier diese seine Tendenz zur einseitigen Hervorhebung des Nützlichkeitsmoments damit, daß in ihm selbst der Glaube an die Teleologie noch zu stark gewesen sei: „ich bin nicht im Stande gewesen" — so sagt er — „den Einfluß meines früheren und damals sehr verbreiteten Glaubens, daß jede Species absichtlich erschaffen worden sei, vollständig zu beseitigen, und dies führte mich zu der stillschweigenden Annahme, daß jedes einzelne Strukturdetail, mit Ausnahme der Rudimente, von irgendwelchem speziellen, wenn auch unbekanntem Nutzen sei... Wenn ich daher auch darin geirrt haben sollte, daß ich der natürlichen Zuchtwahl eine große Kraft zuschrieb, was ich aber durchaus nicht zugebe, oder daß ich ihren Einfluß übertrieben hätte, so habe ich, wie ich hoffe, wenigstens dadurch etwas Gutes gestiftet, daß ich beigetragen habe, das Dogma einzelner Schöpfungen umzustoßen"[118].

[115] Vgl. Oskar *Hertwig*, Das Werden der Organismen, 3. Aufl., Jena 1922.
[116] Vgl. hierzu die Bemerkungen von *Ungerer*, Die Restitution der Pflanzen; ein System der teleologischen Begriffe in der Botanik, Berlin 1919, S. 247 und von Ludw. v. *Bertalanffy*, Theoretische Biologie, Bd. I, Berlin 1932, S. 14. — Daß die Darwinisten *praktisch* Teleologen waren, während sie theoretisch die Teleologie bekämpften und sie ihren Gegnern vorwarfen, wird auch von *Rádl* (Gesch. der biolog. Theorien, 2. Aufl., II, 556) betont.
[117] *Naegeli*, Entstehung und Begriff der naturhistorischen Art (1865).
[118] *Darwin*, Die Abstammung des Menschen und die geschlechtliche Zuchtwahl, Teil I, Kap. 2., S. Darwins Gesammelte Werke, übersetzt von J. V. *Carus*, Bd. V, Stuttgart 1875.

Diese Sätze sind wichtig; denn sie zeigen, mit welcher kritischen Klarheit Darwin selbst — im Gegensatz zu vielen seiner kritiklosen Anhänger — sein eigenes Werk beurteilt hat. Der Nachdruck lag schon für ihn auf der *Tatsache* der Evolution, nicht auf den besonderen Erklärungsgründen, die er für sie gegeben hatte. Diese Tatsache kann im vollen Umfange angenommen und zugestanden werden, ohne daß man damit die erkenntniskritischen und methodologischen Folgerungen ziehen muß, die der ältere Darwinismus gezogen hat[119]. Dieser war überzeugt, daß die *Phylogenie* alle anderen biologischen Fragestellungen verdrängt und überflüssig gemacht habe. Die Aufstellung von Stammbäumen erschien fast als das einzige Ziel, oder jedenfalls als das höchste Ziel aller biologischen Erkenntnis. Die bisherigen Teile des biologischen Systems, sowohl die ‚Biotaxie' wie die ‚Biophysik', haben im strengen Darwinismus ihren Eigenwert, ihre methodische ‚Autonomie' eingebüßt. Die älteren Systeme der Klassifikation der Naturformen hatte schon *Schleiden* als bloßes Handwerkszeug ohne selbständigen Erkenntniswert erklärt (vgl. oben S. 162). Jetzt lautet das Urteil über sie noch schärfer: man lehnt sie als unfruchtbare ‚Scholastik' ab. ‚Linné's Theorie' — so sagt J. *Sachs* in seiner Geschichte der Botanik — ‚ist ganz und gar eine Frucht der Scholastik, das Wesentliche in Darwins Deszendenztheorie aber liegt gerade darin, daß in ihr die Scholastik keinen Platz mehr findet'. Aus der figürlich angenommenen Verwandtschaft sei hier echte Blutsverwandtschaft geworden. Indem das „natürliche System" als bloßes Bild für den Stammbaum des Pflanzenreiches erkannt wurde, war damit das alte Problem gelöst[120]. Dieser Glaube an die Alleinherrschaft und an die Allmacht der Phylogenie ist durch die spätere Kritik mehr und mehr zerstört worden. Sie nahm die Tatsachen der Stammesgeschichte an; aber sie sah in ihr nicht länger das „Zauberwort", das dazu berufen sei, alle Probleme der Biologie zu lösen. Der Morphologie wurde nicht nur ihr Platz im System der Biologie eingeräumt, sondern es wurde betont, daß nur auf

---

[119] Die beste Darstellung von dem *modernen* Stand der Frage scheint mir auch in methodologischer und erkenntniskritischer Hinsicht das Buch von J. B. S. *Haldane*, The Causes of Evolution, London 1932, gegeben zu haben. Haldane nimmt die These der ‚Evolution' als eine rein historische These über die „Entstehung der Arten" in vollem Umfang an: ‚when one has made acquaintance with such series of related types' — so erklärt er — ‚any hypothesis other than evolution becomes fantastic' (S. 6 f.). Was die Frage nach den „Ursachen" der Evolution betreffe, so betont er, daß sie mit großer kritischer Vorsicht gestellt werden müsse. Dem Faktor der ‚Selektion' müsse eine bestimmte Mitwirkung zugestanden werden, wenngleich er keineswegs der einzige oder der allein-entscheidende sei. Auch läßt sich nach *Haldane* die Entwicklung nicht als eine einfache, geradlinig aufsteigende Reihe denken, die zuletzt im Menschen ihre Spitze und ihren Abschluß finde; es handelt sich vielmehr um ein Auf und Ab mit den mannigfachsten Peripatien, Rückgängen und Sackgassen. Die dogmatische ‚Fortschrittsidee' Haeckels und des älteren Darwinismus ist damit aufgegeben. ‚Degeneration' — so erklärt *Haldane* — ‚is a far commoner phenomenon than progress ... If we consider any given evolutionary level we generally find one or two lines leading up to it, and dozens leading down' (p. 152 f.).
[120] J. *Sachs*, Geschichte der Botanik, S. 12, S. 115 u. ö.

Grund strenger morphologischer Untersuchungen die Fragen der Entwicklungsgeschichte überhaupt gestellt und in Angriff genommen werden könnten. Die ‚Logik der Morphologie' gewann damit mehr und mehr an Bedeutung; sie wurde auch in philosophischer Hinsicht als selbständiges Problem empfunden und behandelt[121]. Auch solche Forscher, die durchaus an der phylogenetischen Fragestellung festhielten und die nachdrücklich betonten, daß es eine der wichtigsten Aufgaben der Biologie sein und bleiben müsse, den Weg aufzudecken, auf dem die Organismen zu ihrem heutigen Zustand gelangt sind, setzen sich jetzt für die strenge Aufrechterhaltung der methodischen Grenzen der einzelnen Forschungsrichtungen ein. Sie erklärten, daß „das morphologische Primat" durchaus gewahrt werden müsse, da nur unter dieser Bedingung die Naturbeschreibung so gestaltet werden könne, daß sie einen fruchtbaren Ansatz für entwicklungsgeschichtliche Untersuchungen bildet[122]. Die moderne experimentelle Morphologie war mit dem Darwinismus insofern völlig einig, als auch sie das Ziel der rein kausalen Erforschung der Vorgänge im Organismus als die wesentliche Aufgabe der Biologie betrachtet. Aber auch sie mußte, um ihre Fragestellung und ihr Verfahren zu bezeichnen, den spezifischen Unterschied gegenüber der phylogenetischen Betrachtung scharf herausarbeiten. ‚Unser Metamorphosenbegriff' — so sagt *Goebel* — ‚ist zunächst ein ontogenetischer und darum ein experimentell faßbarer und beweisbarer. Phylogenetische Betrachtungen können hinzutreten; aber daß es nicht berechtigt ist, lediglich im phylogenetischen Sinne von einer Metamorphose zu sprechen, zeigt schon die einfache Tatsache, daß die Metamorphose älter ist als die Deszendenztheorie, und sie würde auch bestehen bleiben, wenn die letztere aufgegeben würde'[123]. Zu den ersteren Ursachen des Geschehens kann uns gemäß dieser Auffassung die Phylogenie nicht führen; was sie bisher geleistet hat, gleicht nach Goebel mehr den Produkten dichterisch schaffender Phantasie als exakter Forschung, die mit sicheren Beweisen arbeitet[124]. Die These, die Haeckel in seiner ‚Generellen Morphologie' aufgestellt hatte, daß es keine andere Erklärung für die morphologischen Erscheinungen gebe als die wirkliche Blutsverwandtschaft der Organismen, war damit verlassen[125]. Die modernen Vertreter der Entwicklungslehre stellten Fragen, die man fast als ‚transzendentale' Probleme im Kantischen Sinne bezeichnen muß. Bevor sie an die Einzelarbeit herantraten, wollten sie untersuchen, „nach welchen genau zu fassenden Voraussetzungen und Prinzipien phylogenetische Forschung überhaupt möglich sei". Nur durch die Erledigung dieser Vorfrage glaubten sie,

---

[121] Die eingehendste Untersuchung dieses Problems hat Adolf *Meyer* in seiner Schrift: Logik der Morphologie im Rahmen einer Logik der gesamten Biologie, Berlin 1926, gegeben.

[122] Vgl. *Naef,* Idealistische Morphologie und Phylogenetik, S. 62 ff, S. 25 ff.

[123] *Goebel,* Organographie der Pflanzen (1898), S. 9.

[124] *Goebel,* Die Grundprobleme der heutigen Pflanzenphysiologie; Biol. Zentralblatt, 1905, S. 82.

[125] *Haeckel,* Generelle Morphologie (1866), II, 290 f.

die frühere „*naive Phylogenetik*" überwinden und die Entwicklungslehre zu einer Wissenschaft erheben zu können, die sich ihrer spezifischen Aufgaben und ihrer methodischen Grenzen bewußt ist[126].

Für das *Erkenntnisproblem* als Ganzes aber erhebt sich hier noch eine andere Frage, die uns nötigt, weit über das Gebiet der Biologie hinauszublicken. Wie war es möglich, daß im biologischen Denken des 19. Jahrhunderts die Entwicklungsgeschichte zu solcher Bedeutung und Geltung gelangt, daß eine Zeit lang alles andere neben ihr verschwand, — daß sie gewissermaßen alle anderen Interessen und Aufgaben in sich aufsog? War es nur die Wucht des empirischen Beweismaterials, das Darwin in seinem Werk vorgelegt hatte, was hierbei den Ausschlag gab? Man weiß, wie lückenhaft dieses Material anfangs war, und wie sehr uns noch heute die paläontologischen Funde im Stich lassen, wenn es gilt, die aufsteigende Reihe der Lebewesen zu rekonstruieren. Aber daß man sich über derartige Lücken schnell und gern hinwegsetzte, dazu trug ein anderer Zug bei, der tief in der Geisteshaltung und in der *allgemeinen Geistesgeschichte des 19. Jahrhunderts* begründet ist. Dieses Jahrhundert stellt die erste Begegnung und die erste prinzipielle Auseinandersetzung zwischen zwei großen Erkenntnisidealen dar. Das Ideal der mathematischen Naturwissenschaft, das das 17. Jahrhundert erfüllt und beherrscht hatte, steht nicht mehr allein. Seit Herder und seit der Romantik stellt sich ihm, immer energischer und bewußter, eine andere geistige Forschung und eine andere geistige Potenz entgegen. Zum ersten Male wird hier, von der Philosophie und von der Wissenschaft, der *Primat der historischen Erkenntnis* verkündet. Dem 18. Jahrhundert war das geschichtliche Denken als solches keineswegs fremd geblieben — und der traditionelle Vorwurf, daß es ein schlechthin ‚unhistorisches' Jahrhundert gewesen sei, ist nicht berechtigt[127]. Aber der eigentliche ‚Historismus' findet hier keine Stätte; er ist und bleibt fast völlig eine Schöpfung des 19. Jahrhunderts[128]. In *Hegels* System hat sich dieser Historismus die ihm gemäße metaphysische Begründung und Ausdrucksform zu geben gesucht. Diese neue Denkart dringt mit der Lehre Darwins auch in die Biologie ein. Es scheint auf den ersten Blick freilich seltsam, eine Verbindungslinie zwischen dem Entwicklungsbegriff Hegels und demjenigen Darwins ziehen zu wollen. Denn beide scheinen kaum mehr als die Namen gemein zu haben. Kann es einen größeren Abstand geben als den zwischen der Dialektik Hegels, die die Wirklichkeit aus der 'Selbstbewegung des Begriffs' entstehen läßt, und der Art, wie Darwin seine Lehre vorträgt und begründet? Aber ungeachtet dieses fundamentalen Unterschiedes hat eine der bekanntesten Darstellungen der Hegel'schen Philosophie nicht

---

[126] Naef, a. a. O., S. 2 ff.

[127] Näheres hierüber in meiner *Philosophie der Aufklärung,* Tübingen 1932, Kap. V, S. 263 ff.

[128] Über die Genesis des Historismus vgl. die ausgezeichnete Darstellung von Ernst Troeltsch, Der Historismus und seine Probleme, Tübingen 1922.

gezögert, Darwins Lehre ganz nahe an sie heranzurücken. Kuno Fischer hat seine große „Geschichte der neueren Philosophie" mit einer Darstellung des Hegel'schen Systems beschlossen, in dem er den Gipfelpunkt des philosophischen Denkens sieht. Er erklärt als Grundprinzip der Hegel'schen Lehre die „Idee der Weltentwicklung", und er will nachweisen, wie diese Idee seither nicht nur in der Philosophie, sondern auch in der Naturwissenschaft zum endgültigen Siege gelangt sei. Was Hegel als Denker begonnen, das habe Darwin als empirischer Forscher zu Ende geführt: beide seien Ausdruck und Zeugnis desselben Geistes, der kein anderer als der Geist des 19. Jahrhunderts selbst sei[129]. Diese These läßt sich freilich nur aufrecht erhalten, wenn man über alle Differenzen der systematischen Grundanschauung und der systematischen Begründung völlig hinwegsieht. Aber das eine ist in der Tat unverkennbar, daß durch die Darwinsche Theorie und durch das immer weitere Vordringen des Darwinismus dem historischen Denken eine ganz andere *Stellung* im Ganzen der Naturerkenntnis eingeräumt wurde, als es je zuvor der Fall gewesen war. Weder das Ideal der exakten Naturwissenschaft, wie es im 17. Jahrhundert ausgebildet wird, noch die idealistische Morphologie oder die Goethesche Metamorphosenlehre bieten hierzu ein Analogon. Die Historie steht plötzlich im Zentrum der Betrachtung: mit ihrer Hilfe glaubt man auch die Fragen der reinen Systematik und die der Physiologie lösen zu können. Was die Erkenntnis dieses Zusammenhangs bisweilen erschwert, ist die Tatsache, daß die Vertreter der neuen Anschauung sich keineswegs immer deutlich bewußt waren, an welchem Wendepunkt des naturwissenschaftlichen Denkens sie standen. Bei Darwin — so sagt *Rádl* in seiner „Geschichte der biologischen Theorien" — tritt zuerst der großartige Gedanke auf, „daß man durch keine noch so tiefe Analyse eines Tieres und durch keine noch so umfassende Vergleichung desselben mit anderen Formen sein Wesen begreifen könne, weil in ihm Spuren der Vergangenheit stecken, welche nur das historische Studium zu ermitteln im Stande ist". Aber man begriff den Sinn dieser neuen Lösung nicht. Wie Columbus nicht wußte, daß er einen neuen Erdteil entdeckt hatte, sondern in dem Wahne befangen war, nur einen neuen Weg nach bereits bekannten Ländern gefunden zu haben, so führte der Darwinismus nicht zur Begründung einer neuen Wissenschaft: der *historischen Morphologie*, sondern man übernahm die alte, indem man ihre Begriffe nur durch Entwicklung, ‚Kampf ums Dasein', Anpassung, Vererbung ‚erklärte' und phyletisch aufzuputzen suchte. Wesentliche Momente aller *eigentlichen* Geschichtsbetrachtung, wie die Chronologie, die exakte „Datierung", wurden hierbei ganz vernachlässigt[130]. Diese *methodische* Kritik des Darwinismus ist in der Tat nicht minder bedeutsam, als die inhaltliche Kritik, die viele

---

[129] *Kuno Fischer*, Geschichte der neueren Philosophie, Band VIII, Hegels Leben, Werke und Lehre. Erster Teil, Heidelberg 1901, S. 219 ff.
[130] *Rádl*, a. a. O., II, 327.

seiner Gegner an ihm geübt haben[131]. Eine der bekanntesten Leistungen des Darwinismus in erkenntniskritischer Hinsicht besteht darin, daß er dem naturwissenschaftlichen Denken gewissermaßen eine neue *Dimension* der Betrachtung erschloß. Er zeigte, daß die naturwissenschaftliche und die historische *Begriffsbildung* einander keineswegs entgegengesetzt sind, sondern daß sie einander ergänzen und einander bedürfen. Aber er konnte dem historischen Denken nur dadurch seinen Platz in der Naturwissenschaft anweisen und nur dadurch sein Recht erstreiten, daß er es in gewissem Sinne umbildete und umdeutete. Statt es in seiner spezifischen Bedeutung zu erkennen und anzuerkennen, wies er ihm Aufgaben zu, die seinem Wesen fremd sind und denen er nicht gewachsen war. Die historische *Beschreibung* sollte zugleich alle Dienste der ‚Erklärung' erfüllen: der Einblick in das *Werden* der Organismen sollte zugleich das Verständnis für alle Strukturprobleme der organischen Formen und für alle physiologischen Probleme eröffnen. In diesem Sinne erklärte z. B. *Boveri*, daß sich *alle* Eigenschaften des natürlichen Systems mit einem Schlage verstehen lassen durch die einzige Annahme, daß die systematische Verwandtschaft eine wahre Blutsverwandtschaft ist, und daß demgemäß die Deszendenzlehre „die endgültige Lösung des Mannigfaltigkeitsproblems" enthalte. Was hierbei übersehen wurde, ist, daß es in der Organismenwelt nicht *ein* Mannigfaltigkeitsproblem, sondern Mannigfaltigkeitsprobleme von sehr verschiedener Art und verschiedenem Typus gibt, und daß jedes derselben nach eigener Methode zu behandeln und zu lösen ist[132]. Daß die geschichtliche Betrachtung und Erforschung der Lebewesen innerhalb des Systems dieser Methoden einen eigenen und selbständigen Rang zu beanspruchen hat, daß auch ihr ein „Platz an der Sonne" der naturwissenschaftlichen Erkenntnis gebührt, konnte indes seit Darwins Lehre nicht mehr bestritten und nicht mehr vergessen werden. ‚Heute' — so durfte Boveri mit Recht sagen — ‚ist die Idee des historisch-Gewordenen gleichsam der Grundton, der das Denken des Biologen ständig begleitet; sie ist ihm ein ähnlicher überall anzulegender Maßstab, wie dem Physiker das Gesetz von der Erhaltung der Energie'[133].

Die Wandlung, die sich hier vollzogen hat, wird deutlich sichtbar, wenn man an jene Gestalt der Erkenntnislehre und der allgemeinen Wissenschaftstheorie zurückdenkt, die für das 18. Jahrhundert charakteristisch ist. Auch diese Theorie war keineswegs so einseitig rationalistisch orientiert, daß sie den Wissensanspruch des Historischen schlechthin verkannt oder geleugnet hätte. Auch der strenge Rationalismus, wie er uns z. B. im System *Christian*

---

[131] Für die inhaltliche Kritik, auf die in unserem Zusammenhang nicht eingegangen zu werden braucht, verweise ich insbesondere auf Oskar *Hertwig*, Das Werden der Organismen, auf Alb. *Wigand*, Der Darwinismus und die Naturforschung Newtons und Cuviers, 3 Bände, Braunschweig 1876 und 77, und auf *Gustav Wolff*, Beiträge zur Kritik der Darwinschen Lehre, 2. Aufl., Leipzig 1898; Leben und Erkennen, München 1933.
[132] Systematisches zur Frage der verschiedenen biologischen „Mannigfaltigkeitsprobleme" s. bei Adolf *Meyer*, Ideen und Ideale der biologischen Erkenntnis.
[133] *Boveri*, Die Organismen als historische Wesen, 1906, S. 9, S. 32.

Wolffs begegnet, gesteht dem Historischen sein relatives Recht zu. Jede wissenschaftliche Einzeldisziplin besteht nach Christian Wolff aus einem historischen und einem rationalen Teil. Der erstere enthält reine „Tatsachenwahrheiten", ‚*vérités de fait*' im Leibnizischen Sinne, der letztere führt diese auf allgemeine Vernunftwahrheiten zurück. Dort erhalten wir die Antwort auf die Frage nach dem ‚Daß', hier die Antwort auf die Frage nach dem ‚Warum'. In dem einen Falle handelt es sich darum, die empirischen Phänomene in ihrer Besonderheit, in ihrem Hier und Jetzt, zu erkennen; in dem anderen gilt es, sie aus ihrem zureichenden Grunde abzuleiten. Diese Auffassung war im 18. Jahrhundert auch in die Darstellung der Einzelwissenschaften eingedrungen und bildete für sie das feste methodische Gerüst. So betont z. B. *C. G. Ludwig* in seinem Lehrbuch der Botanik (1742), daß es zwei verschiedene Betrachtungsweisen der Naturkörper gebe: die eine, mehr äußerliche, die uns zu einer Einteilung derselben führt und eine andere, ins Innere dringende, die die Entstehung und Veränderung der Teile lehrt. Die erstere sei die *historische*, die letztere die *physische* Betrachtungsweise, so daß es demnach sowohl eine Geschichte als auch eine Physik der drei Naturreiche gebe[134]. Allgemein wird in der Wolffischen Schule die Botanik in drei Unterdisziplinen eingeteilt: eine historische, eine physikalische und eine medizinisch-ökonomische. Alle drei Zweige pflegen herbei als durchaus gleichwertig und koordiniert hingestellt zu werden[135]. Mit dieser Tradition hat der Darwinismus ein für alle Mal gebrochen. Das Historische, das bisher geduldet war, soll nun das ‚Rationale' ersetzen: denn es gibt keine andere vernunftgemäße Erklärung der organischen Welt, als die der Aufweisung ihrer Entstehung. Die Gesetze der *realen* Natur sind historische Gesetze; und nur durch ihre Entdeckung können wir dem bloßen logischen Schematismus entgehen und zu den ‚verae causae' der Phänomene zurückdringen.

Studiert man die biologische Literatur aus der zweiten Hälfte des 19. Jahrhunderts, so erkennt man freilich, daß sich der Übergang zu dieser neuen Auffassung und dieser neuen Bewertung des ‚Historischen' keineswegs so reibungslos vollzogen hat, wie es zunächst den Anschein hat. Gerade an wichtigen Wendepunkten der Entwicklung pflegt der alte Gegensatz immer wieder aufzubrechen. Mit besonderer Deutlichkeit können wir diesen Prozeß bei einem Forscher und Denker wie *Driesch* verfolgen. Denn Driesch entzieht sich von Anfang an der herrschenden „historischen" Strömung seiner Zeit. Er ist der typische Metaphysiker der Biologie, der auch in ihrem Gebiet im Grunde nur Antwort auf ihre *Seinsfragen*, nicht auf die Fragen des *Werdens* finden will. Demgemäß steht er der Geschichte als solcher nicht nur fremd, sondern auch feindlich gegenüber; und einen spezi-

---

[134] Christ. Gottl. *Ludwig*, Institutiones historico-physicae regni vegetabilis, Lips. 1742; Näheres zu Ludwigs System der Botanik s. bei *Tschulok*, Das System der Biologie, S. 25 ff.
[135] *Tschulok*, ibid., S. 28, 153.

fischen Wissenschaftswert vermag er ihr nicht zuzugestehen[136]. Weit entfernt, das Historische als ein Zentrum oder auch nur als eine gleichberechtigte Richtung biologischer Forschung anzuerkennen, kann er daher in ihm nur eine falsche Tendenz sehen, die er energisch bekämpft. „Es kann uns durchaus gleichgültig sein," — so erklärt er — „daß nun gerade die und die Formen auf unserer Erde realisiert sind und so aufeinander folgten, durchaus gleichgültig im Sinne der theoretischen allgemeinen Naturforschung, welcher der sich an bestimmte Orte und Zeiten knüpfende Begriff der Geschichte fremd ist"[137]. Die *vérités éternelles* treten hier wieder in voller Schärfe den bloßen ‚*vérités de fait*' gegenüber, über welche die Phylogenetik als solche nicht hinauszugelangen vermag. Aber an Gegenäußerungen gegen eine derartige Anschauung hat es nicht gefehlt; und man hat wieder versucht, den Wertmaßstab, der hier an das biologische Wesen angelegt wird, nicht nur zu bestreiten, sondern ihn auch in sein Gegenteil zu verkehren. „Ganz abgesehen davon" — so bemerkte z. B. *Bütschli* — „daß wir die Natur nicht nur deshalb studieren, um das gesetzliche Geschehen in ihr kennen zu lernen, sondern auch, um überhaupt zu wissen, worin wir denn leben und von was wir umgeben sind..., so läßt sich doch auch fragen: was interessieren uns denn eigentlich jene gesetzlichen Geschehenswissenschaften, welche meist als an sich wenig interessante mathematische Gleichungen erscheinen? Warum sind uns diese nicht gleichgültig? ... Was uns diese Gesetzlichkeiten nicht gleichgültig erscheinen läßt, ist doch eben gerade das, was wir aus ihnen zu folgern vermögen, sei es für unsere praktischen Zwecke, oder für das Verständnis der gegenwärtig in der Natur verlaufenden und der ehemals verlaufenen historischen Vorgänge. Ganz dasselbe würde auch für die experimentell festzustellenden Gesetze in der Entwicklungsphysiologie gelten; sie wären uns so weit nicht gleichgültig, sondern von höchstem Interesse, als sie uns das Begreifen der historisch gewordenen Organismenformen ermöglichten"[138]. Abermals stehen wir hier vor einer Alternative, wie sie uns immer wieder in der Geschichte begegnet und wie sie uns innerhalb der Biologie, auf einer anderen und früheren Stufe, im Streit zwischen *Cuvier* und *Geoffroy de Saint Hilaire* begegnet ist. Die Wissenschaft bleibt nicht bei der bloßen Beobachtung von Einzelphänomenen oder bei der bloßen Feststellung allgemeiner Gesetze stehen; sondern sie spricht im Namen eines bestimmten „Interesses der Vernunft", das sie vertreten will und das sie sich „zu Herzen nimmt". Derartige Streitigkeiten sind, wie Kant betont hat[139], keiner Entscheidung zugänglich, die das Recht des einen und das Unrecht des anderen Teiles feststellt. — Die kritische

---

[136] Über Driesch's ablehnende Haltung gegenüber allem ‚Historischen' vgl. *Troeltsch*, Der Historismus und seine Probleme, S. 663 ff, und Adolf *Meyer*, Logik der Morphologie, S. 64 ff.
[137] *Driesch*, Die Biologie als selbständige Grundwissenschaft, 1893, S. 27.
[138] *Bütschli*, Mechanismus und Vitalismus, Leipzig 1901, S. 53.
[139] Vgl. die oben zitierten Worte aus der „Kritik der reinen Vernunft" (S. 694 ff), s. oben S. 141 f.

Philosophie muß sich damit begnügen, statt einen Machtspruch zu Gunsten der einen Partei zu fällen, beide Interessen zu verstehen und zu wahren. Denn nur als *Dogmen* schließen sie einander aus, während sie als Erkenntnisprinzipien und Erkenntnisrichtungen nicht nur miteinander bestehen, sondern sich wechselseitig ergänzen und finden können. Im Streit um den Darwinismus ist die These der Entwicklungsgeschichte ebenso oft dogmatisch behauptet wie dogmatisch angegriffen worden — es hat lange Zeit gedauert, ehe man lernte sie als ‚Maxime' der Forschung, als regulatives Prinzip der biologischen Erkenntnis zu verstehen.

FÜNFTES KAPITEL

Die Entwicklungs-Mechanik und das Kausalproblem der Biologie

Die ersten Anhänger und Verkünder der Darwin'schen Lehre lebten in dem stolzen und frohen Glauben, daß es der menschlichen Erkenntnis endlich gelungen war, in ein Gebiet einzudringen, das ihr bisher, allen Anstrengungen zum Trotz, verschlossen geblieben war. Das Mysterium des Lebens schien nunmehr enthüllt und der Wunderglaube aus seiner letzten Zufluchtsstätte vertrieben. Die Lebensphänomene bildeten keinen „Staat im Staate" mehr; sie ordneten sich denselben strengen und ausnahmslosen Gesetzen unter, die für alle Naturerscheinungen galten. Nicht nur das „Mannigfaltigkeitsproblem", sondern auch das Kausalproblem der Biologie schien jetzt seine endgültige Lösung gefunden zu haben, und es war gelungen, beide aus denselben, überraschend einfachen Prämissen zu begreifen[140]. Was das Gravitationsgesetz für die Erkenntnis der anorganischen Welt bedeutet hatte, das bedeutete die Abstammungslehre für das Verständnis der organisierten Welt. Haeckel nahm, wie wir gesehen haben, für beide dieselbe „mathematische" Gewißheit in Anspruch[141].

Bisweilen schien es, als sei der rein induktive Charakter und Ursprung der Darwin'schen Lehre fast vergessen oder ganz in den Hintergrund gedrängt. In seiner ‚Geschichte der Botanik' sieht Julius Sachs den entscheidenden Fortschritt der Darwin'schen Lehre darin, daß es ihr zuerst gelungen sei, in der Variation und in der natürlichen Auswahl diejenigen Prinzipien zu entdecken, aus denen sich die Tatsachen der Biologie als „notwendige Wirkungen bekannter Ursachen" ergeben. Darwin habe nicht etwa bisher unbekannte Voraussetzungen eingeführt; er habe vielmehr „die wichtigsten und unumstößlichsten seiner Sätze ganz unmittelbar aus den Tatsachen des bis dahin aufgebauten natürlichen Systems und der Morphologie deduziert"[142].

Aber wie stand es mit dieser ‚Deduktion', wenn man nicht nur das Programm der Entwicklungslehre ins Auge faßte, sondern an die wirkliche Durchführung dieses Programms ging? Hatte Darwin das gelobte Land der exakten kausalen Erklärung der Lebenserscheinungen bereits betreten, oder

---

[140] Vgl. die Bemerkung *Boveris* oben S. 179.
[141] Vgl. oben S. 169.
[142] Näheres über diesen Prozeß bei W. *Johannsen*, Elemente der exakten Erblichkeitslehre, 2. Auflage, Jena 1913.

hatte er es nur von ferne her gesehen? Wie weit hier der Weg noch war, zeigte sich um so mehr, je mehr man sich der Analyse der Einzelphänomene zuwandte. Die Probleme der Erblichkeit mußten hier an erster Stelle stehen; denn von ihr hing das Schicksal der gesamten Lehre ab. Aber hier ergaben sich auch die ersten kaum zu überwindenden Schwierigkeiten. Als Darwin seine These aufstellte, galt die Vererbung erworbener Eigenschaften im Ganzen noch als eine gesicherte Tatsache. Für ihn war daher die Erblichkeit ein einfacher Übertragungsvorgang, durch welchen bestimmte persönliche Charaktere gewissermaßen den Nachkommen „aufgedruckt" werden sollten. Innerhalb des strikten Darwinismus ist diese Ansicht erst durch *Weismann* kritisiert und scharf abgelehnt worden, dessen eigene positive Anschauungen, besonders die Annahme spezieller Keimchen für verschiedene Organe und Gewebe sich jedoch als verfehlt erwiesen. Die moderne Erblichkeitslehre endete darum mit einer vollkommenen Zerstörung des herkömmlichen Erblichkeitsbegriffs[143]. Um zu einer wirklich exakten Erbforschung durchzudringen, deren Grund bereits durch *Galton* gelegt wurde, mußten die Voraussetzungen, auf die Darwin sich gestützt hatte, mehr und mehr abgebaut werden. Auf diesem Gebiet erwies sich nicht Darwin, sondern *Mendel* als der eigentliche Führer; aber seine Lehre blieb zunächst fast unbekannt und mußte erst um die Jahrhundertwende durch *Correns, Tschermak* und *de Vries* selbständig wiederentdeckt werden. Ein moderner Forscher auf diesem Gebiet bemerkt, daß dem Selektionisten, wenn er über die Mendelschen Gesetze nachdenke, „die Schuppen von den Augen fallen müßten; mit einem Schlage würde er die wahre Meinung von Typenfestheit, Variabilität und Mutation sehen, welche nicht mehr luftige Mysterien sind"[144]. Ehe hier eine wirklich strenge *Analyse* des Erblichkeitsvorgangs eingesetzt hatte, konnte dieser nur als ein undifferenziertes Ganzes erfaßt werden; aber eine solche Auffassung blieb weit von einer eigentlichen kausalen ‚Erklärung' entfernt. Die Erklärung bestand im Grunde in nichts anderem als in der Einführung eines besonderen Erblichkeits-‚Vermögens', das bedenklich an die alten ‚*qualitates occultae*' erinnerte. ‚Vererbungsfähigkeit' ist nach Haeckel eine Grundeigenschaft, die jedem Organismus zukommt. „Der Organismus vermag nicht allein auf seine Nachkommen diejenigen Eigenschaften, diejenige Gestalt, Farbe, Größe zu übertragen, die er selbst von seinen Eltern ererbt hat; er vermag auch Abänderungen dieser Eigenschaften zu vererben, die er erst während seines Lebens durch den Einfluß äußerer Umstände, des Klimas, der Nahrung usw. sowie durch Übung und Erziehung erworben hat"[145]. Gegenüber Weismanns Kritik behauptet Haeckel, daß die vergleichende Anatomie und Ontogenie, die Physiologie und Pathologie Tausende von Beweisen für die Vererbung erworbener Eigen-

---

[143] *Galton*, Hereditary Genius, its laws and consequences (1869), **Natural Inheritance** (1889).

[144] *Bateson*, Mendel's principles of heredity, Cambridge 1909; vgl. Johannsen, a. a. O., S. 540 f.

[145] *Haeckel*, Natürl. Schöpfungsgeschichte, 9. Aufl., S. 139 f.

schaften liefere[146]. Auch andere Darwinisten sprechen von dem „durch die alltägliche Erfahrung nachgewiesenen organischen Beharrungsvermögen der Vererbung"[147]. Erst der Übergang zu einer streng experimentellen Vererbungslehre hat gezeigt, wie wenig Beweiskraft in dieser Hinsicht der „alltäglichen Erfahrung" zukommt, und erst er hat den Weg zu strengen quantitativen Untersuchungsmethoden gebahnt[148].

Ehe dies gelungen war, hatte auf diesem Gebiet die Phantastik freien Spielraum; und die Phantastik wurde dadurch nicht gemindert, daß sie es liebte, statt der Sprache der älteren Naturphilosophie die Sprache der Physik und Chemie zu sprechen. In seiner ‚Perigenesis-Theorie' vom Jahre 1876 wollte Haeckel eine „mechanische Erklärung" der elementaren Entwicklungsvorgänge und besonders der Vererbung geben. Er nahm an, daß bei jedem Fortpflanzungsvorgang nicht allein die besondere chemische Zusammensetzung des Plasson oder Plasma vom Zeugenden auf das Erzeugte übertragen wird, sondern auch die besondere Form der Molekular-Bewegung, welche mit seiner physikalisch-chemischen Natur verknüpft ist. Dabei wurde zugleich die Plastidule als „beseelte Moleküle" angenommen und daß die Bewegung derselben (Anziehung und Abstoßung) ebenso mit Empfindungen (Lust und Unlust) verknüpft wird wie die Bewegungen der Atome, aus welchen sie zusammengesetzt sind[149].

Bei *solcher* Fortentwicklung von Darwins Lehre erscheint freilich die Behauptung Haeckels, daß erst der Darwinismus das „exakte Denken" in die Biologie gebracht habe[150], in einem eigentümlichen Licht. Die Reaktion konnte hier nicht ausbleiben — und sie führte zu einem in rein methodischer Hinsicht höchst merkwürdigen und bedeutsamen Ergebnis. Hatte man in der ersten Begeisterung, die die Abstammungslehre erweckte, angenommen, daß mit ihr das *Kausalproblem der Biologie* im wesentlichen erledigt, daß die Frage nach den Ursachen der Lebenserscheinungen gelöst sei — so brach sich jetzt mehr und mehr die Überzeugung Bahn, daß in der gewöhnlichen Fassung der Deszendenztheorie diese Frage noch nicht einmal *gestellt* worden sei, und daß man, um sie zu stellen, auf einen anderen Boden hinübertreten müsse.

Es ist das Verdienst der neuen Wissenschaft der ‚*Entwicklungsmechanik*', wie sie insbesondere von Wilhelm *Roux* begründet wurde, dieses Problem zuerst gesehen und auf einen scharfen Ausdruck gebracht zu haben. Hatte Haeckel behauptet, daß es Darwin gelungen sei, für die unendlich verwickelten Gestaltungen der organischen Welt „die wahren wirkenden Ursachen"

---

[146] ibid. S. 192.
[147] Vgl. *Boveri*, Die Organismen als historische Wesen, S. 11.
[148] Vgl. hierzu Baur, Einführung in die experimentelle Vererbungslehre, 4. Aufl., Berlin 1919, und V. *Goldschmidt*, Physiologische Theorie der Vererbung, Berlin 1927.
[149] *Haeckel*, Über die Wellenzeugung der Lebensteilchen oder die Perigenesis der Plastidule (1876); vgl. Natürl. Schöpfungsgeschichte, S. 200 f.
[150] Vgl. Die Einleitung zu Haeckels „Genereller Morphologie" (1866).

zu finden[151], so zögert Roux nicht, diese Behauptung in ihr Gegenteil zu verkehren. Er betont, daß uns, ungeachtet aller Fortschritte, die die Stammesgeschichte gemacht habe, noch gänzlich die Kenntnis der *Ursachen* der Entwicklungsvorgänge fehle, und daß wir, um diese Kenntnis zu erlangen, den Hebel an einer ganz anderen Stelle ansetzen müßten[152]. Denn es sei etwas völlig anderes, einen Vorgang in seinem zeitlichen Verlauf zu verfolgen und die einzelnen Phasen dieses Verlaufs unterscheiden zu können und ihn kausal zu begreifen. Hier handelt es sich, wie man sieht, nicht um die Betrachtung bloßer Tatsachenfragen — denn die empirische Gültigkeit der Darwinschen Lehre steht für Roux ebenso fest wie für Haeckel — sondern um die *erkenntniskritische* Frage, was wir unter dem Kausalbegriff zu verstehen haben und welches die Bedingungen seiner Anwendung im Gebiet der Biologie sind. Den Ausgangspunkt der Diskussion hatte hierbei das *biogenetische Grundgesetz* gebildet. Haeckel sah in dem Satz, daß die Keimes-Geschichte ein Auszug der Stammes-Geschichte ist, daß die Ontogenese eine kurze und schnelle Rekapitulation der Entwicklung des zugehörigen Stammes ist, keineswegs die bloße Feststellung eines Faktums, das durch empirische Beobachtung gesichert sei. Er nimmt für ihn eine Gültigkeit in Anspruch, die der der strengen physikalischen Gesetze, den allgemeinen Bewegungsgesetzen, nicht nachsteht. Das biogenetische Grundgesetz ist ihm das wichtigste allgemeine Gesetz der organischen Entwicklung[153]. Erst die spätere Beobachtung lehrte, daß von einer *exakten* Wiederholung der Stammesgeschichte in der Entwicklung des Individuums keine Rede sein kann. In seiner modernen ‚kritischen‘ Gestalt nimmt das ‚biogenetische Grundgesetz‘ eine viel verwickeltere Fassung an; es fehlt jeder Anlaß und jede Möglichkeit, in ihm etwas anderes als den Ausdruck einer empirischen Regelmäßigkeit zu sehen, die weit von jener ‚Notwendigkeit‘ entfernt ist, die Haeckel ihm zuschreiben wollte. ‚Es werden in der Ontogenese keine Endstadien von Ahnen wiederholt‘ — so sagt A. *Naef* — ‚und es gibt keine Palingenesis im Sinne von *F. Müller* und *Haeckel*, also auch keine Zänogenesis ... Das wäre, in neuer Formulierung, das sogenannte „biogenetische Grundgesetz", das natürlich kein Gesetz, sondern die Folge eines Gesetzes ist‘[154]. Gegen die Haeckel'sche Auffassung und Interpretation haben bereits *His* und *Goette* Einspruch erhoben. Beide machten einen scharfen Schnitt zwischen der phylogenetischen und der physiologischen Betrachtungsweise, und sie betonten, daß eine wirkliche kausale Erklärung der Tatsachen nur auf dem Wege der letzteren zu gewinnen sei. Die Entwicklung müsse als ein physiologischer Prozeß studiert werden; und sie sei erst dann im kausalen Sinne begriffen, wenn es gelänge, jedes spätere Stadium dieses Pro-

---

[151] Vgl. Haeckel, Natürl. Schöpfungsgeschichte, S. 5, 25 f. u. ö.
[152] W. *Roux*, Die Entwicklungsmechanik, ein neuer Zweig der biologischen Wissenschaft, Leipzig 1905, S. 4 f.
[153] Cf. Haeckels „Generelle Morphologie" und seine „Studien zur Gasträa-Theorie, 1877, S. 70.
[154] A. *Naef*, Idealist. Morphologie und Phylogenetik, S. 58 ff.

zesses gemäß bestimmten Gesetzen mit dem nächstvorhergehenden zu verknüpfen. In jedem Fall sei die physiologische Entstehung viel wichtiger als alle stammesgeschichtlichen Spekulationen[155].

Roux ist der Schüler Goettes und knüpft unmittelbar an ihn an. Aber er fühlt in viel stärkerem Maße das Bedürfnis und die Verpflichtung, die Forschungsmethode, auf die er sich stützt, nicht nur konkret zu gebrauchen, sondern sie sich auch in abstracto klar zu machen und ihre Stelle im Ganzen der Naturerkenntnis genau zu bestimmen. Daher kommt es bei ihm zu echten erkenntniskritischen Untersuchungen über den Begriff der biologischen „Kausalität" und über die Richtung, die die Ursachenforschung im Gebiet der Lebensphänomene einschlagen muß. Es erinnert an *Bacons* Begriff der ‚*dissectio naturae*', wenn Roux erklärt, daß die „Universalmethode des kausalen Anatomen", die wir der Biologie zu Grunde legen müssen, sich nicht auf den Gebrauch materieller Instrumente, auf die Anwendung des Messers wie des Farbstoffes oder des Maßes beschränken dürfe, sondern daß es nicht minder wichtig sei, die richtige „Geistesanatomie" zu treiben, die in der Anwendung des analytischen kausalen Denkens besteht[156]. Kraft dieser „Geistesanatomie" treten jetzt die beiden Momente, die im älteren Darwinismus unklar in eins verschwammen, scharf auseinander. Die Frage nach dem ‚Warum', nach dem διότι, scheidet sich streng von der nach dem bloßen ‚Daß'. Keine noch so vollständige Beschreibung eines Lebensphänomens oder keine noch so lückenlose Kenntnis seiner historischen Entstehung kann nach Roux einen sicheren Beweis für den ursächlichen Zusammenhang erbringen[157]. Hierfür muß vielmehr stets ein ganz anderes Verfahren eingeschlagen werden, für welches uns die exakte Physik das Vorbild abgeben kann. Der Physiker, der das Gesetz eines bestimmten Vorgangs erforschen will, kann nicht dabei stehen bleiben, diesen Vorgang als ein unzerlegtes Ganzes hinzunehmen. Wenn Galilei die Gesetze des freien Falls oder das Gesetz der Wurfbewegung finden will, so ist die erste Bedingung hierfür, daß es ihm gelingt, beide Phänomene nicht in derjenigen Form zu erfassen, in der sie sich der unmittelbaren Beobachtung darbieten, sondern sie statt dessen als Komplexe zu erkennen, die sich aus einfachen Bedingungen aufbauen. Jede dieser Bedingungen muß für sich studiert und in ihrer Gesetzlichkeit erfaßt werden, ehe wir daran gehen können, das Gesetz für den Vorgang als Ganzes auszusprechen. Diese „*resolutive und kompositive Methode*", wie die klassische Physik sie ausgebildet hatte[158], ist ersichtlich das

---

[155] W. *His*, Unsere Körperform und das physiologische Problem ihrer Entstehung, Leipzig 1874; A. *Goette*, Entwicklungsgeschichte der Unke, Leipzig 1874; über *His* und *Goette* als Vorläufer der ‚Entwicklungsmechanik' vgl. *Nordenskiöld*, Biologiens historia, III, 336 ff.
[156] W. *Roux*, Gesammelte Abhandlungen zur Entwicklungsmechanik, 2 Bände, Leipzig 1895; Bd. I, S. 23.
[157] *Roux*, ibid., Band II, S. 75.
[158] Zu Galileis ‚resolutiver' und ‚kompositiver' Methode vgl. Erkenntnisproblem, Band I, S. 381, 398, 409.

Vorbild, dem Roux in der Biologie nachstreben will. Nur auf diese Weise kann nach ihm der entscheidende Schritt getan werden, der die Biologie aus einer bloß historischen Disziplin in eine kausale Disziplin umgestalten kann. Die Kenntnis der direkten Ursachen des Entstehens kann uns immer nur das analytische Experiment vermitteln; aber diesem muß, wenn es fruchtbar sein soll, das analytische Denken vorangegangen sein. Die zahlreichen Einzelgestalten müssen auf eine mit der Zeit immer kleinere Minderheit gestaltender konstanter Wirkungsweisen zurückgeführt werden[159]. „Dem Anatomen, dem ‚Morphologen' kommt es zu, nach *voller* Kenntnis und Erkenntnis der organischen Formbildung zu streben und nicht willkürlich den Begriff des λόγος auf diesem Gebiete mit der Erörterung der Beziehungen zwischen individueller und phylogenetischer Entwicklung für erschöpft zu halten"[160]. *Bloße* Phylogenie kann nie die Erforschung der Ursachen ersetzen; vielmehr muß auf die Feststellung der Tatsachen die Untersuchung nach den bestimmenden kausalen Faktoren des Geschehens folgen. Die Entwicklungsmechanik will in diesem Sinne die Wissenschaft von den Bildungsursachen, von den *verae causae*, den einzelnen gestaltenden Kräften und deren Kombination sein. Die einzig sichere kausale Forschungsmethode ist die des analytischen Experiments. Wenn man das biogenetische Grundgesetz bereits für eine genügende Erklärung der embryonalen Bildungen gehalten habe, so liege hierin eine Verwechslung der Leistungen zweier ganz verschiedener Erkenntnisprinzipien[161]. Von der Physiologie, nicht von der Phylogenie erhofft Roux den „Newton der Biologie", an dessen Möglichkeit er nicht zweifelt, wenngleich er weit davon entfernt ist, mit Haeckel zu glauben, daß er in Darwin bereits erschienen sei. Dieser Newton werde die Bewegung des Gesamtorganismus aus der Bewegung der Teile aufbauen können — wobei er freilich nicht in der glücklichen Lage sein werde, diese Bewegung bloß auf drei Gesetze und zwei Komponenten zurückzuführen[162].

Es ist kein Zweifel, daß mit dieser analytischen Klärung des Problems in methodischer Hinsicht ein wichtiger Fortschritt erreicht war. Das ‚Historische' fiel nicht länger mit dem ‚Rationalen' schlechthin zusammen, sondern hob sich klar und deutlich von ihm ab. Die Frage, welchem der beiden Momente im Aufbau der Biologie der Vorrang gebührt, war damit freilich noch nicht entschieden. Der Behauptung des Primats der physiologischen und physikalischen Erklärungsweise vor den rein beschreibenden und historischen Methoden trat Oskar *Hertwig* scharf entgegen. Er erklärte, daß die Biologie ihres besonderen Charakters verlustig gehen und daß sie die spezifische Eigenart ihres Gegenstandes verleugnen würde, wenn sie einen solchen Primat anerkennen würde. Denn eben darin bestehe das Eigentümliche des

---

[159] *Roux,* a. a. O., II, 27, 32, 39.
[160] *Roux,* ibid., II, S. 50.
[161] ibid., II, 53 ff., 75 f.
[162] ibid., II, S. 29.

Organismus, daß er sich nicht als ein abstraktes Kräftesystem betrachten lasse, das sich in einzelne „Komponenten" zerlegen und aus diesen wieder aufbauen lasse. Wer in dieser Weise vorgeht, der hat nach Hertwig schließlich nur noch die Trümmer des Systems vor sich. Der Gegenstand der Biologie ist letzten Endes ein individuelles *Gebilde;* es ist die ‚Zelle' mit ihren ‚Anlagen'. Dieses Gebilde kann von uns nur vorgefunden werden; es kann dagegen nicht auf etwas anderes, Einfacheres zurückgeführt und in diesem Sinne kausal-analytisch ‚erklärt' werden. Der Versuch einer solchen Erklärung läuft zuletzt auf eine Selbsttäuschung hinaus. Die reine Deskription und die historische Betrachtung wird dabei nur scheinbar überwunden oder ausgeschaltet: der „kausale Forscher" tut vielmehr nichts anderes, als die Ergebnisse des deskriptiven Forschers in eine andere Sprache zu übersetzen und seinen durch Analyse gewonnenen Erscheinungen das Wörtchen ‚Kraft' unterzuschieben[163].

In diesem Streit zwischen ‚kausal-analytischer' und ‚deskriptiver' Methodik nimmt *Bütschli* eine vermittelnde Stellung ein. Er steht Roux insofern nahe, als er betont, daß eine wirkliche Einsicht in die Lebensvorgänge nicht durch die bloße Beobachtung oder Beschreibung, sondern nur durch die experimentelle Forschung zu gewinnen sei. Die Erkenntnis, daß die Eier und Samenfäden einfache Elementarorganismen oder Zellen sind, und die Erkenntnis, daß der Entwicklungsprozeß auf fortgesetzter Zellteilung beruhe, verdient nach ihm noch keineswegs den Namen eines strengen *Wissens* von den Lebensvorgängen. Zu einem solchen können wir vielmehr nur gelangen, wenn wir diese Vorgänge nicht nur in ihrem einfachen Ablauf anschaulich verfolgen, sondern wenn es uns gelingt, sie in der einen oder andern Weise experimentell hervorzurufen oder sie analogisch nachzuahmen. Auf diese Weise hat Bütschli die Struktur des Protoplasmas dadurch aufzuhellen gesucht, daß er künstlich anorganische „Schäume" herstellte, an denen er, als einer Art Modell, die Bewegungen des Protoplasmas studierte. An Vorgängen, die sich unter bekannten Bedingungen an unbelebtem, seiner Natur nach bekanntem Material abspielen und die mit den an den einfachsten Organismen beobachteten Prozessen mehr oder weniger übereinstimmen, suchte er den Verlauf der wirklichen Vorgänge zu verfolgen[164]. Aber Analogie ist freilich nicht Identität, und das Modell ist nicht die Sache selbst. Das Spezifische der Lebensvorgänge wird also durch solche Vergleiche, so lehrreich und fruchtbar sie sich auch erweisen mögen, nicht ausgelöscht. Es ergibt sich hieraus für Bütschli, daß wir die Frage, ob die kausal-analytische Methode oder die deskriptive Methode die für die Biologie angemessene sei, nicht mit einem einfachen Ja oder Nein beantworten können. Das Recht

---

[163] Oskar *Hertwig*, Mechanik und Biologie, (Zeit- und Streitfragen der Biologie, Heft 2) Jena 1897, S. 35 ff, S. 59.
[164] *Bütschli*, Mechanismus und Vitalismus, Leipzig 1901, S. 18, S. 62 ff, S. 93. — Zu Bütschlis Schaumtheorie s. seine Schrift ‚Untersuchungen über mikroskopische Schäume und das Protoplasma. Versuche und Beobachtungen zur Frage nach den physikalischen Bedingungen der Lebenserscheinungen', Leipzig 1892.

und die Pflicht der Forschung, jeden komplexen Lebensvorgang in seine elementaren Bedingungen zu zerlegen und jede derselben einzeln zu studieren, ist unbestritten. Dieser kausalen Analyse darf nirgends ein Halt geboten werden. Aber gerade wenn sie in voller Strenge durchgeführt wird, wird sie sich zuletzt an einen Punkt geführt sehen, an dem die analytische Betrachtung der rein deskriptiven Feststellung weichen muß. Denn jede entwicklungsmechanische Erklärung muß, wie Bütschli betont, von einem gegebenen Anfangssubstrat, dem befruchteten Ei und seinem besonderen Bedingungskomplex, ausgehen. „Wie aber erklärt sich gerade *dieser* Bedingungskomplex des befruchteten Eies? *Hier hört die rein entwicklungsmechanische Erklärung auf.* Denn dieses Ei und sein besonderer Bedingungskomplex ist etwas historisch Gewordenes und daher in seiner Besonderheit auch nur mit Berücksichtigung des historischen Werdegangs *der* Organismen zu verstehen, welche im Laufe der Erdgeschichte an seiner Hervorbringung mitgearbeitet haben". In diesem Sinne muß jede Kausalbetrachtung, jede Verfolgung des Zusammenhangs von Ursachen und Wirkungen innerhalb der biologischen Forschung immer mit der Anerkennung enden, die für das theoretische Verständnis beider unentbehrlich sind. Die beschreibende Entwicklungsgeschichte liefert eine Darstellung der formalen Änderungen; den Aufschluß über die wirkenden Ursachen oder Bedingungen, von welchen diese Änderungen abhängen, aber können wir nur der kausal-analytischen Betrachtung und dem Experiment, das wir auf Grund einer solchen durchführen, entnehmen[165].

Für das *Erkenntnisproblem* der Biologie ist damit insofern eine wichtige Klärung gewonnen, als eine strenge Scheidung zwischen zwei Faktoren durchgeführt ist, die im älteren Darwinismus durchweg miteinander vermischt worden waren. Das „Historische" beansprucht sein Recht in jeder Erklärung der Lebenserscheinungen; aber es behauptet nicht länger, diese Erklärung schon vollständig in sich zu schließen und alle Fragen nach dem ‚Warum' beantworten zu können. ‚Alle Naturwissenschaft' — so faßt *Naef* den Stand des Problems kritisch zusammen — ‚sucht die ihr vorliegenden Erscheinungen zu *erklären,* d. h. die Ursachen derselben aufzuzeigen. Zu einer vollständigen Erklärung von Naturtatsachen aber sind immer zwei Momente erforderlich, nämlich: 1. ein historisches, 2. ein dynamisches. Das historische Moment ist darin gegeben, daß jeder Zustand einen früheren, den „Vorzustand" zur Voraussetzung oder Ur-Sache hat; das dynamische besteht darin, daß es aus diesem Vorzustand durch Aktion von *Kräften* hervorgegangen ist, wobei wir voraussetzen, daß für die Überführung eines Zustandes in den folgenden, d. h. für die Kräfte, allgemeine *Naturgesetze* gelten'[166]. Der scharfe Unterschied zwischen diesen beiden Momenten kann offenbar nicht dadurch aufgehoben oder verwischt werden, daß man sich darauf beruft, daß ja im Grunde auch die Ansetzung physikalischer ‚Kräfte'

---

[165] *Bütschli*, Mechanismus und Vitalismus, S. 54, S. 66.
[166] *Naef*, Idealistische Morphologie und Biogenetik, S. 37.

nichts anderes als eine Beschreibung bestimmter Tatbestände ist. Hertwig hat sich, in seiner Auseinandersetzung mit Roux, darauf berufen, daß ja auch die *Mechanik*, in der dieser das Musterbild der echt kausalen Betrachtung sieht, keine eigentliche Erklärung der Bewegungserscheinungen, sondern, nach der bekannten Definition *Kirchhoffs*[167], nur eine ‚Beschreibung' derselben liefern könne[168]. Aber Roux durfte diesen Einwand mit Recht zurückweisen. Denn Kirchhoffs Begriffsbestimmung war nur dazu bestimmt, falsche *metaphysische* Erwartungen von der Mechanik abzuwehren und diese von der Frage nach den letzten ‚Gründen' der Phänomene, nach dem ‚Wesen' der bewegenden Kräfte zu befreien. Keineswegs sollte dabei der Begriff der ‚Beschreibung' so gefaßt werden, daß die Grenzen zwischen der mathematischen Darstellung eines Vorgangs und der einfachen Deskription, in der Art, wie sie der Biologe braucht, verwischt werden können. Die ‚Beschreibung' in Differentialgleichungen bleibt stets etwas anderes, als die rein anschauliche Wiedergabe bestimmter konkreter Tatbestände: die physikalische und die biologische Beschreibung gehören gewissermaßen verschiedenen Ebenen an. Roux bemerkt in diesem Zusammenhang, daß Kirchhoff, als er seine Definition der Mechanik gab, wohl nicht geahnt habe, welche Verwirrung in rein methodologischer Hinsicht er damit anrichten würde[169]. Aber der Streit, der hier ausgefochten wird, hat noch eine andere Seite und er weist in eine noch tiefere Schicht des Denkens zurück. Er ist der Ausdruck eines intellektuellen Kampfes, der sich nicht nur in der Biologie abspielt, sondern den wir durch die gesamte Geschichte der neueren Philosophie verfolgen können. Die moderne Philosophie begann, bei Bacon und Descartes, damit, daß sie den Menschen die Herrschaft über die Natur versprach. Bei Bacon soll es die Methode der Induktion sein, die ‚richtig ausgebaut, den Menschen in den Stand setzen wird, der Natur zu gebieten, indem er ihr gehorcht. Bei Descartes fällt der Mathematik die Führung zu. Weit entfernt, sich auf abstrakte Spekulationen über Figuren und Zahlen zu beschränken, wird sie die erste wahrhafte Erkenntnis der Wirklichkeit liefern und uns dadurch zu „Beherrschern und Besitzern der Natur" (*maîtres et possesseurs de la nature*) machen. Das Leben kann und wird sich dieser Herrschaft nicht entziehen; denn es enthält nichts, was sich der strengen Gesetzlichkeit der Mathematik und Mechanik entzieht. Wir bekommen es umso mehr in unsere Gewalt, je mehr es uns gelingt, es in seine einfachen Bedingungen zu zerlegen und aus ihnen gedanklich wieder aufzubauen. Die ‚Geistesanatomie', die Roux in der Biologie einführen will, ist nichts anderes als die Fortsetzung und Neubelebung dieses Baconisch-Cartesischen Erkenntnisideals. Aber ihm stand von alters her ein anderes gegenüber. Immer hat es im Kreise der Lebensforschung Geister gegeben, die sich gegen

---

[167] Vgl. oben S. 96.
[168] Vgl. *Hertwig*, Mechanik und Biologie, S. 45 ff.
[169] Vgl. *Roux*, ‚Für unser Programm und seine Verwirklichung' und Die Entwicklungs-Mechanik, ein neuer Zweig der biologischen Wissenschaft, Leipzig 1905 (Vorträge und Aufsätze zur Entwicklungsmechanik der Organismen, Heft 1).

diese ‚*dissectio naturae*' sträubten, weil sie glaubten, daß damit das Leben aus der Natur vertrieben werde und man zuletzt nur noch ihr Gerippe und ihren Leichnam in der Hand behalte. Das Leben — so erklärten sie — kann nicht in dieser Weise durch begriffliche Zerlegung erfaßt werden; es muß als Ganzes gesehen und gefühlt werden. Dem ‚Analytisch-Allgemeinen' trat das ‚Synthetisch-Allgemeine', dem ‚diskursiven' trat der ‚intuitive' Verstand gegenüber. Kant ist in den tiefsten Kapiteln der ‚Kritik der Urteilskraft' diesem Gegensatz nachgegangen und hat ihn in seinen letzten Gründen aufzuhellen gesucht[170]. Historisch hat er seine klassische Verkörperung im Verhältnis *Goethes* zu *Newton* gefunden. Goethe wollte diesen Geist der bloßen *Analyse* nicht nur aus der Biologie, sondern auch aus der Physik vertreiben. ‚Als getrennt muß sich darstellen' — so erklärt er — ‚Physik von Mathematik. Jene muß in einer entschiedenen Unabhängigkeit bestehen und mit allen liebenden, verehrenden, frommen Kräften in die Natur und das heilige Leben derselben einzudringen suchen, ganz unbekümmert, was die Mathematik von ihrer Seite leistet und tut'[171]. Das Leben der Natur kann nur vom Leben des Menschen aus gesehen und gedeutet werden; aber diese Deutung kann nur gelingen, sofern wir das Dasein des Menschen wie das der Natur in seiner Reinheit und in seiner Ganzheit erhalten und aller Versuchung widerstehen, es zu zerlegen und zu zerstückeln. Aus diesem Grunde mußte Goethe auch allen ‚Experimenten' über die Natur mißtrauen. Er schrieb der reinen Beobachtung eine größere Kraft und einen höheren Wahrheitswert zu als den künstlichen Veranstaltungen der ‚Hebel und Schrauben', mit denen wir der Natur ihr Geheimnis abzuzwingen und abzulisten suchen. Aus diesem Grunde erklärte er, daß Mikroskope und Fernrohre eigentlich den ‚reinen Menschensinn' verwirren[172]. Um sich in ein wahrhaft harmonisches Verhältnis zur Natur und insbesondere zur Welt des Lebens zu setzen, bedarf der Mensch derartiger Vermittlungen nicht. „Der Mensch an sich selbst, insofern er sich seiner gesunden Sinne bedient, ist der größte und genaueste physikalische Apparat, den es geben kann, und das ist eben das größte Unheil der neueren Physik, daß man die Experimente gleichsam vom Menschen abgesondert hat und bloß in dem, was künstliche Instrumente zeigen, die Natur erkennen... will"[173].

Soweit dieser Kampf gegen die „künstlichen Instrumente" sich gegen die *Physik* wandte, war er von vornherein zum Scheitern verurteilt. Aber in der *Biologie* hat er lange nachgewirkt; und hier blieb er nicht auf die reine Negation beschränkt, sondern er hat dauernde Früchte getragen[174]. Auch hier konnte es nicht gelingen, das Experiment zu *verdrängen;* wohl

---

[170] Vgl. Kritik der Urteilskraft, § 77 ff.
[171] *Goethe,* Maximen und Reflexionen (Ausg. Max Hecker), No. 573.
[172] ibid. No. 502.
[173] ibid. No. 706.
[174] Näheres hierüber in meinem Aufsatz: Goethe und die mathematische Physik (Idee und Gestalt, Berlin 1924, S. 35 ff.).

aber diente Goethes Mahnung dazu, den methodischen *Unterschied* einzuschärfen, der zwischen der einfachen Naturbeobachtung und dem ‚künstlichen' Experiment besteht. Kein Geringerer als einer der ersten Begründer und Bahnbrecher der modernen Physiologie ist hierin der Spur Goethes gefolgt. Johannes *Müller* hat sich nicht nur in seinem Werke: ‚Zur vergleichenden Physiologie des Gesichtssinnes' (1826) als Schüler Goethes bekannt, sondern er hat auch seine kritische Einschränkung des Experimentes angenommen. Niemand wird in ihm einen *Gegner* des Mikroskops und des Experiments sehen; er war vielmehr derjenige, der die experimentelle Physiologie in Deutschland einführte. Schwann und Virchow, du Bois Reymond und Helmholtz gehören zu seinen Schülern[175]. Nichtsdestoweniger erklärt Joh. Müller, daß die „ruhige einfache Beobachtung" ins Innere der Probleme führe, während es ein „gefährliches Spiel der Vorbereitung" bleibe, sich einem unzuverlässigen Experiment hinzugeben. Denn „was ist Beobachten anders als das Wesentliche in den Veränderungen, das dem Beweglichen Immanente von dem Zufälligen zu trennen, da vielmehr das Experiment, hier- und dorthin greifend das Zufällige mit dem Wesentlichen kunterbunt zusammen zu werfen, oft genug Anlage zeigt"[176]. In seiner Verteidigung der rein ‚deskriptiven' Methode der Biologie hat sich O. *Hertwig* ausdrücklich auf diese Sätze berufen[177]. Aber auch Roux stand hier nicht allein, sondern er verkörperte in sich eine bestimmte Forschungsrichtung, die sich, in stetiger und folgerichtiger Entwicklung, aus dem Cartesischen Ideal der Naturerkenntnis ergeben hatte. In Frankreich ist, im Kreise der Physiologie, dieses Ideal von keinem strenger vertreten worden als von *Claude Bernard*. ‚La seule voie pour arriver à la vérité dans la science physiologique' — so erklärt er — ‚est la voie expérimentale'[178]. Auch Roux sieht hierin die grundlegende Maxime aller echten Naturerkenntnis. Das kausal-analytische Denken und das Experiment sind nach ihm gewissermaßen solidarisch und lassen sich von einander nicht trennen: das erstere muß dem letzteren den Weg bahnen, und das letztere allein entscheidet darüber, ob dieser Weg der rechte war und zum Ziele geführt hat. Roux betont, daß mit dieser Aufteilung der Rollen zwischen Denken und Experiment die Bedeutung der Deskription für die biologische Erkenntnis keineswegs bestritten werde, und daß ihre Rechte nicht verkürzt werden sollen. Denn es gibt nach ihm auch ein rein *deskriptives Experiment*. Dieses, das man auch das ‚formal analytische Experiment' nennen könne, arbeitet, ohne eine Reaktion am Objekt hervorrufen zu wollen und, sofern eine solche gleichwohl stattfindet, ohne sie für den Versuchszweck zu verwerten. Seine Absicht besteht lediglich darin, das formale Geschehen genauer zur Beobachtung zu bringen.

---

[175] Zu Johannes Müllers historischer Stellung und Leistung vgl. *du Bois Reymond's* Gedächtnisrede auf ihn (1860), (Reden, Band I, 2. Auflage, 1912).
[176] Joh. *Müller,* Zur vergleichenden Physiologie des Gesichtssinnes (1826), Vorrede.
[177] S. *Hertwig,* Mechanismus und Biologie, S. 80 ff.
[178] Claude *Bernard,* Leçons sur les phénomènes de la vie, Paris 1878, Vol. I, p. 17.

Zu dieser Gruppe gehörten z. B. *Pflügers* und *Roux'* erste Versuche am Froschei, bei denen festgestellt werden sollte, ob vielleicht schon die Richtung der ersten Teilung des Eies in den beiden ersten Furchungszellen eine bestimmte Beziehung zur Richtung der Symmetrieebene des künftigen Tieres habe. Es ergab sich hierbei, daß in dreiviertel der Fälle beide Richtungen ganz oder fast ganz zusammenfielen. Dieser an sich rein deskriptive Versuch sei erst später durch Elimination eines ursächlichen Faktors, der Schwerkraft, zu einem kausalen geworden. Pflüger war zu dem Ergebnis gelangt, daß die Schwerkraft es ist, die am Ei den Ort bestimme, der zum Rückenmark wird, und daß diese Bestimmung sogar ganz ohne Rücksicht darauf geschehe, welche Art von Eimaterial sich an dieser Stelle befindet. Roux konnte durch eine geeignete Versuchsanordnung die Wirkung der Schwerkraft ausschalten, ohne dadurch die normale Entwicklung der Eier zu ändern — woraus sich ergab, daß eine ordnende, richtende Wirkung der Schwerkraft zur Bestimmung der Mittelebene nicht nötig sei. Es ergab sich hieraus die wichtige Folgerung, daß alle Faktoren, die die typische Art der Gestaltung bestimmen, im befruchteten Ei selbst enthalten sind und daß somit die Entwicklung als ‚Selbstdifferenzierung' aufzufassen ist. Die sich entwickelnden Lebewesen sind der Hauptsache nach „in sich geschlossene Komplexe von Gestaltung bestimmenden und hervorbringenden Wirkungen", für deren Vollziehung von außen her nur die Ausführungsenergien und die Baumaterialien zu liefern sind[179]. Irgendwelche ‚vitalistische' Folgerungen hat Roux aus dieser Tatsache der Selbstdifferenzierung nicht gezogen; er hat vielmehr streng an seinem mechanistischen System festgehalten. Erst ein Schüler und Mitarbeiter Roux', der wie er dem Ideal der Entwicklungs-Mechanik nachstrebte, erst *Hans Driesch* sah sich durch seine Versuche zu Folgerungen geführt, die ihn zu einem Umsturz dieses Ideals führten und ihn dazu veranlaßten, die „Autonomie des Organischen" in einem neuen Sinne zu behaupten und zu begründen.

---

[179] *Roux*, Die Entwicklungs-Mechanik, 1905, S. 21, S. 32 ff. — Eine eingehende Darstellung des Versuchs von Pflüger hat Roux in seinen Beiträgen zur Entwicklungsmechanik des Embryo (1884) gegeben; s. Gesammelte Abhandl. II, 256—276. Über seine Rotationsversuche s. den Aufsatz: Das Nichtnötigsein der Schwerkraft für die Entwicklung des Froscheies; Archiv für Entwicklungsmechanik, XIV, 1902.

SECHSTES KAPITEL

Der Vitalismus-Streit und die „Autonomie des Organischen"

Ein Beobachter, der der Entwicklung der biologischen Ideen im 19. Jahrhundert gefolgt wäre, hätte die Bewegung des *Vitalismus*, die im letzten Jahrzehnt dieses Jahrhunderts einsetzt und die seither ständig an Ausdehnung und Stärke gewinnt, kaum voraussehen können. Bis dahin schien der Vitalismus in stetem Rückschritt begriffen zu sein. Zwar war er aus der *Philosophie* niemals völlig verdrängt worden, wenngleich ihm auch hier in *Lotze* ein scharfer Kritiker erwachsen war[180]. In der Wissenschaft hingegen hatte der Begriff der „Lebenskraft" seit langem jeden Kredit verloren. *Du Bois Reymond* spottete über dieses „Mädchen für alles", das früher dazu bestimmt gewesen sei, alle Probleme zu lösen, und er betonte, wie der der Lebenskraft zugewiesene Bezirk mit jedem Tag mehr zusammenschrumpfe[181]. In der Chemie nahm *Liebig* den Kampf auf[182]. In der Tat zeigte sich bald, daß durch den Fortschritt der empirischen Forschung der Vitalismus mehr und mehr gerade diejenigen Positionen verlor, die er früher für uneinnehmbar gehalten hatte. Hatte man zuvor geglaubt, den Unterschied zwischen der Welt des Anorganischen und der des Organischen als eine *stoffliche* Differenz bestimmen und einen eigentümlichen „Lebensstoff" nachweisen zu können, so schwand diese Hoffnung, als es *Woehler* im Jahre 1828 gelang, den Harnstoff aus rein unorganischen Bestandteilen herzustellen. Seit der Entdeckung des Prinzips der Erhaltung der Energie bot auch der Kraftbegriff keine Handhabe mehr, um eine Ausnahmestellung der Lebenserscheinungen sicherzustellen. Daß der Energieumsatz in der lebenden Natur denselben allgemeinen Gesetzen gehorchd wie der in der unbelebten Natur, konnte nicht länger bezweifelt werden. Die Allgemeinheit des Energieprinzips hat auch der moderne Vitalismus nicht bestreiten oder preisgeben wollen; er war vielmehr sorgfältig bemüht zu zeigen, daß sie mit seiner Grundanschauung durchaus verträglich sei[183]. ‚Die kalorimetrischen Unter-

---

[180] Vgl. *Lotze*, Allgemeine Pathologie und Therapie als mechanische Naturwissenschaften, Leipzig 1842; Artikel: ‚Leben' und ‚Lebenskraft' in Rud. *Wagners* Handwörterbuch der Physiologie, 1842.
[181] *Du Bois Reymond*, Über die Lebenskraft, 1887, Reden II, 23.
[182] *Liebig*, Die organische Chemie in ihrer Anwendung auf Physiologie und Pathologie, 1842, bes. S. 200.
[183] Vgl. bes. *Driesch*, Naturbegriffe und Natururteile, 1904.

suchungen der neuern Zeit' — so konnte *Verworn* in seiner ‚Allgemeinen Physiologie' feststellen — ‚haben gezeigt, daß bei jedem erwachsenen Tier ein vollkommenes dynamisches Gleichgewicht besteht, d. h. daß genau dieselbe Energiemenge, welche als chemische Spannkraft mit der Nahrung in den Körper eintritt, bei der Lebenstätigkeit des Tieres den Körper auch wieder verläßt'[184]. Damit waren die früheren Wege, die man eingeschlagen hatte, um den Lebenserscheinungen eine Ausnahmestellung zu sichern, verlassen; man mußte, sofern man eine solche behaupten wollte, nach anderen Argumenten und nach anderen Ausgangspunkten suchen.

Daß in Driesch's ersten Schriften die *Entwicklungsmechanik* im Vordergrund steht und daß sie es war, an die er seine These unmittelbar anknüpfte, ist auf den ersten Blick überraschend. Roux hatte sie als einen „neuen Zweig der biologischen Wissenschaft" eingeführt, dessen vornehmste Aufgabe darin bestehen sollte, nachzuweisen, daß Biologie und Physik völlig ineinander aufgehen. Es hieß daher den Gegner an seinem stärksten Punkt angreifen, wenn der Vitalismus in dieses Forschungsgebiet eindrang und es für sich in Anspruch nahm. Roux selbst hat alle derartigen Versuche beharrlich zurückgewiesen. Eine ‚Anatomie' der gestaltenden Lebensvorgänge erkannte er zwar an; aber sie galt ihm nur insofern, als die besonderen Wirkungsweisen, welche in den Lebewesen stattfinden, ihre Ursachen in der besonders komplizierten physikalisch-chemischen Zusammensetzung derselben haben[185]. In einer Erklärung, die zu anderen als mechanischen Ursachen greift, sah Roux lediglich eine „philosophische Verlegenheitsannahme". Für die Naturwissenschaft kann sie nach ihm schon deshalb keinen Wert haben, weil sie experimentell nicht faßbar ist[186]. Faßt man freilich das Ganze von Roux' Forschungsarbeit ins Auge, und blickt man auf die besondere methodische Begründung hin, die er ihr gegeben hat, so findet man, daß schon bei ihm selbst das streng mechanische Programm, das er aufgestellt hat, zuletzt an eine bestimmte Grenze geführt wird. Diese Grenze wird schon in der *Definition* des Organismus deutlich, von der Roux seinen Ausgang nimmt. Wenn die Analogie zwischen Biologie und Physik vollständig sein sollte, so müßte es gelingen, den Organismus einfach in ein System bewegender Kräfte aufzulösen. Ein Lebewesen wäre, wie ein Körper der anorganischen Natur, ein Ganzes einfacher Massenpunkte. Wenn wir die Differentialgleichungen für die Bewegung dieser Massenpunkte aufstellen, so müssen wir aus ihnen die allgemeinen Gesetze ableiten können, die alle Erscheinungen beherrschen und bis ins einzelne bestimmen. Hier aber stoßen wir sofort auf einen fundamentalen Unterschied, der nicht sowohl die Bewegungsgesetze als solche, als vielmehr die *Elemente* betrifft, mit denen es die biologische Forschung zu tun hat. Im System der Mechanik sind diese Elemente völlig gleichförmig; keines weist gegenüber dem anderen irgendeinen qualitativen Unterschied auf. Jeder Massenpunkt ist

---

[184] M. *Verworn,* Allgemeine Physiologie, 2. Auflage, Jena 1897, S. 46.
[185] Vgl. *Roux,* Die Entwicklungsmechanik, 1905, S. 17.
[186] *Roux,* Das Wesen des Lebens (Kultur der Gegenwart), 3. Abteil., IV, 1, S. 183.

seiner ‚Natur' nach dem anderen gleich; er ist nichts anderes als ein bloßer Zahlwert, den wir einem Element zusprechen. Aber bis zu dieser Auflösung in der homogenen Zahl können wir bei der Betrachtung organischer Phänomene niemals durchdringen. Hier stoßen wir in den Elementen zuletzt stets auf einen spezifischen Unterschied: einen Unterschied der ‚Form'. Versuchen wir einen Organismus zu beschreiben und versuchen wir seine Entwicklung zu verfolgen, so müssen wir stets mit dieser Form, mit einer ursprünglichen „Anlage" in ihm rechnen. Hier walten neben den äußeren Bedingungen stets bestimmte spezifische Ursachen, die Roux als ‚Determinationsfaktoren' bezeichnet und die dem Geschehen eine ganz bestimmte Richtung geben. Wenn man z. B. Fisch-, Amphibien-, Avertebrateneier in demselben Bach oder Tümpel betrachtet, oder wenn man verschiedene Vogeleier in denselben Brütofen bringt, so entwickelt sich jedes trotz gleichartiger Bedingungen anders, und zwar *typisch anders,* d. h. zu einem seiner Klasse, Gattung, Spezies entsprechenden Lebewesen [187]. Aber mit diesem Begriff eines ‚typischen Geschehens', der für Roux' Forschung charakteristisch und unerläßlich ist, hat dieselbe im Grunde bereits den Boden des strikten Mechanismus verlassen. In der Mechanik Descartes', Galileis oder Newtons ist für einen derartigen Begriff kein Raum — und aus ihr konnte er nicht geschöpft werden. Hier waltet vielmehr der *Aristotelische* Formbegriff; denn nur im Rahmen des letzteren können wir von δύναμις und ἐνέργεια, können wir von einer ursprünglichen spezifischen „Anlage" des Organismus sprechen, die im Lauf der Entwicklung zu ihrer vollen Verwirklichung gelangt. Sicherlich war Roux weit entfernt, aus dieser Prämisse die gleichen *metaphysischen* Folgerungen zu ziehen, die Aristoteles gezogen hat. Aber in rein methodischer Hinsicht erweist sich auch bei ihm dieser erste Schritt nicht nur als bedeutsam, sondern als entscheidend für sein gesamtes System. Ist einmal der Potenzbegriff eingeführt und anerkannt, so erhalten durch ihn auch alle anderen Fragen und Antworten der Entwicklungsmechanik einen neuen Sinn und gewissermaßen ein verändertes Vorzeichen. Auch die Deutung der experimentellen Befunde geht jetzt in eine ganz bestimmte Richtung, da sie durch das Interesse diktiert wird, zu zeigen, wie in der Entwicklung des Organismus die „äußeren" und „inneren" Bedingungen einander entsprechen und wie sie sich wechselseitig bestimmen. Von nun ab spricht die *Entwicklungs*-Mechanik gleichsam eine andere Sprache, die von der der gewöhnlichen Mechanik weit entfernt ist — die ihr eigenes Wörterbuch und ihre eigene Syntax besitzt. Der Ausbildung dieser Sprache können wir bei Roux im Aufbau seines Systems Schritt für Schritt folgen. Sie führt schließlich dazu, daß der Eigenwert und die Eigentümlichkeit, die dem Organismus zugeschrieben wird, sich mehr und mehr differenziert und sich in eine Fülle besonderer Leistungen ausbreitet. Roux betont, daß wir, wenn wir diese Eigentümlichkeit bezeichnen wollen, niemals bei rein stofflichen oder inhaltlichen Einzelbestimmungen stehen bleiben können. Es gibt sowenig eine

---

[187] Vgl. Roux, Über kausale und konditionale Weltanschauung, Leipzig 1913, S. 48.

chemische Definition des Lebens, wie es eine statisch-physikalische Definition gibt. Das Leben ist *Geschehen* – und demgemäß ist nur eine *funktionelle* Definition von ihm möglich. Roux unterscheidet neun „typische Selbstleistungen" des Organismus –: Selbstveränderung, Selbstausscheidung, Selbstaufnahme, Selbstassimilation, Selbstwachstum, Selbstbewegung, Selbstvermehrung, Selbstübertragung der Eigenschaften (Vererbung), Selbstgestaltung und Selbsterhaltung. Nur durch ein so komplexes System von Leistungen, von *Auto-Ergasien*, kann ein Lebewesen bestehen und kann es als solches erkannt werden[188]. „Durch die Erkenntnis dieser Selbsttätigkeit" – so erklärt Roux – „sind wir nun dem Wesen der Lebewesen nicht näher gekommen. Das Lebewesen hat nur ein eigenes Selbst und damit eine sogenannte Innerlichkeit. Diese Selbstleistungen bewirken in ihrer Gesamtheit die Selbsterhaltung der Lebewesen." Aber zu ihnen muß schließlich noch ein letztes Moment hinzutreten, in dem gewissermaßen alle diese Leistungen kulminieren. Zur Dauerfähigkeit der Lebewesen wird vor allem die „gestaltliche Selbstregulation" erfordert: die Fähigkeit des Organismus, die äußeren Störungen, von denen er ständig bedroht ist, auszugleichen und sich in seiner eigentümlichen Gestalt immer wiederherzustellen.

Mit allen diesen Feststellungen glaubt Roux über den Kreis des streng Beobachtbaren nicht hinausgegangen zu sein. Die Selbstleistungen des Organismus sind nach ihm nicht erschlossen; sie sind vielmehr schlichte Phänomene, die sich der Beobachtung unmittelbar aufdrängen. Ohne sie kann ein Lebensvorgang nicht einmal beschrieben werden. Aber hier erhebt sich freilich ein Einwand, der der Roux'schen Theorie nicht erspart geblieben ist, und der sie in erkenntnistheoretischer Hinsicht in sehr merkwürdige Diskussionen verwickelt hat. Besteht vom Standpunkt der Beobachtung aus überhaupt eine Möglichkeit und ein Recht, in der Weise, wie es hier geschieht, zwischen einem ‚Innen' und einem ‚Außen' zu scheiden, zwischen dem, was der Organismus ‚selbst' leistet, und den Wirkungen, die durch fremde Ursachen auf ihn ausgeübt werden? Ist dies alles noch Naturwissenschaft – oder ist es nicht bereits Metaphysik? Es ist insbesondere *Verworn*, der diesen Einwurf gegen Roux erhoben und der auf Grund desselben gefolgert hat, daß Roux seinem eigenen mechanischen Programm, weit entfernt es durchzuführen, schon mit dem ersten Schritt untreu geworden ist. Roux' Wissenschaftsideal bestand darin, die Biologie aus ihrem bloß deskriptiven Stadium in das Stadium des strengen, kausal-analytischen Denkens überzuführen. Aber Verworn wirft ihm nichts Geringeres vor, als daß er es hierbei an der Hauptsache habe fehlen lassen – daß er es versäumt habe, auf die Frage, was ‚ursächliches Denken' ist, eine klare und strikte Antwort zu geben. Hätte er dies versucht, so hätte er einsehen müssen, daß die Unterscheidung zwischen ‚äußeren' und ‚inneren' Ursachen, auf der sich sein ganzes System aufbaut, eine bloße Fiktion ist. Eine solche Differenz läßt sich nur vom Standpunkt eines metaphysischen Ursachenbegriffs, nicht

---

[188] Vgl. *Roux*, Die Entwicklungsmechanik, 1905, S. 226 ff.; vgl. auch Das Wesen des Lebens (Kultur der Gegenwart) S. 173 ff.

aber eines empirischen Ursachenbegriffs aufrechterhalten. Was uns empirisch gegeben ist, ist niemals etwas anderes als die Abhängigkeit einzelner Erscheinungen von den anderen. Wir können immer nur feststellen, daß mit dem Auftreten der einen die andere in bestimmter Weise gegeben ist; dagegen fehlt es uns an jedem Kriterium, darüber zu entscheiden, welche von beiden das Erste oder das Zweite, welche das ‚Bewirkende', welche das ‚Bewirkte' ist. Der ‚Kausalismus', der bisher das wissenschaftliche Denken beherrscht und der es immer wieder mit unlösbaren Problemen belastet hat, muß demgemäß nach *Verworn* in einen reinen ‚*Konditionalismus*' umgebildet werden. Wir können immer nur die *Bedingungen* eines Geschehens, nicht seine sogenannten ‚Ursachen' feststellen. Alle Bedingungen aber sind einander äquivalent, da jede von ihnen für den schließlichen Enderfolg gleich unentbehrlich ist; fällt eine von ihnen fort, so tritt auch der Erfolg nicht mehr ein. *Eine* Bedingung aus dem Komplex herauszuheben und sie als die ‚wesentliche' vor anderen ausgezeichnet zu erklären, ist daher nicht möglich. Dergleichen Unterscheidungen sind wohl begreiflich für die oberflächliche Betrachtung des täglichen Lebens, der vielfach ein einzelner Faktor besonders ins Auge fällt; aber wissenschaftlich sind sie ohne Bedeutung und Wert. Wenn wir ganze Arbeit tun wollen, so müssen wir daher den Ursachenbegriff als Erklärungsprinzip überhaupt ausschalten und ihn durch den der Bedingung ersetzen. Der ‚Konditionalismus' ist die einzige wissenschaftliche Weltanschauung und dem Kausalismus unendlich überlegen. Hat man sich aber einmal hierzu entschlossen, so fehlt jede Möglichkeit und jede Veranlassung, zwischen den „inneren" und den „äußeren" Ursachen eines Naturphänomens zu unterscheiden. Und damit ist jener Begriff der „Anlage", auf dem Roux aufgebaut hatte, endgültig beseitigt. Was man gemeinhin ‚Organisation' nennt, das ist keine Erfahrung; es ist nur ein ‚mystischer' Bestandteil, der in die Wissenschaft eingedrungen ist und dessen Ausmerzung eine ihrer wichtigsten Aufgaben bilden muß [189].

Gegen diese Auffassung seiner Bestrebungen und gegen diese Kritik seiner Ergebnisse hat sich Roux aufs entschiedenste zur Wehr gesetzt. Er hält durchaus daran fest, daß es gerade vom Standpunkt der Entwicklungsmechanik, der „kausalen Morphologie" aus nicht nur möglich, sondern notwendig ist, zwischen Faktoren des Geschehens zu unterscheiden. Beide sind freilich für das Zustandekommen der Wirkung gleich notwendig, aber das bedeutet durchaus nicht ihre Gleichwertigkeit. Die ‚*aequinecessitas*' ist keineswegs ‚Aequivalenz' aller Faktoren. Es besteht vielmehr zwischen ihnen eine deutliche Ungleichwertigkeit; es besteht ein Unterschied zwischen den „determinierenden" Faktoren des organischen Geschehens und den „realisierenden", die diesen erst zu ihrer vollen Wirksamkeit verhelfen können. Damit aber tritt schon bei Roux jener Gegensatz scharf heraus, den Driesch später als den des organischen Geschehens und des bloß ‚kumulativen' Geschehens bezeichnet hat. Roux wendet sich scharf gegen eine Auffassung, wie

---

[189] Vgl. M. *Verworn*, Kausale und konditionale Weltanschauung, Jena 1912, und Die Erforschung des Lebens, Jena 1907.

sie von E. *Pflüger* vertreten worden war, nach welcher „das befruchtete Ei gar keine wesentliche Beziehung zu der späteren Organisation des Tieres besitzt, so wenig als die Schneeflocke in einer wesentlichen Beziehung zu der Größe und Gestalt der Lawine steht, die unter Umständen aus ihr sich entwickelt" [190]. Das Lebewesen ist zwar nicht durch eine einzelne Eigenschaft, die es auszeichnet, wohl aber durch den Inbegriff seiner Funktionen, in denen seine ‚Selbsterhaltungsfähigkeit' besteht, ein Gebilde für sich. Deshalb bezeichnet man die anderen Faktoren als äußere, welche, wie man sagt, auf „dieses Gebilde" einwirken, nicht aber sagen wir umgekehrt, wie wir es vom Standpunkt des reinen Konditionalismus doch auch tun könnten und müßten, daß das Lebewesen auf diese Faktoren, z. B. auf den Sauerstoff, einwirke[191].

Driesch hat sich, in rein theoretischer Hinsicht, zunächst keine andere Aufgabe gestellt, als alle jene Momente, die in den Roux'schen Begriffen der „typischen Entwicklung", des „Selbstgeschehens", der „Selbstregulation" und der „funktionellen Anpassung" *implizit* bereits beschlossen lagen, zu voller expliziter Klarheit zu erheben und die Schlußfolgerungen aus ihnen zu ziehen, die seiner Meinung nach unvermeidlich mit ihnen gegeben sind. Er will damit den Begriff der *Entwicklungs-Mechanik* gewissermaßen zu seiner dialektischen Selbstauflösung bringen. Dieser Begriff enthält nach ihm im Grunde unvereinbare Bestandteile: wer den Gedanken der ‚Entwicklung' in voller Strenge faßt und wahrhaft zu Ende denkt, der muß damit, nach Driesch, über die Mechanik hinausgeführt werden; wer an dieser als einziger Erkenntnisquelle festhält, der muß damit alle Entwicklung, im eigentlichen und typischen Sinne, leugnen. Die Entwicklungsmechanik − so sagt *J. Schaxel* − „ist mit dem Fortschreiten zum Regulationsbegriff in Gefahr, sich sowohl als Entwicklung wie als Mechanik zu verneinen" [192]. Eben dieser Begriff aber ist es, um den Driesch's gesamtes Denken von Anfang an unaufhörlich kreist. Eine Erklärung der Regulationsvorgänge im Organismus, die nicht nur mit allen bekannten Tatsachen im Einklang steht, sondern die auch bis zu den letzten Gründen vordringt, deren Formulierung die Sache des philosophischen Denkens ist, war das Ziel, das er sich von früh an gesetzt hat. Der gesamte, sehr komplizierte Begriffsapparat, den er aufgebaut hatte, sollte nur Mittel zu diesem Ziele sein. Daß hier der eigentlich entscheidende Punkt für alle mechanischen Theorien lag, war schon vor Driesch erkannt − und alle Kritik und Polemik gegen den Darwinismus hatte sich mehr und mehr auf diesen Punkt konzentriert. *Gustav Wolf* hatte betont, daß keine „Zufallstheorie", wie es Darwins Lehre von der natürlichen Zuchtwahl ist, uns dem Verständnis der Regulationsvorgänge näherbringen könne. Wie ein solch kompliziertes Organ, wie es etwa ein menschliches Auge ist, entstehen, und wie es sich bei Verletzung wiederherstellen könne, vermag eine

---

[190] *Pflügers* Archiv, Band 32, 1883, S. 64; vgl. *Roux'* Gegenschrift gegen Verworn: Über kausale und konditionale Weltanschauung, 1913, S. 43 f., S. 59.

[191] ibid., S. 46.

[192] *Schaxel*, Grundzüge der Theoriebildung in der Biologie, S. 45.

derartige Theorie nach Wolf niemals zu erklären. Die symmetrischen und ‚homodynamen' Organe lassen sich niemals aus gehäuften Zufällen begreifen, vielmehr würde gerade diese Häufung als ein unbegriffenes Rätsel und als ein wahrhaftes Wunder stehen bleiben [193]. *Bleuler* hat annäherungsweise berechnet, daß die Wahrscheinlichkeit einer zufälligen Entstehung der Lage von Cornea, Linse, Glaskörper und Retina höchstens $1:10^{42}$ beträgt. Für die Entstehung eines ganzen „zweckmäßig" eingerichteten Organs wäre dieser Wert mit Tausenden von Brüchen ähnlicher Größenordnung für jedes Organ zu multiplizieren [194]. Auch *Wigand* hatte erklärt, daß hier das eigentliche ‚*experimentum crucis*' des Darwinismus liege. Gelinge es ihm nicht, die gleichzeitige und gleichsinnige Entstehung oder Umbildung zweier oder mehrerer Organe, also der beiden Augen, der beiden Ohren usf. zu erklären und die restitutive Fähigkeit dieser Organe mit Hilfe der fluktuierenden Variation und der Selektion begreiflich zu machen, so sei seine Theorie gescheitert. Etwas Derartiges aber sei vom Darwinismus niemals in Angriff genommen worden, und ein solcher Versuch müsse notwendig scheitern, da sich „aus Steinwürfen kein Parthenon aufbauen lasse" [195]. Gustav Wolf stützte seine Ansicht auf die Ergebnisse, die er selbst bei seinen Versuchen am Wassersalamander (Triton) erzielt hatte. Wenn er bei einem solchen Tier die Augenlinse experimentell entfernte, so stellte sich nach einiger Zeit ein vollkommener Ersatz derselben ein. Aber dieser Ersatz erfolgte nicht auf demselben Wege wie die Entstehung der Linse im Lauf der embryonalen Entwicklung. „Embryonal entsteht die Linse aus dem ektodermalen Teil der *Haut;* regenerativ entsteht sie aus dem Irisepithel, also aus dem sogenannten Augenbecher, der aus der embryonalen Hirnanlage stammt. Daß ein der neuen Funktion ganz fremdes Gewebe zu dieser Ersatzbildung herangezogen wird, erscheint noch drastischer durch den Umstand, daß gerade vom undurchsichtigsten Gebilde, das der Organismus besitzt, nämlich der schwarz pigmentierten Lamelle der Regenbogenhaut, das Material geliefert wird für das durchsichtigste Gebilde, nämlich die Linse." Hier schien daher ein eklatanter Beweis für das erbracht, was G. Wolf die ‚primäre Zweckmäßigkeit' des Organismus nannte, d. h. eine solche, die nicht im Lauf der Zeit erworben sein konnte, sondern ursprünglich vorhanden gewesen sein muß. Denn hier handelte es sich um den Ersatz einer Schädigung, die dem Tier im Lauf seiner Vorgeschichte selten oder niemals begegnet sein und an die es sich daher auch nicht allmählich in irgendeiner Weise angepaßt haben konnte. Isolierter Linsenverlust kommt bei Tritonen in der Natur nicht vor; und ausgedehn-

---

[193] G. *Wolf*, Beiträge zur Kritik des Darwinismus (zuerst Biolog. Zentralblatt, X, 1890 und XI, 1891, sep. Ausg.), Leipzig 1898, S. 5.

[194] *Bleuler*, Mechanismus — Vitalismus —Mnemismus. Abhandl. zur Theorie der organischen Entwicklung, No. 6, 1931; vgl. hierzu L. v. *Bertalanffy*, Theoretische Biologie, Band I, Berlin 1932, S. 60 f.

[195] *Wigand*, Der Darwinismus und die Naturforschung Newtons und Cuviers, (1874—77); vgl. *Driesch*, Philosophie des Organischen, I, 253 ff., und Der Vitalismus als Geschichte und als Lehre, S. 141.

tere, mit Linsenverlust verbundene Augenverletzungen, die aber doch nicht so schwer sind, daß sie zu völligem Augenverlust führen, sind zum mindesten sehr selten [196].

Driesch ging gleichfalls von einem umfassenden Studium der Regenerations- und Regulationserscheinungen aus [197], zog aber aus ihm alsbald Folgerungen, die ihn weit tiefer in das Gebiet der Metaphysik hineinführten, als es je zuvor im Rahmen der empirischen Forschung des 19. Jahrhunderts geschehen war. Seine Versuche am Ei des Seeigels bildeten den experimentellen Ausgangspunkt, an den sich sofort sehr kühne Deutungsversuche anschlossen. Sie hatten ergeben, daß absolut normale Organismen aus Keimen entstehen konnten, die durch experimentelle Eingriffe eine sehr schwere Schädigung erfahren hatten. Wenn z. B. Driesch einen Keim des Seeigels halbierte, so entstand aus solchen halbierten Keimen eine durchaus normale Larve von halber Größe. Wenn man ferner den Keim zwischen zwei Glasplatten brachte und durch Druck eine völlige Verschiebung der Zellen bewirkte, so zeigte sich, daß solche durchaus anomale gegenseitige Lagebeziehungen nicht notwendig die Bildung eines normalen Ganzen ausschließen. Es entsteht hierdurch keine Unordnung im System; der Keim mit vertauschten Zellen bleibt ein autonomes Ganzes, das seinen Plan ruhig weiter verfolgt [198]. Der Schluß, den Driesch hieraus zog, bestand darin, daß die formbildende Kraft, die hier am Werke ist, da sie durch Teilungen und Trennungen sowie durch räumliche Umlagerungen nicht gestört wird, ein Etwas sein müsse, das keine räumliche Natur besitzt und dem sich keine bestimmte Stelle „im" Raume zuweisen läßt. In den *Bezeichnungen* dieses ‚Etwas' hat Driesch geschwankt. In seinen früheren Schriften steht er nicht an, es schlechthin mit dem Ausdruck ‚*Seele*' zu benennen und daher die Seele als einen „elementaren Naturfaktor" zu erklären [199]. Später hat er diese Bezeichnung, um die Vorstellung des bewußten zwecktätigen Wirkens fernzuhalten, modifiziert: er will nicht mehr von der ‚Seele', sondern nur noch von ‚Seelenartigem', von einem ‚Psychoid' sprechen. Es handelt sich hier, wie Driesch sagt, um ein Etwas, welches zwar keine Psyche *ist,* das aber nichtsdestoweniger nur in psychologischen Kategorien erörtert werden kann [200]. Den treffendsten Ausdruck aber findet er schließlich in dem Aristotelischen Begriff der ‚*Entelechie*', der ihm damit wieder zum Kern und zum logischen Schlüsselpunkt des gesamten biologischen Systems wird. Die Entelechie ist die formbildende Kraft des Organismus, die von völlig anderer Natur als die physikalisch-chemischen Kräfte ist und sich mit ihnen nicht auf eine Stufe

---

[196] Näheres bei G. *Wolf,* Entwicklungsphysiologische Studien I: Die Regeneration der Urodenlinse, Arch. f. Entwickl.Mechanik, Band I, 1895; vgl. die Darstellung der Versuche bei G. *Wolf,* Leben und Erkennen (1933), S. 169 ff.

[197] Vgl. seine Schrift über die organischen Regulationen, Leipzig 1901.

[198] Über seine Versuche am Ei des Seeigels hat *Driesch* ausführlich referiert in seiner ‚Philosophie des Organischen', 1909, 2. Aufl., I, 59 ff.

[199] Vgl. *Driesch,* Die Seele als elementarer Naturfaktor, Leipzig 1903.

[200] *Driesch,* Philosophie des Organischen, II, 78; vgl. Der Vitalismus als Geschichte und als Lehre, S. 221.

stellen läßt. Alle bloß physikalischen oder chemischen Faktoren sind nur Mittel des Organismus; sie bilden nicht das Leben, sondern werden vom Leben gebraucht und in seinen Dienst gestellt. Keine Art von Maschine irgendwelcher Form und keine Art von Kausalität, welche auf räumlichen Konstellationen beruht, kann die Leistung, die der Organismus täglich und stündlich vollbringt, erklären. „Läßt es sich vorstellen, daß eine sehr komplexe Maschine, die nach den drei Richtungen des Raumes verschieden gebaut ist, Hunderte und Hunderte von Malen geteilt werden und trotzdem ganz bleiben kann?"[201]. Die Entelechie ist freilich nichts Anschaulich-Gegebenes; sie kann nur gedacht werden, da sie der Welt der Anschauung, die die Welt des Raumes ist, nicht angehört. Aber ihre Wirklichkeit ist nichtsdestoweniger unbestreitbar, da sie sich in ihren Wirkungen unmittelbar ausweist. Diese sind freilich eigentümlicher Art und mit dem physikalisch-chemischen Energieumsatz nicht auf eine Stufe zu stellen. Daß der letztere bestimmten Erhaltungsgesetzen untersteht, die auch durch die Entelechie nicht aufgehoben werden können, steht für Driesch fest. Aber ein „nichtmechanisches Agens", wie es die Entelechie ist, kann doch, obschon es nicht fähig ist, das Quantum der Energie eines dynamischen Systems zu ändern, die Fähigkeit besitzen, irgendein Massenelement des Systems zu drehen und dadurch die *Richtung* von Kräften und Bewegungen zu ändern. Auf diese Weise kann durch die Entelechie ein Geschehen ‚suspendiert' werden, das nach der anorganischen Gesetzlichkeit möglich sein würde. Wir stehen hier vor einer Wirkungsweise, der wir nichts in der anorganischen Welt an die Seite stellen können: denn sie ist nicht-räumlich, intensiv, qualitativ, statt räumlich, extensiv und quantitativ zu sein. Nichtsdestoweniger beziehen sich die beiden *toto coelo* verschiedenen Wirkungsarten auf ein und denselben Gegenstand; auf dieselbe Kette räumlich-zeitlicher Ereignisse, die wir ‚Natur' nennen. Denn auch die Entelechie, obwohl sie selbst nichts Räumliches ist und obwohl sie nicht *im* Raum wirkt, wirkt doch „in den Raum hinein". Sie bezieht sich auf die Natur im Raume und ist ein Faktor dieser Natur.

Mit diesen Sätzen wollte Driesch „die Biologie als selbständige Grundwissenschaft" begründen — aber wenn man sie liest, gewinnt man freilich den Eindruck, daß hier über den Kreis dessen, was sich durch *Wissenschaft* feststellen und beweisen läßt, weit hinausgegangen wird. Die Auskunft, daß die Seele zwar nicht die Summe der im Universum vorhandenen Bewegungsquantität vermehren oder vermindern, wohl aber deren Richtung verändern könne, ist schon von Descartes gebraucht worden; aber schon Leibniz hat sie mit dem Hinweis widerlegt, daß auch eine solche Richtungsänderung ohne den Aufwand einer bestimmten Energie nicht möglich ist. Hier lag von Anfang an einer der schwächsten Punkte von Driesch's Theorie, an dem die Kritik alsbald eingesetzt hat [202]. Aber wie immer man sich auch zu dieser

---

[201] Vgl. *Driesch,* Philosophie des Organischen, I, 139 f., 229; II, 181 f., 207, 239 u. ö.
[202] Daß es keine ‚Suspension' ohne ‚Kraft' geben könne, hat z. B. Julius *Schultz,* Göttingen 1909, gezeigt.

Theorie stellen und wie scharf man die metaphysischen Konsequenzen, die sie gezogen hat, auch ablehnen mag, so läßt sich doch nicht verkennen, daß Driesch durch seine experimentellen Untersuchungen und durch die Fragen, die er an sie geknüpft hat, aufs stärkste dazu beigetragen hat, der Biologie ihr eigentümliches methodisches *Prinzip* und ihr methodologisches *Problem* einzuschärfen. In dieser Richtung liegt die stärkste Wirkung, die seine Lehre geübt hat. Die Art dieser Wirkung ist freilich in der Geschichtsschreibung der modernen Biologie sehr verschieden aufgefaßt worden. *Nordenskiöld* sieht in Drieschs System im Grunde nichts anderes als eine eingehende und weitläufige Begriffsanalyse, im Lauf deren Driesch mehr und mehr zu rein abstrakten Spekulationen geführt werde. Man sehe sich hier zu den Glanztagen der Hegel'schen Philosophie zurückgeführt, zumal Drieschs Definitionen und Charakteristika der Lebensvorgänge an Dunkelheit und Schwerverständlichkeit kaum ihresgleichen hätten [203]. Zu einem ganz anderen Urteil gelangt *Rádl* in seiner Geschichte der biologischen Theorien. Er erklärt, daß Driesch unter den Philosophen *Kant* am nächsten stehe und dessen Fortsetzer genannt werden könne. Denn er sei nicht, gleich den andern Biologen, bloßer Empiriker; er strebe vielmehr nach einer „reinen Naturwissenschaft", deren Sätze allgemein und über jeden Zweifel erhaben sein sollen [204]. Aber hier ist zunächst einzuwenden, daß für Kant der „reine Teil" der Naturwissenschaft mit ihrem mathematischen Teil zusammenfällt, und daß Kant ihn ausdrücklich auf jene „mathematischen Prinzipien der Naturphilosophie" beschränken will, deren Allgemeingültigkeit Drieschs Vitalismus bestreitet. Vor allem aber ist es die Frage nach dem Verhältnis von Naturerkenntnis und *Metaphysik,* in der Driesch nicht nur nicht an Kant anknüpft, sondern in der er den diametral entgegengesetzten Weg wie dieser einschlägt. Zwar glaubt Driesch Kants erkenntniskritischen Prinzipien treu zu bleiben, und er liebt es, seine Lehre als ‚kritischen Idealismus' zu bezeichnen [205]. Er betont, daß ohne stete Berührung mit der *Erkenntnislehre* eine fruchtbare Naturwissenschaft unmöglich sei [206]. Dennoch ist es eben seine zentrale Lehre, die Lehre von der ‚Entelechie', in der er die Voraussetzungen von Kants kritischem Idealismus nicht nur durchbricht, sondern geradezu aufhebt. Wenn Kant das Verhältnis von Kausalität und Zweckmäßigkeit, von Mechanismus und Teleologie erwägt, so handelt es sich für ihn nicht darum, zwei verschiedene Systeme von Kräften oder von absoluten Seinspotenzen gegeneinander abzugrenzen. Die Frage nach der Natur und nach der wechselseitigen Beziehung derartiger Potenzen erklärt er für unlösbar; und er betont, daß schon mit dieser Problemstellung die Vernunft und die Wissenschaft sich in ein Netz von Antinomien verwickle. Kant behandelt sowohl den Zweckbegriff wie den Kausalbegriff lediglich als Erkenntnisprinzipien, als *modi cognoscendi,*

---

[203] *Nordenskiöld,* Biologiens historia, III, 448.
[204] *Rádl,* a. a. O., II, 532.
[205] Vgl. *Driesch,* Naturbegriffe und Natururteile, S. 27; Philosophie des Organischen, II, 204 u. ö.
[206] Vgl. besonders Die Biologie als selbständige Wissenschaft, 2. Aufl., S. IV.

und wenn er beide gegenüberstellt, so handelt es sich für ihn um nichts anderes, als beide gemäß dem methodischen Interesse, das sie vertreten, und gemäß der Funktion, die sie im Aufbau der Naturerkenntnis zu erfüllen haben, scharf und klar voneinander abzugrenzen. Beide dienen nach ihm zu nichts anderem als zur „Exposition der Erscheinungen"; aber diese vollzieht sich bei ihnen in verschiedener Richtung. Die Kausalität ist ein ‚konstitutiver' synthetischer Grundsatz und sie ist die unentbehrliche Bedingung für die „Möglichkeit der Natur" überhaupt. Was sich ihr entzieht, würde damit aus dem Kreis der Natur herausfallen; denn Natur ist „das Dasein der Dinge, sofern es nach allgemeinen Gesetzen bestimmt ist". Die Möglichkeit, daß es solche allgemeinen Gesetze geben könne, die nicht strenge Kausalgesetze und daher mathematisch-physikalischer Art sind, wird von Kant nicht einmal erwogen. Aber auf der anderen Seite betont er, daß diese Gesetze jenen *besonderen* Umkreis von Phänomenen, der uns in den Erscheinungen der organischen Natur entgegentritt, nicht einmal *kennen lernen* können, geschweige daß sie ihn vollständig erklären könnten. Hier tritt jenes andere *Ordnungsprinzip* ein, das wir mit dem Namen der Zweckmäßigkeit bezeichnen. In der Erforschung der Lebenserscheinungen ist dieses Ordnungsprinzip unerläßlich; aber es ist und bleibt nicht ein an-sich-Seiendes und aus-sich-Wirkendes, sondern eine Maxime der „reflektierenden Urteilskraft" [207]. Gerade an diesem Punkte aber kehrt Driesch die Ordnung der Probleme um. Wo Kant zwei ‚Gesichtspunkte' gesehen hatte, unter welchen wir die Deutung der Erscheinungen vornehmen, da sieht er die Beziehung zweier Grund- und Urkräfte, deren eine die andere in ihren Dienst nimmt und zu ihren Zwecken gebraucht. Die ‚Entelechie' ist dem Kreis des räumlichen Daseins entrückt; sie ist ein Unsinnliches und Übersinnliches. Als solches ist sie, wie Driesch selbst oft hervorhebt, zunächst im Grunde nur durch negative Prädikate bezeichnet, und ihre Analyse führt logisch zu lauter negativen Resultaten. Sie ist keine ‚Kraft', sie ist nicht Intensität und nicht Konstante, sondern eben — ‚Entelechie' [208]. Ebensowenig dürfen wir glauben, ein Analogon für sie in der *Bewußtseins*-Welt finden zu können. Wenn wir sie als ein ‚Seelenartiges', als ein ‚Psychoid' bezeichnen, so dürfen wir dabei nicht übersehen, daß sie ebensowenig der Welt des Seelischen wie der der anorganischen Natur angehört. ‚Entelechie' und ‚Psychoid' sind demgemäß durchaus unvorstellbar; denn alles Vorstellbare ist räumlich [209]. Aber dieses bloße *‚System von Negationen'*, das Driesch als logischer Analytiker aufzuzeigen sucht [210], verwandelt sich für den Metaphysiker nicht nur in ein Positives, sondern es wird ihm geradezu zum *‚ens realissimum'*. Die Entelechie ist nicht im Raume, gehört also nicht zur Natur und zur Naturwissenschaft [211]. Aber eben deshalb dürfen und müssen wir in ihr den eigentlichen Ursprung der

---

[207] Vgl. oben S. 129 ff.
[208] Vgl. *Driesch*, Philosophie des Organischen, II, 206 f., II, 252.
[209] ibid., II, 331; vgl. Der Vitalismus als Geschichte und als Lehre, S. 243.
[210] Vgl. Philosophie des Organischen, II, 263 ff.
[211] Vgl. Vitalismus, S. 228 ff.

Natur, müssen wir dasjenige sehen, worin sich uns „alles Wirkens Kraft und Samen" enthüllt.

Einen anderen Weg zur Begründung des Vitalismus hat *Joh. von Uexküll* eingeschlagen. Uexküll glaubt in seiner Grundthese mit Driesch völlig einig zu sein, und er sieht in ihm seinen besten Verbündeten und Mitstreiter. Aber in allgemein methodischer und philosophischer Hinsicht waltet zwischen beiden nichtsdestoweniger ein bestimmter Unterschied. Dieser zeigt sich schon im Ausgangspunkt und in der empirischen Basis, und er tritt noch deutlicher in dem allgemeinen theoretischen Begriffssystem hervor, das beide zur Interpretation ihrer empirischen Resultate benutzen. Driesch ging von der *Physiologie* aus und hat in ihr stets das systematische Zentrum der Biologie gesehen. Uexküll aber ist in erster Linie *Anatom*, und das Erkenntnisideal der Anatomie ist bei ihm gewissermaßen in klassischer Reinheit vertreten. In dieser Hinsicht erinnert er geradezu an *Cuvier*, als dessen moderner Fortsetzer er erscheint. Der Begriff des *anatomischen Typus*, in der Form, in der er von Cuvier geschaffen worden war, beherrscht und durchdringt sein ganzes Denken. Deshalb ist er zu metaphysischen Folgerungen auch weit weniger geneigt als Driesch, wenngleich er sie im Prinzip keineswegs ablehnt. „Die Lehre von den lebenden Wesen" — so erklärt er — „ist eine reine Naturwissenschaft und hat nur ein Ziel: die Erforschung der Baupläne der Lebewesen, ihre Entstehung und ihre Leistung" [212]. Der Nachdruck liegt aber hier nicht auf dem *Werden* der Organismen, sondern wie bei Cuvier und seinen Schülern auf ihrem *Sein*. Und der Schwerpunkt ist demgemäß von der Dynamik der Lebewesen, von der Physiologie und Phylogenetik, nach der *Statik* verschoben. Gelingt es uns, ein vollständiges Bild von ihr zu verschaffen, so können wir damit erst eine Funktionslehre der Organismen aufbauen. Und auch logisch kann uns der Begriff des Bauplans zum sicheren Ausgangspunkt dienen, der uns alsbald eine bestimmte methodische Forschungsrichtung vorschreibt und uns gewissermaßen den archimedischen Punkt, das δὸς μοι ποῦ στῶ der Biologie liefert. Driesch wollte in seinem Entelechiebegriff eine spezifische Autonomie des Wirkens aufzeigen; Uexküll geht von der Autonomie der *Form* aus. Was wir die ‚Form' eines Tieres oder einer Pflanze nennen, das ist nach ihm sowenig ein Materielles, wie es ein bloß Gedachtes, ein Unsinnliches oder Unvorstellbares ist. Es steht in voller Bestimmtheit, in plastischer Deutlichkeit vor uns — ohne daß diese Bestimmtheit die eines körperlichen, physischen Dinges ist. Das echte Analogon zum Begriff der biologischen Form finden wir nicht im Umkreis der stofflichen Dinge oder Vorgänge, mit denen sich die Physik beschäftigt; wir müssen es vielmehr an anderer Stelle, wir müssen es in den reinen Verhältnissen der *Geometrie und Stereometrie* suchen. „Der Bauplan ist nicht ein materielles Ding, sondern die Einheit der immateriellen Beziehungen zwischen den Teilen eines Tierkörpers. Wie die Planimetrie nicht die Lehre eines materiellen, mit Kreide an die Tafel geschriebenen Dreiecks ist, son-

---

[212] *Joh. von Uexküll*, Die Lebenslehre, 1930, S. 9.

dern die Lehre der immateriellen Beziehungen zwischen drei Winkeln und drei Seiten einer geschlossenen Figur, ... genauso behandelt die Biologie die im Bauplan vereinigten immateriellen Beziehungen der materiell gegebenen Teile eines Körpers, um ihn in der Vorstellung zu rekonstruieren" [213]. Das Programm der ‚idealistischen Morphologie' ist damit in voller Schärfe wieder hergestellt. Wenn die Biologie in der zweiten Hälfte des 19. Jahrhunderts dieses Programm zu stürzen und durch etwas Besseres ersetzen zu können glaubte, so befand sie sich damit nach Uexküll in einer seltsamen Selbsttäuschung[214]. Sowohl der Darwinismus wie die Entwicklungsgeschichte haben den eigentlich wesentlichen und entscheidenden Faktor verkannt. Aus dieser prinzipiellen Verkennung rührt aller Materialismus und Mechanismus her. ‚Als man um die Mitte des vergangenen Jahrhunderts die gesamten Naturerscheinungen auf zwei Faktoren — Kraft und Stoff — zurückführte, hat man den dritten Faktor, nämlich die Form, einfach übersehen' [215].

Wir haben bei Cuvier gesehen, wie sein geometrisch-statischer Typenbegriff den methodischen Charakter der Biologie in sehr eigentümlicher Weise bestimmte und gegenüber anderen Konzeptionen in gewissem Sinne umformte. Ohne aufzuhören, eine streng empirische Wissenschaft zu sein, gewann die Biologie damit nichtsdestoweniger die Möglichkeit, zu Folgerungen von allgemeiner und ‚rationaler' Art fortzuschreiten. Die Deduktion war ihr nicht mehr schlechthin verschlossen, wenngleich sie gemäß der Eigenart ihres Gegenstandes eine besondere Form annehmen mußte [216]. Eine ähnliche Entwicklung läßt sich auch bei Uexküll verfolgen. Auch er will aus der Erkenntnis des anatomischen Typus, dem ein Lebewesen angehört, sehr weitgehende Folgerungen ziehen, und er betont, daß diesen Folgerungen volle Sicherheit zukomme. Haben wir einmal den Bauplan eines Tieres in allen seinen Bestimmungen klar erforscht, so ist uns damit das gesamte Dasein und So-Sein des Tieres aufgeschlossen. Wir kennen seine Eigenschaften und sein Wirken; wir blicken in seine ‚Innenwelt' und in seine ‚Außenwelt' hinein. Denn alles, was der Organismus von der Außenwelt erfährt, hängt streng davon ab, in welcher Weise er die Reize, die ihn von ihr treffen, sich anzueignen vermag. Ein Lebewesen kann immer nur diejenigen ‚Eindrücke' gewinnen, für die es durch die Art seines Bauplans bestimmt und vorgebildet ist, wie es andererseits nur insoweit auf Reize reagieren kann, als es die hierfür geeigneten Organe besitzt. Jedes Tier besitzt eine ihm eigentümliche ‚Merkwelt' und ‚Wirkwelt', die ihm ein für allemal durch seinen Bau, durch die Art seiner ‚Rezeptoren' und seiner ‚Effektoren' vorgeschrieben ist. Wir erkennen damit, daß eine in sich geschlossene Kette von Wirkungen bei jeder tierischen Handlung Subjekt und Objekt aneinander bindet. Diese Kette geht vom Objekt in Form von einem oder mehreren Reizen aus, die auf die Rezeptoren des Tieres einwirken. Im Tier werden sie im „Merknetz" ver-

---

[213] *Uexküll*, Lebenslehre, S. 9 f.
[214] Vgl. oben, S. 147 ff.
[215] *Uexküll*, Lebenslehre, S. 19.
[216] Vgl. oben, S. 142 ff.

bunden, um sodann auf das Werknetz überzugreifen, das seinerseits den Effektoren eine bestimmte Bewegungsart erteilt. So schließt sich jener Kreis, den Uexküll den ‚Funktionskreis' des Tieres nennt. Durch solche Funktionskreise wird ein jedes Tier eng mit seiner Umwelt verbunden, wobei man bei den meisten Tieren mehrere Kreise unterscheiden kann, die sich je nach dem Objekt, das sie umfassen, als Beutekreis, Feindeskreis, Geschlechtskreis, Kreis des Mediums benennen lassen. Hier im Sinne des Darwinismus von einer Anpassung des Organismus an seine Umgebung zu sprechen, ist offenbar irrig: denn dadurch würde in einen zeitlichen Prozeß verwandelt, was in Wahrheit ein bestimmtes Sein ist, das für den Bestand der Lebewesen von Anfang an unerläßlich ist. Ist es der Bauplan, der selbsttätig die Umwelt des Tieres schafft, so kann man nicht sagen, daß das einzelne Tier dieser mehr oder weniger gut angepaßt sei. Alle Tiere sind vielmehr kraft seiner in ihre Umgebung vollkommen ‚eingepaßt'. Weiterhin zeigt sich, daß es in der ‚Umwelt' eines Tieres nur Dinge gibt, die diesem Tier ausschließlich angehören, und die es sich vermöge seines spezifischen Baues gewissermaßen aus der Gesamtheit des Seins herauszuschneiden vermag. ‚Das Protoplasma, das einen Regenwurm schuf, schuf ihn für eine Regenwurmleistung und setzte ihn in eine Regenwurmwelt.' Uexküll betont, daß in diesem biologischen Problem auch ein erkenntnistheoretisches Problem eingeschlossen liegt. Der beobachtende Biologe muß sich nach ihm von der Vorstellung freimachen, als sei seine menschliche Umwelt auch die allgemeingültige für die Tiere. ‚Es wird von ihm verlangt, daß er seine Welt in ihre Elemente zerlege (was nicht ohne gründliche erkenntniskritische Studien möglich ist), denn er muß feststellen können, welche Elemente seiner Welt als Merkmale für die Tiere dienen.' ‚Damit verschwindet alles, was für uns als selbstverständlich gilt: die ganze Natur, die Erde, der Himmel, die Sterne, ja alle Gegenstände, die uns umgeben, und es bleiben nur noch jene Einwirkungen als Weltfaktoren übrig, die dem Bauplan entsprechend auf das Tier einen Einfluß ausüben. Ist dieser Zusammenhang des Bauplanes mit den äußeren Faktoren sorgsam erforscht, so rundet sich um jedes Tier eine neue Welt, gänzlich verschieden von der unsrigen, seine *Umwelt*.' Sie ist der feste Rahmen, in den das Leben des Tieres eingespannt ist und aus dem es nicht heraustreten kann: „jedes Tier trägt seine Umwelt wie ein undurchdringliches Gehäuse sein Lebtag mit sich herum" [217].

Daß die *Umwelt-Forschung*, die er als selbständige Methode in die Biologie einführen will, nicht Kausalforschung, sondern reine *Strukturforschung* ist, wird hierbei von Uexküll aufs schärfste betont. Damit aber nimmt auch das *Zweckproblem* für ihn eine andere Gestalt an, als es bei Driesch der Fall war. Denn es bedarf für ihn nicht der Einführung irgendwelcher eigenen zwecktätigen *Kräfte;* sondern für ihn genügt der Nachweis, daß die Welt des Lebens, im Ganzen wie im Einzelnen, ein festes teleologisches *Gefüge* hat. In diesem Sinne will daher Uexküll lieber von ‚Planmäßigkeit' als von

---

[217] *Uexküll*, Umwelt und Innenwelt der Tiere, 2. Auflage, Berlin 1921; vgl. Theoretische Biologie, 2. Auflage, Berlin 1928.

‚Zweckmäßigkeit' sprechen. Das mag auf den ersten Blick als rein terminologische Änderung erscheinen, die sachlich wenig besagt. In Wahrheit aber liegt ihr ein neues *Interesse* zugrunde, das für den Vitalismus Uexkülls charakteristisch ist. Uexküll braucht nicht, wie andere Vitalisten, an besondere ‚Oberkräfte', Entelechien, ‚Dominanten' zu appellieren, die über den gewöhnlichen physikalisch-chemischen Kräften stehen und in das Spiel derselben eingreifen, um das Geschehen in eine bestimmte Richtung zu lenken. Er kann das *Kausalproblem* der Physik und Chemie freigeben, sofern beide nur anerkennen, daß in ihm nicht das Ganze der Naturerkenntnis aufgeht, sondern daß es ein selbständiges *Formproblem* gibt, für das die Biologie eigentümliche Begriffe und Denkmittel auszubilden hat. Gibt man Uexküll das zu, so ist für ihn der Streit um ‚Mechanismus' oder ‚Vitalismus' gelöst. Worauf es ihm ankommt, ist, daß es eine nicht-stoffliche *Ordnung*, eine *Regel des Lebens* gibt, die dem Stoff erst sein Gefüge verleiht. ‚Statt „Planmäßigkeit" können wir ebensogut Funktionsmäßigkeit, Harmonie oder Weisheit sagen. Auf das Wort kommt es gar nicht an, sondern nur auf die Anerkennung der Existenz einer Naturkraft, die nach Regeln bindet. Ohne die Anerkennung dieser Naturkraft bleibt die Biologie ein leerer Wahn'[218]. Die Physik ist demnach nach Uexküll völlig im Recht, wenn sie alle Zusammenhänge in der Welt ausschließlich durch Kausalität zu erklären sucht; aber sie hat unrecht, wenn sie jede andere Betrachtungsweise aus der Wissenschaft verbannen will: ‚denn die Kausalität ist nicht die einzige Regel, die uns zur Verfügung steht, um die Welt zu ordnen'[219]. Mit diesem Satz kehrt Uexküll, weit mehr als es Driesch jemals getan hat, wieder auf die Kantische Stellung und Lösung des Zweckproblems zurück – die ‚Kritik der Urteilskraft' hätte wider diese Fassung nichts einzuwenden gehabt.

Aber noch in einer anderen wichtigen und bedeutsamen Hinsicht knüpft Uexküll in seinem Kampf gegen Materialismus und Mechanismus wieder an die klassische Tradition der ‚idealistischen Morphologie' an. Diese hatte die ‚innere Zweckmäßigkeit' durchaus festgehalten; aber sie hatte sich dagegen gesträubt, sie in eine äußere Zweckmäßigkeit zu wandeln. Die Welt des Lebens ist nicht *derart* geordnet, daß die einzelnen Gattungen füreinander da sind und aufeinander hinweisen, bis schließlich die ganze Reihe im Menschen ihr ‚Ende', ihr ‚Telos' im doppelten Sinne des Wortes findet. Die Bezüge, die hier walten, sind völlig andere, denn jedes Wesen hat seinen Mittelpunkt und seinen Schwerpunkt in sich selbst. In allgemein ideengeschichtlicher Hinsicht geht dieser Grundgedanke auf die *Leibnizische Philosophie* zurück. In ihr hatte sich am deutlichsten der Umschwung vollzogen, kraft dessen der Zweckbegriff in eine neue Phase seiner Entwicklung eintrat. An Stelle der ‚materialen' Zweckmäßigkeit tritt bei Leibniz die ‚formale', an Stelle der Nutzbarkeit tritt die ‚Harmonie'. Jede Monade ist eine Welt für sich; ein in sich beschlossener Kosmos, der das Ganze des Universums in

---

[218] *Uexküll*, Theoret. Biologie, S. 98 f., S. 144.
[219] Theoret. Biologie, S. 81.

seiner Weise widerspiegelt. Aber alle diese Sonderwelten sind durch eine „prästabilierte Harmonie" miteinander verknüpft, sofern sie Ausdrücke derselben universellen Ordnung sind. Jede hat im Plan der Schöpfung ihre bestimmte Stelle und ihr bestimmtes Recht. Mit diesem Gedanken hatte die Philosophie des 17. und 18. Jahrhunderts eine neue *Orientierung* gefunden, der sich jetzt in allen Gebieten des Wissens gleichmäßig auswirkt. Früher als in der Biologie werden wir seine Wirkungen in der Geschichtsauffassung und in der Geschichtsphilosophie gewahr. Hier ist es *Herder*, der ihm zum endgültigen Durchbruch verhilft. Herder bekämpft den naiven Fortschrittsglauben der Aufklärungszeit, der im Menschen das Ziel der Schöpfung und im gebildeten Menschen des 18. Jahrhunderts das Ziel der Humanität sah. Für ihn läßt sich der Sinn und Wert der Menschheitsentwicklung nur in der Totalität ihrer Gestaltungen fassen. Jede derselben ist an ihrer Stelle notwendig, und jede ist um ihrer selbst willen, nicht um etwas anderen willen, bedeutsam. Es gibt sowenig privilegierte Epochen wie es privilegierte Nationen gibt. „Die alles zusammen genommen?" — so ruft Herder der Wissenschaft und Bildung seiner Zeit zu — „Quintessenz aller Zeiten und Völker? das zeigt schon die Torheit!" ‚Jede Nation hat ihren *Mittelpunkt* der Glückseligkeit *in sich,* wie jede Kugel ihren Schwerpunkt' [220]. Diese Grundauffassung wird von *Goethe* von der Geschichte auf die Welt des *Lebens überhaupt* übertragen. Auch er betont ständig, wie unmöglich es sei, eine bestimmte einzelne Gattung, sei es die menschliche oder irgend eine andere, aus der Gesamtheit des Lebens herauszulösen und sie als Ziel, als Richtschnur, als ‚Kanon' aufzustellen. Das Einzelne kann kein Muster vom Ganzen sein [221].

„Zweck sein selbst ist jegliches Tier, vollkommen entspringt es,
Aus dem Schoß der Natur und zeugt vollkommene Kinder
Alle Glieder bilden sich aus nach ew'gen Gesetzen
Und die seltenste Form bewahrt im Geheimen das Urbild....
So ist jedem der Kinder die volle reine Gesundheit
Von der Mutter bestimmt: denn alle lebendigen Glieder
Widersprechen sich nie und wirken alle zum Leben
Also bestimmt die Gestalt die Lebensweise des Tieres
Und die Weise zu leben, sie wirkt auf alle Gestalten
Mächtig zurück. So zeiget sich fest die geordnete Bildung ...
Diese Grenzen erweitert kein Gott, es ehrt die Natur sie
Denn nur also beschränkt war je das Vollkommene möglich."

Es ist merkwürdig, wie genau der Plan und der Aufbau der Uexküll'schen Biologie dieser Grundanschauung, die Goethe in seinem Gedicht „Die Metamorphose der Tiere" ausgesprochen hat, in jedem Punkte gemäß ist. Hier tritt ein sehr charakteristischer Rückschlag gegen den Darwinismus hervor. Denn dieser hatte die Entwicklungsidee so gefaßt, daß sie zum einseitigen

---

[220] *Herder*, Auch eine Philosophie der Geschichte der Menschheit, (1774), Werke (Suphan) V, 503, 509.
[221] Vgl. oben, S. 152.

‚Fortschritt' wurde, der von den niedersten Lebewesen bis zum Menschen hinaufführt. Bei Haeckel prägt dieser Fortschrittsglaube nicht nur die Biologie, sondern auch sein gesamtes Lebensgefühl und Weltbild. Aber Uexküll mahnt an diesem Punkt zur Umkehr. Er schafft einen neuen Begriff des ‚biologischen Universums', den er dem des ‚astronomischen Universums' gegenüberstellt. „Das astronomische Universum besitzt nur eine einzige Welt, deren unendlicher Raum und deren ewige Zeit eine unermeßliche Anzahl von völlig planlos umeinander kreisenden Sternmaschinerien enthält. Das biologische Universum bietet statt dessen den Anblick von Abertausenden in sich geschlossener Welten, die durch eine Planmäßigkeit von unerhörter Großartigkeit miteinander verbunden sind"[222]. Überall ist demgemäß Vollkommenheit, aber Vollkommenheit ist freilich nicht Allmacht, sondern richtige Ausnützung der vorhandenen Mittel. „Das niederste wie das höchste Lebewesen ist in seinem Mikrochemismus gleich vollkommen. Gegenüber dieser Tatsache fallen alle Versuche, die Lebewesen aus einer zufälligen Häufung von Stoff zu erklären, in nichts zusammen"[223].

Der *Streit um den Vitalismus* hat, nachdem er durch Driesch's Eingreifen von neuem angefacht worden war, immer mehr an Ausbreitung und an Stärke gewonnen. Um die Jahrhundertwende beherrschte er fast das gesamte biologische Denken; nicht nur die Philosophie, sondern auch die Einzelforschung wird mehr und mehr in seinen Kreis gezogen. Einen bleibend wertvollen Ertrag scheint freilich dieser Streit, wenn man ihn lediglich nach seinem äußeren Verlauf beurteilt, nicht gebracht zu haben. Die beiden Thesen stehen sich am Ende ebenso schroff und unversöhnlich gegenüber, als es am Anfang der Fall war. Und die Diskussion scheint schließlich völlig im Sande zu verlaufen; nachdem von beiden Seiten immer wieder dieselben Argumente wiederholt worden waren, zieht man sich schließlich, dieser Wiederholung müde, vom Kampfplatz zurück. Aber gerade dieses scheinbare *non liquet* enthält mittelbar eine wichtige methodische Lehre. Überblickt man die Dokumente dieses Streites in ihrer Gesamtheit, so findet man, daß es an *einem* Punkte dennoch zu einer Annäherung gekommen ist und daß sich eine gemeinsame Basis der *Problemstellung* der Biologie herausgeschält hat. Wir versuchen dieses Moment sichtbar zu machen — wobei wir uns freilich nicht verhehlen, daß sich gegenwärtig hier alles noch im Flusse befindet und daß von endgültigen, allgemein angenommenen Resultaten noch nicht gesprochen werden kann. Zwischen den Extremisten des Vitalismus und des Mechanismus, die ihre These rein dogmatisch aufstellen, war von Anfang an an keine Versöhnung zu denken. Auf der einen Seite steht hier der Anspruch, das Leben nicht nur mechanisch begreifen zu können, sondern es, auf Grund dieser Einsicht, auch bis ins Einzelne beherrschen und hervorbringen zu können. Dieser Anspruch wird insbesondere von der experimentellen Morphologie erhoben. Für sie gibt es eine vollständige Erkenntnis der Lebensformen nur dann, wenn es uns gelingt, dieselben „in unsere Hand zu

---

[222] *Uexküll*, Die Lebenslehre, S. 157.
[223] *Uexküll*, Theoret. Biologie, S. 137, S. 92.

bringen" und sie nach Willkür hervorzurufen. „Während bisher die Art des Entwicklungsvorganges immer als eine durch die innerste Natur des Organismus notwendig begründete Eigenschaft angesehen worden ist", — so sagt z. B. *G. Klebs* — „soll gezeigt werden, wie er in mannigfaltigster Weise abgeändert, oft ganz umgekehrt werden kann. Die Forschung muß sich das Ziel setzen, jede Formbildung durch die Kenntnis ihrer Bedingungen beherrschen zu lassen. Wie der Chemiker die Eigenschaften eines Körpers so kennen muß, daß er sie jederzeit sichtbar machen kann, so muß auch der Botaniker dahin streben, mit entsprechender Sicherheit die Pflanze in seine Hand zu bekommen. Diese Beherrschung des Pflanzenlebens wird, wie ich hoffe, die Signatur der kommenden Botanik werden"[224]. Es besteht kein Grund, dieses Erkenntnis-Ideal nur auf die Pflanzenwelt zu erstrecken; es konnte mit demselben Recht auch auf die Tierwelt ausgedehnt werden, sobald es nur gelang, das gemeinsame Moment zu finden, das das pflanzliche Wachstum und die tierischen Bewegungen miteinander vereint. Hier versuchte *Jacques Loeb* die Brücke zu schlagen und damit eine gemeinsame Dynamik aller Lebenserscheinungen zu begründen. *Loeb* ist ein Schüler von Julius Sachs, dessen Untersuchungen über den Tropismus der Pflanzen für ihn bestimmend wurden[225]. Es bedarf nach ihm nur eines Schrittes, um die Resultate, die hier erreicht wurden, auch auf das tierische Leben zu übertragen. Wir müssen uns entschließen, all das, was uns hier auf den ersten Blick als selbständige Aktion und selbständige Entwicklung erscheint, als einen Komplex ineinandergreifender Tropismen zu erkennen, deren jeder sich rein mechanisch vollzieht und nach streng mechanischen Gesetzen zu erklären ist. Die These vom *Automatismus* der Tiere, die Descartes in die neuere Philosophie eingeführt hat, ist nach ihm nie wieder in solcher Strenge und Konsequenz durchgeführt worden, wie es bei Loeb geschieht. Doch ist das System der bewegenden Ursachen selbst freilich viel komplizierter geworden. Denn während sich bei Descartes alle diese Ursachen schließlich auf die einfachen Verhältnisse von Druck und Stoß zurückführen lassen, spalten sich in Loebs Theorie die Tropismen in eine immer größere Zahl von Einzelarten: es gibt schließlich so viele Tropismen, als es verschiedene physikalische Reize gibt. Es gibt einen Geotropismus, einen Phototropismus, einen Chemotropismus, einen Hydrotropismus, einen Thermotropismus usf., einen Baro-, Anemo-, Rheo-, Goniotropismus [226]. Ebenso wie die Bewegungen der Tiere läßt sich auch der Vorgang der Befruchtung nach Loeb nicht nur vollständig nach physikalischen und chemischen Begriffen erklären, sondern auch unter Anwendung rein physikalischer und chemischer Hilfsmittel hervorbringen. Das Homunculus-Problem gilt als vollständig gelöst, oder doch im

---

[224] G. *Klebs*, Willkürliche Entwicklungsänderungen bei Pflanzen, Jena 1903, S. 23.

[225] Näheres über Loeb's wissenschaftlichen Entwicklungsgang s. bei *Nordenskiöld*, Biologiens historia, III, 422 ff.

[226] Vgl. J. *Loeb*, Der Heliotropismus der Tiere und seine Übereinstimmung mit dem Heliotropismus der Pflanzen, Würzburg 1890. — Eine Kritik der Loeb'schen Tropismentheorie vom vitalistischen Standpunkt gibt *Uexküll*, Das Leben, S. 133 ff.

Prinzip als lösbar; es ist nur eine Frage des Fortschritts unserer Experimentiertechnik, wann wir dazu gelangen werden, das Leben in der Retorte zu erzeugen. Denn die Chemie des lebenden Organismus ist im Prinzip identisch mit der Chemie des Laboratoriums und der Fabriken [227]. „Ich habe die Empfindung" — so sagt Loeb in einem Vortrag, den er auf dem ersten Monisten-Kongreß in Hamburg gehalten hat (1911) — „daß nur technische Umstände unserer jungen Wissenschaft daran schuld sind, daß die künstliche Herstellung von lebender Materie noch nicht gelungen ist" [228]. Durch seine Versuche zur künstlichen Befruchtung sieht er das Problem des Anfangs des individuellen Lebens und des Todes als restlos geklärt an; denn es schien ihm erwiesen, daß es möglich ist, die entwicklungserregende Wirkung des Spermatozoons durch rein physikalisch-chemische Agentien zu ersetzen [229]. Irgend ein ‚Formfaktor' braucht hierbei nicht eingeführt zu werden, und von ‚Planmäßigkeit' zu reden, hat schon deshalb keinen Sinn, weil so viel Unzweckmäßiges entsteht und wieder zugrunde geht: ‚die Disharmonien und verfehlten Ansätze in der Natur sind die Regel, die harmonisch gestalteten Systeme nur die Ausnahme' [230].

Gegen das letztere Argument konnte der Vitalismus einwenden, daß die ‚Plangemäßheit' oder ‚Formgemäßheit', die er den Lebensvorgängen zuschreibt, keineswegs mit ihrer äußeren ‚Zweckmäßigkeit' zusammenfällt. Wenn wir von Verfehlen der Form sprechen, so setzt das, wie er betonte, ihren Begriff ebensosehr voraus, wie wenn wir sie als erreicht ansehen. Natürlich gebe es keine unbegrenzte Zweckmäßigkeit in der Natur; es gebe hier vielmehr ebensowohl Ganzheit-zerstörende wie Ganzheit-erhaltende Vorgänge. Der Vitalismus betrachte demgemäß seinen Formfaktor oder ‚Ganzheitsfaktor' keineswegs als eine quantitativ unbeschränkte Potenz; er sehe in ihr vielmehr nur eine Potenz von eigentümlicher *Qualität* — und diese trete ebensowohl in den abnormen wie in den normalen Bildungen hervor [231]. Freilich scheint es dem Vitalismus immer besondere Schwierigkeiten gemacht zu haben, die Grenze zwischen einem rein deskriptiven Formbegriff und dem metaphysischen und transzendenten Zweckbegriff sicher zu ziehen und sie im Laufe der Diskussion und Beweisführung streng einzuhalten. Ein Beispiel hierfür liefert das System *J. Reinkes,* in dem fast die ganze Skala möglicher Deutungen durchlaufen wird, ohne daß es zu einer methodisch klaren und sicheren methodischen Abgrenzung kommt. Auf der einen Seite will Reinke sich damit begnügen, die eigentümliche „Zielstrebigkeit" der Lebensvorgänge als ein reines *Phänomen* festzustellen, das die Tatsachen der organischen Welt von denen der anorganischen in charakteristischer Weise

---

[227] J. *Loeb*, Vorlesungen über die Dynamik der Lebenserscheinungen, 1906, S. 11.
[228] *Loeb,* Das Leben, Leipzig 1911, S. 9.
[229] ibid., S. 17, 22.
[230] ibid., S. 34 ff.
[231] Vgl. hierzu die Bemerkungen von G. *Wolf* gegen Bütschli, Mechanismus und Vitalismus, Leipzig 1902, S. 31; sowie E. *Ungerer,* Regulationen der Pflanzen, ein System der teleologischen Begriffe in der Botanik, Berlin 1919, S. 45 ff.

unterscheidet. In diesem Sinne lehnt er nicht nur die Annahme einer besonderen „Lebenskraft" ab, sondern er sieht in ihr auch eine „biologische Auffassung von großer Naivität". „Das Lebensprinzip ist keine Kraft, sondern der symbolische Ausdruck für ein verwickeltes Gewebe zahlreicher Einwirkungen, als dessen Ergebnis überall die Zweckmäßigkeit hervorleuchtet." Daher dürfe der Vitalismus, ebensowenig wie der Mechanismus, nicht zum Dogma, nicht zu einer abschließenden Lehrmeinung werden; er bleibe jedoch bestehen als *Problem* für weitere Analysen, in denen der mechanische Forschungsgrundsatz zur Anwendung zu bringen ist. Hier scheint also die höchste kritische Vorsicht zu walten. Aber unmittelbar daneben steht die Forderung von selbständigen gestaltenden Kräften, von ‚Dominanten', die zwar nach Reinke nicht bewiesen werden können, die er aber gleichwohl *postuliert*. Wenn er sie nicht schlechthin „intelligente Kräfte" nennen will, so betont er doch, daß sie in ihrem Wirken am ehesten dem Wirken einer Intelligenz zu vergleichen sind [232]. In seiner Schrift ‚Die Welt als Tat' geht Reinke so weit, die ‚Lenkkräfte' oder Dominanten nicht nur als die „Steuerleute der Energien", sondern auch als ‚Dämonen' zu bezeichnen, die weder aus Energien entstehen, noch sich in sie verwandeln können, darum dem Erhaltungsgesetz nicht unterworfen sind [233]. Eine andere Auffassung und Begründung tritt uns bei *Bunge* entgegen. Auch er betont aufs schärfste, daß eine noch so weit fortgeschrittene Kausalerkenntnis den Traum des Mechanismus niemals erfüllen, daß sie das Eigentümliche der Lebensvorgänge niemals auslöschen werde. Je weiter wir auf diesem Wege fortschreiten, um so klarer und unverkennbarer werde vielmehr die Differenz heraustreten. Je eingehender, vielseitiger und gründlicher wir eine Lebenserscheinung zu erforschen streben, desto mehr kommen wir zu der Einsicht, daß Vorgänge, die wir bereits vollständig bewältigt und durchdrungen zu haben glauben, vorläufig jeder mechanischen Erklärung spotten. Wir müssen immer wieder einsehen, daß eine Kluft besteht zwischen den passiven Bewegungen, die wir in der anorganischen Natur vorfinden, und den aktiven, den echten „Lebensbewegungen". ‚Ich behaupte' — so sagt Bunge — ‚alle Vorgänge, die sich mechanistisch erklären lassen, sind ebensowenig Lebenserscheinungen, wie die Bewegung der Blätter und Zweige, *die vom Sturme gerüttelt werden,* oder wie die Bewegung des Blütenstaubes, den der Wind herüberweht von der männlichen Pappel zur weiblichen' [234].

Auch hier also stehen wir auf dem Boden des strengen Vitalismus: das Eigentümliche der ‚Lebensbewegung' gegenüber den Bewegungen der anorga-

---

[232] Vgl. *Reinke,* Einleitung in die theoretische Biologie, 2. Auflage, Berlin 1911, S. 64 ff., S. 195 ff.
[233] *Reinke,* Die Welt als Tat, Berlin 1899, S. 269; vgl. auch Reinkes Aufsatz: Gedanken über das Wesen der Organisation, Biolog. Zentralblatt, Band 19, S. 81 ff., 113 ff.
[234] *Bunge,* Lehrbuch der physiologischen und pathologischen Chemie, (1887), 2. Aufl., Leipzig 1889, S. 14; vgl. Bunges Vortrag: Vitalismus und Mechanismus, Leipzig 1886, S. 11.

nischen Natur wird durchaus festgehalten. Zwischen passiven Bewegungen und aktiven Lebensleistungen besteht eine Kluft. Aber Bunge will diese Kluft nicht dadurch schließen, daß er zu einer besonderen Klasse von ‚Oberkräften' oder ‚Lenkkräften' seine Zuflucht nimmt. Er läßt der physikalisch-chemischen Erklärung seinen freien Lauf — überzeugt, daß sie eben damit am sichersten zu der Einsicht in die Grenzen, die ihr gesteckt sind, gelangen werde. Damit aber ist das Problem auf einen anderen Boden gestellt und es hat eine andere Prägung angenommen, als es bei Driesch oder Reinke der Fall war. Driesch hat ausdrücklich darüber geklagt, daß Bunge in der Frage des Vitalismus keine scharfe und entschiedene Stellung genommen habe; alles sei nur ‚vorläufig' als ein noch-nicht-Genügen der mechanischen Anschauung gemeint [235]. Aber er wird damit der Auffassung Bunges nicht gerecht; denn er übersieht, daß für diesen in jedem Falle die mechanische Erklärung der Lebenserscheinungen ein ‚unendlich-ferner' Punkt bleibt, dem wir uns zwar mehr und mehr annähern können, den aber unsere Erkenntnis niemals erreichen kann. Die Annahme einer ‚Lebenskraft' hilft hier freilich nicht weiter: er ist mit Kant überzeugt, daß dies nichts anderes wäre als „die bequeme Lagerstätte, wo die Vernunft zur Ruhe gebracht wird auf dem Polster dunkler Qualitäten". Daher erklärte er denn auch, daß nichts anderes übrig bleibe, als entschlossen in der Richtung der chemisch-physikalischen Erklärung weiter zu arbeiten; mit aller Resignation, das Rätsel des Lebens auf diesem Wege endgültig lösen zu wollen. „Die Methode ist durchaus fruchtbringend: wir müssen es versuchen, wie weit wir mit alleiniger Hilfe der Physik und Chemie gelangen. Der auf diesem Wege unerforschbare Kern wird um so schärfer, um so deutlicher hervortreten. So treibt uns der Mechanismus der Gegenwart dem Vitalismus der Zukunft mit Sicherheit entgegen" [236].

Damit aber ist eine so vorsichtige und kritische Fassung des Problems erreicht, daß nunmehr auch eine Versöhnung zwischen den rein dogmatischen Gegensätzen möglich gewesen wäre. In der Tat hat es namhafte Anhänger des Mechanismus gegeben, die in rein *methodischer* Hinsicht kaum anders als Bunge geurteilt haben. Sie erklärten, daß der physikalisch-chemischen Forschung der Lebewesen niemals ein Halt geboten werden dürfe; aber wenn sie den Weg nicht aufgeben wollten, so glaubten sie damit nicht, wie Loeb es getan hat, schon am Ziele zu stehen oder dieses in Kürze erreichen zu können. So stellt z. B. *Verworn* fest, daß alles, was man von dem Aufschwung der Experimentalforschung und der Anwendung exakter Methoden in dieser Hinsicht erwartet hat, uns enttäuscht habe. Das Problem des Lebens ist daher nach ihm heute mechanisch so wenig lösbar, als es jemals gewesen ist. Wir wissen, daß Atmung, Zirkulation, Verdauung, Resorption nach den Gesetzen der Physik und Chemie erfolgt; wie aber das Auswahlvermögen der Zellen zu erklären ist, das hat uns die Physiologie nicht gelehrt. So sei

---

[235] Vgl. *Driesch,* Der Vitalismus als Geschichte und als Lehre, S. 143.
[236] *Bunge,* Lehrbuch S. 14; Vitalismus und Mechanismus, S. 20.

es verständlich, daß das „alte Gespenst der Lebenskraft" in der Wissenschaft immer wieder spuke; aber statt an dasselbe zu glauben, mußten wir fortschreiten und unsere Methodik immer weiter tragen [237]. Es wird hieraus verständlich, daß in der Entwicklung der Forschung und in der konkreten Forschungs*arbeit* ‚Mechanismus' und Vitalismus sich keineswegs als unversöhnliche Widersacher gegenüberstehen, sondern daß sie sich hier miteinander vereinen und zu den gleichen Zielen zusammenwirken konnten. Hier herrscht kein ausschließender Gegensatz, sondern ein eigentümliches Verhältnis der methodischen Oszillation. Der Vitalismus hielt zwar dem Mechanismus ständig seine Schranke vor, spornte ihn aber damit zu immer neuen Leistungen an; wie andererseits der Vitalismus durch die Kritik, der er ausgesetzt war, nicht der Gefahr erlag, sich „beruhigt auf ein Faulbett zu legen". Man hat mit Recht betont, daß im Verlauf der Geschichte der Biologie die größten Vitalisten stets auch hervorragende Verdienste um die Erklärung des Mechanismus im Organismus gehabt haben. „Derselbe Harvey, der die tiefsten Einblicke in die Keimesentwicklung getan, er hat auch die Lehre vom doppelten Blutkreislauf aufgestellt. Leuchtende neuere Beispiele sind *Johannes Müller* und *Nägeli*"[238].

Im Grunde hat daher die moderne Weiterentwicklung des Gegensatzes zwischen ‚Mechanismus' und ‚Vitalismus' die Lösung, die Kant von der „Antinomie der Urteilskraft" zu geben versucht hatte, keineswegs widerlegt, sondern sie vielmehr in allen wesentlichen Punkten bestätigt. Es ist nicht zu viel gesagt, wenn man behauptet, daß Kant hier der heutigen Biologie weit näher steht als derjenigen seiner eigenen Zeit und daß er viele methodische Probleme antizipiert hat, die erst die Folgezeit zur Reife gebracht hat. Daß die ‚Formbegriffe' der Biologie eine spezifische Struktur besitzen, und daß sie sie ungeachtet aller Fortschritte der kausalen Erklärung immer behalten müssen, hat sich immer deutlicher gezeigt. Kant wollte freilich nicht nur als Logiker diesen Unterschied beschreiben; er wollte auch als Kritiker der Naturerkenntnis einen bestimmten *Wertunterschied* zwischen beiden Begriffsklassen statuieren. Er drückte diesen Unterschied damit aus, daß er der einen eine „konstitutive", der anderen eine nur „regulative" Bedeutung zusprach, und daß er demgemäß die Kausalität für die zentrale Kategorie der Naturerkenntnis erklärte, während er im Zweck- oder Formbegriff eine ‚Idee' oder eine ‚heuristische Maxime' sah. In *dieser* Unterscheidung brauchen wir ihm nicht zu folgen; denn sie beruhte auf der Problemlage seiner eigenen Zeit, die sich für uns sowohl im Gebiet der Physik wie in dem der Biologie grundsätzlich gewandelt hat. Für Kant und für seine gesamte Epoche stand es fest, daß die Naturerkenntnis in Newton ihren eigentlichen Meister gefunden habe. Von dem Ideal, das er in seiner ‚Philosophiae naturalis principia mathematica' gezeichnet hatte, durfte sie sich nie wieder entfernen, wenn sie nicht von ihrer Höhe herab-

---

[237] *Verworn*, Allgemeine Physiologie, 2. Auflage, Jena 1897, S. 29 f., 44 ff.
[238] R. *Burckhardt*, Biologie und Humanismus, Jena 1907, S. 73 f.

sinken wollte. Hier lag eine Art klassischen Vorbilds, ein Kanon vor, an dem künftig jedes Wissen gemessen werden mußte: die Wissenschaft Newtons wurde zum Ausdruck „der" Wissenschaft schlechthin. Wenn Kant auf Grund seiner kritischen Analyse fand, daß die Biologie das Newtonische Ideal nicht nur nicht erreichen, sondern daß sie ihm nicht einmal nachstreben könne, daß es „für Menschen ungereimt" sei, auf einen „Newton des Grashalms" zu hoffen, so schloß das somit für ihn selbst zweifellos eine gewisse Resignation in sich. Er konnte ihr Eigenrecht und ihren Eigenwert betonen; aber er konnte ihr in der Hierarchie des Wissens nicht *denselben* Rang, nicht die gleiche ‚objektive', d. h. objektivierende Kraft wie der mathematisch-physikalischen Erkenntnis zuweisen. Die letztere war und blieb im Besitz der eigentlichen, der wahren Objektivität; und dieser Besitz durfte nicht geschmälert oder angetastet werden. Für uns bestehen derartige Bedenken nicht mehr: denn eine Einschränkung des *Mechanismus* bedeutet für uns nicht mehr eine Einschränkung der *Physik*. Die moderne Physik hat sich den Fesseln, die die „mechanische Weltanschauung" ihr auferlegte, mehr und mehr entzogen und ein anderes und neues Erkenntnis-Ideal ausgebildet [239]. Damit aber rückt auch ihre Beziehung zur Biologie in ein neues Licht. Die Physik darf, ihrer eigenen Selbständigkeit gewiß, nun auch der Biologie eine weit größere Selbständigkeit zugestehen, als es zuvor der Fall war; denn sie gewährt ihr damit nur ein Recht, das sie in ihrer eigenen Kritik und in ihrer Reform des klassischen Systems ständig für sich selbst in Anspruch nehmen mußte. Werfen wir zum Schluß noch einen Blick auf die *letzte Phase der theoretischen Biologie,* die erst dem zwanzigsten Jahrhundert angehört, so scheint es als ob sich in ihr die Verbindung zwischen Biologie und Physik in dem hier angedeuteten Sinne bereits vollzogen hätte. Der Streit zwischen ‚Mechanisten' und ‚Vitalisten' ist langsam abgeebbt; von keiner Seite wird ihm mehr dieselbe Bedeutung wie zuvor beigemessen. Statt dessen beginnen sich immer deutlicher die Grundzüge einer neuen Gesamtansicht abzuzeichnen, die weder dogmatischer Mechanismus noch dogmatischer Vitalismus sein will. Sie ist von einem ihrer Begründer, *J. S. Haldane,* mit dem Namen des ‚Holismus' oder ‚Organizismus' bezeichnet worden [240]. Eine Übersicht über die Entwicklung dieser Anschauung in den letzten Jahrzehnten und über ihre systematische Bedeutung ist jüngst von *Adolf Meyer* gegeben worden. Er sieht sowohl im Vitalismus wie im Mechanismus nur noch „alte ehrwürdige Ideologien", denen aber keine rechte theorienbildende Kraft mehr innewohne. „Man kann sich des Eindruckes nicht erwehren" — so sagt er in seiner Schrift: Ideen und Ideale der biologischen Erkenntnis [241] — „daß diese ehrwürdigen Ideologien hinter der Entwicklung der speziellen biologischen Erkenntnisgebiete zurückgeblieben

---

[239] Vgl. hierzu oben Erstes Buch, 5. Kapitel.
[240] Für *Haldane* vgl. seine Schrift The new Physiology, 1919 und The philosophical basis of Biology, 1931.
[241] *Bios,* Abhandlungen zur theoretischen Biologie und ihrer Geschichte, sowie zur Philosophie der organischen Naturwissenschaften, Band I, Leipzig 1934.

sind, jedenfalls haben sie diesen nichts mehr zu sagen." Die Biologie kann nicht in den Zustand einer organisch wohlgegliederten Wissenschaft gelangen, solange sie diesen beiden ihr wesensfremden Erkenntnis-Idealen nacheifert. ‚Der Vitalismus negiert das moderne *Galilei-Newton-Kantische* Erkenntnisideal der mathematischen Naturwissenschaft und beraubt die Biologie dadurch zweifellos fruchtbarer Erkenntnismöglichkeiten, und der Mechanismus degradiert die Biologie zu einem eigentheoretisch bedeutungslosen Anhängsel der theoretischen Physik.' Der „Organizismus" will dagegen den positiven Gehalt sowohl der mechanischen wie der vitalistischen Idee in einer diesen beiden Antithesen überlegenen höheren Synthese zusammenfassen, um mit dem Vitalismus die Eigengesetzlichkeit des Organischen gegenüber dem Unorganischen und mit dem Mechanismus den zwischen beiden Wirklichkeitsbereichen bestehenden Ableitungszusammenhang zu vertreten — wobei dieser Zusammenhang freilich eine andere *Richtung* erhält, indem nicht das Höhere aus dem Niederen, sondern das Niedere aus dem Höheren abgeleitet werden soll[242].

Den rein *erkenntnistheoretischen* Gehalt dieser biologischen Grundanschauung bestimmt herauszuschälen ist schwer; denn wir betreten ein Gebiet, wo noch alles im Fluß ist und wo, innerhalb des Kreises der empirischen Forschung selbst, von einem logischen Abschluß, den die neuen Ideen in sich selbst gefunden hätten, noch in keiner Weise gesprochen werden kann. Immerhin beginnt sich in den Arbeiten zur theoretischen Biologie, die das letzte Jahrzehnt gebracht hat, der Weg und das Ziel immer schärfer abzuzeichnen. Hier tritt uns zunächst der Begriff der ‚*Ganzheit*' als eine spezifische Kategorie der biologischen Erkenntnis entgegen. Schon der Name des ‚Holismus' zeigt uns, daß man nunmehr beginnt, diesen Begriff dem älteren und traditionellen Begriff der ‚Zweckmäßigkeit' vorzuziehen. Die Entwicklung der wissenschaftlichen Erkenntnis im neunzehnten Jahrhundert läßt sich allgemein dahin charakterisieren, daß sie der Idee der ‚Ganzheit' eine immer größere Bedeutung einräumt. Sie führt, im Kreise der theoretischen Physik, zu einem Primat der „Feldphysik" — denn das Feld erscheint als ein Ganzes, das sich nicht einfach aus einzelnen Teilen, den Elektronen, zusammensetzen läßt, sondern vielmehr die Bedingung für sie bildet — wie sie, im Kreise der Psychologie, den Übergang von der Elementenpsychologie zur Gestaltpsychologie fordert. Hier war also ein Moment herausgehoben, das verschiedenen Forschungsrichtungen gemeinsam und für sie von gleicher Bedeutung war; es handelt sich nur noch darum, das *Spezifische* des biologischen Ganzheitsbegriffs als solches zu bestimmen. Wiederum trat hierbei die Bedeutung zutage, die das Studium der *Regulations- und Regenerationserscheinungen* auch in rein methodischer Hinsicht für das biologische Denken besitzt. In einer Schrift über die Regulationen der Pflanzen tritt *Emil Ungerer* mit Nachdruck dafür ein, die bisherige Zweckbetrachtung durch die reine Ganzheitsbetrachtung zu ersetzen, um da-

---

[242] Vgl. Adolf *Meyer*, a. a. O., S. IX ff., S. 34 ff., S. 89 ff.

mit die Biologie von metaphysischen Problemen zu entlasten, die für sie nicht nur bedeutungslos sind, sondern die sie im Verlauf ihrer Geschichte immer wieder gehemmt und von ihren rein wissenschaftlichen Zielen abgelenkt haben. Die Vertiefung in die Tatsachen der Regulation und Restitution läßt uns mit besonderer Deutlichkeit ein bestimmtes Kennzeichen alles organischen Geschehens erkennen. Es gilt, dieses Kennzeichen zunächst einmal lediglich festzustellen und es zu beschreiben, ohne nach seinen Ursachen zu fragen und sich um seine ‚Erklärung' zu bemühen. Für diese Aufgabe der reinen Beschreibung aber erweist sich der *Ganzheitsbegriff* weit geeigneter als der *Zweckbegriff*. Beim Gebrauch des ersteren Begriffs scheidet die Beziehung auf das menschliche Wollen und die Vergleichung mit ihm ganz aus. Wir konstatieren einfach, daß eine große Reihe organischer Vorgänge oder die meisten von ihnen derart verlaufen, daß das Ganze seiner Funktionen innerhalb bestimmter Grenzen wiederhergestellt wird, wenn es eine Störung erfahren hat. Für die Erforschung der Lebenstatsachen brauchen wir nichts anderes als den Einblick in dieses ‚Urphänomen', das wir als solches festhalten und gelten lassen müssen. „Nicht der Zweckbetrachtung als solcher kommt irgendwelche Bedeutung in der Lehre vom Organismus zu, sondern nur dem Charakter des Ganzheitserhaltenden im Bereich des Lebens." Bei der Erforschung der Organismen eine teleologische *Methode* anwenden, heißt nichts anderes als die Vorgänge in ihm daraufhin zu untersuchen, wie weit in ihnen der Charakter der Ganzheitserhaltung sich zeigt. Dies ist für die wissenschaftliche Erkenntnis der Lebensphänomene notwendig; aber es ist auch völlig zureichend. Versucht oder verlangt man mehr, so ergeben sich sofort Konflikte und Grenzstreitigkeiten zwischen Biologie und Physik. Sie sind im Grunde Scheinkonflikte, da sie nicht von der Sache selbst, sondern von den Gebietsübertretungen auf beiden Seiten herrühren. Auch der Begriff der ‚Potenz', der von Aristoteles in die Biologie eingeführt worden ist und der seitdem in ihr seinen sicheren Platz behauptet, unterliegt keinerlei erkenntniskritischen Einwänden — sofern man nicht in den Fehler verfällt, ihn nach Art des Aristoteles zu einer besonderen Art von *Ursache* zu hypostasieren. Der Ausdruck der ‚Ganzheit' hat den Vorzug, daß er völlig hypothesenfrei ist. Er enthält nichts ‚Seelisches' und er behauptet keineswegs, das Lebensgeschehen müsse in jedem Falle so verlaufen, daß der höchste Grad von Zweckmäßigkeit dadurch erreicht werde. Im einzelnen unterscheidet Ungerer drei Arten von Ganzheit, denen gemeinsam ist, daß in ihnen je von einer besonderen Seite her die „Erhaltung eines Geordneten" sichtbar wird. Diese Erhaltung zeigt sich entweder an der *Form* des Organismus, der hergestellt oder wiederhergestellt wird, oder in dem geordneten *Zusammenhang aller Stoffwechsel-Funktionen* oder in dem geordneten Ablauf eines *Bewegungsgefüges*. All diese Momente, die Driesch als Konstellationsharmonien, als Kausalharmonien und als Funktionalharmonien unterschied, ordnen sich rein methodisch demselben Gesichtspunkt unter und bedürfen zu ihrem Verständnis und zu ihrer wissenschaftlichen Beherrschung nicht der Heranziehung einer neuen Klasse von ‚Ursachen', die von den wirkenden Ursachen ganz verschieden sind. Die Trennung der Welt in ‚causae efficientes' und ‚causae finales' wird hier entbehrlich; aber die Kategorie des ‚Teleologischen' behält und behauptet ihren Platz [243].

Das alles ist Kantisch gedacht und an die ‚Kritik der Urteilskraft' angelehnt, die Ungerer in einer eigenen Schrift eingehend analysiert und mit den Ergebnissen der modernen Biologie konfrontiert hat [244]. Er ist dabei zu dem Ergebnis gelangt, daß gerade die letzte Phase der Biologie mehr als irgend eine frühere Epoche jene Grundauffassung zur Geltung gebracht habe, die Kant in der ‚Kritik der teleologischen Urteilskraft' vertreten hat. Die moderne Bewegung, die sich ‚Holismus' oder ‚Organizismus' nennt, stimmt in ihrer allgemeinen Orientierung mit der methodischen Richtung Ungerers überein, wobei natürlich nicht alle Forscher, die an ihr teilnehmen, in gleicher Weise an der Herausarbeitung des rein erkenntniskritischen Problems interessiert waren. Sehr bestimmt und nachdrücklich aber wird dieser Gesichtspunkt in einer der neuesten Gesamtdarstellungen der theoretischen Biologie hervorgehoben, die von einem Vertreter dieser Richtung herrührt. *Ludwig von Bertalanffy* betont in der Einleitung, die er seiner ‚Theoretischen Biologie' voranschickt [245], daß in jeder Naturwissenschaft der Fortschritt in der begrifflichen Klärung nicht minder notwendig sei als der Fortschritt in der reinen Tatsachenerkenntnis. Und auch nach ihm erfordert diese begriffliche Klärung eine strenge Scheidung des Ganzheitsbegriffs vom Zweckbegriff. Den ersteren können wir und müssen wir unbedingt festhalten, da er gewissermaßen die Eingangspforte bildet, die wir durchschreiten müssen, um überhaupt zu den biologischen Problemen vorzudringen. Schon bei der Beschreibung der Lebensphänomene zeigt es sich, daß hierfür eine andere Betrachtungsweise notwendig ist als die kausale Analyse der Einzelabläufe. „Gewiß können wir die im Organismus ablaufenden Einzelvorgänge physikalisch-chemisch beschreiben — aber als *Lebens*vorgang sind sie damit in keiner Weise gekennzeichnet. Wenn nicht alle, so doch die überwiegend meisten Lebensvorgänge zeigen sich dabei geordnet, daß sie auf die Erhaltung, Herstellung oder Wiederherstellung der Ganzheit des Organismus gerichtet sind. ... Schon der Begriff des Organs, des Seh-, Hör-, Geschlechtsorgans involviert, daß dieses ‚Werkzeug' zu etwas ist. ... Tatsächlich erzählt uns ja jedes biologische Buch fortwährend, wozu Herz, Lunge, Chlorophyll, Teilungsspindeln, Reflexe, Sekretionen usf. dienen." In dieser Feststellung der „ganzheitlichen Ordnung" handelt es sich einfach um ein *Phänomen*, das als solches mit rein empirischen Mitteln aufweisbar ist. Keine erkenntnistheoretische Skepsis kann uns an der Anerkennung dieser Ordnung, als et-

---

[243] E. *Ungerer*, Die Regulationen der Pflanzen. Ein System der ganzheitsbezogenen Vorgänge bei den Pflanzen. (Monographien aus dem Gesamtgebiet der Physiologie der Pflanzen und der Tiere, Bd. X) 2. Aufl., Berlin 1926 (zuerst Berlin 1919).

[244] *Ungerer*, Die Teleologie Kants und ihre Bedeutung für die Logik der Biologie (Abhandl. zur theoret. Biologie, Heft 14), Berlin 1922.

[245] Theoretische Biologie, Band I, Leipzig 1932.

was tatsächlich-Gegebenes, verhindern. Wogegen die Skepsis sich richten kann, sind nur die Deutungen, die die Wissenschaft von dieser Grunderscheinung zu geben sucht. Und hier betont Bertalanffy mit Nachdruck, daß der Zweckbegriff nicht das geeignete Mittel für die Bezeichnung des wirklichen Tatbestandes ist, weil er fast unvermeidlich zu falschen anthropomorphen Nebenvorstellungen führe. „Darüber, daß die Erscheinungen in den Organismen zu einem großen Teil ‚ganzheits-' oder ‚systembildend' sind, und daß es die Aufgabe der Biologie ist, festzustellen, ob und inwiefern sie es sind, kann eigentlich gar kein Streit bestehen. Nun nannte man aber, alten Denkgewohnheiten folgend, diese Geordnetheit des Lebens ‚Zweckmäßigkeit' und fragte, welchen ‚Zweck' ein Organ oder eine Funktion habe. Im Begriff ‚Zweck' schien aber ein Wollen und Intendieren des Zieles involviert zu sein — eine Vorstellungsweise, die dem Naturforscher mit Recht unsympathisch ist, und so machte man den Versuch, die Zweckmäßigkeit als eine bloß-subjektive und unwissenschaftliche Betrachtungsweise hinzustellen. In der Tat ist die ganzheitliche Betrachtungsweise in der schlechten Formulierung als „Zweckmäßigkeitsbetrachtung" häufig mißbraucht worden, erstens durch den Darwinismus, der in seinem Bestreben, für jedes Organ und jeden Charakter Nützlichkeits- oder Selektionswert herauszufinden, häufig gänzlich haltlose Hypothesen über die ‚Zweckmäßigkeit' aufstellte; zweitens vom Vitalismus, der sie als Beweis des Waltens seiner Vitalfaktoren ansah." Die Einwände, die man gegen diesen falschen Gebrauch des Zweckbegriffs mit Recht erheben kann, treffen indes nach Bertalanffy die Ganzheitsbetrachtung in keiner Weise. Die Erkenntnis der ganzheitlichen Ordnung des Geschehens im Organismus ist eine Erkenntnis *sui generis*, die durch die Feststellung kausaler Zusammenhänge nicht entbehrlich gemacht oder ersetzt werden kann. Hat man dies einmal eingesehen, so ist es müßig, darüber zu streiten, welche von beiden höher steht, und noch weniger fruchtbar ist es, wenn man nun der kausalen Erkenntnis den Namen der ‚Wissenschaft' vorbehalten will: Es ist „dogmatische Erkenntnistheorie", wenn man erklärt, daß lediglich die Bio*physik*, die es mit kausaler Erklärung zu tun hat, den Namen der Wissenschaft verdiene. Denn die organische Ganzheit und „Historizität" bilden gleichfalls einen wesentlichen Charakterzug des Wirklichen, den man nicht wegdisputieren kann, sondern den man nach allen Seiten hin mit der hierfür geeigneten spezifischen Methode zu erforschen hat. Von hier aus ergibt sich die Stellung, die Bertalanffy zu den älteren Systemen des Vitalismus einnimmt. Ihr Verdienst sieht er darin, daß sie der „summativen Auffassung" der Lebewesen ein Ende gemacht haben. Aber der Vitalismus machte sich einer Grenzüberschreitung schuldig, sobald er daran ging, die organische Ganzheit dadurch zu ‚erklären', daß er sie auf transzendente, letzten Endes psycho-analoge Faktoren zurückführte. Der ‚Psychismus' muß in jeder Form abgelehnt werden. Aber die neue „organismische Biologie" bedarf seiner auch in keiner Weise. Sie setzte an die Stelle des Zweckbegriffs den Ordnungs- und Systembegriff und sie charakterisiert das Leben dadurch, daß sie ihm die Eigenschaft des Systems zuschreibt. Was wir ‚Leben' nennen, ist ein in hierarchischer Ordnung gegliedertes System. Diese Ordnung der Prozesse ist das klarste, ja das einzige Unterscheidende der Lebensvorgänge von den gewöhnlichen physiko-chemischen Prozessen. Eine dogmatische Entscheidung zwischen den Thesen des ‚Mechanismus' und ‚Vitalismus' zu treffen, lehnt demgemäß Bertalanffy, ebenso wie Ungerer, ab. Die „organismische Auffassung" versöhnt beide und setzt sie zueinander in das rechte methodische Gleichgewicht: denn sie tritt keinem Versuch, die Lebensvorgänge physikalisch-chemisch zu erklären, entgegen; aber sie ist sich andererseits bewußt, daß es noch anderer logischer Hilfsmittel bedarf, um das Problem der Ganzheit mit Erfolg in Angriff zu nehmen; und diese Hilfsmittel will sie bereitstellen [246]. Aus diesem Ausgang des Streites läßt sich entnehmen, worin sein spezifischer Ertrag und seine Fruchtbarkeit besteht. Der Kampf zwischen Mechanismus und Vitalismus hat die Wissenschaft der Lösung der Frage nach dem „Wesen des Lebens" nicht näher gebracht. Aber er hat die Biologie dazu genötigt, sich die Frage nach ihrem *eigenen* Wesen immer wieder vorzulegen und damit zu einer klareren Erkenntnis ihrer spezifischen Aufgabe und ihrer spezifischen Denkmittel durchzudringen.

---

[246] Zum Ganzen s. Bertalanffy, a. a. O., S. 11 ff., 36 ff., 65 ff., 80 ff.

DRITTES BUCH

Grundformen und Grundrichtungen der historischen Erkenntnis

ERSTES KAPITEL

Der Durchbruch des Historismus — Herder

Es ist eine weitverbreitete und immer wiederkehrende Ansicht, daß das 19. Jahrhundert nicht nur ein „historisches Jahrhundert" ist, sondern daß gerade dieser Zug sein eigentümliches Kennzeichen bildet, durch welches es sich von allen früheren Epochen unterscheidet. Man hat hierin seinen höchsten Ruhmestitel gesehen; aber es fehlt auch nicht an Stimmen, die in dieses Lob nicht eingestimmt haben. Seit *Nietzsches* ‚Unzeitgemäßen Betrachtungen' (1874) ist die philosophische Skepsis gegen den ‚Historismus' immer stärker geworden; das Thema ‚Vom Nutzen und Nachteil der Historie für das Leben' ist seither in den verschiedensten Variationen behandelt worden. Aber es ist ein Irrtum zu glauben, daß das historische Denken *als solches* erst durch Herder und durch die Romantik entdeckt und in seinem spezifischen Erkenntniswert erfaßt worden sei. Schon die Aufklärung, die man als „unhistorisch" abzulehnen pflegt, hat dieses Denken nicht nur gekannt, sondern sie hat sich seiner als eines der wichtigsten Mittel für den Kampf für ihre eigenen Ideale bedient. Die langsame und stetig-fortschreitende „Eroberung der geschichtlichen Welt" gehört zu den großen Leistungen der Aufklärung. Sie wird hier nicht nur zu neuen Fragestellungen geführt; sondern sie bildet bereits eigentümliche *Methoden* der historischen Erkenntnis aus, die die Folgezeit nur weiter auszubauen hatte. Selbst wenn wir von *Giambattista Vico* absehen, der sein eigenes historisches Erkenntnisideal mit voller Bestimmtheit dem mathematisch-naturwissenschaftlichen Erkenntnisideal Descartes' entgegenstellt, so finden wir im 18. Jahrhundert in *Montesquieu* und *Voltaire*, in *Hume*, in *Gibbon*, in *Robertson* die ersten Pioniere des modernen geschichtlichen Denkens. Ich habe in meiner „Philosophie der Aufklärung" 5 (1932) diesen Prozeß eingehend darzustellen gesucht [1]. Und ich habe jetzt die Genugtuung, die dort entwickelte Grundauffassung auch von einem hervorragenden Historiker bestätigt zu sehen. *Friedrich Meinecke* verlegt in seinem Werk: ‚Die Entstehung des Historismus' die Anfänge des historischen Denkens in das 18. Jahrhundert zurück; und der gesamte erste Band des Werkes ist der Darstellung dieser Anfänge gewidmet [2]. Was das 19. Jahr-

---

[1] Die Philosophie der Aufklärung, Tübingen 1932, Fünftes Kapitel: Die Eroberung der geschichtlichen Welt, S. 263—312.

[2] Friedrich *Meinecke*, Die Entstehung des Historismus, 2 Bände, Berlin 1936. Erster Band: Vorstufen und Aufklärungstheorie.

hundert kennzeichnet und auszeichnet, ist also nicht die *Entdeckung* des historischen Denkens, sondern die neue Richtung, die es diesem Denken gibt. Hier vollzieht sich in der Tat eine eigentümliche Umkehr: eine Art von „kopernikanischer Drehung", die der Geschichtswissenschaft eine neue Gestalt gibt.
Wenn Kant zum „Kopernikus der Philosophie" werden wollte, so darf man *Herder* den Kopernikus der Geschichte nennen. Herders Leistung als Historiker und als Geschichtsphilosoph ist umstritten. Betrachtet man sein Werk lediglich unter diesen beiden Gesichtspunkten, so läuft man Gefahr, seiner Bedeutung nicht gerecht zu werden. Als Geschichtsphilosoph hat es Herder niemals zu einem einheitlichen und in sich geschlossenen System gebracht. Seine Betrachtungsweise geht zwischen den beiden einander entgegengesetzten Polen der ‚Immanenz' und der ‚Transzendenz' hin und her; sie will das eine Mal die Geschichte rein aus dem Wesen des Menschen erklären und als Entfaltung des Menschentums, der ‚Humanität', begreifen, und sie sieht sich auf der anderen Seite doch immer wieder genötigt, zu einem göttlichen Plan, zu einem Werk der ‚Vorsehung', zu greifen. Auch was Herder als eigentlicher Historiker geschrieben hat, ist von ungleichem Wert. Bahnbrechend und grundlegend sind hier nur die Erkenntnisse, die er auf dem Gebiet der *Poesie* gewonnen hat. Die politische Geschichte liegt, im Ganzen genommen, außerhalb seines Gesichtskreises; ja er scheint gegen sie, je älter er wird, eine wachsende Abneigung zu empfinden. Mißt man ihn mit den gewohnten Maßen, so kann man daher leicht dazu kommen, seine Rolle erheblich zu unterschätzen. Das bekannte Buch von *Eduard Fueter:* „Geschichte der neueren Historiographie" [3], das die Entwicklung der Geschichtsschreibung von der humanistischen Geschichtsschreibung in Italien bis zur Gegenwart behandelt, hat Herder nur einen sehr bescheidenen Raum eingeräumt. Die Darstellung Herders umfaßt hier kaum vier Seiten; während andere Denker, die sich mit ihm an geistiger Bedeutung nicht vergleichen lassen, weit ausführlicher behandelt sind. Aber das Bild muß sich sofort verändern, wenn man Herder nicht mehr unter dem Gesichtspunkt dessen, was er auf historischem Gebiet *geleistet* hat, betrachtet, sondern statt dessen das betrachtet, was er hier *erstrebt,* was er gewollt und gefordert hat. In der Neuheit und in der ungeheuren Energie dieser *Forderung* liegt sein wesentliches und unvergleichliches Verdienst. Der Erste, der dieses Verdienst ganz verstanden und ganz gewürdigt hat, ist *Goethe* gewesen. Er, der der historischen Welt weit ferner stand als der Welt der Natur, und der zu ihr keinen unmittelbaren Zugang besaß [4], sah hier durch Herder eine neue Form des historischen Denkens und Fühlens erschlossen, der er sich hingeben konnte und die ihn mit wahrem Enthusiasmus erfüllte. „Ich habe Deine Bücher kriegt" — so schreibt Goethe im Mai 1775 an Her-

---

[3] Dritte Auflage, München und Berlin 1936 (im Handbuch der mittelalterlichen und neueren Geschichte, hg. von G. von *Below, F. Meinecke* u. A. *Brackmann,* Abteil. I).

[4] Vgl. hierzu meine Schrift: Goethe und die geschichtliche Welt, Berlin 1932.

der — „und mich daran erlabt. Gott weiß, daß das eine gefühlte Welt ist! Ein belebter Kehrigthaufen! Und so Dank! Dank! ... Und so fühl ich auch in all Deinem Wesen nicht die Schal und Hülle, daraus Deine Castors oder Harlekins heraus schlupfen, sondern den ewig gleichen Bruder, Mensch, Gott, Wurm und Narren. Deine Art zu fegen und nicht etwa aus dem Kehrigt Gold zu sieben, sondern den Kehrigt zu lebender Pflanze umzupalingenesieren, legt mich immer auf die Knie meines Herzens" [5]. Das war das große Erlebnis, das Goethe durch Herder zuteil wurde — und das wir heute noch in voller Stärke nachempfinden können. Für Goethe, der in der Geschichtsschreibung, wie sie ihm bisher entgegengetreten war, so oft nur „ein Kehrichtfaß und eine Rumpelkammer, und höchstens eine Haupt- und Staatsaktion" gesehen hatte, erschien die Geschichte mit einem Schlage durch den Zauber von Herders Darstellung belebt. Sie hörte auf ein bloßes *Geschehen* zu sein, sie wurde zum großen innerlichen Drama des Menschentums selbst. Zwar hat auch die frühere Historie sich niemals damit begnügt, bloß den äußeren Verlauf des Geschehens vor uns hinzustellen und in seinem kausalen Zusammenhang zu begreifen. Alle großen Geschichtsschreiber — Männer wie Thukydides und Macchiavelli — wollten anderes und wollten mehr. Sie wollten den Menschen sichtbar machen, der hinter all diesem Geschehen steht und seine eigentliche Triebkraft bildet. *Dilthey* hat schön geschildert, wie Macchiavelli nur dadurch zum großen Historiker werden konnte, daß eine neue Anschauung vom Menschen in ihm lebte, und wie er diese Anschauung der ganzen modernen Welt mitgeteilt hat [6]. Aber der Mensch, von dem hier ausgegangen wird, ist der wirkende und handelnde Mensch, der von bestimmten Zwecken beherrscht wird und der planvoll auf die Erreichung dieser Zwecke ausgeht, der die Mittel zu ihnen wählt. Bei Herder tritt an die Stelle dieser *pragmatischen* Geschichte eine neue Form der Geschichtsbetrachtung. Denn er sieht den Menschen nicht mehr ausschließlich und nicht mehr in erster Linie als ein wirkendes, sondern als ein fühlendes Wesen — und er will ihn nicht mehr in der Summe seiner Taten, sondern in der Dynamik seines Fühlens erfassen. Alles was der Mensch leistet — mag diese Leistung sich nun auf politischem oder auf philosophischem, auf religiösem, auf künstlerischem Gebiet bewegen — ist im Grunde nur seine Außenseite. Das Innere des Menschen erschließt sich nur, wenn man hinter dieser Leistung das Dasein des Menschen erforscht — und dieses tritt unmittelbarer, ursprünglicher, unverfälschter als in seinem Wollen und Planen, in seinem Fühlen hervor. Hier erst erschließt sich uns der Kern der Natur und der Kern der Geschichte; denn ‚ist nicht der Kern der Natur Menschen im Herzen?' Damit ist der Brennpunkt der Geschichte an eine andere Stelle verlegt. Die Begebenheiten zählen nur, sofern sie Enthüllungen und Offenbarungen des Menschentums sind. Alles Vergängliche wird zum Gleichnis; denn nur im Gleichnis läßt sich das Wesen des Menschen begreifen

---

[5] Der junge Goethe, Neue Ausg. von Max Morris, Bd. V, Leipzig 1911, S. 30.
[6] W. *Dilthey*, Auffassung und Analyse des Menschen im 15. und 16. Jahrhundert (Ges. Schriften, Band II, Leipzig u. Berlin 1914, S. 24 ff.).

und aussprechen. „O auf dieser Bahn fortzugehen, welch ein Ziel! welch ein Kranz" — so ruft Herder schon in seinem Reisejournal von 1769 aus. „Wenn ich ein Philosoph sein dürfte und könnte, ein Buch über die menschliche Seele, voll Bemerkungen und Erfahrungen, das sollte mein Buch sein! ich wollte es als Mensch und für Menschen schreiben! es sollte lehren und bilden! ...es sollte eine lebendige Logik, Ästhetik, historische Wissenschaft und Kunstlehre werden! aus jedem Sinn eine schöne Kunst entwickelt werden! und aus jeder Kraft der Seele eine Wissenschaft entlocken! und aus allen eine Geschichte der Gelehrsamkeit und Wissenschaft überhaupt! und eine Geschichte der menschlichen Seele überhaupt, in Zeiten und Völkern! Welch ein Buch!"[7]. Es gibt in Herders Werk viel des Unfertigen, des bloß-Begonnenen oder des Verfehlten; aber das Ziel, das er sich als 25jähriger gesteckt hat, hat er in der Tat erreicht — und der Kranz, nach dem er hier ringen wollte, ist ihm zuteil geworden. Herder hat die Welt der Geschichte nicht entdeckt — aber er hat sie, um den Goetheschen Ausdruck zu brauchen, ‚palingenesiert'; er hat ihr einen neuen Atem eingehaucht, der zum Quell eines neuen Lebens für sie wurde.

Damit mußten auch alle *Normen* des geschichtlichen Lebens sich wandeln. Herder hat auf solche Normen keineswegs verzichtet: der „Historismus", den er vertritt, ist durchaus kein schrankenloser Relativismus, der auf jede Bewertung verzichtet. Vor solchem Relativismus blieb Herder schon durch sein höchstes Ideal, durch das Ideal der ‚Humanität' geschützt. Die Humanität blieb ihm eine allgemeine und allgemein-verbindliche Regel, ohne welche die Geschichte keine Einheit, und somit keinen Sinn, besäße. Alle einzelnen Völker, alle einzelnen Epochen der Geschichte bilden die Glieder einer Reihe; sie sind nur Momente in der Entwicklung der Menschheit zu ihrem höchsten Ziel. Aber auf der anderen Seite steht dieses Ziel nicht nur als unendlich-ferner und niemals erreichter oder erreichbarer Punkt vor uns. Es ist in jedem Augenblick, in dem nur überhaupt ein echtes und wirkliches Seelentum, ein erfülltes menschliches Dasein hervortritt, unmittelbar gegenwärtig. Der Augenblick ist immer nur ein Einzelmoment — aber jeder dieser Einzelmomente will nicht nur Durchgangspunkt für ein Anderes und Mittel zu einem Anderen sein, sondern er besitzt einen ihm eigentümlichen Inhalt; er besitzt selbständige Bedeutung und einen ihm eigenen unvergleichlichen Wert. Daher lehnt Herder keineswegs die Maßstäbe *überhaupt* ab; aber er verwirft alle Maßstäbe, durch die eine einzelne Epoche oder eine einzelne Nation gewissermaßen heilig gesprochen und zum Kanon für alle übrigen erklärt wird. Hier geht er auch über die Winckelmannsche Auffassung von der Antike weit hinaus. Er kann dem Griechentum, so hoch er es verehrt und so sehr es auch für ihn ein Unverlierbares und Ewiges bedeutet, keinen absoluten Wert mehr zusprechen. In der Geschichte ist nach ihm nichts bloßes Mittel; hier gibt es nichts, was bloßen Dienstwert hätte, und dem

---

[7] *Herders* Reisejournal von 1769, Sämtl. Werke, Ausgabe *Suphan*, Bd. IV, S. 368. — Im Folgenden wird durchweg nach dieser Ausgabe zitiert.

nicht auch irgend ein Seinswert zukäme. „Kein Ding im ganzen Reiche Gottes, kann ich mich doch überreden, ist *allein* Mittel — alles *Mittel* und *Zweck* zugleich" [8]. Wir dürfen daher nicht fragen, welches historische Dasein für das andere da ist; da jedes vielmehr für sich selbst, und eben damit für das Ganze, da ist. Kein Glied läßt sich hier *ohne* das andere denken; aber keines besteht nur um des anderen willen. „Der Ägypter konnte nicht ohne den Orientalier sein, der Grieche bauete auf jene, der Römer hob sich auf den Rücken der ganzen Welt — wahrhaftig *Fortgang, fortgehende Entwicklung ... Schauplatz einer leitenden Absicht auf Erden!* wenn wir gleich nicht die letzte Absicht sehen sollten, Schauplatz der Gottheit, wenn gleich nur durch *Öffnungen* und *Trümmern* einzelner Scenen" [9]. Und doch ist keiner dieser Trümmer lediglich Bruchstück; keiner ist bloßes Fragment, sondern in jedem ist der Sinn des Ganzen lebendig. Dieser Sinn kann sich nur in der Totalität der Erscheinungen darstellen; und diese läßt sich nicht in der Form des Beisammen, sondern nur in der des Nacheinander erfassen. Dieses „Stirb und Werde" enthüllt uns erst den wahren Gehalt der Geschichte. In der Zersplitterung und in der scheinbaren Vernichtung des Besonderen tritt hier erst die eigentliche Bedeutung des Besonderen zu Tage. Wer in der Geschichte nicht den äußeren Ablauf der Ereignisse sieht, sondern wer in ihr die Seele sucht — der findet diese Seele unter all ihren Verkleidungen und Masken wieder; er findet sie in den griechischen olympischen Spielen wie in den einfachen Formen des patriarchalischen Daseins; in der Kaufmannsnation der Phönizier ebenso wie in der Kriegernation der Römer. „Im Lorbeerkranz oder am Anblicke der gesegneten Herde, am Warenschiffe und erbeuteten Feldzeichen liegt nichts — aber an der Seele, die das brauchte, darnach strebte, das nun erreicht hat, und nichts anderes als das erreichen wollte — jede Nation hat ihren *Mittelpunkt* der Glückseligkeit *in sich,* wie jede Kugel ihren Schwerpunkt!" [10]. „Ist nicht das Gute auf der Erde *ausgestreut?* Weil eine Gestalt und ein Erdstrich es nicht fassen konnte, ward's verteilt in tausend Gestalten, wandelt — ein ewiger Proteus! — durch alle Weltteile und Jahrhunderte hin ... und doch wird ein *Plan des Fortstrebens* sichtbar — mein großes Thema!" [11]

Mit diesen Worten steht Herder in der Tat an einer großen Zeitenwende; mit ihnen beginnt die moderne Auffassung vom Wesen und Wert der Geschichte. Man pflegt den Anfang dieser Auffassung in der *Romantik* zu sehen und Herder nur die Rolle eines Vorläufers und Propheten der Romantik zuzugestehen. Aber diese Anschauung ist unbegründet. Sicherlich besitzt die Romantik eine viel umfassendere Anschauung des historischen Materials, als Herder sie sich anzueignen vermochte, und sie hat daher im einzelnen vieles schärfer und genauer gesehen als er. Aber in rein philo-

---

[8] *Herder*, Auch eine Philosophie der Geschichte. Zur Bildung der Menschheit (1774), Werke V, 526.
[9] ibid. V, 213.
[10] ibid. V, 509.
[11] ibid. V, 511.

sophischer und in allgemein geistesgeschichtlicher Hinsicht läßt sich beim Übergang von Herder zur Romantik eher ein Rückschritt als ein Fortschritt feststellen. Denn den großartigen Universalismus von Herders historischer Gesamtansicht hat die Romantik nicht wieder erreicht. Sie wird aus einer literarischen Bewegung mehr und mehr zu einer religiösen Bewegung, und als solche sieht sie sich wieder in jenen Absolutismus verstrickt, den Herder bekämpft und dem er den Boden entziehen wollte. Die Romantik tritt nicht nur für das Recht des christlichen Mittelalters ein, sondern sie sieht hier das verlorene Paradies der Menschheit, nach dem sie sich zurücksehnt und zu dem sie wieder hinleiten will. Ihr ‚Universalismus' ist daher religiös gebunden, während der des ‚liberalen Theologen' Herder, auch dem Christentum gegenüber, viel freier und unbefangener ist. Sicherlich steht auch Herder rein gefühlsmäßig nicht allen Epochen der Geschichte gleich nahe. Er hat seine bestimmten Neigungen und Abneigungen, seine Sympathien und Antipathien. Aber in seinem historischen Urteil läßt er beiden nur selten freien Lauf; sondern er hält sie kritisch im Zaume. Gerade dort, wo er nicht zu lieben vermag, strebt er in besonderem Maße danach, gerecht zu sein. Das Mittelalter war Herder in seiner Frühzeit noch als eine Periode der „gotischen Barbarei" erschienen, und er sträubte sich gegen die Ungeheuer des gotischen und Mönchsgeschmacks. Auch in der Schrift „Auch eine Philosophie der Geschichte zur Bildung der Menschheit" (1774) hat er dieses Urteil nicht prinzipiell zurückgenommen. Aber er will jetzt selbst dieser Barbarei mit allen ihren Folgen im Leben, im Denken, im Glauben nicht alles Recht abstreiten. „Der Geist des Jahrhunderts durchwebte und band die verschiedensten Eigenschaften — Tapferkeit und Möncherei, Abenteuer und Galanterie, Tyrannei und Edelmut; bands zu dem Ganzen, das uns jetzt — zwischen Römern und uns — als Gespenst, als romantisches Abenteuer dasteht, einst wars Natur, wars — *Wahrheit*"[12]. Noch merkwürdiger und auf den ersten Blick höchst zwiespältig und widerspruchsvoll ist Herders Stellung zur Aufklärung. Er tritt als entschiedener Kämpfer gegen den Vernunftstolz der Aufklärung auf, der in dem Bewußtsein, wie wir's „so herrlich weit gebracht", auf alle vergangenen Epochen herabsieht. Er bekämpft das 18. Jahrhundert, das sich den Namen: *Philosophie!* mit Scheidewasser vor die Stirn gezeichnet hat und das sich damit alle lebendige Anschauung früherer geistiger und menschlicher Zustände verbaut und alles Verständnis für sie verkümmert hat. Aber so sehr Herder hier als Widersacher der Aufklärung spricht, so ist er doch andererseits frei und unparteiisch genug, sie innerhalb ihrer Sphäre gelten zu lassen. Sie ist und bleibt ihm viel — sofern sie sich nur dazu versteht, nicht mehr alles sein zu wollen. An diesem Punkte scheidet sich Herder auch von *Rousseau*, dem er tief verpflichtet war und der auf seine Entwicklung den stärksten Einfluß geübt hat. Nicht mit Unrecht hat man Herder den „deutschen Rousseau" genannt[13].

---

[12] Werke V, 523. — Über Herders Stellung zum Mittelalter vgl. die Darstellung *Meineckes*, a. a. O., II, 435 ff.
[13] Vgl. H. A. *Korff*, Geist der Goethezeit, Leipzig 1923, I, 74 f.

O Rousseau! den die Welt im Vorurteil verkannt,
Das wahre große Maß des Menschen in der Hand,
Wägst Du, was edel sei, wenns gleich das Volk verdammet;
Du wägst das Kronengold, und was auf Kleidern flammet
Du wägst es, es wird Staub! seht das sind Eure Götter!
Ein Mentor unserer Zeit wirst Du der Ehre Retter" —
so sagt Herder in einem Jugendgedicht [14]. Aber der rückwärts gewandten Sehnsucht nach dem Naturzustand hat Herder nur in seiner frühesten Epoche nachgehangen, und den geschichtsphilosophischen Pessimismus dieser Zeit hat er bald überwunden. An die Stelle der Verneinung tritt jetzt die entschlossenste Bejahung. „Das Menschengeschlecht hat in allen seinen Zeitaltern, nur in jedem auf andere Art, Glückseligkeit zur Summe; wir, in dem unsrigen, schweifen aus, wenn wir, wie Rousseau, Zeiten preisen, die nicht mehr sind und nicht gewesen sind! Auf, werde ein Prediger der Tugend *Deines* Zeitalters!" [15]

Dieses Ziel, das Herder sich in der ersten Zeit seiner Jugend und der überquellenden Produktivität stellte, hat er mit seiner Lebensarbeit, so fragmentarisch sie in mancher Hinsicht auch geblieben ist, erreicht. Er ist der „Prediger der Tugend *seines* Zeitalters" geworden: nicht im moralischen oder religiösen Sinne, sondern in rein geistigem Sinne. Er hat diesem Zeitalter einige der besten, tiefsten, originalsten Kräfte sichtbar gemacht, die bisher in ihm geschlummert hatten. Und damit ist Herder zugleich zum Wegweiser für die Zukunft geworden. Das geschichtliche Denken und die Geschichtsschreibung wird künftig vielfach ganz andere Wege einschlagen und von anderen Tendenzen beherrscht sein, als es bei Herder der Fall ist. Aber immer, wo es sich um ein lebendiges Verstehen, um eine seelisch-geistige Interpretation der Geschichte handelt, muß man in gewisser Weise an Herder anknüpfen. Es scheint auf den ersten Blick keinen schärferen Gegensatz geben zu können als den zwischen Herders subjektiver Art, die Geschichte zu erleben, und Rankes strengem Objektivismus. Ranke wollte nur darstellen, „wie es eigentlich gewesen", und er hätte „sein eigen Selbst gleichsam auslöschen" wollen, um nur die historischen Gegenstände selbst und die mächtigen Kräfte der Jahrhunderte sprechen zu lassen. Eine solche Aufgabe konnte Herder sich nicht stellen; denn für seine Art der Geschichtsbetrachtung war die Einfühlung in fremdes Seelenleben die Grundbedingung aller historischen Erkenntnis. Diese Einfühlung verlangt nicht die Auslöschung des Selbst, sondern eine gewaltige Ausdehnung und eine ungeheure Intensivierung des eigenen Ich. Herder will seinem Ich niemals entsagen und er kann es nie verleugnen. Er will, wie Faust, sein eigen Selbst zum All erweitern und was der ganzen Menschheit zugeteilt ist in seinem Innern selbst genießen. Aber ungeachtet dieses Unterschiedes der Persönlichkeiten und

---

[14] Der Mensch, Suphan, XXIX, 256.
[15] Über die Überwindung des ‚Kulturpessimismus' bei Herder vgl. *Korff*, a. a. O., I, 85 ff.

der Grundtendenzen hat Herder auch auf Ranke aufs stärkste gewirkt [16]. Rankes berühmtes Wort, daß jede Epoche „unmittelbar zu Gott" sei und daß ihr Wert gar nicht auf dem beruhe, was aus ihr hervorgeht, sondern daß dieser „in ihrer Existenz selbst, in ihrem eigenen Selbst" bestehe, spricht nur noch einmal, „in höchst prägnanter Form", die Grundüberzeugung aus, die Herder in seiner ersten geschichtsphilosophischen Hauptschrift ‚Auch eine Philosophie der Geschichte zur Bildung der Menschheit' verfochten hatte. Und Ranke knüpft fast an die Worte Herders an, wenn er sagt, daß vor Gott alle Generationen der Menschheit gleichberechtigt seien und daß auch der Historiker die Sache in dieser Weise ansehen müsse. In dieser Hinsicht besteht somit kein Bruch der Kontinuität zwischen dem 18. und 19. Jahrhundert, zwischen Aufklärung und Romantik, sondern nur ein stetiger Fortgang, der von Leibniz und Shaftesbury zu Herder und von diesem zu Ranke weiterführt. „Man tritt der individuellen Leistung Rankes nicht zu nahe" — so sagt *Friedrich Meinecke* in seiner Gedächtnisrede auf Ranke mit Recht [17] — „wenn man ausspricht, daß eben die Prinzipien, die seine Geschichtsschreibung so lebendig und fruchtbar machen, nämlich der Sinn für das Individuelle, für die von innen her gestaltenden Kräfte, für ihre besondere individuelle Entwicklung und für den gemeinsamen, alles miteinander wieder verknüpfenden Lebensgrund, — daß diese Prinzipien gewonnen worden sind durch die Anstrengungen des deutschen Geistes im 18. Jahrhundert. Europa hat mitgeholfen ... Ein Shaftesbury hat gerade der deutschen Bewegung wichtigstes Gedankengut in seiner Lehre von der inneren Form übermittelt und Leibniz hat gleichzeitig in Deutschland mit seiner Monadenlehre und seinem Worte von den σύμπνοια πάντα ein Feuer entzündet, das wohl lange verdeckt in dem jungen Herder wieder aufbrach, als er jubelnd das Leibnizsche Wort von den σύμπνοια πάντα wieder in den Mund nahm und die Individualität der Völker, wurzelnd in einem gemeinsamen gottverwandten Lebensgrund, entdeckte."

---

[16] Daß *Ranke* ohne Herder noch weniger denkbar ist als ohne *Niebuhr* hat Friedrich *Gundolf* betont; vgl. den Aufsatz ‚Historiography' in: Philosophy and History, Essays presented to *Ernst Cassirer,* Oxford 1936, S. 281.

[17] Leopold von Ranke, Gedächtnisrede gehalten am 23. Januar 1936 in der Preuß. Akademie der Wissenschaften (Wieder abgedruckt als Beigabe zu Meineckes Schrift über die Entstehung des Historismus, II, 632 f.).

ZWEITES KAPITEL

Die Romantik und die Anfänge der kritischen Geschichtswissenschaft
Die „historische Ideenlehre" — Niebuhr - Ranke - Humboldt

Daß die Romantik das historische Denken in außerordentlichem Maße befruchtet hat und daß hierin in geistesgeschichtlicher Hinsicht eine ihrer wichtigsten Leistungen zu sehen ist, ist unbestreitbar. Aber der Anteil, den sie an der Entwicklung und Ausbildung dieses Denkens gehabt hat, ist keineswegs leicht zu bestimmen — und über die eigentliche Bedeutung ihres Einflusses gehen die Urteile weit auseinander. Noch heute stehen sich die Ansichten und Wertschätzungen vielfach schroff gegenüber. In dem „Handbuch der mittelalterlichen und neueren Geschichte", das von *Georg von Below* und *Friedrich Meinecke* herausgegeben worden ist, sind zwei Arbeiten erschienen, die in dieser Hinsicht zu völlig entgegengesetzten Resultaten gekommen sind. Die eine rührt von Georg von Below selbst her und führt den Titel: „Die deutsche Geschichtsschreibung von den Befreiungskriegen bis zu unseren Tagen"[18]. Sie ist in ihrer Grundtendenz eine „Rettung", eine unbedingte Apologetik der romantischen Geschichtsschreibung. Alles was die Geschichtswissenschaft im 19. Jahrhundert geleistet hat, wird auf die Romantik zurückgeführt und als ihr geistiges Erbe betrachtet. Wo die Historie von diesen Grundanschauungen abgewichen ist, da stand sie immer in Gefahr, sich in einem Irrweg zu verlieren. Nicht nur die Weltanschauung des historischen Materialismus, sondern auch die gesamte moderne soziologische Geschichtsansicht sowie die positivistische Auffasung, die sich in Frankreich unter dem Einfluß *Comtes* herausgebildet hat, wird von *Below* als ein solcher Irrweg bekämpft. Das „Zurück zur Romantik!" muß nach ihm wieder der Kampfruf der neueren Geschichtsschreibung werden. Below hat diesen Standpunkt mit großer Eindringlichkeit und Klarheit, aber auch mit großer Einseitigkeit verfochten. Ein ganz anderes Bild bietet sich uns dar, wenn wir *Fueter's* „Geschichte der neueren Historiographie" zur Hand nehmen. Hier wird der Romantik die Fähigkeit zur objektiven historischen Erkenntnis überhaupt abgesprochen. Sie sei mit bestimmten vorgefaßten Meinungen an die Welt der Geschichte herangegangen und daher nirgends zu einer wirklich unbefangenen Auffassung der Phänomene gelangt. Ihre Theorien vom Volksgeist, von der organischen Entwicklung, ihre Wertschätzung des

---

[18] Zweite Aufl., München u. Berlin 1924. Handbuch der mittelalterlichen und neueren Geschichte, hg. v. *Below* und Fr. *Meinecke*, Abteilung I.

Unbewußten, dem sie den unbedingten Vorrang über das Bewußte zuspreche: dies alles habe sie für wichtige Gebiete des geschichtlichen Lebens von Anfang an blind gemacht. Die Mannigfaltigkeit und Vielseitigkeit der Patrizier, die dieses Leben bestimmen, habe sich ihr niemals erschlossen. „Ihre dogmatisch gefaßte Geschichtstheorie beruhte auf einer Reihe unbewiesener Voraussetzungen und vorschneller Generalisationen." „Die romantische Theorie verträgt sich wie jede dogmatisch gefaßte geschichtsphilosophische Lehre schlecht mit der Geschichtsschreibung. Sie hat ihre bedeutendste Ausbildung in den Händen von Männern gefunden, die sich mit der Historie wenig befaßten. Die romantische historisch-politische Doktrin war in ihrer reinen Form für die Geschichte so gut wie unbrauchbar"[19].

Wie erklärt sich dieser schroffe Gegensatz des Urteils bei Forschern, die, wie *Below* und *Fueter*, den vollen Überblick über die Entwicklung des modernen historischen Denkens besitzen und die diese Entwicklung in allen ihren Einzelphasen genau verfolgt haben? Daß man der Anschauung Fueters nicht beistimmen kann, ergibt sich schon, sobald man über den engeren Kreis der Geschichtsschreibung hinausgeht und einen Blick auf die Ausbildung der *Geisteswissenschaften* im 19. Jahrhundert wirft. Die Richtung, die diese einschlagen, zeigt überall den nachhaltigen, ja entscheidenden Einfluß der romantischen Ideen. Was *A. W. Schlegel* für die Geschichte der Weltliteratur, was *Jacob* und *Wilhelm Grimm* für die Geschichte der deutschen Sprache, was *Savigny* für die Rechtsgeschichte geleistet hat: das trägt deutlich das Gepräge dieser Ideen. Hier liegt vielleicht die wichtigste und die eigentlich dauernde Leistung der Romantik. Wenn die Romantik nichts anderes besäße als den Sinn für das ‚Wunderbare‘, für das Dunkle und Geheimnisvolle, dessen sie sich rühmt und den sie, besonders in ihren rein literarischen Vertretern, oft als ihre beste und wesentliche Eigentümlichkeit ansieht, so wäre sie längst verklungen; sie hätte es nicht zu einer wirklichen Fortdauer im Reich des Geistes gebracht. Was ihr diese Fortdauer, nicht nur im Bereich der Literatur, sondern in der allgemeinen Geistesgeschichte sichert, ist der Umstand, daß auch sie *Erkenntnis* wollte und daß sie ein neues Instrument der Erkenntnis geschaffen hat. Aus ihren Händen ging das Werkzeug der *modernen historischen Kritik* hervor, — und hier arbeitet sie Hand in Hand mit der von ihr so geschmähten Aufklärung. Vom 18. zum 19. Jahrhundert, von Bayle und Voltaire bis zu Niebuhr und Ranke führt hier ein direkter und stetiger Weg. Und hierin müssen wir auch ihren bleibenden Ertrag sehen. Auch als der poetische Glanz und Schimmer verblaßte, als die „blaue Blume der Romantik" längst verblüht war, stand ihre geistig-wissenschaftliche Leistung noch in voller Frische da. Geht man von der gewöhnlichen Auffassung der Romantik aus, so muß diese Leistung fast befremdend und paradox erscheinen. Denn welche Befruchtung und Erneuerung ließ sich für die Wissenschaft von einer Weltanschauung erwarten, die statt des Lichtes das Dunkel suchte und in ihm eine eigentümliche Befriedigung fand? Und was konnte

---

[19] *Fueter*, a. a. O., Handb. der mittelalt. u. neueren Geschichte, Abteil. I, Dritte Aufl., München und Berlin, S. 415 ff.

die *Geschichte* von einer Weltanschauung erwarten, die den Mythos verherrlichte und pries und die den Menschen bei der mythisch-religiösen Ansicht der Dinge festzuhalten versuchte? Dennoch haben die besten und die eigentlich produktiven Geister der Romantik nicht gezögert, die Grenze zwischen Wissenschaft und Mythos sicher zu ziehen. Wenn man die Anzeige liest, die Aug. Wilh. Schlegel in den ‚Heidelbergischen Jahrbüchern der Litteratur' im Jahre 1815 über die „Altdeutschen Wälder" *Jacob* und *Wilhelm Grimms* erscheinen ließ, so würde man auf den ersten Blick kaum vermuten, daß sie von einem Romantiker und einem der literarischen Bahnbrecher der Romantik herrührt. Denn in aller Strenge wird hier zwischen den historischen Quellen auf der einen Seite und den legendären, poetischen oder mythischen Quellen auf der anderen Seite unterschieden. Alle echte Geschichtswissenschaft beruht nach Schlegel auf diesem Unterschied. Er wirft den Brüdern Grimm vor, daß sie in vielen Fällen die Sage und die urkundliche Geschichte nicht gehörig gesondert und jener ein Ansehen eingeräumt hätten, durch dessen Anerkennung wir an unseren bewährtesten und ausgemachtesten Kenntnissen irre werden müßten. „Bei aller geschichtlichen Prüfung ist die einfache Frage, ob etwas wirklich geschehen oder nicht; ob es auf solche Weise geschehen, wie es erzählt wird oder anders; und das Widersprechende kann nicht zugleich wahr sein ... Der Sage selbst geschieht ein schlechter Dienst damit, wenn man alles auf ihre Rechnung schreibt, was irgend ein Chronist Falsches, Unglaubliches, Widersinniges meldet. Nicht alle Irrtümer haben eine Ahnentafel. Es gibt ganz unbegeisterte Einbildungen, ganz prosaische Lügen. ... Aber die Herren Grimm sprachen auch bei Novellen und Ammenmärchen von dem alten Kern der Sage, von der späteren Tradition, von dem Mythus, von der mythischen Natur des Ganzen". Im Zusammenhang hiermit fordert A. W. Schlegel für die Behandlung der literarischen Urkunden in erster Linie eine sichere philologische Grundlage. „Man kann es nicht genug wiederholen, die Beschäftigung mit den alten einheimischen Schriften kann nur durch Auslegungskunst und Kritik gedeihen; und wie sind diese möglich ohne genaue grammatische Kenntnis." Aber Schlegel stellt fest, daß bisher für die Geschichte der deutschen Grammatik durch Ausländer mehr geleistet worden sei als durch deutsche Gelehrte[20]. Hier scheint der Keim für Jacob Grimms „Deutsche Grammatik" zu liegen; durch Schlegels Rezension wurde Jacob Grimm erst auf seinen eigentlichen Weg, auf den Weg der historischen Sprachforschung, hingewiesen[21].

Noch merkwürdiger ist der Einfluß, den die Grundrichtung der Romantik auf *Niebuhr* geübt hat. Die Romantik hat Niebuhr den Sinn für die Eigenart des mythischen Denkens und für die Bedeutung desselben erschlossen; aber sie leitete ihn eben damit auch dazu an, die Grenze zwischen diesem

---

[20] Schlegels Anzeige der „Altdeutschen Wälder" der Brüder Grimm (Band I, Cassel 1813); s. A. W. Schlegels Sämtl. Werke, ed. Eduard *Böcking*, Bd. XII, Leipzig 1847, S. 383 ff.
[21] Vgl. hierzu *Gooch*, History and historians in the nineteenth century, London 1913, S. 57.

und dem historischen Denken sicher zu ziehen. Er zuerst begriff, daß es zwischen den Quellen unseres historischen Wissens einen fundamentalen Unterschied gibt und daß sich zu einer wirklich gesicherten Auffassung des geschichtlichen Werdens nicht gelangen läßt, wenn man diesen Unterschied nicht ständig im Auge behält. Gerade weil er den Mythos *verstand,* vermochte er ihn klar und sicher von der historischen Realität zu sondern. So wurde der von der Romantik belebte Sinn für die Poesie und für die Religion für Niebuhr zum Ausgangspunkt, von dem aus er eine neue Form der geschichtlichen Auffassung und des geschichtlichen Denkens fand. Er glaubt an eine alte römische Epopöe, die an Tiefe und Glanz der Phantasie alles, was das spätere Rom hervorgebracht hat, weit zurückläßt [22]. Aber die wirkliche *Geschichte* Roms sah er in anderem Lichte. Er begnügte sich nicht damit, die sagenhafte Tradition im ganzen zu verwerfen, sondern er wollte an ihre Stelle eine neue positive Auffassung setzen. Statt der fragwürdigen und unsicher bezeugten Ereignisse der römischen Urgeschichte wollte Niebuhr die Geschichte der römischen Institutionen sichtbar machen. Er begriff die römische Geschichte als die Geschichte der großen Verfassungskämpfe zwischen Patriziern und Plebejern, die ihre Wurzel in dem Gegensatz der Eroberer zu den Eroberten hat. Auf die sozial-politischen Probleme, auf den Zusammenhang der römischen Verfassung mit der Verteilung des Grundeigentums lenkte er zuerst den Blick [23]. Auf diese Weise schied sich ihm die Realität vom Schein; der Kern des historischen Geschehens löste sich aus der Hülle der mystisch-poetischen Bilder, die ihn in der Überlieferung umgibt und verdunkelt. Es war nicht vergeblich gewesen, daß er schon als Student geneigt gewesen war, seiner „Liebe zur kritischen Philosophie" zu folgen [24]; diese Liebe belebte seine Arbeit auch dann, als er der abstrakten Philosophie und der Metaphysik der Geschichte entsagt hatte, um sich rein der historischen Forschung zuzuwenden.

Es gibt eine merkwürdige Stelle bei Niebuhr, die für dieses neu begründete Erkenntnis-Ideal charakteristisch ist und einen sehr bezeichnenden Ausdruck für dasselbe enthält. Er vergleicht den Historiker mit einem Mann in einem dunklen Raum, dessen Augen sich allmählich so an das Dunkel gewöhnt haben, daß er Gegenstände wahrnehmen kann, die ein Neueintretender nicht nur nicht zu erblicken vermag, sondern die er auch für unsichtbar erklärt [25]. Ich zweifle nicht daran, daß Niebuhr, als er dieses Wort prägte, an Platons *Höhlengleichnis* gedacht hat. Aber er gibt diesem Gleichnis die genau entgegengesetzte Wendung, als Platon sie ihm gegeben hat. Für Platon steht es fest, daß der, der einmal die Höhle verlassen und das Tageslicht erblickt hat, nicht mehr im Anblick bloßer Schatten befangen ist, sondern statt dieser zur echten Erkenntnis, zur Geometrie als der Erkenntnis des immer-

---

[22] *Niebuhr,* Römische Geschichte I, 179; vgl. *Fueter,* a. a. O., S. 467.

[23] Vgl. *Gooch,* a. a. O., S. 18.

[24] S. Niebuhrs Briefe aus dem Jahre 1794; vgl. *Rothacker,* Einleitung in die Geisteswissenschaften, Tübingen 1920, S. 42.

[25] Vgl. *Gooch,* a. a. O., S. 19.

Seienden, gelangt ist, nur ungern in seine frühere Wohnung zurückkehren, daß er es nicht der Mühe für wert halten wird, mit ihren Bewohnern in der Unterscheidung und Deutung der Schatten zu wetteifern. Niebuhr aber verlangte, daß wir diese Gabe nicht nur walten lassen, sondern daß wir sie aufs höchste ausbilden und verfeinern sollen; er hat einmal die Arbeit des Historikers ausdrücklich als „die Arbeit unter der Erde" bezeichnet. Worauf beruht dieser Unterschied der Denkart? Es ist ersichtlich, daß er darauf beruht, daß für Niebuhr der *Gegenstand* der Erkenntnis ein anderer geworden ist, als er für Platon war. Wenn dieser das Wissen auf das reine Sein, auf das ὄντως ὄν beschränkt und jegliches Wissen, das sich nicht auf dieses reine Sein richtet, für trügerisch erklärt, so steht für Niebuhr fest, daß das Werden als solches nicht nur der Erkenntnis zugänglich ist, sondern daß es diejenige Form der Erkenntnis ist, die für den Menschen als ein lebendiges, sich entwickelndes Wesen die allein angemessene ist. Er darf und er muß somit jene Organe pflegen, die ihm das Werden sichtbar machen können — er muß mitten in diesem Zwielicht und Dämmerlicht des Werdens bestimmte *Gestalten* erblicken und herauslösen können. Wer hierzu nicht imstande ist, der ist nicht zum Historiker berufen. Der Historiker kann freilich die Welt der Erscheinungen nicht, gleich dem Dialektiker, hinter sich lassen. Und in dieser Welt der Erscheinungen ist und bleibt er vom Schein bedroht. Aber seine Aufgabe besteht darin, dieses Scheins dadurch Herr zu werden, daß er bestimmte Methoden ausbildet, durch die er das wirkliche Phänomen von Trug und Illusion sondert. Mitten durch die Welt der Legende und der sagenhaften Tradition muß er sich seinen Weg bahnen. Was Niebuhr verlangte, war dies, daß man aus den Trümmern der Überlieferung die Gestalt des vergangenen Seins wieder aufbaue, daß man unterscheide, was junges oder altes Gut, was brauchbare Tradition oder „rhetorischer Flimmer" sei [26]. Daß dies ein Werk der historischen *Vernunft* sein müsse — daran hat er nie gezweifelt. Der ‚Irrationalismus', den die Romantik vielfach gepredigt hatte, war damit prinzipiell überwunden. Dieser Irrationalismus war im Grunde nur ein Kampfwort und ein Schlagwort gewesen, das sie wider den Vernunftstolz der Aufklärung gewandt hatte. Aber eine neue, positive wissenschaftliche Leistung konnte aus ihm nicht hervorgehen. Sie erwuchs erst, als neue Kräfte der Vernunft frei gemacht wurden, als an Stelle der bloßen Liebe zur Vergangenheit und der intuitiven Versenkung in sie die sichere und ihrer selbst bewußte historische Kritik trat.

Auch die große Leistung *Rankes* liegt an dieser Stelle: denn Ranke ist der Schüler Niebuhrs. Dieser hat ihn zur Historie geführt; erst an seinem Beispiel ist es Ranke, wie er später erklärt hat, klar geworden, daß es in der modernen Welt große Geschichtsschreiber geben könne. Den Punkt, an welchem Ranke die gefühlsmäßige Romantik überwindet, um ein neues positives Wissenschaftsideal aufzustellen, können wir in seiner Entwicklung genau bezeichnen. Er war den Gestalten Ludwigs XI. und Karls des Kühnen

---

[26] *Niebuhr,* Römische Geschichte I, 208; vgl. *Fueter,* a. a. O., S. 470.

zuerst in Walter Scotts ‚Quentin Durward' begegnet, und hat sich erst später in das Studium von Philipp de Commines' Geschichtswerk über die Kämpfe zwischen ihnen vertieft. Bei dem Vergleich — so schreibt er an seinen Bruder — habe er gefunden, daß die Wahrheit interessanter und schöner sei als der Roman. Und fortan war er entschlossen, alle Erfindung und Erdichtung in seinen Werken aus dem Spiel zu lassen und sich lediglich an die Tatsachen zu halten. Das war das Pathos Niebuhrs, der erklärte, daß der Geschichtsschreiber, wenn er die Feder niederlege, vor dem Antlitz Gottes erklären können müsse, daß er kein Wort geschrieben habe, das er nicht, nach seinem besten Wissen und nach ernster Nachforschung, für wahr halten dürfte[27]. Daß dies vielen Vertretern romantischer Geschichtsschreibung gegenüber etwas Neues war — das tritt hervor, wenn man die Aufnahme von Rankes ersten Schriften durch einen Historiker wie *Heinrich Leo* ins Auge faßt. Als Ranke seine erste grundlegende Arbeit „Zur Kritik neuerer Geschichtsschreiber" veröffentlicht hatte, in der er eine scharfe Kritik an *Guiccardinis* Geschichtswerk geübt hatte, erklärte Leo eine solche Kritik für überflüssig. „Noch lange wird Guiccardinis Werk das Interesse fesseln" — so bemerkt er — „wenn Rankes Buch schon in verdienter Vergessenheit verschwunden ist." Er wollte sich also den ästhetischen Genuß von Guiccardinis Darstellung nicht durch die Quellenkritik verkümmern lassen — und er war bereit, die historische Wahrheit diesem Genuß aufzuopfern. Derartige Gesichtspunkte und Maßstäbe hatten für Ranke ihre Geltung verloren. Er kennt für den Historiker nur das strenge Gebot der Objektivität, und er fordert, wie Niebuhr, daß dieser seinem Gegenstand nichts hinzufüge, was lediglich seinen ästhetischen Reiz erhöhen oder als „rhetorischer Flimmer" wirken soll. Wenn Leo erklärte, daß es Guiccardini gelungen sei, das Leben in seiner „geistigen Bewegung" zu fassen und daß es demgegenüber wenig besage, ob seine Darstellung in jedem Zuge nackte Wahrheit enthalte, so war für Ranke ein solcher Gegensatz zwischen „Wahrheit" und „Leben" nicht verständlich. Er fand wahrhaftes historisches Leben nur dort, wo es ihm gelungen war, zur historischen Wahrheit durchzudringen, und er stellte alles in den Dienst dieser einen Aufgabe. Damit erst konnte die romantische Ästhetik und die romantische Metaphysik überwunden und die Geschichtsschreibung auf eine neue und sichere methodische Grundlage gestellt werden.

Die Frage nach der Möglichkeit und nach den Bedingungen der historischen Erkenntnis tritt jetzt in ein neues Licht. Sie muß nun erst mit voller Klarheit und Bestimmtheit gestellt werden; aber die Antwort auf sie konnte freilich auch von Ranke nicht mit einem Schlage gegeben werden. Will man von ihm die wahre Antwort erhalten, so darf man sich nicht an einzelne persönliche Äußerungen halten, in denen er seine Anschauung vom Wesen der Geschichte und von den Aufgaben des Historikers auszusprechen sucht. Daß derartigen Äußerungen eine gewisse Unbestimmtheit anhaftet und daß sie eher auf das Problem hindeuten, als daß sie es in seiner wirklichen Tiefe

---

[27] Vgl. *Gooch*, a. a. O., S. 78, S. 19.

erfassen können, ist ersichtlich. Schon die berühmte Formulierung Rankes, daß er sein Selbst auslöschen möchte, um allein den Gegenstand sichtbar werden zu lassen, leidet an diesem Mangel. Sie setzt ein Verhältnis zwischen „Subjekt" und „Objekt" der Erkenntnis voraus, das schon unter ganz allgemeinem erkenntnistheoretischem Gesichtspunkte höchst fragwürdig ist, und das um so problematischer erscheint, wenn es sich nicht um den Gegenstand der Natur, sondern um den der Geschichte handelt. Auch die Naturerkenntnis muß, je mehr sie sich über ihre eigentliche Struktur klar wird, um so deutlicher zu der Einsicht geführt werden, daß die *Erkenntnis* des Gegenstands niemals im Sinne einer einfachen *Abbildung* verstanden werden kann und daß sie auf dem Weg dieser Abbildung nicht möglich ist. Auch sie muß den Anteil des „Subjekts" anerkennen — und sie muß lernen, in diesem Anteil nicht nur eine notwendige Schranke, sondern eine positive *Bedingung* für all unser Wissen von der Natur zu sehen. Schon im Gebiet der Mathematik oder der mathematischen Naturwissenschaft gilt der Satz, den Kant in die Worte gefaßt hat, daß wir „von den Dingen nur das *a priori* erkennen, was wir selbst in sie legen". „So hat sogar Physik die so vorteilhafte Revolution ihrer Denkart lediglich dem Einfalle zu verdanken, demjenigen, was die Vernunft selbst in die Natur hineinlegt, gemäß, dasjenige in ihr zu suchen (nicht ihr anzudichten), was sie von dieser lernen muß und wovon sie für sich selbst nichts wissen würde." Wenn dies für die Physik gilt, so gilt es in noch weit höherem Maße für die Geschichte. Bei ihr tritt nicht nur die ‚Subjektivität' in ihrer *allgemeinen* Bedeutung, als die theoretische Vernunft und deren Voraussetzungen, in Kraft; sondern in ihr muß auch die Individualität, die Persönlichkeit des Historikers sich ständig geltend machen. Ohne ihre Mitwirkung gibt es keine lebendige geschichtliche Forschung oder geschichtliche Darstellung. Das Problem der „historischen Wahrheit", das Ranke in einer ganz neuen Schärfe gestellt hat und durch das er in der modernen Geschichtsschreibung eine „Revolution der Denkart" bewirkt hat, kann daher nur darin bestehen, in welcher Weise dieser Anteil des „persönlichen" Faktors zu bestimmen und zu begrenzen ist. Hier lehnt Ranke jede Art der bloßen Parteinahme, des Eintretens für ein bestimmtes politisches, nationales oder religiöses *Programm* ab. Autoren, die in dieser Weise wirken wollen, gelten ihm nicht als Historiker, sondern als Pamphletisten. Ranke durfte später auf Grund dieser Anschauung mit vollem Recht *Treitschke* den Namen eines Geschichtsschreibers verweigern: diejenigen Teile von Treitschkes „Deutscher Geschichte", die er noch kennen gelernt hat, bezeichnete er nur als historische Pamphlete großen Stils[28]. Von Treitschke hat man gesagt, daß ihm die Geschichte nur als Kanzel diente, von der aus er seine politischen Forderungen verkündete. Hat doch Treitschke prinzipiell nur die Akten preußischer Archive benutzt, um sich sein günstiges Urteil über die preußische Politik nicht trüben zu lassen![29] Etwas Derartiges mußte Ranke nicht nur als die eigentliche Todsünde gegen den Geist der historischen

---

[28] Vgl. *Lamprecht,* Einführung in das historische Denken, Leipzig 1913, S. 41.
[29] Vgl. *Fueter,* a. a. O., S. 543.

Wahrheit, sondern auch als der Ausdruck persönlicher Schwäche gelten: denn für ihn stellte sich darin die Schwäche des historischen *Erkenntniswillens* dar, von dem sein ganzes Werk beherrscht wird. Alles Persönliche bei Ranke, das er keineswegs unterdrücken konnte oder unterdrückt hat, tritt ausschließlich in den Dienst dieses Erkenntniswillens. Es durchdringt, es belebt und beseelt seine *Forschung;* aber es darf dieser nicht von vornherein die Ergebnisse vorschreiben, zu denen sie gelangen wird. Auf dieser Trennung beruht Rankes Begriff von historischer ‚Objektivität'. Sein innerer Anteil an den Ereignissen, die er schildert, ist überall unverkennbar; aber er drückt sich niemals in der Form des bloß subjektiven Pathos aus. Die Geschichte soll nach ihm weder direkt belehrend sein, noch soll sie erbaulich wirken; sie erreicht den Zweck der Belehrung und Erbauung um so besser, je weniger sie ihn unmittelbar anstrebt. Denn sie darf beanspruchen, durch ihr einfaches Sein, durch die Wucht der Tatsachen und die Wucht der Ideen zu sprechen, ohne daß der Historiker, durch ständige persönliche Einrede, ihr Worte verleiht. In dieser Kunst ist Ranke in der Tat unerreicht geblieben, wenngleich die spätere Geschichtsschreibung neue Methoden ausgebildet hat, die ihm noch verschlossen waren. Man muß ihn meines Erachtens in dieser Hinsicht an die Seite der Großen und Größten, nicht nur im Bereich der Geschichtsschreibung, sondern im Bereich der gesamten geistigen Bildung stellen. Wenn Goethe sagte, das Erste und Letzte, was vom Genie gefordert wird, sei Wahrheitsliebe [30] — so muß man sagen, daß Ranke dieses Erste und Letzte wie nur wenige geniale Geschichtsschreiber besessen hat. Man darf in dieser Hinsicht seine historische Leistung derjenigen an die Seite stellen, die Goethe im Bereich der Naturbetrachtung für sich in Anspruch nahm. „Mein ganzes inneres Wirken" — so sagt Goethe von sich — „erwies sich als eine lebendige Heuristik, welche, eine unbekannte geahnte Regel anerkennend, solche in der Außenwelt zu finden und in die Außenwelt einzuführen trachtet"[31]. Auch Rankes gesamte Forschung ist von der Ahnung einer solchen „unbekannten Regel" erfüllt und geleitet; und was ihr ihren geistigen Gehalt und ihr Gepräge gibt, ist weniger das objektive Material, das sie erarbeitet hat, so gewaltig dasselbe auch ist, als die „lebendige Heuristik", die Art des Suchens und Findens, die Ranke in sich verkörpert und die er als Musterbild aufgestellt hat.

Nur auf der Grundlage eines solchen Erkenntnis-Ideals konnte sich eine wahrhaft *universelle* Geschichtsschreibung entfalten, die zwar von nationalen und religiösen Ideen beseelt bleibt, die sich aber durch sie weder in der Auswahl der Gegenstände noch in ihrem Urteil beengen läßt. Kraft dieses Ideals vermochte Ranke ebensowohl zum Geschichtsschreiber der Reformation zu werden, wie er ein Werk über die römischen Päpste schreiben konnte. *Benedetto Croce* hat freilich gesagt, daß gegenüber diesem Werk immer jener Jesuit recht haben werde, der einwarf: „Das Papsttum ist entweder in allem und für alles das, was es zu sein behauptet, eine Einrichtung des Mensch

---

[30] *Goethe* Maximen und Reflexionen, Ausg. von Max *Hecker,* No. 382.
[31] ibidem, No. 328.

gewordenen Gottessohnes, oder es ist eine Lüge. Die respektvollen Vorbehalte sind hier nicht am Platze. *Tertium non datur*" [32]. Aber ein solches Urteil verkennt den Charakter von Rankes Geschichtsschreibung. Ranke ist keineswegs lediglich der kühle Beobachter, der ‚Agnostiker' oder ‚Skeptiker', als den man ihn oft geschildert hat. Daß seine ‚Deutsche Geschichte im Zeitalter der Reformation' mit stärkster innerer Anteilnahme an den Ereignissen geschrieben ist und daß er eine bestimmte Stellung zu ihnen nimmt, zeigt jede Seite des Werkes. Auch das moralische Urteil über die Ereignisse will er sich keineswegs verbieten. „Welch ein Zustand der allgemeinen Politik" — so heißt es z. B. in den „Großen Mächten" in der Darstellung des Zeitalters Ludwigs XIV. — „daß man es duldete, als Ludwig auf den Antrag seiner Parlamentsräte zu Metz jene Reunionskammern einrichtete, vor die er mächtige Fürsten zitierte, um über ihre Rechte an Land und Leuten, durch Staatsverträge gewährleistet, wie über Privatrechte von seinen Gerichten entscheiden zu lassen! Welch ein Zustand des Deutschen Reiches, daß es sich Straßburg so gewaltsam, so wider die Natur der Dinge entreißen ließ! ... Was gab es da noch, das sich Ludwig XIV. nicht hätte erlauben sollen?" [33] Aber Ranke will erst *sehen,* ehe er urteilt; und er kann nur sehen, wenn er einen Standort gefunden hat, von dem aus er das Ganze des historischen Geschehens überblickt. Für ihn ist dies Geschehen nicht eine bloße Folge einzelner Begebenheiten, sondern ein Ineinandergreifen und ein steter Kampf geistiger Kräfte — Kräfte, deren jede für ihn einen bestimmten Sinn hat und die er als „Gedanken Gottes" zu bezeichnen liebt. Von diesem *dynamischen* Standpunkt aus ist es klar, daß der Historiker, dem es nicht gelingt, die Totalität des Wirkens anschaulich vor uns hinzustellen, auch kein einzelnes Wirken erkennen und beschreiben kann: denn eine Kraft ist als solche nichts ohne die Gegenkraft, wider die sie sich behaupten und durchsetzen muß. „Nicht ein zufälliges Durcheinanderstürmen, Übereinanderfallen, Nacheinanderfolgen der Staaten und Völker bietet die Weltgeschichte dar, wie es beim ersten Blicke wohl aussieht ... Es sind Kräfte, und zwar geistige, Leben hervorbringende, schöpferische Kräfte, selber Leben, es sind moralische Energien, die wir in ihrer Entwicklung erblicken. Zu definieren, unter Abstraktionen zu bringen sind sie nicht; aber anschauen, wahrnehmen kann man sie; ein Mitgefühl ihres Daseins kann man sich erzeugen. Sie blühen auf, nehmen die Welt ein, treten heraus in dem mannigfaltigsten Ausdruck, bestreiten, beschränken, überwältigen einander; in ihrer Wechselwirkung und Aufeinanderfolge, in ihrem Leben, in ihrem Vergehen oder ihrer Wiederbelebung, die dann immer größere Fülle, höhere Bedeutung, weiteren Umfang in sich schließt, liegt das Geheimnis der Weltgeschichte" [34]. Wer das „Geheimnis der Weltgeschichte" in dieser Weise sah, der durfte nicht

---

[32] B. *Croce,* Zur Theorie und Geschichte der Historiographie, deutsche Ausg. von E. *Pizzo,* Tübingen 1915, S. 255.

[33] Die großen Mächte, s. Rankes Meisterwerke, München und Leipzig 1915, Bd. X, S. 432 f.

[34] *Ranke,* Die großen Mächte, Meisterwerke X, 482.

nur, sondern er mußte geradezu sowohl zum Historiker des Papsttums wie zu dem der Reformation werden. Denn für ihn gab es keine Möglichkeit, die eine Erscheinung zu begreifen und sie anschaulich vor uns hintreten zu lassen, als indem er sie im Spiegel der anderen sah. Ranke hätte die Reformation und das, was ihm als ihr geistiger Inhalt galt, nicht schildern können, wenn er nicht zuvor versucht hätte, die Macht, wider die sie stritt, in ihrer ganzen Bedeutung und in ihrer plastischen Bestimmtheit zu erkennen; er mußte ihren Gegenspieler sichtbar machen, wenn er ihre eigene innerste Tendenz begreifen wollte. *Below* hat empfohlen, die übliche Charakteristik Rankes als „kontemplativer" Historiker aufzugeben, und ihn statt dessen „objektiv" oder „universal" zu nennen [35]. In Wahrheit fällt für ihn beides zusammen: denn er kann nur dadurch kontemplativ werden, daß er universal ist und bleibt. „Ohne Zweifel hat in der Historie auch die Anschauung des einzelnen Momentes in seiner Wahrheit, der besonderen Entwicklung an und für sich einen unschätzbaren Wert; das Besondere trägt ein Allgemeines in sich. Allein niemals läßt sich doch die Forderung abweisen, vom freien Standpunkte aus das Ganze zu überschauen; auch strebt jedermann auf eine oder die andere Weise dahin; aus der Mannigfaltigkeit der einzelnen Wahrnehmungen erhebt sich uns unwillkürlich eine Ansicht ihrer Einheit"[36]. In diesem Sinne erklärte Ranke während der Ausarbeitung seines Werkes über die römischen Päpste, daß alle wahre Geschichte Universalgeschichte sein müßte; und er fühlte sich hingerissen durch die innere Konsequenz des Geschehens durch die „Logik der Werke Gottes" [37].

Daß eine derartige Betrachtungsweise die Energie des Wollens und der Zielsetzung schwächen und daß sie das Urteil lähmen müsse, ist von den politischen Historikern, die ihm später entgegentraten, wie z. B. von *Sybel*, oft behauptet worden. Aber bei Ranke sind beide Kräfte keineswegs verkümmert, wenngleich er von der *Wissenschaft* verlangte, daß ihr Urteil auf die Forschung folgen, nicht dieser vorangehen oder ihr vorgreifen dürfe. Indem seine Gegner dies verkannten, fielen sie selbst wieder in die Bahnen der publizistischen Tendenzgeschichtsschreibung zurück [38]. Solchen Tendenzen gegenüber vertrat Ranke, so sehr er jegliche spekulative Geschichtsphilosophie ablehnte, den echten *philosophischen* Geist: der historische Gedanke, so erklärte er, hat nur Wert in seiner *Allgemeinheit*, in dem Lichte, das er über den Lauf der Weltbegebenheiten verbreitet [39]. In einem Briefe aus dem Jahre 1830 sagt Ranke einmal, daß er in philosophischer Hinsicht kein festes ‚System' habe; „aber das philosophische und religiöse Interesse ist es eben

---

[35] *Below*, Die deutsche Geschichtsschreibung, S. 59.

[36] *Ranke*, Die großen Mächte, Meisterwerke X, 426.

[37] Vgl. *Gooch*, History and historians, S. 87.

[38] Dies wird sowohl von *Fueter* (a. a. O., S. 536) wie von G. v. *Below* (a. a. O., S. 50 ff.) betont, so verschiedene Auffassungen beide auch vertreten.

[39] Vgl. hierzu O. *Diether*, Ranke als Politiker (1911), S. 572, sowie Rothacker a. a. O., S. 161 f.

ganz allein, was mich zur Historie getrieben hat" [40]. Es ist merkwürdig, daß gerade ein Denker wie Croce dieses philosophische Moment in Rankes Geschichtsschreibung *so sehr* verkennen konnte — daß er uns Ranke als einen „eleganten Geist" schildert, der es verstanden habe, „sich *inter scopulos* durchzuschlängeln, ohne je die eigenen religiösen oder philosophischen Überzeugungen durchblicken zu lassen oder je gezwungen zu sein sich klar zu entscheiden" [41]. Ranke hat diese Überzeugungen nicht nur gelegentlich durchblicken lassen, sondern er hat sie durch das Ganze seines so reichen und umfassenden Werkes konsequent festgehalten. Aber der Wahlspruch: „Bilde, Künstler, rede nicht" galt ihm nicht nur für die Kunst, sondern auch für die Geschichtsschreibung. Er wollte darstellen, nicht unmittelbar erziehen oder ermahnen, und er glaubte, daß die Darstellung ihren erzieherischen Zweck um so sicherer und besser erreichen werde, je mehr sie sich von allem oratorischen Beiwerk und von jeder unmittelbar „protreptischen" Absicht fern hält. Wenn man in Zeiten leidenschaftlicher politischer Erregung eine derartige Haltung zu tadeln und wenn man sich gewaltsam gegen sie zu verblenden pflegt, so ziemt es doch der Geschichte des *Erkenntnisproblems* dem gegenüber darauf zu verweisen, daß Ranke auch hier ein Ehrenplatz gebührt. Er war durchdrungen von einer neuen Auffassung der Aufgabe der historischen Erkenntnis, die, nachdem er sie einmal festgestellt hatte, nie wieder vergessen werden konnte, so oft man auch versucht hat, sich wider sie zur Wehr zu setzen. Was Ranke hier eine unbedingte Autorität sicherte, ist der Umstand, daß er kein bloßes Programm aufstellte, sondern unmittelbar durch seine Leistung als Vorbild wirkte — daß er durch die Art seiner Quellenkritik für die historische Erkenntnis ein Rüstzeug schuf, dessen sich fortan jeder Geschichtsschreiber, gleichviel zu welcher Richtung er sich bekannte und welche Tendenz er verfocht, bedienen mußte. Die Art, wie er die Gesandtschaftsberichte und die diplomatischen Akten durcharbeitete, sichtete, prüfte und sie für die Erkenntnis der politischen Zusammenhänge benutzte, stellte ein ganz neues Verfahren dar; er erklärte selbst, daß er hierin einen Weg sah, die neuere Geschichte nicht mehr auf die Berichte, selbst nicht der gleichzeitigen Historiker, außer insoweit ihnen eine originale Kenntnis beiwohnte, zu gründen, sondern sie aus den Relationen der Augenzeugen und den echtesten unmittelbaren Urkunden aufzubauen [42]. Auf der anderen Seite aber waren die ‚Akten', z. B. die Berichte der venetianischen Gesandten, die Ranke im reichsten Ausmaße benutzte, für ihn niemals das A und O der Geschichtsschreibung: denn es drängte ihn immer wieder von der Darstellung des Geschehens, den ‚res gestae', zu den eigentlichen Qellen hin, die er in der großen Einzelpersönlichkeit fand. Hierfür mußte er die Kunst des literarischen Portraits entwickeln, die in allen seinen Darstellungen eine so

---

[40] *Ranke*, Briefe, S. 238 f.

[41] *Croce*, a. a. O., S. 247.

[42] Vgl. hierzu Moritz *Ritter*, Die Entwicklung der Geschichtswissenschaft an den führenden Werken betrachtet, München und Berlin 1919, S. 376.

bedeutsame Rolle spielt [43]. Auch seine ‚Objektivität‘ wäre nicht wahrhaft *historische* Objektivität geworden, wenn sie sich nicht aus der Quelle der lebendigen Anschauung genährt hätte. In dieser Hinsicht geht auch er, der nach Temperament und Anlage wie in der Art seiner wissenschaftlichen Problemstellung einen Gegenpol zu Herder bildet, doch wieder auf die Kraft zurück, aus der Herder seine neue geschichtliche Grundanschauung gewonnen hatte: denn auch seine ‚Objektivität‘ entsprang, wie man mit Recht betont hat, letzten Endes aus einer „Universalität des Mitempfindens" [44].

Was Ranke in dieser Hinsicht, was er durch seine persönliche Gabe des Mitempfindens und durch die Klarheit und Sicherheit seiner Methodik für den Erkenntnisbegriff der Geschichte geleistet hat, ist unbestreitbar und unverkennbar. Schwerer ist es indessen, einem anderen Moment seiner Geschichtsauffassung gerecht zu werden, das sich nicht sowohl auf ihre Form als auf ihren *Inhalt*, auf den *Gegenstand* der Geschichte bezieht. Dieser Gegenstand läßt sich nach Ranke weder im positivistischen Sinne als eine Summe bloßer „Tatsachen", noch läßt er sich im spekulativen Sinne durch allgemeine Begriffe bezeichnen. Er nimmt zwischen diesen beiden Polen eine eigentümliche, schwer zu definierende Zwischenstellung ein. Um dieses ‚Mittlere‘ zu bezeichnen, greift Ranke zu dem Terminus der ‚*Idee*‘, der hierbei freilich, gegenüber seiner Platonischen Grund- und Urbedeutung, einen tiefgreifenden Bedeutungswandel erfährt. Der Berührungspunkt mit Platon liegt darin, daß dem Rankeschen Ideenbegriff dasselbe *Problem* zu Grunde liegt, das Platon mit der Aufstellung seiner Ideenlehre bewältigen wollte. Es ist das Problem des *Verhältnisses des Besonderen zum Allgemeinen*. Platon richtete, um diese Frage zu lösen, um die Teilhabe, die μέθεξις des Besonderen am Allgemeinen zu erklären, seinen Blick auf die *Mathematik*. Sie sollte ihn lehren, wie es möglich ist, daß der menschliche Geist bestimmte Ideen, wie die des ‚Gleichen‘ oder des ‚Geraden‘ zu denken und in voller Bestimmtheit zu erfassen vermag, während doch die Erscheinungswelt uns immer nur unvollkommene Beispiele für sie liefert: die gleichen Hölzer oder Steine streben nach dem „Gleichen selbst" (αὐτὸ τὸ ἴσον), ohne es je zu erreichen. Hier gab es keine andere Lösung, als die Idee über die Welt der Phänomene hinauszuheben und sie, als das an sich Eine und Beständige, dem Wechsel und Werden der Erscheinungen gegenüberzustellen. Aber der *Historiker* vermag nach Ranke diesen Weg nicht zu gehen; denn er würde damit seinen eigentlichen Gegenstand verlieren. Wie Niebuhr, so verlangt auch Ranke, daß der Historiker das Dunkel des Werdens nicht scheut, sondern daß er lernt, sein Auge an dieses Dunkel zu gewöhnen und es zu durchdringen. Wenn er seinen Blick auf die ‚Ideen‘ richtet und wenn er, mit Platon, die ‚Ideenschau‘ als ein wesentliches Moment aller Erkenntnis betrachtet — so kann und darf es für ihn doch jene Trennung und Sonderung nicht geben, die Platon zwischen der Erscheinung und der Idee, zwi-

---

[43] Über Ranke als „historischen Psychologen" vgl. z. B. *Fueter* a. a. O., S. 477.
[44] Vgl. *Dove*, Ausgewählte Schriftchen (1898), S. 112 ff.

schen dem Besonderen und Allgemeinen annimmt. Hier tritt vielmehr ein neues Verhältnis ein, das dazu bestimmt ist, den Platonischen χωρισμός nicht, wie es bei Aristoteles der Fall war, von seiten der Physis, der Natur, sondern von seiten der Geschichte zu überwinden. Ranke ist nicht der einzige, der in der ersten Hälfte des 19. Jahrhunderts mit diesem Problem gerungen hat. Seine historische Ideenlehre schließt sich eng an bestimmte Grundgedanken *Wilhelm von Humboldts* an, die ihren deutlichsten Ausdruck in Humboldts Abhandlung „Über die Aufgabe des Geschichtsschreibers" gefunden haben. Zwar besteht zwischen der Ideenlehre Humboldts und derjenigen Rankes keine vollständige Deckung; individuelle Differenzen der Auffassung lassen sich deutlich aufweisen. Für die allgemeine Entwicklung des *Erkenntnisproblems* der Geschichte aber sind diese Differenzen nicht von Belang. Hier vertreten Ranke und Humboldt einen bestimmten Typus des Denkens, der ihnen gemeinsam ist und den sie immer schärfer auszuprägen und kraft dieser Ausprägung auch begrifflich zu umgrenzen versuchen. Was sie anfangs mit intuitiver Sicherheit üben, das soll auch in philosophischer Selbsterkenntnis bewußt gemacht und gerechtfertigt werden. Denn nur in *dieser* Weise wollen Ranke und Humboldt philosophische Denker sein. Eine Geschichtsphilosophie im Sinne Hegels haben beide abgelehnt [45], weil sie auch in ihr, ungeachtet der Tendenz Hegels, die „Vernunft" mit der „Wirklichkeit" zu versöhnen und beide in ihrer substantiellen Identität zu erkennen, nur eine künstliche Trennung von ,Idee' und ,Erscheinung' sahen. „Die Aufgabe des Geschichtsschreibers" — so erklärt Humboldt mit Ranke — „ist die Darstellung des Geschehenen. Je reiner und vollständiger ihm diese gelingt, desto vollkommener hat er jene gelöst. Die einfache Darstellung ist zugleich die erste, unerläßliche Forderung seines Geschäfts, und das Höchste, was er zu leisten vermag. Von dieser Seite betrachtet, scheint er nur auffassend und wiedergebend, nicht selbsttätig und schöpferisch" [46].

Es folgt hieraus, daß die ,Idee', in dem Sinne, in dem der Geschichtsforscher von ihr spricht, keiner abgesonderten Erkenntnis fähig ist, sondern immer nur an den Begebenheiten selbst erkannt werden kann. So wenig wie Humboldt die Geschichte in Philosophie aufgehen lassen will, so wenig will er sie auch in Kunst auflösen — obwohl die Kunst gemäß der Grundanschauung seines ästhetischen Idealismus, die er mit Schiller teilt, etwas Letztes und Höchstes für ihn bedeutet. Wenn Achtung der Kunst Zeichen eines sich hebenden Zeitalters ist, so ist doch, wie er erklärt, Achtung der Wirklichkeit

---

[45] Näheres hierüber bei Richard *Fester,* Humboldts und Rankes Ideenlehre, Deutsche Zeitschrift f. Geschichtswissenschaft, Bd. 6, 1891. Am schärfsten hat Ranke seine Ablehnung Hegels in den „Epochen der neueren Geschichte" (1. Vortrag) ausgesprochen. Über *Humboldts* Verhältnis zu Hegel vgl. bes. R. *Haym,* Wilh. v. Humboldt (1856).

[46] *Humboldt,* Über die Aufgabe des Geschichtsschreibers (1820/21), Ges. Schriften, hg. von der Kgl. Preuß. Akad. der Wissenschaften, Band IV, Berlin 1905, S. 35.

Merkmal eines noch höher gestiegenen⁴⁷. Freilich ist auch das Werk des Geschichtsschreibers durch den bloßen Verstand nicht zu bewältigen; es verlangt vielmehr stets die Mitwirkung der schöpferischen Phantasie; denn nur diese vermag das Vereinzelte und weit Zerstreute zu einer wahrhaften Einheit zu verknüpfen. Aber die Phantasie des Historikers strebt nicht über das Wirkliche hinaus, sondern ordnet sich der Erfahrung und der Ergründung der Wirklichkeit unter. „Der Geschichtsschreiber umfaßt alle Fäden irdischen Wirkens und alle Gepräge überirdischer Ideen; die Summe des Daseins ist, näher oder entfernter, der Gegenstand seiner Bearbeitung, und er muß daher auch alle Richtungen des Geistes verfolgen. Speculation, Erfahrung und Dichtung sind aber nicht abgesonderte, einander entgegengesetzte und beschränkende Tätigkeiten des Geistes, sondern verschiedene Strahlseiten desselben." Auch der Geschichtsschreiber — wie der Zeichner — bringt nur Zerrbilder hervor, wenn er bloß die einzelnen Umstände und Begebenheiten, sie so, wie sie sich scheinbar darstellen, aneinanderreihend, aufzeichnet. Das Auffassen des Geschehens muß stets von Ideen geleitet sein; aber auf der anderen Seite müssen die letzteren nicht der Geschichte, wie eine fremde Zugabe, nur geliehen werden — ein Fehler, in welchen die sogenannte philosophische Geschichte leicht verfällt. Die Idee kann nur in der Naturverbindung auftreten und aus dieser niemals als ein Selbständiges, für sich Bestehendes herausgelöst werden⁴⁸.

Wenn die Anerkennung der *Phantasie* als einer Grundpotenz für alles historische Begreifen hier noch an die Romantik gemahnt⁴⁹, so wird doch von Humboldt wie von Ranke der Schwerpunkt an eine andere Stelle verlegt. Sie unterliegen keinen Augenblick der Gefahr, die Grenze zwischen der Geschichte und der Kunst und die Grenze zwischen Geschichte und Mythos zu verwischen. Auch Humboldt ist tief von Schellings *Identitätsphilosophie* berührt worden. Aber er hat seine Ideenlehre selbständig ausgebildet. Sie ist — wie man mit Recht gesagt hat — nichts anderes als die Vollendung der metaphysisch-ästhetischen Direktiven, die in der Kritik der Urteilskraft angedeutet waren: jede Erscheinung von eigenem Leben, sei es ein menschlicher Charakter, ein Organismus, ein Kunstwerk ist Darstellung eines übersinnlichen Substrats; jede sinnliche Form ist die Wirkung eines intelligiblen Prinzips⁵⁰. ,Sinnliches' und ,Übersinnliches', ,Natur' und ,Freiheit' können demgemäß nie in einander aufgehen; sondern sie müssen in einer ständigen Spannung zu einander stehen; und gerade in diesem Gegensatz wurzelt alles historische Leben. Auch Ranke sieht in dieser Polarität ein Urphänomen, das der Historiker anzuerkennen hat, ohne es aus etwas anderem erklären zu können: „das Real-Geistige" — so sagt er im „Politischen Gespräch" —

---

⁴⁷ *Humboldt*, Geschichte des Verfalls und Unterganges der griechischen Freistaaten, Ges. Schriften III, 193.
⁴⁸ *Humboldt*, Über die Aufgabe des Geschichtsschreibers, Ges. Schriften IV, 37 ff.
⁴⁹ Über den Zusammenhang der „historischen Ideenlehre" mit der Romantik vgl. *Fueter*, a. a. O., S. 425 ff.
⁵⁰ Vgl. *Spranger*, Wilh. v. Humboldt u. die Humanitätsidee, Berlin 1909, S. 193.

"welches in ungeahnter Originalität dir plötzlich vor Augen steht, läßt sich von keinem höheren Prinzip ableiten". Was wir ‚Ideen' oder ‚Tendenzen' nennen, das kann daher stets nur beschrieben und in dieser Beschreibung der Anschauung nahe gebracht werden, aber es kann nicht definiert oder in letzter Instanz in einem Begriff summiert werden. Daß zwischen dem ‚Besonderen' und dem ‚Allgemeinen', zwischen der ‚Erscheinung' und der ‚Idee' ein gewisser *hiatus* besteht, wird daher von Ranke so wenig wie von Humboldt geleugnet — obwohl beide die Platonische Auffassung des χωρισμό, bekämpfen: ohne Sprung kommt man, wie Ranke ausdrücklich sagt, vom Allgemeinen nicht ins Besondere. Der Historiker darf diesen Sprung wagen; denn er weiß, daß er mit ihm nicht in Gefahr steht, den Boden der Wirklichkeit unter den Füßen zu verlieren und in eine metaphysische ‚Überwelt' zu gelangen. Denn für ihn ist alles, was er erfassen kann, „allgemeines und individuelles geistiges Leben"; es ist ‚real-geistig'. Das Formelle ist das Allgemeine, das Reale ist das Besondere, Lebendige [51]. Auch W. von Humboldt betont, daß der Historiker durchaus nur das Individuelle suche; aber er fügt hinzu, daß, in wie hohem Grade der Stoff der Geschichte auch empirisch sein mag, doch die einzelnen Erscheinungen zugleich immer eine gewisse Stetigkeit, Folge und Gesetzlichkeit zeigen, und daß diese letztere notwendig sowohl mit der Erweiterung unserer Kenntnis als mit der Veredelung der menschlichen Natur selbst und mit dem Fortschritt der Zeit immer höher steigen müsse [52].

Hier erhebt sich freilich für die ‚historische Ideenlehre' ein schwieriges Problem. In welcher Art sie diese „Gesetzlichkeit" verstehen will, läßt sich weder Humboldts noch Rankes Darstellung unmittelbar entnehmen. Daß beide nicht nur an Regelmäßigkeiten und Zwangsläufigkeiten im Sinne des Naturgeschehens und der ‚mechanischen' Kausalität denken, ist unverkennbar. Gesetze im Sinne des ökonomischen Materialismus oder psychologische Gesetze im Sinne der Lamprecht'schen Theorie der Geschichte sollen hier nirgends gesucht werden: es ist, Platonisch gesprochen, eine „andere Art von Ursachen" (ἄλλο αἰτίας τὸ εἶδος), auf die sie ausgehen. Hier aber entsteht freilich die Frage, ob und in welcher Weise ein derartiges Eingreifen zweier von einander unabhängiger Kausalketten von erkenntnistheoretischem Standpunkt aus begreiflich gemacht werden soll. Bedeutet nicht die Kausalordnung eben dies, daß zwischen allen Erscheinungen in Raum und Zeit ein *eindeutiger* Zusammenhang bestehen soll — und gerät nicht diese Eindeutigkeit in Gefahr, wenn wir neben der ‚physischen' Kausalität eine andere, ihr überlegene ‚supranaturale' anerkennen? Aber eben dieser Folgerung scheint weder Humboldt noch Ranke entgehen zu können. Humboldt erklärt, daß alles, was geschieht, dem Raum und der Zeit nach in unzertrennlichem Zusammenhange stehe und daß, von *diesem* Standpunkt aus gesehen, die Ge-

---

[51] *Ranke,* Politisches Gespräch; über den Begriff des ‚Real-Geistigen' bei Ranke vgl. *Meineckes* Ranke-Rede, Historismus II, 640 f.

[52] *Humboldt,* Plan einer vergleichenden Anthropologie, Abschn. 6, Ges. Schriften I, 396.

schichte, wie mannigfaltig und lebendig sie sich auch vor unseren Blicken bewegt, doch nur gleich einem Uhrwerk sei, das ‚toten', unabänderlichen Gesetzen folge und durch mechanische Kräfte getrieben werde. Allein es sei längst erkannt, daß das ausschließende Verfolgen dieses Weges gerade abführen würde von der Einsicht in die wahrhaften schaffenden Kräfte der Geschichte. Daß hier Ideen sich offenbaren, daß gewisse Erscheinungen nicht erklärbar sind durch bloßes Naturgesetzen gemäßes Wirken und nur ihrem Hauch ihr Dasein verdanken, leidet keinen Zweifel — und ebensowenig, daß es mithin einen Punkt gibt, auf dem der Geschichtsschreiber, um den wahren Gehalt der Begebenheiten zu erkennen, auf ein Gebiet außer ihnen verweisen wird [53]. Auch Ranke zögert nicht zu erklären, daß die Idee „göttlichen Ursprungs" sei, — und er muß somit einen derartigen Ursprung nicht nur für die Religionen, sondern auch für die Nationen und die Staaten annehmen. All dies soll nach ihm „aus dem Göttlichen und Ewigen quellen", wenngleich es dasselbe niemals vollständig in sich enthält. Eine Zeitlang sind diese Ideen wohltätig, Leben gebend; neue Schöpfungen gehen unter ihrem Odem hervor. „Allein auf Erden kommt nichts zu einem reinen und vollkommenen Dasein; darum ist auch nichts unsterblich. Wenn die Zeit erfüllt ist, erheben sich aus dem Verfallenden Bestrebungen von weiterreichendem geistigen Inhalt, die es vollends zersprengen. Das sind die Geschicke Gottes in der Welt" [54]. Hier droht die mühsam erreichte Immanenz, an die der Geschichtsschreiber als solcher gebunden ist, wieder ins Wanken zu kommen und einer religiösen oder philosophischen Metaphysik weichen zu müssen. Humboldt wie Ranke haben eine Teleologie der Geschichte, wie sie im 18. Jahrhundert gesucht wurde, abgelehnt; sie sehen in ihr nicht mehr die Erfüllung bestimmter menschlicher oder göttlicher Zwecke. Humboldt will nicht nach göttlichen Endursachen in der Geschichte forschen; er erklärt, daß die treibenden Kräfte der Weltgeschichte — im Ganzen und Großen betrachtet — die Kräfte der Zeugung, Bildung und Trägheit seien. Zwecke gibt es hier nicht; „die Schicksale des Menschengeschlechts rollen fort, wie die Ströme vom Berge dem Meere zufließen, wie das Feld Gras und Kräuter sprießt, wie sich Insekten einspinnen und zu Schmetterlingen werden, wie Völker drängen und sich drängen lassen, vernichten und aufgerieben werden. Die Kraft des Universums... ist ein unaufhaltsames Fortwälzen; und nicht daher aus wenigen Jahrtausenden herausgegrübelte, einem fremden, mangelhaft gefühlten, und noch mangelhafter erkannten Wesen angedichtete Absichten, sondern die Kraft der Natur und der Menschheit muß man in der Weltgeschichte erkennen" [55]. Man sieht hieraus, wie die ‚Ideenlehre' Rankes und Humboldts die Frage nach dem Verhältnis des ‚Allgemeinen' und ‚Besonderen', des ‚Ewigen' und ‚Zeitlichen', des ‚Göttlichen' und ‚Menschlichen' in der Geschichte zwar immer wieder in den Mittelpunkt stellt, aber keineswegs den

---

[53] *Humboldt*, Über die Aufgabe des Geschichtsschreibers, Ges. Schr. IV, 48 ff.
[54] *Ranke*, Deutsche Geschichte im Zeitalter der Reformation, Buch I, Meisterwerke I, 81.
[55] *Humboldt*, Betrachtungen über die Weltgeschichte, Ges. Schr. III, 355 ff.

Anspruch erhebt, sie mit rein wissenschaftlichen Mitteln und in der Sprache nüchterner wissenschaftlicher Begriffe zu beantworten. Ranke scheut sich nicht zu erklären, daß die Momente, die den Fortgang der Welthistorie bedingen, ein „göttliches Geheimnis" bilden [56] — und er will dieses Geheimnis zwar ständig in seiner Darstellung anklingen lassen und es ahnen lassen; aber er behauptet nicht, es enthüllen zu können. Hier hat die spätere positivistische Kritik den Hebel angesetzt; und von hier aus hat sie versucht, das gesamte System der „historischen Ideenlehre" aus den Angeln zu heben [57].

---

[56] *Ranke,* Deutsche Gesch. im Zeitalter der Reformation, 7. Buch, Cap. 2 (Meisterwerke IV, 67).
[57] Vgl. bes. die Kritik, die *Lamprecht* an Rankes Ideenlehre geübt hat: Alte und neue Richtungen in der Geschichtswissenschaft, Berlin 1896, S. 26 ff.

DRITTES KAPITEL

Der Positivismus und sein historisches Erkenntnisideal — Hippolyte Taine

Die historische ‚Ideenlehre' sollte in der Form, in der sie bei W. v. Humboldt und bei Ranke entwickelt wird, keine Abkehr von der geschichtlichen Wirklichkeit bedeuten und keinen Gegensatz zu ihr bilden. Sie stellte sich vielmehr die umgekehrte Aufgabe: sie hielt sich „mit klammernden Organen" an die Welt, an die historische Realität. Beide, Humboldt und Ranke, stimmten darin überein, daß das Allgemeine nicht anders als am Besonderen, daß die ‚Idee' nicht anders als an der ‚Erscheinung' erfaßt werden könne. „Achtung für die Wirklichkeit" galt ihnen daher als höchstes Gebot [58]. Aber der Begriff der Wirklichkeit selbst drohte sich für sie dualistisch zu spalten; denn sie sahen alles historische Geschehen gewissermaßen in einer doppelten *Beleuchtung*. Sie erkannten in ihm den immanenten Gang der ‚physischen', der rein immanenten Ursachen an; aber diese gelten ihnen nicht für das Ganze. Das Physische, das Materielle, hatte immer zugleich seine „geistige" Seite und Bedeutung; das ‚Sinnliche' wies auf ein ‚Intelligibles' hin. Wenn die Idee nur in der Naturverbindung auftreten und wenn sie nur in dieser Verbindung erkannt werden konnte, so ließ sie sich doch andererseits in die bloße Naturkausalität nicht auflösen. Gewisse Erscheinungen, und zwar gerade die bedeutsamsten, können nicht verstanden, können in ihrem vollen Sinn nicht begriffen werden, wenn wir uns nicht entschließen, über die phänomenale Welt hinauszublicken [59]. In Rankes „Politischem Gespräch" werden die Staaten als „geistige Wesenheiten" und insofern nicht nur als originale Schöpfungen des Menschengeistes, sondern geradezu als „Gedanken Gottes" bezeichnet. So scheint sich der Begriff der Ursächlichkeit selbst zu spalten; und eben diese Spaltung gibt allem historischen Erkennen ein charakteristisches Gepräge.

An diesem Punkte greift die Frage des *Positivismus* ein, wie sie zuerst in Comtes ‚Cours de Philosophie positive' mit voller Schärfe und Bestimmtheit gestellt worden ist. Comte zeigt nur wenig Berührungen mit der deutschen Philosophie und mit der deutschen Wissenschaft — und es ist fraglich, wieweit ihm die Bestrebungen der Romantik bekannt und vertraut waren. Auch kam er nicht von der Geschichte, sondern von der Mathematik und

---

[58] Vgl. oben S. 245 f.
[59] Vgl. oben S. 247.

Naturwissenschaft her. Aber wenn man den Aufbau seines Systems betrachtet, so sieht man, daß und warum er hier nicht stehen bleiben wollte. In dem ‚hierarchischen' Aufbau der Wissenschaft, den er verlangt und der nach ihm zu den ersten Prinzipien aller ‚positiven' Philosophie gehört, bildet die Mathematik, und weiterhin die anorganische Naturwissenschaft, die Astronomie, die Physik und Chemie zwar das sichere und unentbehrliche Fundament, aber sie bildet nicht das *Ziel* des Wissens. Das Ziel liegt in derjenigen Wissenschaft, die Comte mit dem neuen Namen der ‚*Soziologie*' benennt. Sie wird ihm daher mehr und mehr zum A und O der echten philosophischen Erkenntnis. Die Philosophie ist um so vollkommener, je weniger sie sich in den Bereich des Jenseitigen, des ‚Transzendenten' verliert. Sie kann keine andere als „menschliche" Wahrheit suchen und lehren — und diese erreicht sie um so sicherer, je mehr sie sich auf die Welt des Menschen, auf den Kosmos der Humanität einschränkt. Aber dieser Kosmos selbst kann nur dann erkannt und verstanden werden, wenn wir uns entschließen, über die Physik im gewöhnlichen Sinne des Wortes hinauszugehen. Was wir bedürfen, ist nicht bloß die Physik der anorganischen Welt, sondern die „soziale Physik". Das Hauptziel der positivistischen Philosophie wird darin bestehen, diese „soziale Physik" aufzubauen. Und damit erst wird sie ihre Hauptaufgabe erfüllen, die darin besteht, nicht nur diese oder jene Einzelwissenschaft, sondern *alle* Wissenschaft überhaupt dem theologischen und dem metaphysischen Geist zu entreißen und ihr eine sichere, „positive" Grundlage zu geben. Erst die Schöpfung der Soziologie — so erklärt Comte am Schluß des ‚Cours de Philosophie positive' — vermag die fundamentale Einheit im Gesamtsystem der modernen Philosophie herzustellen.

Die erste unerläßliche Bedingung hierfür aber besteht darin, daß wir einsehen, daß die Soziologie und die Geschichte keinen „Staat im Staat" mehr bilden — daß in ihnen die gleiche unverbrüchliche Gesetzmäßigkeit herrscht, die in allem Naturgeschehen hervortritt. Solange man diesen Zusammenhang nicht erkannte, solange man irgendeine Art der menschlichen „Freiheit" suchte und diese Freiheit als eine Durchbrechung der Naturgesetze dachte, konnte die Soziologie keinen Schritt vorwärts tun. Sie verblieb im Kindheitsstadium: im Stadium des theologischen oder metaphysischen Denkens; sie war im Grunde nicht Wissenschaft, sondern Fetischismus. Mit diesem Aberglauben muß endgültig gebrochen, die Alleinherrschaft strenger Gesetze muß auch auf diesem Gebiet proklamiert werden. ‚Ich werde den faktischen Beweis dafür erbringen' — so schreibt Comte in einem Brief aus dem Jahre 1824 — ‚daß es ebenso bestimmte Gesetze für die Entwicklung der menschlichen Gattung, wie für den Fall eines Steines gibt'[60]. *Eines* dieser Gesetze — und zwar das schlechthin fundamentale — glaubte er in seinem ‚Gesetz der drei Stadien' gefunden zu haben[61]; und schon mit ihm war er überzeugt, gewissermaßen zum „Galilei der Soziologie" geworden zu sein.

---

[60] Brief an Valat vom 8. September 1824; vgl. *Lévy-Bruhl, La philosophie d' Auguste Comte*, 4e édit., p. 270.

[61] Näheres zu Comtes ‚Loi des trois états', s. in der Einleitung S. 16 ff.

Aber diese Analogie zwischen Physik und Soziologie darf uns freilich nicht täuschen. Manche Schüler Comte's, die am meisten zur Verbreitung seiner Ideen beigetragen haben, haben sie so aufgefaßt, als soll damit jeder methodische Unterschied zwischen beiden Wissenschaften geleugnet werden — als ließe sich die Soziologie und die Geschichte einfach in die Naturwissenschaft, in Physik oder Chemie, *auflösen*. Aber das ist keineswegs die Meinung Comte's. Denn in der ‚Hierarchie der Wissenschaften', die er lehrt, kann das später und höher entwickelte Glied niemals einfach auf die früheren Glieder *zurückgeführt* werden. Jedes folgende Glied fügt vielmehr den früheren einen charakteristischen Zug hinzu; es besitzt eine *spezifische* Eigenart. Schon wenn wir von der Mathematik zur Astronomie, von dieser zur Physik, von hier zur Chemie und Biologie aufsteigen, zeigt sich stets, daß jedes neue Glied ein bestimmtes Moment hinzubringt, das in den früheren nicht enthalten war und aus ihnen auf keine Weise deduktiv ableitbar ist. Diese Eigentümlichkeit beweist sich um so mehr, je höher wir in der Leiter der Wissenschaften hinaufsteigen und je mehr wir uns dem kompliziertesten Phänomen, dem Phänomen des menschlichen Daseins, annähern. Daß dieses zu seiner Erfassung neue Begriffe und neue Methoden verlangt, die in den früheren Wissenschaften nicht vorhanden waren, sondern die es neu zu schaffen, die es selbständig zu entwickeln gilt: dies leidet daher für Comte keinen Zweifel. Er ist *Monist* der *Erkenntnis,* insofern es für ihn universale Prinzipien gibt, die für alle Erkenntnis bestimmt sind; aber er ist auf der anderen Seite entschiedener *Pluralist der Methodenlehre.*

Und jetzt bleibt nur noch die Frage übrig, welches das auszeichnende und charakteristische Moment ist, in dem sich die Lehre vom Menschen, die soziale Statik und Dynamik, von allen anderen Zweigen des Wissens unterscheidet, und was sie, inhaltlich und methodisch, zu diesen hinzubringt. Die Antwort auf diese Frage kann nach Comte nicht zweifelhaft sein. Wenn wir die letzte Stufe der naturwissenschaftlichen Erkenntnis erklimmen — wenn wir von der Physik und Chemie zur *Biologie* aufsteigen, so sind es zwei neue Züge, die uns hier begegnen. Wir müssen uns der *vergleichenden Methode* bedienen, und wir werden auf den *Entwicklungsgedanken* als das Grundprinzip geführt, das alle Erkenntnis des organischen Lebens beherrscht. Mag es sich um eine anatomische Anlage oder um ein psychologisches Phänomen handeln, so wird immer die methodische Vergleichung der regelmäßigen Folge der wachsenden Unterschiede für uns den sichersten Leitfaden bilden, um die Frage bis in ihre letzten Elemente aufzuklären. Diesen Leitfaden dürfen wir auch beim Übergang zur Lehre vom Menschen, zur Anthropologie und Soziologie, nicht aufgeben. Denn der Mensch ist ein Lebewesen gleich allen anderen, — und er fällt insofern aus den Gesetzen, die die organische Natur beherrschen, nicht heraus. Alles, was man über seine ‚spirituelle' Natur gesagt hat, die über allem Tierischen stehen und dessen Bedingungen nicht unterliegen soll, ist leerer Schein. Wenn die Metaphysik immer wieder durch dieses Scheinbild einer „reinen" Geistigkeit getäuscht wurde, so muß doch die positive Methode auf dasselbe ein für allemal verzichten.

Aber das bedeutet freilich nicht, daß beim Fortgang von den tierischen Formen zur Form des Menschen nichts Neues in die Reihe eintritt. Wenn es hier keinen jähen Sprung, keine völlige *Transformation* gibt, so besagt doch gerade der Gedanke der *Evolution* die Wirksamkeit neuer Faktoren, die sich in der Ausbildung der Sprache, der Religion, der Kunst, des Intellekts bekunden. Um diese Faktoren als das, was sie sind, zu erkennen und um sie in ihrer Bedeutung und Wirksamkeit zu verstehen, gibt es nur einen Weg: den Weg der historischen Methode. Beim Übergang von der Biologie zur Soziologie nimmt der Entwicklungsgedanke die Form des *geschichtlichen Denkens* an. Und in ihm gipfelt demnach nach Comte die gesamte wissenschaftliche Erkenntnis: es ist die Spitze, bis zu welcher das Gebäude des positiven Wissens hinaufgeführt werden muß und ohne welche es unvollendet und damit auch in all seinen anderen Teilen ungenügend verstanden bliebe. Es ist durchaus verständlich, daß sich von einer solchen philosophischen Grundanschauung aus die stärksten und nachhaltigsten Anregungen für das historische Denken ergeben mußten. Dabei ist es besonders wichtig, daß Comte, so sehr er sich überall auf naturwissenschaftliche Voraussetzungen und naturwissenschaftliche Fakten stützt, doch niemals in einen dogmatischen ‚Naturalismus' verfällt. Das Eigenrecht und der Eigenwert des historischen Denkens, das, was man die ‚Autonomie der historischen Welt' nennen könnte, wird von ihm durchaus anerkannt. Die Grenze wird hier von ihm viel schärfer gezogen als von manchen späteren Vertretern des Positivismus und von vielen Anhängern und Schülern Comtes, die sich auf seine Autorität berufen. Wie die Biologie sich nicht auf die Physik, so läßt sich auch die Soziologie nicht auf die Biologie zurückführen. Denn die charakteristische Methode der Soziologie, die Methode der geschichtlichen Erkenntnis, ist einer logischen Ableitung aus der Methode der Naturerkenntnis nicht fähig: „*die Geschichte läßt sich nicht deduzieren*" [62].

In der Ausbildung, die die positivistische Methode und die positivistische Geschichtsschreibung in Frankreich und England erfahren hat, ist dieser Grundgedanke nicht nur zurückgetreten, sondern er ist bisweilen verwischt oder geradezu in sein Gegenteil verkehrt worden. Man glaubte Comte's Intentionen nicht besser gerecht werden zu können als dadurch, daß man die Scheidewand zwischen Soziologie und Physik gänzlich niederriß. In England war es vor allem *Buckle*, der in seiner ‚History of civilization in England' (1857 ff.) das Programm Comtes zur Durchführung bringen wollte. Er kämpfte, gleich diesem, gegen den Glauben, daß es in der Menschenwelt irgend etwas gebe, was dem Zufall überlassen sei, was sich der Naturordnung und ihrem strengen Determinismus entzöge. Aber der Beweis für diese Gleichförmigkeit und Zwangsläufigkeit des menschlichen Handelns will Buckle nicht sowohl der historischen Erkenntnis als vielmehr der statistischen Erkenntnis entnehmen. Die Moralstatistik lehrt, daß die angebliche

---

[62] *Comte*, Politique positive IV, Appendice. — Näheres über das Verhältnis der Soziologie zur Biologie und Psychologie in Comtes System s. bei *Levy-Bruhl*, La philosophie d'Auguste Comte, L. III, chap. 2.

menschliche Willensfreiheit ein Phantom ist. Sie beseitigt damit mit einem Schlage allen Unterschied zwischen der sozialen Welt und der Welt der Natur, zwischen Ethik und Physik. Die Anzahl der Verbrechen, die in jedem Jahr begangen werden, unterliegt ebenso strengen mathematischen Gesetzen wie nur irgend ein Naturereignis. Der Historiker hat hier zwischen dem Ethiker, dem Theologen und Metaphysiker auf der einen Seite und dem Naturforscher auf der anderen Seite zu vermitteln: „die Bedingungen dieser Vereinigung festsetzen" — so erklärt Buckle — „heißt die Grundlage aller Geschichtsforschung legen"[63]. Aber das Resultat dieser Vermittlung ist für Buckle die Auflösung der historischen Erkenntnis in die naturwissenschaftliche Erkenntnis. Beide unterscheiden sich allenfalls in der Komplexion der Phänomene, die sie behandeln, aber nicht in dem Verfahren, das sie benutzen.

In Frankreich ist die gleiche Folgerung in aller Schärfe von *Taine* gezogen worden. Taine kann nicht in strengem Sinn als Schüler Comtes bezeichnet werden; auf seine Bildung haben vielmehr auch andere Einflüsse gewirkt, die sich mit der deutschen Romantik berühren, also der Richtung Comtes diametral entgegengesetzt sind. Aber vielleicht war es gerade sein Bestreben, diese Einflüsse endgültig zu überwinden, was ihn dazu antrieb, in wesentlichen Punkten über Comte hinauszugehen und sich dem ‚Naturalismus' bedingungslos in die Arme zu werfen. Nur in ihm hoffte er die wirkliche Rettung von der Geschichtsmetaphysik Hegels zu finden, die er, im Gegensatz zu Comte, genau kannte und die ihn in der Jugend stark gefesselt hatte. Er hatte das Deutsche eigens deshalb erlernt, um Hegels Werke in der Ursprache lesen zu können, und er ließ nicht ab, ehe er nicht das ‚Monstrum' der Hegel'schen Logik ganz durchdrungen hatte[64]. Dann aber warf er mit einem raschen Entschluß alles fort, was ihm an Hegels Lehre, wie an der jeder anderen Metaphysik, als lediglich hypothetisch erschien[65]. Er will Tatsachen, und nichts als Tatsachen. Dabei sieht er freilich ein, daß dies nur der Anfang, nicht das Ende sein könne. Eine Sammlung von Fakten kann für sich allein keine Wissenschaft ergeben. ‚Après la collection des faits la recherche des causes' — so lautet vielmehr die Maxime. Aber in der Erforschung der Ursachen darf es nicht mehr zwei verschiedene Wege geben. Der Historiker darf nicht die Sinnenwelt verlassen, um in einer anderen, ‚ideellen' Welt die wahren und letzten Gründe des Geschehens zu suchen. Er soll die Erscheinungen für sich selbst sprechen und sie sich selbst erklären lassen. Deshalb kann und darf es für ihn auch keinerlei apriorische Normen und ebensowenig persönliche Sympathien oder Antipathien geben. Die Kunstgeschichte umfaßt mit gleichem Interesse alle Formen und alle Schulen; sie

---

[63] Cf. *Buckle*, History of civilization in England, Chap. 1; deutsche Ausgabe von *Arnold Ruge*, Leipzig und Heidelberg, 1881, S. 31.

[64] *Taine*, Vie et Correspondence, 1903—07, Vol. II, p. 70 und G. *Monod*, Les maîtres de l'histoire: Renan, Taine, Michelet, Paris 1894, S. 63.

[65] ‚Je viens de lire die *Philosophie de l'Histoire de Hegel*' — so schreibt Taine in einem Brief vom 24. Juni 1852. ‚C'est une belle chose, quoique hypothétique et pas assez précise'. Vgl. Monod, a. a. O., S. 85.

gleicht der Botanik, die nach denselben Methoden und mit der gleichen Unvoreingenommenheit den Orangenbaum und den Lorbeer, die Tanne und die Fichte studiert [66].

Das Programm der neuen positivistischen Geschichtsschreibung ist damit aufgestellt. Sie wird keine anderen als ‚natürliche' Ursachen zulassen, und sie wird zu zeigen haben, daß die Reihe dieser Ursachen nicht ins Endlose geht, sondern daß sie sich auf wenige allgemeine Prinzipien, die alles Geschehen beherrschen und bestimmen, zurückführen lassen. Als solche allgemeinen ‚Gründe', deren Wirksamkeit sich immer wieder nachweisen lassen und die für die Erklärung jedes besonderen Daseins und Werdens ausreichen, nennt Taine die Trias: *Race, Milieu, Moment*. Der Historiker hat genug getan und er steht am Ende seiner wissenschaftlichen Aufgabe, wenn es ihm gelungen ist, die Wirksamkeit dieser drei Grundfaktoren in allen Phänomenen, die er studiert, nachzuweisen. Damit scheint in der Tat eine erstaunliche Vereinfachung erreicht: das historische Leben, das auf den ersten Blick so mannigfach, so ungleichartig, so unübersehbar reich erscheint, zeigt sich dem Blick des Analytikers als so einfach und gleichförmig, daß drei Begriffe genügen, um es vollständig begreiflich zu machen. Freilich muß man hieran sofort die Frage knüpfen, ob es auf *diesem* Wege gelingen konnte, den Bann zu brechen, dem Taine entfliehen wollte, indem er sich von der Hegel'schen Konstruktion der Geschichte abwandte. In der Tat hat der ‚Naturalist' Taine, dem alles darauf anzukommen scheint, eine einfache Beschreibung der gegebenen Wirklichkeit zu liefern, die „Achtung vor der Wirklichkeit" oft viel mehr hintangesetzt, als dies bei Humboldt oder Ranke je der Fall ist. Niemals hatten die letzteren sich mit so einfachen Formeln begnügt, wie er sie ständig gebrauchte. Taine hat selbst gelegentlich bekannt, daß der Drang, für alles noch so verwickelte Geschehen eine einfache Form zu finden, ein Grundmoment aller seiner Forschung bilde. Für den reinen ‚Syllogismus' fühlte er eine derartige Bewunderung, wie wohl wenige andere große Historiker sie gekannt haben. Eine echte und strenge logische Schlußfolgerung erschien ihm nicht nur als der Kern der Wahrheit, sondern auch als der Kern der Schönheit: hat er, der enthusiastische Liebhaber der Musik, doch einmal, nachdem er eine Beethoven-Sonate gespielt, ausgerufen: ‚C'est beau comme un syllogisme!' [67] Von der Gabe der Abstraktion und der vereinfachenden Konzentration des historischen Stoffes hat Taine den reichsten Gebrauch gemacht; und viele seiner Formeln sind von solcher Prägnanz und von so bestechender Einfachheit, daß sie sich unmittelbar und fast unwiderstehlich unserem Gedächtnis einprägen.

---

[66] *Taine*, Philosophie de l'art, 5e édit., Paris 1890, S. 14 f. — Im Folgenden stütze ich mich auf meine Schrift: ‚Naturalistische und humanistische Begründung der Kulturphilosophie' (Göteborgs Kungl. Vetenskaps och Vitterhets-Samhälles Handlingar, 5e följden, Ser A, Band 7, No. 3, 1938). Für die geschichtsphilosophischen Thesen Taines, insbesondere für seinen ‚Determinismus', verweise ich auf diese Schrift; hier handelt es sich lediglich darum, die rein erkenntnistheoretischen Momente seiner Geschichtsbetrachtung zu charakterisieren.

[67] Vgl. G. *Monod*, a. a. O., S. 64.

Aber die methodische Hauptfrage, die sich hieran knüpft, besteht darin, ob die Begriffe, mit denen er hier operiert, wirklich das sind, als was er sie ausgibt — d. h. ob sie auf dem Boden des rein naturwissenschaftlichen Denkens erwachsen und durch strenge Induktion erworben und gesichert sind. Daß dies nicht der Fall ist, zeigt sich um so deutlicher, je mehr die Darstellung Taines ins Einzelne geht und je lebendiger und farbenreicher sie wird. Denn nirgends findet sich hierbei der Versuch, mit jenen ‚allgemeinen' Ursachen auszukommen, die er an die Spitze stellt und die er als die eigentlich ‚wissenschaftlichen' Erklärungsgründe proklamiert. Sobald er an die Darstellung konkreter Einzelprobleme kommt, hat Taine diese Art von Ursachen so gut wie vergessen; er vertieft sich nicht nur ins Detail, sondern schwelgt geradezu im Detail. Daraus ergibt sich jener eigentümliche Doppelcharakter seiner Geschichtsschreibung. Die Ableitung aus ganz einfachen Formeln und die Freude an der reinen Ausmalung eines vielfältigen und bunten Geschehens geht bei Taine Hand in Hand. Und ebensowenig gelingt es ihm, gegenüber seinem Gegenstand die Kühle und Ruhe des Naturforschers zu bewahren. Er hat das berühmte Wort geprägt, daß der Historiker Tugend und Laster nicht anders ansehen dürfe, als der Chemiker Vitriol und Zucker betrachtet. Er wird sich begnügen, beide in ihre Bestandteile aufzulösen, ohne an diese Analyse irgendwelche Werturteile anzuschließen. Im Umkreis der reinen Kausalforschung ist für derartige Urteile kein Raum. „Es gibt Ursachen für den Ehrgeiz, den Mut, die Wahrhaftigkeit, ganz ebenso wie es Ursachen der Verdauung, der Muskelbewegung, der tierischen Wärme gibt ... Suchen wir also die einfachen Data der moralischen Eigenschaften auf — ganz ebenso wie man sie für die physischen Eigenschaften sucht. Es gibt eine Reihe großer, allgemeiner Ursachen und die allgemeine Struktur der Dinge und die großen Züge der Ereignisse sind ihr Werk. Die Religionen, die Philosophie, die Dichtung, die Industrie und die Technik, die Formen der Gesellschaft und der Familie sind schließlich nichts anderes als das Gepräge, das den Geschehnissen durch diese allgemeinen Ursachen gegeben worden ist." So betrachtet wird die Geschichte nicht nur zur Anthropologie, sondern zur Anatomie; wir dürfen sicher sein, auch in ihr hinter aller Mannigfaltigkeit und Veränderlichkeit des Geschehens immer gewissermaßen ein und dasselbe unveränderliche Knochengerüst zu finden. Die Tatsachen wechseln, aber ihr Skelett bleibt. „Heute hat die Geschichte ebenso wie die Zoologie ihre Anatomie gefunden; und welches auch der besondere Zweig der Geschichte sein mag, dem wir uns zuwenden — ob wir eine philologische, eine linguistische oder eine mythologische Frage behandeln mögen — immer müssen wir auf diesem Wege fortschreiten, um zu neuen fruchtbaren Resultaten zu gelangen"[68].

Damit erst glaubte Taine der Forderung der Objektivität, die an den Historiker zu stellen ist, ganz Genüge getan zu haben. Er wird fortan, wie Spinoza, die menschlichen Leidenschaften betrachten, als ob es sich um geo-

---

[68] *Taine,* Histoire de la littérature anglaise, 8e édit., Paris 1892, S. IX ff.

metrische Gebilde, um Linien, Flächen oder Körper handelte. Die Affekte, wie Liebe, Haß, Zorn, Ehrgeiz, Mitleid, sollen nicht als Fehler, sondern als Eigenschaften der menschlichen Natur angesehen werden, die zu ihr gehören, wie zur Natur der Atmosphäre Hitze und Kälte, Sturm und Donner und andere Phänomene dieser Art gehören. Die Forderung der Objektivität, wie Ranke sie verstand und wie er sie in seiner Darstellung durchzuführen suchte, erscheint damit bei weitem verschärft und überboten. Der Historiker darf sich in keinem Augenblick von seinem Anteil an dem Geschehen fortreißen lassen; er hat nicht zu urteilen, sondern lediglich zu analysieren und zu erkennen. Aber wieder zeigt hier Taines eigene konkrete Geschichtsschreibung ein anderes Bild, als man auf Grund seiner abstrakten Ideale und Postulate erwarten sollte. Je weiter er auf seinem Wege fortschreitet, um so mehr entfernt er sich von diesen Idealen. In seinen ersten Werken, die Probleme der Kunstgeschichte und der Literaturgeschichte behandeln, in der ‚*Philosophie de l'Art*' und in der ‚*Histoire de la littérature anglaise*', scheint Taine seinem Grundprinzip noch treu zu bleiben. Er will nicht ästhetisch werten, sondern er will verschiedene Kunststile und ihre Entwicklung, er will die griechische Plastik, die gotische Architektur, die italienische Malerei der Renaissance, die niederländische Malerei einfach beschreiben. Aber in dem Augenblick, wo er in seinem großen politischen Geschichtswerk, in den ‚*Origines de la France contemporaine*', den Boden des staatlichen Lebens betritt, verändert sich diese Haltung völlig. Aus jeder Zeile seiner Darstellung spürt man jetzt die leidenschaftliche Anteilnahme an den Ereignissen — wie ja auch der Plan zu diesem Werk aus dieser Anteilnahme, aus der Erschütterung über den Ausgang des Krieges 1870/71 hervorgegangen ist. Sein Interesse ist jetzt so stark, daß es, wie seine Kritiker oft hervorgehoben haben, nicht selten den Blick für die rein tatsächlichen Zusammenhänge trübt [69]. Hier finden wir Taine an der Seite jener „politischen Historiker", die, wie Heinrich von Sybel, die Forderung erhoben haben, daß der Historiker auf seine „vornehme Neutralität" verzichten, daß er als politischer Erzieher wirken solle [70]. Man weiß, welchen Sturm Taines Werk bei seinem ersten Erscheinen in allen politischen Lagern erregt hat. Aber auch die reine Historiographie hat ihm einen „politischen Dogmatismus" vorgeworfen, der unmittelbar den romantischen Theorien entstamme, die er weit hinter sich gelassen zu haben glaube [71]. Und auch wo Taine in den ‚*Origines*' nicht zu urteilen, sondern einfach zu analysieren scheint, bewegt er sich nur scheinbar im Kreis des *naturwissenschaftlichen* Denkens und der für dasselbe charakteristischen Begriffsbildung. Eine der wesentlichen Ursachen der französischen Revolution sieht er in der geistigen Entwicklung, die ihr vorausging. Der ‚*esprit classique*' ist für ihn die eigentlich bewegende Kraft, die hinter dem politischen Geschehen steht und der die geheimsten Gründe für dasselbe enthält. In ihm bildete sich eine Art, die Welt zu sehen, aus, die den Menschen für die

---

[69] Näheres hierzu bei A. *Aulard*, Taine historien de la Révolution française, 1907.
[70] Vgl. H. v. *Sybels* Rede aus d. Jahre 1856; Kleinere historische Schriften, Band I.
[71] Vgl. *Fueter,* a. a. O., S. 587 ff.

Tatsachen der politischen Wirklichkeit, für alles historisch Gewordene und Gewachsene, für den Wert der Tradition blind machte und die zuletzt zu dem verhängnisvollen Umsturz des Bestehenden führen mußte. Dies alles hat Taine in glänzender Darstellung und in einem wahrhaft blendenden Stil geschildert. Aber diese Schilderung bedient sich überall der Methoden, der gedanklichen Mittel und der Darstellungsmittel, die in der reinen ‚Geistesgeschichte‘ oder ‚Ideengeschichte‘ gelten. Sie will das allgemeine naturalistische Schema keineswegs außer Kraft setzen; aber sie bewegt sich innerhalb desselben so frei, daß man es fast vergißt. Auch der *Ursachenbegriff*, den Taine hier benutzt, hat mit dem der empirischen oder exakten Naturwissenschaft nur noch wenig gemein. Sein Ursprung liegt vielmehr an einer anderen Stelle. Nirgends spürt man so deutlich wie hier, wie stark Taine in seiner Jugend mit der Hegel'schen Geschichtsphilosophie gerungen hat, und wie nachhaltig der Einfluß der letzteren in ihm geblieben ist. Es ist meisterhaft, wie er die Ursachen des Untergangs des *ancien régime* in diesem selbst aufspürt, wie er in allem, was seine Größe und seinen Ruhm ausmacht, schon den Keim des Verfalls sieht. Die Jacobiner sind nach ihm die wahren Erben des ‚*ancien régime*'. Wenn man die Art betrachtet, wie dieses sie erzeugt, genährt und gepflegt, auf den Thron gesetzt und zur Macht gebracht hat, so kann man die Geschichte des ‚ancien régime‘ kaum als etwas anderes denn als einen langen Selbstmord ansehen. Eine derartige Kausalkette entspricht nicht dem, was Taine die „Autonomie der Geschichte" genannt hatte; sie ist vielmehr dem Geist der Hegel'schen Dialektik und ihrem Prinzip des ‚Umschlags der Gegensätze‘ entsprungen. Überhaupt treten die „allgemeinen Ursachen" des Geschehens, auf die Taine als *Theoretiker* nach wie vor das größte Gewicht legt, in der rein *historischen* Darstellung mehr und mehr zurück – und zuletzt wirken sie nur noch gleich Schatten und Schemen. Statt die realen Kräfte zu bedeuten, die das geschichtliche Leben beherrschen, erscheinen sie bisweilen fast nur noch als mythische Gebilde. Dieser Zug der positivistischen und naturalistischen Geschichtsschreibung ist in der Kritik, die *Croce* an ihr geübt hat, zum treffenden Ausdruck gekommen. Wenn Taine in seiner Erforschung der Ursachen zu einer Ursache gelangt ist, welche er bald die „Rasse", bald das „Jahrhundert" nennt, so pflegt er sich für befriedigt zu erklären; eine weitere Analyse scheint ihm weder möglich, noch erscheint sie ihm als erforderlich. ‚Là s'arrête la recherche: on est tombé sur quelque *disposition primitive*, sur quelque trait propre à toutes les sensations, à toutes les conceptions d'un siècle vu d'une race, sur quelque particularité inséparable de toutes les démarches de son esprit et de son cœur. Ce sont là les grandes causes, les causes universelles et permanentes.‘ Aber was sind, vom naturwissenschaftlichen Standpunkt aus gesehen, diese ‚*causes universelles*' anderes als jene „okkulten Qualitäten" der Scholastiker, die die moderne Naturerkenntnis überwinden und verdrängen wollte – was sind sie anderes als Namen, die uns an Stelle von Ursachen gegeben werden. „Was daran ursprünglich und unübersteiglich sein soll" – so bemerkt Croce – „das wußte die Einbildungskraft Taines, die Kritik aber wußte es nicht;

denn die Kritik verlangt, daß man die Entstehung der Tatsachen oder der Gruppen von Tatsachen, die man mit den Namen „Jahrhundert" und „Rasse" bezeichnet, angebe, und indem sie nach ihrer Entstehung fragt, erklärt sie zugleich, daß sie weder „universal" noch „permanent" sind; denn universale und permanente „Tatsachen" gibt es, soviel ich weiß, nicht; und solche sind weder *Le Germain* und *l'homme du Nord,* noch, würde ich sagen, die Mumien, die einige Jahrtausende, aber nicht ewig dauern und sich zwar langsam ändern, aber sich gleichwohl ändern"[72].

Das Dilemma, in das sich Taine hier mehr und mehr verstrickt, tritt auch in der Behandlung der eigentlichen Grundfrage aller historischen Erkenntnis, in der Frage nach dem Verhältnis des „Allgemeinen" und „Besonderen" hervor. Nach seinem Ausgangspunkt von der naturwissenschaftlichen Begriffsbildung sollte man vermuten, daß er die vollständige Unterordnung des Besonderen unter das Allgemeine fordern — daß er alles Einzelgeschehen nur insofern für historisch bedeutsam erklären würde, als wir an ihm ein allgemeines Gesetz entdecken können, für das es als Beispiel dient. Aber dies ist keineswegs der Fall. Gegenüber der Suprematie des Allgemeinen, wie wir sie in Hegels Geschichtsphilosophie vor uns sahen, hatten Ranke und Humboldt die Forderung gestellt, daß der Historiker das Allgemeine nicht für sich geben, sondern daß er es immer nur mittelbar am Besonderen selbst sichtbar werden lassen solle. Beide Momente müssen, wie sie betonen, einander durchdringen und sich in ein inneres Gleichgewicht zueinander setzen. Bei Taine jedoch ist dieses Gleichgewicht oft in Gefahr, von der entgegengesetzten Seite her gestört zu werden. Er vertieft sich nicht nur ins Besondere, sondern er gefällt sich bisweilen so sehr in der Ausmalung des Einzelnen, daß diese Ausmalung fast als Selbstzweck erscheint. Er selbst hat einmal gesagt, daß es gerade solche ganz kleinen bedeutsamen Einzelzüge *(de tout petits faits significatifs)* sind, aus denen sich die echte historische Darstellung aufbauen müsse. Er ist unermüdlich in der Aufspürung derartiger Züge, und er weiß sie mit seiner unvergleichlichen schriftstellerischen Kunst in das rechte Licht zu setzen. Hier folgt Taine nicht den Spuren Comtes, sondern den Spuren *Sainte-Beuves,* der sein eigentlicher literarischer Lehrmeister ist. Sainte-Beuve hat in seinen ‚*Portraits littéraires*' und in seinen ‚*Causeries du Lundi*' eine ganz eigene Kunst des literarischen Portraits und der Anekdote geschaffen, — und er liebt es, auch große geistige Bewegungen in der Weise zu schildern, daß er eine Fülle derartiger scheinbar geringfügiger Einzelheiten zusammenträgt und sie an ihnen anschaulich und lebendig machen will. Taine strebt mehr als Sainte-Beuve nach allgemeinen Formeln; aber die Freude am Individuellen und der Trieb, dasselbe bis zum Kleinsten auszuschöpfen, belebt auch bei ihm die Darstellung. Im Grunde — so erklärt er in der Einleitung zur Geschichte der englischen Literatur — gibt es weder Mythologien noch Sprachen; es gibt nur Menschen, die Worte brauchen und Bilder und Begriffe schaffen. Taine ist daher weit

---

[72] *Croce*, a. a. O., S. 54 f.

davon entfernt, aus seiner naturalistischen Auffassung die gleiche Konsequenz für die Geschichtsschreibung zu ziehen, die andere Vertreter des Naturalismus oder des ökonomischen Materialismus gezogen haben. Er will keine kollektivistische Geschichtsbetrachtung, sondern er redet vielmehr einem extremen Individualismus das Wort. Das Individuum bleibt doch zuletzt das A und O der Geschichte, und aus ihm quillt alle echte Erkenntnis: ‚*rien n'existe que par l'individu; c'est l'individu lui-même qu'il faut connaître*'. „Laßt also die Theorie der Verfassungen und ihres Mechanismus, die Theorie der Religion und ihres Systems beiseite und versucht statt dessen die Menschen in ihren Werkstätten, in ihrem Bureau, auf ihren Feldern, mit ihrer Sonne, ihrem Boden, ihren Häusern, ihren Kleidern, ihren Mahlzeiten zu sehen. Das ist der erste Schritt in der Geschichte"[73]. Die Frage, die man jetzt aufwerfen muß, und die in rein *methodischer* Hinsicht über Recht oder Unrecht der Taine'schen Theorie entscheidet, ist die, ob es Taine gelungen wäre, diesen „ersten Schritt" zu tun, ob er den Eingang in die Welt der Geschichte gefunden hätte, wenn er lediglich von jener Form der naturwissenschaftlichen Beschreibung und Erklärung ausgegangen wäre, die er, als Philosoph, als das Vorbild und Muster des historischen Begreifens hinstellt. Daß dies nicht der Fall ist, ist ersichtlich. Er überläßt sich hier ganz unbefangen einer Art von praktischer Menschenkenntnis und einer Art von „Physiognomik", die auf einem ganz anderen Boden als dem der naturwissenschaftlichen Analyse erwachsen ist; er treibt eine Art von ‚Ausdruckskunde', die mit der ‚Autonomie der Geschichte', die er gepriesen und gefordert hat, wenig oder nichts zu tun hat.

Das *erkenntnistheoretische* Zentralproblem aber, das Taines Geschichtsschreibung, wie die des Positivismus überhaupt, uns stellt, liegt an einer anderen Stelle: es liegt in dem Begriff der „historischen *Tatsache*", den er zugrunde legt und den er überall unbefangen gebraucht. Hier kann Taine an die ältesten Traditionen des Empirismus und Positivismus anknüpfen. Man kann in gewissem Sinne von ihm sagen, daß er das *Bacon'sche* Ideal der Induktion von der Physik in die Geschichte verpflanzt habe. Für Bacon steht es fest, daß der Naturforscher mit der Sammlung des Materials beginnen müsse, und daß dieses Material sich einfach der sinnlichen Beobachtung entnehmen lasse und daher ohne jede theoretische Vorbereitung, ohne Einmischung abstrakter Begriffe, gewonnen werden könne. Erst wenn diese Arbeit der Sammlung von Beobachtungstatsachen vollendet ist, setzt die Arbeit ihrer Sichtung ein. Die einzelnen Fälle müssen miteinander verglichen, die positiven und negativen Instanzen müssen gegeneinander abgewogen werden, bis schließlich eine einheitliche Regel für ein bestimmtes Erscheinungsgebiet gefunden ist. Dabei handelt es sich um zwei durchaus getrennte geistige Operationen: die Fakten bilden ein in sich geschlossenes Ganzes, das erst nachträglich der theoretischen Bearbeitung und der theoretischen Deutung unterworfen wird. Diese Trennung hat schon bei Bacon selbst zu den

---

[73] *Taine,* Hist. de la Litt. anglaise, Introduction, S. V ff.

schwierigsten prinzipiellen Problemen geführt. Vieles, wo nicht das meiste von dem, was ihm als einfaches „Faktum" galt, hat sich der naturwissenschaftlichen Forschung, die mit neuen kritischen Mitteln an die Erscheinungen herantrat, als bloßes ‚Idol' enthüllt [74]. Auch Taine ist diesem Dilemma des Positivismus nicht entgangen. Wenn man ihn mit den ‚kritischen' Geschichtsforschern von der Art Rankes vergleicht, so erkennt man sofort, wie wenig Grund er hat, sich der Überlegenheit seiner naturwissenschaftlichen Methode zu rühmen. Er wirkt ihnen gegenüber, gerade in seinem Ausgangspunkt, in der Gewinnung der „Tatsachen" merkwürdig naiv. Denn er macht hier keinerlei Unterschiede. Eine Anekdote, ein Memoirenwerk von zweifelhaftem Wert, ein Wort in einer politischen Broschüre oder in einer Predigt — dies alles wird gleich gern aufgenommen, wenn sich nur mit ihm einer jener „ganz kleinen bedeutsamen Züge" gewinnen läßt, auf die Taine seine Darstellung zu stützen und durch die er sie zu beleben liebt. Denn die eigentliche gedankliche und prinzipielle Arbeit des Historikers soll nach Taine nicht schon an diesem Punkte, sondern erst später einsetzen: ‚après la collection des faits la recherche des causes'. So konnte man auch gegen Taines „Tatsachen" einwenden, was man gegen Bacon eingewandt hat: daß sie nicht nur unkritisch zusammengelesen waren, sondern daß sie zum großen Teile überhaupt nicht diesen Namen verdienten, weil Taine nie geahnt habe, daß auch der Kulturhistoriker der philologisch-kritischen Methode nicht entraten könne [75]. Derartige Einwände heben freilich den Wert von Taines Geschichtsschreibung nicht auf und dürfen uns für ihre eigentümlichen Vorzüge nicht blind machen. Denn diese Geschichtsschreibung hängt weit weniger, als Taine selbst glaubte und uns glauben machen will, mit den allgemeinen *Prinzipien* zusammen, die er als Theoretiker der Geschichte aufgestellt hat. Diese Prinzipien bilden nur den Rahmen des Bildes; aber das Bild selbst, seine Zeichnung und sein Kolorit, stammt aus ganz anderen Quellen. Hier läßt Taine seine künstlerische Eigenschaft: seine Phantasie und seine Gabe der anschaulichen sprachlichen Verdeutlichung frei walten; hier malt er individuelle Portraits von großer Lebenswahrheit und hier vermag er das ganze „Gesicht" einer Zeit in wenigen Strichen festzuhalten. Diese Meisterschaft ist es, auf der der Eindruck seiner Geschichtswerke beruht — und sie wird ihnen ihre Fortdauer sichern, wenn auch das theoretische Fundament, auf dem Taine aufbauen wollte und das für ihn das Wichtigste und Wesentlichste seines Werkes ausmacht, als problematisch erkannt ist.

---

[74] Näheres hierüber s. Erkenntnisproblem, Band II, S. 16 ff.
[75] Vgl. *Fueter,* a. a. O., S. 584 f.

VIERTES KAPITEL

Staatslehre und Verfassungslehre als Grundlagen der Geschichtsschreibung

Theodor Mommsen

Die Grundlehren der positivistischen Philosophie haben, durch die Vermittlung *Buckles* und *Taines,* im Kreise der französischen und der englischen Geschichtsschreibung sofort eine weite Verbreitung gewonnen und einen immer stärkeren Einfluß geübt. Auch auf Deutschland haben sie hinübergewirkt; aber hier konnten sie niemals einen so günstigen Boden und einen so starken Widerhall wie in den anderen Kulturländern finden. Zwar hatte auch die deutsche Geschichtsschreibung um die Mitte des 19. Jahrhunderts den Idealen der Romantik nicht nur entsagt, sondern sie befand sich in einer ständig wachsenden Opposition gegen sie. Man stellte sich andere politische Ziele und man betonte, daß die Phantastik und der Quietismus der Romantik mit ihnen unvereinbar sei. Statt sich in die Vergangenheit zu versenken und sie als ein verlorenes Paradies zu betrachten, sollte der Historiker entschlossen der politischen Zukunft dienen. Gegenüber der romantischen Ideologie und ihrer Lehre vom ‚Volksgeist' forderte man eine von metaphysischen Voraussetzungen freie Grundlegung der Geschichtswissenschaft. Auch Ranke war in dieser Hinsicht der neuen Generation der Historiker nicht mehr genug; man stellte ihm einen neuen politischen ‚Realismus' gegenüber, der sich nicht mehr der bloßen Betrachtung ergeben, sondern sich bestimmte und konkrete Ziele stecken sollte[76]. Zwischen diesen Idealen und den Grundanschauungen des Positivismus schien keinerlei notwendige Gegnerschaft zu bestehen; beide berührten sich vielmehr in wichtigen Punkten. Dennoch konnte es hier zu keiner wirklichen Verbindung kommen. Denn die Wirkung der Romantik in Deutschland war auch dann nicht vorüber, als man sich von ihr abzuwenden begann und den Kampf gegen sie als die „Forderung des Tages" erklärte. Auch dort, wo man für neue politische Forderungen stritt, hatte man ihrem Wissenschaftsideal nicht entsagt. Bei allen „politischen Historikern" — so sagte *G. v. Below* — „beobachten wir, daß sie die von der historischen Rechtsschule ermittelten Tatsachen anerkennen, zum Teil auch von deren Häuptern ausgehen. Mehrere sind Schüler von Ranke; keiner ignoriert dessen Methode. Den wissenschaftlichen Erwerb der romantischen Zeit haben sie sich sämtlich zunutze ge-

---

[76] Näheres über die Opposition gegen Ranke und die Romantik bei den „politischen Historikern" s. bei *Below,* a. a. O., S. 38 ff.

macht. ... In geradezu klassisch zu nennenden Urteilen haben sie die Romantik abgelehnt, und dennoch können sie der romantischen Errungenschaften nicht entraten"[77]. Der Kampf gegen die Romantik wird also hier noch vielfach mit eben den Waffen geführt, die die Romantik selbst geschmiedet hatte. Auch die organologische Metaphysik ist noch keineswegs überwunden; sie bleibt in ihren Voraussetzungen bestehen, auch wenn man manche der Schlußfolgerungen ablehnt, die aus ihr gezogen worden waren. Neben den Resten der Organologie wirkt auch die Hegel'sche Dialektik und die Humboldt'sche Individualitätslehre noch fort[78]. All dies schloß eine Verständigung mit dem Positivismus Comtes oder mit Geschichtsschreibern wie Buckle oder Taine aus. Als Buckles ‚History of civilization in England' in der deutschen Übersetzung von Arnold Ruge erschienen war, hat *J. G. Droysen*, einer der bedeutendsten Vertreter des ‚politischen Realismus' in Deutschland, eine eingehende Analyse und Besprechung des Werkes gegeben, in der er insbesondere seine *methodischen* Schwächen aufzudecken suchte. Die Behauptung Buckles, daß erst der Positivismus die Geschichte auf ein sicheres wissenschaftliches Fundament gestellt habe, wird in aller Schärfe abgelehnt. Es fehlt leider in Droysens Kritik nicht an Versuchen, das Problem auf das sittliche Gebiet hinüberzuspielen und Buckles Werk dadurch zu bekämpfen, daß ihm eine unmoralische, „materialistische Haltung" vorgeworfen wird. Aber hiervon abgesehen zeigt sich, daß Droysen seinem Gegner in philosophischer Hinsicht sowohl in der Schärfe des Denkens wie in der Weite seiner philosophischen Bildung überlegen ist. Dies lehrt schon ein Blick auf seinen ‚Grundriß der Historik' (1864), den man in methodischer Hinsicht zu einem der Grundbücher der modernen Geschichtswissenschaft zählen kann. Der Begriff des *‚Verstehens'*, von dem später *Dilthey* ausging, um die Eigenart der historischen Erkenntnis und ihren Unterschied zum naturwissenschaftlichen Denken zu charakterisieren, ist hier zum ersten Mal in den Mittelpunkt gerückt und in allen seinen wesentlichen Momenten vorgebildet[79]. Von hier aus setzt sich Droysen gegen alle Versuche zur Wehr, die Geschichte mit den Maßen der naturwissenschaftlichen Erkenntnis zu messen und sie zuletzt ganz in diese aufzulösen. Er tritt entschlossen für den „Pluralismus der Methoden" ein, wobei er sich, wie wir früher gesehen haben[80], auf Comte selbst hätte berufen können. Wenn es eine „Wissenschaft der Geschichte" geben soll, so ist dies nur dann der Fall, wenn dieselbe einen ihr eigentümlichen, spezifischen Gegenstand besitzt, d. h. wenn sich ein Kreis von Erscheinungen nachweisen läßt, für den weder die theologische noch die philosophische, weder die mathematische noch die physikalische Betrachtungsweise geeignet ist. Hier tauchen Fragen auf, auf die weder die theo-

---

[77] *Below*, a. a. O., S. 43.
[78] Über diese Fortwirkung im Kreise der „politischen Geschichtsschreiber" und des „historischen Realismus" vgl. die Nachweisungen bei *Troeltsch*, Der Historismus und seine Probleme, Tübingen 1922, S. 303 ff.
[79] Vgl. *Droysen*, Grundriß der Historik, § 8, 3. Aufl., 1882, S. 9 ff.
[80] Vgl. oben S. 251 ff.

logische noch die philosophische Spekulation, ebensowenig aber diejenige Empirie, die die Welt der Erscheinungen rein nach ihrem quantitativen Verhalten faßt, eine Antwort geben kann — bei denen also sowohl das, was man ‚Deduktion' wie das, was man ‚Induktion' zu nennen pflegt, versagt, — die nicht logisch aus allgemeinen Prinzipien abgeleitet noch mathematisch-physikalisch „erklärt", aber auch nicht einfach empirisch aufgewiesen werden können, sondern eben ‚verstanden' werden sollen und für dieses Verständnis die Ausbildung eigener gedanklicher Mittel verlangen. ‚Gibt es denn immer nur Einen Weg, Eine Methode des Erkennens?' — so hält Droysen Buckle entgegen —; ‚sind die Methoden je nach ihren Objekten andere und andere, wie die Sinneswerkzeuge für die verschiedenen Formen sinnlicher Wahrnehmung, wie die Organe für ihre verschiedengearteten Funktionen?'[81]

Von einer Gegnerschaft gegen die kulturgeschichtliche Betrachtungsweise *als solche,* wie sie später bei manchen „politischen Historikern" hervorgetreten ist, kann in diesen Einwürfen Droysens gegen Buckle keine Rede sein. Er hat sich in seiner eigenen Forschungsarbeit allerdings auf einen bestimmten Kreis der politischen Geschichte beschränkt, und man darf ihn nicht nur der „deutschen historischen Schule", sondern einer „preußischen Schule" im engeren Sinne zurechnen[82]. Aber eine Theorie, die den Begriff des ‚Verstehens' in den Mittelpunkt der historischen Erkenntnis rückt, konnte nicht bei einer Betrachtung des politischen Geschehens stehen bleiben oder sich einseitig an ihm orientieren. Droysen schlägt hier vielmehr diejenige Richtung ein, die man später als die ‚ideengeschichtliche' oder ‚geistesgeschichtliche' bezeichnet hat; er will die Geschichte als einen Kosmos geistig-sittlicher Kräfte sichtbar und lebendig machen. In dieser Hinsicht knüpfte er unmittelbar an die klassische Tradition *Wilhelm von Humboldts* an — und er beruft sich nicht nur auf dessen Aufsatz über die Aufgabe des Geschichtsschreibers, sondern auch auf die konkrete Ausführung und Durchführung der Humboldt'schen Grundgedanken in der großen Einleitung zum Kawi-Werk[83]. Erst auf diesem Wege konnte man hoffen, die politische Geschichte und die Kulturgeschichte miteinander methodisch zu versöhnen, statt beide in einer ständigen Spannung gegeneinander zu erhalten. Einen Schritt weiter in dieser Richtung ist *Theodor Mommsen* gegangen. Auch er ist ein durchaus politischer Denker und er ist von politischer Leidenschaft keineswegs frei. Aber seine wissenschaftliche Genialität besteht darin, daß er diese Leidenschaft nicht einfach frei ausströmen läßt, sondern sie gedanklich diszipliniert. Er will nicht für ein bestimmtes Staatsideal eintreten, sondern er will den Staat als solchen erkennen; er will ihn in seiner Struktur sichtbar

---

[81] Vgl. *Droysen,* Die Erhebung der Geschichte zum Rang einer Wissenschaft. (Anzeige der deutschen Übersetzung von Buckles ‚History of civilization', zuerst erschienen in v. *Sybels* Zeitschrift; wieder abgedruckt als Anhang zum Grundriß der Historik, 3. Aufl., S. 47—68.)

[82] Näheres über diese „preußische Schule" vgl. bei *Troeltsch,* S. 303 f.

[83] Vgl. *Droysen,* Grundriß der Historik, Vorwort und § 17.

machen. Hierfür muß er einen neuen Weg einschlagen. In der Machtentfaltung nach außen sieht er nur die *eine* Seite des Staates. Was ihn noch weit mehr als sie reizt, sind jene Kräfte des staatlichen Lebens, mit denen er sich nach innen wendet. Die Organisation des Staates, insbesondere seine rechtliche Organisation, wird damit zum entscheidenden Problem. So erhält die *juristische* Erkenntnis im Aufbau der historischen Welt eine ganz andere Stelle und eine weit stärkere Bedeutung, als man ihr bisher beigemessen hatte. Eine Trennung zwischen der Philologie und Geschichte auf der einen Seite, der Rechts- und Staatswissenschaft auf der anderen Seite sieht Mommsen als willkürlich und unnatürlich an. Er wollte derartige widersinnige Schranken beseitigen, die, wie er gesagt hat, hauptsächlich aus den Fakultätsordnungen der Universitäten hervorgegangen seien, die aber für die Wissenschaft nicht bindend sein dürfen. Schon Niebuhr hatte das Dunkel der mystischen Urgeschichte Roms nur dadurch aufzuhellen vermocht, daß er das Problem in einem neuen Lichte sah – daß er das Werden Roms als das Werden der römischen Verfassung begriff und in den Verfassungskämpfen die eigentlich bewegenden Kräfte erkannte. Aber Mommsen hat – nach Wilamowitz' Urteil – schon in seiner Erstlingsschrift über die römischen Tribus[84] den Gegensatz des Juristen zu dem Historiker Niebuhr zu erkennen gegeben und gewissermaßen „den Wechsel auf das Staatsrecht" gezogen[85]. Und diese neue Perspektive erforderte den Einsatz ganz neuer Forschungsmittel, die Mommsen erst selbständig zu schaffen hatte. Die Rechtswissenschaft rief nicht nur die Philologie herbei, sondern sie lenkte die letztere auch auf Ziele, die sie sich vorher nicht gestellt oder die sie nicht in ihrer ganzen Bedeutung erkannt hatte. *Boeckhs* Werk über den „Staatshaushalt der Athener" (1817) hatte hier den Weg gebahnt, und es hatte bereits den Blick für das attische Recht und seine Wichtigkeit geschärft[86]. Schon Boeckh hatte auf die Bedeutung der Inschriften hingewiesen und, im Jahre 1828, mit der Sammlung der griechischen Inschriften begonnen. Aber alles dies war im Stadium der Vorarbeit verblieben, die nach der geistigen Zusammenfassung, der Hinlenkung auf ein einziges großes Ziel harrte. Diese Synthese ist erst Mommsen gelungen, der daher, auch den größten seiner Vorarbeiter gegenüber, erst wie ein echter Historiker, im Unterschied vom bloßen Antiquar, wirkt. Von ihm konnte man sagen, daß er zuerst die Geschichte der Staatsverwaltung endgültig aus ihrer antiquarischen Isoliertheit erlöst habe[87]. Den Begriff der historischen „Hilfswissenschaft" hat Mommsen fast umgekehrt: was bisher als bloße Hilfe gegolten hatte, das machte er zum eigentlichen Inhalt und Problem der historischen Forschung. In dieser Hinsicht ging Mommsen auch

---

[84] Die römischen Tribus in administrativer Beziehung, 1844.

[85] Vgl. U. v. Wilamowitz-Moellendorff, Geschichte der Philologie (Einleitung in die Altertumswissenschaft von *Gercke* und *Norden*, Bd. I, Heft 1) Leipzig und Berlin 1921, S. 70.

[86] Näheres hierüber bei *Wilamowitz*, a. a. O., S. 55.

[87] Vgl. *Fueter*, a. a. O., S. 552.

über Ranke weit hinaus [88]. Für Mommsen wurden diese Dinge derart zum Mittelpunkt, daß er auch in pädagogischer Hinsicht hieraus die merkwürdigsten und radikalsten Konsequenzen zog: hat er doch in seiner Rektoratsrede aus dem Jahre 1874 fast verlangt, daß man, um sich an der Universität auf das Studium der Geschichte in der rechten Weise vorzubereiten, — keine Geschichte studieren dürfe. „Wer mit eindringender Kenntnis der griechischen, römischen, deutschen Sprache und der Staatseinrichtungen dieser Völker" — so redet er hier die Studierenden an — „die Universität verläßt, ist zum Historiker vorgebildet; wer diese Kenntnis nicht hat, ist es nicht. Wenn Sie nach diesem trachten, so wird Ihnen dann Quellenforschung und pragmatische Darstellung so gewiß von selber zufallen, wie die fruchtbare Wolke den Regen niedersendet. Und wenn Sie dieses sich nicht aneignen, so pflücken Sie die Frucht, die fault, ehe man sie bricht. ... Ich will es Ihnen nur bekennen, meine Herren: wenn ich auf Ihren Papieren den Studenten der Geschichte finde, so wird mir bange. Es kann dies ja freilich heißen, daß dieser junge Mann entschlossen ist, vorzugsweise für ein gewisses Gebiet der historischen Forschung sich die nötigen Vorkenntnisse der Sprache und der Staatseinrichtungen anzueignen; und ich weiß auch, daß bei nicht wenigen von Ihnen es dies heißt. Aber es kann auch heißen, daß man meint, diese Dinge so ziemlich entbehren zu können, im Geschichtsstudium eine Zuflucht zu finden vor den Unbequemlichkeiten der strengen Philologie, auszukommen mit der methodischen Quellenforschung und dem methodischen Pragmatismus. Wo es dies heißt, läßt die Nemesis nicht lange auf sich warten. ... Der Mangel der echten Propädeusis rächt sich dadurch, daß die falsche entweder platt wird oder phantastisch oder auch beides zugleich, und in allen Fällen der historische Geist entweicht" [89].

Diesen „historischen Geist" wollte Mommsen auf allen Gebieten zur Geltung bringen. Er verlangte nicht nur die Sicherung der Fundamente der Geschichtswissenschaft, sondern auch die Verbreiterung der Fundamente. Er hat die römische Inschriftenkunde, die Epigraphik, die Numismatik, die Rechtsgeschichte erst wissenschaftlich organisiert und von hier aus ein ganz neues Bild von römischer Kultur und vom römischen Staat gezeichnet. Erst in seinem „Römischen Staatsrecht" vom Jahre 1871—75 steht dieses Bild wahrhaft vor uns; denn die Form der Erzählung, der historischen Darstellung, die Mommsen in der „Römischen Geschichte" angewandt und sofort zu voller Meisterschaft entwickelt hatte, wird hier durch die Analyse ergänzt und vertieft. Erst diese Analyse vermochte das Dauernde im Wandel der Zeiten und im Wechsel der staatlichen Einrichtungen ans Licht zu ziehen. Sie schuf die wissenschaftliche Grundlage für jene Synthese, die Mommsen von Anfang an vorschwebte. So lange die Jurisprudenz den Staat und das Volk und Geschichte und Philologie das Recht ignorierten — so erklärt er

---

[88] Über diesen Punkt vgl. die Darstellung von Moritz *Ritter*, L. v. Ranke, Stuttgart 1896, S. 20 und G. v. *Below*, Die deutsche Geschichtsschreibung, S. 122 ff.

[89] Mommsens Rektoratsrede von 1874; s. Reden und Aufsätze, 3. Abdruck, Berlin 1912, S. 13 ff.

jetzt –, so lange klopften beide vergeblich an die Pforte der römischen Welt. Das war die Ergänzung zu Rankes Leistung, die Mommsen vollbrachte. „Mommsen und Ranke" — so urteilt *Gooch* in seinem Werk ‚History and Historians in the nineteenth Century'[90] — „stehen zusammen und allein in der ersten Reihe der Geschichtsschreiber des 19. Jahrhunderts. Rankes Werke trugen fast gänzlich einen erzählenden Charakter, während Mommsen seinen Ruhm nicht nur als Erzähler, sondern als Interpret der Institutionen und als Herausgeber von Inschriften und Texten gewann. Beide gleichen einander in ihrer erstaunlichen Produktivität und in der Verbindung kritischer Technik mit der Gabe des synthetischen Blicks ... Rom vor Mommsen war ebenso wie das moderne Europa vor Ranke war."

Aber so nahe Ranke und Mommsen einander in ihrer Zielsetzung stehen, so sehr unterscheiden sie sich in dem, was man ihr wissenschaftliches Temperament nennen kann. Bei Ranke ist die historische Forschung vor allem dazu bestimmt, sich zuletzt in eine großartige stille und reine Überschau zu verwandeln. Er steht dem Geschehen keineswegs teilnahmslos gegenüber; und all die Vorwürfe, die man ihm in dieser Hinsicht so oft gemacht hat, sind unbegründet. Auch er urteilt – aber er muß von seinem Gegenstand weit zurücktreten, um über ihn urteilen zu können. Denn er will das Geschehen von einer höheren Warte sehen, als es derjenige sieht, der mitten in ihm steht und der es nach seinen Zielen und Absichten zu lenken strebt. Die einzelnen Ereignisse und selbst die einzelnen Handlungen bilden für ihn nur den Vordergrund; hinter ihnen sucht er noch etwas anderes, sucht er das, was er die „Mär der Weltbegebenheiten" nennt; „jenen Gang der Begebenheiten und Entwicklungen unseres Geschlechts, der als ihr eigentlicher Inhalt, als ihre Mitte und ihr Wesen anzusehen ist; alle die Taten und Leiden dieses wilden heftigen gewaltsamen, guten edlen ruhigen, dieses befleckten und reinen Geschöpfs, das wir selber sind". All das will der Historiker in seinem Entstehen und in seiner Gestalt festhalten — um damit zuletzt sein eigentliches Ziel zu erreichen und alle stürmische Bewegung der Geschichte in die Ruhe des reinen Schauens aufzulösen. Ranke sieht hier die Geschichte ähnlich wie Goethe die Natur sieht: „und alles Drängen, alles Ringen ist ewige Ruh in Gott dem Herrn". Eine solche Ruhe der Betrachtung, einen Standort außerhalb der Ereignisse und über ihnen gibt es für Mommsen nicht. Selbst seine Kontemplation ist immer mit den gesamten Kräften seiner Persönlichkeit, seiner Aktivität geladen [91]. Er glaubt das Geschehen nur dadurch fassen und nur dadurch historisch denken zu können, daß er immer wieder in dasselbe eintaucht und sich von ihm forttragen läßt. Er ist kein ruhiger Beobachter, sondern ein Mitspieler in dem großen Drama der Weltgeschichte; und er führt diese Rolle des Mitspielers so energisch durch, daß unter seinen Händen die Vergangenheit fast aufhört, Vergangenheit zu sein.

---

[90] S. 465.
[91] Vgl. hierzu das Vorwort Alfred *Doves* zu Rankes Vorlesungen über die Epochen der neueren Geschichte (abgedruckt als Anhang zu Rankes ‚Weltgeschichte', 4. Aufl., 1821, Bd. VIII, S. 161 f.).

Der Unterschied der Zeiten verschwindet; wir stehen mitten in der römischen Geschichte, als wenn sie die Geschichte unserer Tage wäre, und wir folgen ihr mit der gleichen inneren Spannung mit unseren Neigungen und Abneigungen. Auf jeden von uns hat die Lektüre von Mommsens „Römischer Geschichte" einmal diesen Zauber ausgeübt. Mommsen will nicht, gleich vielen anderen „politischen Historikern", unmittelbar erziehen; und alle tendenziöse Befangenheit, wie sie sich z. B. bei Treitschke findet, liegt ihm fern. Aber aus seinen Sympathien und Antipathien macht er nirgends einen Hehl; ja an vielen Stellen hört man deutlich auch das, was man seine persönlichen Idiosynkrasien nennen könnte. Wenn man seine Darstellung des Verhältnisses von Cäsar und Pompejus neben diejenige *Eduard Meyers* legt[92] oder wenn man sein Cicero-Bild mit dem vergleicht, das *Ferrero* in seinem Werk: ‚Größe und Niedergang Roms' entworfen hat, so wird man kaum im Zweifel sein, auf welcher Seite die größere historische Portraitähnlichkeit ist. Und wenn Mommsen in seinem Überblick über die römische Literatur und Kunst auf *Euripides* zu sprechen kommt, so glaubt man kaum einen Philologen oder Historiker sprechen zu hören. Denn er nimmt ihn durchaus, als wenn er vor ihm stände; er redet von ihm fast, wie die attische Komödie von ihm geredet hatte. Von dem Manne, den Aristoteles den „tragischsten" unter den griechischen Dichtern genannt hat, sagte Mommsen, daß er die antike Tragödie zwar zu zerstören, nicht aber die moderne zu erschaffen vermocht hat[93]. So subjektiv diese Haltung oft erscheinen muß, so ist doch eben diese Subjektivität zugleich ein bewußtes Kunstmittel, durch das wir mitten in das Geschehen selbst versetzt werden. Mommsen wollte die Alten nicht auf hohem Kothurn vor uns hinwandeln lassen. Er entsagte aller Feierlichkeit und aller Stilisierung, und ebenso entsagt er jedem Versuch, sein Selbst auszulöschen, um nur den Gegenstand selbst sprechen zu lassen. Er gibt indes dem Gebot der historischen Objektivität einen anderen Sinn, indem er es an eine andere Stelle rückte. Die Persönlichkeit kann ihm immer nur von der Persönlichkeit erfaßt werden — und das ist ohne innere Teilnahme, ohne Liebe und Haß nicht möglich. Hier muß der Geschichtsschreiber sein Gefühl und seine Phantasie frei walten lassen — und er mag darin so weit gehen, daß sich die Grenze zwischen Wissenschaft und Kunst zu verwischen scheint. In dieser Hinsicht verzichtet Mommsen darauf, für die Geschichte einen strengen Wissenschaftsanspruch zu erheben. „Der Schlag, der tausend Verbindungen schlägt, der Blick in die Individualität der Menschen und der Völker" — so sagt er in seiner Rektoratsrede — „spotten in ihrer hohen Genialität alles Lehrens und Lernens. Der Geschichtsschreiber gehört vielleicht mehr zu den Künstlern als zu den Gelehrten"[94]. In dieser Weise hat Mommsen nicht nur als Autor auf das allgemeine Publikum, sondern auch als Forscher auf die Gestaltung der Wissenschaft gewirkt. Oft

---

[92] Ed. *Meyer*, Cäsars Monarchie und das Prinzipat des Pompejus, Stuttgart u. Berlin 1918.
[93] Römische Geschichte, Kap. XIV; 9. Aufl., Berlin 1903, I, 911.
[94] Rektoratsrede 1874; Reden und Aufsätze I, 11.

waren es diejenigen, die in ihren Einzelergebnissen von ihm abwichen und die ein anderes Bild der Ereignisse und der führenden Männer entwarfen, die hierin nach wie vor am stärksten unter seinem Bann standen. „Unvergeßlich prägen sich die zahlreichen scharf zugespitzten Worte, in denen er eine tiefe Wahrheit alles geschichtlichen Lebens zusammengefaßt hat, prägen sich die in glänzender Farbenpracht geschilderten Vorgänge und Charaktere dem Leser ein" — so sagt Eduard *Meyer* in seinem Nachruf auf Mommsen — „und immer wieder wird er zu ihnen zurückkehren und sich an ihnen erfreuen wie an den Schöpfungen eines großen Dramatikers, auch wenn er über die Gracchen und Pompejus und Cato und Cicero anders denken sollte als der Verfasser" [95].

Das Gleichgewicht zwischen Wissenschaft und Kunst wird schließlich durch Mommsen auf andere Weise wiederhergestellt — und je älter er wurde, um so mehr fühlte er das Bedürfnis nach einer solchen Wiederherstellung. Personen ohne Liebe oder Haß zu schildern, erklärte er nach wie vor für unmöglich. Aber die rein persönliche Schilderung trat in seiner Arbeit mehr und mehr zurück; er fragte mit immer größerer Energie nach dem *Werk*, das die Geschichte geschaffen, nicht nur nach der Art individuellen Planens und Wollens, Gestaltens und Wirkens. Und dieses Werk sollte in aller Objektivität aufgefaßt und aus den Dokumenten aufgebaut werden. Im Alter wurde dieser Aufbau für Mommsen das Wesentliche: das Münzwesen, die Verfassungsfragen, das Corpus inscriptionum fesselt ihn jetzt mehr als die Schilderung des besonderen Geschehens und der einzelnen Persönlichkeiten. Und hier hat keiner einen strengeren Maßstab der Objektivität angelegt als er. Er wußte hierbei freilich, daß das, was er forderte, von keinem Einzelnen geleistet werden könne; er bedurfte der korporativen Arbeit und stellte sie mehr und mehr in den Vordergrund. Nur dadurch, daß diese beiden Momente seiner Begabung, das „sachliche" und das „persönliche", das „objektive" und das „subjektive", sich ständig förderten und sich miteinander in eine Art von idealem Gleichgewicht setzten, konnte Mommsen sein neues Gesamtbild von der römischen Geschichte und von der Entwicklung des Römertums vollenden. Die historische *Wissenschaft* erfaßte er jetzt mehr und mehr in ihrer sozialen Funktion, die der Einzelne als solcher nicht erfüllen kann, sondern für die es der strengen Organisation bedarf. Aber nachdem dies alles geleistet ist, tritt wieder der *Historiker* mit seinem individuellen Temperament und seinem individuellen Genie in seine Rechte — und dieses Genie, es steht jenseits dessen, was sich lehren und lernen läßt. Wer glaubt, daß sich die Historie als ein Handwerk erlernen läßt, der muß später zu seinem Schrecken erfahren, daß sie eine Kunst ist [96] — aber auf der anderen Seite fällt freilich diese Kunst keinem in den Schoß, der nicht durch die strenge Schule der Wissenschaft gegangen ist.

---

[95] Eduard *Meyer*, Theodor Mommsen, zuerst als Nachruf in der ‚Gartenlaube' (1903) erschienen; wieder abgedruckt in *Meyers* Kleinen Schriften zur Geschichtstheorie und zur wirtschaftlichen und politischen Geschichte des Altertums, S. 539 ff.
[96] Vgl. Mommsens Rektoratsrede, Reden und Aufsätze, S. 14 f.

FÜNFTES KAPITEL

Politische Geschichtsschreibung und Kulturgeschichte — Jacob Burckhardt

Wenn man den heftigen und langwierigen Streit betrachtet, der in den letzten Jahrzehnten des 19. Jahrhunderts zwischen den Verfechtern der politischen Geschichtsschreibung und den Vorkämpfern für eine allgemeine ‚Kulturgeschichte' ausbrach, — so muß er auf den ersten Blick fast als ein merkwürdiger Anachronismus erscheinen. Denn immer wieder wird hier um Fragen gekämpft, von denen man hätte annehmen dürfen, daß sie längst entschieden seien. Das so viel geschmähte achtzehnte Jahrhundert, dem man den „historischen Sinn" oft gänzlich abgesprochen hat, hatte für diese Frage bereits einen viel offeneren Blick gehabt und hat sie in rein methodischer Hinsicht wesentlich gefördert. Es gehört zu den unbestreitbaren Verdiensten *Voltaires*, daß er die Einseitigkeit der bloß - politischen Geschichtsschreibung erkannt und ihren Bann gebrochen hat. Und er blieb hier nicht im Negativen und Polemischen stecken; sondern er stellte ein neues positives Ideal auf und suchte es in seinen beiden historischen Hauptwerken zu verwirklichen. Die Geschichte sollte nicht länger eine bloße Beschreibung von Schlachten und Feldzügen oder von diplomatischen und politischen Intrigen sein. Sie sollte das geistige Gesamtleben darstellen; sie sollte neben den politischen Ereignissen die Entwicklung der gedanklichen, der literarischen und künstlerischen Tendenzen in jeder Epoche schildern; und sie sollte sich zuletzt zu einer Übersicht über das sittliche Leben einer Zeit entfalten. Beide Aufgaben hat Voltaire im *‚Siècle de Louis XIV'* und auf noch breiterer Grundlage im *‚Essai sur les moeurs'* in Angriff genommen. Die Ausführung blieb freilich in vieler Hinsicht unfertig und einseitig; aber das Thema war in aller Klarheit und in aller Entschiedenheit gestellt. Der Schritt, der hier getan war, konnte nicht wieder rückgängig gemacht werden. Und auch die *Form*, die Voltaire für seine neue Aufgabe schuf, blieb für lange Zeit wegweisend: man hat mit Recht darauf aufmerksam gemacht, daß selbst die „Römische Geschichte" Mommsens im allgemeinen noch nach dem Schema gegliedert ist, das Voltaire im *‚Siècle de Louis XIV'* geschaffen hatte. Es berührt demgegenüber seltsam, wenn die Kulturgeschichtsschreibung noch am Ende des 19. Jahrhunderts wieder und wieder um ihren „Platz an der

---

[97] Vgl. *Fueter*, a. a. O., S. 355. — Über Voltaires Geschichtswerke und seine Bedeutung als Historiker vgl. meine ‚Philosophie der Aufklärung', Tübingen 1932, S. 288 ff.

Sonne" zu kämpfen hat und wenn man ihr zumutet, ihr Daseinsrecht gegenüber der politischen Geschichte zu beweisen. Dieser Beweis konnte längst durch die Tat als erbracht gelten, wenn man bedenkt, daß um diese Zeit in Frankreich Leistungen wie die von *Sainte-Beuve* oder *Taine*, in Deutschland Leistungen wie die von *Jacob Burckhardt* vorlagen. Dennoch versuchten manche führende politische Historiker zu bestreiten, daß es sich hier um etwas handele, das als *methodisches* Vorbild dienen und für die wissenschaftliche Aufgabe der Geschichte entscheidend ins Gewicht fallen könne. Die Darstellung der Kultur – so argumentierten sie – könne die des politischen Geschehens zwar begleiten und sie wie ein Rankenwerk umgeben; aber wo dieses Rankenwerk zu dicht werde, müsse man es mit einem entschlossenen Schnitt abschneiden. Mit besonderer Schärfe und Einseitigkeit ist dieser Standpunkt von *Dietrich Schäfer* in seiner Schrift: ‚Das eigentliche Arbeitsgebiet der Geschichte' [98] vertreten worden. Für ihn steht fest, daß die Geschichtsschreibung ihre Lebenskraft immer aus der Berührung mit der Politik empfangen habe und daß sie sich nie ohne Schaden von diesem ihrem eigentlichen Zentrum entfernen könne. „Wer die Entwicklung eines Staates verstehen will" – so erklärt D. Schäfer – „hat Werden, Wachsen, Bestehen seiner Macht zu erforschen. Die Machtmittel des Staates aber sind vor allen Dingen politischer und militärischer Natur; daher das Überwiegen dieser Frage in der historischen Arbeit." Damit aber war im Grunde diese Arbeit um anderthalb Jahrhunderte zurückgeworfen: sie stand wieder da oder versuchte doch zu stehen, wo Voltaire sie vorgefunden hatte. Freilich war diese Rückkehr nur ein Schein. Denn kein noch so radikaler „politischer" Historiker konnte jene großartige Erweiterung der *Perspektive* vergessen, die inzwischen durch Ranke, durch Wilh. von Humboldt, durch Schleiermacher und Boeckh erfolgt war. Wollte man die Geschichte nach wie vor als reine Staatengeschichte behandeln, so mußte man hierbei doch unwillkürlich dem Begriff des Staates einen ganz anderen Sinn geben als den, der in seiner äußeren Machtentfaltung, in seinen politischen und militärischen Kämpfen zutage tritt. Auch Dietrich Schäfer konnte sich dieser Forderung nicht entziehen – und er brach im Grunde durch ihre Anerkennung dem Prinzipienstreit die Spitze ab. „Wenn philosophisches Denken geschichtlicher Arbeit das Gebiet der freien, menschlichen Handlungen zuweist" – so erklärt er – „so kann ein Fortschritt in diesen Handlungen nur zu suchen sein in ihrer sich hebenden Sittlichkeit. Die sittlichen Kräfte sind es, die in der Geschichte regieren. In dem Fortschritte der ethischen Anschauungen liegt daher der Kern des geschichtlichen Fortschritts überhaupt." *Diesen* Sätzen hätte auch Voltaire nicht widersprochen und man könnte sie geradezu als Motto für seinen ‚*Essai sur les moeurs*' gebrauchen: der einzige Unterschied besteht hier nur darin, daß er weit schärfer betont hätte, daß ohne den intellektuellen Fortschritt auch kein dauernder moralischer Fortschritt, ohne die Aufklärung des Verstandes auch keine Belebung der sittlichen Kräfte möglich sei.

---

[98] Tübinger Antrittsvorlesung (1888).

Der Anschauung, die Dietrich Schäfer verfochten hatte, trat *Eberhard Gothein* in seiner Schrift: ‚Die Aufgaben der Kulturgeschichte' entgegen. Er kam von der *Wirtschaftsgeschichte* her, mit der auch Schäfer in seiner ersten Arbeit begonnen hatte, und er konnte von diesem Standpunkt aus darauf hinweisen, daß sich auch das Wesen und Werden des Staates niemals hinlänglich begreifen läßt, wenn man es ausschließlich unter dem Aspekt einer einzelnen Tätigkeit betrachtet. Man verschließt sich den Einblick in dieses Wesen, man verstümmelt den Staat, wenn man ihn nicht ständig in seinen Beziehungen zu anderen Faktoren, insbesondere zum Recht und zur Wirtschaft, sieht. Aber das gleiche gilt für die Religion, die Wissenschaft, die Kunst, die Literatur. All die Wissenschaften aber, die diese Probleme behandeln, setzen eine höhere Einheit voraus, in der sie sich zusammenfinden: sie sind die Glieder eines Organismus, der konkrete Wirklichkeit besitzt und Kulturgeschichte genannt wird. „Die Entstehung dieser Kulturgeschichte in ihrer jetzigen Bedeutsamkeit ist eine notwendige Folge des Entwicklungsganges des modernen Geistes überhaupt" [99].

In diesem Wettstreit und Widerstreit der Auffassungen befand sich freilich die Kulturgeschichte in *einer* Hinsicht von Anfang an in einem deutlichen Nachteil gegenüber der politischen Geschichte. Die letztere konnte auf eine lange und sichere Tradition hinweisen, die ihr in methodischer Beziehung einen festen und bestimmten Charakter gegeben hatte. An inneren Spannungen und scharfen inhaltlichen Gegensätzen fehlte es auch hier nicht; aber über die Aufgabe selbst und ihre wissenschaftliche Behandlung war allmählich ein Einvernehmen erreicht worden. Hier konnte insbesondere auf Rankes monumentales Werk hingewiesen werden, das auch dort bestimmend und richtunggebend blieb, wo man im Kreise der politischen Geschichtsschreiber über Ranke hinauszugehen und andere Ideale als er zu verfechten suchte. Zu einem derartigen festen Mittelpunkt und zu einer solchen allgemein anerkannten klassischen Leistung hat es die Kulturgeschichtsschreibung im 19. Jahrhundert nicht gebracht. Hier bietet sich noch vielfach ein recht buntes Bild. Gothein klagt in seiner Schrift mit Recht darüber, daß Schäfer diese Lage der Dinge dazu benutzte, um die Kulturgeschichte als Ganzes anzugreifen. Er betont, daß man sie nur nach ihren besten und größten Erzeugnissen beurteilen, nicht dagegen die Trödelware berücksichtigen dürfe, die so oft unter dem Deckmantel des Wortes ‚Kulturgeschichte' Eingang zu gewinnen suche. Aber auch wenn man sich an diese Vorschrift hält, gewinnt man aus den führenden Werken auf diesem Gebiet keinen einheitlichen Eindruck von dem, was hier erstrebt wird. Schon wenn man von einem Land zum anderen hinüberblickt, ergeben sich sehr wesentliche Differenzen der Auffassung. Voltaires Anschauung vom Sinn und Wert der Kulturgeschichtsschreibung wirkte im 19. Jahrhundert am stärksten in England nach. *Buckles* ‚History of Civilization' und *Leckys* ‚History of the Rise

---

[99] Eberhard *Gothein*, Die Aufgaben der Kulturgeschichte, Leipzig 1889, S. 6; eine Erwiderung auf diese Schrift hat D. *Schäfer* in seiner Schrift ‚Geschichte und Kulturgeschichte' (1891) gegeben.

and Influence of the Spirit of Rationalism in Europe' (1865) stimmen mit Voltaire darin überein, daß der Fortschritt der Aufklärung und der allgemeinen Verstandeskultur der eigentliche, ja im Grunde einzige Gradmesser der Kulturentwicklung sei. Daneben steht bei Buckle insbesondere der technische und materielle Fortschritt, der sich als einfache Folge aus der Vermehrung der theoretischen Naturerkenntnisse ergibt. In Frankreich wird der Schwerpunkt unter dem Einfluß von *Sainte-Beuve* und Taine mehr und mehr an einer anderen Stelle gesucht. Saint-Beuve's großes Werk über Port Royal wendet zum ersten Mal alle Methoden der psychologischen Analyse an, um mit ihrer Hilfe eine große religiöse Bewegung, die Entstehung und Ausbreitung des Jansenismus, für uns durchsichtig zu machen, um uns in ihre geheimsten seelischen Motive einen Einblick zu gewähren. Und Taines ‚Philosophie de l'art' und seine englische Literaturgeschichte suchen das gleiche für die großen Epochen der Kunst und der Literatur zu leisten. Derartiges ist in Deutschland zunächst kaum versucht worden. Die Kulturgeschichtsschreibung bewegt sich bei Männern wie W. H. *Riehl* oder Gustav *Freytag* in anderen Bahnen. Sie verzichtet auf große Synthesen, um sich statt dessen um so liebevoller in die Ausmalung der Details zu versenken. Man pflegte zuzugeben, daß die Welt der Geschichte an die politischen Historiker „weggegeben" sei; aber man flüchtete sich gewissermaßen in einen Bereich, der von diesen noch nicht besetzt und in Anspruch genommen war. Der Schilderung des großen welthistorischen Geschehens stellte man die „Andacht zum Kleinen", dem Drama stellte man das Idyll gegenüber. Ein Abschnitt in W. H. Riehls „Kulturstudien aus drei Jahrhunderten" (1859) trägt die Aufschrift „Historische Stilleben". Riehl selbst erklärte, daß er in erster Linie kleine Genrebilder malen wolle, die aber in ihrer Vereinigung ein großes historisches Panorama ergeben sollten. Auch Freytags „Bilder aus der deutschen Vergangenheit" sind von dieser Auffassung und dieser Stimmung erfüllt: sie suchten, wie Freytag in seinen ‚Erinnerungen' sagt, das Leben des Volkes zu malen, das in einem dunklen Strom neben den großen politischen Ereignissen dahinfließt [100]. Hier erhob also die Kulturgeschichte von Anfang an keinen anderen Anspruch, als ein bloßes Beiwerk und Rankenwerk zu sein – ein Beiwerk, das der verschmähen mochte, dem es darauf ankam, das Geschehen im Großen zu sehen und es in seinen letzten bewegenden Kräften zu erfassen. Eine Geschichtsschreibung wie diejenige Riehls oder Freytags mochte sich daher noch so sehr ihrer „Lebensnähe" rühmen – sie wurde nichtsdestoweniger von denen bei Seite geschoben, die der Geschichte im Namen des Lebens den Krieg erklärten. ‚Es fanden sich eigene darstellende Talente' – so sagt *Nietzsche* in der ersten ‚Unzeitgemäßen Betrachtung' – ‚welche das Glück, die Heimlichkeit, die Alltäglichkeit, die bäurische Gesundheit und alles Behagen, welches über Kinder-, Gelehrten- und Bauernstuben ausgebreitet ist, mit zierlichem Pinsel nachmalten... Eben die Behaglichen be-

---

[100] Über W. H. *Riehl's* und Gustav *Freytags* Kulturgeschichtsschreibung vgl. Friedr. *Joël*, Die Kulturgeschichtsschreibung, ihre Entwicklung und ihr Problem, 1878, sowie die näheren Angaben bei *Fueter*, a. a. O., S. 566 ff. und *Gooch*, S. 573 ff.

mächtigten sich..., um ihre Ruhe zu garantieren, der Geschichte, und suchten alle Wissenschaften, von denen etwa noch Störungen der Behaglichkeit zu erwarten waren, in historische Disziplinen umzuwandeln... Durch das historische Bewußtsein retteten sie sich vor dem Enthusiasmus — denn nicht mehr dieser sollte die Geschichte erzeugen, wie noch Goethe vermeinen durfte: sondern gerade die Abstumpfung ist jetzt das Ziel dieser unphilosophischen Bewunderer des *nil admirari*, wenn sie alles historisch zu begreifen suchen'[101].

Als Nietzsche diese Worte schrieb, stand er bereits im Banne eines Denkers, der ihn eine neue und tiefere Anschauung der Geschichte kennen gelehrt hatte. In der zweiten ‚Unzeitgemäßen Betrachtung', in der Schrift ‚Vom Nutzen und Nachteil der Historie für das Leben', scheint er als Gegner der Geschichte aufzutreten. Aber was er bekämpfte, war nicht sie selbst; denn sie war und blieb für ihn eine echte und dauernde Quelle des Enthusiasmus — insbesondere jenes Enthusiasmus, den er für das Griechentum und die griechische Kultur hegte. Aber das Griechentum selbst sah Nietzsche jetzt in neuem Lichte. Der klassisch-humanistischen Auffassung der Griechen stellte er seine tragische Auffassung entgegen, wie er sie in der ‚Geburt der Tragödie' (1872) und in seiner Schrift: ‚Die Philosophie im tragischen Zeitalter der Griechen' (1873) gezeichnet hat. Damit war für ihn jenes Idyll der Geschichte, das die frühere deutsche Kulturgeschichtsschreibung entwerfen wollte, ein für alle Mal gerichtet. Ihr warf er vor, daß sie dem Leben nicht dienen könne, sondern daß sie seine besten Kräfte schwäche. Der Geschichte hat der Philologe Nietzsche in keiner Phase seiner Entwicklung entsagt oder entsagen können. Wogegen er sich wandte, war nicht sie selbst, sondern ein entstelltes Bild von ihr, das der moderne ‚Historismus' gezeichnet hatte. ‚Es gibt einen Grad, Historie zu treiben' — so erklärt er — ‚und eine Schätzung derselben, bei der das Leben verkümmert und entartet: ein Phänomen, welches an merkwürdigen Symptomen unserer Zeit sich zur Erfahrung zu bringen, jetzt eben so notwendig ist, als es schmerzlich sein mag'[102]. Dem bloßen Historismus, der sich am Vergangenen als solchem erfreut, setzt Nietzsche das ‚Nein des überhistorischen Menschen', der antiquarischen Geschichte setzt er die echte, monumentale Auffassung von ihr entgegen. ‚Ob nun der Sinn der Lehre Glück oder Resignation oder Tugend oder Buße ist, darin sind die überhistorischen Menschen mit einander nie einig gewesen; aber, allen historischen Betrachtungsarten des Vergangenen entgegen, kommen sie zur vollen Einmütigkeit des Satzes: das Vergangene und das Gegenwärtige ist Eins und dasselbe, nämlich in aller Mannigfaltigkeit typisch gleich und als Allgegenwart unvergänglicher Typen ein stillstehendes Gebilde von unverändertem Wert und ewig gleicher Bedeutung'[103]. Diese Art geschichtlicher Betrachtung fand Nietzsche in *Jacob Burckhardt* verkörpert —

---

[101] *Nietzsche,* Unzeitgemäße Betrachtungen I, (1873), Werke, 1895, I, 190 f.
[102] Vom Nutzen und Nachteil der Historie für das Leben, Werke I, 279 f.
[103] ibid., S. 292.

und bei ihm sah er sie auf alle großen Epochen des Geisteslebens: auf das Griechentum, auf die Anfänge des Christentums, auf die italienische Renaissance angewandt. Es ist seltsam, daß man Burckhardt, lediglich deshalb, weil sein Interesse der ‚Kulturgeschichte' galt, an die Seite von W. H. *Riehl* oder Gustav *Freytag* gestellt hat. Was ihn mit diesen verbindet, ist nicht viel mehr als der Name, den sie für ihre Forschungsrichtung gebrauchen. Aber dieser Name bezeichnet zwei sehr verschiedene Grundanschauungen und Tendenzen. Selbst Gothein hat in seiner programmatischen Schrift über die Aufgaben der Kulturgeschichte diesen wesentlichen Unterschied eher verwischt, als daß er ihn scharf herausgearbeitet hätte. Er wirft Dietrich Schäfer vor, daß er in seiner Bekämpfung der Kulturgeschichte in den schweren taktischen Fehler verfallen sei, den Feind zu suchen, wo er nicht ist. Statt sich ein Scheingebilde als vorgeblichen Gegner zurecht zu machen, hätte er seine Argumente an Jacob Burckhardts und Gustav Freytags Werken erproben sollen [104]. Aber dieses ‚Und' ist von problematischem Wert — denn Burckhardts Forschungsrichtung ist von so eigentümlicher persönlicher Prägung, daß es kaum möglich ist, ihn einer bestimmten Schule zuzurechnen, deren Ideale er vertritt.

Der Weg Burckhardts scheidet sich von dem der meisten Geschichtsforscher des neunzehnten Jahrhunderts schon dadurch, daß seine persönlichen und geistigen Sympathien an einer anderen Stelle liegen als bei ihnen. Er kann sich ebensowenig zu Hegel wie zu Ranke bekennen; denn er sieht die Staatsmacht und die Macht überhaupt mit anderen Augen. Für Hegel war der Staat zum eigentlichen Beweis seiner Grundthese geworden, daß alles Wirkliche vernünftig und alles Vernünftige wirklich ist. Er bedeutet ihm nicht nur die Versöhnung, sondern die Identität des Ideellen und Reellen. „Der Staat ist der Geist, der in der Welt steht und sich in derselben mit Bewußtsein realisiert. Es ist der Gang Gottes in der Welt, daß der Staat ist; sein Grund ist die Gewalt der sich als Wille verwirklichenden Vernunft" [105]. In eine derart einfache Formel läßt sich für Ranke das Wesen des Staates nicht zusammenfassen; denn für ihn ist der Staat zwar ‚Idee'; aber ihm stehen andere gleichberechtigte und gleich ursprüngliche Ideen, andere Potenzen und Grundkräfte des geschichtlichen Lebens gegenüber, an deren Stelle er sich nicht setzen und denen er sich nicht einfach überordnen kann. Der Staat hat nach Ranke die Kultur durch sein Recht und seine Verwaltung zu schützen und zu fördern; aber er kann sie nicht selbständig erschaffen; die Produktion der Kulturgüter muß er anderen Kräften überlassen [106]. Dennoch ruht auch Rankes Geschichtsansicht, so wenig er das Einzelgeschehen aus unmittelbaren göttlichen Zwecken erklären will, auf dem Gedanken einer „göttlichen Leitung" des Gesamtgeschehens; und kraft derselben kommt es auch bei ihm zu einer Art von Theodizee der Macht. Daß in der Macht

---

[104] *Gothein*, a. a. O., S. 5.
[105] *Hegel*, Rechtsphilosophie, Zusatz zu § 258.
[106] Belege zu dieser Auffassung Rankes s. bei Moritz *Ritter*, a. a. O., S. 382, 388.

an sich ein „geistiges Wesen" erscheint, leidet auch für Ranke keinen Zweifel. Seither hatten ganze Generationen von Historikern immer von neuem wiederholt, daß der Staat eine im höchsten Maße sittliche Macht, daß er die sittliche Vernunft des Volkstums sei. Und sie hatten sich aus eben diesem Grunde geweigert, die Geschichte der Kultur als etwas Besonderes neben die politische Geschichte zu stellen [107]. Dem allen stellt Burckhardt zu Beginn seiner „Weltgeschichtlichen Betrachtungen" ein entschiedenes Nein entgegen. Er ist zu sehr Pessimist, um an eine derartige Versöhnung von ‚Vernunft' und ‚Wirklichkeit' zu glauben — und seinem Realismus erscheint die Apotheose der Macht als bloße Schönfärberei. Diese Schönfärberei findet Burckhardt auch in den idyllischen Darstellungen der bisherigen deutschen Kulturgeschichtsschreibung wieder. Daß gegenüber früheren rohen Zeitaltern „Pflichtgefühl und Redlichkeit" oder „Inhalt, Tüchtigkeit und Redlichkeit" zugenommen hätte, wie Gustav *Freytag* in den „Bildern aus der deutschen Vergangenheit" behauptet, erklärt er als eitel Illusion. Unsere Präsumption, im Zeitalter des sittlichen Fortschritts zu leben, erscheint ihm höchst lächerlich. „Man beurteilt eben alles nach demjenigen Grade der äußeren Lebenssekurität, ohne die *wir* nicht mehr existieren können, und verurteilt die Vergangenheit daraufhin, daß diese Lebensluft in ihr nicht existierte, während sich doch auch jetzt, sobald die Sekurität, z. B. im Kriege, suspendiert ist, alle Greuel melden"[108]. Als Burckhardt im Jahre 1868, in Zeiten endlich gewonnener „Sekurität", diese Worte schrieb, konnte wohl niemand ahnen, wie sehr sich hierin der Historiker als Prophet erweisen würde. Die Macht *als solche* ist nach ihm keiner Entwicklung fähig, die sie einem sittlichen Ziele entgegenführen wird. Sie wird immer bleiben, was sie ist — und sie ist „an sich böse". „Sie ist kein Beharren, sondern eine Gier und eo ipso unerfüllbar, daher in sich unglücklich und muß also Andere unglücklich machen. Unfehlbar gerät man dabei in die Hände sowohl ehrgeiziger und erhaltungsbedürftiger Dynastien als einzelner ‚großer Männer' usw., das heißt solcher Kräfte, welchen gerade an dem Weiterblühen der Kultur am wenigsten gelegen ist"[109].

Die Originalität dieser Geschichtsauffassung aber tritt erst dann hervor, wenn man die *Motive* ins Auge faßt, die Burckhardt zu dieser Verwerfung der Macht geführt und ihn in der Abneigung gegen sie immer wieder bestärkt haben. Daß er nicht als *Moralist* urteilt und daß er den Anblick des Bösen nicht scheut, liegt auf der Hand. Scheint doch vielmehr eben dieser Anblick einen besonderen Reiz für ihn zu enthalten, und konnte man doch Burckhardt, wiewohl durchaus mit Unrecht, zu einem Vorkämpfer des ‚Immoralismus' stempeln. Wo er wahrhaft persönliche Größe in der Geschichte zu erkennen glaubte, da erkannte er sie an, auch wo er ihre Ziele

---

[107] Vgl. G. v. *Below*, a. a. O., S. 120 ff.
[108] Weltgeschichtl. Betrachtungen, Gesamtausgabe, hg. von *Oeri* und *Dürr*, Bd. VII, Berlin und Leipzig 1929, S. 49.
[109] ibid., S. 25, 73.

verwarf. ‚Übermacht, Ihr könnt es spüren, Ist nicht aus der Welt zu bannen; — Mir gefällt zu conversieren Mit Gescheiten, mit Tyrannen'; diese Goetheschen Worte könnte man als Motto über Burckhardts Darstellung der Kultur der Renaissance setzen. Er verzieh den blinden Machttrieb, wenn er ihm in der Gestalt großer Individuen begegnete. Die „fessellose Selbstsucht in ihren furchtbarsten Zügen", das „Übermaß an Mordlust" und die „tolle Bosheit", das „Unheimliche und Gottverlassene" in der Existenz der Renaissance-Tyrannen, der Visconti oder eines Ezzelino da Romano oder Cesare Borgia, hat niemand eindringlicher als Burckhardt beschrieben; und die Züge dieses Bildes haben sich jedem von uns unauslöschlich eingeprägt. Dem gegenüber versagte er sich das sittliche Urteil keineswegs; aber dieses war ihm nicht die Hauptsache. Denn er sah in alledem die reine Verkörperung von Naturgewalten, die zuerst einmal als solche gesehen und als solche empfunden werden müssen, ehe man nach ihrem Wert oder Unwert fragt. „Es handelt sich hier" — so erklärt er einmal — „nicht um Lob oder Tadel, sondern um Erkenntnis eines Zeitgeistes in seiner energischen Eigentümlichkeit." All dies ließ Burckhardt nicht nur gelten, sondern er wendet sich ihm mit einer unverkennbaren Liebe zu — denn in dem Bilde der Renaissance, das er entwerfen wollte, gehörten Licht und Schatten für ihn zusammen. Über all der tiefen Verworfenheit sah er „die edelste Harmonie des Persönlichen und eine glorreiche Kunst" aufsteigen. Gerade in ihren tiefen Widersprüchen, in ihren unversöhnlichen Kontrasten erschien ihm die Renaissance als das wahre Bild der Menschheit. Er rühmte von ihr, daß sie zuerst den ganzen vollen Gehalt des Menschen entdeckt und zutage gefördert habe — daß sie nicht nur den Begriff der Menschheit, sondern auch die Sache gehabt habe — und hierfür gebührt ihr, nach ihm, unser ewiger Dank [110].

Aber was Burckhardt den Individuen verzieh, das verzeiht er den kollektiven Mächten nicht. Er urteilt hier diametral entgegengesetzt wie die meisten anderen Historiker. Der Mißbrauch der Macht erschien ihm am gefährlichsten und am bedrohlichsten, wenn er nicht individueller, sondern organisierter Mißbrauch war. Denn die Organisation bringt dasjenige Moment zum Verschwinden, das uns allein mit dem „an sich Bösen", das in der Macht liegt, versöhnen könnte. Die Tyrannis der Einzelnen kann in ihren Wirkungen furchtbar sein; aber sie ist nicht notwendig widergeistig, und daher auch nicht in jedem Sinne widersittlich. Erst wenn große kollektive Mächte auf den Plan treten und wenn es durch sie zu einer Zusammenfassung und Konzentration des Despotismus kommt, droht jeder letzte Hort des Geistigen und Sittlichen zu verschwinden. Jetzt entsteht das Zerrbild des Zwangsstaates „mit völliger Abdikation des Individuums". Auch mit Platons Staatsentwurf konnte sich Burckhardt nicht versöhnen: er erklärte, daß dieser Entwurf dem Wesen des Menschen und noch mehr dem des Griechen widerspreche, indem er alles niederdrücke, was auf individueller

---

[110] Vgl. bes. Kultur der Renaissance, Vierter Abschnitt, Kap. 4. — Zum ganzen vgl. die Darstellung von Karl *Joël,* Jacob Burckhardt als Geschichtsphilosoph, Basel 1918.

Entwicklung beruht. Die freie Vielgestaltigkeit, der enorme Gestaltenreichtum, die höchste Vielartigkeit der griechischen Kultur, der griechischen Kunst und Religion war das, was ihn vor allem reizte; nicht ihre ‚Einfalt', im Sinne Winckelmanns, sondern ihre Buntheit und Vielfalt zog ihn an [111]. In Religion und Staat sah Burckhardt im wesentlichen stabile Mächte; und diese können und müssen nach ihm danach streben, sich durch Zwang aufrecht zu erhalten. Die Kultur fällt für ihn mit diesen Mächten nicht nur nicht zusammen, sondern sie ist ihnen ihrem eigentlichen Wesen nach entgegengesetzt. „Kultur" — so definiert er — „nennen wir die ganze Summe derjenigen Entwicklungen des Geistes, welche spontan geschehen und keine universale oder Zwangsgeltung in Anspruch nehmen. Sie wirkt unaufhörlich modifizierend und zersetzend auf die beiden stabilen Lebenseinrichtungen ein, — ausgenommen insofern dieselben sie völlig dienstbar gemacht und zu ihren Zwecken eingegrenzt haben. Sonst ist sie die Kritik der beiden, die Uhr, welche die Stunde verrät, da in jener sich Form und Sache nicht mehr decken"[112]. Diesem Drama der Kultur, das sich gerade in den fruchtbarsten Epochen immer wieder zur Tragödie gestaltet, sieht der Kulturhistoriker zu, und dies ist es, was er vor unserem geistigen Auge zu entfalten weiß. Burckhardt glaubt hier nicht an die Möglichkeit einer friedlichen, einer untragischen Lösung. Denn wo Hegel oder Ranke eine tief-verborgene Harmonie, eine ἁρμονίη ἀφανής im Sinne Heraklits, sahen, da sieht er nur einen ständig sich erneuernden Konflikt. Nur in wenigen glücklichen Momenten scheint dieser Konflikt beschwichtigt; aber er droht immer wieder hervorzubrechen. Denn die inneren Gegensätze der drei „Grenzen" der Weltgeschichte lassen sich nicht ausgleichen. Der Staat wird immer wieder versuchen, unter Berufung auf sein „heiliges Recht" das erlaubte Wissen und die erlaubte Kunst in ein System zu bringen. „Was mag der Staat auch bei den Assyrern, Babyloniern, Persern usw. alles getan haben, um das Aufkommen des Individuellen zu verhindern, welches damals für so viel als das Böse gegolten haben wird? Der höchsten Wahrscheinlichkeit nach hat es an allen Enden, bald da, bald dort emporkommen wollen und ist den bürgerlichen und religiösen Schranken, Kasteneinrichtungen usw. erlegen, ohne eine Spur hinterlassen zu können" [113]. Hegel sieht die Kultur als die „Selbstbewegung der Idee", die einem bestimmten dialektischen Gesetz folgt. Die einzelnen Momente treiben einander hervor; sie scheinen sich zunächst gegensätzlich und feindlich gegenüberzustehen, aber auf der höchsten Stufe sind alle diese Gegensätze beseitigt und aufgehoben; die Idee als absolute Idee hat allen Widerstreit in sich aufgenommen und in sich versöhnt. Auch Ranke, der eine geschichtsphilosophische Konstruktion dieser Art ablehnt, vertritt eine zwar nicht metaphysische, aber religiöse Einheitslehre. „Darin könnte man den idealen Kern der Geschichte des menschlichen Geschlechts über-

---

111 Vgl. hierzu *Joël*, a. a. O., S. 16, 37 u. ö.
112 Weltgeschichtl. Betrachtungen, S. 42 f.
113 Weltgeschichtl. Betrachtungen, S. 65.

haupt sehen" — so sagt Ranke an der Stelle seiner Weltgeschichte, an welcher er zur Schilderung der Begegnung von Römertum und Germanentum gelangt — „daß in den Kämpfen, die sich in den gegenseitigen Interessen der Staaten und Völker vollziehen, doch immer höhere Potenzen emporkommen, die das Allgemeine demgemäß umgestalten und ihm wieder einen anderen Charakter verleihen" [114]. Einen „Fortschritt" in dem Sinne, daß ein allgemein leitender Wille die Entwicklung des Menschengeschlechts von einem Punkt nach dem anderen förderte oder daß in der Menschheit gleichsam ein Zug der geistigen Natur liege, welcher die Dinge mit Notwendigkeit nach einem bestimmten Ziel hintreibt, lehnt Ranke freilich ab; er erklärt, daß beide Ansichten weder philosophisch haltbar noch historisch nachweisbar seien [115]. Aber der Glaube an die „ununterbrochene Kontinuation des Fortschrittes des allgemeinen Geistes" und die Überzeugung, daß das Menschengeschlecht im Laufe der Jahrhunderte gleichsam einen Besitz erworben hat, der in dem materiellen und dem gesellschaftlichen Fortschritt, dessen es sich erfreut, besonders aber auch in seiner religiösen Entwicklung besteht, bleiben für ihn bestehen, und der sittliche und geistige Wert der Weltgeschichte liegt nach ihm darin, daß sie diesen Glauben mehr und mehr in uns befestigt [116].

An dieser Stelle wird der radikale Bruch deutlich, den Burckhardt mit der traditionellen Auffassung der Geschichte vollzieht. Alle frühere Geschichtsschreibung, so verschiedene Wege sie auch einschlagen mochte — blieb, bewußt oder unbewußt, durch jene Frage bestimmt, die das erste, im eigentlichen Sinne ‚geschichtsphilosophische' Werk in den Mittelpunkt gestellt hatte. Ist die Geschichte ein Chaos zufälliger Ereignisse — oder läßt sich in ihr ein Sinn und ein Plan entdecken? *Augustins* Schrift ‚De civitate dei' sollte diesen verborgenen Plan als göttlichen Heilsplan enthüllen — und sie hat immer wieder Nachfolger und Nachahmer gefunden. Aber auch nachdem seit den ersten Jahrhunderten der Renaissance die Kraft dieser theologischen Geschichtsschreibung gebrochen war, hat der Grundgedanke in „säkularisierter" Form weitergelebt. Zwischen *Bossuets* ‚Discours sur l'histoire universelle' und *Condorcet's* ‚Esquisse d'un tableau historique des progrès de l'esprit humain' ist der Abstand weit geringer als er auf den ersten Blick erscheint. Noch Voltaire hat das Werk Bossuets bewundert, wenngleich er ihm vorwarf, daß es dauernd falsche Steine in Gold fasse [117]. Aber Burckhardt geht hier viel weiter. Der Trost mit einem „höheren Weltplan" erscheint ihm in jedem Fall als ein schwacher Trost, der kein wirkliches moralisches Übel ausgleicht und keine Gewalttat heilen oder rechtfertigen kann. „Jede erfolgreiche Gewalttat" — so erklärt er — „ist allermindestens ein Skandal, d. h. ein böses Beispiel; die einzige Lehre aus gelungener Missetat

---

[114] *Ranke*, Weltgeschichte, Bd. III, S. 8.
[115] Epochen der neueren Geschichte, Erster Vortrag; s. Weltgesch. VIII, S. 175.
[116] Vgl. Weltgeschichte, Vorrede, Bd. I, S. 6.
[117] Näheres in meiner „Philosophie der Aufklärung", S. 290 ff.

des Stärkeren ist die, daß man das Erdenleben überhaupt nicht höher schätze, als es verdient" [118].

Daß hier *Schopenhauer* spricht, ist unverkennbar [119], aber wie konnte Schopenhauers Philosophie einen großen *Historiker* bilden — und wie konnte sie einen solchen „Edelstein der historischen Literatur" hervorbringen, wie es Burckhardts „Kultur der Renaissance" auch nach dem Urteil solcher Forscher ist, die seiner allgemeinen Grundanschauung sehr fern stehen? [120] Hier liegt in der Tat ein merkwürdiges Phänomen und eine geistesgeschichtliche Anomalie vor, die der Erklärung bedarf. Schopenhauer verfährt völlig konsequent, wenn er von seinen metaphysischen Prämissen aus nicht nur die Möglichkeit einer Geschichtsphilosophie, sondern auch die einer Geschichtswissenschaft bestreitet. Eine Geschichtsphilosophie ist ihm eine *contradictio in adjecto;* denn die Philosophie ist die Ergründung des Wesens der Dinge, und dieses Wesen hat keine Geschichte. Es läßt sich nicht in die Formen des Raumes und der Zeit einfangen, die lediglich unserer subjektiven Vorstellungsart angehören. Und es ist keiner ‚Sinndeutung' fähig; denn alle angebliche Sinndeutung wird hier zur optimistischen Verkennung und Verfälschung. Was uns in der Form des Werdens als ‚Geschichte' erscheint, das ist seinem Kern und Wesen nach ein und dasselbe: ein blinder Wille, der nicht weiß, was er will. Hier eine Ordnung, einen Kosmos, einen inneren sinnvollen Zusammenhang finden zu wollen, gleicht dem Bestreben, in den Gebilden der Wolken Gruppen von Menschen und Tieren zu sehen. „Was die Geschichte erzählt, ist in der Tat nur der lange, schwere und verworrene Traum der Menschheit." Und ebensowenig wie die Metaphysik kann auch die Wissenschaft hoffen, in diesem Traum etwas zu finden, auf das sie sich stützen und aus dem sie irgendeine, wenn auch nur empirische „Wahrheit" entwickeln kann. Denn auch das Wissen ist nicht auf das Einzelne, sondern auf das Allgemeine; nicht auf das Vergängliche, sondern auf das Bestehende und Bleibende gerichtet. „Unter diesem Gesichtspunkt betrachtet, ist die Geschichte nicht nur in der Ausführung, sondern schon in ihrem Wesen lügenhaft, indem sie, von lauter Vorgängen und einzelnen Individuen redend, vorgibt, alle Mal etwas anderes zu erzählen; während sie, vom Anfang bis zum Ende, stets nur das selbe wiederholt, unter anderem Namen und in anderem Gewande" [121]. Sofern auch die Vielheit und das Werden einer bestimmten Gestaltung fähig ist, sofern sich auch in ihm ein sich Gleichbleibendes, Typisches erkennen läßt, ist es nicht die Sache der Geschichte, sondern die Sache der Kunst, dieses Typische zu erfassen. Denn die Kunst, nicht die Wissenschaft, ist nach Schopenhauer die wahre ‚Ideenschau'. In ihr gelingt dem Menschen das scheinbar Unmögliche; er reißt sich von der Fessel des Willens los und steht damit außerhalb des Rades der Zeit. Er

---

[118] Weltgesch. Betrachtungen, S. 126.
[119] Über Burckhardts Beziehungen zur Philosophie des Pessimismus vgl. K. *Joël,* a. a. O., S. 64 ff.
[120] Vgl. G. v. *Below,* a. a. O., S. 70.
[121] Vgl. *Schopenhauer,* Welt als Wille und Vorstellung, Band II, Kapitel 38.

wird zum reinen, willenlosen, zeitlosen Subjekt des Erkennens. Statt der Welt der Erscheinung als einer ununterbrochenen Kette von ‚Ursachen' und ‚Wirkungen', von ‚Mitteln' und ‚Zwecken', umgibt ihn hier ein an sich und in sich Bestehendes; aber dieser Bestand gehört nicht mehr der Wirklichkeit, sondern dem reinen Bilde an. Das Bild der Kunst ist die erste Stufe, in der der Mensch sich von der Wirklichkeit, von der Übermacht des Willens erlöst. Dem Faden der Begebenheiten geht die Geschichte nach; die Wissenschaft verfolgt den rast- und bestandlosen Strom der Gründe und Folgen, wobei sie bei jedem erreichten Ziel immer wieder weitergerissen wird; die Kunst allein wiederholt die durch reine Kontemplation aufgefaßten ewigen Ideen, das Wesentliche und Bleibende aller Erscheinungen der Welt. Ihr einziger Ursprung ist die Erkenntnis der Ideen; ihr einziges Ziel Mitteilung dieser Erkenntnis [122].

Es ist kein Zweifel, daß diese Grundanschauung derjenigen Burckhardts in vieler Hinsicht verwandt ist, und daß sie in ihm mannigfache und starke Anklänge wecken mußte. Auch er wandte sich der Vergangenheit nicht um ihrer selbst willen zu; und auch er war nicht damit zufrieden, einfach in den Strom des Werdens einzutauchen. Nicht das „Rollen der Begebenheit" war es, was ihn reizte; er wollte das sich Wiederholende, Konstante, Typische erkennen. Und auch er sah in der Sammlung und Sichtung des historischen Stoffes nicht das Endziel der Geschichte. „Allgemeine Fakta" — so erklärt er in der ‚Griechischen Kulturgeschichte' — dürften wohl durchschnittlich wichtiger sein als die speziellen, das sich Wiederholende wichtiger als das Einmalige. Der *„ewige Grieche"*, als Gestalt gesehen, erschien ihm als Kern des Griechentums, als etwas, was bedeutsamer ist als irgendein einzelner Faktor. Dabei war und blieb er überzeugt, daß für die Gewinnung solcher Geschichtsbilder die Mittel der rein empirischen Wissenschaft nicht ausreichen, daß die wissenschaftliche Abstraktion zuletzt durch ‚Kontemplation' und ‚Intuition' überwunden werden müsse. Mommsens Wort, daß der Geschichtsschreiber vielleicht mehr zu den Künstlern als zu den Gelehrten gehöre, daß er daher nicht gebildet, sondern geboren werde, daß er nicht erzogen werde, sondern sich erzieht, trifft vielleicht auf keinen Historiker des 19. Jahrhunderts mehr zu als auf Burckhardt. Er erzog sich unablässig zur Anschauung der geschichtlichen Welt; und das eigentliche und große Erziehungsmittel war ihm von Anfang an die bildende Kunst. Seinen ‚Cicerone' können wir aus seiner Bildungsgeschichte und aus seinem Gesamtwerk nicht wegdenken; er bildet ein integrierendes Moment desselben. Und auch für Burckhardt liegt der höchste Wert der Kunst wie aller freien Geistestätigkeit überhaupt darin, daß sie uns von der harten Fron des Wollens, von der Verflechtung in die Welt der besonderen Zwecke und der individuellen „Absichten" erlöst. Hier erst findet er ein ‚Allgemeines', das über dem des staatlichen Daseins steht und das in dieser Form nur durch geniale Individuen verkörpert werden kann. „Groß ist die Verschiedenheit

---

[122] Vgl. *Schopenhauer*, Welt als Wille und Vorstellung, Band I, Buch 3, § 36.

desjenigen Allgemeinen, welches in den großen Individuen kulminiert oder durch sie umgestaltet wird. Zunächst sind Forscher, Entdecker, Künstler, Dichter, kurz die *Repräsentation des Geistes* gesondert zu betrachten ... Künstler, Dichter und Philosophen, Forscher und Entdecker kollidieren nämlich nicht mit den „Absichten", wovon die Vielen ihre Weltanschauung beziehen; ihr Tun wirkt nicht auf das „Leben", d. h. den Vor- und Nachteil der Vielen. Künstler, Dichter und Philosophen haben zweierlei Funktionen: den inneren Gehalt der Zeit und Welt ideal zur Anschauung zu bringen und ihn als unvergängliche Kunde auf die Nachwelt zu überliefern"[123]. „Unbegnügt mit bloßer Kenntnis, welche Sache der Spezialwissenschaften, ja mit Erkenntnis, welche Sache der Philosophie ist, inne geworden seines vielgestaltigen, rätselhaften Wesens, ahnt der Geist, daß noch andere Kräfte vorhanden seien, welche seinen eigenen dunklen Kräften entsprechen. Da findet es sich, daß große Welten ihn umgeben, welche nur bildlich reden zu dem, was in ihm bildlich ist: die Künste... Die Künste sind ein Können, eine Macht und Schöpfung... Inneres äußerlich machen, darstellen zu können, *so daß* es als ein dargestelltes Inneres, als eine Offenbarung wirkt, ist eine seltenste Eigenschaft. Bloß Äußeres noch einmal äußerlich zu geben, vermögen Viele, — jenes dagegen erweckt im Beschauer oder Hörer die Überzeugung, daß nur der Eine es gekonnt, der es geschaffen, daß er also unersetzlich gewesen" [124].

Dieser *ästhetische Individualismus* Burckhardts entspricht noch durchaus der Grundanschauung Schopenhauers. Für Schopenhauer ist Genialität nichts anderes als die vollkommenste *Objektivität*, d. h. objektive Richtung des Geistes, entgegengesetzt der subjektiven, auf die eigene Person, d. i. den Willen gehenden. Demnach ist Genialität die Fähigkeit, sich rein anschauend zu verhalten, sich in der Anschauung zu verlieren und die Erkenntnis, welche ursprünglich nur zum Dienste des Willens da ist, diesem Dienste zu entziehen, d. h. sein Interesse, sein Wollen, seine Zwecke ganz aus den Augen zu lassen ... um als *rein erkennendes Subjekt*, als klares Weltauge übrig zu bleiben [125]. „Wo nicht ein *Bild* aus meinem Inneren auf das Papier zu bringen sein wird, — wo ich nicht von der Anschauung ausgehen kann, da leiste ich nichts" — so erklärt auch Burckhardt. ‚Was ich historisch aufbaue, ist nicht Resultat der Kritik und Spekulation, sondern der Phantasie, welche die Lücken der Anschauung ausfüllen will'[126]'. Aber nun kommt eine große Wendung. Die ‚Anschauung' Schopenhauers ist die des Metaphysikers — und diese treibt ihn über die Zeit hinweg; denn die Zeit ist die bloße Form der Erscheinung, und solange wir uns nicht von ihr befreien, bleibt uns das Wesen der Dinge verschlossen. Die Anschauung Burckhardts dagegen ist historische Anschauung. Die reinen ‚Bildwelten', in die er sich ver-

---

[123] Weltgeschichtl. Betrachtungen, S. 163 f.
[124] ibid., S. 167.
[125] Vgl. *Schopenhauer*, Welt als Wille, Band I, 3. Buch, § 36.
[126] Basler Jahrbuch 1910, S. 109 f., (zitiert nach *Joël*, a. a. O., S. 73).

senkt, stehen in voller, plastischer Deutlichkeit, in unmittelbarer, gleichsam zeitloser Gegenwart vor ihm; aber an ihnen selbst wird er nun eine innere Bewegung, eine Metamorphose gewahr. Dieses ‚Werden im Sein', diesen Gestaltenwandel der Bildwelt der Kunst, der Dichtung, der Sprache, der Mythologie, der Religion aufzufassen und zu verfolgen: das erscheint Burckhardt als die höchste Aufgabe der Kulturgeschichte. Die Philosophie kann nach ihm etwas Derartiges nicht leisten, „denn Geschichte, d. h. das Koordinieren, ist Nichtphilosophie; und Philosophie, d. h. das Subordinieren, ist Nichtgeschichte"[127]. ‚Kontemplation' freilich ist auch das, was den Historiker kennzeichnet; sie ist nicht nur sein Recht und seine Pflicht, sondern zugleich ein hohes Bedürfnis; „sie ist unsere Freiheit mitten im Bewußtsein der enormen allgemeinen Gebundenheit und des Stromes der Notwendigkeiten"[128]. Aber der Historiker kann und will sich nicht mit einem Schlage, gleich dem Metaphysiker, in die Welt der „reinen Formen" erheben. Für ihn hat die Form ihr eigentliches Sein und ihren eigentlichen Sinn erst, indem sie sich vor seinem inneren Blick entfaltet. Gegenüber dem großen Schauspiel dieser Entfaltung versinken zuletzt nicht nur unsere individuellen Bedürfnisse, sondern auch unsere individuellen Wünsche; wir verlangen einen Standpunkt jenseits aller „Wünschbarkeiten" und jenseits dessen, was man ‚Glück' oder ‚Unglück'[129] zu nennen pflegt. „Der Geist muß die Erinnerung an sein Durchleben der verschiedenen Erdenzeiten in seinen Besitz verwandeln. Was einst Jubel und Jammer war, muß nun Erkenntnis werden, wie eigentlich auch im Leben des Einzelnen. Damit erhält auch der Satz *Historia vitae magistra* einen höheren und zugleich bescheideneren Sinn. Wir wollen durch Erfahrung nicht sowohl klug (für ein andermal) als weise (für immer) werden"[130]. In dieser Weise klärt sich für Burckhardt zuletzt die ästhetische Weisheit, die er der Geschichte verdankt, zu einer hohen ethischen Lebensweisheit ab. Wo die Weltgeschichte im rechten Sinne gesehen, wo sie nicht als bloße Summe äußerer Ereignisse dargestellt, sondern als Geschichte von Lebensformen erfaßt wird, da gewährt sie dem denkenden Menschen das Offenhalten des Geistes für jede Größe — und dies ist eine der wenigen sicheren Bedingungen des höheren geistigen Glückes[131]. Diese ganz persönliche Stimmung liegt über allen Werken Burckhardts. Sie hat wenig mit den traditionellen Idealen der ‚politischen Geschichtsschreibung' zu tun. Aber wenn man vom Standpunkt der letzteren Burckhardt oft ‚unpraktisch' schelten mag, so muß man diese selbst, wenn man sie an den ideellen Normen mißt, die er aufgestellt und erfüllt hat, oft genug als ‚amusisch' bezeichnen. Auf keinen Fall darf man glauben, den Gegensatz, der hier vorliegt, damit

---

[127] Weltgeschichtl. Betrachtungen, S. 1.
[128] ibid., S. 7.
[129] Vgl. ‚Über Glück und Unglück in der Weltgeschichte', Weltgeschichtl. Betrachtungen, S. 192 ff.
[130] Weltgeschichtl. Betrachtungen, S. 6 f.
[131] ibid., S. 191.

abtun zu können, daß man in ihm keinen „eigentlichen" Historiker sehen, sondern ihn „fast mehr einen Antiquar" nennen will [132]. Ein „Antiquar" hätte Nietzsche niemals das geben können, was Burckhardt ihm gegeben hat — er hätte in ihm nicht die Überzeugung wecken können, „daß die Kenntnis der Vergangenheit zu allen Zeiten nur im Dienste der Zukunft und Gegenwart begehrt ist, nicht zur Schwächung der Gegenwart, nicht zur Entwurzelung einer lebenskräftigen Zukunft" [133].

---

[132] Dies ist das Urteil G. v. *Belows,* a. a. O., S. 71.
[133] *Nietzsche,* Vom Nutzen und Nachteil der Historie für das Leben, Werke I, 310.

SECHSTES KAPITEL

Die psychologische Typisierung der Geschichte — Karl Lamprecht

In dem Kampf um eine Erneuerung der Geschichtswissenschaft schien *Karl Lamprecht* eine Zeit lang an erster Stelle zu stehen. Er galt als der extreme Vertreter einer neuen Geschichtsauffassung, die er in seiner Person und in seinem Werk zu verkörpern schien. Gerade die schärfsten Gegner Lamprechts waren es, denen er diesen Ruhm zu verdanken hat. Sie pflegten in ihm den gefährlichsten Revolutionär zu sehen, gegen den man sich zum Schutz des Bestehenden zusammenschließen müsse; sie legten ihm zur Last, daß er den besten und tiefsten geistigen Traditionen der Geschichtswissenschaft untreu geworden sei und die letztere an den Materialismus verraten habe. Lamprecht fand Gegner in allen Lagern; er wurde nicht nur von der gesamten „politischen Geschichtsschreibung" hartnäckig bekämpft, sondern er galt lange Zeit auch als der Exponent einer ‚naturalistischen' Theorie, die man mit rein erkenntnistheoretischen Mitteln, durch die Unterscheidung der historischen und naturwissenschaftlichen Begriffsbildung, entwurzeln und endgültig widerlegen zu können glaubte. Blickt man heute auf die gewaltige Literatur des ‚Lamprecht-Streites' zurück [134], so findet man indes, daß sie nur relativ wenig von dauerndem prinzipiellen Gehalt ergeben hat. Man kann sich dem Eindruck nicht entziehen, daß hier vielfach mit Schlagworten und um Schlagworte gestritten worden ist. Auch den Wert der ‚Modernität' kann man Lamprechts Theorie kaum mehr in demselben Sinne zubilligen, wie er selbst ihn für sich in Anspruch genommen hat und wie seine Widersacher ihn aufzufassen pflegten. Denker wie *Mommsen* oder *Burckhardt* erscheinen uns heute in vieler Hinsicht weit ‚moderner', als Lamprecht uns erscheint. Er hat der ‚organologischen' Geschichtsansicht der Romantik keineswegs entsagt, wenngleich er ihre Grundbegriffe, wie z. B. den Begriff des ‚Volksgeistes', in einer Weise umzubilden versucht, die sie den Forderungen der modernen Naturwissenschaft annähern sollte. Auch die Fortwirkung der Hegelschen Geschichtsphilosophie ist bei Lamprecht noch deutlich zu spüren. Wenn er es als ein Grundprinzip alles geschichtlichen Fortschritts erklärt, daß im Verlaufe großer menschlicher Entwicklungen eine Steigerung der Intensität des ursprünglichen Seelenlebens in dem Sinne eintritt, daß immer weitere Seiten dieses Seelenlebens in das Bewußt-

---

[134] Ein Verzeichnis dieser Literatur findet sich in *Bernheims* Lehrbuch der historischen Methode und der Geschichtsphilosophie (5. u. 6. Aufl. 1908) S. 710 ff.

sein gehoben werden, so glaubt man, die ‚Phänomenologie des Geistes' zu lesen. Diese ‚Intensivierung', die den eigentlichen Gehalt des historischen Prozesses und sein Ziel bezeichnen soll, drückt in psychologischer Sprache das gleiche Prinzip aus, das Hegel als Logiker und Metaphysiker in die Worte gefaßt hat, daß alles darauf ankomme, „das Wahre nicht als Substanz, sondern ebensosehr als Subjekt" aufzufassen und auszudrücken. Etwas Ähnliches, wenngleich mit anderen Mitteln, leisten zu können, war und blieb der große Ehrgeiz Lamprechts. Er berief sich hierfür nicht nur auf Hegel, sondern vor allem auf *Herder,* mit dem er den gleichen Enthusiasmus für die Fülle des „Seelentums" teilte, die sich im geschichtlichen Leben ausdrückt [135]. Blickt man vorwärts statt rückwärts, so findet man die größte Verwandtschaft mit ihm nicht bei irgend einem Empiriker der Geschichtswissenschaft, sondern bei einer Erscheinung wie *Spengler,* dessen Begriff der ‚Kulturseele' unmittelbar aus dem Gedankenkreis Lamprechts stammt.

Will man Lamprechts Geschichtsauffassung gerecht werden, so muß man sich lediglich an das *Prinzip* halten, das sie verficht. Daß die *Durchführung* dieses Prinzips mannigfache Schwächen in sich schließt und daß Lamprecht den großen Plan, der ihm vor Augen stand, nicht zu verwirklichen vermochte, liegt auf der Hand. Aber es ist theoretisch wenig fruchtbar, auf diese offenkundigen Schwächen hinzuweisen, um damit das Gesamtwerk als solches zu widerlegen. Schon der gewaltige Umfang des Materials, das Lamprecht heranzog, macht es den Kritikern leicht, ihm Mängel oder Irrtümer im einzelnen nachzuweisen. Er spannte den Rahmen so weit, daß die ‚Historie', im Sinne des griechischen Begriffs der ἱστορίη, fast die gesamte Kunde in sich schließen sollte, die wir vom Menschen überhaupt erwerben können. Was er der bisherigen Geschichtsschreibung vorwarf, war, daß sie sich nicht nur in der Behandlung, sondern schon in ihrer Problemstellung eine völlig unzulässige Verengung des Themas habe zuschulden kommen lassen. Kein Wunder, daß sie hierbei über ein bloßes Fragment nicht hinauskam, und daß sie die Fülle von Einzeltatsachen, die sich ihr darboten, nicht zu einer organischen Einheit zu gestalten vermochte. Diese Einheit springt nach Lamprecht erst dann heraus, wenn wir uns entschließen, das Geschehen nicht mehr in einer einzelnen Ebene zu betrachten, sondern ständig von einer Dimension in die andere überzugehen. Die politischen Ereignisse bilden nur einen einzelnen Sektor; an sie reihen sich die wirtschaftlichen Vorgänge, die Wissenschaft und die Religion, die Dichtung, die Musik,

---

[135] Herders „enthusiastische Erfassung des sozialpsychischen Elements der Geschichte", das die Grundlage der gesamten romantischen Geschichtsauffassung bilde, ist von Lamprecht namentlich in seinen Vorträgen über *„Moderne Geschichtswissenschaft",* Freiburg i. B. 1905, S. 10 ff. hervorgehoben worden. Daß die Bewußtseinsformen, deren nationale Form gern mit dem Worte ‚Volksseele' bezeichnet wird, „ganz evidenterweise lebendige Kräfte des geschichtlichen Verlaufs darstellen", hebt er ausdrücklich hervor, wenngleich er, in Übereinstimmung mit der modernen Psychologie, davon absehen will, mit dem Begriff ‚Seele' irgend einen anschaulich-substantiellen Sinn zu verbinden. Vgl. Einführung in das historische Denken, 2. Abdruck, Leipzig 1913, S. 66 f.

die verschiedenen Richtungen der bildenden Kunst. Aber damit ist es nicht genug; denn das geschichtliche Wissen bleibt für uns stumm, wenn wir nicht auch die Tatsachen der Prähistorie, der Anthropologie und Ethnologie heranziehen. Um sich von dem inneren Gesetz, das in der Menschengeschichte waltet, zu überzeugen, muß daher stets „die gesamte Hinterlassenschaft der Menschheit" durchgearbeitet werden [136]. Und ebenso wenig darf es irgend eine Einschränkung auf räumliche Grenzen geben. Auch alle geographischen Schranken müssen fallen; der Blick muß stets das Ganze der Erde umspannen. Wenn man bedenkt, daß Mommsen, als er mit fast 86 Jahren starb, seinen Bau der ‚Römischen Geschichte' unvollendet zurücklassen mußte, und daß an diesem Bau zuletzt nicht nur er selbst mit seiner gewaltigen Arbeitskraft, sondern fast alle großen wissenschaftlichen Institutionen gearbeitet hatten – so erstaunt man immer wieder über das ungeheure Selbstvertrauen, mit dem Lamprecht ans Werk ging. Seine ‚Deutsche Geschichte' mit ihren zwölf Bänden sollte ihm nur den ersten Ansatz bilden. Er war überzeugt, daß die ‚Zeitalterfolge', die er an ihr aufzuzeigen gesucht hatte, ein ganz allgemeines Gesetz darstelle, das sich ebenso gut an der griechischen, an der ägyptischen, an der israelitischen, an der assyrischen, an der chinesischen oder japanischen Geschichte bewähren müsse. Für all dies bedürfe es nur einer sorgfältigen Durchforschung des Tatsachenmaterials und einer konsequenten Durchführung der induktiven Methode. Durch die Nachweisung von Fehlern oder Versehen im einzelnen ließ sich Lamprecht keineswegs beirren. Eine historische Kritik, die mit dem Nachweise von derlei Unebenheiten die Zeit füllt – so erklärte er mit Bezug auf Herder – und mit deren Vollendung ihr Amt zu absolvieren glaubt, dürfe schwerlich am Feierabend ihres Lohnes gewiß sein. „Kein Mensch und darum auch kein Ergebnis einer vollen menschlichen Arbeit gleicht einem ausgeklügelten Buch, und die Lücken einzelner Seiten wie die Mängel anderer aufzuweisen, muß viel mehr als eine Aufgabe mitstreitender Zeitgenossen, denn als eine Pflicht des aus der Ferne urteilenden Historikers erscheinen." Diesem komme es vielmehr auf die schöpferische Gesamtleistung an; und auf sie müsse er sein Urteil gründen [137].

Lamprecht hat sich wiederholt darüber beklagt, daß seine Gegner den eigentlichen Streitpunkt verschoben hätten, indem sie das Problem nicht als eine Frage nach dem Wesen und der Eigenart der historischen Erkenntnis, sondern als eine Frage der allgemeinen „Weltanschauung" hinstellten. Man habe ihn zum Anhänger eines bestimmten philosophischen Systems zu stempeln gesucht – sei es daß man dieses als ‚Materialismus' oder als ‚Positivismus' bezeichnete. Aber das sei keineswegs der Kernpunkt seiner Theorie: denn der Weg, auf dem er diese gefunden, sei ein ‚durchaus induktiver und praktischer' gewesen. ‚Es kann keinen wahrhaft wissenschaftlichen Betrieb der Geschichte geben' – so betont er – ‚der sich abhängig dächte von den

---

[136] Vgl. *Lamprecht*, Einführung, S. 73 ff.
[137] Einführung, S. 122.

Voraussetzungen irgendwelcher Weltanschauung, möge diese idealistisch, positivistisch oder sonst welcher Art sein. Die Geschichtswissenschaft ist im Rahmen der für die Induktion geltenden erkenntnistheoretischen Kautelen und Ergänzungen eine induktive Wissenschaft; also kann nur der jeweilige Charakter des induktiven Beweisverfahrens und dessen verschiedenartige Auffassung wahrhaft wissenschaftliche Gegensätze und Strömungen in ihr begründen' [138]. Eine Kritik, die Lamprechts eigenen Intentionen gerecht werden will, muß daher in erster Linie diesen Punkt ins Auge fassen. Sie muß sich weniger auf seine Folgerungen, als auf seinen Ausgangspunkt richten und sie muß mehr den Weg betrachten, den er gegangen ist, als das Ziel, zu dem er gekommen ist. Auch die Frage nach der Originalität Lamprechts kann nur auf diese Art richtig beantwortet werden. Die sachlichen Berührungspunkte seiner Lehre mit der Philosophie Comtes sind unverkennbar. Trotzdem hat er sich, wie mir scheint, mit vollem Recht dagegen gewehrt, daß man ihn zu einem bloßen Schüler oder Nachahmer Comtes stempeln wollte [139]. Denn gerade dasjenige Moment, das den ganzen Bau seiner Geschichtstheorie fundiert, hat er bei diesem nicht gefunden und konnte er bei ihm nicht finden. Überblickt man das System der Wissenschaften, das Comte aufgestellt hat, so ist einer der auffallendsten Züge desselben, daß die *Psychologie* in ihm keine Stelle gefunden hat. Der Weg geht hier von der Mathematik zur Astronomie, von dieser zur Physik und Chemie und zur Biologie, um von hier sofort zur sozialen Statik und Dynamik fortzuschreiten. Die Soziologie schließt sich also unmittelbar an die Lehre vom organischen Leben an, ohne des Mittelglieds der Psychologie zu bedürfen. Das liegt daran, daß Comte eine rein ‚introspektive' Psychologie nicht zuließ und jede Art von Selbstbeobachtung als eine bloße Täuschung betrachtete. Seelisches läßt sich nach ihm immer nur in Verbindung mit körperlichen Phänomenen feststellen; und hierfür ist und bleibt die Physiologie die einzige mögliche Instanz [140]. Damit ergibt sich sofort eine scharfe Grenzscheide zwischen Comte und Lamprecht. Denn dieser sieht in der Psychologie nicht nur eine Hilfswissenschaft für die Geschichte, sondern er betrachtet sie als ihr einzig mögliches wissenschaftliches Fundament. „Geschichte" — so sagt er — „ist an sich nichts als angewandte Psychologie; und so versteht es sich, daß die theoretische Psychologie den Leitfaden zu ihrem inneren Verständnis abgeben muß... Aber ein anderes ist die Erkenntnis dieses Zusammenhangs, ein anderes deren Bestätigung. Hierzu ist notwendig, daß das geschichtliche Verständnis bis auf die tiefsten, elementaren Vorgänge — eben jene Vorgänge, welche die Psychologie zunächst erhellt — hinabgetrieben wird, und daß die Entwicklung mindestens der Individual-

---

[138] Alte und neue Richtungen in der Geschichtswissenschaft, Berlin 1896, S. 3 ff., vgl. die kulturhistor. Methode, S. 26, S. 33.

[139] Vgl. Mod. Geschichtswissenschaft, S. 89; Die kulturhistorische Methode, Berlin 1900, S. 33.

[140] Vgl. oben S. 251.

psychologie... schon ganz bis zur erkenntnismäßigen Bewältigung dieser Elementarvorgänge gelangt ist"[141].

Wenn Comte sich gegen die Psychologie wendet und es ablehnt, in ihr die Grundlage der ‚Geisteswissenschaften' zu sehen, so hat er dabei vor allem diejenige Richtung im Auge, die er in den französischen ‚Ideologen', in Jouffroy oder Cousin, verkörpert sah. Die ideologische Psychologie erschien ihm als nichts anderes denn als verkappte Metaphysik; er spricht ihr jedes Anrecht auf strenge wissenschaftliche Geltung ab [142]. In Deutschland schien hingegen die Entwicklung der wissenschaftlichen Psychologie seit langem in ein anderes Stadium eingetreten zu sein. Hier durfte man glauben, daß sie nicht nur eine sichere empirische, sondern eine streng exakte Grundlage gefunden habe. *Herbart* hatte eine ‚Vorstellungsmechanik' entwickelt, die er nach dem Analogon der mathematischen Erkenntnis zu gestalten suchte, und Anhänger und Schüler von ihm, wie Lazarus und Steinthal, waren von hier aus zur Begründung einer „Völkerpsychologie" fortgeschritten. Durch *Fechners* ‚Elemente der Psychophysik' schien dann der letzte Schritt getan: der Weg zur Mathematisierung des Psychischen stand offen, seitdem es gelungen war, das Verhältnis von Reiz und Empfindung als ein reines Größenverhältnis zu bestimmen. Nach Lamprecht haben alle diese Vorarbeiten durch *Wundt* ihren Abschluß und ihre Vollendung gewonnen. Er zweifelt nicht daran, daß es nunmehr eine in ihren Hauptzügen fertige „psychische Mechanik" gibt – und er glaubt, daß es in kurzem gelingen werde, diese Mechanik von den individuellen Vorgängen auf die Vorgänge des kollektiven Seelenlebens zu übertragen. Damit wird die letzte Schranke schwinden: die Geschichte wird sich in „angewandte Psychologie" auflösen. Was im System des historischen Materialismus ein bloßes Desiderat geblieben war, das wird auf diesem Wege endlich seine wissenschaftliche Erfüllung finden. Der historische Materialismus konnte nach Lamprecht die Lücke, die hier bestand, nicht ausfüllen, weil ihm das wichtigste Mittelglied noch fehlte oder weil er geflissentlich an ihm vorbeisah. Er wollte eine Identität zwischen dem ‚Geistigen' und dem ‚Materiellen' erzwingen, statt sich darauf zu beschränken, den kontinuierlichen Stufengang zu verfolgen, der von dem einen Gebiet zum anderen hinüberführt. Die Wissenschaft als solche bedarf keiner substantiellen Gleichheit beider Gebiete; ihr genügt es, wenn sie den Ring der Kausalität schließen kann, indem sie aufweist, in welcher Weise beide nach festen und allgemeinen Gesetzen aufeinander einwirken. Diese Frage ist nunmehr zwar nicht in allen Einzelheiten, wohl aber im Prinzip gelöst; denn der Nachweis, daß für die Mechanik der großen sozialpsychischen Bewegungen der Geschichte dieselben Elemente und Gesetze gelten, die die moderne wissenschaftliche Psychologie des Individuums ergeben hat, kann

---

[141] Mod. Geschichtswissenschaft, S. 16 f.; vgl. bes. Die Kulturhistorische Methode, S. 12 ff.
[142] Näheres über Comtes Kampf gegen die gleichzeitige französische Psychologie s. bei *Lévy-Bruhl*, La philosophie d'Auguste Comte, Livre II, chap. 5.

mit Sicherheit erbracht werden [143]. „Es ist die Forderung" — so erklärt Lamprecht — „die heute den Betrieb der Geisteswissenschaften von Tag zu Tage mehr zu bestimmen beginnt; und an dem Ziele ihrer Erfüllung winkt, gegenüber der Stückelarbeit der letzten Zeiten, eine neue Synthese" [144].

Daß in einer solchen Synthese die *wirtschaftlichen Phänomene* nicht vergessen werden dürfen, daß ihnen vielmehr eine zentrale Bedeutung zukommt, steht für Lamprecht fest. Er selbst ist erst auf diesem Wege zu seiner eigentlichen Problemstellung gekommen; sein erstes Werk, das für ihn wegweisend geblieben ist, behandelt die Entwicklung des deutschen Wirtschaftslebens im Mittelalter [145]. Vom Marxismus trennt sich indes sein Weg dadurch, daß er nicht, wie dieser, die „Seele" eines Zeitalters aus den wirtschaftlichen Verhältnissen, sondern umgekehrt diese aus jener zu verstehen sucht. Er stellt dem ökonomischen Materialismus seinen eigenen Psychologismus entgegen; er erklärt, daß die Bewegungen des Wirtschaftslebens erst dann mit Sicherheit verstanden werden können, wenn es gelungen ist, sie zu „psychisieren", d. h. sie aus ihren letzten seelischen Motiven abzuleiten. Die Beschränkung auf den *einen* Motivkreis der Wirtschaft kann nach ihm nichts anderes als „dürre Abstraktionen" ergeben. Der psychologische Gesamtcharakter der Menschheitsgeschichte wird dabei übersehen [146]. Nicht minder bestimmt lehnt Lamprecht freilich jene „hyperidealistische Anschauung" ab, die die ‚geistigen' Kräfte isolieren zu können glaubt [147]. Die Wirtschaft bildet die tragende Schicht des historischen Geschehens, und sie wird immer als eines seiner wesentlichen Fundamente anerkannt werden müssen. Aber schon die Partikulargeschichte, die Geschichte der einzelnen Nationen, kann niemals allein nach Momenten der Wirtschafts-, Sozial- oder Verfassungsgeschichte gewertet und disponiert werden; sonst würde nie und nimmer richtig zutage treten, was die einzelnen menschlichen Gemeinschaften universalgeschichtlich bedeutet haben und bedeuten. „Dementsprechend darf eine Theorie des Charakters und des Ablaufs der Kulturzeitalter selbst dann nicht, wenn die Überzeugung vorläge, daß dieser Charakter und Ablauf durchaus und ausschließlich wirtschafts- und sozialpolitisch bestimmt sei, von Wirtschaftsgeschichte und Sozialgeschichte als prinzipiellen Fermenten ausgehen, sondern muß ihre Einteilungsprinzipien dem höchsten geistigen Leben entnehmen: nicht nach der Art ihrer Wurzel, sondern nach ihren Blüteerscheinungen sind die Kulturzeitalter abzugrenzen und zu ordnen" [148].

Daß die Theorie Lamprechts zu ihrer Zeit eine wichtige Funktion erfüllt hat, daß sie geeignet war, gewisse Richtungen der politischen Geschichtsschreibung aus der Enge und Einseitigkeit zu befreien, in die sie allmählich geraten waren, und daß sie in dieser Hinsicht als bedeutsames Ferment ge-

---

[143] Vgl. Mod. Geschichtswissenschaft, S. 15 ff.
[144] ibid., S. 64.
[145] Deutsches Wirtschaftsleben im Mittelalter, Leipzig 1886.
[146] Vgl. Einführung in das historische Denken, S. 44 f., 143 ff. u. ö.
[147] Alte und neue Richtungen in der Geschichtswissenschaft, Berlin 1896, S. 70.
[148] Mod. Geschichtswissenschaft, S. 119.

wirkt hat, kann nicht bezweifelt werden. Gerade die heftigen und oft maßlosen Angriffe, denen Lamprecht ausgesetzt war, bewiesen diese aufrüttelnde Wirkung, die er geübt hat. Aber ein anderes ist die kritische und polemische Leistung, die ihm hier zufiel, ein anderes die positive Begründung und Durchführung seiner These. Lamprecht stimmt mit Taine und mit dem französischen Positivismus darin überein, daß er die Geschichte zum Rang einer Naturwissenschaft erheben, daß er sie aus einer bloß-beschreibenden in eine wissenschaftlich-erklärende Disziplin verwandeln will. Jede Prüfung seines Systems muß an *diesem* Punkte einsetzen. Sie muß fragen, ob seine eigenen Begriffe dem entsprechen, was er selbst als Norm und Richtschnur aufgestellt hat. Und hier wird sofort deutlich, wie sehr die Leistung hinter der Forderung zurückbleibt. Denn keiner der Typenbegriffe, die Lamprecht geprägt hat, kann Anspruch darauf erheben, in logischer Hinsicht etwas anderes und etwas mehr als ein rein deskriptiver Begriff zu sein. Selbst wenn man die Richtigkeit der Beschreibung zugesteht, wäre damit die Aufgabe der Erklärung, die Lamprecht als eigentliches Ideal vorschwebte, noch keineswegs erfüllt. Lamprecht konstruiert eine „Zeitalterfolge", die in allen historischen Entwicklungen in großen Grenzen gleichartig wiederkehren soll. Auf eine urtümliche Periode des ‚Symbolismus' folgt eine solche des ‚Typismus' und ‚Konventionalismus'; ihnen schließt sich dann ein ‚individualistisches' und ‚subjektivistisches' Zeitalter an, und den Schluß bildet jene Epoche der ‚Reizsamheit', in der wir jetzt stehen. Daß keiner dieser Begriffe den Anspruch erheben kann, in *naturwissenschaftlichem* Sinne streng definiert zu sein, geschweige eindeutig bestimmt zu sein, springt in die Augen. Es handelt sich hier um ein sehr weitmaschiges Netz, um einen ersten Versuch einer provisorischen Ordnung höchst heterogener Erscheinungen. Aber dieses Schema, das Lamprecht sich als Mittel des Überblicks, der ersten Orientierung geschaffen hatte, beginnt sich allmählich unter seinen Händen in sehr merkwürdiger Weise zu beleben. Statt zu einem historischen *Bezugssystem,* dem andere, gleichwertige an die Seite treten können, wird es zu einem Ausdruck der objektiven *Kräfte,* die das historische Geschehen bestimmen und beherrschen. Er erklärt ausdrücklich, daß nicht nur die deutsche Geschichte, für die er seine Periodisierung zuerst durchgeführt hatte, sondern auch die Kulturgeschichte der antiken Völker nach wesentlich demselben Schema „aufgebaut" sei [149]. Das Schema gibt jetzt das Bild des „Normalverlaufs", der zwar gelegentlich, durch die Einwirkung besonderer örtlicher und zeitlicher Umstände, abgewandelt, aber in seiner typischen Grundrichtung niemals verändert werden kann [150]. Daß der Beweis für eine derartige These nur *induktiv* geführt werden könnte, darüber ist sich Lamprecht völlig im klaren — aber welcher gewaltigen Induktion würde es hierfür bedürfen! Über alle diese Schwierigkeiten setzt er sich indes kühn hinweg; er ist des Zieles gewiß und glaubt es antizipieren zu können, wenngleich noch ein weiter Weg bis zu seiner wirklichen Erreichung zu durchmessen ist. „Der Ablauf und der

---

[149] Vgl. Einführung, S. 131.
[150] ibid., S. 139 ff.

Charakter der Zeitalter, die sich für die deutsche Geschichte nachweisen lassen" — so betont er mit unerschütterlicher dogmatischer Sicherheit — „ist auch, soweit wie historische Quellen eine Nachprüfung gestatten, in der Geschichte anderer Völker enthalten. Ja noch mehr: es hat sich bisher kein Volk gefunden, in dem er nicht nachweisbar wäre"[151]. Als Lamprecht im Jahre 1904 seine Vorträge in Amerika hielt, in denen er seine These darlegte, spricht er die Hoffnung aus, den Beweis für die universalhistorische Geltung derselben im Verlauf seines Lebens noch selbst erbringen zu können[152]. Damit glaubte er an dem Punkte zu stehen, an welchem man getrost den Schritt wagen durfte, die induktive Theorie in eine deduktive Theorie umzubilden. Er konnte nun den merkwürdigen und paradoxen Gedanken einer „Geschichte" fassen, die nur die großen Züge des Geschehens verzeichnen und ihre generelle Abfolge feststellen, im übrigen aber von Ort und Zeit abstrahieren sollte[153]. Raum und Zeit, die eigentlichen ‚*principia individuationis*', wären damit überwunden gewesen; aus einem Überblick über die Entwicklung aller großen menschlichen Gemeinschaften hatten sich die eigentlichen und vollendeten Typen der Kulturzeitalter „durch Ausscheidung der individuellen und singulären und Hervorhebung der gemeinsamen Momente" gewinnen lassen[154]. Diese Formulierung macht die Gefahr deutlich, der Lamprechts Darstellung um so mehr unterliegt, je energischer sie ihre Eigenart ausbildet und je konsequenter sie ihren Weg verfolgt. Denn was durch ein solches Hinwegsehen über die Bedingungen von Raum und Zeit entsteht, kann kaum mehr den Anspruch erheben, eine ‚Theorie' der Geschichte zu heißen — es droht zu einer wissenschaftlichen ‚Utopie' und ‚Uchronie' zu werden.

Die Klippe, die hier für Lamprecht bestand, kann man sich am besten verdeutlichen, wenn man ihn mit anderen Forschern vergleicht, denen er auf den ersten Blick in seiner Grundauffassung sehr nahe zu stehen scheint. Man hat ihn nicht selten unmittelbar an die Seite Jacob *Burckhardts* gestellt[155], und er selbst hat sich in seinem Kampf gegen die politische Geschichtsschreibung immer wieder auf Burckhardts Beispiel und Vorbild berufen[156]. In der Tat stimmen beide darin überein, daß sie nicht bloß „Längsschnitte", sondern „Querschnitte" des Geschehens geben wollen. Sie wollen die Geschichte nicht einfach dem Heraklitischen „Fluß der Dinge" ausliefern — sie suchen in ihr etwas Bestehendes und Bleibendes. Der Gegenstand der Geschichte geht nicht schlechthin in der Zeit auf, sondern er besitzt gewissermaßen eine überzeitliche Dimension. „Was die Eigenschaften der bisherigen Geschichts-

---

[151] Einführung, S. 131.
[152] Moderne Geschichtswissenschaft, S. 94.
[153] Vgl. Mod. Geschichtswissenschaft, S. 92; Einführung, S. 149 u. ö.
[154] Vgl. Moderne Geschichtswissenschaft, S. 91.
[155] Vgl. z. B. das Schlußkapitel in Moritz *Ritters* Schrift: Die Entwicklung der Geschichtswissenschaft an den führenden Werken betrachtet.
[156] Vgl. z. B. Die kulturhistorische Methode, Berlin 1900, S. 31.

philosophie betrifft" — so erklärt Burckhardt — „so ging sie der Geschichte *nach* und gab Längendurchschnitte; sie verfuhr chronologisch ... Unser Ausgangspunkt ist der vom einzigen bleibenden und für uns möglichen Zentrum, vom duldenden, strebenden und handelnden Menschen, wie er ist und immer war und sein wird ... Die Geschichtsphilosophen betrachten das *Vergangene* als Gegensatz und Vorstufe zu uns als Entwickelten; — wir betrachten das *sich Wiederholende, Konstante, Typische* als ein in uns Anklingendes und Verständliches." Denn der Geist hat nach Burckhardt zwar Wandelbarkeit, aber nicht Vergänglichkeit; er schafft sich ständig neue Gestalten, aber in jeder von ihnen drückt sich sein einheitliches und dauerndes Wesen aus [157]. Im gleichen Sinne definiert Lamprecht die „Kultur" eines Zeitalters als den Ausdruck des jeweils eine Zeit beherrschenden seelischen Gesamtzustandes — eines ‚Diapasons', der alle seelischen Erscheinungen der Zeit und damit alles geschichtliche Geschehen derselben durchdringt: denn alles geschichtliche Geschehen ist seelischen Charakters. Und hierfür sucht er nach Begriffen, die umfassend genug sind, um ihnen nicht nur eine bestimmte Einzelrichtung, sondern alles Geschehen eines bestimmten Zeitalters unterzuordnen: „es sind die Begriffe gewisser Kulturzeitalter als der bestimmten psychischen Diapasons einer gewissen Zeit" [158]. Derartige psychologische Abstraktionen sind Burckhardt völlig fremd. Er versteht unter dem sich Wiederholenden und Typischen, dessen Erkenntnis er von dem Historiker verlangt, etwas im Grunde völlig anderes als Lamprecht. Was er in allen seinen Hauptwerken — in der Darstellung Konstantins des Großen wie in der Griechischen Kulturgeschichte und in der Kultur der Renaissance — sichtbar machen will, ist die geistige Struktur bestimmter Epochen. Diese ist ihm nicht ein bloß Verfließendes; sondern sie besitzt eine feste, bestimmte, konkrete Gestalt. Sie ist ein Gebilde, das einen festen Umriß besitzt und das sich in seinen charakteristischen Wesenszügen beschreiben läßt. Aber diese Beschreibung kann nach Burckhardt immer nur ein Werk der *Anschauung* sein. Wir können das ‚Konstante' im *Bilde* festhalten; aber wir können es nicht in rein begrifflicher Form, in der Form von allgemeinen Regeln oder Gesetzen aussprechen. Diese künstlerische Intuition Burckhardts genügt Lamprecht nicht; er fordert für sie eine wissenschaftliche Fundierung. Die Geschichte wird ihm zu einer Reihe bestimmter seelischer Zuständlichkeiten, die in ihrem Ablauf einem allgemeinen Naturgesetz unterstehen; die so wie sie aufeinanderfolgen, aufeinanderfolgen *müssen*. Nach ein und demselben gleichförmigen Rhythmus muß immer und überall ein Zeitalter des ‚Typismus' auf das des ‚Symbolismus', ein Zeitalter des ‚Konventionalismus' auf das des ‚Typismus' folgen. Dieser eherne Ring psychologischer Notwendigkeiten ist es, der das Leben der Menschheit umschließt. Was wir ‚Individualität' nennen, ist immer nur die örtliche und zeitliche Abwandlung, niemals die Durchbrechung dieser allgemeinen Regel. Je weiter Lamprecht auf seinem Wege fortschreitet,

---

[157] *Burckhardt*, Weltgeschichtl. Betrachtungen, S. 2 ff.
[158] ibid., S. 26.

um so mehr droht diese Regel zu einer Schablone zu erstarren, die das Geschehen noch irgendwie zu umschließen, die uns aber von ihm kein wirklich bestimmtes konkretes Bild mehr zu liefern vermag. Burckhardt hingegen bleibt nicht nur auf dem Boden der Anschauung stehen; sondern bei ihm sollen alle Begriffsbildungen nur dazu dienen, uns tiefer und tiefer in die Welt der Anschauung hineinzuführen. Er ist von einem unstillbaren Durst nach Anschauung erfüllt, und er hat selbst erklärt, daß sein Geschichtsstudium wie seine Beschäftigung mit der Kunst aus diesem „enormen Durst" hervorgegangen sei [159]. In dieser Hinsicht grenzte er sein Verfahren ebenso bestimmt gegen das der philosophischen Erkenntnis wie gegen das der Naturwissenschaft ab. Als Historiker wollte er mit beiden nicht wetteifern; er strebte nicht nach derselben Form des „Allgemeinen", das für diese bestimmend und richtunggebend ist. Wenn dieses Allgemeine den Charakter der Wissenschaft ausmacht, so war er gern bereit zuzugeben, daß die Geschichte „die unwissenschaftlichste aller Wissenschaften" sei. Ein solches Wort hätte Lamprecht nie sprechen können; es wäre ihm wie ein Verrat an allen seinen Idealen erschienen. „Philosophische und historische Begriffe" — so sagt Burckhardt — „sind wesentlich verschiedener Art und verschiedenen Ursprungs; jene müssen so fest und geschlossen als möglich, diese so flüssig und offen als möglich gefaßt werden" [160]. Die Flüssigkeit und Offenheit vermißt man an den Lamprechtschen Typen und an der starren Verknüpfung, die zwischen ihnen bestehen soll. Es war gerade die Zurückhaltung und Selbstbescheidung, die Burckhardt gegenüber aller ‚Spekulation' übte, was ihn zu seinen höchsten Leistungen im Gebiet der Geschichtsforschung befähigte. In einem Briefe, den er mit 24 Jahren an Karl Fresenius geschrieben hat, spricht er sich alle Anlage zu abstrakt-spekulativen Gedankengängen ab. ‚Mein Surrogat' — so fügt er hinzu — ‚ist eine täglich mehr auf das Wesentliche gerichtete, täglich sich schärfende *Anschauung*... Du kannst gar nicht glauben, wie durch dies vielleicht einseitige Streben nach und nach die Fakta der Geschichte, die Kunstwerke, die Monumente aller Zeiten als Zeugen eines vergangenen Entwicklungsstadiums des Geistes Bedeutung gewinnen... Die höchste Bestimmung der Geschichte der Menschheit: die Entwicklung des Geistes zur Freiheit ist mir leitende Überzeugung geworden, und so kann mein Studium mir nicht untreu werden, kann mich nicht sinken lassen, muß mein guter Genius bleiben mein Leben lang' [161]. In dieser Gesinnung maß Burckhardt den Streitigkeiten über die Geschichte als *Wissenschaft* und dem Methodenstreit überhaupt, der Lamprechts ganzes Leben und seine wissenschaftliche Entwicklung durchzieht, nur wenig Bedeutung bei. Für ihn bedurfte es dessen nicht; denn er erklärte, daß ihm Geschichte „Poesie in größtem Maßstabe" sei und bleibe. „Wohl verstanden" — so fügt er bezeichnend

---

[159] Vgl. oben S. 283.
[160] Weltgeschichtl. Betrachtungen, S. 62.
[161] Brief Burckhardts vom 12. Juni 1842; vgl. Jac. Burckhardts Briefe, hrsg. von Fritz *Kaphahn*, Leipzig 1935, S. 60.

hinzu — „ich betrachte sie nicht etwa romantisch-phantastisch, was zu nichts taugen würde, sondern als einen wundersamen Prozeß von Verpuppungen und neuen, ewig neuen Enthüllungen des Geistes. An diesem Rande der Welt bleibe ich stehen und strecke meine Arme aus nach dem Urgrund aller Dinge, und darum ist mir die Geschichte lauter Poesie, die durch Anschauung bemeistert werden kann" [162].

Lamprecht wollte nicht an diesem „Rande der Dinge" stehen bleiben. Auch er fühlte sich lebhaft zur bildenden Kunst hingezogen, und er greift immer wieder auf ihre Werke zurück, um mit ihrer Hilfe den Beweis für die Richtigkeit seiner historischen Theorie zu erbringen. Das Bildmaterial erscheint ihm schließlich wichtiger und überzeugender als das bloße Tatsachenmaterial und die geschriebenen Urkunden [163]. Und ebenso betont er, daß alle Geschichtsschreibung, sofern sie auf die Herausarbeitung und Darstellung des Anschaulich - Individuellen gerichtet ist, mit dem Mittel der wissenschaftlichen Allgemeinbegriffe nicht zu erreichen ist. Hier muß die *Kunst* eintreten: denn ihr allein kann die Belebung des Anschaulich-Individuellen gelingen, die eine Sache der Phantasie, nicht der logischen Begriffsbildung ist [164]. Aber für Lamprecht ist dies nur der Anfang der Geschichte, nicht ihr Ziel oder Ende. Ihr Ende, ihre wissenschaftliche Vollendung wird immer darin bestehen müssen, daß sie, nachdem sie sich in die Fülle der Einzelheiten versenkt hat und diese rein induktiv zusammengestellt und miteinander verglichen hat, einen letzten allumfassenden Allgemeinbegriff aufstellt. Solche höchsten Begriffe „zur ausnahmslosen Subsumtion aller seelischen Entwicklungserscheinungen menschlicher Gemeinschaften", und das heißt zur ausnahmslosen Subsumtion des historischen Geschehens überhaupt, glaubt Lamprecht in seinen ‚Kulturzeitaltern' gefunden zu haben. „Die Kulturzeitalter erfüllen damit zum erstenmal die Forderung einer wahrhaft wissenschaftlichen Gruppierung und denkhaften Durchdringung der Welt der geschichtlichen Tatsachen; die kulturhistorische Methode ist die erste wirklich wissenschaftliche Methode der Historie hinaus über die bloße kritische Bearbeitung der Einzeltatsache und der einzelnen Tatsachenreiche" [165]. Dieser Drang zur *Klassifikation* der Erscheinungen erwies sich bei Lamprecht zuletzt als weit stärker als der zur unmittelbaren Anschauung — und er drohte die letztere bisweilen fast völlig zu verdrängen und aus dem Felde zu schlagen. Er führte zu einer gewaltigen Konzentration des Materials, die aber durch die Einengung auf einige wenige leitende Gesichtspunkte erkauft werden mußte. Es ist charakteristisch für dieses Verfahren, daß Lamprecht, in seinen Vorlesungen in New York, den Versuch wagen konnte, eine Erzählung der Geschichte des deutschen Volkes von etwa 500 vor Christus bis zur Gegenwart in einer einzigen Stunde zu geben. Er konnte

---

[162] ibidem, Briefe (ed. Kaphahn), S. 61.
[163] Vgl. *Lamprecht*, Einführung, S. 71 ff, Mod. Geschichtswissenschaft, S. 29 ff.
[164] Die kulturhistor. Methode, S. 6, S. 35.
[165] ibid., S. 28 f.

und durfte dies, weil diese Geschichte ihm allmählich zu einer bloß „psychologischen Geschichte" geworden und weil er überzeugt war, daß diese immer demselben einfachen und gleichförmigen Gang folgen müsse, den uns die Individualpsychologie am Fortschritt von der Kindheit zum Jünglings- und Mannesalter und von diesem zum Greisenalter offenbart [166]. „Der Verlauf, den wir kennengelernt haben" — so sagt Lamprecht — „ist dem Verlaufe des psychischen Mechanismus des Einzelindividuums ebenso ähnlich, wie die sozialpsychischen Gesetze bekanntlich nichts als Anwendungsfälle der individualpsychisch gefundenen Gesetzmäßigkeiten sind." Auch hierbei überschätzte er freilich die Tragfähigkeit des wissenschaftlichen Fundaments, auf das er sich stützte; — denn welche Biologie und Psychologie hat jemals den empirischen Beweis dafür erbracht, daß die Entwicklung des Individuums sich in jener Stufenfolge vollzieht, die Lamprecht für die der Menschheit als bestimmend und notwendig ansieht? Selbst wenn man einen durchgehenden Parallelismus von Phylogenese und Ontogenese zugab, konnte daher die letztere nicht das leisten, was hier von ihr verlangt wurde. Von einem ‚Entwicklungs*kanon*', der sich in der unverbrüchlichen Reihenfolge einer bestimmten Anzahl von Kulturzeitaltern in der gleichen Weise auswirkt, wie die Einzelseele ihre spezifische Entwicklung in den Stufen der verschiedenen Lebensalter vollzieht [167], konnte also wohl in der Art eines Analogieschlusses, nicht aber eines Induktionsschlusses gesprochen werden. Es ist bekannt, wie derartige Analogien immer wieder im Verlauf geschichtsphilosophischer Betrachtungen aufgetaucht sind; aber sie sind viel zu unbestimmt und geben zu so vielen verschiedenen Möglichkeiten Raum, daß sie für die Aufstellung eines derart einfachen und eindeutigen Kanons, wie es der Lamprechtsche ist, nicht verwendet werden können. Die Behauptung, daß die „Kulturzeitalter" sich nach Reihenfolge und Charakter auf das Wirken einfacher seelischer Gesetze zurückführen lassen, deren Entwicklung der psychologischen Wissenschaft gelungen sei [168] — ist das methodische Postulat, auf das sich Lamprechts Geschichtsbetrachtung durchgehend stützt. Aber von der Aufstellung eines solchen Postulats bis zu seiner Erfüllung ist ein weiter Weg. Und gerade die künftige Entwicklung der Psychologie hat es deutlich gemacht, wie wenig dieselbe nach dem Stand, den sie in den letzten Jahrzehnten des 19. Jahrhundert erreicht hatte, dazu imstande war, derartig einfache Gesetze für alles geschichtliche Leben aufzustellen. Auch beim Übergang von der Individualpsychologie zur „Völkerpsychologie" hat sich Wundt an etwas Derartiges kaum gewagt. Wollte man sich hier der Führung der Psychologie anvertrauen, so konnte das nur in dem Sinne geschehen, daß man diese selbst auf ein anderes methodisches Fundament stellte. Aber derartige Versuche, wie sie insbesondere *Dilthey* in seinen ‚Ideen zu einer beschreibenden und zergliedernden Psychologie' gemacht hatte, hat Lamp-

---

[166] Vgl. Einführung, S. 68 ff.
[167] vgl. ibidem, S. 98.
[168] Vgl. Die kulturhistor. Methode, S. 38.

recht abgelehnt; er sah sie durch die „vernichtende Kritik" von Ebbinghaus als widerlegt an [169]. Er glaubte auf festem und unerschütterlichem Boden zu stehen, wenn er sich der experimentellen Psychologie seiner Zeit anvertraute; und er erklärt die letztere geradezu als die „normative Grundlage der Geschichtswissenschaft" [170]. Befragt man freilich nicht seine Theorie, sondern seine wissenschaftliche Praxis, so findet man, daß das Band, das ihn mit dieser verknüpft, doch nur sehr lose geknüpft ist. Denn die Resultate der Psychologie, auf die sich Lamprecht beruft, sind nur sehr vager Art, — und sie würden für sich allein keineswegs zureichen, so konkrete und ins einzelne gehende Behauptungen zu rechtfertigen, wie die Lamprechtsche Theorie sie enthält. Bisweilen sind es so allgemeine ‚Gesetze' wie die Regeln der Erfahrungs- oder Ähnlichkeitsassoziation, die er benutzt, um an sie sehr weitreichende Schlüsse über ‚sozialpsychische' Vorgänge zu knüpfen [171]. Die Ausfüllung der psychologischen Schemata blieb hierbei in jedem Falle der historischen ‚Anschauung' überlassen: die Psychologie vermochte zwar den Rahmen abzugeben, aber es war ein Irrtum, wenn Lamprecht glaubte, daß sie auch das Bild der geschichtlichen Entwicklung als solches zeichnen oder doch in seinen Grundzügen entwerfen könne.

---

[169] Vgl. Alte und neue Richtungen der Geschichtswissenschaft, S. 38.
[170] ibid., S. 19.
[171] Vgl. z. B. Mod. Geschichtswissenschaft, S. 114.

SIEBENTES KAPITEL

*Der Einfluß der Religionsgeschichte auf das historische Erkenntnisideal
David Friedrich Strauß — Renan — Fustel de Coulanges*

I.

In seiner Schrift ‚Alte und neue Richtungen in der Geschichtswissenschaft' weist *Lamprecht* einmal darauf hin, daß man in dem Kampf, der zwischen den Anhängern der rein „politischen" Geschichtsschreibung und den Verfechtern der „kulturgeschichtlichen" Methode geführt worden sei, den eigentlichen Streitpunkt allmählich mehr und mehr aus den Augen verloren habe. Denn nicht darum könne es sich handeln, die Historie gewissermaßen auf einen bestimmten *Inhalt* zu verpflichten und sie ausschließlich an ihm festhalten zu wollen. „Eine Wissenschaft charakterisiert sich erst sekundär durch die mehr oder minder weite Abgrenzung der Gebiete, worauf sie sich bezieht; nur in großen Ausnahmefällen und niemals bei innerlichster Auffassung ihres Werdeganges, wird sie einen grundsätzlichen Fortschritt in ihrer Entwicklung durch Eroberung neuer Gebiete machen, sondern immer nur durch eine Weiterbildung ihrer Methode" [172]. Die Grenzlinie, die Lamprecht hier zieht, war in erkenntnistheoretischer Hinsicht berechtigt, und sie konnte dazu dienen, die Diskussion auf ihren eigentlichen Boden zurückzuversetzen und sie vor Abschweifungen zu bewahren. Aber auf der anderen Seite zeigt freilich die Entwicklung der Wissenschaft auf Schritt und Tritt, daß die Inhaltsfrage und die Methodenfrage zwar logisch unterschieden sind, daß aber aus dieser Unterscheidung nicht auf die Möglichkeit oder Notwendigkeit ihrer völligen *Trennung* im Leben der Wissenschaft selbst, in der konkreten Arbeit und im Fortgang der Forschung, zu schließen ist. Hier zeigt sich vielmehr eine stete Wechselwirkung und eine gegenseitige Befruchtung zwischen den beiden Momenten. Jede Erweiterung des Gegenstandsbereichs einer Wissenschaft wirkt auf die Auffassung ihrer Methode zurück; jeder Schritt, den sie über ihr bisheriges Gebiet hinaus tut, zwingt sie zu einer tieferen Reflexion über den Charakter und die Eigenart ihrer Erkenntnismittel. Die Frage nach dem „Inhalt" der Geschichte und die nach ihrer „Form" greifen daher ständig ineinander ein. Wir konnten dieses Eingreifen bereits an mehreren typischen Beispielen sichtbar machen. Als *Mommsen* erklärte, daß die Struktur eines Staates nur aus der seiner Verfassung und der seines Rechts begriffen werden könne, da war damit die einseitige Vorherrschaft der rein philologischen Methodik im Gebiet der Geschichtswissenschaft gebrochen. Die Ver-

---

[172] *Lamprecht,* Alte u. neue Richtungen, S. 4.

bindung von Philologie und Sprachwissenschaft auf der einen Seite, von Rechts- und Staatswissenschaft auf der anderen Seite war zum Prinzip der historischen Erkenntnis erhoben [173]. Auch für *Burckhardt* wurde es von höchster Bedeutung, daß er *Staat, Religion* und *Kultur* als die drei Grundpotenzen unterschied, in deren Entwicklung sich alles geschichtliche Leben vollzieht [174]. Für jede dieser drei Potenzen mußte er jetzt je eine eigene Weise, eine selbständige Richtung der historischen Erkenntnis fordern und ausbilden. In die *Religionsgeschichte* hat sich Burckhardt hierbei nur gelegentlich vertieft — obwohl er in seiner ersten Schrift über das Zeitalter Konstantins des Großen das Christentum dazu benutzte, um an ihm, als dem größten und klassischen Beispiel, darzutun, welche Wandlungen ein religiöser Glaube erfahren muß, wenn er aus dem Stadium der reinen Innerlichkeit heraustritt, wenn er zu einer Welt- und Staatsreligion wird. Aber diesen Weg hat Burckhardt später nicht weiter verfolgt; denn für seine Art, die Kultur zu sehen, war das Interesse an der Kunst wichtiger und bestimmender als das an der Religion [175]. In einem Briefe vom Jahre 1842 erklärt er ausdrücklich, daß ihm die Geschichte im Grunde „eine Reihe der schönsten malerischen Kompositionen" sei. Burckhardt — so hat man mit Recht gesagt — „war immer Kunsthistoriker; er wars auch als Historiker, immer ein Bildsucher, und schließlich zog er sich als Lehrer auf die Kunstgeschichte als sein liebstes Altenteil zurück. Das Bild hatte eben immer in ihm gesiegt über das tragische Gefühl, das Schöne über das ‚Furchtbare', der Humanist über den Pessimisten" [176].

Wie aber mußte sich nun das historische Erkenntnisideal und die historische Methodik gestalten, wenn Religionsgeschichte und Bildgeschichte mit gleichen Ansprüchen auf den Plan traten — und wenn beide gewissermaßen um die Herrschaft rangen? Daß hier in rein *systematischer* Hinsicht der Keim zu einem tiefen Problem liegt, ist unverkennbar. Die Religion kann ihrem Wesen nach aus der Sphäre des ‚Bildes', aus der Sphäre der Anschauung und der Phantasie, niemals heraustreten. Sie zieht aus ihr ihre eigentliche Kraft; sie würde verdorren und absterben, wenn sie sich nicht immer wieder aus diesem Erdreich nährte. Aber sie kann auf der anderen Seite das Bild niemals *bloß* als Bild, als willkürliches Bild der „Einbildungskraft" gelten lassen. Es hat für sie eine Bedeutung, insofern es nicht nur die Wahrheit darstellt — sondern die Wahrheit selbst *ist*. Alle Religions*philosophie* hat sich immer wieder um diesen Konflikt bewegt und ihn in irgend einer Weise zu versöhnen gesucht. Aber der Konflikt nimmt eine neue Gestalt an, sobald man ihn vom Boden der Religions*philosophie* auf den der reinen Religions*geschichte* versetzt. Diesen Schritt hat erst das neunzehnte Jahrhundert getan, und damit hat auch der „Historismus" dieses Jahrhunderts erst seine eigentümliche und spezifische Gestalt gewonnen. Wir haben früher betont,

---

[173] Vgl. oben S. 264 ff.
[174] Vgl. *Burckhardt,* Weltgeschichtl. Betrachtungen, S. 20 ff.
[175] Vgl. oben, Buch III, Kap. 1, S. 225 ff.
[176] Karl *Joël,* Jac. Burckhardt als Geschichtsphilosoph, S. 105.

daß es unrichtig und irreführend ist, wenn man, der Tradition folgend, dem achtzehnten Jahrhundert den Sinn für das geschichtliche Leben überhaupt absprechen will [177]. Es hat diesen Sinn nicht nur besessen, sondern es hat ihn auch in großen und dauernd wertvollen Leistungen bestätigt. Aber der Religion und ihrer Erkenntnis konnte die historische Erkenntnis hier nur in sehr beschränktem Maße zugute kommen. *Semler's* „Abhandlung von der freien Untersuchung des Kanons" (1771 ff.) stellt schon im 18. Jahrhundert die Grundsätze für eine historische Bibelkritik fest — und Lessing versteht die Entwicklung der einzelnen Religionen als eine fortlaufende göttliche „Erziehung des Menschengeschlechts". Aber alle diese Tendenzen konnten im Kreise des achtzehnten Jahrhunderts nicht zur vollen Entfaltung kommen. Was dieser Entfaltung im Wege stand, war der Umstand, daß auch dort, wo sich der historische Charakter der Religion zu erschließen begann, ein anderer wesentlicher Zug von ihr nach wie vor im Dunkeln blieb. Das Wesen und Werden der Religion läßt sich nicht verstehen, wenn man nicht zuvor die spezifische Eigenart des *mythischen Bewußtseins* erfaßt hat. Hier aber stand die Epoche der Aufklärung an einer wirklichen Grenze ihres Begreifens, und hier sah sie sich einem Rätsel gegenüber, das mit ihren gedanklichen Mitteln nicht einmal als solches zu erfassen war, geschweige daß es durch sie gelöst werden konnte. Nur ein Denker hat im Verlauf des achtzehnten Jahrhunderts diesen Bann gebrochen. *Giambattista Vico* kann als der eigentliche *Entdecker des Mythos* bezeichnet werden. Er versenkt sich nicht nur in die bunte Formenwelt des Mythos, sondern er lernt aus ihrer Betrachtung, daß diese Welt ihre eigentliche Struktur, ihre eigentümliche Zeit und ihre eigentümliche Sprache hat. Und er macht die ersten Ansätze dazu, diese Sprache zu entziffern; er gewinnt eine Methode, kraft deren die „heiligen Bilder", die Hieroglyphen des Mythos lesbar zu werden beginnen. Auf diesem Wege ist ihm Herder gefolgt. Aber selbst für Vico und Herder hebt sich die Besonderheit des Mythos noch nicht in ihrer vollen Schärfe ab. Der Unterschied zum Rationalen ist erkannt und klar erfaßt; aber ein Mittel, um das Mythische auch gegenüber der Welt der Dichtung, gegenüber dem ‚Poetischen' in seiner Bestimmtheit und in seiner vollen Selbständigkeit zu sehen, fehlt noch. Nach *dieser* Seite hin drohen sich die Grenzen, die man soeben gewahr geworden war, immer wieder zu verwischen. Der Mythos wird *ästhetisch* gesehen und interpretiert. Wie weit diese Interpretation gelangen konnte und wie fruchtbar sie sich erwies, zeigen die ersten Schriften Herders: insbesondere seine Schrift über die „Älteste Urkunde der Menschengeschichte" (1774); Herder hatte die Empfindung, daß er hier auf einem neuen Boden stand, und er war sich ebensowohl der Bedeutung wie der Grenzen seiner Betrachtungsweise bewußt. Er rühmte sich, daß er die Bibel in einem Sinne gelesen habe wie kein anderer vor ihm, und er glaubte, daß sie erst hierdurch „eine nach Jahrhunderten enthüllte heilige Schrift" geworden sei [178]. Aber er ahnte auch die künftigen Probleme, die diese Art der

---

[177] Vgl. oben, Buch III, Kap. 1, S. 225 ff.
[178] *Herder,* Älteste Urkunde, Erster Teil, Werke (Suphan) VI, 195 f.

Deutung in sich schloß. „Dann wird sich aber die Not erst anheben" — so schreibt er an Hamann — „bis ein Tag kommt, der durch *facta* und *acta* alles entsiegelt. Glücklich von fern dazu vorbereitet, verkündigt, beigetragen zu haben" [179].

Herders historischer Sinn, der ebensowohl in die Vergangenheit zurück- wie in die Zukunft vorauswies, hat ihn auch an diesem Punkte nicht getäuscht. Alle Gedankenkeime, die Herder ausgestreut hatte, sah die Romantik in reicher Fülle aufgehen. Und sie glaubte nunmehr, daß die Zeit der Ernte gekommen sei. Auf Herder folgt *Schelling* — und er ist überzeugt, daß erst auf Grund seiner Lehre eine wahre ‚*Philosophie der Mythologie*‘ möglich sei. Diese Philosophie wird den Mythos nicht dem bloßen Verstand und seiner Kritik ausliefern; sie wird dem Element der Phantasie, in dem er lebt, webt und ist, sein volles Recht wahren. Aber sie wird ihn ebensowenig zum bloßen ästhetischen Spiel machen; sie wird ihm eine Wahrheit *sui generis* zusprechen. Der Mythos birgt in sich eine eigentümliche Art von ‚Vernunft‘, die sich auf nichts anderes reduzieren und mit nichts anderem vergleichen läßt. Seinem *Inhalt* nach betrachtet, scheint er freilich nichts als Erdichtung und Fabel zu sein; und, so gesehen, gibt es keinen größeren Gegensatz als den zwischen ihm und der Philosophie, die nichts anderes als die Wahrheit kennt und kennen darf. Aber ein anderes ist der Inhalt, ein anderes die *Form* des Mythos. Diese Form ist nichts Starres, sondern ein sich Entfaltendes und Bewegliches — und ihre Bewegung ist nicht der Willkür oder dem bloßen Zufall preisgegeben, sondern es drückt sich in ihr ein inneres Gesetz aus. „Es gibt Gegenstände, welche die Philosophie außer allem Verhältnis zu sich betrachten muß. Dahin gehört alles, was keine wesentliche Wirklichkeit in sich hat, was nur in der willkürlichen Meinung der Menschen etwas ist. Der mythologische Prozeß aber ist etwas, das sich in der Menschheit unabhängig von ihrem Wollen und Meinen ereignet hat... Die Mythologie ist ein natürliches, ein notwendiges Gewächs... Sie ist eine wahre Totalität, ein Abgeschlossenes, in gewissen Schranken Gehaltenes, für sich eine Welt... Endlich widerstrebt der Philosophie das Tote, Stillstehende. Aber die Mythologie ist ein wesentlich Bewegliches, und zwar nach einem innewohnenden Gesetz sich selbst Bewegendes, und es ist das *höchste* menschliche Bewußtsein, das in ihr lebt, und durch den Widerspruch selbst, in den es sich verwickelt, indem es ihn überwindet, sich als *reell,* als wahr, als notwendig erweist" [180].

Damit war ein neues, für das Verständnis des Mythos grundlegendes Prinzip aufgestellt. Denn zum ersten Mal wird hier im Rahmen eines philosophischen Systems der Satz durchgeführt, daß die mythische Welt aus sich selbst, nicht aus einem Anderen begriffen werden müsse. Der Mythos hat keine bloße Fremdbedeutung, sondern echte Eigenbedeutung; das Licht, in

---

[179] Brief Herders an Hamann vom Mai 1774; s. Hamanns Schriften, hg. von Roth, V, 70 ff.
[180] *Schelling*, Einleitung in die Philosophie der Mythologie, 9. Vorlesung, Sämtl. Werke, 2. Abteilung, Band I, S. 220 ff.

dem wir ihn sehen, darf kein bloß reflektiertes Licht, sondern es muß ein ursprüngliches, aus ihm selbst quellendes Licht sein. An die Stelle der bisherigen ‚allegorischen' Deutung — so drückt Schelling diesen Gedanken aus — muß die ‚tautegorische' Deutung treten. Wir müssen es aufgeben, in ihm nur die Hülle zu sehen, die eine andere Art von Wahrheit für uns verdeckt — sei es daß wir die letztere im Sinn einer „Erklärung" bestimmter Naturphänomene, sei es daß wir sie im Sinne eines moralischen Satzes verstehen. Aber ebensowenig reicht es aus, wenn wir ihn auf die Kunst reduzieren, wenn wir ihn lediglich als „ästhetischen Schein" verstehen wollen. Der Mythos ist nicht „erdichtet"; — denn Dichtung ist das Werk des Einzelnen, der sich der freien Bewegung seiner Phantasie überläßt. In ihm aber gibt es nichts von einer derartigen Freiheit oder, besser gesagt, von einer solchen Zufälligkeit. Alles in ihm ist vielmehr Notwendigkeit; aber freilich eine solche, die uns nicht von außen, durch das Dasein der „Dinge", sondern durch die Natur des Bewußtseins auferlegt ist. Denn in diesem müssen wir das eigentliche ‚subjectum agens' der Mythologie erkennen. „Es sind überhaupt nicht die Dinge, mit denen der Mensch im mythologischen Prozeß verkehrt, es sind *im Inneren des Bewußtseins selbst aufstehende Mächte,* von denen es bewegt ist ... Nicht mit Natur*objekten* hat der mythologische Prozeß zu tun, sondern mit den reinen erschaffenden Potenzen, deren ursprüngliches Erzeugnis das Bewußtsein selbst ist." Dieser Gedanke, an die Stelle von Erfindern, Dichtern oder überhaupt Individuen das menschliche Bewußtsein selbst zu setzen und dieses in seiner Entfaltung als ein Notwendiges und insofern „Objektives" zu verstehen, macht den Kern von Schellings „Philosophie der Mythologie" aus [181] — wobei das Wichtigste und Wesentliche des Gedankens nicht die Durchführung war, die er in Schellings Vorlesungen fand, sondern die *Forderung,* die in ihm vertreten wurde.

Aber auf die Frage, in welcher Weise sich diese Forderung für die *systematische* Ergründung des Mythos als fruchtbar erwies, soll hier nicht näher eingegangen werden [182]. Hier haben wir es nur mit der Rückwirkung zu tun, die die neue Auffassung, die in Schellings Philosophie zum Durchbruch kommt, auf das *historische Denken* ausüben mußte. Es zeigt sich sofort, daß nun erst eine Schranke beseitigt war, die für das gesamte achtzehnte Jahrhundert in gewissem Sinne als unübersteiglich gelten mußte. Solange man im Mythos nichts als ‚Fabel' oder ‚Erdichtung' sah, ließ sich in der Fortpflanzung desselben, in der mythischen *Tradition,* nichts anderes als eine Art von durchgeführter Täuschung sehen. Man mochte versuchen, diese Täuschung mit sittlichen oder religiösen Gründen zu rechtfertigen — man mochte sie als ‚*pia fraus*' verteidigen und aufrechterhalten; aber an ihrem Charakter wurde dadurch nichts geändert. Es blieb dabei, daß die mythische Erzählung sich zur historischen Erzählung wie Irrtum zur Wahrheit verhielt. Und die

---

[181] Vgl. *Schelling,* a. a. O., S. W., 2. Abteilung, Band I, S. 202, 207.

[182] Für diese Frage verweise ich auf die Einleitung zu meiner Schrift über das mythische Denken (Philosophie der symbolischen Formen, Band II, Berlin 1925), S. 6 ff.

Aufklärung zögerte nicht, hieraus sofort die volle Konsequenz zu ziehen. Sofern es nicht gelang, die Religion von allen mythischen Bestandteilen zu reinigen — solange sie nicht in reine ‚Vernunftsreligion' oder in reine moralische Religion aufgelöst war — konnte sie als nichts anderes denn als ein systematischer Betrug gelten. Sie war das Werk von Priestern oder Theologen, die ein Interesse daran hatten, diesen Betrug zu verewigen. Diese Lösung empfahl sich um so mehr, als sie, in rein *methodischer* Hinsicht, eine außerordentliche Vereinfachung des Problems zu enthalten schien. Denn nun ließ sich die gewöhnliche ‚pragmatische' Auffassung und Betrachtung aller geschichtlichen Vorgänge ohne weiteres auf die *Religionsgeschichte* übertragen. Auch sie wurde zu einem Gewebe von „Zwecken" und „Mitteln", von individuellen Absichten und den Wirkungen, die sich aus ihnen ergeben. Aus dem Kreise bewußter Zielvorstellungen, aus dem Kreise des individuellen Wollens und Planens brauchte man hierbei nirgends herauszutreten. Die Romantik und die Schellingsche Philosophie macht dieser Vorstellungsweise ein Ende. Denn sie kehrt das Verhältnis von ‚Ursache' und ‚Wirkung' um; sie lehrt, daß der Mensch nicht sowohl der bewußte *Schöpfer* des Mythos ist, als daß er von ihm geschaffen *wird*. „Genau betrachtet..." — so erklärt Schelling — „ist dieses, einzelne als Urheber der Mythologie anzunehmen, eine so ungeheure Voraussetzung, daß man sich über die Bewußtlosigkeit, mit der sie so allgemein, als könnte es eben gar nicht anders sein, gemacht worden, nur höchlich verwundern kann." Einen solchen seichten Ursprung aus den ebenso zufälligen als unergiebigen Gedankenverknüpfungen eines einzelnen oder weniger einzelnen sollte der lebendige Strom von Götterlehre und Göttersage haben, der tief und mächtig, wie aus unergründlichen Quellen über die ganze Vorwelt sich ergossen? „Aus willkürlicher Reflektion abstrahierten, vom dürren Verstand mit mageren Erkenntnissen gezeugten Naturbegriffen und Personifikationen, die höchstens dem Spielen eines kindischen Witzes vergleichbar ihren Urheber kaum einen Augenblick lang ernsthaft beschäftigen konnten, hätte sich die jahrtausendlange Geschichte des Irrwegs der Völker, aus einem zugleich so schwächlichen und so künstlichen Anfang die dunkle, ungeheure Gewalt des Götterglaubens sich entwickelt?" Was gab der „Kunst" der Einzelnen diese Macht über die Natur des Ganzen? Kein Einzelner und keine Gruppe hätte diese Herrschaft über das Bewußtsein gewinnen können, wenn sie nicht in einer ursprünglichen Bindung desselben ihre eigentliche und unausrottbare Wurzel besessen hätte. Das Bewußtsein ist, vor aller Reflektion, in die Bewegung des mythischen Prozesses verstrickt. Es erfährt diesen Prozeß als ein Schicksal, als ein Verhängnis, gegen das es nichts vermag. „Die Mythologie entsteht durch einen (in Ansehung des Bewußtseins) *notwendigen Prozeß,* dessen Ursprung ins Übergeschichtliche sich verliert und ihm selbst sich verbirgt, dem das Bewußtsein sich vielleicht in einzelnen Momenten widersetzen, aber den es im Ganzen nicht aufhalten, und noch weniger rückgängig machen kann" [183].

---

[183] *Schelling,* a. a. O., 3. und 8. Vorlesung, S. W., 2. Abteil., I, 56 f., 190 ff.

Die moderne, historisch-kritische Forschung mußte an diesem Punkte die Entscheidung der Romantik annehmen. Der Rückweg zur rein pragmatischen Religionsgeschichte, die das Werden der Religion aus dem bewußten Wirken und aus den Absichten der Einzelnen erklärt, war ihr verschlossen. Aber ebensowenig mochte sie sich dazu entschließen, das Problem an dem Punkte stehen zu lassen, an dem es Schelling stehen ließ. Die neue Kraft des geschichtlichen Denkens, die durch die Romantik entdeckt und die durch sie auf den Thron erhoben worden war, erwies sich als stärker und mächtiger, als ihre ersten Wegbereiter es vorausgesehen hatten. Die Antwort, daß der Ursprung des Mythos und der Religion sich „ins Übergeschichtliche verliert", wurde als eine unerträgliche Fessel der historischen Methodik empfunden. Diese Methodik ist nichts, wenn sie nicht im Prinzip über *alles* menschliche Geschehen erstreckt werden kann — und welches Geschehen trägt so deutlich, so unverkennbar das spezifisch-menschliche Gepräge wie die Entwicklung der religiösen Ideen? Das Ausweichen in die „Transzendenz", in das ‚Übernatürliche' des Ursprungs, die Berufung auf ein unbegreifliches und undurchdringliches ‚Schicksal' — das alles kann demgemäß fortan nur als bloße Ausflucht erscheinen. Die *Wissenschaft* zum mindesten hat keinen Grund und keine Möglichkeit zu einem solchen Ausweichen. Sie muß das ihr eigentümliche Prinzip, das Prinzip der Kausalität, auf das *Ganze* der Erscheinungswelt anwenden, wenn anders dieses Prinzip seine Kraft und Geltung bewahren soll — wenn es nicht in der Mitte abbrechen und zu künftigem Gebrauch untauglich werden soll. Geschichtliche Erkenntnis gibt es, ebenso wie Naturerkenntnis, nur unter der Voraussetzung des universellen Determinismus. Und wie es keine „Kräfte" der Natur gibt, die sich ihm nicht einfügen, so kann es auch keine besonderen Regionen historischen Lebens geben, die aus diesem Ring herausfallen. Es muß zugestanden werden, daß das Bewußtsein in der Bildung der religiösen und mythischen Vorstellungswelt nicht frei, sondern gebunden ist. Aber eben die Art und die Gesetze dieser Bindung gilt es vollständig zu verstehen. Und sie kann nicht verstanden werden, solange wir der Spekulation noch irgend einen Vorrang lassen. An ihre Stelle muß die reine *Empirie* treten, die ein zwiefaches Moment in sich birgt und die sich daher in jedem Augenblick in einer doppelten Richtung bewegen muß. Nur von einer Verbindung und von einer steten Wechselwirkung zwischen der historischen und der psychologischen Analyse läßt sich hier ein wissenschaftlich haltbares Resultat erwarten. Die Romantik hatte mit ihrem Begriff des ‚Unbewußten' der Psychologie gewissermaßen eine neue Tiefenschicht erschlossen. Aber sie wagte es noch nicht, diese ganze Tiefe mit dem Senkblei des historischen Denkens auszumessen; sie sah sie als unergründlich an. Von dieser Furcht und von diesem Vorurteil soll uns das moderne wissenschaftliche Denken befreien. Es soll uns zeigen, daß es auch auf diesem Gebiet kein ‚Non plus ultra' gibt, daß wir den Weg nirgends abzubrechen brauchen, sondern ihn entschlossen bis ans Ende fortsetzen müssen. Aus dieser Überzeugung und aus dieser intellektuellen Stimmung entspringen die ersten großen Leistungen der *kritischen Religions-*

geschichte. Es ist nicht ein Einzelner, der hier den Grund gelegt, sondern es ist eine ganze Generation von Forschern, die an dieser Grundlegung gearbeitet hat. Dabei mußten sich notwendig starke Abweichungen im besonderen geltend machen. Aber im ganzen überwiegt doch durchaus der Eindruck der prinzipiellen Übereinstimmung — der Übereinstimmung in dem, was hier gewollt und gesucht wird. Unverkennbar ist überall der starke und fast unentrinnbare Einfluß, den die Romantik und den die *Hegel'sche Geschichtsphilosophie* noch auf die ganze Art der Problemstellung ausübt. Von einem prinzipiellen Bruch mit Hegels Weltanschauung ist noch nirgends die Rede. Was sich verändert, scheint anfangs mehr die Sprache zu sein, in die man den Gedanken kleidet, als der wesentliche Gehalt des Denkens selbst. Die starke einigende Kraft, die die Hegelsche Lehre noch allenthalben ausübt, wird besonders dadurch deutlich, daß ihr gegenüber auch die nationalen Differenzen mehr und mehr zurücktreten. Denn um diese Zeit ist ihre Vorherrschaft nicht nur in Deutschland noch ungebrochen, sondern sie beginnt sich immer deutlicher auch auf Frankreich auszudehnen. Wir wissen aus Hegels Jugendgeschichte, wie intensiv der Plan zu einem „Leben Jesu" ihn beschäftigt hat — und dieser Plan bildet in vieler Hinsicht die Keimzelle, die schon die gesamte spätere Lehre Hegels in sich birgt [184]. Weder *David Friedrich Strauß* noch Renan haben diese Jugendarbeit Hegels gekannt; denn sie ist erst viel später, im Jahre 1907, durch Herman Nohl aus dem Nachlaß veröffentlicht worden[185]. Aber es ist, als ob beide wie durch eine geheime geistige Strömung gemeinsam zu diesem zentralen Thema zurückgezogen wurden. Dav. Friedrich Strauß beginnt schon in den dreißiger Jahren, unmittelbar nach Hegels Tode, an ihm zu arbeiten; und kurz darauf, im Herbst 1835, sind beide Bände des ersten „Leben Jesu" beendet [186]. Renans Schrift ist weit später hervorgetreten; aber der Plan zu ihr, den er vermutlich unabhängig von Strauß gefaßt hat [187], reicht gleichfalls bis in seine früheste Zeit zurück. Schon in der Zeit der Jugend und der ersten geistigen Kämpfe hat er einen ‚Essai psychologique sur Jesus Christ' geplant, der den Keim zu dem künftigen Werke in sich schloß: ‚dès lors' — so sagt er später — ‚la Vie de Jésus était écrite dans mon esprit' [188]. Aber wenn nun Strauß und Renan an dieses Problem herantraten, so befanden sie sich ihm gegenüber in einer ganz anderen Lage als Hegel. Denn ihr *Wissenschaftsbegriff* und der Wissenschaftsbegriff der Zeit hatte sich inzwischen gewandelt. Was Renan

---

[184] Näheres bei *Dilthey*, Die Jugendgeschichte Hegels (1905).

[185] Hegels theologische Jugendschriften, hg. von Herm. *Nohl,* Tübingen 1907.

[186] D. F. *Strauss,* Das Leben Jesu, kritisch bearbeitet, 2 Bände, 1835.

[187] Der Name von Dav. F. *Strauss* wird in den Tagebüchern Renans nur ein Mal genannt, und nichts in dieser Erwähnung deutet darauf hin, daß das Werk von Strauss für Renans geistige Entwicklung eine entscheidende Bedeutung besaß. Näheres hierüber bei Walther *Küchler,* Ernest Renan. Der Denker und der Künstler, Gotha 1921, S. 76 ff.

[188] *Renan,* Souvenirs d'enfance et de jeunesse (1883), S. 312; vgl. *Küchler,* a. a. O., S. 73 ff.

betrifft, so besteht kein Zweifel daran, daß die Philosophie und die Geistesgeschichte, nicht die Naturwissenschaft es gewesen ist, was seine Loslösung vom dogmatischen Kirchenglauben entschieden hat. Die Autoren, denen er sich in der Jugend, in der Zeit der ersten seelisch-geistigen Krise, aufs tiefste verpflichtet fühlte, sind die Männer der klassischen deutschen Literaturepoche und die Führer der deutschen idealistischen Philosophie. Schon in den letzten Jahren im Seminar von Saint-Sulpice haben Herder, Kant, Fichte tief auf ihn gewirkt [189]. Aber nachdem der entscheidende Schritt getan war, mußte er, wenn er den neu gewonnenen Standpunkt behaupten und verteidigen wollte, nach einer anderen Stütze Umschau halten. Jetzt setzt der Einfluß des französischen Positivismus und seines Wissenschaftsideals ein; jetzt wird *Comte*, nicht Hegel sein Führer. In Renans Jugendarbeit ‚L'Avenir de la Science' tritt diese Wendung in seiner Entwicklung deutlich zutage. Die Wissenschaft — so verkündet er nun — wird die Erfüllung all dessen sein, was der Glaube immer wieder vergeblich versprochen hat. Aber er glaubt nicht mehr, daß das Heil allein von der Wissenschaft des Geistes, von der Philologie, der Kritik, der Geschichte kommen kann. Durch seine Freundschaft mit Marcellin *Berthelot* beginnt er jetzt die ersten Einblicke in die Arbeitsweise der empirischen und exakten Naturwissenschaft zu gewinnen [190]. Der Gesetzesbegriff der modernen Naturwissenschaft wird nunmehr zum stärksten Fundament der Kritik; denn er allein genügt, um allen Glauben an das ‚Wunder' ein für alle Mal auszuschließen. An diesem Punkt hatte auch D. Fr. Strauß' Kritik ursprünglich eingesetzt. Wenn der Glaube sich nur mit Hilfe des Wunders behaupten läßt — so hatte diese Kritik geschlossen — so ist er endgültig verloren; so gibt es in der modernen Welt keinen Platz mehr für ihn. Aber wenn dem so ist, und wenn wir ehrlich genug sind, dieser letzten Konsequenz nicht auszuweichen: wie sollen wir das Faktum des Glaubens auch nur als *historisches Faktum* begreifen? Gibt es für den *Geschichtsforscher* einen Eingang in die Welt der Religion, den ihm auch die reif und mündig gewordene Naturforschung nicht verwehren kann, durch die er vielmehr hoffen kann, tiefer als zuvor in sie einzudringen?

Wieder ist es die *Analyse des Mythos*, die, für Strauß sowohl wie für Renan, die Antwort auf diese Frage ergeben soll. Es ist merkwürdig zu sehen, wie genau Strauß hier an Schelling anknüpft — um dann freilich ganz andere Wege als dieser einzuschlagen. Schelling hat schon in den ersten Lehr- und Universitätsjahren stark auf Strauß gewirkt, und er hat viel dazu beigetragen, daß er sich der Glaubenslehre Schleiermachers und seiner Gefühlstheologie nicht völlig gefangen gab [191]. Durch ihn war Strauß davon überzeugt worden, daß der Mythos keine bloß äußerliche und zufällige Hülle sei, die man nach Belieben wegwerfen kann, sondern daß er eine Grundform

---

[189] Näheres hierüber bei *Küchler*, a. a. O., S. 13 ff., 30 ff.

[190] Über diese Freundschaft vgl. den von Berthelot herausgegebenen Briefwechsel zwischen ihm und Renan, Paris 1898.

[191] Hierüber vgl. Heinrich *Maier*, An der Grenze der Philosophie. Melanchthon — Lavater — David Friedrich Strauss, Tübingen 1909, S. 270.

des religiösen Vorstellens selbst bildet. Aber an diesem Punkte vollzieht sich nun bei Strauß eine neue Wendung. Er verzichtet auf jede rein spekulative Deutung und Rettung des Mythos; er will nicht mehr, wie Schelling, das Hervorgehen seiner Gebilde aus einander nach einem dialektischen Schema konstruieren. Statt dessen wird ihm der Mythos zu einem Grundmittel der *Kritik*. Er lehrt uns, in welcher Weise wir die Religion vom Wunder *reinigen* können, statt sie, wie bisher, auf das Wunder zu gründen. „Das Wunder" — so erklärt Strauß — „ist der fremdartige, der geschichtlichen Behandlung widerstreitende Bestandteil in den evangelischen Erzählungen von Jesu; der Begriff des Mythos ist das Mittel, wodurch wir denselben aus unserem Gegenstande entfernen und eine geschichtliche Ansicht von dem Leben Jesu möglich machen"[192]. Wohlgemerkt: der *Begriff* des Mythos, d. h. das rein rationale Verständnis dessen, worin seine Bedeutung und seine historische Leistung und Wirkung besteht. Wollen wir uns auf diesen Begriff stützen und wollen wir ihn zu einem universellen Instrument der religionsgeschichtlichen Erkenntnis machen, so müssen wir uns vor allem von der Vorstellung befreien, daß es irgend eine Form religiösen Glaubens und Vorstellens gibt, die ihm gegenüber eine Ausnahmestellung für sich in Anspruch nehmen könne. Hier handelt es sich um die Frage nach der Wahrheit ‚*des*' Mythos — nicht um die Frage nach der Wahrheit dieser oder jener *Einzelmythen*. Und die erstere, die eigentlich ‚philosophische' Frage muß übereinstimmend für alle Religionen beantwortet werden. Der Monotheismus hat in dieser Hinsicht vor dem Polytheismus, das Christentum hat vor dem Heidentum nichts voraus. Auch die reinsten Vorstellungen von der Gottheit und von einem „persönlichen" Gott, zu denen wir vordringen können, bezeugen noch immer die fortwirkende Kraft des Mythos: auch das monotheistische Vorstellen ist noch mythologisch [193]. Hat man sich dies einmal klar gemacht, so hat man damit erst den Schlüssel gewonnen, der uns die biblischen Erzählungen lesbar macht. Jetzt erst verstehen wir nicht nur, wie diese Erzählungen entstanden sind, sondern wie sie entstehen *mußten*. Sie sind weder der einfache Ausdruck des Erfahrenen und Erinnerten, noch sind sie bloßer Trug und Schein. Sie sind hervorgegangen aus dem unbewußten Dichten und Bilden der Urgemeinde und drücken insofern in voller Wahrheit und in konkreter Anschaulichkeit den Glauben aus, der in dieser lebendig war. Die Gemeinde hat sich, in ihren Erzählungen von der Person und den Schicksalen Jesu ihr Christusbild gestaltet — ebenso wie der Platonische Demiurg, auf die Ideen und insbesondere auf die Idee des Guten hinblickend, die Welt schafft [194]. Diese Erkenntnis des mythischen Ursprungs des größten Teils der biblischen Erzählungen braucht als solche keineswegs eine religiöse *Entwertung* derselben zu bedeuten. Sie war zweifellos noch von Strauß selbst ursprünglich durchaus nicht als solche gemeint; sie sollte

---

[192] Das Leben Jesu für das deutsche Volk bearbeitet, 12. Aufl., Bonn 1902, S. 185.
[193] Vgl. *Strauss*, Leben Jesu, 2. Aufl., Band I, S. 87 ff.
[194] Vgl. ibidem, II, 740 f.

ihm nur ein Mittel in die Hand geben, die *Grenzen des Religiösen* und Geschichtlichen zu bestimmen und zu verhüten, daß beide Momente unklar in einander übergingen, wodurch ihr eigener spezifischer Wahrheitsgehalt verloren gehen und verdächtig werden mußte. „Faktische" Wahrheit und „religiöse" Wahrheit können freilich nie und nimmer ein und dasselbe sein: denn beide messen mit verschiedenen Maßstäben. Aber es liegt kein Widerspruch darin, diese beiden Maßstäbe neben einander anzuwenden, wenn man sich nur des Grundsatzes bewußt bleibt, den schon Schelling mit solcher Energie verfochten und in den Mittelpunkt seiner „Philosophie der Mythologie" gestellt hatte. Nicht die Welt, nicht das objektive Dasein und Geschehen, ist der Schauplatz des Mythos und der Religion — und nicht hiervon wollen die religiösen Erzählungen berichten. Was tut die historische Kritik dieser Erzählungen anders, als daß sie den Schellingschen Gedanken, den Satz, daß das *subjectum agens* der Mythologie im menschlichen Bewußtsein selbst, nicht aber irgendwo außer ihm zu suchen sei, konsequent durchführt und bis zu Ende denkt? Dieses Bewußtsein kann sehr wohl innerhalb eines bestimmten Moments seiner Entwicklung etwas ‚Wahrheit' besitzen, was auf einer späteren Stufe diesen Anspruch zwar nicht völlig einbüßt, was ihn aber mit anderen Inhalten und Elementen teilen und sich demgemäß an diesen relativieren muß. Nichts anderes als diese Relativierung stellt nach Strauß die historische Kritik der biblischen Erzählungen dar. Sie werden durch sie an echtem sittlich religiösem Gehalt ebenso viel gewinnen, wie sie als rein historische Dokumente und an historischer Beweiskraft verlieren. Der moderne Wissenschaftsbegriff legt uns die Verpflichtung auf, zu *sondern,* was im ursprünglichen und urtümlichen religiösen Erleben freilich nicht gesondert werden konnte, sondern hier nur als ungeschiedene Einheit wirksam war. Schon im jüdischen Messiasbegriff läßt sich das, was er als sittliche Forderung und als religiöse Erwartung in sich schließt, nicht von den mythischen Zügen trennen, mit denen der Messias als Erlöser des Menschengeschlechts ausgestattet wird. „Durch diese Auffassung" — so betont Strauß — „tritt die urchristliche Mythenproduktion mit derjenigen auf eine Linie, die wir auch sonst in der Entstehungsgeschichte der Religionen finden. Das ist ja eben der Fortschritt, den in neueren Zeiten die Wissenschaft der Mythologie gemacht hat, daß sie begriffen hat, wie der Mythos in seiner ursprünglichen Gestalt nicht bewußte und absichtliche Dichtung eines Einzelnen, sondern Erzeugnis des Gemeinbewußtseins eines Volkes oder eines religiösen Kreises ist, das wohl ein Einzelner zuerst ausspricht, aber eben deswegen damit Glauben findet, weil er darin nur das Organ der allgemeinen Überzeugung ist; nicht eine Hülle, in welche ein kluger Mann eine Idee, die ihm aufgegangen, zu Nutz und Frommen der unwissenden Menge einhüllte, sondern nur mit der Geschichte, ja in der Gestalt der Geschichte, die er erzählte, wurde er sich der Idee bewußt, die er rein als solche selbst noch nicht zu fassen im Stande war" [195].

---

[195] *Strauss,* Das Leben Jesu für das deutsche Volk bearbeitet, I, 195.

Auch Renan steht hier, was das allgemeine *Prinzip* der Erklärung betrifft, mit Strauß auf gleichem Boden, wenngleich er sich von ihm in der Einzelausführung in vielen und wichtigen Punkten unterscheidet. Auch für ihn steht fest, daß es nicht nur keine große religiöse Begebenheit, sondern auch keine große geschichtliche Begebenheit gegeben hat, die nicht einen Kreis von Mythen erzeugt hätte. Und auch er stellte nicht die Frage nach der objektiven Wahrheit, sondern die Frage nach der psychologischen Notwendigkeit dieser Mythen in den Mittelpunkt. Er wollte damit den „Wunderglauben" nicht schlechthin vernichten, sondern ihn vielmehr von der Anstößigkeit befreien, die er behalten muß, wenn man ihn nicht aus seinem eigentümlichen Zentrum heraus versteht. Was *wir* ein ‚Wunder' nennen, was den modernen Menschen als solches erscheint, das läßt sich nur durch einen bestimmten Unterschied und Gegensatz ausdrücken. Das Wunder ist das, was aus dem Kreise des „natürlichen" Geschehens, das durch feste und allgemeine Gesetze geregelt ist, herausfällt. Für ein Bewußtsein, das sich zu einer solchen Anschauung der Natur und ihrer durchgehenden Gesetzlichkeit noch nicht entfaltet hat, verliert auch dieser Gegensatz seinen Sinn; für dieses entfällt auch der Begriff des Wunders. Es ist daher eine falsche historische *Perspektive*, wenn wir eine Differenz, die für uns gültig und bestimmend ist, in die Urzeit zurückverlegen. Eben diese Naivität ist es, von der uns die historische Kritik befreien soll. So verstanden, wird uns diese Kritik nicht sowohl den Irrtum der Glaubensvorstellungen enthüllen, als uns vielmehr diejenige Wahrheit sichtbar machen, auf die sie Anspruch haben, — wenngleich diese sich hiermit als geschichtlich bedingte, also als relative, nicht als absolute Wahrheit erweisen wird. In diesem Sinne erklärt Renan, daß die „unserer herkömmlichen Theologie entlehnten" Worte „übermenschlich" und „übernatürlich" für das religiöse Bewußtsein Jesu keinen Sinn hatten. Für ihn waren die Natur und die Entwicklung der Menschheit keine außerhalb Gottes begrenzten Reiche, keine armseligen Wirklichkeiten, die Gesetzen von verzweifelnder Härte unterworfen waren. „Für ihn gab es nichts Übernatürliches, denn für ihn gab es keine Natur" [196]. So bestand auch Renan fort und fort darauf, Zeiten wie die unsere, wo alles beim Licht der Reflexion geschieht, von jenen „naiven" Zeiten zu unterscheiden, welche die Glaubenslehren geboren haben. „Wir würden gegen die richtige historische Methode fehlen, wollten wir hier unseren Abneigungen zu sehr folgen. Die wesentliche Bedingung einer wahren Kritik ist das Begreifen der Verschiedenheit der Zeiten und die Fähigkeit, sich den instinktiven Gewohnheiten zu entziehen, welche die Frucht einer bloß vernünftigen Erziehung sind" [197]. „Jede religiöse Form ist unvollkommen, und doch kann die Religion nicht ohne Form existieren. Die Religion ist nur ihrer Quintessenz nach wahr; und doch hieße es sie zerstören, wenn man sie allzu sehr verflüchtigen wollte. Der Philosoph, der betroffen über das Vorurteil, den Mißbrauch, den Irrtum, der

---

[196] Vgl. Renan, Das Leben Jesu, Kap. 15. — Deutsche Ausgabe, 4. Auflage, Leipzig 1880, S. 250 f.
[197] *Renan,* ibid., Kap. 15 und 16, S. 256 und 265.

in der Form liegt, die Wirklichkeit zu besitzen glaubt, indem er sich in die Abstraktion flüchtet, setzt an die Stelle dieser Wirklichkeit ein Etwas, das niemals existiert hat. Der Weise ist der, der gleichzeitig sieht, daß alles in der Religion Bild, Vorurteil, Symbol ist – und daß das Bild, das Vorurteil, das Symbol nützlich und wahr sind." So wie man dem Maler nicht vorwirft, daß er einen kindischen Widersinn begehe, indem er Gott als körperliches Wesen in begrenzten Formen darstellt, so kann man auch ein Symbol zulassen und lieben, sofern es im Bewußtsein der Menschheit seinen Platz gehabt und seine Aufgabe erfüllt hat. Dies ist der Sinn und der Kern aller religiösen Ideenbildung: ‚l'homme placé devant les choses belles, bonnes et vraies, sort de lui-même, et, suspendu par un charme céleste anéantit sa chétive personnalité, s'exalte, s'absorbe. Qu'est ce que tout cela, sinon adorer?'[198]

Die Wirkung, die von Strauß' und Renans Werken ausging, war gewaltig; aber sie beruhte zum größten Teil auf dem theologischen Streit, der durch sie entfesselt und der mit äußerster Heftigkeit und Erbitterung geführt wurde. Diese Seite des Problems war es, die anfangs fast allein gesehen wurde und der sich das gesamte Interesse zuwandte. Aber sie braucht uns in unserem Zusammenhang nicht zu beschäftigen, und sie ist, in geistesgeschichtlicher Hinsicht, nicht das Wichtigste. Wir können heute den Kampf in einem anderen Lichte sehen. Nicht was die Kritik von Strauß und Renan gestürzt, sondern was sie aufgebaut hat, ist für uns das Entscheidende. Wir haben früher auf ein Wort *Niebuhrs* verwiesen, der erklärte, daß jeder echte Historiker eine bestimmte Weise des Sehens in sich ausbilden, daß er mehr und mehr die Fähigkeit erlernen müsse, „im Dunkel zu sehen"[199]. Bei Renan finden wir eine Stelle, die dieser Auffassung von der Eigenart der historischen Erkenntnis durchaus entspricht. ‚J'ai pris une sorte d'habitude' – so sagt er in seinen Lebenserinnerungen – ‚de voir sous terre et de discerner des bruits que d'autres oreilles n'entendent pas'[200]. Diese Feinsichtigkeit, Feinhörigkeit und Feinfühligkeit hat Renan im höchsten Maße in sich ausgebildet. Hierauf beruht auch seine Überlegenheit gegenüber Strauß, der stets mit dem ganzen Begriffsapparat und gewissermaßen mit dem schweren Geschütz der theologischen Kritik und Polemik arbeitet. Renan will immer mehr andeuten als erschöpfen; er ist der Meister der Nuance, des Hell-Dunkeln, des ‚ondoyant'. Auch das, was man den Dilettantismus, den Skeptizismus, den Epikureismus genannt hat, hängt mit dieser Seite seiner Begabung zusammen[201]. Er strebt nach strenger Wissenschaft und forderte sie von sich; aber er mißtraute mehr und mehr der Kraft der logischen Definition und Distinktion, wo es sich darum handelte, in die letzten Feinheiten der Geistesgeschichte einzudringen. Man könnte ebensogut ein geflügeltes

---

[198] *Renan*, Questions contemporaines.
[199] Vgl. oben, Buch III, Kap. 2, S. 233 ff.
[200] Vgl. *Küchler*, a. a. O., S. 204 f.
[201] Vgl. hierzu G. *Monod*, a. a. O., S. 38 ff.

Insekt mit einer Keule zu treffen versuchen — so hat er einmal gesagt — als den Versuch machen, mit den groben Klauen des Syllogismus die Wahrheit in einer Geisteswissenschaft zu fassen ... Die flüchtige und leichte Wahrheit entschlüpft, und man verliert nur seine Mühe[202]. Diese Geistesart erlaubte es Renan, tiefer als vorher in die Welt des Mythos einzudringen und sie sich innerlich verständlich zu machen. Auch er hat freilich diese mythische Welt noch viel mehr mit den Augen des Poeten als mit denen des Historikers oder des Anthropologen gesehen. Den schweren Ernst des Mythos, seine Dumpfheit und Enge, den lastenden Druck, den er auf den „primitiven" Menschen ausübt: dies alles kennt er, aber er liebt es nicht, sich in diese Züge zu versenken. Er sieht ihn in einem milderen, poetisch - verklärten Lichte, und er verzeiht ihm demgemäß, was er an Irrtum und Täuschung enthält. Denn welche große Wahrheit wäre jemals in der Geschichte der Menschheit ohne eine Beimischung des Irrtums gewesen? Auch das Bild des Urchristentums ist und bleibt bei Renan weit mehr ein ästhetisches als ein rein historisches Bild. Er selbst hat es kaum anders gewollt. ‚Poésie est tout' — so ruft er einmal aus — ‚je le veux'[203]. Wir dürfen jedoch, sowohl bei Renan wie bei Strauß, das Hauptgewicht nicht auf ihre besondere Auffassung des Mythischen legen und auf den Gebrauch, den sie von ihr in der Behandlung bestimmter religionsgeschichtlicher Einzelprobleme gemacht haben. Für die allgemeine Entwicklung des historischen Denkens im 19. Jahrhundert ist ein anderes Moment von größerer Bedeutung. Sie gehören zu dem Kreis derjenigen Forscher und Denker, die die Einsicht gewannen, daß das Verständnis des Mythos ein unentbehrliches *Organon der historischen Erkenntnis* ist. Bis dahin sah man in den Schöpfungen des Mythos nur eine Schranke dieser Erkenntnis; sie galten als der Schleier, der uns die eigentliche, die tatsächliche Wahrheit der Geschichte verdeckt. Auch Niebuhr hatte in seiner Rekonstruktion der Urgeschichte Roms nicht wesentlich anders geurteilt. Seine Aufgabe bestand darin, das Mythische und Legendarische auszuschalten, um zur historischen Wahrheit vorzudringen. In dieser Auffassung erscheinen der Mythos und die Geschichte somit gewissermaßen als die beiden Gegenpole des ‚globus intellectualis'. Der Mythos ist eine Scheinwelt, die uns die eigentliche Wirklichkeit, die Wirklichkeit der Dinge und des Geschehens verhüllt. Wie aber — wenn sich diese Betrachtung auch umkehren ließe? Ist es nur Verhüllung, oder ist es nicht auch Enthüllung und Offenbarung, was uns hier entgegentritt? Kann der Einblick in die Beschaffenheit des mythischen Denkens und Vorstellens nicht zum echten Erkenntnis*mittel* gestaltet werden; kann sie nicht als *Wegweiser* für die historische Erkenntnis dienen? Und erstreckt sich diese Wegweisung nur auf das Gebiet der *religiösen* Entwicklung, oder läßt sie sich nicht weit über diesen Kreis ausdehnen? Sobald alle diese Fragen einmal in voller Schärfe gestellt wurden, stand die Historie aber-

---

[202] Zitiert nach Georg *Brandes*, Ernest Renan, Menschen und Werke, 2. Aufl., Frankfurt a. M. 1887, S. 77 f.
[203] Vgl. *Küchler*, a. a. O., S. 49.

mals an einem wichtigen methodischen Wendepunkt. Auch die Probleme der rein *politischen* Geschichte wurden nun einer anderen und grundsätzlich neuen Behandlungsweise zugänglich. Die *Anfänge* dieser Geschichte scheinen sich überall im Dunkel des Mythos zu verlieren. Aber auch hier ist es die Aufgabe des Historikers, dieses Dunkel nicht zu fliehen, sondern es für seine Aufgabe, für seinen spezifischen Erkenntniszweck zu nutzen. Wir müssen nicht nur lernen, *in* ihm zu sehen, sondern, so seltsam und widerspruchsvoll dies auf den ersten Blick auch erscheinen kann, mit seiner Hilfe zu sehen. Der Mythos, der als eine Schranke des geschichtlichen Wissens erschien, muß zu einem Instrument eben dieses Wissens umgebildet werden. Der erste Historiker des 19. Jahrhunderts, der diese Aufgabe mit dem vollen Bewußtsein ihrer Wichtigkeit ergriffen und der sie an einem großen klassischen Beispiel durchgeführt hat, ist *Fustel de Coulanges* gewesen. Sein Werk über den „antiken Staat" war nicht nur inhaltlich durch eine Fülle neuer Aufschlüsse bedeutsam; es führte auch eine neue *Betrachtungsweise* ein, deren Bedeutung weit über das Gebiet hinausging, in welchem sie zunächst zur Anwendung kam.

II.

Fustel de Coulanges gehört seiner geistigen Eigenart nach zu jenen Historikern, die nicht damit zufrieden sind, die Geschichte einfach dem *Werden* auszuliefern. Er will sich nicht einfach in den Strom des Werdens versenken und sich von ihm dahintragen lassen; sondern er sucht mitten in ihm bestimmte bleibende Gestalten. In dieser Hinsicht ist seine Auffassung derjenigen von *Mommsen* oder *Burckhardt* verwandt [204]. Aber er steht dem ersteren näher als dem letzteren, sofern sich sein wissenschaftliches Interesse in erster Linie auf das staatliche Leben konzentriert. Dieses will er hierbei freilich in seiner ganzen Weite sichtbar machen. Es ist ihm nicht genug, die äußere Geschichte des Staates zu schildern und ihn auf dem Wege seiner Machtentwicklung oder seines Verfalls zu begleiten. Das Wesentliche liegt für ihn nicht in dieser äußeren, sondern in der inneren Geschichte. Deshalb werden für ihn die *Institutionen* zum eigentlichen Gegenstand der politischen Geschichte. Auf diesem Gebiet liegen seine bedeutendsten Leistungen [205]. Aber Fustel de Coulanges betrachtete die Institutionen nicht im selben Sinne, wie Mommsen es tat. „Er kam nicht von der Jurisprudenz her" — so sagt Fueter — „und war weniger geneigt, Rechtsfunktionen als handelnde Personen zu betrachten, Staatsverfassung und -verwaltung als selbständig existierende Organismen anzusehen. Er versuchte lieber, Staat und Verfas-

---

[204] Für *Mommsen* vgl. oben, Buch III, Kap. 4 (S. 262 ff.), für *Burckhardt* vgl. Buch III, Kap. 5 (S. 270 ff).

[205] Vgl. bes. seine ‚Histoire des institutions politiques en France'. Der erste Teil (L'Empire romain, les Germains, la Royauté mérovingienne) ist 1874 erschienen.

sung von unten aus aufzubauen, aus dem Volksglauben oder den sozialen Verhältnissen herzuleiten. Die staatliche Organisation ist ihm nicht die heilende Kraft, sie ist bloß der Ausfluß sozialer Zustände und Anschauungen" [206]. In dem Werk über den „antiken Staat" ist zum ersten Mal der konsequente Versuch gemacht, nicht nur dieses oder jenes Moment des Griechen- oder Römertums, sondern die Gesamtheit des antiken politischen und sozialen Lebens aus der Grundform und Grundrichtung des antiken Glaubens verständlich zu machen. Aber dieser Zusammenhang wurde nicht im Sinne des historischen Materialismus verstanden. Ihm gegenüber hat vielmehr Fustel de Coulanges eine neue und eigentümliche Form der ‚Religionssoziologie' begründet. Die Frage, welches der beiden Momente, das soziale oder das religiöse, das „Erste" oder das „Zweite", welches ‚Ursache' oder ‚Wirkung' gewesen ist, ist für ihn nicht entscheidend. Denn der Historiker trifft die beiden Elemente niemals als gesonderte an, sondern sie sind ihm nur in ihrem Ineinander, in ihrer lebendigen Konkretion gegeben. Es ist willkürlich, aus dieser Konkretion *ein* Glied herauszulösen, da eben alles auf die *Korrelation* ankommt, in der sie zueinander stehen. Will man aber eine solche Trennung durchführen, so müßte man der Religion den Primat zugestehen. „Man kann kaum sagen, ob es der religiöse Fortschritt ist, der den sozialen herbei geführt hat; sicher ist aber, daß sich beide zu gleicher Zeit und mit bemerkenswerter Übereinstimmung vollzogen haben. Man muß die außerordentliche Schwierigkeit, die sich in der Frühzeit der Bildung regelmäßiger Gesellschaften entgegenstellten, im Auge behalten ... Um hier gemeinsame Regeln aufzustellen, um eine Regierungsgewalt einzuführen und ihr Gehorsam zu verschaffen, um der Vernunft die Herrschaft über die Leidenschaft und der öffentlichen Vernunft den Vorrang vor der individuellen zu geben: hierzu bedarf es sicherlich etwas, das stärker ist als die physische Gewalt, ehrwürdiger als das Interesse, sicherer als eine philosophische Theorie und unwandelbarer als eine bloße Übereinkunft — etwas das im Grunde aller Herzen gleichmäßig besteht und hier seinen Sitz und seine Herrschaft hat. Eben dies ist der Glaube. Nichts übt eine solche Macht über die Seele aus wie er. Ein Glaube ist das Werk unseres Geistes — aber es steht uns nicht frei, ihn nach Gutdünken abzuändern. Er ist unsere Schöpfung, aber wir wissen es nicht. Er ist menschlich; wir halten ihn für göttlich. Er ist unser Werk, und er ist doch stärker als wir. Er ist in uns; er verläßt uns nicht; er spricht in jedem Augenblick zu uns. Wenn er uns zu gehorchen befiehlt, so gehorchen wir ihm; wenn er uns bestimmte Pflichten vorschreibt, so unterwerfen wir uns ihnen. Der Mensch mag wohl die Natur beherrschen; aber er ist seinem Gedanken unterworfen" [207].

Das ist eine andere Auffassung von der Macht des Glaubens, als sie dem achtzehnten Jahrhundert zu Gebote stand — und doch ist sie sehr weit von

---

[206] *Fueter,* a. a. O., S. 561.
[207] *Fustel de Coulanges,* La Cité antique. Etude sur le culte, le droit, les institutions de la Grèce et de Rome, 1864, 4e édition, Paris 1872, L. III, chap. 3, p. 152 f.

aller Romantik entfernt. Fustel de Coulanges ist fast der erste unter allen modernen Historikern, der dem Phänomen des Glaubens mit voller Unparteilichkeit gegenübersteht — der es einzig und allein als geschichtliches Phänomen sieht, es in seiner geschichtlichen Bedeutung erkennen und darstellen will. Die Anschauung der Aufklärung und ihre pragmatische Erklärung der Religion hat er weit hinter sich gelassen. Die verschiedenen Glaubensformen beruhen nach ihm sowenig auf bloßer Konvention wie die Verschiedenheit der menschlichen Sprachen. Hier sind andere und stärkere Kräfte im Spiel. „Es heißt die menschliche Natur schwer verkennen, wenn man glaubt, daß eine Religion durch Übereinkunft eingeführt und durch Betrug aufrecht erhalten werden könne. Man zähle bei Livius die Stellen, aus denen hervorgeht, wie oft die römische Religion den Patriziern selbst beschwerlich fiel, wie oft sie den Senat gehindert, in Verlegenheit setzte und seine Tätigkeit hemmte — und man sage dann noch, daß diese Religion lediglich für die Bequemlichkeit der Politiker erfunden worden sei. Erst in der Zeit der Scipionen kam die Meinung auf, die Religion sei der Regierung nützlich; aber damals war sie auch schon in den Seelen erstorben" [208]. Wenn man eingesehen hat, daß die religiöse Idee bei den Alten der belebende und gestaltende Hauch der Gesellschaft *(le souffle inspirateur et organisateur de la société)* gewesen ist [209]: wie will man das Lebendige aus dem Toten, wie will man den Organismus aus einer bloß mechanischen Anordnung und aus einem bloß mechanischen Zwange erklären? Die Form der Bindung, die für alle Religion wesentlich ist, muß daher von innen, nicht von außen stammen. Und erst wenn wir sie ins Auge fassen und als das, was sie war, erkannt haben, ist uns ein Einblick in die Lebensformen der Vergangenheit gestattet. Man hat von Fustel de Coulanges gesagt, daß sein historisches Interesse den Institutionen, nicht dem Leben gegolten habe [210]. Aber diese Charakteristik erscheint mir nicht zutreffend, oder sie scheint mir zum mindesten seinem eigentlichen Streben und seiner eigentlichen Leistung nicht völlig gerecht zu werden. Er knüpft freilich immer wieder an die Institutionen an; aber er will eben an ihnen und durch sie das Leben der Vergangenheit sichtbar und fühlbar machen. Der wirkliche Geschichtsforscher — so betont er — beschreibt die Einrichtungen und Verfassungen, die rechtlichen Normen und die religiösen Bräuche, die Vorstellungen und die Sitten einer Gesellschaft nicht um ihrer selbst willen. „Die Geschichte studiert nicht nur die materiellen Tatsachen und die Einrichtungen; den eigentlichen Gegenstand ihres Studiums bildet die menschliche Seele; sie muß danach streben, eine Erkenntnis dessen zu gewinnen, was diese Seele in den verschiedenen Epochen des menschlichen Geschlechts geglaubt, gefühlt, gedacht hat" [211]. Aber diese Form der Einfühlung ist auf der anderen Seite nach Fustel de Coulanges kein so ein-

---

[208] ibid., L. III, Kap. 16, S. 254.
[209] ibid., L. III, Kap. 3, S. 154.
[210] Vgl. *Gooch*, History and historians in the 19th century, S. 213.
[211] La Cité antique, L. II, chap. 9, p. 106.

facher Prozeß, wie die Romantik angenommen hatte. Es genügte hierfür nicht, sich mit allen Kräften der Sympathie in die Vergangenheit zurückzuversetzen und den Versuch zu machen, sie aus Gefühl und Sympathie wieder zu beleben. Denn hierbei gelangen wir bald an eine Grenze. Es gibt Urschichten des Glaubens, die so weit zurückreichen und die uns so fremd geworden sind, daß wir sie auf diese Weise nicht mehr zum Leben erwecken können. Wenn wir es dennoch versuchen, so sehen wir dabei das Vergangene nicht mehr in seinem eigenen Licht, sondern nur in dem reflektierten Licht der Gegenwart. Die Sehnsucht, mit der wir es umfassen, ist eine sentimentale Sehnsucht – aber eine solche ist kein Führer zur historischen Wahrheit. Statt uns mit ihr der Vergangenheit anzugleichen, gleichen wir vielmehr diese uns selbst an; statt sie in ihrer strengen objektiven Gestalt zu sehen, legen wir unsere Wünsche und Forderungen in sie hinein und verfallen damit einer Art der Idealisierung, die für den Geschichtsforscher eine der gefährlichsten Verführungen ist. Die traditionelle Vorstellung von antiker Freiheit entspricht nicht der historischen Wirklichkeit.

Das Ideal der Römertugend und der antiken Freiheit ist nicht historisch, lediglich ein Wunschtraum, den wir in die Vergangenheit zurückverlegen. Für unsere Idee von Freiheit gab es im antiken Leben keinen Raum. Es gehört zu den Haupt- und Grundthesen von Fustel de Coulanges' Werk, daß die Alten die persönliche Freiheit nicht gekannt haben. „Die Alten kannten weder die Freiheit des Privatlebens, noch die Freiheit der Erziehung, noch die religiöse Freiheit. Die Person des Einzelnen galt sehr wenig gegenüber jener heiligen und fast göttlichen Autorität, die dasjenige in Anspruch nahm, was man den Staat oder das Vaterland nannte ... Man dachte, daß das Recht, die Gerechtigkeit, die Sittlichkeit, daß all dies vor dem Wohle des Vaterlands weichen müsse. Es ist also unter allen menschlichen Irrtümern einer der seltsamsten, wenn man geglaubt hat, daß in den antiken Gemeinwesen der Mensch die Freiheit genossen hat; er besaß nicht einmal die Idee von ihr" [212].

Haben wir uns einmal in dieser Weise davon überzeugt, welche unbedingte und schrankenlose Gewalt der antike Glaube über das gesamte antike Leben ausgeübt hat, so besteht die nächste Aufgabe darin, uns einen Einblick in den Charakter und Ursprung dieses Glaubens zu verschaffen. Auch in dieser Frage hat Fustel de Coulanges neue Wege beschritten, die zu der Zeit, in der sein Werk erschien, noch nicht erprobt waren. Die klassische Philologie und die allgemeine Religionswissenschaft stand in den Vorstellungen, die sie sich von griechisch-römischer Religion bildete, seit Jahrhunderten unter dem Bann der griechischen Dichtung. In der Tat konnte man mit einem gewissen Recht sagen, daß erst das griechische *Epos*, daß Homer und Hesiod es gewesen seien, die den Griechen ihre Religion „geschaffen" haben. Hinter diese Schöpfung zurückzugehen, schien weder erforderlich, noch schien es mit rein historischen Mitteln möglich. Aber Fustel de Coulanges

---

[212] ibid., Livre III, chap. 17, p. 266 f.

bleibt hierbei nicht stehen. Er entwirft ein Bild ‚archaischen' Glaubens, das von dem der Homerischen Götterwelt sehr weit entfernt ist. Was ihn hierzu befähigt und was ihn den griechisch-römischen Glauben in einem anderen Lichte sehen läßt, ist der Umstand, daß er sich hierbei eines neuen *Erkenntnismittels* bedient, das er als einer der ersten in seiner Bedeutung erkannt hat. Er vertraut sich nicht einfach der Leitung des *Mythos* an, und er sieht in ihm nicht mehr die alleinige Quelle für unsere Kenntnis antiken Glaubens. Was die antike *Mythologie* uns von den Göttern berichtet, das ist nach ihm nur Darstellung und Reflex ihres Wesens; aber es liefert uns nicht das Verständnis dieses Wesens selbst. Wollen wir dieses gewinnen, so müssen wir eine andere Richtung der Untersuchung einschlagen. Die Vorstellungen und Meinungen, die der Mensch sich von der Gottheit bildet, und die Bilder, die er sich von ihr entwirft, sind immer nur die vielfältige und bunte Hülle, hinter der sich ein anderer festerer Gehalt verbirgt. Was der Mensch glaubt, das tritt deutlicher und bestimmter als im Vorstellen in der Art seines *Tuns* zutage. Hier muß daher die Frage des Historikers einsetzen, wenn er die eigentliche Urschicht des Religiösen aufdecken will. Der *Ritus,* nicht der *Mythos* muß ihm als Führer dienen. Primitive Religion ist niemals eine bloße Sammlung von Dogmen oder Glaubenssätzen. Sie ist überhaupt nichts rein Theoretisches, sondern etwas durch und durch Praktisches. Sie verlangt vom Menschen nicht bestimmte „Meinungen" über das Göttliche; sondern sie legt ihm bestimmte Vorschriften auf, die das gesamte Leben durchdringen und keinen noch so geringen Zug der Willkür überlassen. Gelingt es uns, das Ganze dieser Regeln, dieser Gebote und Normen zu überblicken und begreifen wir die unmittelbare zwingende Gewalt, mit der sie das Dasein und das Tun des Menschen beherrscht haben, so haben wir damit, und damit allein, eine adäquate Vorstellung urtümlichen Glaubens gewonnen. Daß Fustel de Coulanges zu dieser Auffassung gelangt ist, ist kein Zufall; es hängt vielmehr aufs engste mit seiner persönlichen Eigenart und mit der Grundrichtung seines historischen Interesses zusammen. Dieses Interesse galt, wie wir gesehen haben, dem Bleibenden, nicht dem Vorübergehenden. Er suchte hinter dem Werden das Sein; er hielt sich an die Institutionen, in denen er das eigentlich Beständige des geschichtlichen Lebens sah. Unter diesem Gesichtspunkt mußte ihm der Ritus bedeutsamer als der Mythos erscheinen. Denn er ist das eigentlich beharrliche, „konservative" Element aller Religion. Die Mythen kommen und gehen, und sie rücken allmählich von Ort zu Ort. Jede Generation erzählt sie sich in anderer Weise, und jede fügt dem vorhandenen Schatze, den sie der Vergangenheit entnimmt, neue Elemente hinzu. Aber hinter diesem von Epoche zu Epoche Wandelbaren steht ein Dauerndes, das gewissermaßen dem Angriff der Zeiten trotzt. In ihm müssen wir den eigentlichen Träger der religiösen Tradition erkennen. Der Verkehr, in den der Mensch mit den Göttern tritt, der Kult, den er ihnen weiht, die Namen, mit denen er sie anruft, die Gaben und Opfer, die er ihnen schuldet: dies alles ist an unverbrüchliche Regeln gebunden. Über sie hat der einzelne keine Macht; denn jeder Eingriff und jede Neuerung könnte hier nur zerstörend wirken. Die gesamte Gewalt, die dem Gebet, dem Opfer, der „heiligen Handlung" innewohnt, hängt davon ab, daß all dies immer wieder in ein und derselben Weise sich vollzieht. Jede noch so geringfügige Änderung käme hier der Vernichtung gleich. Auch das *Wort:* ‚Religion' bedeutet, wie Fustel de Coulanges hervorhebt, für die Urzeit nicht dasselbe, was es für uns bedeutet. Die antike Religion wollte nicht den Menschen zur Anschauung eines ‚Absoluten' erheben und ihm die Erkenntnis dieses Absoluten in irgend einer Weise zugänglich machen. „Diese Religion war ein Ganzes kleiner Glaubenslehren und minutiöser, peinlich zu befolgender Riten. Ihren Sinn hatte man nicht zu suchen; es gibt hier nichts, worüber man sich Gedanken zu machen, wovon man sich Rechenschaft abzulegen hatte. Für uns bedeutet das Wort Religion ein Ganzes von Dogmen, eine Lehre über Gott, ein Sinnbild des Glaubens an die Mysterien, die in uns und um uns sind. Bei den Alten bedeutete dasselbe Wort: Riten, Zeremonien, äußere Kultakte. Die Lehre galt wenig, die Gebräuche waren es, auf die es ankam. Sie waren das Zwingende; dasjenige, was den Menschen *band (ligare, religio).* Die Religion war ein physisches Band; eine Kette, an die der Mensch als Sklave gefesselt war. Der Mensch hatte sie sich geschaffen, und er wurde von ihr beherrscht... Das antike Gesetz gibt niemals Beweggründe an. Wie sollte es auch? Es ist nicht gehalten, Gründe anzugeben; es ist, weil die Götter es gegeben haben... Die alten Gesetzestexte, die . . der Griechen, die *carmina* der Römer waren unabänderliche Texte. Hier auch nur einen Buchstaben ändern, ein Wort versetzen, den Rhythmus umgestalten hieß das Gesetz selbst zerstören, indem man die heilige Form zerstörte, unter der es sich den Menschen offenbart hatte. Das Gesetz war gleich dem Gebet, das der Gottheit nur dann wohlgefällig war, wenn es in der genau vorgeschriebenen Form gesprochen wurde, und das zum Frevel ward, sobald man in einem einzigen Worte abwich. Es gab keine Stadt, die nicht eine Sammlung ihrer alten Hymnen zum Preis ihrer Götter besessen hätte. Die Sprache, die Sitten, die religiösen Vorstellungen mochten im Lauf der Zeit wechseln — aber die Worte und Rhythmen dieser Hymnen blieben unbeweglich, man fuhr fort, sie bei den Festen zu singen, ohne sie zu verstehen"[213].

Mit diesem Schlüssel in der Hand wagt Fustel de Coulanges den Versuch, das Allerheiligste des antiken Glaubens aufzuschließen. Wir brauchen uns nur in den Mittelpunkt des Kults zu versetzen, um den Eingang nicht verfehlen zu können. Und als dieses Band, das alle noch so verschiedenen und scheinbar divergenten Äußerungen des Kults umschließt, glaubt Fustel de Coulanges die Verehrung der Toten aufweisen zu können. Aller Götterkult ist seiner ursprünglichen Wurzel nach Totenkult gewesen. Denn es gibt keine festere und strengere Bindung als diejenige, die den Einzelnen mit seinem Stamm, mit seinen Vätern und Vorvätern verknüpft. In der Urzeit weiß und fühlt sich der Einzelne nicht als Einzelner, als selbständiges und losgelöstes Individuum. Er weiß und fühlt sich nur als Glied in jener unzer-

---

[213] La Cité antique, L. III, chap. 8, p. 197 ff; vgl. chap. 11, p. 226 ff.

reißbaren Kette, die sein Dasein mit dem der vergangenen Geschlechter verknüpft. Und diese Kette ist keineswegs rein „geistiger" Art, sondern sie ist materieller Art. Denn der Tote ist nur dem Scheine nach tot. Seine Kraft ist nicht erloschen; sie wirkt weiter und weiter, und sie macht sich dem lebenden Geschlecht als eine nie entschwindende Gegenwart, als ein unmittelbares Dasein fühlbar. Die Schar der Ahnherren lebt im Kreis der Ihren weiter. Sie empfängt von ihnen ihre regelmäßigen Opfer; sie nimmt an all ihren Mahlzeiten teil; sie weilt an der Stätte der Verehrung, an dem Herdfeuer, das für sie entzündet wird und das sich unveränderlich und unauslöschlich von einer Generation zur anderen fortpflanzt. Dies ist die Grundschicht antiken Glaubens, die Fustel de Coulanges aufweisen und durch die er die uns bekannten und geläufigen Vorstellungen des antiken „Polytheismus" modifizieren und vertiefen will. Der Polytheismus stellt nur das *eine* Moment der antiken Religion dar; er zeigt sie nur in ihrer Hinwendung zur Natur. Man kann versuchen, das Panthéon des hellenischen Olymps und und des römischen Kapitols in dieser Weise zu verstehen; man kann in jeder Göttergestalt den Repräsentanten und die Darstellung einer bestimmten Naturgewalt sehen. Aber die olympischen Götter dürfen wir nicht an den Anfang der Religion setzen. Dem Glauben, der seine Gestalten aus der äußeren Natur nahm, ist ein anderer voraufgegangen, der sich auf die menschliche Seele bezog und von hier aus seine Kraft empfing. Seinen Gegenstand bildeten die Ahnherren des Geschlechts, sein Symbol war das Haus und der Herd. „Das Feuer, das auf dem Herde unterhalten wird, ist in den Gedanken der Menschen nicht das naturelle Feuer. In ihm sieht man nicht das rein physische Element, das leuchtet und brennt, das die Körper umbildet, die Metalle schmilzt und zum mächtigen Werkzeug der menschlichen Industrie wird. Das Herdfeuer ist von ganz anderer Natur. Es ist ein reines Feuer, das nur mit Hilfe gewisser Riten hervorgebracht und nur mit bestimmten Arten von Holz unterhalten werden kann. Es ist ein keusches Feuer: die Vereinigung der Geschlechter darf in seiner Gegenwart nicht erfolgen... Noch später, als das Herdfeuer sich zur Gestalt der großen Vesta wandelte, wurde Vesta zur jungfräulichen Göttin; sie stellte in der Welt weder die Fruchtbarkeit noch die Macht dar; sie war die Ordnung; aber nicht die strenge, abstrakte, mathematische Ordnung, das gebieterische und unausweichliche Gesetz der Notwendigkeit, ἀνάγκη, das man schon früh in den Phänomenen der Natur gewahr wurde. Sie war die moralische Ordnung. Man stellte sie sich als eine Art universeller Seele vor, die die verschiedenen Bewegungen des körperlichen Universums ebenso regelt, wie die menschliche Seele die Tätigkeit unserer Organe lenkt"[214].

Die ‚Cité antique' ist trotz aller Mannigfaltigkeit der behandelten Probleme, die sich über das gesamte Gebiet des antiken staatlichen und sozialen Lebens erstrecken, die Entwicklung einer einzigen Idee. Fustel de Coulanges hat mit außerordentlicher Energie und mit einer unbeirrbaren Sicherheit den

---

[214] Cité antique, Livre I, ch. 2, p. 28 f.

Faden festgehalten, den er einmal ergriffen hat. Er sah in ihm den Ariadnefaden, der allein imstande ist, uns im Labyrinth der antiken Glaubensvorstellungen zu leiten. Nicht nur die Gegner von Fustel de Coulanges, sondern auch seine Bewunderer und Verehrer haben betont, daß er seinen Grundgedanken allzu hartnäckig verfolgt und allzu einseitig durchgeführt habe. Hierdurch seien viele Züge, die in das Bild der antiken Kultur notwendig gehören, zu kurz gekommen oder gänzlich unterdrückt worden [215]. Wenn man *Mommsens* „Römischer Geschichte" den Vorwurf machen konnte, daß sie die Römer allzu sehr „modernisiert" habe, so ließ sich gegen die Darstellung von Fustel de Coulanges der entgegengesetzte Einwand erheben: man fand, daß er das Römertum und Griechentum in allzu ‚archaischem' Stile gezeichnet habe. An dem Gegensatz zwischen Mommsen und Fustel de Coulanges kann man sich besonders deutlich und eindringlich machen, wie sehr im Gebiet der Geschichte die Antwort, die man erhält, schon durch die Art der *Fragestellung,* von der man ausgeht, bedingt ist, und wie völlig verschiedene Bilder man von ein und demselben Gegenstand gewinnen kann, wenn man die Art der *Blickrichtung* ändert. Denn was beide Forscher voneinander trennt, ist nicht nur die Eigentümlichkeit ihrer wissenschaftlichen Anlage und ihres persönlichen Temperaments. Hinter dieser individuellen Differenz steht vielmehr eine allgemeine und prinzipielle Differenz: eine verschiedene Auffassung von der Aufgabe und von der „Maxime" der historischen Forschung. Beide, Mommsen wie Fustel de Coulanges, haben die Maxime, der sie folgen, in voller Schärfe und Klarheit ausgesprochen. In einem Brief an Herzen erklärt Mommsen, daß über den modernen Ton, in dem seine „Römische Geschichte" geschrieben sei, viel zu sagen wäre. Aber ihm sei es darauf angekommen, die Alten von dem phantastischen Piedestal, auf das man sie gestellt habe, herunterzuholen; und wenn er hierbei auch vielleicht übertrieben habe, so sei doch die Absicht, von der er sich leiten ließ, gesund genug gewesen. Aber wenn Mommsen den historischen Gegenstand sich selbst und dem Leser näher rücken muß, um ihn in seiner vollen Bestimmtheit und in seiner Lebensfülle zu sehen, so sucht Fustel de Coulanges ihn von sich zu entfernen. „Ich werde mich bemühen" — so erklärt er in der Einleitung zur ‚Cité antique' — „die radikalen und wesentlichen Unterschiede klarzustellen, die die alten Völker ein für allemal von den modernen Gesellschaften trennen. Unser Erziehungssystem, das uns von Kindheit an in der Umgebung der Griechen und Römer leben läßt, gewöhnt uns daran, sie unablässig mit uns zu vergleichen, ihre Geschichte nach der unseren zu beurteilen und unsere Revolutionen nach den ihren zu erklären. Was uns von ihnen geblieben ist und was sie uns hinterlassen haben, erweckt in uns den Glauben, daß sie uns glichen; es macht uns Mühe, sie als fremde Völker zu betrachten; fast stets erblicken wir in ihnen nur uns selbst. Hieraus sind viele Irrtümer entstanden; und Irrtümer in dieser Frage sind nicht ohne Gefahr. — Will man die Wahrheit über die antiken Völker er-

---

[215] Vgl. hierzu Paul *Guiraud,* Fustel de Coulanges, Paris 1896, ch. III, p. 38 ff.

kennen, so wird es gut sein, sie zu studieren, ohne an uns selbst zu denken. Wir müssen sie betrachten, als wären sie uns völlig fremd; mit ebenso freiem Geist und ebensolcher Objektivität, wie wir etwa das alte Indien oder Arabien studieren würden. So betrachtet stellen sich Griechenland und Rom für uns in einer völlig unnachahmbaren Weise dar. Nichts in den modernen Zeiten gleicht ihnen; nichts wird ihnen in der Zukunft je wieder gleichen können."

Mommsen wollte in seiner „Römischen Geschichte" das Drama des römischen Staatslebens vor uns hinstellen; und was ihn an diesem Drama in erster Linie fesselte, war nicht der Ablauf der äußeren Ereignisse, sondern die einzelnen Mitspieler in ihm — die Art, wie sie in das Geschehen eingreifen, wie sie miteinander in Konflikt geraten und wie sie in diesem Konflikt sich selbst und ihr Wesen, wie sie die feinsten Züge ihrer Persönlichkeit offenbaren. Der intimste Reiz von Mommsens Darstellung beruht auf der Meisterschaft, mit der er diese Aufgabe erfüllt hat. Fustel de Coulanges besaß weder die Fähigkeit, noch besaß er auch nur den Ehrgeiz, auf diesem Gebiete mit Mommsen zu wetteifern. Denn sein Begriff der wissenschaftlichen Geschichte verbietet ihm das Verweilen bei den einzelnen Individuen und die Versenkung in ihre Eigenart. Die Geschichte soll nach ihm das Bild bestimmter gesellschaftlicher Zustände entwerfen und deren Entwicklung schildern. Insbesondere in den Werken seiner späteren Zeit hat sie sich für Fustel de Coulanges fast ganz in das aufgelöst, was Comte die soziale Statik und die soziale Dynamik nannte. Für eine solche Darstellung gesellschaftlicher Zustände und gesellschaftlicher Einrichtungen bedeuten die Individuen wenig; denn es sind nicht individuelle Anstrengungen, sondern Kräfte ganz anderer Art, aus denen all dies hervorgeht. Man hat darauf hingewiesen, daß Fustel de Coulanges ganze Epochen gezeichnet hat, ohne auch nur die wichtigsten Persönlichkeiten, die in ihnen hervorgetreten sind, beim Namen zu nennen; und daß er, auch wenn er diese Namen nennt, ihren Trägern offenbar nur eine sehr geringe Bedeutung für das Geschehen beimißt; daß sie ihm fast als ein entbehrliches Detail erscheinen [216]. Daß dies vom Standpunkt der reinen Geschichtsschreibung aus ein Mangel ist und bleibt, ist unverkennbar und unbestreitbar. Aber es ist merkwürdig, wie sehr eben dieser Mangel bei Fustel de Coulanges zu den *défauts de ses vertus* gehört. Denn nur dadurch, daß er seinen Gegenstand, statt ihn aus unmittelbarer Nähe zu betrachten und sich in seine Einzelzüge zu versenken, in die Ferne rückte, vermochte er jene Form des Sehens in sich auszubilden, die das Ferne und Entlegene verlangt. Er drang viel weiter in die Zeiten zurück, als es andere vor ihm vermocht hatten. Er verfügte über keine anderen Mittel, und er erkennt keine anderen Mittel an, als sie dem Historiker zu Gebote stehen; und sein Glaube an die Beweiskraft der historischen Texte und Urkunden ist unerschütterlich. Aber an der Hand dieses urkundlichen Materials vermag er Zustände aufzudecken und sichtbar zu machen, von denen es keine unmittelbare Dokumentation gibt und geben kann, weil

---

[216] Vgl. hierzu *Guiraud*, a. a. O., S. 200 ff.

sie sich im Dunkel der „Urzeit" verlieren. Das Eigentümliche und das vielleicht Einzigartige in Fustel de Coulanges' ‚Cité antique' lag darin, daß hier und mit rein historischem Beweismaterial ein Problem in Angriff genommen wurde, das im Grunde durch die Geschichte *allein* nicht mehr aufzuhellen ist, weil es uns in das Gebiet der *Prähistorie* hineinführt. Daß das Ziel, das hier gestellt war, sich beim ersten Anlauf nicht erreichen ließ, und daß es der Kritik ein Leichtes war, auf Fehler nicht nur im einzelnen hinzuweisen, sondern auch allgemeine und prinzipielle Bedenken gegen die Auffassung und Darstellung von Fustel de Coulanges zu erheben, ist nicht zu verwundern [217]. Aber der Wert dieser Darstellung als Ganzes wird dadurch kaum vermindert. Denn er liegt, viel mehr als in der Durchführung, in dem *Ansatz* des Problems. Die Fruchtbarkeit dieses Ansatzes blieb für Fustel de Coulanges noch in vieler Hinsicht verschlossen, weil er es vermied, seinem Thema eine universalgeschichtliche Wendung zu geben. Heute würde ein Forscher schwerlich den Totenkult bei den Griechen und Römern behandeln, ohne sich dadurch zu einem Vergleich mit den anderen großen Kulturreligionen und mit dem anthropologischen und ethnographischen Material angeregt zu fühlen. Wieviel hätte die Darstellung hier allein aus einem Blick auf China und die Ursprünge des chinesischen Ahnenkults gewinnen können! Aber all das hat Fustel de Coulanges nicht nur nicht gesucht, sondern er ist ihm sogar aus dem Wege gegangen, weil es seinem Ideal der wissenschaftlichen Strenge widersprach. Gemäß diesem Ideal sollte der Historiker nicht selbst sprechen, sondern einzig und allein die Texte sprechen lassen. „Geschichte" — so erklärte er — „darf man nicht mit der Logik, sondern ausschließlich mit den Dokumenten machen." Und er verbot sich die Anführung jedes Dokuments, das er nicht selbst im Original gelesen und aufs sorgfältigste, oft bis in die Analyse der einzelnen Worte hinein, interpretiert hatte. Dies mußte ihn von der Anwendung vergleichender Methoden abschrecken; er sah in ihnen die Gefahr des Dilettantismus. Die Vergleichung, so betont er, darf in jedem Fall erst einsetzen, wenn die genaue Durchforschung der besonderen Erscheinungen bis ins letzte durchgeführt ist. „Ich wünschte, daß eine erste Generation von Arbeitern sich erst diesen Einzelaufgaben widmete und daß man es der folgenden Generation überließe, das allgemeine Gesetz zu suchen, das sich vielleicht aus diesen besonderen Studien wird ableiten lassen"[218]. Ob Fustel de Coulanges nach seiner Geistesart und Arbeitsweise heute die Zeit für eine solche Synthese bereits als gekommen ansehen würde, mag man bezweifeln; aber methodisch muß man ihn zu den ersten Begründern jener ‚Religionssoziologie' rechnen, die ihren vollkommensten Ausdruck in den Werken *Max Webers* gefunden hat.

Will man sich hiervon überzeugen und will man herausstellen, was Fustel de Coulanges' Arbeiten an neuen und fruchtbaren Keimen in sich schlossen,

---

[217] Am schärfsten sind diese Bedenken von *d'Arbois de Jubainville* in seiner Schrift ‚Deux manières d'écrire l'histoire', Paris 1896, formuliert worden.
[218] *Fustel de Coulanges,* Nouvelles recherches sur quelques problèmes d'histoire (1891), p. 4 f. (zitiert nach *Guiraud,* a. a. O., p. 222 f.).

so darf man freilich nicht bei dem stehen bleiben, was er selbst im Gebiet der historischen Methodenlehre gelehrt hat. Denn diese Lehre schöpfte den Gehalt seiner eigentümlichen *Leistung* keineswegs vollständig aus. Die letztere greift oft viel weiter, als die logische Theorie der geschichtlichen Erkenntnis, die Fustel vertritt, zu erkennen gibt. Er gehört zu denjenigen Geschichtsschreibern, die sich intensiv und unablässig mit methodischen Problemen beschäftigt haben und die in ihren Werken immer wieder auf sie zurückgekommen sind. Sein großes Vorbild war und blieb hierbei *Descartes*; er hat einmal gesagt, daß er im Grunde nichts anderes getan habe, als den methodischen Zweifel, den er von Descartes gelernt habe, auf die Geschichte anzuwenden. Aber daneben wirkte ein anderer Einfluß, der Einfluß Bacons, auf ihn ein. Von Bacon und seiner Logik der ‚Induktion' hat er mit enthusiastischem Lob gesprochen[219]. Daß die Vorschriften Bacons dauernde Spuren in ihm hinterlassen haben, ist in der Tat unverkennbar. Ich kenne kaum einen modernen Historiker, bei dem man den Einfluß der Bacon'schen ‚Instanzenlehre' so deutlich spürt wie bei Fustel de Coulanges. Er ist überzeugt, daß, wenn man einmal alle Instanzen in der Hand hat und wenn man sie sorgsam miteinander vergleicht, die Wahrheit gewissermaßen von selbst herausspringen muß. Wie der Naturforscher zu seinen Beobachtungen, so steht der Historiker zu seinen Texten. Er hat ihnen weder etwas hinzuzufügen, noch hat er sie zu verändern; er hat lediglich die Summe aus ihnen zu ziehen. Alle Texte, die es über eine bestimmte Frage gibt, zu sammeln, keinen zu vergessen, sie gründlich zu studieren und sich dort, wo die Texte fehlen, keinerlei bloße Vermutung und keine leere Hypothese zu gestatten, darin besteht das große Geheimnis der „historischen Methode". ‚Die Texte sind nicht immer wahr; aber Geschichte läßt sich nur mit Texten machen, und man darf nicht seine persönlichen Meinungen an ihre Stelle setzen. Der beste Historiker ist der, der sich den Texten am nächsten hält, der nur ihnen gemäß schreibt, ja ihnen gemäß denkt[220].' Die Forderung der ‚Aktentreue' ist selten schärfer betont worden, als es hier geschieht; es scheint fast, als sollte der Satz ‚*Quod non est in actis, non est in mundo*' zum höchsten Prinzip der historischen Erkenntnis erhoben werden. Aber diese Form des Bacon'schen Empirismus, dieser Glaube, daß die Tatsachen in den Texten unmittelbar *gegeben* seien, stößt freilich in der Durchführung alsbald auf eine bestimmte Schranke. Was versichert uns der Vollständigkeit, der Lückenlosigkeit, der Zuverlässigkeit des historischen ‚Materials' selbst? Die Theorie Fustel des Coulanges' gibt uns hierauf keine bestimmte Antwort mehr; ja er hat sich über dieses Problem mit einer merkwürdigen Leichtigkeit hinweggesetzt. Seine Gegner haben ihm immer wieder vorgeworfen, daß er, so kritisch er sich gegen moderne Auffassungen verhielt, so gläubig gegen die alten Texte war. Er läßt sich in seiner Sammelarbeit nur selten durch

---

[219] Über Fustel de Coulanges' Verhältnis zu Descartes und Bacon vgl. *Guiraud*, a. a. O., p. 8 f, p. 162 f.
[220] *Fustel de Coulanges*, La Monarchie franque (1888), p. 33 und 69, (zitiert nach *Guiraud*, a. a. O., S. 186).

kritische Skrupel stören; er vereint Zeugnisse aus ganz verschiedenen Epochen, von sehr verschiedener Herkunft und von oft sehr fragwürdigem Wert. Jeder Gewährsmann wird berücksichtigt; und fast jeder gilt den anderen gleich. Man hat behauptet, daß ein gutes Drittel der Quellennachweise aus der ‚Cité antique' aus legendarischen Erzählungen oder aus späteren Erdichtungen bestehe [221].

Daß diese Vorwürfe, sofern sie berechtigt sind, den rein historischen Wert des Werkes schwer beeinträchtigen müssen, liegt auf der Hand. Aber trotz allem rauben sie der *Problemstellung*, die in ihm durchgeführt wird, nichts von ihrer Bedeutung und von ihrer Originalität. Mochten die *Beweismittel*, die Fustel de Coulanges benutzte, noch so unzureichend sein, so brauchte dies der Richtigkeit der These selbst keinen Abbruch zu tun. Die klassische Philologie ist seinen Anregungen erst relativ spät gefolgt. Heute aber ist die Einsicht, daß wir das Bild der griechischen Religion verfehlen, wenn wir es lediglich nach den Zeugnissen der Homerischen Religion zu entwerfen suchen, zum Gemeingut geworden. *Erwin Rohde* hat in seinen Untersuchungen über den Seelenkult und Unsterblichkeitsglauben der Griechen, in denen er die scharfe Grenze zwischen dem Homerischen Glauben und dem Glauben der Urzeit zieht, ausdrücklich auf Fustel de Coulanges' Werk verwiesen. ‚Es tut der Anerkennung der fruchtbaren Gedanken des Buches keinen Eintrag' — so fügt er freilich hinzu — ‚wenn man eingesteht, daß sein Grundgedanke, was das Griechentum betrifft, nicht über den Stand einer Intuition sich hat erheben lassen, die richtig und wahr sein könnte, aber unbeweisbar bleibt. Hat es eine Zeit gegeben, in der griechische Religion nur im Ahnenkult bestand, so tragen doch unsere Blicke nicht in jene dunkle Urzeit lange vor aller Überlieferung [222].' Vom Standpunkt *unseres* Problems aber müssen wir auch hierüber ein anderes, positiveres Urteil fällen. Denn uns kommt es nicht in erster Linie darauf an, welche neuen historischen Einzelerkenntnisse das Werk erarbeitet hat, sondern was es im Ganzen der Entwicklung des historischen *Erkenntnisideals* im 19. Jahrhundert bedeutet. In dieser Hinsicht ist und bleibt es eine nicht nur wichtige, sondern bahnbrechende Leistung. Man kann die Arbeit, die Fustel de Coulanges mit seiner ‚Cité antique' geleistet hat, mit der eines Bergmannes vergleichen, der einen neuen Stollen treibt und dabei auf eine Goldmine stößt. Die eigentliche Ergiebigkeit dieser neuen Ader vermochte er noch kaum abzuschätzen, und ihren vollen Ertrag konnte er nicht voraussehen. In der Tat

---

[221] S. hierzu *Seignobos*, Fustel de Coulanges (Histoire de la Langue et de la Littérature française), publ. par *Petit de Julleville*, Tome VIII, Paris 1899, p. 285. — Die paradoxe These, daß selbst gefälschte Dokumente nicht jedes historischen Erkenntniswertes entbehren, sondern nicht selten zu wichtigen geschichtlichen Einsichten führen können, ist von Fustel de Coulanges in seiner Schrift ‚La Monarchie franque' (Paris 1888, p. 23 f.) aufgestellt und verfochten worden; sie begegnete begreiflicherweise dem schärfsten Widerspruch. Näheres hierüber bei *d'Arbois de Jubainville*, a. a. O., p. 178 ff.

[222] Erwin *Rohde*, Psyche, Seelenkult und Unsterblichkeitsglaube der Griechen, 2. Aufl., Freiburg i. B. 1898, I, 166 f.

ist es nicht die Geschichte allein, sondern erst die vergleichende Religionswissenschaft gewesen, die diesen Ertrag zu heben und zu bergen vermochte. Auf diesem Gebiet haben die Gedanken, die Fustel de Coulanges in seinem Jugendwerk in Fülle ausgestreut hat, die reichsten Früchte getragen. Freilich liegt gerade in dieser Art der Fortwirkung, wenn man sie an den eigenen Intentionen des Autors mißt, eine eigentümlich tragische Ironie. Fustel de Coulanges war ein überzeugter Empirist und Positivist. Er wollte weder Ideen ausstreuen, noch Hypothesen aufstellen. Er erklärte, daß es für den Historiker nur Tatsachen, nichts als Tatsachen geben dürfe, daß das direkte Studium der Dokumente und die Beobachtung des Details sein einziger Leitstern sein müsse. Immer wieder warnte er vor „vagen Allgemeinheiten" und vorschnellen Synthesen. Die Geschichte, so sagt er, ist keine rationale Wissenschaft, sondern eine Wissenschaft der Fakten; sie ist eine beobachtende Wissenschaft, die sich der Chemie vergleichen läßt [223]. Aber hier erfuhr er eine herbe Enttäuschung. In seinem Hauptwerk, der ‚Histoire des institutions politiques de l'ancienne France', hat er eine Fülle bisher unbekannter Fakten ans Licht gehoben. Aber kaum eines seiner Ergebnisse blieb unbestritten und keines hatte sich einer allgemeinen Anerkennung zu erfreuen. Sein Verhältnis zu den gleichzeitigen Historikern war das eines ununterbrochenen Kampfes. Die Polemik wurde so übermächtig, daß sie unter ihrem Gewicht fast sein wissenschaftliches Werk und seine eigentliche Forschungsarbeit zu ersticken drohte [224]. Dagegen bewährte sich die eigentliche Fruchtbarkeit von Fustel de Coulanges' Ideen in einem Problemkreis ganz anderer Art. Was er für die Griechen und Römer nur hypothetisch zu erschließen vermochte und was er in seiner Bedeutung für die antike Religion vielleicht überschätzt hat, das fand seine volle Bestätigung, sobald man sich entschloß, den Kreis der Betrachtung weiter zu ziehen. Auch bestimmte *methodische* Grundeinsichten, die er gewonnen hatte, empfingen erst jetzt ihr volles Licht. Daß die Betrachtung des *Ritus* uns in die Urschichten religiösen Glaubens zurückführt, daß der Kult und die Gebräuche uns hierbei sicherer leiten als das, was uns in den Glaubensvorstellungen und in der Mythologie gegeben ist: das war ein Prinzip, das von seiten der Geschichte der *orientalischen Religionen* in vollem Umfang bewährt werden konnte. *Robertson Smith* hat seine gesamte Darstellung der Religion der Semiten auf dieses Prinzip gestützt [225]. Auch die Erforschung der Religion der Naturvölker hat zum gleichen Ergebnis geführt. Die These, daß der Ritus dem Dogma vorangehe und daß ein Verständnis des letzteren nur aus dem ersteren zu gewinnen sei, gilt jetzt vielen Forschern geradezu als eine „Kardinalwahrheit" der Ethnologie und der sozialen Anthropologie.

---

[223] Vgl. hierzu *Seignobos*, a. a. O., p. 287.

[224] Vgl. hierüber das Kapitel: Les polémiques de Fustel de Coulanges bei *Guiraud*, a. a. O., p. 145 ff.

[225] William Robertson *Smith*, The Religion of the Semites (1889); *Marett*, The threshold of religion (1909); vgl. hierzu meine Philosophie der symbolischen Formen, Band II: Das mythische Denken, Berlin 1925, S. 50 ff. und 270 ff.

Aber die Übereinstimmung mit den Ergebnissen der modernen Forschung geht noch weiter. Sie zeigt sich in Gebieten, von denen es fraglich sein kann, ob und in welchem Maße sie eine direkte Anregung durch Fustel de Coulanges' Werk erfahren haben. Der Gedanke, daß die Religionsgeschichte, wenn sie die wahrhaften Ursprünge des Glaubens entdecken will, nicht bei jener Form der „Sondergötter" stehen bleiben kann, wie sie uns das Pantheon der verschiedenen polytheistischen Religionen darbietet, ist insbesondere in Herm. *Useners* ‚Götternamen' durchgeführt worden [226]. Aber wenn wir die ‚Cité antique' studieren, so finden wir zu unserer Überraschung, daß hier, ein Menschenalter vor Usener, die gleiche Grundanschauung vertreten wird, ja daß sie eine der Keimzellen bildet, aus der sich das ganze Werk entwickelt hat. Schon die erste Schrift von Fustel de Coulanges, schon seine Doktorabhandlung: ‚Quid Vestae cultus in institutis veterum privatis publicisque valuerit' (1858) beschäftigt sich mit dem Problem der religiösen Bedeutung des Herdfeuers. Die ‚Cité antique' knüpft hieran an, um zu zeigen, daß ein Kult des Herdfeuers lange bestanden hat, bevor sich aus ihm die Verehrung einer persönlichen Gottheit mit bestimmten und individuellen Zügen entwickelt hat. „Als die Völker Griechenlands und Italiens sich daran gewöhnten, sich ihre Götter als Personen vorzustellen und jedem von ihnen einen Eigennamen und eine persönliche Gestalt zu geben, da unterlag der alte Kult des Herdes dem gemeinsamen Gesetz, das das menschliche Denken in dieser Epoche jedem religiösen Glauben auferlegte. Man personifizierte den Altar des Feuers; man nannte ihn ἑστία, Vesta ... Gemäß einem ganz gewöhnlichen Vorgang setzte man an Stelle des Gattungsnamens *(nom commun)* einen Eigennamen *(nom propre)* ... Aber die Spur des primitiven Glaubens, nach welchem diese Gottheit einfach das Feuer des Herdes war, ließ sich niemals auslöschen" [227]. Auf ganz dieselbe Weise hat Usener geschildert, wie die älteren religiösen Gattungsnamen, die früheren Appellative, zu Eigennamen wurden, und wie es dieser sprachgeschichtliche Vorgang war, der mit einer ganz bestimmten religiösen Entwicklung Hand in Hand ging und diese aufs stärkste gefördert hat [228].

Man konnte vielleicht geneigt sein, anzunehmen, daß es sich hier um eine zufällige und vereinzelte Bemühung handle, der man kein allzu großes Gewicht beizulegen brauchte. Aber dies ist keineswegs der Fall. Wir finden vielmehr, daß hier eine echte und prinzipielle Übereinstimmung besteht. Denn ebenso wie Usener und vor ihm hat Fustel de Coulanges den Grundsatz aufgestellt, daß es für die Analyse ursprünglicher religiöser Vorstellungen keinen zuverlässigeren Leitfaden geben kann als die sprachliche Analyse. Auf diese Weise hat er in der ‚Cité antique' die Beziehung zwi-

---

[226] Herm. *Usener,* Götternamen; Versuch einer Lehre von der religiösen Begriffsbildung, Bonn 1896.

[227] Cité antique, L. I, chap. 3, p. 27.

[228] Näheres über diese Theorie Useners in meiner Schrift: Sprache und Mythos. Ein Beitrag zur Theorie der Götternamen, Leipzig 1924, sowie in meiner Philosophie der symbolischen Formen, Band II, S. 246 ff.

schen den ‚*patricii*‘ und den ‚*patres*‘, die Bedeutung der ‚*agnatio*‘ und ‚*cognatio*‘ und andere Probleme dieser Art aufzuhellen versucht [229]. In seinen späteren Schriften hat er diese Methode nicht nur beibehalten, sondern sie noch wesentlich auszubauen gesucht. Oft ist es die *Wortanalyse*, die ihm den Weg zum Verständnis der sozialen Verhältnisse und der Institutionen bahnen muß und die hierfür die überraschenden Aufschlüsse gibt. Die Sachkenner haben übereinstimmend die Untersuchungen Fustel de Coulanges', die in dieser Weise vorgehen, als Musterbilder philosophischer und historischer Interpretationskunst erklärt [230]. Man ersieht hieraus, daß die eigene Forschungsarbeit von Fustel de Coulanges reicher, vielseitiger und beweglicher ist, als sein etwas enger und starrer historischer Erkenntnisbegriff es vermuten läßt. Dieser Begriff will den Historiker nicht nur auf die Dokumente verpflichten, sondern er scheint ihn in ihren Kreis einschließen zu wollen. Er stellt die Norm auf, daß nicht der Geschichtsschreiber selbst, sondern daß nur die Texte an seiner Statt sprechen dürften. Aber die Texte für sich sagen nichts, ehe sie nicht durch die Arbeit des Historikers zum Sprechen gebracht werden. Sie sind nicht nur unvollständig, sondern sie sind in vielen, wo nicht in den meisten Fällen dunkel oder widerspruchsvoll. Um dieses Dunkel zu lichten und diese Widersprüche zu beseitigen: dazu bedarf es einer besonderen Kunst der Deutung, einer historischen ‚Hermeneutik‘, die um so schwieriger wird, je weiter der Gegenstand, um den es sich handelt, von uns entfernt ist und die ganz neuer Hilfsmittel bedarf, sobald wir uns der Grenze nähern, an der Historie und Prähistorie ineinander übergehen. In der Ausbildung dieser Hermeneutik besteht eines der wissenschaftlichen Hauptverdienste von Fustel de Coulanges. Seine Leistung in der ‚Cité antique‘ ist der eines Paläontologen zu vergleichen, der auf geologisch ältere Schichten zurückgeht, um aus ihrer Erforschung neue Einsichten in die Welt der lebenden Organismen zu gewinnen. Freilich hat Fustel de Coulanges in seinen größeren Werken seine eigentümliche Forschungsweise nicht mehr mit derselben Freiheit walten lassen, wie es in seiner Jugend der Fall war. Er stand unter der Verpflichtung und dem Druck, seine einzelnen Thesen beweisen zu müssen; und dieser Druck raubte ihm oft die freie Bewegung und zwang ihn, sich in eine Fülle von Einzeluntersuchungen zu verlieren. In dieser Hinsicht zeigen die späteren Werke einen deutlichen Stilwandel; man hat sogar von einer tiefen, obwohl ganz innerlichen Krise gesprochen, die das Lebenswerk von Fustel de Coulanges in zwei deutlich geschiedene Gruppen teilt [231]. Die innere Einheit seines Werkes aber ist durch die Art der Arbeitsteilung, zu der er sich entschließen mußte, nicht gefährdet oder aufgehoben worden; denn sie beruhte auf einer Konzeption, die er von Anfang bis zu Ende folgerecht festgehalten hat.

---

[229] Vgl. Cité antique, L. II, chap. 5, p. 58 ff.; L. IV, chap. 1, p. 269 ff.
[230] Vgl. hierzu das Urteil von *Fueter* (a. a. O., S. 563) und das Urteil von *Seignobos,* der im übrigen den Leistungen von Fustel de Coulanges mit schärfster Kritik gegenübersteht (a. a. O., S. 286).
[231] Vgl. *Seignobos,* a. a. O., S. 280.

,Fustel de Coulanges' — so sagt Guiraud — ,besaß über die Entwicklung der Menschheit ein Ganzes von Anschauungen, die genau miteinander zusammenhingen. Gewöhnlich zog er es vor, sie für sich zu behalten; aber bisweilen geschah es, daß er sich etwas von ihnen entschlüpfen ließ. Mochte er sich noch so sehr auf die Beobachtung des Einzelnen beschränken; oft durchbrach er mit einer jähen Bewegung den engen Kreis, in den er sich eingeschlossen hatte, und eröffnete dem Leser, indem er seine Blicke auf einen umfassenden Horizont warf, weite Aussichten über die Zukunft und über die Vergangenheit. Er setzte sich gegen diese Neigung seines Intellekts nicht zur Wehr; denn obwohl er erklärte, daß die Geschichte nicht darin besteht, tiefe Untersuchungen anzustellen, sondern darin, Fakten festzustellen, sie zu analysieren, sie einander anzunähern und die Verbindung zwischen ihnen zu bezeichnen, so gab er doch zu, daß sich hieraus „fast ohne den Willen des Historikers eine gewisse Philosophie entwickle"'[232]. Er selbst hat einmal von sich gesagt, daß es ihn mehr reize, in die Tiefe zu graben, als sich in die Weite zu verlieren[233]; und es gelang ihm in der Tat, durch seine Methode in tiefere Schichten vorzustoßen, die die Geschichtsforschung vor ihm kaum berührt hatte.

Halten wir an diesem Punkte inne, um noch einmal die Entwicklung, die das historische Erkenntnis-Ideal im 19. Jahrhundert erfahren hat, *als Ganzes* zu überblicken, so ergibt sich, wie mir scheint, als ein Hauptresultat unserer Untersuchung, daß man dem ‚Historismus' Unrecht tut, wenn man in ihm lediglich die negative und auflösende Seite betont, wenn man in ihm den Vorboten des Skeptizismus und Relativismus sieht. Ihm fiel in philosophischer Hinsicht eine andere und tiefere Aufgabe zu. Nachdem einmal die Kraft des historischen Denkens entdeckt war und nachdem es sich über alle Gebiete ausgedehnt hatte, konnte freilich die Metaphysik in ihrer alten dogmatischen Form nicht wieder erstehen. Man mußte auf eine Form der Welterklärung verzichten, die in wenigen allgemeinen Sätzen das Sein zu bestimmen und das Werden zu erklären suchte. Von allen Seiten her strömte dem menschlichen Geist eine neue Inhaltsfülle zu, die sich auf diese Weise nicht mehr bemeistern ließ. Demgegenüber schien keine Rettung und kein Ausweg zu bleiben als die Flucht in die Einzeltatsachen und in das Spezialistentum. Die Besonderung ging hier so weit, daß zuletzt fast jedem Kreis von Fakten je eine eigene „Wissenschaft" zu entsprechen schien, und daß alle diese Wissenschaften nur noch in loser Verbindung miteinander standen. In dieser Gefahr der äußersten Zersplitterung zeigte der ‚Historismus' seine bindende und vereinigende Kraft. Er suchte die Einheit freilich an anderer Stelle als die Metaphysik, und er wollte sie mit anderen Mitteln sicherstellen. Die Verschiedenheit, die Mannigfaltigkeit, der Wechsel und das Werden: dies alles erschien ihm nicht mehr als der Gegensatz zum Sein, sondern als Korrelat des Seins. Er fand das Sein nicht mehr in Gott oder in der abso-

---

[232] *Guiraud,* a. a. O., S. 198 f.
[233] ibid., S. 135.

luten Idee; er wollte es nur noch im menschlichen Geiste und in der Totalität des Menschentums festhalten. An dieser Frage ist nicht nur die Geschichtsphilosophie, sondern auch die Geschichtswissenschaft des 19. Jahrhunderts in hervorragendem Maße beteiligt. Sie selbst bewegt sich hierbei freilich nicht nur in verschiedenen, sondern in scheinbar ganz divergenten Richtungen. Aber wenn man diese Richtungen überblickt und wenn man versucht, sie im Geiste zusammenzufassen, so zeigt sich, daß sie zwar keine einheitliche und gemeinsame *Lösung* des Problems darzubieten vermochten, daß sie aber doch an einer gemeinsamen *Aufgabe* arbeiten, und daß in dieser Arbeit die einzelnen Momente dieser Aufgabe immer klarer erfaßt und jedes von ihnen in seiner Eigenart erkannt und herausgearbeitet wird.

NAMENVERZEICHNIS

d'Alembert 66, 90, 97
Anaximander 158
Apelt 164
Archimedes 98, 113
Aristoteles 20, 86, 112, 127, 131, 158, 219, 245, 268
Augustin 279

Bacon 14, 119, 153, 187, 191, 260, 261, 322
von Baer 146, 160, 161
Bateson 184
Bayle 234
Beethoven 255
von Below 233, 234, 242, 262
Beltramie 33
Berkeley 62
Bernard 193
von Bertalanffy 220 - 222
Berthelot 306
Bleuler 201
Boeckh 265, 271
Bohr 123
Boltzmann 91, 101, 109
Bolyai 29, 37
Bonaventura 20
Bonnet 138
Boole 65
Bossuet 279
Boveri 171, 179
Brouwer 84
Brown 109
Buckle 253, 254, 262 - 264, 272, 273
Bütschli 181, 189, 190
Buffon 138
Bunge 214, 215
Burckhardt 271, 274 - 284, 285, 292 - 294, 299

Candolle 143, 144, 146, 154
Cantor 67, 68, 71, 72, 80, 81
Carnot 117
Cauchy 38, 50, 66, 78
Cayley 58
Cohen 19
Columbus 178
de Commine 238
Comte 14 - 17, 23, 46, 47, 233, 250 - 254, 259, 263, 288, 289, 306, 320
Condorcet 279
Conti 43
Copernikus 10, 170
Correns 184

Coulomb 92
Cousin 289
Couturat 82
Croce 240, 243, 258
Cuvier 161, 136-149, 154, 161, 181, 206, 207

Darwin 25, 145, 152, 156, 166 - 188
Dedekind 68, 74, 76, 82
Desargues 57
Descartes 10, 14, 17, 21 - 23, 31 - 34, 45, 57, 105, 128, 191, 197, 212, 225, 322
Dilthey 227, 263, 296
Driesch 180, 194, 196, 199-211, 215, 219
Droysen 263, 264
Du Bois Reymond 94, 193, 195
Duhem 91, 118 - 120

Ebbinghaus 297
von Esenbeck 154
Eudemos 30
Euklid 30 - 33, 37, 40, 41, 47, 55, 58 - 60, 66
Euripides 268

Faraday 92
Fechner 289
Ferrero 268
Fichte 11, 68, 306
Franklin 101
Frege 64, 65, 68, 71, 72
Fresenius 294
Freytag 273 - 276
Fries 161, 164
Fueter 226, 233, 234, 312
Fustel de Coulanges 312 - 327

Galilei 9, 10, 88, 90, 105, 113, 187 - 197, 218
Galois 38, 50
Galton 184
Gauß 29, 45, 62, 63, 65, 78
Gibbon 225
Goebel 165, 166, 176
Goethe 145 - 160, 165, 172, 173, 192, 193, 210, 226, 227, 240, 267, 277
Goette 186, 187
Gooch 267
Gothein 272, 275
Graßmann 57
Grimm, J. u. W. 234, 235
Guiccardini 238

Haeckel 156, 161, 167 - 172, 183, 185 - 188, 211
Haldane 175, 217
Hamann 301
Hamilton 84
Hankel 38, 55
Harvey 158
Hegel 10, 11, 14, 15, 68, 177, 178, 204, 245, 254 - 259, 263, 275, 278, 285, 286, 305, 306
Heisenberg 90, 123
Helm 104, 106
Helmholtz 11, 12, 33, 49, 50, 60, 65, 68, 89, 92 - 94, 98, 102, 109, 193
Heraklit 278, 292
Herbart 289
Herder 210, 225 - 232, 244, 286, 287, 300, 301, 306
Hertwig 188, 189, 193
Hertz 89, 110 - 121
Herzen 319
Heymans 63
Hilbert 33, 34, 48
His 186
Hölder 83
Hofmeister 165
Hooker 171
von Humboldt, A. 64
von Humboldt, W. 245 - 248, 250 - 255, 259, 263, 264, 271
Hume 10, 31, 121, 134, 225
Husserl 64
Huyghens 78, 90, 103, 104

Jacobi 64, 65, 148
Jouffroy 289
de Jubainville 321

Kant 10 - 14, 22, 31, 34, 36, 43, 45, 48, 60, 68, 81, 82, 84, 89, 108, 109, 127 - 137, 141, 142, 150, 156, 161, 164, 170, 172, 181, 192, 204, 215 - 218, 226, 306
Kepler 10, 88, 90
Kielmeyer 137
Kirchhoff 96, 97, 191
Klebs 166, 212
Klein, Fel. 32, 33, 36 - 43, 50, 51, 58, 67, 86
Knebel 156
Kronecker 68, 75

Lagrange 38, 50, 90, 113
Lamarck 138, 146, 170, 171
Lamprecht 285 - 297
Lange 93
Laue 109
Lazarus 289

Lecky 272, 273
Leeuwenhoek 159
Legendre 64
Leibniz 10, 21, 22, 30, 31, 35, 38, 43, 56 - 59, 73, 78, 103, 128, 133, 159, 195, 209, 232
Leo 238
Lessing 300
Leverrier 64
Lie 38, 50
Link 155
Linné 133, 136, 138, 139, 148 - 150, 163, 175
Lobatscheffsky 29, 58
Locke 32
Lodge 101
Loeb 212, 213
Lotze 35, 36, 195
Ludwig 180

Macchiavelli 227
Mach, 91, 98 - 102, 107, 111 - 115
Malpighi 159
Malthus 168
Maxwell 92, 110, 111
Mayer, Robert 102, 103, 105
Meckel 160, 161
Meinecke 225, 232, 233
Mendel 184
Mendelssohn 148
Meyer, Adolf 217
Meyer, Eduard 268, 269
Mill 14, 15, 62 - 65
Möbius 32
Mommsen 264 - 270, 298, 312, 319, 320
Montesquieu 225
Müller, F. 186
Müller, Joh. 193, 216

Naef 156, 186, 190
Naegeli 174, 216
Natorp 19, 102
Needham 159
Newton 43, 61, 88, 90, 92, 97, 113, 128, 132, 153, 192, 197, 216, 218
Niebuhr 234 - 238, 244, 265, 310, 311
Nietzsche 225, 273, 274
Nordenskiöld 204

Ostwald 91, 103, 104, 107, 109, 114

Parmenides 95
Pascal 57
Pasch 46, 48, 49
Peano 32, 68
Pflüger 171, 194, 200
Planck 91, 92, 96, 101, 103

Platon 9, 10, 19, 20, 30, 60, 75, 236, 237, 244, 277
Poincaré 51 - 53, 60, 66, 85, 86, 91, 116 - 122
Poncelet 57, 79
Proklus 55
Pythagoras 55, 61

Ranke 231, 234, 237 - 250, 255, 257, 259, 261, 262, 266, 267, 271, 272, 275 - 79
Rankine 106
Reinke 213, 214
Renan 14, 305 - 311
Riehl 273, 275
Riemann 29, 79
Riemer 155
Robertson 225
Rohde 323
Rousseau 230, 231
Roux 185 - 199
Russell 65, 68, 71, 72

Sachs 162, 164, 175, 212
Sainte-Beuve 259, 271, 273
Saint Hilaire 141, 142, 146, 148, 149, 181
Savigny 234
Schäfer 271, 272, 275
Schaxel 157, 200
Schelling 68, 152, 162, 301 - 03, 306 - 08
Schiller 64, 137, 245
Schlegel 234, 235
Schleiden, 161 - 166, 172, 175
Schleiermacher 271, 306
Schopenhauer 280, 282
Schröder 65
Schrödinger 123
Schwann 193
Scott 238
Semler 300
Shaftesbury 232
Smith 324
Spencer 22
Spengler 286
Spinoza 131, 148, 149, 256

Stallo 107, 108
Staudt 58, 79
Steiner 57
Steinthal 289
Stevin 98
Strauß 305 - 311
Swammerdam 159
von Sybel 242, 257

Taine 14, 254 - 262, 271, 273, 291
Theaetet 30
Thomas von Aquino 20
Thomson 121
Thukydides 227
Treitschke 239, 268
Tschermak 184
Tycho de Brahe 88

Uexküll 137, 206 - 211
Ungerer 218, 220, 222
Usener 20, 325

Verworn 196, 198, 199, 215
Vico 225, 300
Virchow 193
Voltaire 225, 234, 270 - 273, 279
de Vries 184

Weber, Max 321
Weierstraß 32, 65, 74, 79
Weismann 184
Weyl 37, 54, 79, 83, 84, 86
Wigand
Wilamowitz-Moellendorff 265
Winckelmann 278
Woehler 195
Wolf, Gustav 200, 201
Wolff, Chr. 180
Wolff, C. Fr. 159, 160
Wundt 36, 94, 95, 98, 289, 296

Zeller, W. 12, 13
Zelter 155
Zeno 59